浮置板轨道

理论研究与实践

练松良　尹学军◎编著

FUZHIBAN GUIDAO

LILUN YANJIU YU SHIJIAN

中国铁道出版社有限公司

2021年·北京

内 容 简 介

本书从浮置板的隔振理论、隔振效率、浮置板轨道的行车安全性和平稳性的理论计算出发，对浮置板进行了系统的动力性能分析；对浮置板设计、浮置板和隔振器的隔振性能室内试验、静载试验和疲劳强度试验进行了详细论述；同时，对浮置板轨道结构的现场减振降噪效果、行车的平稳性和安全性进行了测试，对浮置板设计、施工、维修养护等内容也作了详细的论述。

本书可供浮置板理论研究、试验研究、设计、施工、管理等技术人员参考。

图书在版编目(CIP)数据

浮置板轨道理论研究与实践/练松良，尹学军编著.—北京：中国铁道出版社有限公司，2021.12

ISBN 978-7-113-28088-8

Ⅰ.①浮… Ⅱ.①练… ②尹… Ⅲ.①轨道(铁路)-结构振动控制-研究 Ⅳ.①U213.2

中国版本图书馆 CIP 数据核字(2021)第 125049 号

书　　名：**浮置板轨道理论研究与实践**
作　　者：练松良　尹学军

策　　划：刘　霞
责任编辑：刘　霞　　**编辑部电话**：(010)51873405　　**电子信箱**：crplx2013@163.com
封面设计：崔丽芳
责任校对：孙　玫
责任印制：樊启鹏

出版发行：中国铁道出版社有限公司(100054，北京市西城区右安门西街 8 号)
网　　址：http://www.tdpress.com
印　　刷：中煤(北京)印务有限公司
版　　次：2021 年 12 月第 1 版　2021 年 12 月第 1 次印刷
开　　本：787 mm×1 092 mm 1/16　**印张**：20.25　**字数**：428 千
书　　号：ISBN 978-7-113-28088-8
定　　价：98.00 元

作者简介

练松良(Lian Songliang)

男,1956 年 4 月生,浙江象山人。1984 年 8 月上海铁道学院铁道工程专业研究生毕业并获硕士学位。任同济大学教授、博导。1997 年 5 月至 1998 年 5 月在加拿大科学研究院地面运输技术研究中心进修一年。1997 年参加上海市土木工程学会和中国铁道学会,2003 ~2020 年任《铁道学报》编委。国家自然科学基金评审专家,国家及上海等省市科技奖评审专家,教育部学位中心论文评审专家,上海市工程评标专家库专家等。

长期从事铁路轨道结构、轮轨关系的教学和科研工作,指导硕士和博士研究生近 50 名。承担国家自然科学基金"轨道结构动力特性与列车速度关系的理论研究""提速线路轨道平顺性与车辆动力响应之间关系的研究""30 吨以上轴重重载铁路轨道结构的动力响应及安全服役适应性研究"等课题;铁道部"高速铁路路桥过渡段轨道刚度合理匹配的试验研究""既有线提速 200 km/h 关键技术的试验研究——轨道几何不平顺管理标准和养护技术的研究"等课题;上海市"上海地铁 13 号线下穿越自然博物馆环境振动治理相关研究""城市轨道交通高等级减振降噪集成技术与产业化应用"等纵向研究项目 10 余项;铁路局、城市轨道交通的研究项目 50 余项。主要研究成果:轨道交通减振降噪对策及控制技术综合研究等 10 余项。在国内主要学术期刊上发表论文 100 余篇;出版专著 2 部,主编教材 2 部,合著学术著作 2 部。

作者简介

尹学军(Yin Xuejun)

男,1962 年 10 月生,山东青州人。1996 年 8 月德国柏林工业大学起重运输机械专业研究生毕业,获工学博士学位。国家特聘专家、中国侨联特聘专家、山东省泰山学者攀登计划专家,中国工程建设标准化协会建筑振动专业委员会常务委员、中国振动工程学会常务理事,西南交通大学、北京交通大学、同济大学、华东交通大学兼职教授,国家及上海、广东、山东等省市科技奖励评审专家,获全国创新争先奖、青岛市科学技术最高奖等荣誉。

多年来致力于振动与噪声控制技术研发和推广。主持完成了国家国际科技合作项目“高效免维护减振降噪关键技术及应用”;先后参与国家“863”计划“高速列车关键材料及部件可靠性”和“高速铁路减振降噪关键技术”课题的子课题研究。主要研究成果:“车辆轮轨诱发的环境振动与噪声控制关键技术及产业化”项目获 2011 年度国家科学技术进步奖二等奖,“工业工程振动控制关键技术研究与应用”项目获 2014 年度国家科学技术进步奖二等奖。研究成果应用于国内外数千项工业设备基础隔振、国内外 50 余台火电及 40 余台核电汽轮发电机组隔振、国内外 400 余公里钢弹簧浮置板隔振、150 余公里国内外钢轨阻尼降噪以及崇启大桥、上海世博文化中心等上百项重大建筑工程。获国内外发明专利授权 102 项,发表专业论文 60 余篇,参与编写国家及行业标准 7 部,合著著作 5 部。

序言 1

近 20 年来，我国城市轨道交通发展极为迅速。截止到 2020 年年底，境内城市轨道交通已经开通运营里程达 7 545 km，在解决广大市民出行难和城市可持续发展等方面，起到了关键作用。由于城市轨道交通主要运行在城市中心建筑和人流密集区域，其产生的振动和噪声对城市环境带来了负面影响，地面或高架段尤为突出。近年来，城市轨道交通运营城市居民因振动和噪声问题投诉越来越多，已经成为比较大的社会问题。因此，对敏感地段应该或者需要采取各种有效减振隔振措施，以降低振动和噪声对环境的干扰。目前，在城市轨道交通建设中，较多的还是采用钢轨减振、扣件隔振、轨枕隔振、道床隔振等减隔振技术措施。

浮置板道床属于道床隔振技术，按照弹性元件可划分为钢弹簧浮置板、橡胶减振垫浮置板和聚氨酯减振垫浮置板。由于隔振系统固有频率越低，隔振效率越高，所以钢弹簧浮置板隔振效率最高，主要用于特殊减振地段和高等减振地段。世界上首例钢弹簧浮置板是由德国隔而固（GERB）公司和柏林工业大学史迪勒教授联合研发并在柏林地铁 8 号线应用，于 1994 年投入运营，至今已安全运行 26 年。2002 年，我国首例钢弹簧浮置板在北京地铁 13 号线西直门交通枢纽得到应用。由于钢弹簧浮置板隔振效果好，随后在深圳、南京、上海等地陆续推广，至今已经应用于 40 多个城市的轨道交通线路。钢弹簧浮置板轨道上的列车行驶速度逐步提高，最高行驶速度由城市轨道交通的 80 km/h 提高到 120 km/h，再到城际铁路的 160 km/h。钢弹簧浮置板应用的轨道结构类型也日趋多样化，几乎涵盖了所有的轨道结构，如盾构隧道、矿山法隧道、车站、高架桥、道岔区和车辆段，甚至穿楼的试车线，并朝着标准化、系列化、预制化方向发展。2010 年，世界上首例预制式钢弹簧浮置板在上海地铁 10 号线成功应用。目前已在深圳、北京、广州等地广泛使用，成为技术发展趋势，标志着我国轨道减振技术研究已从跟跑者成为世界范围内的引领者。

在浮置板轨道得到较广泛应用的同时，国内浮置板轨道理论分析方法、设计理念、制造施工、维修养护等方面的学术文献也已较多，但是缺乏有关浮置板方面的专著。本著作作者分别来自高校和企业，有丰富的理论和工程实践经验。作者根据十几年来的理论研究、设计、试验、制造、施工和养护维修等方面积累的研究和实践成果，同时融合国内有关浮置板各方面的理论研究和工程文献，撰写了本书。本书内容翔实，可作为我国浮置板轨道结构的设计、制造、施工、维修养护等方面从业人员的技术参考用书。

中国工程院院士
深圳大学教授
陈湘生

2021年2月26日

序言 2

轨道交通是城市大运量的交通运输工具,对提高城市交通运输能力、保障居民快速便捷出行、解决城市道路拥堵具有积极的作用。目前我国主要城市为了提高城市的现代交通水平,大力推广轨道交通。我国城市已发展了多种类型的轨道交通,既有普通轨距的轨道交通和有轨电车,也有独轨列车、磁浮列车和空中悬挂列车,根据城市类型、地形地貌可选择不同的交通类型的方案。

城市轨道交通在为人们提供便捷出行的同时,也产生了影响环境的问题。例如,高架线路的景观问题、振动噪声问题、污气污水问题、电磁辐射污染问题等,而振动噪声问题尤其突出。在城市轨道交通建设初期,轨道交通的设计、建设单位重点考虑的是保证线路的运行安全,对环境问题并未足够重视。线路投入运行后,轨道交通振动噪声扰民问题引起居民不断投诉,故在后来的轨道交通线路设计时,对线路的环境评估更加深入细致,采取的措施也更加有效,力求线路投入运行后对环境的影响最小。

为降低轨道交通振动噪声对环境的影响,轨道交通的设计、研究、建设、管理等单位均投入了大量的人力、物力对此问题进行研究。在各种减振降噪措施中,轨道结构的优化设计是其中重要的一环。大量研究资料表明,通过对轨道结构动力参数的优化,能够起到减振和隔振作用,从而降低列车通过时振动噪声对环境的影响。

轨道结构减振包括钢轨减振、扣件减振、枕下减振和道床减振等。钢轨减振是在钢轨上粘贴阻尼材料或 TMD(tuned mass damper),扣件减振是通过调整轨下和铁垫板下胶垫的刚度来实现的。考虑到列车通过轨道结构时的稳定性,轨下和铁垫板下的刚度也不能太小,否则轨道变形太大,不利于行车平稳和安全,而且扣件刚度太低容易引起钢轨波磨,如先锋和轨道减振器,钢轨波磨的情况明显大于其他轨道结构地段。枕下减振采用长枕和短枕下套靴减振,在普通铁路和轨道交通中都有应用。板式轨道的钢轨支座与道床板连成一体,在板下安装弹性元件对轮轨产生的振动进行隔离,这种隔振结构称为浮置板轨道。板下支承弹性元件有橡胶和钢弹簧,橡胶支承的有点支承、带支承和面支承,但目前应用较多的还是点支承。在轨道结构减振、隔振措施中,板下隔振措施效果最佳,故在当前城市轨道交通建设中,在振动噪声高敏感区段的线路大多采用浮置板轨道结构。

虽然目前在我国城市轨道交通建设中普遍采用浮置板轨道结构，浮置板和隔振器的生产企业已成规模，市场竞争的态势已经形成，对浮置板的研究工作也一直在进行，且已有较多文献资料发表，但系统论述浮置板轨道结构的理论、设计和施工方法的专著尚不多。本书作者长期从事浮置板轨道和隔振器的理论、试验、设计、施工和工程应用等方面的研究工作，书中系统论述了浮置板轨道结构的理论、试验、设计、施工和养护维修方法，并提供了较丰富的现场施工第一手技术资料，相信本著作的出版可为我国城市轨道交通浮置板的技术发展应用起到促进和推动作用。

华东交通大学教授、博士生导师

雷晓燕

2021 年 2 月 15 日

前　言

交通发达与否，是一个社会现代化的重要标志之一。在我国改革开放的40多年里，无论是铁路、公路、航空、航海，都得到了极大的发展。中国铁路营业里程从1980年的5万多公里，发展到2020年底的14.63万km，其中高铁3.79万km；在新中国成立之初，全国能通车的公路仅8.08万km，而到2020年底，全国公路通车总里程已达到519.81万km，其中高速公路通车里程16.10万km。从北京1969年修建第一条地铁后的近20年里，我国城市轨道交通发展缓慢，但近30年来，城市轨道交通得到了较大发展，截至2020年12月31日，全国（不含港澳台）共有44座城市开通运营城市轨道交通233条，运营里程7 545.5 km，车站4 660座。城市轨道交通的发展，极大地方便了市民的出行，提高了市内交通的旅行速度和准点率，缓解了地面交通的压力。

近几年来，我国城市轨道交通的发展更加迅猛，同时也带动了城市轨道交通设计、施工、制造、管理、维修养护等技术的发展，但振动和噪声的环境污染仍对轨道交通产生了较大的负面影响。为提高轨道交通的环境质量，轨道交通的建设、设计、研究等单位进行了大量的减振降噪理论和试验研究，以寻求经济合理的解决方案。在诸多轨道交通减振降噪措施中，浮置板轨道结构的减振隔振效果最为突出，所以在城市轨道交通建设中，线路通过振动噪声敏感地区时，大多采用浮置板轨道结构。国内有多家浮置板的设计单位，以及隔振器和浮置板的开发制造单位，有关浮置板轨道的理论、设计、制造、施工等也有较多文献，但尚未有一部关于浮置板的专著。本书根据国内近几年在浮置板理论分析、设计、试验、制造、施工、维修养护等方面所积累的资料编写而成，其中一些理论分析方法、设计理念、试验方法、施工工艺等也是首次总结提炼。但由于水平有限，本书只是给轨道交通行业的浮置板设计、施工等方面提供参考，以期抛砖引玉，有待以后专家、学者、设计研究人员进一步完善。

本书第1、2、3、4、6、7章由练松良撰写；第5章由尹学军、王建立、陈高峰撰写；第8章由罗小强、陈高峰撰写；第9章由黄俊飞、王乾安、罗小强撰写，全书由练松良、尹学军统稿。

本书第 2 章、第 3 章是基于同济大学杨新文、周宇，上海交通大学李增光、吴天行的研究成果完成的。第 6 章、第 7 章都为试验研究，同济大学铁道工程实验室李新国、胡文、方宏凯、张允龙、代能权、徐志广参加了大量试验与测试的工作；研究生邵文杰、刘晓舟、陈鑫、黄正卿、张鸿飞、王金、邹彦、宋姣姣、朱锦泽、汪杨鑫也参加了试验和数据分析计算工作。隔而固(青岛)振动控制有限公司根据近 20 年来的浮置板设计、试验、施工资料和浮置板轨道的养护维修经验，为本书的第 5 章 ~ 第 9 章提供了丰富的技术资料。中铁上海设计院集团有限公司宫寅和刘富、上海地铁维护保障有限公司杨传坤、上海交通大学吴天行为本书提供了相应的研究和设计资料，上海申通轨道交通研究咨询有限公司刘加华、刘扬、董国宪、邢海灵、单涛涛、段桂平也为本书提供了有关的测试资料，在此一并表示感谢。

由于作者水平有限，书中难免有一些缺陷甚至错误，欢迎各位读者批评指正。

作　者

2021 年 1 月于同济大学嘉定校区

目　录

第 1 章　绪论 ………………………………………………… **1**

1.1　轨道交通的发展 ………………………………………… 1

1.2　振动对环境的影响及相关标准 ………………………… 2

1.3　噪声对环境的影响及相关标准 ………………………… 5

1.3.1　声功率级 ……………………………………… 8

1.3.2　声强级 ………………………………………… 8

1.3.3　声压级 ………………………………………… 8

1.4　轨道交通振动产生的因素 ……………………………… 12

1.5　主动减振降噪措施 ……………………………………… 13

1.5.1　车辆因素 ……………………………………… 14

1.5.2　轨道因素 ……………………………………… 17

1.6　轨道结构被动减振降噪措施 …………………………… 24

1.6.1　钢轨振动和噪声辐射控制 …………………… 24

1.6.2　轨下减振 ……………………………………… 26

1.6.3　枕下减振 ……………………………………… 27

1.6.4　道床下减振 …………………………………… 29

1.6.5　其他减振降噪新产品和新思路 ……………… 31

第 2 章　静力分析和隔振效率计算 ………………………… **35**

2.1　应力和位移计算分析 …………………………………… 35

2.1.1　计算模型及参数 ……………………………… 35

2.1.2　计算工况和分析内容 ………………………… 36

2.1.3　浮置板应力计算结果及分析 ………………… 37

2.1.4　位移计算结果及分析 ………………………… 40

2.1.5　隔振器受力计算结果及分析 ………………… 43

2.2　浮置板模态分析 ………………………………………… 44

2.2.1　浮置板轨道有限元模型的建立 ……………… 44

2.2.2　浮置板前十阶模态振型计算结果 …………… 45

2.2.3　轨道结构参数对振动模态频率的影响 ……… 46

2.3 浮置板自振频率及隔振效率分析 …… 48
2.3.1 隔振效率的理论分析 …… 49
2.3.2 轨道参数影响规律分析 …… 53
2.4 浮置板隔振性能分析 …… 56
2.4.1 轨道—道床结构模型 …… 56
2.4.2 车辆—轨道耦合模型 …… 58
2.4.3 浮置板轨道自身隔振性能分析 …… 60
2.4.4 车辆—浮置板轨道耦合的隔振性能分析 …… 62
2.5 附加质量块的 TMD 减振系统 …… 64
2.5.1 组合减振轨道设计原理 …… 65
2.5.2 浮置板 TMD 初步设计 …… 68

第 3 章 车辆—轨道耦合仿真及行车平稳性 …… 73

3.1 车辆—轨道耦合系统动力学模型基本原则 …… 73
3.2 车辆—浮置板轨道耦合动力学系统模型 …… 74
3.2.1 物理模型 …… 74
3.2.2 数学模型 …… 75
3.3 车辆与轨道耦合系统激扰 …… 83
3.4 数值积分方法 …… 84
3.5 车辆与轨道模型参数 …… 85
3.6 浮置板轨道振动特性和隔振效果分析 …… 86
3.7 车辆运行安全性及平稳性分析 …… 90
3.7.1 车辆安全性与 Sperling 平稳性评价指标 …… 90
3.7.2 浮置板轨道下车辆安全性与平稳性计算结果 …… 92

第 4 章 刚度阻尼对振动影响的分析 …… 95

4.1 浮置板刚度的选择 …… 96
4.1.1 不同刚度浮置板轨道结构振动分析 …… 98
4.1.2 不同刚度浮置板轨道结构车辆平稳性指标分析 …… 99
4.1.3 不同刚度浮置板轨道结构浮置板应力及位移分析 …… 99
4.1.4 隔振器刚度的选定 …… 100
4.2 单自由度系统的阻尼比对振动影响的分析 …… 100
4.3 隔振器阻尼液特性及阻尼比试验 …… 104
4.3.1 阻尼液剪切黏度试验 …… 104
4.3.2 不同温度条件下隔振器阻尼比测试 …… 106
4.4 流固耦合的钢弹簧隔振器振动分析 …… 107
4.4.1 计算原理 …… 108
4.4.2 单自由度振动系统常值阻尼系 c_{cons} 计算 …… 110

4.4.3 钢弹簧隔振器阻尼比影响因素分析 …… 111
4.5 隔振器阻尼比对轨道动力特性的影响 …… 113
4.5.1 计算原理 …… 113
4.5.2 基本计算参数 …… 114
4.5.3 材料阻尼和瑞利(Rayleigh)阻尼对瞬态振动的影响 …… 115
4.5.4 阻尼比对振动模态频率的影响 …… 119
4.6 阻尼比对振动影响的时域分析 …… 120
4.6.1 隔振器阻尼比对振动叠加效应的影响 …… 120
4.6.2 隔振器阻尼比对隔振效果的影响 …… 124
4.7 浮置板轨道合理阻尼比范围的分析 …… 128

第5章 浮置板结构设计与检算 …… 130

5.1 设计综述 …… 130
5.1.1 设计目标 …… 131
5.1.2 设计原则 …… 131
5.1.3 总体设计 …… 132
5.1.4 浮置板垂向位移限值 …… 133
5.1.5 隔振器选型与布置 …… 136
5.1.6 浮置板轨道一般设计 …… 136
5.2 浮置板静力计算与配筋设计 …… 140
5.2.1 有限元建模 …… 140
5.2.2 静力计算 …… 143
5.2.3 配筋设计及计算 …… 147
5.3 重要检算 …… 150
5.3.1 浮置板检算 …… 150
5.3.2 隔振器检算 …… 156
5.3.3 板变形和转角检算 …… 161
5.3.4 板端扣件检算 …… 162

第6章 浮置板和隔振器的室内试验 …… 163

6.1 浮置板的静载强度试验 …… 163
6.1.1 试验边界条件 …… 163
6.1.2 静载强度试验分析 …… 165
6.2 浮置板及隔振器疲劳试验 …… 166
6.2.1 混凝土构件的疲劳强度理论 …… 166
6.2.2 钢筋疲劳强度理论 …… 170
6.2.3 基于Palmgren-Miner理论的疲劳损伤分析 …… 171
6.2.4 疲劳荷载的类型 …… 171

6.2.5 浮置板疲劳试验 …… 172
6.2.6 隔振器疲劳试验 …… 174
6.3 循环加载测试浮置板的动态参数 …… 175
6.3.1 动刚度和阻尼比计算方法 …… 175
6.3.2 浮置板轨道刚度和阻尼比测试实例 …… 178
6.4 浮置板动态参数的激振试验 …… 178
6.4.1 激振方法介绍 …… 179
6.4.2 阻尼比计算方法 …… 180
6.4.3 激振试验数据波形分析 …… 181
6.4.4 锤击试验测试阻尼比实例 …… 183
6.5 单体隔振器和浮置板静刚度试验 …… 183
6.5.1 测试和计算方法 …… 183
6.5.2 隔振器静刚度测试实例 …… 184
6.5.3 浮置板静刚度和轨道结构整体刚度测试 …… 185
6.5.4 浮置板横向静刚度测试 …… 185
6.6 剪力铰静载和疲劳试验 …… 186
6.6.1 铰棒测试和计算方法 …… 187
6.6.2 剪力铰底座螺栓拉压力测试 …… 188
6.6.3 剪力铰应力及固定螺栓静载拉力试验 …… 190
6.6.4 三板剪力铰应力及固定螺栓循环(疲劳)加载试验 …… 190
6.7 浮置板隔振效果的落轴冲击试验 …… 192
6.7.1 落轴试验原理 …… 192
6.7.2 轨道整体动刚度的测试 …… 193
6.7.3 落轴试验浮置板轨道整体动刚度和阻尼比试验实例 …… 194
6.7.4 落轴试验浮置板轨道的隔振性能 …… 196
6.7.5 落轴试验浮置板隔振效果计算内容和方法 …… 197
6.7.6 落轴试验浮置板隔振效果实例 …… 199

第7章 振动噪声及动力测试 …… 208

7.1 车辆振动测试与分析 …… 208
7.1.1 车辆运行平稳性评价指标 …… 208
7.1.2 测量方法及过程 …… 209
7.1.3 车辆振动现场测试结果分析 …… 209
7.2 车内噪声测试与分析 …… 212
7.2.1 噪声的测量与标准 …… 212
7.2.2 测试轨道条件和测点 …… 212
7.2.3 列车运行条件和测量次数 …… 213
7.2.4 数据处理和评价量 …… 213

7.2.5　车内噪声测试结果 …… 213
7.3　现场轨道结构及隧道壁的振动测试与分析 …… 215
7.3.1　测试依据及标准 …… 215
7.3.2　测试地点对轨面平顺度的要求 …… 215
7.3.3　轨道结构振动测试的测点布置 …… 217
7.3.4　测试结果与分析 …… 219
7.4　浮置板轨道结构的振动频率响应特性测试与分析 …… 223
7.4.1　系统频响特性计算理论 …… 224
7.4.2　测点布置和测试方法 …… 225
7.4.3　浮置板轨道振动传递特性分析 …… 225
7.5　地面环境振动测试与分析 …… 227
7.5.1　测点布置 …… 227
7.5.2　时域信号分析 …… 228
7.5.3　地面振动加速度信号的 1/3 倍频程分析 …… 231
7.5.4　地面垂向振动 VLz 振级分析 …… 231
7.6　高架浮置板轨道结构环境噪声测试与分析 …… 232
7.7　浮置板轨道结构的位移测试与分析 …… 234
7.7.1　测试条件 …… 234
7.7.2　测点布置 …… 235
7.7.3　时域信号波形分析 …… 235
7.7.4　钢轨垂向和横向位移对比分析 …… 237
7.7.5　浮置板垂向和横向位移对比分析 …… 238
7.8　浮置板轨道轮轨力测试 …… 238
7.8.1　列车行车安全性分析标准 …… 238
7.8.2　测试信号波形分析 …… 238
7.8.3　轮轨垂向和横向力对比分析 …… 239
7.8.4　脱轨系数和轮重减载率对比分析 …… 240

第 8 章　浮置板轨道的施工 …… 241

8.1　施工技术发展及工艺分类 …… 241
8.2　散铺法施工 …… 245
8.2.1　施工工艺流程 …… 245
8.2.2　施工准备 …… 246
8.2.3　铺轨控制网 …… 246
8.2.4　浮置板基底施工 …… 249
8.2.5　浮置板隔振器定位 …… 250
8.2.6　轨排组装 …… 251
8.2.7　绑扎道床钢筋及支立模板 …… 252

8.2.8 浮置板道床混凝土施工 …… 253
8.2.9 浮置板道床顶升 …… 253
8.3 轨排钢筋笼法施工 …… 255
8.3.1 施工工艺流程 …… 255
8.3.2 施工准备、铺轨门吊设备安装及CPⅢ控制网 …… 256
8.3.3 浮置板基底施工 …… 257
8.3.4 轨排钢筋笼绑扎 …… 258
8.3.5 轨排钢筋笼的运输 …… 259
8.3.6 轨排钢筋笼的铺设 …… 259
8.3.7 道床混凝土浇筑施工和顶升 …… 260
8.4 预制法施工 …… 260
8.4.1 施工工艺流程 …… 260
8.4.2 施工准备及其他 …… 261
8.4.3 预制板的设计 …… 261
8.4.4 预制板生产与运输 …… 262
8.4.5 预制板的铺设 …… 264
8.4.6 浮置板顶升及钢轨扣件安装 …… 265
8.5 施工质量控制 …… 265
8.5.1 浮置板基底施工 …… 265
8.5.2 浮置板道床施工 …… 266
8.5.3 浮置板道床顶升 …… 268
8.5.4 剪力铰和密封条安装 …… 268

第9章 浮置板轨道养护维修 …… 269

9.1 浮置板轨道系统病害类型和产生因素 …… 269
9.1.1 病害类型 …… 269
9.1.2 设计接口因素 …… 271
9.1.3 施工因素 …… 273
9.1.4 运营因素 …… 274
9.2 常见病害及其对行车安全和减振效果的影响 …… 275
9.2.1 钢弹簧损伤对地铁列车—浮置板轨道振动性能的影响 …… 275
9.2.2 隧道变形引起的浮置板轨道变形与脱空分析 …… 283
9.3 浮置板轨道系统的运营维护 …… 292
9.3.1 系统维护分类 …… 292
9.3.2 系统维修 …… 292
9.3.3 定期检修项目及内容 …… 293
9.3.4 系统修理 …… 298

参考文献 …… 303

第1章 绪 论

1.1 轨道交通的发展

在世界经济高速发展的今天，城市化进程加快，特大和超大型城市不断出现，城市规模的不断扩大与其可利用的空间越来越狭小的矛盾日益突出，因而开发地下空间刻不容缓。有专家预言，21 世纪将是一个开发和利用地下空间的世纪。为缓解或从根本上解决交通系统对城市环境的压力，修建城市轨道交通是行之有效的方法。城市轨道交通具有运量大、快捷、安全、准时、乘坐方便等优点，常被称为“绿色”，市区地段将轨道交通设置于地下，缓解了地面用地紧张的状况。地下轨道交通不破坏地面景观，有利于保护人类的生存环境，符合大城市可持续发展的原则。

1863 年，世界上第一条地铁诞生于英国伦敦。随后，资本主义发达国家的城市轨道交通建设进入了快速发展阶段，世界各国的主要大城市都修建了地铁、轻轨和有轨电车的轨道交通。截至 2018 年底，全球共有 72 个国家和地区 493 座城市开通城市轨道交通线路，运营里程超过 26 100 km，车站数超过 26 900 座。其中，56 个国家和地区的 179 座城市开通地铁，总里程达 14 219. 36 km，车站数超 10 631 座；20 个国家和地区的 53 座城市开通轻轨，总里程达 1 293. 68 km，车站数为 1 077 个；58 个国家和地区 400 座城市开通有轨电车，其中有里程数据来源的 236 座城市的有轨电车总里程达 10 609. 05 km，车站数超过 15 200 个。至 2019 年，世界上地铁、轻轨、有轨电车的轨道交通运营里程最长的 10 个国家分别为中国 5 766. 7 km，德国 3 147. 6 km，美国 1 296. 7 km，法国 1 183. 3 km，俄罗斯 1 083. 1 km，日本 886. 8 km，英国 868 km，西班牙 866. 3 km，韩国 778 km，波兰 766. 6 km。目前，世界各车的轨道交通仍处于快速发展阶段。

北京在 1965 年开始修建我国第一条地铁，当时修建是备战目的，1971 年开始运营。1984 年，北京 2 号线投入运营。在以后的 20 多年里，我国轨道交通发展缓慢。我国经济的腾飞带动着轨道交通的发展。最近 20 多年，随着我国经济的快速发展，城市轨道交通发展迅猛，修建轨道交通的城市越来越多。《城市轨道交通线网规划标准》（GB/T 50546—2018）中规定，在中心城区，规划人口规模 500 万人及以上的城市，城市轨道交通应在城市公共交通体系中发挥主体作用；规划人口规模 150 万 ~ 500 万人的城市，城市轨道交通宜在城市公共交通体系中发挥骨干作用。对于规划人口规模不满 150 万人、确有必要发展建设轨道交通的城市，可在城市总体规划中预先安排轨道交通线路。目前，我国主城区人口达到150万人这一标准的城市有44座。据中国轨道交通网统计,截至2020年12月31日,全国(不含港澳台)已有44座城市开通运营城市轨道交通线路233条,总里程7 545.5 km,车站4 660座。2020年全国城市轨道交通新增开通规模超过1 000 km,2025年末运营规模超过10 000 km,城市轨道交通运营里程已经位居世界第一。我国轨道交通运营里程前十的城市见表1-1。

表1-1 2019年底中国城市轨道交通主要城市运营里程

排名	城市	线路/条	车站数/座	运营里程/km	起始年份
1	上海	17	415	705	1993
2	北京	22	402	689	1971
3	广州	14	254	491	1997
4	南京	10	174	378	2005
5	武汉	9	228	335	2004
6	重庆	10	190	331	2004
7	深圳	8	216	304	2004
8	成都	7	207	302	2010
9	天津	6	158	231	1984
10	香港	11	93	228	1979

由于我国经济发展尚处于上升阶段,各城市的经济实力不断提高,为修建新的轨道交通线路提供了强劲动力,每年轨道交通的运营里程都在延长。

1.2 振动对环境的影响及相关标准

轨道交通对环境的污染有振动、噪声、烟尘、电磁波、污水污油等,而振动和噪声又是轨道交通对环境的主要污染,故对此问题的研究较多。

振动无处不在,但大多数振动的强度都低于人的感知范围。当地面振动达到一定强度时,就可引起房屋地板的可感知振动,门窗会发出"卡嗒"声,挂在墙上或放在架子上物品会晃动,这些都会影响居民的生活,甚至损坏建筑物。轨道交通引起的地面振动是沿线居民关心的主要环境问题之一。

虽然轨道交通列车引起的环境振动一般不会对人体造成直接的损害,但会对建筑物内人们的生活和工作造成干扰,影响人的工作效率和健康,如图1-1所示。人体长期处于振动环境中,会对生理和心理健康造成损伤。振动对建筑物的影响,轻微的出现墙皮剥落、龟裂,地板裂纹,严重的造成地基下沉或建筑物倒塌。振动还会对建筑物内精密仪器和机床的正常运行产生影响,引起仪器读数误差、精密机床生产的产品质量下降,严重时可造成这些仪器设备的故障和损坏,造成经济损失和引起社会纠纷。

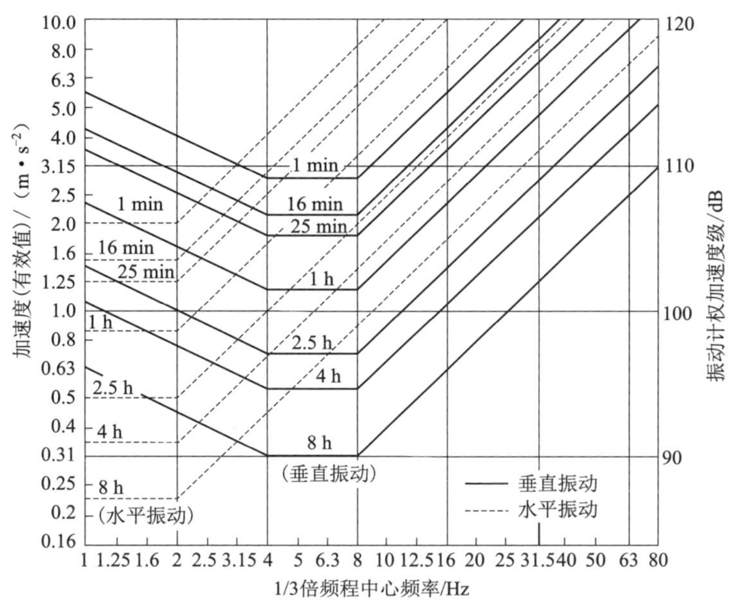

图 1-1　疲劳—工效降低界限

国际标准化组织采用振动频率、振动水平、振动作用于人体的方向和暴露时间 4 个物理参数来规定人对振动的响应限界。人处于振动环境中,会引起人体生理和心理的效应。例如,感到不舒服、麻感、头晕、困倦,严重时出现出汗、头痛、心慌甚至损害到人体心脏。当振动频率为 5 Hz 时,振动加速度达到 0.1g 人就会感到不舒服,达到 0.4g 时人就会觉得不可忍受了;而当振动频率为 80 Hz 时,振动加速度达到几个 g 人体都可以忍受。所以,人体的生理和心理效应随着上述 4 个物理参数的不同而不同。国际标准化组织(ISO)用这 4 个物理参数的不同量值制定了评价人体全身振动的三种限界(ISO2631),即工效降低界限、暴露界限和舒适性降低界限,并相应提出了各个界限在垂直和水平方向的加速度限值。

描述振动的物理量为频率和振幅。对人体来说,能感知的振动频率范围是 1 ~ 100 Hz。对于环境振动,人们所关心的是人体反应特别敏感的 1 ~ 80 Hz 的振动,这主要是由于人体各种组织器官的共振频率集中在这个范围。国际上趋于用速度和加速度来评价振动强度,但大多数是用加速度来评价。加速度也常用加速度级 L_a 表示,其计算式为

$$L_a = 20 \lg \frac{a}{a_0} \tag{1-1}$$

式中　a——振动的加速度有效值(RMS),m/s^2;

a_0——加速度参考值,10^{-6}m/s^2。

这种评价方法为多值评价,在实际工作中,广泛采用单值,用振动级来评价振动对人体的效应,同时便于简化测量,其计算式为

$$\mathrm{VL} = 10 \lg \sum_{i=1}^{N} 10^{\frac{V_A L_i + a_i}{10}} \tag{1-2}$$

式中 VL——振动计权加速度级,dB;

V_AL_i——每个频带的振动加速度级,dB;

a_i——各个频带的计权因子(见表 6-6);

N——频带数。

采用计权法可直接用仪器测得频率计权加速度级值。ISO 制定了采用振级值的全身振动劳动保护标准。ISO 关于建筑物内振动限制值的建议值见表 1-2。

表 1-2 ISO 关于建筑物内振动限制值的建议值

地　　点	时　间	振动级,dB,$a_0=10^{-6}$ m/s²					
		连续、间歇振动和重复性冲击			每天只发生数次的冲击振动		
		$x(y)$轴	z轴	混合轴	$x(y)$轴	z轴	混合轴
严格工作区(医院手术室、精密试验室)	全天	71	74	71	71	74	71
住宅	白天	77~83	80~86	77~83	107~110	110~113	107~110
	夜间	74	77	74	74~97	77~100	74~97
办公室	全天	83	86	83	113	116	113
车间	全天	89	92	89	113	116	113

我国对于环境振动也制定了相应的标准,即《城市区域环境振动标准》(GB 10070—1988)中规定城市五类区域的 Z 振级标准值,见表 1-3。

表 1-3 城市各类区域铅垂向 Z 振级标准值(dB)

区域类型	适用地带范围	昼　间	夜　间
0	特殊住宅区	65	65
1	居民、文教区	70	67
2	混合区、商业中心区	75	72
3	工业集中区	75	72
4	交通干线道路两侧	75	72
	铁路干线两侧	80	80

GB 10070—1988 中的"特殊住宅区"是指特别需要安静的住宅区;"居民、文教区"是指纯居民区和文教、机关区;"混合区"是指一般商业与居民混合区,工业、商业、少量交通与居民混合区;"商业中心区"是指商业集中的繁华地区;"工业集中区"是指在一个城市或区域内规划明确确定的工业区;"交通干线道路两侧"是指车流量每小时 100 辆以上的道路两侧;"铁路干线两侧"是指距每日车流量不少于 20 列的铁路外轨 30 m 外两侧的住宅区。

各类标准的适用范围一般由地方政府职能部门划定。轨道交通线路穿越城区时,线路走向一般与城市主要交通干线一致或路经大型居民区或大型厂矿工业区,故轨道交通所经区域一般执行 1~4 类标准;当线路位于郊区时,一般严于上述标准 5 dB 执行。

世界各国根据各自的特点和要求,制订了铁路环境的振动限值标准,见表 1-4。

表 1-4　各国铁路环境振动限值标准

国家或组织	限值/dB	依据或发布部门
中国	86	“京沪高速铁路环境影响预评价”研究提出的建议值
中国	80	《城市区域环境振动标准》(GB 10070—1988)
日本	90	日本环境厅
国际铁路联盟	86	ORE 报告提出的建议值
挪威	83.5～91	Oslo-Gardermoen 铁路的设计要求

1.3 噪声对环境的影响及相关标准

噪声与振动一样,无处不在,当噪声达到某一值时,就会造成环境污染。大量研究表明,噪声危害人们的听力,发生高频听阈损伤,甚至于耳聋或耳鼓膜破裂。噪声对于听力的危害程度,与噪声的形式、强度、频率及暴露时间密切相关。人们进入噪声环境,感到刺耳难受,停留一段时间再离开噪声环境,感到听觉变得迟钝,原来能听见的轻微声音也听不见了,就是说听力下降(或听阈上移)了。但离开噪声环境休息一段时间,听觉就会逐渐恢复原状,这种现象称为暂时性听力偏移,或听觉疲劳。若长年累月在强噪声环境下工作,内耳听觉器官经常受到强噪声刺激,这种听觉疲劳就会固定下来而不能恢复正常,产生永久性听力下降或听阈偏移,这种现象称为噪声性耳聋。在噪声的影响下,可能诱发疾病,并与个人的体质、噪声的强弱和频率的大小有关。噪声作用于人的中枢神经系统,致使人的基本生理过程,即大脑皮层的兴奋与抵制的平衡失调,导致条件反射异常,感到疲劳、头晕脑胀等。如果这种平衡失调得不到及时恢复,久而久之,就形成牢固的兴奋灶,导致神经衰弱症。

人耳能感觉噪声强度具有较宽的范围,噪声强度用对数比例作为单位。国外列出了噪声等级与噪声源之间的直观关系,见表 1-5。

表 1-5　典型的噪声强度

交通运输噪声源		其他噪声源		噪声强度/dB(A)	备　注
类　型	离噪声源距离/英尺	类　型	离噪声源距离/英尺		
喷气式飞机起飞	200	空袭警报		130	痛阈噪声
汽车喇叭	3	强功率摇滚乐		110	最大发声值
		大声呼喊	0.5	100	非常令人烦恼
重型卡车通过	50	空气凿岩锤	50	90	长期暴露丧失听力
列车从结构物上通过	50	推土机	50	85	令人烦恼
列车通过	50	吸尘器	3	80	
城市公共汽车	50	搅拌机	3	75	

续上表

交通运输噪声源		其他噪声源		噪声强度/dB(A)	备　注
类　型	离噪声源距离/英尺	类　型	离噪声源距离/英尺		
高速公路	50	割草机	50	70	
停站列车	50	洗衣机	3	65	有干扰
低交通量道路	50	电视机，谈话	10	60	
低交通量道路	100	电冰箱	3	50	安静
		图书馆		40	
		细声谈话	15	30	非常安静

注：(1)声级值增10 dB，听觉上声音增强一倍。

(2)1 英尺 =0.304 8 m。

资料来源：联邦运输管理局(FTA，Federal Transit Administration)(1995)；美国环境保护署(EPA，Environmental Protection Agency)(1971，1974)。

噪声作用于中枢神经系统，还影响人体的其他器官。噪声可使交感神经系统紧张，从而产生心跳加速、心律不齐、心电图 ST-T 段波升高、血管痉挛、血压升高；在噪声作用下会产生胃机能阻滞、消化分泌异常、胃酸酸度降低、胃蠕动减退等，其结果是引起消化不良、食欲不振、恶心呕吐、体质减弱等。

噪声影响人们的休息和睡眠。试验表明，在 40 ~ 45 dB(A)的噪声刺激下，进入睡眠的脑电波就出现觉醒反应；60 dB(A)的噪声可使 70% 的人从睡眠状态中惊醒，可见噪声对人的睡眠影响是相当严重的。

噪声干扰人们的谈话、听广播、打电话、上课、开会等。在强噪声的车间，人们无法用语言进行交流，特别是危险报警信号被掩盖时，往往发生事故。在强噪声环境下工作，人们容易烦燥、疲劳，反应迟钝，工作效率明显降低。

噪声对建筑物和仪器设备也有危害，当大型喷气飞机以超声速低空掠过时，由空气冲击波所引起的强烈噪声会使地面建筑物受到很大损伤，烟囱倒塌、墙体开裂、门窗玻璃破碎等。在强噪声作用下，材料因噪声疲劳而引起裂纹甚至断裂，灵敏的自动遥控精密仪表设备受到噪声损害而失灵。

为了研究分析人们对噪声的反应，美国联邦运输局将噪声影响分为 3 个区域，见表 1-6。不同区域，对环境噪声的要求也不一样。在既有背景噪声的条件下，人们对噪声的承受能力也不相同。背景噪声越大，产生的噪声影响也就越小，如图 1-2 所示。在背景噪声小于 55 dB(A)时，噪声源的噪声小于背景噪声时，则这一噪声源噪声对人们没有影响；但当背景噪声高于 55 dB(A)时，即使噪声源噪声与背景噪声同样强度，也会对人们产生影响。所以，根据不同的背景噪声和噪声源噪声的强度，将噪声对人们的影响分为 3 种，即无影响、有影响和严重影响。无影响是指在这一噪声区域内，人们不受噪声源发出噪声的影响，有影响是指大多数人对产生的噪声有反应，严重影响是指大多数人对噪声产生烦恼。

表1-6　FTA(Federal Transit Administration U. S. A.)的噪声区域类型划分

区域类型	噪声量值/dB(A)	区域类型说明
1	室外 L_{eq} *	需要特别安静的区域，如音乐厅，国家纪念建筑物的室内外
2	室外 L_{dn} **	居民区，包括民房、医院、旅馆等区域的室外
3	室外 L_{eq} *	包括学校、图书馆、教堂等
(1) * 敏感时段内与交通有关的等效噪声； (2) ** 昼夜等效噪声强度； (3) 资料来源：Transit Noise and Vibration Impact Assessment, FTA, April 1995。		

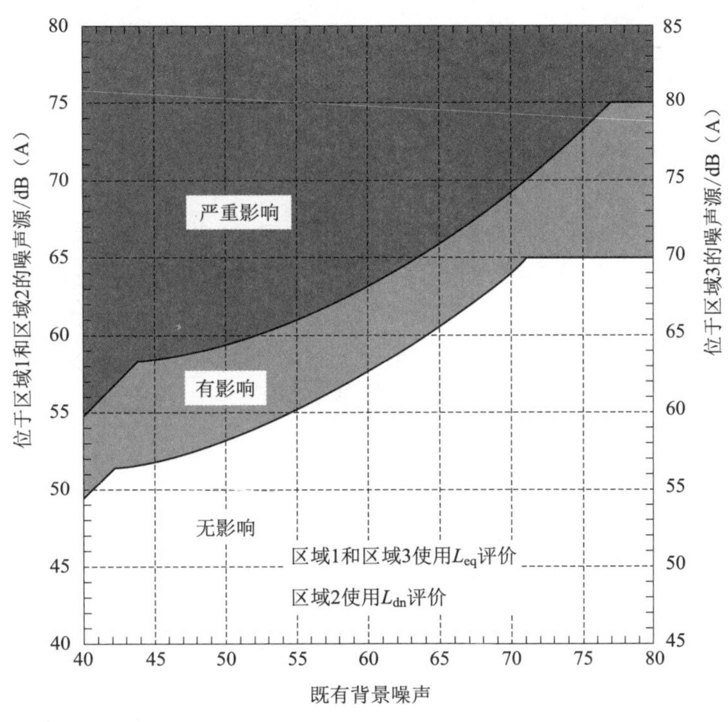

图1-2　不同背景噪声条件下，噪声对人们的影响

相关资料显示，轨道交通引起的环境振动是除企业、工厂和建筑工程之外公众反映最为强烈的问题。高架线路轨道交通线路旁25 m范围内的噪音水平达到80 dB(A)以上，钢梁地段甚至高达90 dB(A)以上，给沿线居民生活带来诸多干扰。当列车通过时，由于车辆电机振动以及轮轨表面粗糙度、钢轨接头以及轨道结构离散支承引起的各种不平顺，轮轨接触时会不可避免地产生振动。该振动经由扣件系统传递至轨道下部结构，再向更底层的路基和周围环境进行传播，从而对沿线的人和建筑物造成有害影响。

振动与噪声的传播方式有纵波和横波两种。纵波，也叫疏密波或P波(primary wave)，是以物质或空气的疏密压缩来传播的，这种波的传播速度最高。日本高速铁路利用纵波传播速度快的特点，当发生地震时在破坏力大的横波(S波)(secondary wave)到来之前切断高速铁路的电源，以保障高速铁路的运行安全。横波的传播速度约为纵波的40%~60%。声音在空气中的传播一般是纵波传播。

列车通过时引起轨道结构的振动，在通过空气传播的人耳可闻声形成之前，结构产生的声音叫结构声或固体声。振动总是伴随着固体声的传播和噪声的辐射，通常用一些物理量对各种声音进行评价，具体有声功率级、声强级和声压级。

1.3.1 声功率级

声源辐射声波时在单位时间内向外辐射的声能叫声功率，记为 W。声功率的大小不随环境的变化而变化。声功率级的单位是分贝，其计算式为

$$L_W = 10\ \lg \frac{W}{W_0} \tag{1-3}$$

式中 W——声功率，W；

W_0——参考声功率，1×10^{-12} W。

1.3.2 声强级

声强是衡量声波在传播过程中声音强弱的物理量，是指单位时间内，垂直于声波传播方向的单位面积上所通过的声能。与声功率一样，声强也可用相应的声强级来表示，如式(1-4)所示。

$$L_I = 10\ \lg \frac{I}{I_0} \tag{1-4}$$

式中 I——声强，W/m²；

I_0——参考声强，1×10^{-12} W/m²。

1.3.3 声压级

声压指某瞬时，介质中的压强相对于无声波时压强的改变量，单位为 N/m²(Pa)。任意一点的声压都是随时间而变化的，每一瞬间的声压称为瞬时声压，某一段时间内瞬时声压的均方根为有效声压，一般情况下所说的声压为有效声压。在自由声场中，声压 p 与声强 I 的关系如式(1-5)所示。

$$I = \frac{p^2}{\rho c} \tag{1-5}$$

式中 ρ——空气密度，kg/m³；

c——声速，m/s。

声压级是在噪声评价中最常用的噪声强度单位，定义如式(1-6)所示。大多数仪器都测量声压。

$$L_p = 20\ \lg \frac{p}{p_0} = 10\ \lg \frac{p^2}{p_0^2} \tag{1-6}$$

式中 p——有效声压(RMS)，N/m²(Pa)；

p_0——基准参考声压，2×10^{-5} N/m²。

声压级与声功率级在特定的声学环境中，具有一定的数量关系。当声源尺寸较小

（可近似认为是点声源），并处于无反射的自由空间中（也称自由声场）时，空间某点的声压级与声功率级的经验关系为

$$L_p = L_W - 20\ \lg r - 11\ \text{dB(A)} \tag{1-7}$$

式中 r——离声源距离，m。

如果声源是放在光滑的平面上，可认为声波是在半自由空间传播，其声压级与声功率级的经验关系为

$$L_p = L_W - 20\ \lg r - 8\ \text{dB(A)} \tag{1-8}$$

噪声是一种令人烦恼的声音，主要原因是噪声的频率结构复杂，没有像音乐声那样具有谐波特性。人耳对声音的感觉与声音的声压和频率有关。因此，在确定声音强弱时既要考虑声压的大小，也要考虑频率的高低。人耳的可闻声压范围为 2×10^{-5} Pa 的弱音到 2×10^{3} Pa 的强音，可闻频率范围为 20 Hz～20 kHz。实际上，听觉的频率范围是因人而异的，即使对同一个人来说，随着年龄的增加，听觉的频率范围也会越来越窄。对大多数成年人来说，15 kHz 的声音就很难听到了，但这个频率的声音，大多数孩子都能听到。对于高龄人群，10 kHz 以上的声音就听不到了。由此可知，人耳的听觉灵敏度范围很广，影响因素也较多。实测发现，两个不同频率的声音相比较时，若频率提高一倍，听起来音调提高的程度也是相同的，即对两个频率的声音而言，有决定意义的是两个频率的比值，而不是其差值。据此，将可听频率划分为若干小段，每一小段的上限频率和下限频率比值都为一定值，即 $f_u/f_d = 2^n$，当 $n=1$ 时，称为倍频程；$n=1/3$ 时，称为 1/3 倍频程。每个频程以中心频率称呼。表示强度的量值有声压、声强和声功率，由此引出声压级、声强级和声功率级。

在评价噪声时必须与人的感觉相联系，同样声压级的声音，频率不同，人的感觉也不同。如频率为 63 Hz 时，声压级为 35 dB(A) 的声音人耳才能听到，1 000 Hz 频率时，声压级达到 4 dB(A) 时，人耳就能察觉。所以在实际测量声级时要考虑人耳对声音频率的敏感程度，以使测量的结果与人耳对声音的响度感觉相接近。人耳听声压级为频率 100 Hz、强度 67 dB(A) 的声音，与听频率 1 000 Hz、强度 60 dB(A) 的声音主观感觉是一样响。人们发现 A 声级能较好地反映人对噪声的主观感觉，因而在噪声测量中，A 声级被用作噪声评价的主要指标。不同频率的等响曲线如图 1-3 所示。

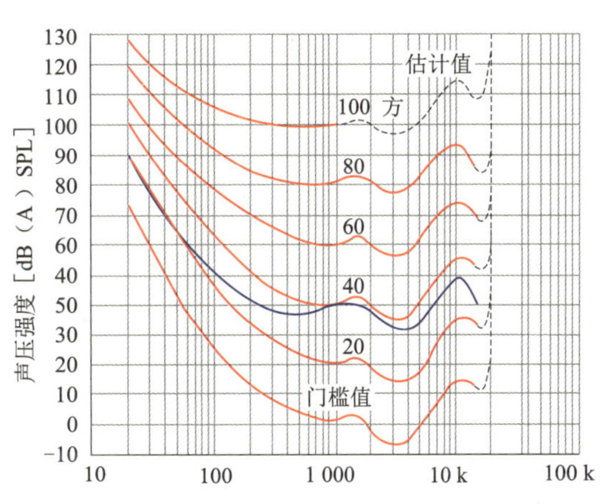

图 1-3 噪声等响曲线（红线）

注：ISO 226，2003 修订版，原 ISO 标准线 40 方（蓝线）。

在 20 世纪 30 年代，人们为了用仪器直接测出反映人对噪声的响度感觉，便从等响曲线中选取了 40 方、70 方、100 方这三条曲线，按这三条曲线的反曲线设计了由电阻、电容等电子器件组成的计权网络，设置在声级计上，使声级计分别具有 A、B、C 计权特性。因此在声学测量仪器中采用了频率计权网络装

置，目前有 A、B、C 三种频率计权网络，加权曲线如图 1-4 所示。

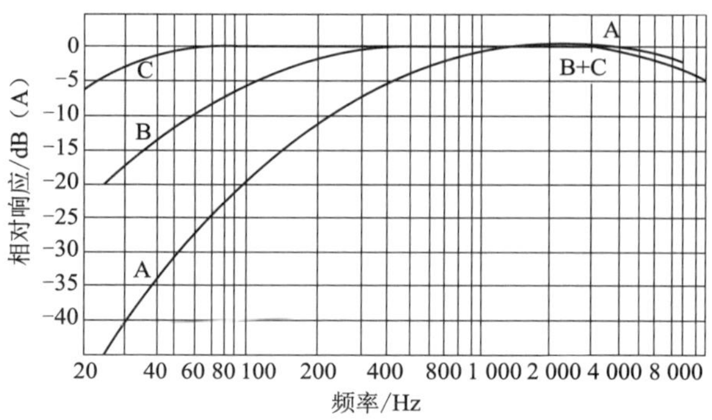

图 1-4　A、B、C 加权曲线

图 1-4 中，A 型计权网络装有与人耳有同样响应的滤波器。由 A 计权网络进行的声级测量称为 A 加权声级测量，单位为 dB(A)。大量试验表明，机动车辆噪声的主观评价和声级计的 A 计权网络读数有较好的相关性，所以对交通噪声通常都用 A 声级作为测量和评价的单位。如无特别说明，在研究铁路噪声中所用的噪声级单位均为 dB(A)。A 计权由于经过加权后的声音信号衰减非常符合人耳对声音的反应，而不是简单的对应于低频和高频，因此成为进行噪声测试分析时采用的最为广泛的声级计权。A 计权的曲线大概与 40 方的响度曲线相对应的反向曲线相似，A 网络模拟人耳对等响曲线 40 方纯音响应噪声计曲线形状。在具体数值计算时，采用的 A 加权值与频率函数关系式如式(1-9)所示(图 1-4 中的 A 曲线)。

$$W_A = 10\lg\left[\frac{1.562\,339f^4}{(f^2+107.652\,65^2)(f^2+737.862\,23^2)}\right] + 10\lg\left[\frac{2.242\,881\times10^{16}f^4}{(f^2+20.598\,997^2)^2(f^2+12\,194.22^2)^2}\right] \tag{1-9}$$

标准中的等效声级 L_{Aeq} 为规定时间内 A 声级的能量平均值，又称为连续 A 声级，单位为 dB(A)，计算式为

$$L_{Aeq} = 10\lg\left[\frac{1}{T}\int_0^T\frac{p^2(t)}{p_0^2}dt\right] \tag{1-10}$$

式中　$p(t)$——随时间变化的瞬时声压有效值(RMS)，Pa；

T——规定的测量时间长度，s；

p_0——基准声压，2×10^{-5} Pa。

当测量为采样测量，且采样时间间隔一定时，式(1-10)可表示为

$$L_{Aeq} = 10\lg\left(\frac{1}{n}\sum_{i=1}^{n}10^{0.1L_{Ai}}\right) \tag{1-11}$$

式中　L_{Ai}——t 时刻的瞬时声级，dB(A)；

n——规定的测量时间内的采样数。

对轮轨的振动和噪声的大量研究表明，在 0.5～2.5 kHz 频率范围内，振动和噪声为线性相关。在 0.5～1 kHz 频率钢轨是主要辐射体，在 1.25～2.5 kHz 频率轮轨双方都起显著作用。

《城市轨道交通列车噪声限值和测量方法》(GB 14892—2006)中，对噪声的声级计算做了规定，即在规定的时间内，某一连续稳态声的 A 计权声压，具有与时变的噪声相同的均方 A 计权声压，则这一连续稳态声的声级就是此时变噪声的等效声级。

由于噪声影响甚至损害人的健康，所以世界各国对环境噪声都有标准规定。按 ISO 的标准，90(或 85) dB(A)允许工作 8 h，而每超过 3 dB(A)，工作时间相应减半，在 96 dB(A)噪声区，只能工作 2 h。A 声级考虑了人耳对低频噪声敏感性差的频谱特性，对低频有较大的修改量，能够较好地反映人耳对各种噪声的主观评价，且易于测量，故广泛用于噪声计量中。在此基础上，进一步考虑噪声持续时间产生的影响，采用了等效连续 A 声级 L_{eq}来评价交通运输中产生的噪声。铁路噪声和道路交通噪声一样，L_{Aeq}也是优先的评价量。对于高速铁路，法国和日本采用 L_{Amax}，主要是由于每天行驶的车辆数目是不变的。某些欧洲国家对于铁路噪声的要求稍低于道路交通噪声，在瑞士，对于铁路噪声的限制至少放宽 5 dB(A)，如果每天通过的列车数目过少，则限制可放宽达 15 dB(A)。对于铁路噪声允许限制的放宽是根据广泛的社会调查结果确定的，在 L_{Aeq}数值相同时普遍认为铁路噪声的干扰比道路交通噪声要小。部分国家的铁路噪声法规和噪声标准见表 1-7。

表 1-7　部分国家的铁路噪声法规中对居住区的容许值和建筑物正面噪声级标准

国　家	评价指标	容许值类别	昼间/dB(A)	夜间/dB(A)	整天/dB(A)	建筑物正面噪声级/dB(A)
澳大利亚	L_{Aeq}	新建铁路线的指标	65 ~ 70	55 ~ 60		
丹麦	L_{Aeq}	新建铁路线的指标			60	63(24 h)
	L_{Amax}				85	88
法国	L_{Aeq}	降噪计划极限值	60			65 ~ 70(24 h)
	L_{Amax}	高速线极限值	65 ~ 75			
德国	$L_r = L_{Aeq} - 5$	新居住区指标	50 ~ 55	40 ~ 45		59(昼)
		新建和改造线极限值	59	49		49(夜)
荷兰	L_{Aeq}	新建铁路最佳值	60	50	55	60(24 h)
	L_{Aeq}	新建铁路最大值	73	63	68	50(23:00 ~ 7:00)
挪威	L_{Aeq}	新建铁路线的指标	55		60	60
	L_{Amax}			50		
瑞典	L_{Aeq}				60	
英国	L_{Aeq}	新建住宅指标	55	42		68(6:00 ~ 24:00)
		新建线隔声法规	68	63		63(6:00 ~ 24:00)
日本	L_{Amax}	新干线标准			70	

世界卫生组织(WHO)于 1993 年公布了为保护公众免受噪声干扰的标准。为使大多数人免受严重干扰，在户外生活区的稳态连续噪声 L_{Aeq}不能超过 55 dB(A)；为使大多数人免受中等程度的干扰，噪声 L_{Aeq}不能超过 50 dB(A)；夜间户外噪声 L_{Aeq}不能超过 45 dB(A)。各国参照 WHO 的标准并根据实情制定相关标准。

我国 1990 年 11 月颁布的《铁路边界噪声限值及其测量方法》(GB 12525—1990)中明确规定了铁路边界的噪声限值，即等效声级 L_{Aeq}为 70 dB(A)。由于轨道交通线路大部分穿越人口密集的城区，因此其噪声还必须符合《声环境质量标准》(GB 3096—2008)的限值。《声环境质量标准》中规定了城市五类区域的环境噪声最高限值，其标准值见表 1-8。

表 1-8　等效声级 L_{Aeq}

功能区类别		昼间/dB(A)	夜间/dB(A)
0 类,指康复疗养区等特别需要安静的区域		50	40
1 类,指以居民住宅、医疗卫生、文化教育、科研设计、行政办公为主要功能,需要保持安静的区域		55	45
2 类,指以商业金融、集市贸易为主要功能,或者居住、商业、工业混杂,需要维护住宅安静的区域		60	50
3 类,指以工业生产、仓储物流为主要功能,需要防止工业噪声对周围环境产生严重影响的区域		65	55
4 类,指交通干线两侧一定距离之内,需要防止交通噪声对周围环境产生严重影响的区域,包括 4a 类和 4b 类两种类型。4a 类为高速公路、一级公路、二级公路、城市快速路、城市主干路、城市次干路、城市轨道交通(地面段)、内河航道两侧区域;4b 类为铁路干线两侧区域	4a 类	70	55
	4b 类	70	60

1.4 轨道交通振动产生的因素

列车振动引起的环境振动,本质上是由于列车运行时,车轮与轨道间的相互作用而产生振动,即振源振动。振源振动是通过扣件、道床等传递至隧道结构,引起隧道结构及其周围岩土的振动,隧道周围岩土振动进一步传播,并通过建(构)筑物基础沿柱、墙等竖向构件传递至梁、地板等,从而引起临近隧道地面以及位于其上的仪器设备等的振动。

当列车通过时,如果轨面和车轮踏面绝对平顺,则轮轨之间振动极微(轮轨蠕滑生产的微振动),噪声也就处于极微弱状态。但是轨面和车轮踏面都存在各种类型的不平顺,列车通过时轨道结构和车体都会产生振动。轮轨表面越不平顺,轮轨的振动强度也就越大。从国内外的研究资料表明,噪声和振动是密切相关的,振动越大,则噪声也就越大,如图 1-5 所示。轨道交通列车通过引起的振动通过土体和工程结构物传递到建筑结构内,如图 1-6 为地下铁道列车通过时地面振动的传播路径,图 1-7 为城市高架轨道交通振动和噪声传播路径。

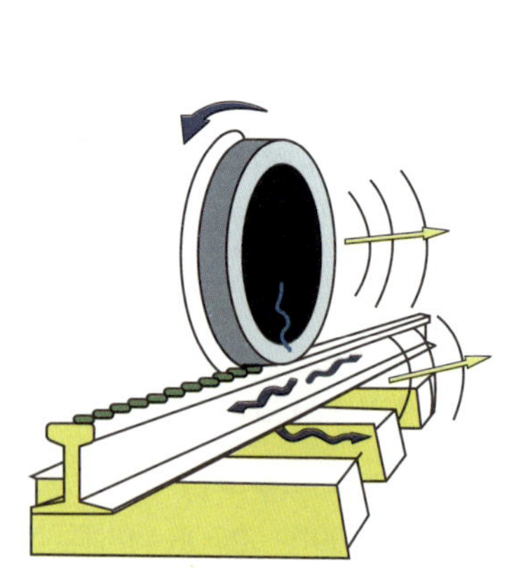

图 1-5　轮轨噪声示意

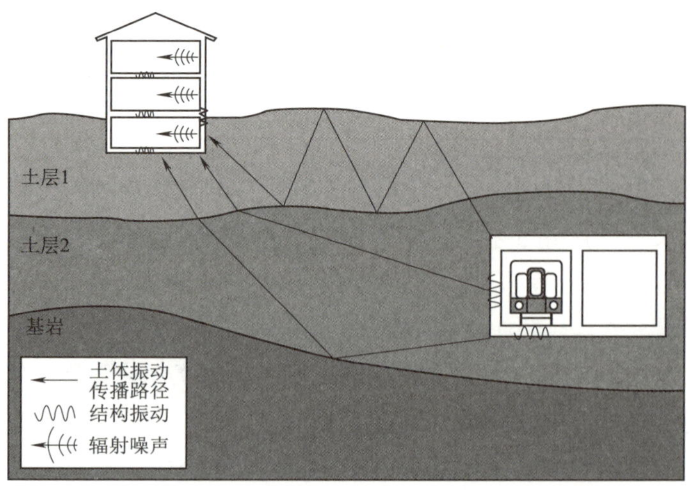

图 1-6　地铁列车引起房屋结构的振动及产生二次噪声

因此,列车运行引起环境振动的大小必然受到列车类型、轨道结构、隧道结构、岩土特性和隧道间距离等多种因素影响。人类认识的有限性和所述因素的复杂性,使得研究列车运行引起环境振动显得非常困难。目前,新建线路运营引起环境振动研究主要采取理论分析、现场试验测量和数值模拟等手段。其中,理论计算分析列车行进产生的振动主要包括车轮作用于轨道的动荷载的计算和建立由钢轨、轨道板、道床等组成系统的动力模型及计算求解。振动源的不同动力特性、不同传播介质、受体物的不同结构,对振动的影响也不一样,以下列出了各种因素对地面振动强度和二次噪声的影响程度。

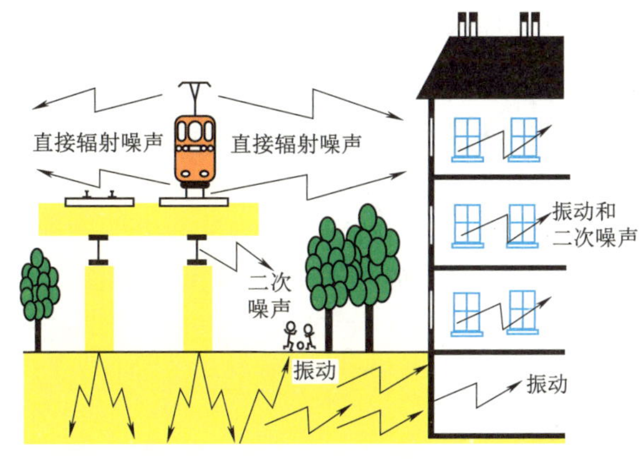

图1-7 高架轨道交通振动和噪声的传播路线示意

(1)车辆悬挂系统:如车辆悬挂系统刚度较大,则车辆激振动力就较大,一系悬挂的影响较为明显,二系悬挂的影响不明显。

(2)车轮类型和条件:采用充气橡胶轮胎能有效降低地面振动(如世界上有些城市轨道交通采用橡胶轮胎,钢轮只起到导向作用),城市轨道交通的一般钢车轮较硬,减振效果不明显。车轮踏面扁瘢和粗糙度是引起钢轨和钢轮系统振动的主要原因之一。

(3)轨面条件:轨面不平顺增大了地面振动,对轨面维修养护、提高轨面平顺度,是减小地面振动的有效方法之一。

(4)轨道支承系统:轨道支承系统的弹性条件是决定地面振动强度的主要原因之一。如钢轨与混凝土支承刚性接触,可产生较高的地面振动强度;采用弹性扣件、木枕、浮置板等弹性轨道结构,可有效地降低地面振动强度。

(5)列车速度:高速产生较高的地面振动强度,如速度翻倍,则地面振动强度可提高4~6 dB。

(6)重型结构:结构越重,振动强度越低,如轻型的钻孔隧道产生的地面振动要比混凝土灌注的矩形隧道的大。

(7)振源深度:从振动特性可知,埋得较深的地下铁道,地面振动的强度就较低。

轨道交通的振动控制分主动控制和被动控制,主动控制是降低振源强度,被动控制是隔断振动的传播路径。

1.5 主动减振降噪措施

轨道交通列车运行引起的振动主要原因是由于车辆悬挂系统的相对运动。引起振动的车辆因素有车轮质量偏心、车轮踏面擦伤扁疤、车轮不圆顺、车辆轴承、构架缺陷等,轨道的因素有轨面不平顺、轨面缺陷掉块、焊接接头不平顺、普通有缝接头、轨下基础缺陷等。主动减振降噪措施主要是优化车辆和轨道的动力参数,减少车辆和轨道结构的病害,从而降低振动噪声源的辐射强度。

1.5.1 车辆因素

城市轨道交通车辆分 A、B、C 三种类型,车型宽分别为3.0 m、2.8 m 和2.6 m,轴重分别为 16 t、14 t 和 10 ~ 11 t。由于 A 型车有较大的运能,目前重要线路的轨道交通中大多采用 A 型车。各种类型车辆的转向架也有较大的差别,图 1-8 是一种常用的轨道交通 A 型车的转向架。

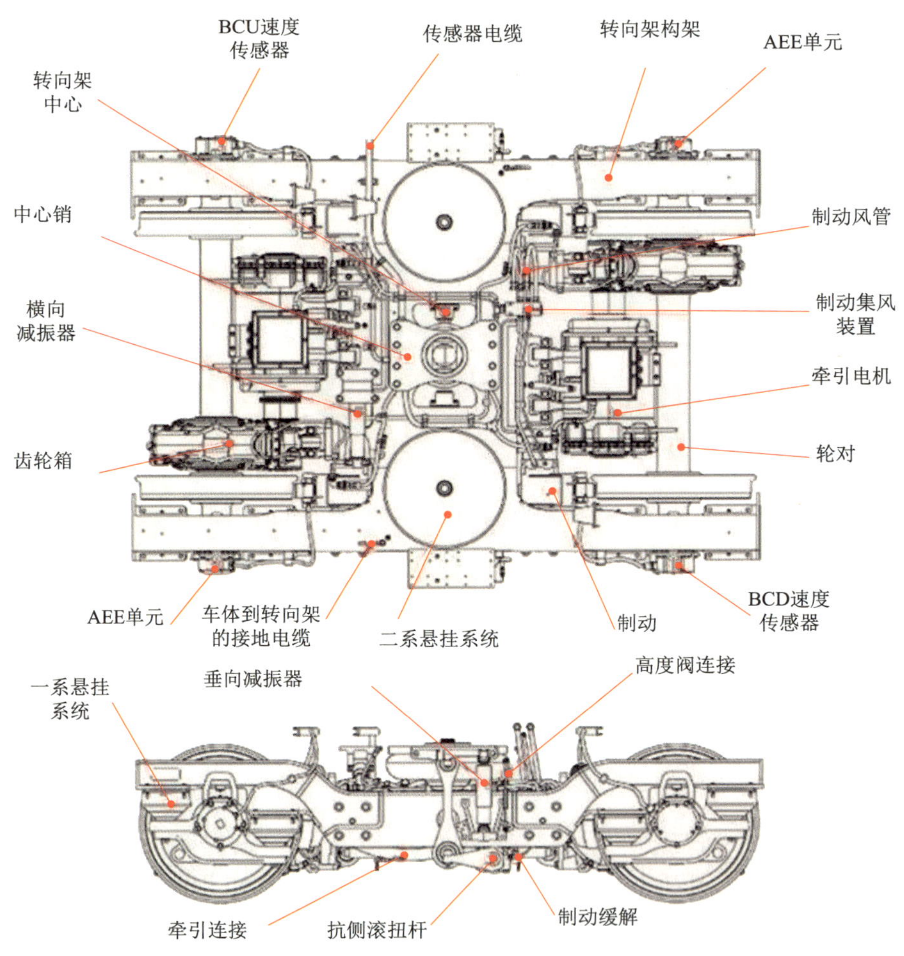

图 1-8 轨道交通车辆转向架

轨道交通车辆转向架一般都有二系悬挂系统。车辆的悬挂系统、转向架结构形式、动力驱动方式等对轮轨振动有较大的影响。一系悬挂系统采用人字或锥形金属橡胶堆弹簧的车辆在 12 ~ 31 Hz 范围内的振动较低,可减小噪声 10 ~ 15 dB。一系悬挂系统可有效缓和来自轨道各种不平顺冲击的振动,从而提高车辆乘坐的舒适性,同时一系悬挂对轮对轴箱进行弹性定位,使得车辆转向架既能保证列车在直线上运行的稳定性,又能使得转向架更加顺利地通过曲线,降低轮缘与钢轨侧面的摩擦力和轮缘、钢轨侧面磨损,减小摩擦振动。车辆的悬挂系统较为成熟,一个轮对轴箱件(一个轮对两个轴箱)上安装一对一系悬挂锥形金属橡胶堆弹簧,以给转向架提供纵向、横向和垂向弹性,目前一系金属橡胶锥形堆的弹簧有多种型号,承载力从 16 ~ 120 kN 不等,轴向位移可达 12 ~ 100 mm,在世界各国的轨道交通得到了广泛的应用。

常规车辆转向架的两个轮对轴线是平行固定的,径向转向架的设计关键是当车辆通过曲线时,两个轮轴能自动调整其相对位置,保证轮对的轴线方向在曲线的径向位置上,减小轮轨冲击角,以使得转向架能顺利通过曲线,同时要保证列车直线运行时,车辆不发生蛇行运动。轨道交通车辆采用径向转向架可有效地降低列车通过曲线时的轮轨之间的摩擦啸叫声,普通转向架和径向转向架通过曲线时的状态差别如图 1-9 所示。

为了减小轮轨噪声和振动,有些城市的轨道交通车辆中采用直线电机(LIM)驱动。直线电机驱动车辆不再利用轮轨之间的黏着力,而是利用线性电机的定子—转子系统的电磁特性驱动,如图 1-10 所示。由于车轮只起到支承和导向作用,轮轨间不传递牵引力和制动力,只传递很少一部分机械动力,不需要防空转和防滑的控制,减少了轮轨的擦伤,降低了轮轨振动和噪声。

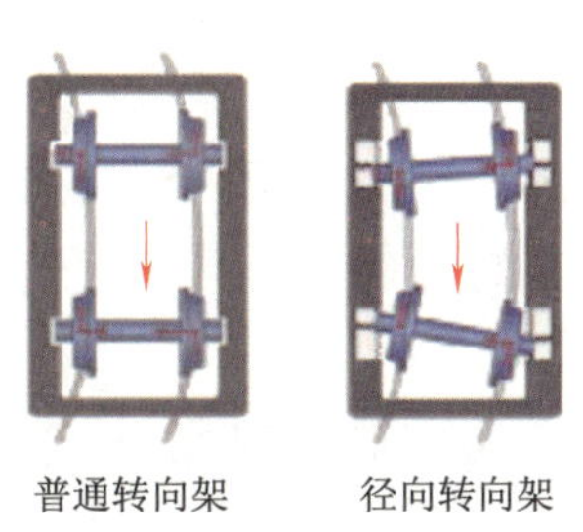

图 1-9　普通和径向转向架通过曲线的轮轴位置

图 1-10　直线电机的车辆和轨道

车轮是列车行驶时主要的振动和噪声源,轮轨相互作用产生的振动和噪声可分为直线轨道上轮轨滚动噪声、曲线轨道上的轮轨啸叫噪声及轨道不平顺的轮轨冲击噪声。国内外的铁路和轨道交通部门研制了弹性车轮和阻尼车轮,以降低轮轨振动和噪声源的强度。弹性车轮在轮辋和轮辐间设置弹性层、环状阻尼器、吸振器等,如图 1-11 所示。弹性车轮较多用于城市轨道交通以降低轮轨啸叫声,但对于半径小于 300 m 的曲线,弹性车轮不能消除轮轨的啸叫声。由于弹性车轮是在轮辋和车轮辐板之间安装有黏弹材料的弹性元件,列车运行时,轮对的稳定性下降,故弹性车轮现只用于轴重较轻、速度较低的轻轨线路上,还没有在轴重较大和速度较高的轨道交通线路上使用。锥形车轮踏面、纵向一系悬挂弹簧及自导向转向架等可控制车轮的啸叫声,在城市轨道交通中也得到了较多应用。

图 1-11 阻尼吸振车轮

利用干润滑棒和喷油润滑可控制轮轨间摩擦系数，抑制轨面波磨的形成和增长，可使轮轨噪声降低达 10 dB(A)。干润滑棒将润滑材料(high positive friction，HPF)涂于车轮踏面上提高轮轨之间的黏着系数，减小轮轨之间的黏着负阻尼，从而减小轮轨啸叫声。此外，车轮轮缘上用低摩擦系数的润滑棒(low friction coefficient，LFC)，以减小轮缘和钢轨侧面的磨耗，同时降低轮缘的摩擦噪声。

车辆通过曲线时，锥形踏面车轮可提供较大的内外轮轮径差，可减小轮轨之间的纵向滑动。对曲线钢轨进行非对称打磨，也可起到增大内外轮轮径差的作用。但是如果转向架的一系弹簧纵向刚度过大，使得转向架前后轮对的轴线在通过曲线时仍保持平行状态而不能尽量将轴线调整到曲线的径向位置上，则轮对的横向滑动在所难免。所以，锥形踏面车轮、钢轨不对称打磨、降低转向架一系弹簧的纵向刚度这三项措施也有利于降低轮轨啸叫声。自导向转向架能使轮对处于径向位置，但如果车轮踏锥度不足，轮对通过曲线时仍会产生纵向滑动。在曲线内轨安装护轨可使得一轮对的外轮轮缘不与钢轨侧面接触，可减小轮轨之间的啸叫声，同时减小曲线钢轨侧磨。

列车运行过程中，当车辆轮对制动或空转，特别是车轮被闸瓦抱死时，车轮踏面极易擦伤而形成扁疤[3]。车轮扁疤是车轮踏面常见的损伤类型。列车运行过程中，车轮扁疤对轨面产生周期性的冲击作用，从而对车辆、轨道产生冲击力和振动，危害极大。但新擦伤车轮的扁疤边缘不圆顺，扁疤长度为 L_n，而经过一段时间运行后，边缘被圆顺，扁疤长度变长，为 L_0，如图 1-12 所示。理论分析表明，旧扁疤对轮轨冲击的影响更大，且新扁疤的存续时间较短，故一般理论计算时，考虑用旧扁疤进行计算。当车轮踏面存在扁疤，运行时就产生轮轨冲击力 P_1 和 P_2，波形如图 1-13 所示(P_1 和 P_2 的特点参考有关文献)。轮轨冲击力的大小由扁疤长度和列车速度决定，同样扁疤长度，列车速度越高，轮轨冲击力越大，如图 1-14 所示。当速度大于临界速度时，车轮扁疤就会腾空通过，轮轨冲击力与列车速度关系不大，但一般城市轨道交通的列车速度都低于列车的临界速度，所以轮轨冲击力是随速度提高而提高的，当然 P_1 和 P_2 的增大趋势是不同的。

车轮踏面除了扁疤外，尚有踏面波浪形不圆顺、椭圆形不圆顺、轮辋偏心、车轮质心偏心等。列车运行时，这些车轮不良状态都会产生轮轨冲击。所以，为了减少列车运行时轮轨冲击引起的轮轨力和振动，车轮圆顺度处于良好状态是必不可少的。

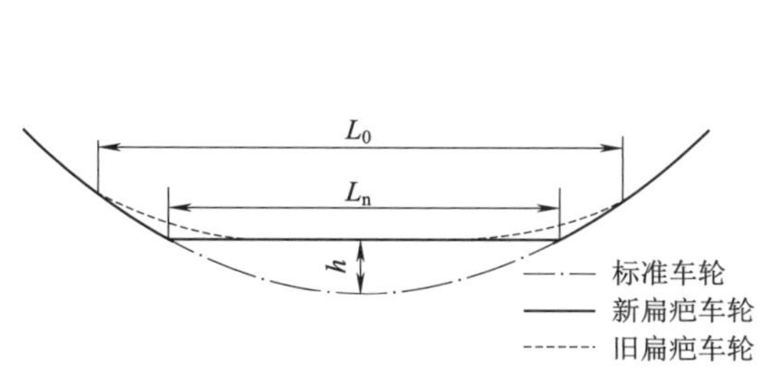

图 1-12 车轮的新旧扁疤形状

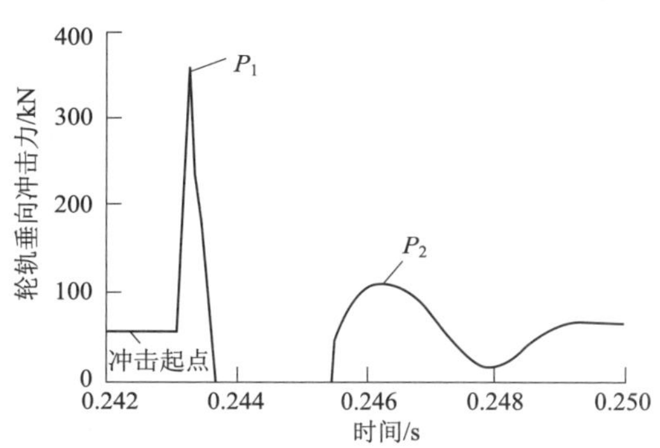

图 1-13 轮轨冲击、P_1 和 P_2 随时间变化关系

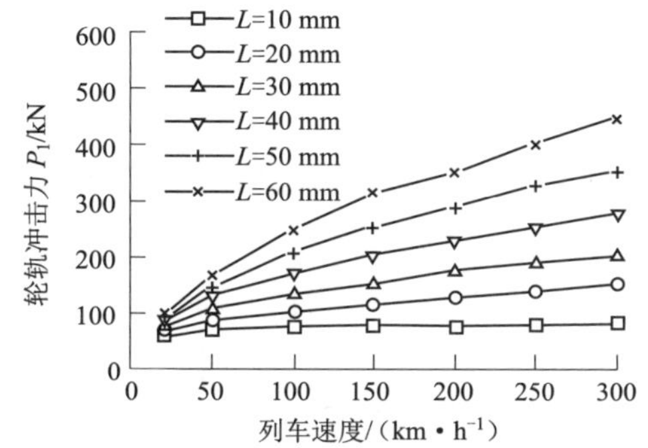

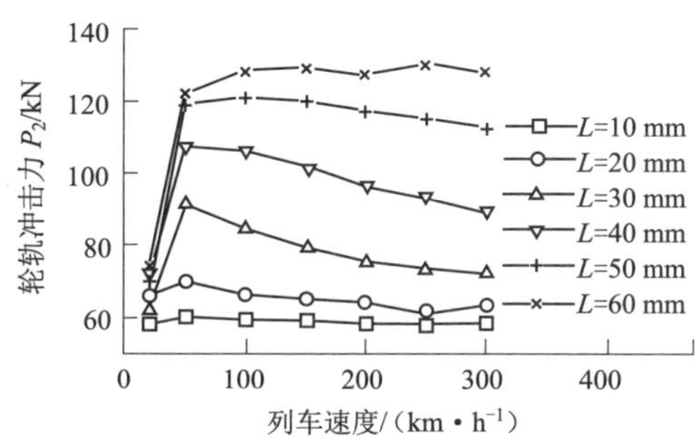

图 1-14 列车速度对 P_1 和 P_2 的影响(旧扁疤计算,L 为扁疤长度)

1.5.2 轨道因素

所有的轨面缺陷如钢轨焊接头、普通钢轨接头、轨面剥离掉块、轨面擦伤、波浪形磨耗及轨道几何形位偏差等,都会引起轮轨之间的动力作用增大和车辆、轨道结构的激振。

轨道不平顺不仅幅值和波长的变化范围大,而且影响也各不相同。短波不平顺可能引起簧下质量与钢轨间的冲击振动,产生很大的轮轨作用力。周期性成分可能引起机车车辆的谐振,而中、长波尤其是敏感波长成分常常是引起车体产生较大振动、降低车辆运行舒适度的重要原因。

随机性轨道不平顺的波长范围很宽,0.01~200 m 波长的不平顺均常见。轨道不平顺分为轨道几何形位不平顺和轨面不平顺。对于钢轨焊接接头、轨面剥离掉块擦伤等都可纳入轨面不平顺范畴。

波长 30~200 m,波幅 1~60 mm,此波段多由道床及路基不均匀沉降、路基施工过程中形成的先天性不平顺、桥梁动挠度、隧道头尾刚度差异等形成。200 m 以上更长的长波多为地形起伏、线路坡度变化等形成。此波长范围的不平顺主要影响快速、高速列车振动舒适性。对于城市轨道交通,40 m 以上的波长对列车运行的舒适性影响不大。

波长 3.5~30 m,波幅 1~40 mm,此波段主要由道床路基的不均匀残余变形、各部件间的间隙不等、道床弹性不均匀、焊头形成的以轨长为基波的复杂周期波成分,以及桥、隧头尾、涵洞等轨道刚度突变和桥梁动挠度等形成。此波段的不平顺主要影响轮轨动作用力，噪声、安全、平稳、舒适性，运营成本费（高速时影响大增）。

波长 1 ~3.5 m，波幅 0.1 ~2.0 mm，此波段主要是新轨的轨身不平顺，主要对列车的动力作用和行车舒适度产生影响。

波长 1 m 以下，波幅 0.1 ~1.0 mm，此波段属轨面不平顺，主要由钢轨接头焊缝、不均匀磨耗、轨头擦伤、剥离掉块、波浪和波纹磨耗以及轨枕间距等因素形成。一般认为，波长 1 m 以上的称为轨道几何形位不平顺，其轨头和轨底上下起伏平行变化。波长 1 m 以下的称为轨面不平顺，轨面上下起伏变化，轨底不随轨面上下起伏变化。轨面粗糙度是一种小波长的轨面不平顺，其波长在几毫米以内，会影响轮轨接触斑的连续性。

理论分析表明，轨道几何形位不平顺对行车平稳性和安全性有较大的影响，轨面不平顺对轮轨动力作用有较大的影响，轨面粗糙度对轮轨滚动噪声有较大的影响。三种不平顺都是列车运行时的激振因素，但激振的频率范围不同。

当不平顺波长和行车速度一定时，幅值越大，所引起的车辆振动和轮轨作用力等响应也越大。当轨道不平顺幅值和行车速度一定时，波长越长影响越小，非线性递减，但敏感波长、周期性的谐振波长影响大。当轨道不平顺幅值和波长一定时，速度越高影响越大，非线性递增。

1. 轨道几何形位不平顺的测量与分析

轨道几何形位不平顺，也统称轨道不平顺，是影响车辆运行平稳性的主要因素之一。轨道不平顺可用轨道几何形位检测车（简称轨检车）测量，轨检车采用的检测系统是基于惯性基准法的原理，测试内容有左轨向、右轨向、左高低、右高低、轨距、水平和三角坑七项指标。轨检车测得的左右轨向、左右高低空间域函数如图 1-15 所示。我国轨检车（以GJ-5 轨检车为例）的数据采样间距为 250 mm，而美国 ENSCO 公司 T10 系列轨检车，其数据采样间隔为1 ft（304.8 mm），所以不管采用何种类型的轨检车，其最短的轨道不平顺检测波长为都在 1 m 左右。不同的轨检车，能检测的最大波长也各不相同，一般是 40 m 以上，对于高速铁路的轨检车，由于长波长轨道不平顺也影响到列车运行的平稳性，故要求能检测到更长波长的轨道不平顺。

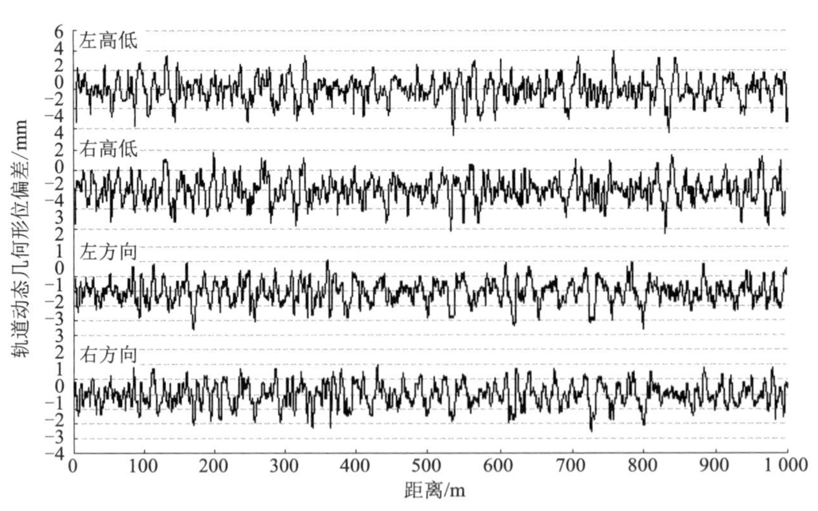

图 1-15　轨检车测得的轨道四项几何形位空间域函数

将轨检车测得的轨道不平顺空间域函数进行功率谱分析，由于轨道不平顺在不同波长的能量变化较大，故谱线并不光滑，为了进行轨道不平顺的谱分析，需要对谱线进行拟合，拟合结果如图 1-16 所示。

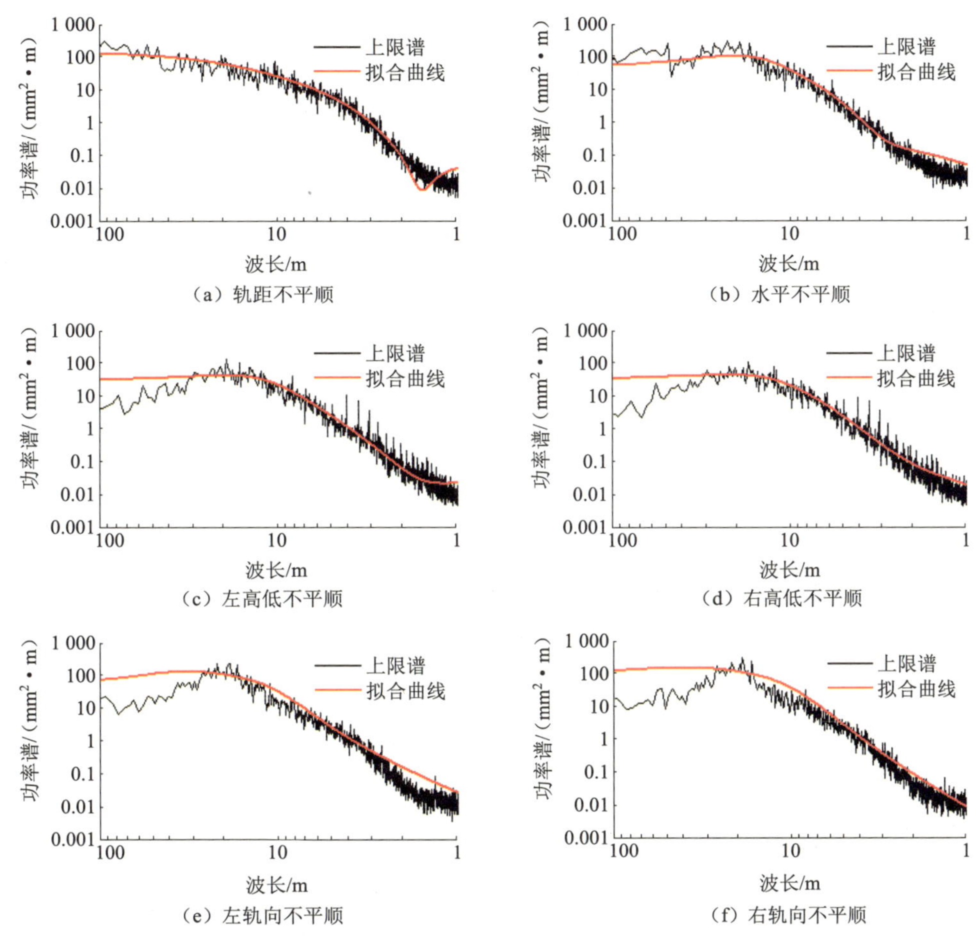

图 1-16　轨道几何形位不平顺谱及其拟合曲线

为分析轨道不平顺状态的优劣，一般是将拟合谱与标准谱进行比较，如图 1-17 所示，如拟合谱值大于标准谱值，则说明轨道不平顺劣于标准状态，如小于标准谱值，则轨道不平顺优于标准状态。

图 1-16 和图 1-17 的波长范围是 1 ~ 100 m，实际情况是最长轨道不平顺波长的有效谱由轨检车的测量性能确定，最短波长为 1 m 左右，1 m 以下属于轨面不平顺范畴。

2. 轨面不平顺的测量与分析

轨面不平顺是引起轮轨冲击力和轨道结构振动的主要因素之一。车辆运行在轨面平顺性不良地段的轮轨力和振动加速度，比运行在轨面良好地段的增大 1.5 ~ 3.0 倍以上。钢轨表面不平顺有谐波不平顺，单独不平顺，不等波长不平顺等，而钢轨波磨(corrugation)是典型的周期性轨面不平顺，如图 1-18 所示。

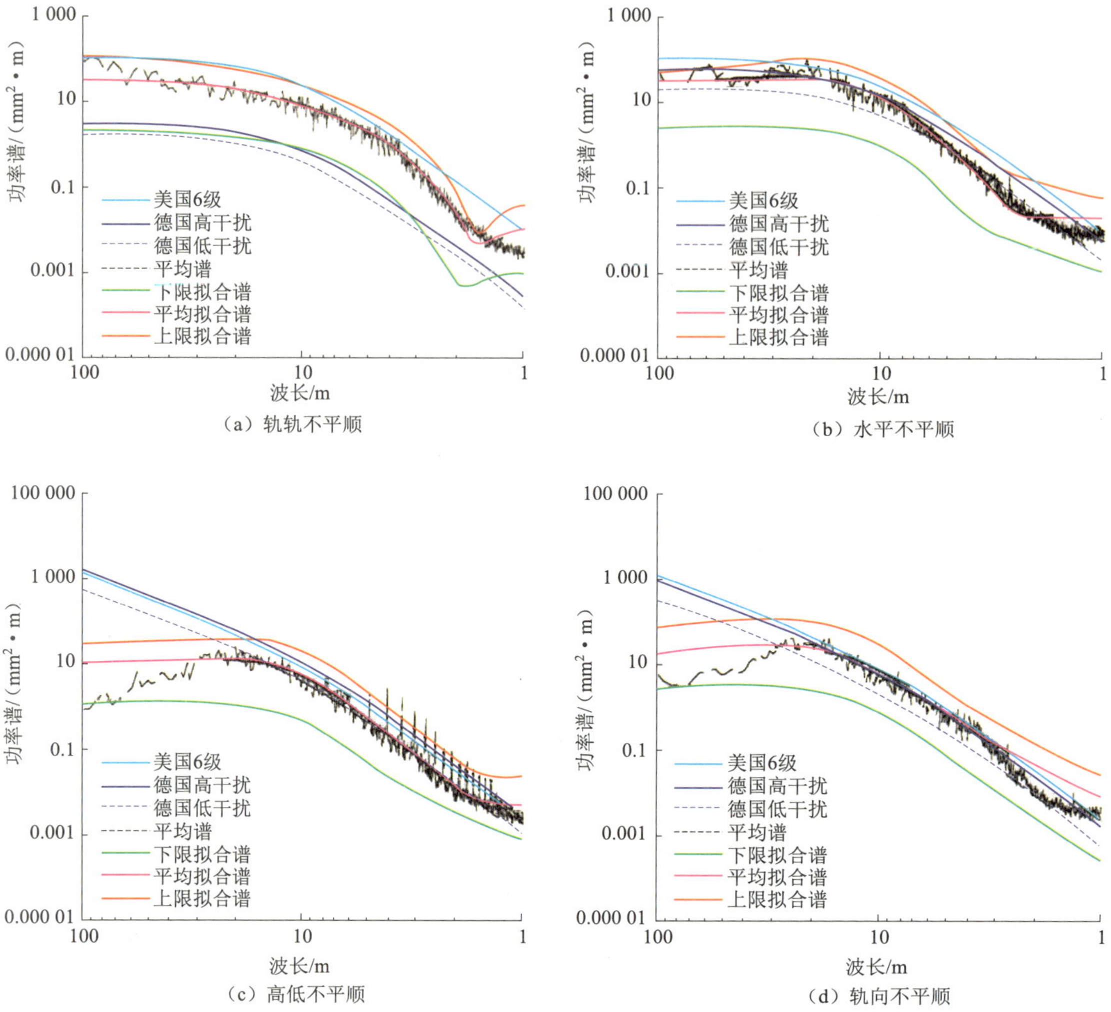

（a）轨轨不平顺

（b）水平不平顺

（c）高低不平顺

（d）轨向不平顺

图 1-17　轨道不平顺拟合谱与标准谱的比较

轨面不平顺一般用轨面不平顺测量仪和轨面平直仪（长 1 m）测量，目前国内外使用的轨面不平顺测量仪类型较多，其采样点间距一般为 2 mm，即采样频率为每米 500 个点，故可分析 10 mm 左右波长的轨面不平顺。测得的空间域随机函数如图 1-19 所示，图中的尖峰是钢轨焊接接头处的轨面不平顺，两尖峰的间隔为 25 m。钢轨焊接接头区的轨面不平顺要明显高以于非接头区。

图 1-18　典型的钢轨表面波磨图

轨面平直仪长度为 1 m，测量点数 200 点，也即采样间点距 5 mm，一般轨面平直仪较多用于测量钢轨焊接接头的平顺度，对于普通线路轨面平顺度的测量效率较低，且前后段测得的数据无法衔接。

分析轨面不平顺的优劣，一般用 1/3 倍频程谱，其标准是欧洲的 ISO 3095 轨面不平顺谱。轨道交通钢轨焊接接头区（接头前后各 1.5 m）的轨面不平顺 1/3 倍频程谱如图 1-20所示，从图可知，轨道交通钢轨接头区的轨面不平顺 1/3 倍频程谱大于标准谱较多，说明接头区的轨面平顺性较差。大量的统计分析表明，城市轨道交通轨道的轨面不平顺 1/3 倍频程谱明显大于 ISO 3095 标准，而高速铁路的则小于 ISO 3095 标准。由于轨面不平顺数据测量时，采样距离间隔为 2 mm，故能分析的轨面不平顺最短波长为 10 mm，图 1-20 中10 mm 以下的波长为谱值为零，也即轨面不平顺的分析波长为 10 ~ 1 000 mm，10 mm 以下的波长由轨面粗糙度分析。

需要强调的是，轨面不平顺不同于轨道几何形位不平顺，在轨头宽度 70 ~ 75 mm 范围内，不同位置测得的轨面不平顺数值差异较大，在一般测量中，是以钢轨中心线附近 10 mm 范围内测得的数据作为名义值。

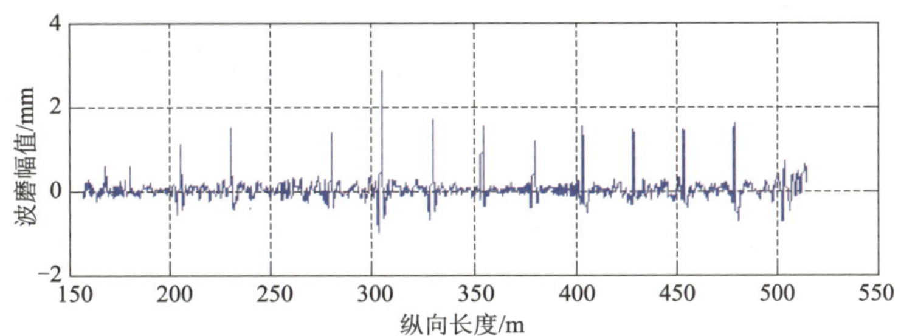

图 1-19　轨面不平顺测量仪测得的轨面不平顺空间域函数

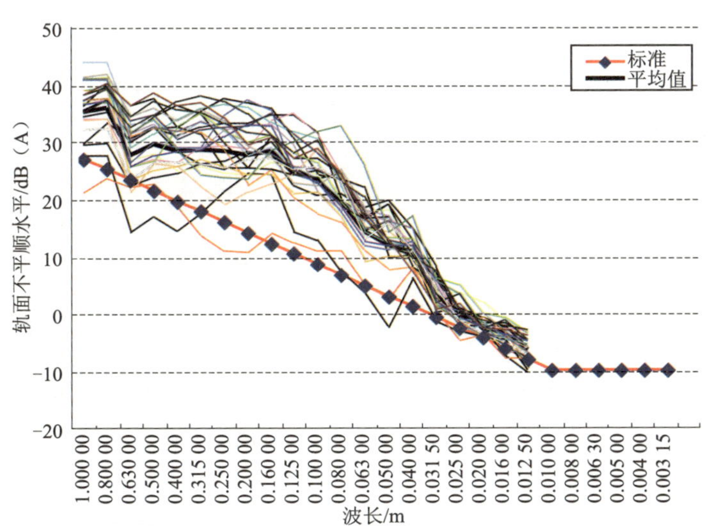

图 1-20　钢轨接头区的轨面不平顺 1/3 倍频程谱

3. 轨面粗糙度的测量与分析

波长几毫米，最小波深在 0.001 mm 以下的称为轨面粗糙度。由于轨面粗糙度对列车运行的平稳性和安全性影响较小，故目前对此的研究要弱于轨道不平顺和轨面不平顺。轨面粗糙度主要造成轮轨接触斑不连续（轮轨接触斑长度一般 5 ~ 10 mm），使得列车通过时产生隆隆噪声，在对噪声敏感地区，往往要对轨面粗糙度进行控制。

国外将此粗糙度称为声学粗糙度，主要是考虑到此波长范围的轨面粗糙度只对轮轨噪声产生影响。目前，我国铁路和城市轨道交通尚未对轨面粗糙度进行深入研究，对于测量工具，应用得较多的是德国 Müller-BBM 公司生产的 mbbmRM1200 轨面粗糙度测量仪。此仪器安装在轨头进行测量时，可一次在轨头横截面上自动测量 20 条轨面粗糙度，范围为钢轨中心线附近 60 mm。该仪器长度 1 200 mm，采样点间距 0.5 mm，检测最短波长 2 mm，其评价也用 ISO 3095 标准 1/3 倍频中谱线短波部分。

4. 钢轨焊接接头受力分析

焊接接头、轨面擦伤、剥离掉块等都称为轨面单独不平顺，有时也存在 1 m 范围内周期性不平顺，但范围较短，也纳入单独不平顺。以钢轨焊接接头为例，由于焊接区的钢质密度、硬度、金相组织等与钢轨母材有一定的差异，故在轮载碾压下，焊缝与前后钢轨的变形不一致，从而导致轨面不平顺。图 1-21 是一个合金钢轨的焊接接头，其焊接部的硬度也要比母材的硬度低，采用回火处理后，硬度有所提高，但与母材仍有差距。

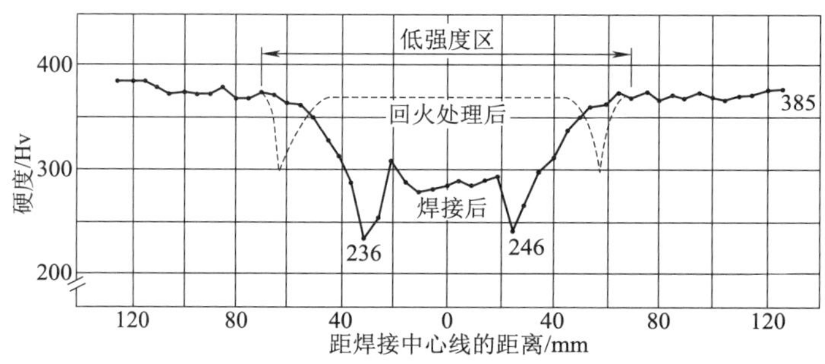

图 1-21　气压焊焊接区硬度（热处理珠光体钢轨）

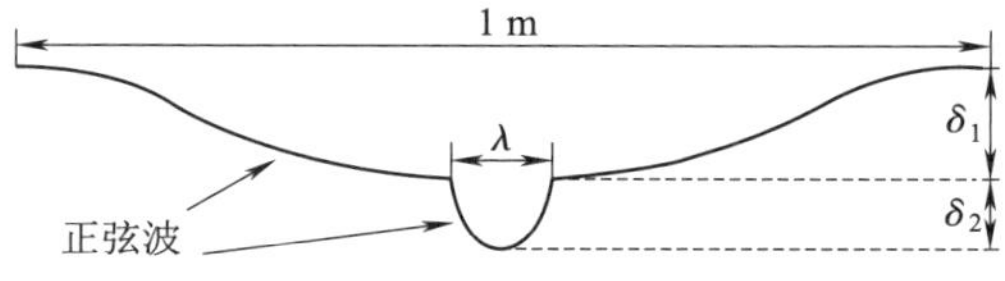

图 1-22　焊接接头不平顺常见形式

钢轨焊接接头不平顺有凸型和凹型，但以凹型为主。钢轨焊接接头常见的凹型不平顺形式如图 1-22 所示。这种常见的不平顺形式可以分成两个部分，分别是焊接部分的低凹不平顺和焊缝附近的低接头不平顺，两者都近似采用正弦波的形式叠加，实际上是将焊缝不平顺两种形式进行了叠加。其中，λ 取值为 0.1 m、0.15 m、和 0.2 m；δ_1 的取值范围是 0.1 ~ 0.8 mm，δ_2 的取值范围是 0.1 ~ 0.6 mm。

需要指出的是，当谐波不平顺的波长极短时，此时谐波不平顺引起的轮轨冲击效果更接近于脉冲型激扰源产生的轮轨作用，图 1-23 是以普通货车为参数得到的谐波/脉冲作用域图，从图中可以看出，波长极短的情况下，谐波不平顺事实上将成为脉冲型激扰源。

图 1-24 是焊接接头不平顺 δ_1 = 0.5 mm 时仿真计算列车 160 km/h 通过钢轨焊接接头时的轮轨力。图 1-24 与图 1-13 车轮踏面扁疤引起的轮轨冲击荷载相似，但车轮第一次冲击后至第二次冲击，轮轨之间没有脱离，也即轮轨始终处于接触状态。计算结果表明，列

车速度不变，δ_1 越大，P_1 和 P_2 越大；δ_1 不变，列车速度越高，P_1 和 P_2 也越大，两者基本都成线性增大。

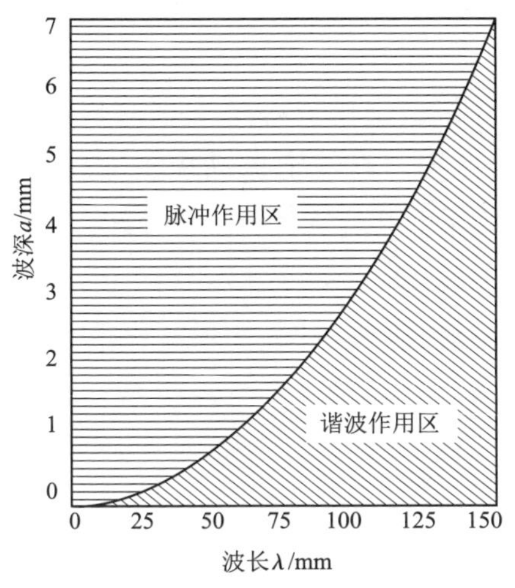

图 1-23　极短波长谐波不平顺的脉冲作用域

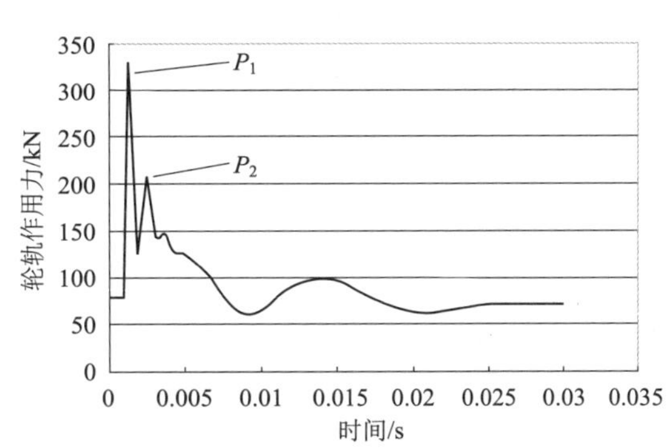

图 1-24　0.5 mm 不平顺时的 P_1 和 P_2（v = 160 km/h）

5. 打磨钢轨提高轨面平顺度

提高轨面平顺性可有效降低轮轨之间的动力作用和激振源的强度，也是主动减振的主要方法。有关资料表明，即使是处于钢轨波磨初期，噪声也要增大 6 dB(A)左右。根据钢轨状态，钢轨打磨可降低噪声达 10 ~ 12 dB(A)，降低振动 5 ~ 10 dB。

钢轨打磨是提高轨面平顺性的最有效方法。钢轨打磨是利用砂轮或铣刀对钢轨表面进行磨削的技术，分为小型机具的人工打磨和使用打磨、铣磨列车的大机作业。

打磨目的主要是清除钢轨表面已经发生疲劳的金属层，阻断微裂纹向钢轨深处发展；改善钢轨横向廓形，恢复与车轮形面良好匹配，得到接触应力较小的钢轨型面；消除纵向的轨面不平顺（如波磨），实现钢轨表面良好的滚动表面；增加坡道上钢轨的表面粗糙度和黏着系数；降低轮轨滚动噪声等。研究表明，钢轨打磨可有效延长钢轨的使用寿命。

钢轨打磨在许多铁路上都是钢轨维修养护标准化手段，其正面作用毋庸置疑，钢轨打磨主要应用在以下几方面：

(1)校正钢轨纵向形状：去除短波长波磨；

(2)校正钢轨横截面廓形：消除轨头扁平、塑性流动；

(3)去除钢轨表面伤损：道砟压痕、焊接接头不平顺；

(4)轨面疲劳层控制：周期性打磨去除轨面疲劳层，特殊的轨头形状；

(5)降噪打磨：去除波磨，平滑轨面；

(6)轨头特形打磨（非对称打磨）：减缓曲线外轨侧磨，提高车辆运行稳定性，降低轨头疲劳损伤。

1.6 轨道结构被动减振降噪措施

近几年来,研究人员在轨道结构减振方面做了大量研究,出现了许多类型的减振隔振轨道结构部件,在轨道交通减振降噪方面起到了积极的作用。在轨道振动控制工程中,轨道减振措施根据减振效果进行分类,分为:一般减振,减振效果 3 ~ 5 dB;中等减振,减振效果 5 ~ 10 dB;高等减振,减振效果 10 ~ 15 dB;和特殊减振,减振效果 15 dB 以上,甚至达 20 dB。按照弹性部件使用位置不同,可分为钢轨振动控制、轨下减振、枕下减振和道床下减振四大类。不同的减振效果,其工程成本也相差很大。

1.6.1 钢轨振动和噪声辐射控制

钢轨作为铁路噪声的主要声源之一,控制钢轨振动的措施主要包括钢轨重型化、无缝化和钢轨轨面平整度维修等,轨道减振领域中针对钢轨减振的主要措施包括埋入式钢轨、阻尼钢轨以及钢轨动力吸振器等。

阻尼减振型钢轨是通过在轨腰和钢轨下翼缘处粘贴阻尼材料,如图 1-25 所示,并在阻尼材料外侧粘贴约束材料,是一种成本较低且安装简便的降噪措施。由于材料的约束作用,当阻尼层随着钢轨产生弯曲振动时,阻尼层产生剪切变形消耗振动能量,从而抑制钢轨振动和噪声辐射。阻尼钢轨对钢轨的振动有较明显的抑制效果,特别是有效地降低钢轨的高频振动和噪声辐射。试验结果表明,在钢轨表面安装复合阻尼板(利用阻尼材料和板材制成)后,钢轨的振动加速度峰值降低可达到 6 ~ 7 dB。但钢轨安装阻尼材料对轨道的下部道床板和基底的振动抑制并不明显。阻尼钢轨对钢轨的实际减振效果取决于阻尼层和约束层的厚度、阻尼损耗因子和约束层材质硬度等。青岛科而泰公司在普通阻尼钢轨结构的基础上,开发了迷宫式约束阻尼钢轨,可以有效增大阻尼材料的工作面积,增强阻尼钢轨的减振降噪效果,如图 1-26 所示。单层约束的阻尼钢轨减振降噪效果有限,主要应用于中低速铁路,因此,由多个阻尼层和约束层组成的多层约束阻尼钢轨开始得到研究应用。多层约束阻尼钢轨具备优于单层约束阻尼钢轨的减振降噪效果,可以有效降低钢轨轨腰的动态响应,但对轨底的减振效果并不明显。

钢轨动力吸振器是由振动质量块及弹性阻尼材料组合构成的质量阻尼调谐器,并粘贴于钢轨轨腰两侧,如图 1-27 所示。通过适当选择钢轨动力吸振器的质量及刚度等参数,可以对钢轨在一定频段内的振动起明显的抑制作用。基于钢轨吸振器对钢轨振动的抑制有明显的效果,从吸振器的设计形状入手改进出新型的钢轨动力吸振器,如钢轨波导吸振器,在钢轨两侧对称设置两个橡胶件,并将质量块硫化于各橡胶件内部,各橡胶件与钢轨接触的部分做成曲面,可以与钢轨的轨腰曲线紧密贴合。波导吸振器适用于城市轨道交通高架桥、地铁和铁路车辆段、高速铁路上等地段，可实现高于 3 dB 的减振降噪效果。也有将吸振器质量块通过弹性元件粘结于钢轨轨底，并通过自锁式弹夹沿钢轨垂直方向穿越吸振器元件后夹在钢轨两端的侧沿，将吸振器元件锁紧于钢轨底部，从而形成钢轨轨底吸振器。

图 1-25　单层阻尼钢轨

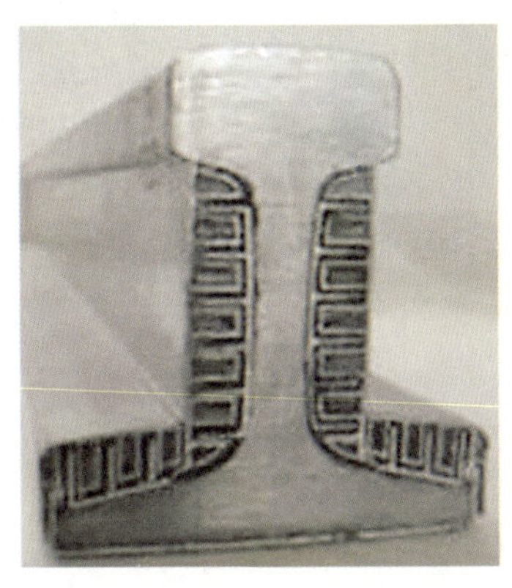

图 1-26　迷宫式约束阻尼钢轨

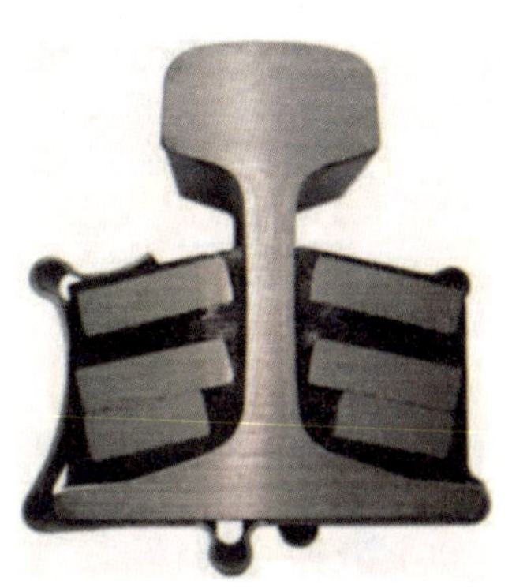

图 1-27　质量阻尼调谐器

钢轨吸振阻尼器的种类很多，包括单点钢轨吸振器、长条状钢轨吸振器以及迷宫式约束阻尼钢轨吸振器、调频式钢轨吸振器（TRD）等，如图 1-28 所示。这些措施主要抑制钢轨本身的振动及轨腰的辐射噪声，各措施的有效频段因吸振器结构和阻尼材料的不同而不同。这种类型的吸振器有时其自身的振动也会产生噪声，所以在使用时要经过充分考虑和评判，才能使其发挥最好的效能。

图 1-28　钢轨吸振器

埋入式钢轨是直接把钢轨埋置于混凝土或轨枕板的钢轨槽内。埋入式钢轨最大的特点是钢轨连续支承，不同于传统的间隔式点支承，如图 1-29 所示。由于钢轨周围由弹性材料包裹，所埋入材料可将部分轮轨振动的能量转化为热能并吸收，明显降低了钢轨的辐射噪声。其中，荷兰 Edilon 公司所研制的埋置式轨道结构由于在钢轨周围使用了 Edilon corkelast 材料，取得了较好的隔振和隔声效果，且自使用以来养护维修工作量很少。

Edilon埋入式钢轨

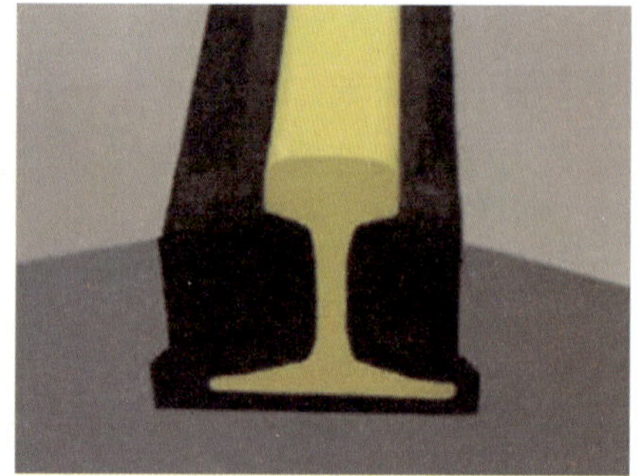

PREFA埋入式钢轨

图 1-29　埋入式钢轨

1.6.2　轨下减振

轨下减振主要指通过扣件和轨下垫板动力性能的优化，达到减振降噪的目的。扣件是轨道的重要组成部分，它把钢轨固定在正确位置上，阻止钢轨的纵向和横向位移，防止钢轨倾翻。无砟轨道结构中，扣件系统还要给轨道结构提供一定的弹性，以减小轮轨之间的冲击作用。减振扣件是通过轨下垫层的弹性控制钢轨振动向下传递，从而降低下部轨道结构的振动。根据不同的减振需求，选用不同减振和隔振类型的扣件。高弹性扣件能有效降低轮轨动荷载向下部轨道基础的传递，且随着扣件刚度的减小，在 28 ~ 100 Hz 的频段处的振动传递率和振动峰值会明显减小，同时会略微增加 28 Hz 以下的振动传递率，因此，使用低刚度的高弹性扣件可以实现减振效果。但随着扣件刚度的减小，钢轨的振动加速度增大，垂向位移增大，扣件支反力减小，可能会加剧车体的振动，并对行车安全性、舒适性带来一定的影响。

现今常用的减振扣件包括德国科隆蛋轨道减振器扣件、美国 Lord 粘结垫板减振扣件、澳大利亚改良型轨道减振器（Delkor），我国的 DT 系列、WJ 系列和 GJ-Ⅲ减振扣件等，以及一些新型的减振扣件如浮轨扣件、双层非线性扣件、适用于我国有轨电车的 FT-1 扣件等，如图 1-30 所示。

科隆蛋扣件首先在德国科隆地铁使用，为高弹性扣件，亦称轨道减振器，其扣件节点静刚度可达到 10 kN/mm，是通过利用承轨板与底座之间的硫化胶圈的剪切变形来获得弹性。该减振器普遍被应用于中等减振地段，且使用一定时间扣件失效后更换容易，在城市轨道交通用得较多，其属于高弹性扣件，中等减振轨道。

Lord 扣件属于粘贴型板式扣件，是通过弹性材料把上铁板和底板粘贴起来，并由弹性材料的压缩变形来提供垂向刚度，可以制作低刚度扣件和中等刚度扣件。Lord 扣件抗疲劳强度较大，使用寿命也较长，在轨道交通线路中也有较多应用。

先锋（vanguard）扣件的支承方式与其他传统扣件的支承方式不同，其通过支架支承在轨头下颚，轨底与铁垫板有 10 mm 左右空隙，其节点刚度可达 8 ~ 12 kN/mm。在列车轮载作用下，钢轨的向下位移量可达 3 mm 以上，从而达到隔振的目的。由于先锋扣件的节点刚度较低，钢轨振动加速度增大，轨面出现波磨的概率也相应增大。

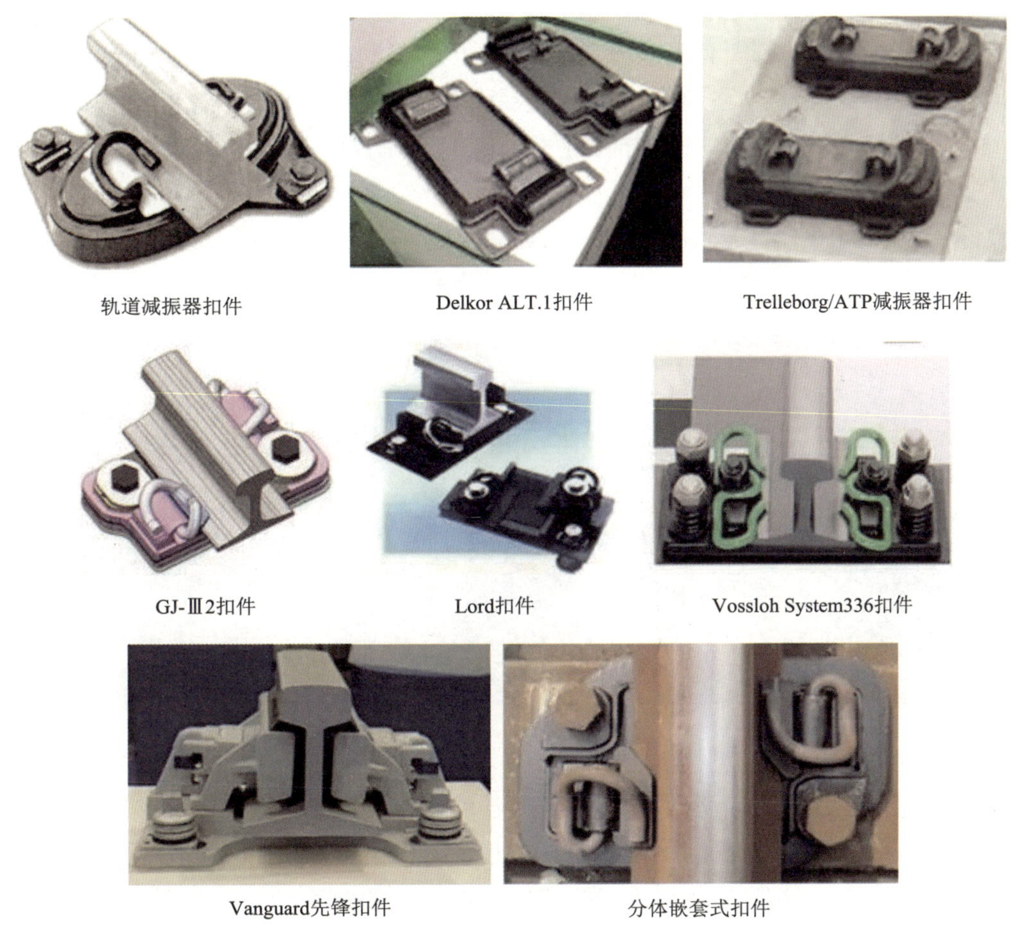

轨道减振器扣件　Delkor ALT.1扣件　Trelleborg/ATP减振器扣件

GJ-Ⅲ2扣件　Lord扣件　Vossloh System336扣件

Vanguard先锋扣件　分体嵌套式扣件

图1-30　减振扣件

1.6.3　枕下减振

枕下采用的减振措施包括弹性短、长轨枕和梯形轨枕等。弹性支承块式轨道（LVT, low vibration track）较早用于轨道减振中，如图1-31所示。早期的目的是要求无砟轨道的整体弹性与有砟轨道结构的弹性相当。弹性支承块是在两个独立的支承块的周围设橡胶套靴，支承块底部与套靴间设橡胶减振垫，在套靴下灌注混凝土形成的一种无砟轨道结构。支承块的橡胶套靴能提供横向与纵向的弹性，从而减缓列车的冲击作用。增大支承块的质量或降低块下胶垫的刚度，均能提高支承块的隔振效果。同时，通过合理匹配轨下及块下双层弹性垫板的刚度，可有效吸收轮轨冲击，具有减振降噪及减缓轮轨磨损等性能，并改善无砟轨道弹性不足的缺点。由于支撑块相互独立，在降低轮轨动力作用的同时，会引起列车荷载作用下钢轨位移增大，若刚度过小，就有可能导致高速行车条件下轨道动态几何偏差超限，影响行车的安全性和舒适性，不宜在时速200 km以上的线路使用。因此，国外仅限运行速度200 km/h以下的铁路使用，国内则仅限运行速度160 km/h或

120 km/h 以下的铁路使用。弹性支承块式轨道的缺点是对施工精度要求较高，初期投资成本较高，且橡胶易老化，运营一定时间后必须更换。

由于弹性支承块的套靴使得支承块与混凝土道床没有固定的连接，在线形为凹形竖曲线且半径较小的无缝线路地段，由于冬天无缝线路长钢轨的收缩，支承块被吊起 1 ~ 2 mm，列车通过时，造成支承块冲击混凝土道床的现象，所以在使用弹性支承块时，也要考虑其适用范围。

弹性长轨枕如图 1-32 所示，此轨枕的轨道稳定性较比弹性支承块的好，且弹性垫板容易更换。不足之处在于轨枕之间的沟槽会影响紧急疏散效率。

图 1-31　弹性支承块

图 1-32　弹性长轨枕

日本铁道综合技术研究所研制的梯形轨道系统，是由梯形纵向轨枕、减振垫、混凝土底座等构成的减振轨道。该轨道系统在预应力纵向长梁下设置聚氨酯高弹性支垫，使其浮于混凝土基础之上，达到减振效果，如图 1-33 所示。通过系统中梯形轨枕、减振垫与钢轨、扣件形成双弹性叠合梁，既增大了轨道抗弯刚度，又具有主动隔振的作用，同时由纵梁和点支撑的减振垫形成了轻型质量弹簧系统，起到双重减振的效果。分析测试结果可知，列车通过时，相比于普通轨道，梯形轨枕轨道的综合降噪量最大为 4 dB(A)，其中在 1 ~ 4 Hz和 30 ~ 1 000 Hz 频段内，梯形轨枕轨道的噪声比普通板式轨道平均低 6 dB(A)左右，而在其余频段范围，两种轨道的噪声水平相当。

图 1-33　梯形轨枕轨道

1.6.4　道床下减振

浮置板轨道是典型的道床下减振的轨道结构。最早采用浮置板轨道的是德国,在多特蒙得轻轨的隧道内铺设了有砟浮置板轨道试验段,1968 年以后在科隆地铁,波鸿至穆乐海姆轻轨、杜塞尔多夫轻轨中应用无砟浮置板轨道结构。1994 年投入运营的柏林地铁,在通过居民区的隧道内铺设了固有频率 7.5 Hz 的钢弹簧浮置板,是最早的钢弹簧浮置板项目。1997 年建造的某段科隆地铁采用现场浇筑的弹簧浮置板道床,使用了 20 多年,至今弹簧完好如新。华盛顿是美国采用橡胶支承浮置板的第一个城市,接着巴尔的摩、纽约地铁也相继采用浮置板轨道结构,多伦多、亚特兰大、旧金山、洛杉矶、新加坡、香港、深圳地铁采用双支承式预制浮置板,这种浮置板轨道结构在以后的城市高减振的重型轨道结构中得到了较应用。1983 年以来,莫斯科、基辅等城市不采用过纵向轨枕式浮置板,与普通整体道床相比,减振效果为 10 ~ 20 dB,其主要优点是维修方便,便于更换橡胶支座。

美国华盛顿快速轨道交通在一些敏感地区采用了橡胶浮置板道床,它的设计固有频率为 14 ~ 16 Hz,由于无法更换和维修浮置板下橡胶支座,后来进行了一些改进,提高了橡胶的耐久性,减小了浮置板的长度,并在板面上开孔,以便检查、更换橡胶支座。但橡胶支座仍要比较频繁的更换。

伦敦皮卡迪利至机场的延伸线在通过居民区的范围铺设了有砟浮置板轨道结构,轨道铺设在装有道砟的混凝土槽内,混凝土槽放置在支承橡胶块上,道砟底铺设一阻尼层,取得了一定的振动控制效果。但是更换、维修不方便,且随着运营时间推移,其隔振效果逐渐减弱。

我国的广州地铁一号线在有特殊减振降噪要求地段铺设了橡胶支承浮置板轨道结构。该形式由于采用橡胶支座,设计隔振效果在 10 ~ 15 dB。

道床下减振是通过弹性体把轨道结构上部整体道床与基础完全隔离,利用整个道床在弹性体上的惯性运动来隔离和衰减列车运行产生的振动。根据道床下弹性体的不同,主要有钢弹簧浮置板轨道、减振垫浮置板轨道、隔振支座浮置板轨道。浮置板轨道的隔振效果是几种减振轨道结构中隔振效果最好的,故近几年在城市轨道交通建设中使用得越来越广泛。

浮置板轨道,又称为质量—弹簧系统,如图 1-34 所示。由于浮置板增大了系统质量同时减少了系统刚度,所以减振效果非常显著,已在多个国家和地区广泛使用。浮置板轨道结构一般是由浮置板、弹性元件、混凝土基底及配套构件构成,其基本原理是在道床与基础之间插入一个固有频率远低于激振频率的线性谐振器,也就是说把道床板放在弹性元件上进行隔振。浮置板轨道结构在其固有频率频率以上具有较好的隔振性能,而当荷载的频率低于浮置板结构的固有频率时,浮置板的隔振性能并不理想,尤其在固有频率处存在振动放大现象,但采用适当的阻尼比可改善这一现象。因此,浮置板的隔振性能取决于其固有频率,而固有频率又取决于浮置板质量和弹性支承刚度。在浮置板质量不变的条件下，降低其支承刚度可以降低浮置板轨道的固有频率，提高隔振效果；但降低浮置板支承刚度也受板体强度、轨道静变形和车辆运行稳定性等因素的限制。

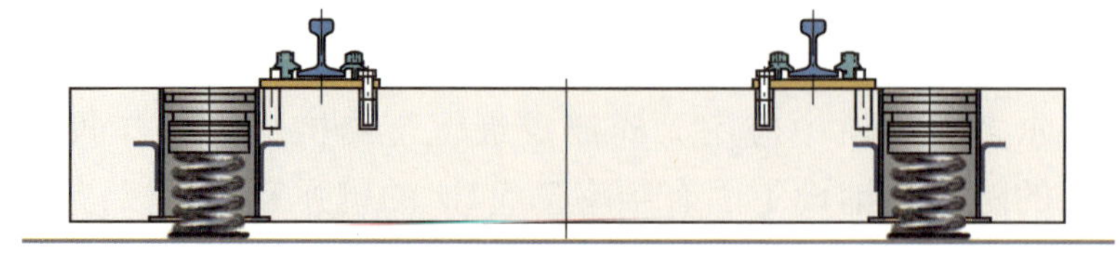

图 1-34　钢弹簧浮置板轨道

图 1-35 是一款较为典型的钢弹簧隔振器。该隔振器主要由外部套筒、内部钢弹簧、内套筒和淹没部分钢弹簧的阻尼液组成。隔振器中的钢弹簧提供弹性，阻尼液提供阻尼。

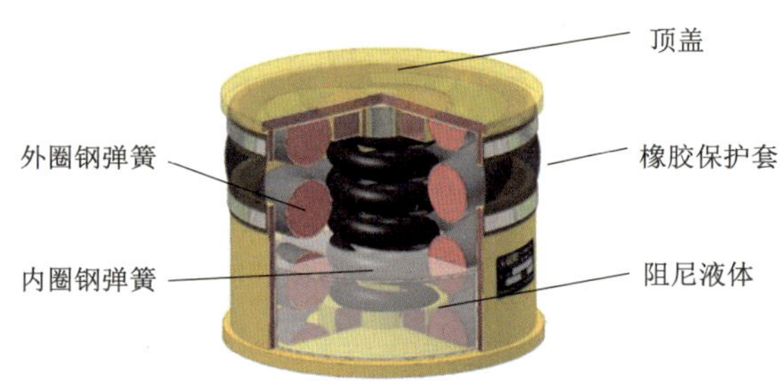

图 1-35　某型钢弹簧隔振器内筒的典型结构

橡胶弹簧隔振器主要分两种。一种是外形与钢弹簧隔振器一样，将钢弹簧改换成橡胶弹簧，所以在使用时可与外形尺寸相同的钢弹簧隔振器互换。另一种橡胶支座浮置板轨道如图 1-36 所示，该类的橡胶隔振器的高度较低，不需要在浮置板体内预置外套筒，由于此类隔振器的横向刚度较低，为了保证轨道结构的横向稳定性，在浮置板侧面需要设置侧向支座，基础也需要设置侧向挡墙。图 1-37 是香港机场线的橡胶支座浮置板轨道。

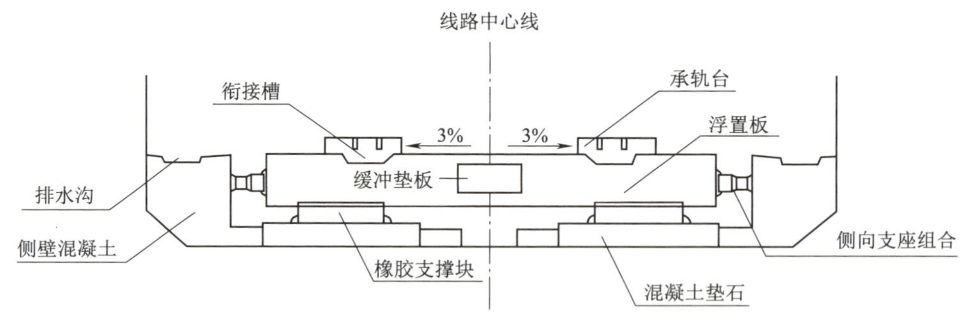

图 1-36　橡胶支座浮置板轨道

减振垫道床是在轨道板下铺设橡胶或聚氨酯垫层，该橡胶垫层利用圆锥形橡胶凸起提供弹性，如图 1-38 所示。该轨道结构的特点是构造简单，施工方便快捷，道床支承面积大，浮置板受力均匀；缺点是一旦橡胶垫出现问题，需要大揭盖维修。也有研究资料表明，该轨道的纵向、横向抵抗力较弱。

图1-37　香港机场西铁线橡胶支座浮置板轨道

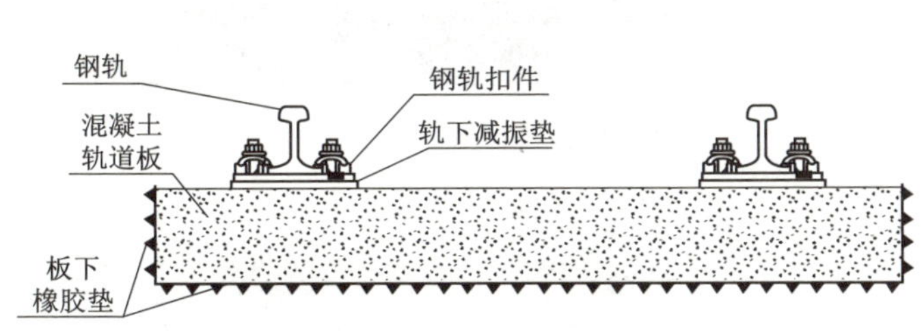

图1-38　减振垫浮置板轨道

1.6.5　其他减振降噪新产品和新思路

由于减振工程的特殊性和产品选型的惯性，很多新产品和设计思路并未获得广泛推广和客观评价。新产品和新思路根据其产生原因，可分为针对减振产品引起的问题进行改进、提高减隔振效果、对既有产品进行工程性改进、新概念产品等四个方向。

1. 针对减振产品引起的问题改进设计

减振扣件因其低刚度设计会加大钢轨振动及辐射噪声，针对这一问题，澳大利亚ECRL线上曾将delkor egg扣件配合TRD产品进行使用以控制钢轨振动。近年来在扣件设计上，一些产品将减振扣件和钢轨吸振器结合。谐振式浮轨扣件利用动力吸振原理，设计了内含谐振质量块的橡胶制成楔块，吸收钢轨的振动能量，如图1-39所示；还有浮轨式扣件与迷宫式阻尼约束降噪板结合，实现减振和降噪，如图1-40所示。

2. 组合减振措施以提高减隔振效果

将减振措施进行组合以获得更高的减振效果这一思路在香港西铁线、伦敦东线、瑞士巴塞尔有轨电车线路都有所应用。其中，香港西铁线采用科隆蛋扣件与橡胶支座浮置板组合，并结合桥梁结构优化和多腔室降噪设计实现振动噪声控制，如图1-41所示；伦敦东线采用低振动轨道(LVT)和减振垫进行组合；瑞士巴塞尔有轨电车减振工程采用固有频率为5 Hz的钢弹簧浮置板组合固有频率为17 Hz的减振垫浮置板，如图1-42所示。延续这一思路，我国的一些科研单位将非线性道床隔振垫和高性能减振扣件两种高等减振措施并用，研发出高减振组合道床系统，在保证安全的前提下，使隔振效果达到最优，如图 1-43 和图 1-44 所示。组合道床这种方式在韩国高速铁路也有所应用，轨道形式为采用有砟轨道组合侧置式钢弹簧浮置道砟槽，如图 1-45 所示。

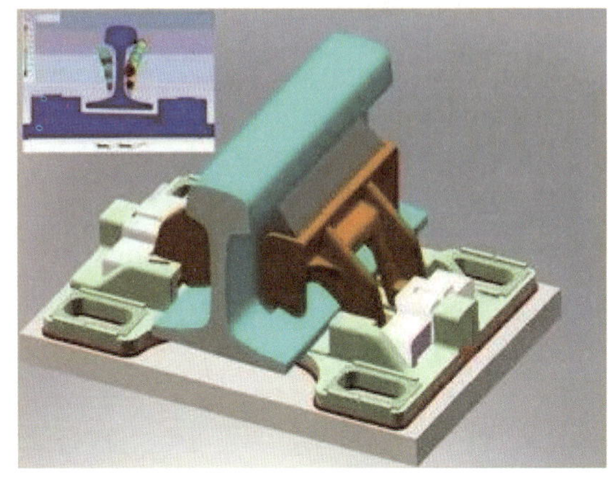

图 1-39　谐振式浮轨扣件

图 1-40　迷宫阻尼钢轨浮轨扣件

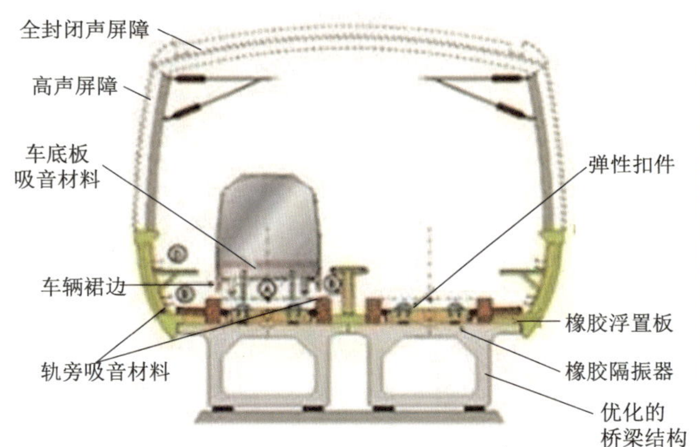

图 1-41　采用综合减振降噪措施的香港西铁线

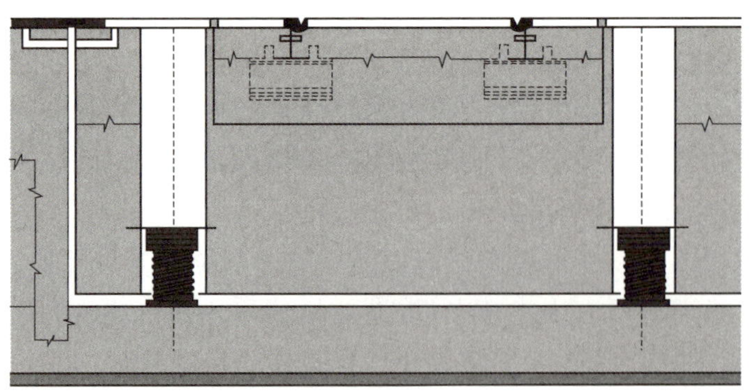

图 1-42　瑞士巴塞尔有轨电车浮置板减振垫结合轨道(gerb)

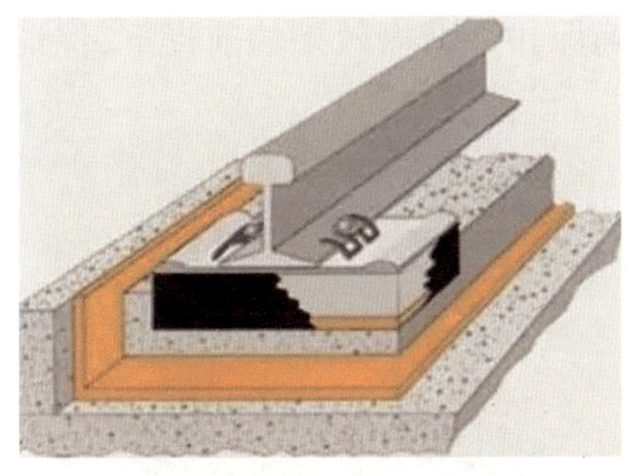

图1-43 低振动轨道和轻型质量弹簧系统(getzner)

图1-44 高减振组合道床系统

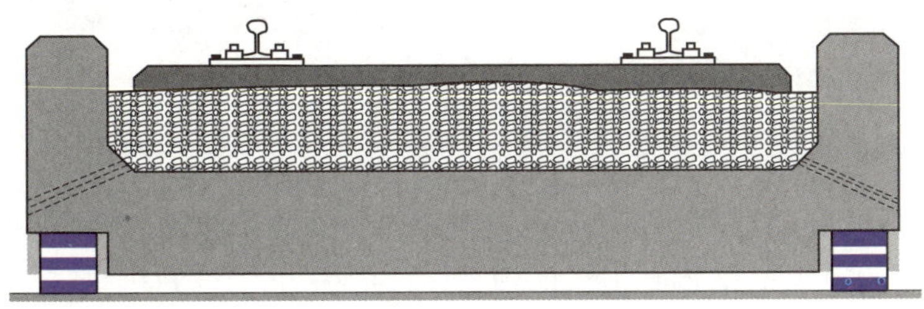

图1-45 重型板砟复合浮置板(gerb)

3. 对既有产品进行工程性改进

减振措施的使用受限于施工控制水平。鉴于弹性轨枕轨道对支承块与套靴的公差匹配以及对施工安装要求较高，在当前难以实现良好的施工控制的条件下，尽管弹性短轨枕的减振效果优于一般的扣件类减振措施，弹性短轨枕在国内的推广和使用一直受到限制，Consolis Rail 公司在弹性长枕外添加刚性外槽以应对施工误差影响不失为一种很好的方案，如图1-46所示。

图1-46 高弹性轨枕系统

4. 新概念产品

LVT traffic 是 Sonneville 公司新提出的概念产品。这种轨道允许胶轮车辆在轨道上行驶，以满足车辆进入隧道进行应急抢险的情况，如图1-47所示。

鞍座扣件是考虑到一般扣件轨底坡的影响，造成下部垫板上的压缩不均，因而使得一侧扣压件受力过大，即便调整垫层刚度，也无法改变不均匀压力和弹条、垫板、螺栓的提前磨损问题，如图1-48所示。因此，采用杠杆原理设计缓冲鞍座扣件，由聚氨酯材料提供弹性支撑，通过杠杆支臂调节高度、轨距和轨底坡，在确保扣件减振效果的前提下，保证扣压件和垫板的合理受力。

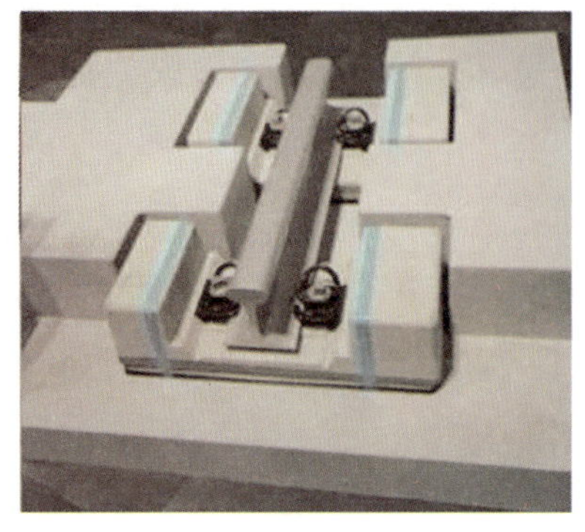

图 1-47　LVT tracffic 轨道

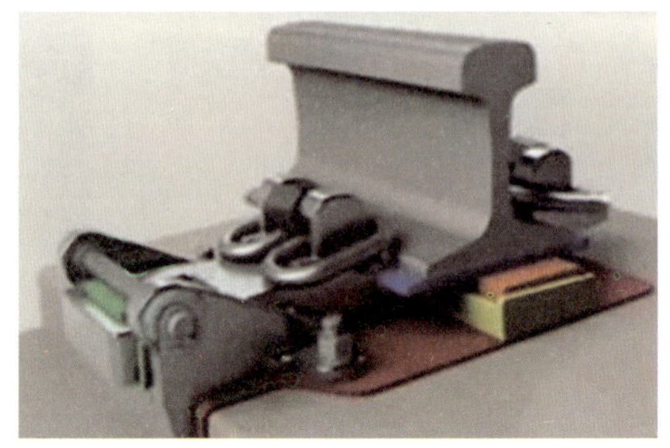

图 1-48　缓冲鞍座扣件及原理(fimor)

采用地铁减振降噪阻尼材料是在轨枕与道床之间、道床与基底之间、盾构管片表面喷涂阻尼材料，形成约束阻尼结构，如图 1-49 所示，把振动噪声的机械能转化为热能消耗掉，从而达到减振降噪的目的。

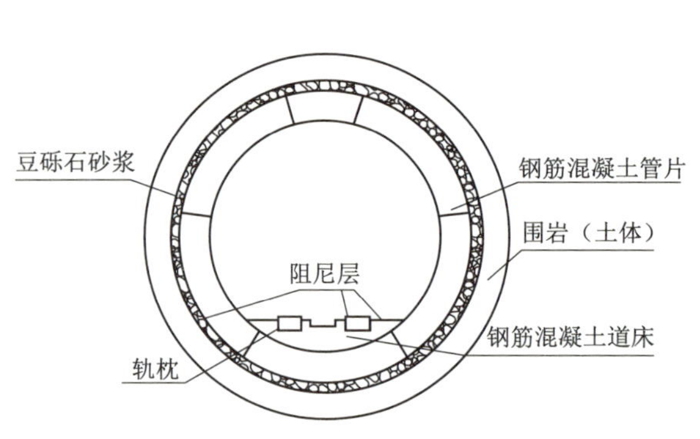

图 1-49　地铁隧道减振降噪阻尼材料

图 1-50　泡沫混凝土降噪轨道

由于无砟轨道道床面对列车通过时轮轨噪声的反射，国内外铁路和城市轨道交通也采用泡沫混凝土板铺设在无砟轨道道床上，如图 1-50 所示。有关资料表明，铺设泡沫混凝土板以后，轮轨噪声的辐射可减小 3 dB(A)左右。

第 2 章　静力分析和隔振效率计算

浮置板轨道结构与其他工程结构物一样要受到外荷载、温度变化等的作用。在列车荷载作用下,在浮置板的不同部位,应力大小也不同,有时甚至相差较大。为保证浮置板各部位的强度都能满足列车运行的要求,需要对浮置板轨道结构的强度进行静力计算。对浮置板进行静力强度计算分析的目的,是掌握各部位的应力大小与分布,为浮置板的结构设计和配筋提供理论依据。

由于浮置板的板下隔振器刚度较小,在列车荷载作用下,钢轨垂向位移较普通整体道床轨道的钢轨位移要大得多,为保证行车平稳性和安全性,浮置板的垂向位移值要控制在容许的范围内。所以在浮置板结构设计时,要通过理论分析计算列车荷载作用下浮置板的垂向位移,使其满足板挠度限值及板转角限值。

浮置板的隔振效果与其结构尺寸、质量、刚度、阻尼及结构配置形式等有关,对浮置的振动模态分析,可掌握浮置板的各阶振动固有频率,据此,分析浮置板的隔振效率和隔振性能,从而为进一步优化浮置板设计提供技术依据。

2.1 应力和位移计算分析

2.1.1 计算模型及参数

为了解浮置板静力学特性,通过建立有限元模型对 3.6 m 预制浮置板进行计算分析。浮置板的外形和计算应力输出点如图 2-1 所示。建立有限元模型时,考虑到仿真计算主要

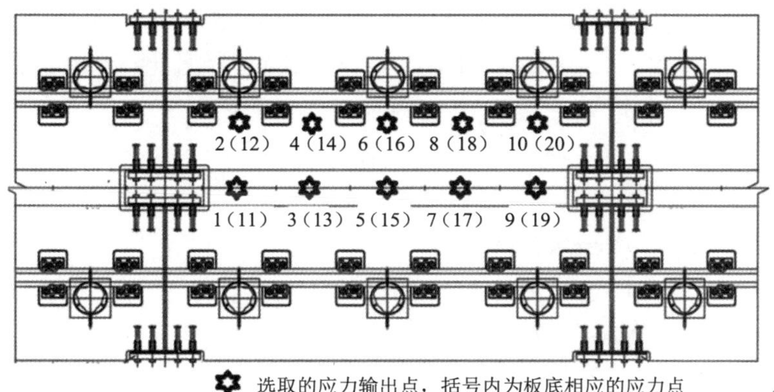

图 2-1　浮置板结构及计算应力输出点

针对浮置板轨道结构的应力分布状况,因此建模时着重考虑浮置板及其网格划分,并在底部设置支座,有限元模型如图 2-2 所示。计算浮置板厚 325 mm,单元垂向长度 65 mm,横向长度 50 mm,纵向长度 150 mm,单元总数 10 086 个,节点数 13 487 个。表 2-1 为浮置板轨道的单元类型和材料属性。

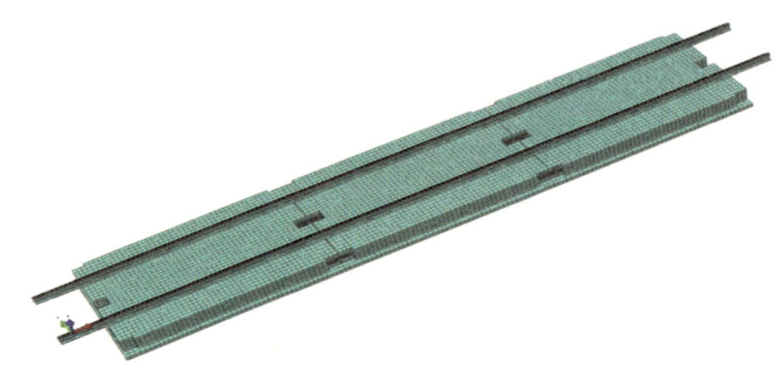

图 2-2　三块浮置板有限元模型

在考虑浮置板有限元计算边界条件时,将边界条件作用面(两侧浮置板剪力铰作用面)设定为只能在 Z 轴方向上下移动一个自由度。

表 2-1　模型的单元和材料参数

部件名称	单　　元	材　料　参　数
钢轨(CHN60)	Beam188	密度:7 830 kg/m^3,弹性模量:206 GPa,泊松比:0.3
扣件	Combin14	刚度:60 kN/mm,阻尼:75 000 N·s/m
浮置板	Solid45	密度:2 500 kg/m^3,弹性模量:33 GPa,泊松比:0.2
钢弹簧	Combin14	刚度:5.5,6.0,6.5,7.0 kN/mm,阻尼:25 000 N·s/m
支座	Solid45	密度:2 300 kg/m^3,弹性模量:28 GPa,泊松比:0.25
剪力铰	Solid45	密度:2 300 kg/m^3,弹性模量:28 GPa,泊松比:0.25
配筋	Solid45	弹性模量:200 GPa,泊松比:0.3
板体	Solid45	配筋按梁杆模型计算,强度检算

2.1.2　计算工况和分析内容

列车通过浮置板轨道时,车辆轴距 2.5 m,当车辆通过 3.6 m 长浮置板时,会产生一个或两个轮轴(一个转向架)作用在一块浮置板上的状况。据此,计算工况依加载方式不同分为 3 种:工况 1,一个轮轴作用在预制短板跨中,工况 2,车辆的一个转向架(两个轮轴)作用在一块预制短板上,工况 3,一个轮轴在浮置板 1/3 断面上,如图 2-3 所示。根据轨道交通运行的 A 型车,荷载设定为轮载 80 kN,轴重为 160 kN,动力系数 1.3。定义钢筋层,内嵌入浮置板混凝土,模拟钢筋作用。

对不同工况条件下不同板厚浮置板进行静力计算。利用应力云图分析浮置板主应力分布区情况;分析选取主应力点,板底、板面共选取点 20 点,各应力输出点的位置如图 2-1 所示,单数应力输出点位于板中心线上,双数点位于轨下,无括号的点位于板顶,括号内的点位于板底;计算分析浮置板在荷载作用下的位移曲线,隔振器的受力情况等。

（a）工况1　（b）工况2　（c）工况3

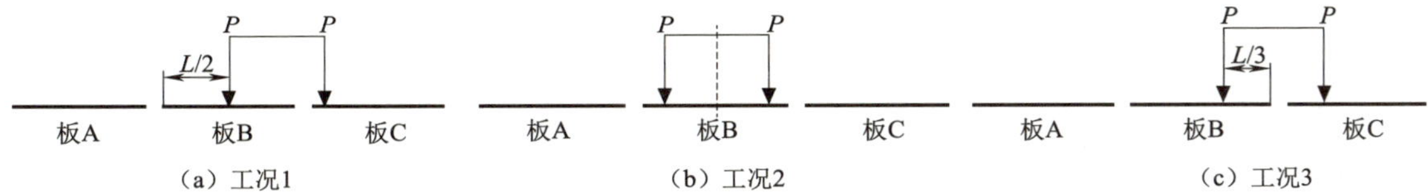

图 2-3　浮置板静力强度计算时的荷载条件

2.1.3　浮置板应力计算结果及分析

根据有限元应力计算，得出各工况条件下浮置板主应力分布云图，如图 2-4 所示。

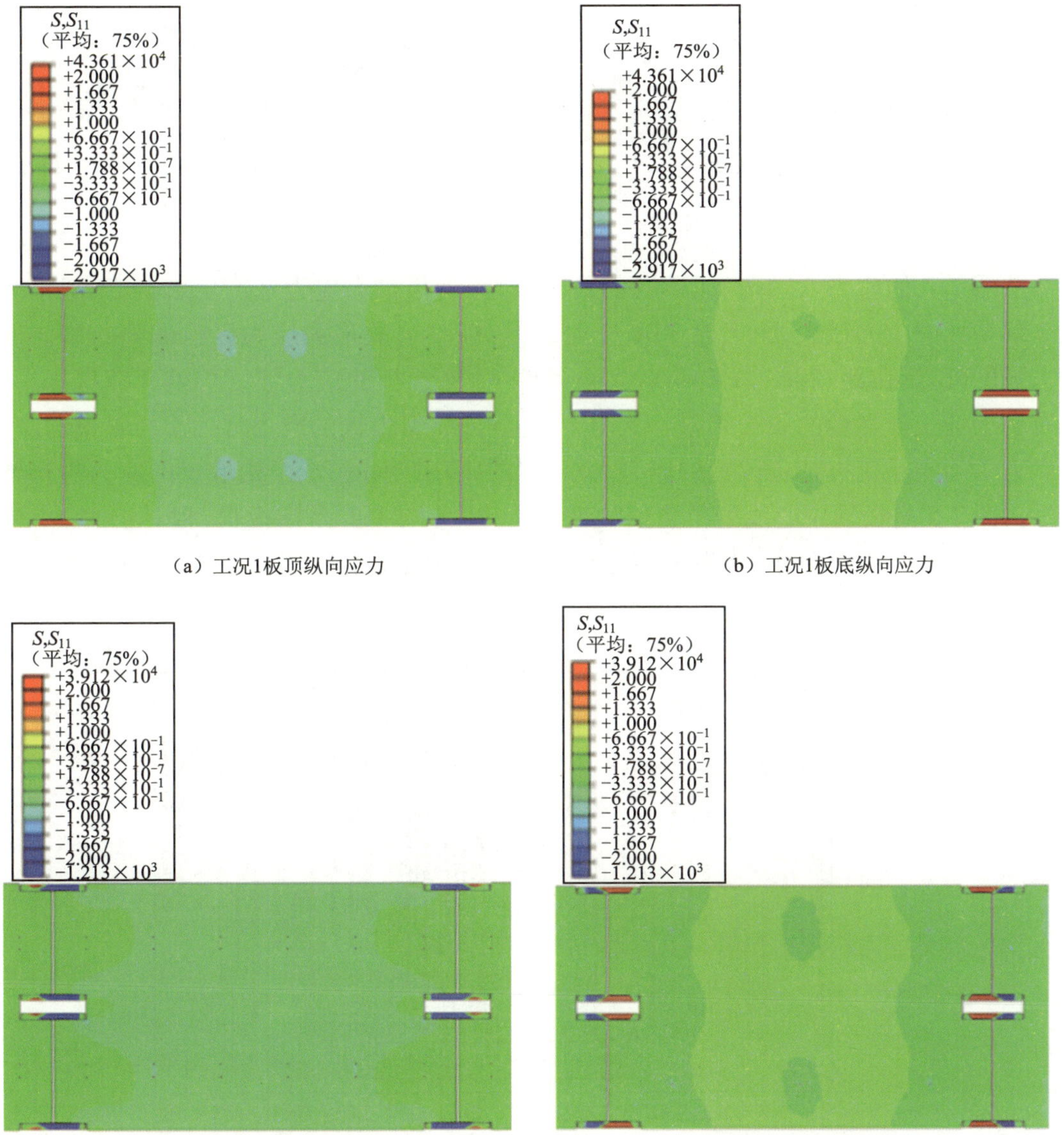

（a）工况1板顶纵向应力　（b）工况1板底纵向应力

（c）工况2板顶纵向应力　（d）工况2板底纵向应力

图　2-4

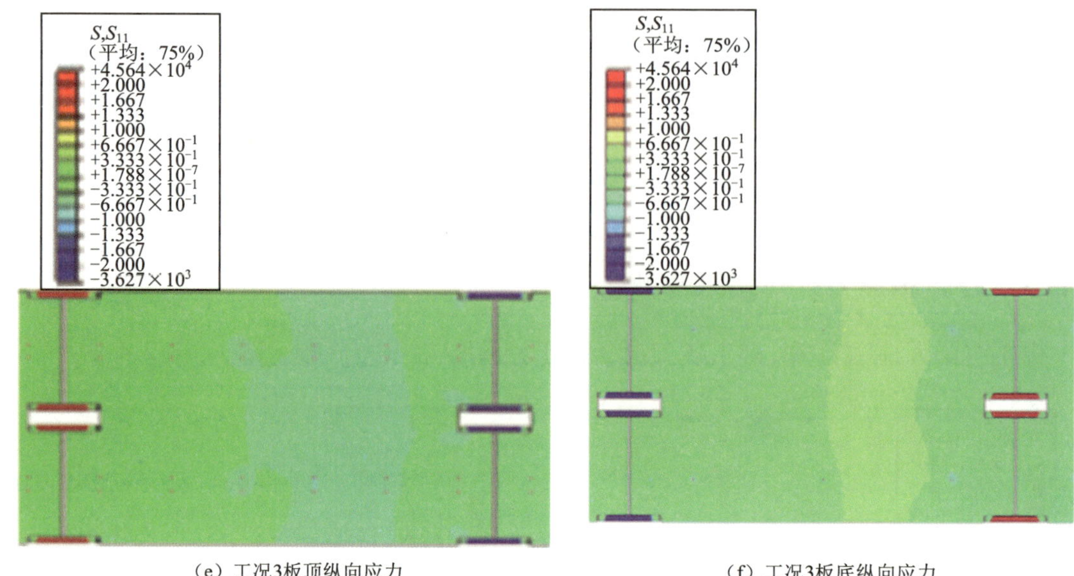

（e）工况3板顶纵向应力　　（f）工况3板底纵向应力

图 2-4　浮置板纵向主应力云图

从图 2-4 的应力云图可知，不同的工况，对浮置板最大应力区产生影响，工况 1 和工况 2 都是板中应力最大，而工况 3，由于轮载偏离跨中，故最大应力区也偏离跨中。但从应力强度可知，在此三种工况和荷载大小条件下，浮置板的应力强度仍处于较低水平，从而有利于增长浮置板的服役年限。从图 2-4 也可知，剪力铰的应力远大于浮置板的应力。

为了确定浮置板特定位置的应力大小，对图 2-1 所示的 20 个选取点的应力进行输出分析。图 2-5 是板顶中心线处位置处的纵向压应力（图中 L 是指板长，相对于图 2-1 中的应力点），各种工况条件下，浮置板中心线处的应力很小，对于 5.5～7.0 kN/mm 的不同浮置板隔振器刚度条件下，最大压应力均小于 0.6 MPa。

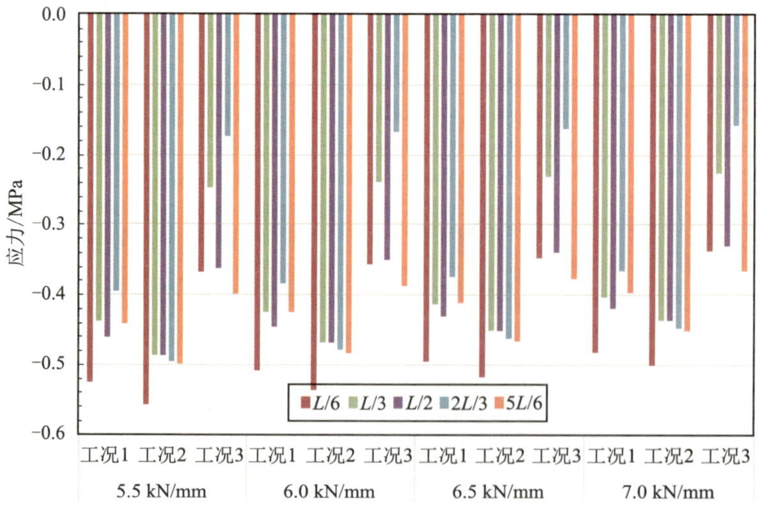

图 2-5　中心线位置板顶应力

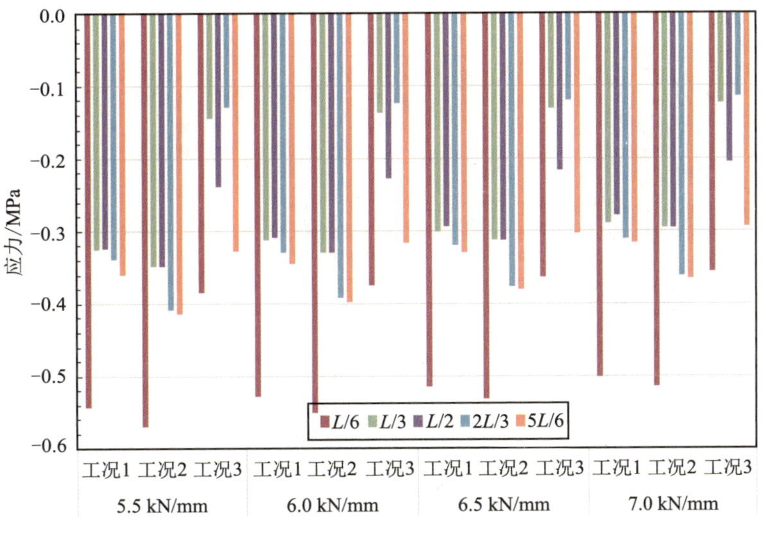

图 2-6　轨下位置板顶应力

从图 2-6 可知，轨下位置的浮置板压应力与中心线位置的基本相当，但最大压应力也小于 0.64 MPa，处于较低水平。

中心线位置的板底应力如图 2-7 所示，从图中可知，最大拉应力约 0.4 MPa，处于较低应力水平。轨下位置的板底应力如图 2-8 所示，最大值约 0.5 MPa，稍大于中心线位置的应力，应力水平也是较低。从图 2-5 ~ 图 2-8 可知，不管是板顶还是板底，轨道中心线位置和轨下位置的应力水平相当。

在不同隔振器刚度条件下，三种工况条件下的应力大小虽有差别，但差别很小，且应力水平较低，远小于 C50 混凝土强度的设计容许值压应力 23.1 MPa 和拉应力 1.89 MPa。这主要原因是弹簧接近轨下，且两轮荷载对称，车辆轮载对浮置板作用的弯矩较小，故造成中心线附近的应力较小，这也是设计要追求的目标。

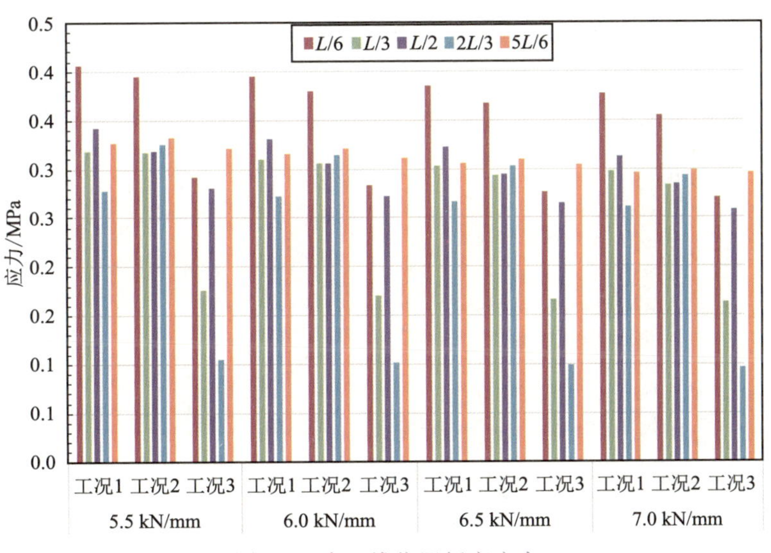

图 2-7　中心线位置板底应力

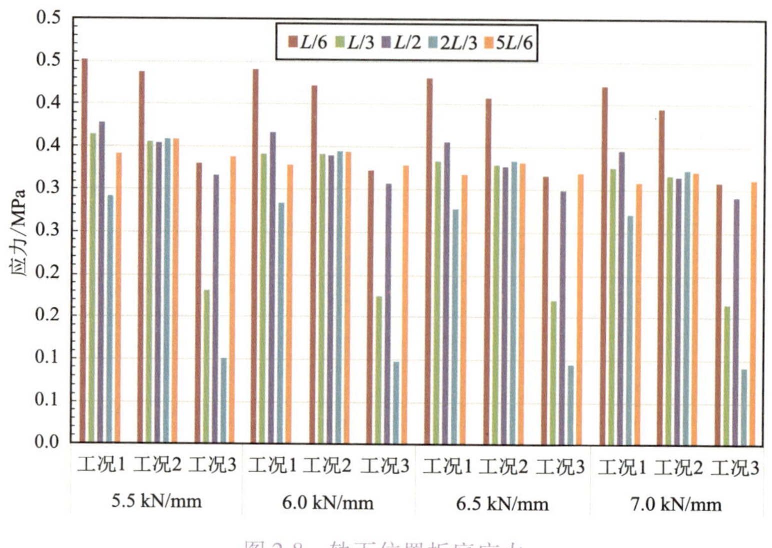

图 2-8 轨下位置板底应力

从以上分析也可知,在浮置板下隔振器数量相同的条件下,隔振器的刚度越小,浮置板的应力稍有增大,但总体仍处于较低水平。浮置板的支承状态对应力大小也有较大影响,一旦某个隔振器失效,在同样荷载条件下浮置板应力大小范围就会重新分布。当需要考虑不同隔振器或扣件失效状态时的浮置板应力分布时,需要根据不同的失效状态对浮置板的应力进行计算。

2.1.4 位移计算结果及分析

由于浮置板的连接处与跨中均布刚度的差别,在自重作用下,造成在浮置板长度上的垂向位移不一致。由于板端的均布刚度略小于跨中,则板端的位移略大,如图 2-9 所示。因此,在隔振器布置时,应尽量考虑在自重作用下整板的垂向位移均匀一致。图 2-9 还表明,随着隔振器刚度的增大,浮置板的垂向位移也是相应降低。

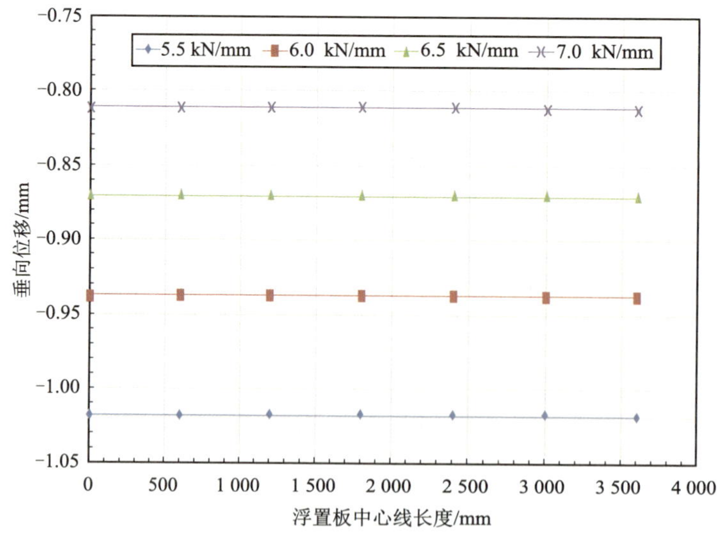

图 2-9 自重条件下的浮置板垂向位移

当一个轮对位于浮置板跨中(工况 1)时,另一轮对则落在相邻浮置板板端的 0.7 m 处,所以浮置板端的位移要大于跨中,如图 2-10 所示。

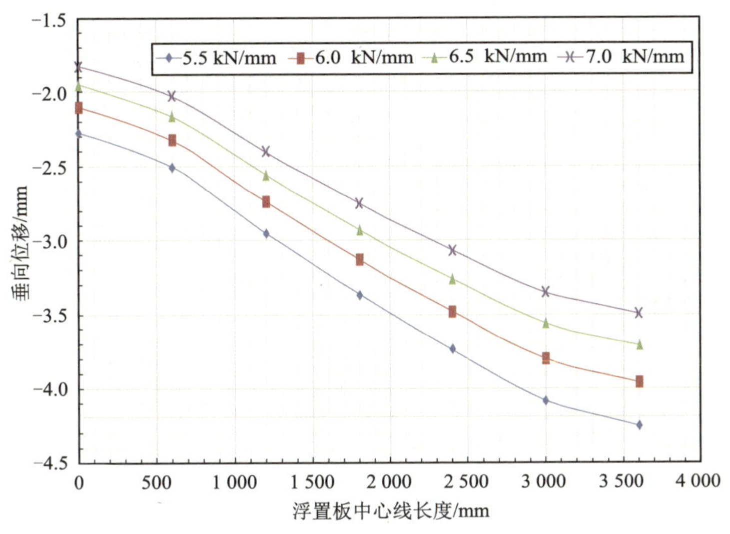

图 2-10　工况 1 浮置板垂向位移

当一个转向架两个轮对落在浮置板跨中(工况 2)时,轮对距板端只有 0.55 m,而另一转向架的轮对距离较远,对计算浮置板的位移影响有限。计算所得的浮置板位移曲线如图 2-11 所示,此时板中的位移要大于板端。

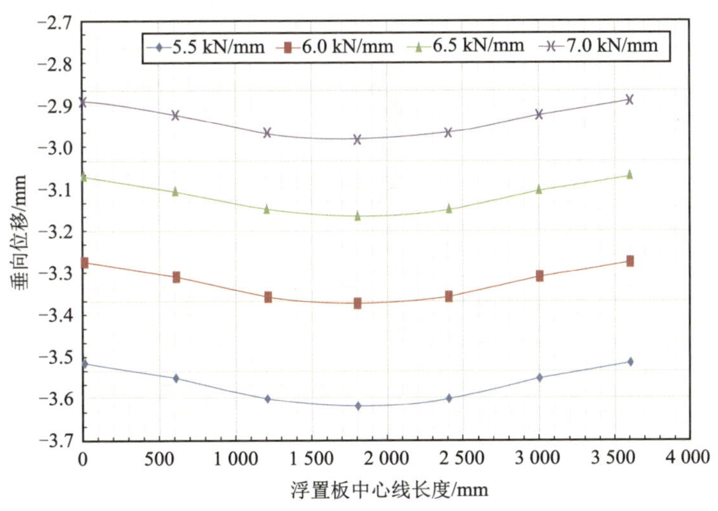

图 2-11　工况 2 浮置板垂向位移

工况 3 与工况 2 的情况相类似,只是工况 3 的轮轴荷载更靠近板端,故浮置板最大垂向位移值稍大于工况 2,如图 2-12 所示。

浮置板垂向位移计算结果表明,在一块浮置板配置同样隔振器数量的条件下,隔振器的刚度越大,位移量越小,从目前浮置板隔振器的配置情况可知,如要严格遵守《浮置板技术规范》(CJJ/T 191—2012)的浮置板垂向位移控制值,隔振器的刚度取 7.0 kN/mm 也较难满足;如浮置板垂向位移值控制在 4.0 mm,则隔振器刚度 6.5 kN/mm 基本能满足要求,隔振器的刚度选择范围就大一些。

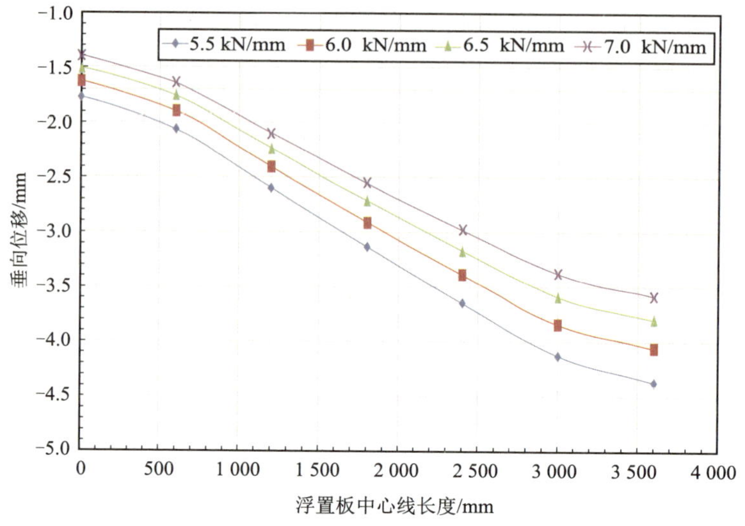

图 2-12　工况 3 浮置板垂向位移

计算时,为了考虑浮置板的横向和纵向位移,在每个轮位处同时作用有横向和纵向力 $0.25P$(P 为轮载)。计算结果表明,工况 2 的浮置板横向和纵向位移最大,故其他工况就不做讨论。浮置板的横向位移如图 2-13 所示,从图可知,最大位移达 0.391 mm。《浮置板技术规范》(CJJ/T 191—2012)中没有对横向位移对作相应的限制,但一般认为浮置板横向位移不能大于 0.5 mm,且卸载后浮置板的横向位移应恢复为零,即浮置板只能有荷载作用下的弹性位移,而不能有塑性位移积累。

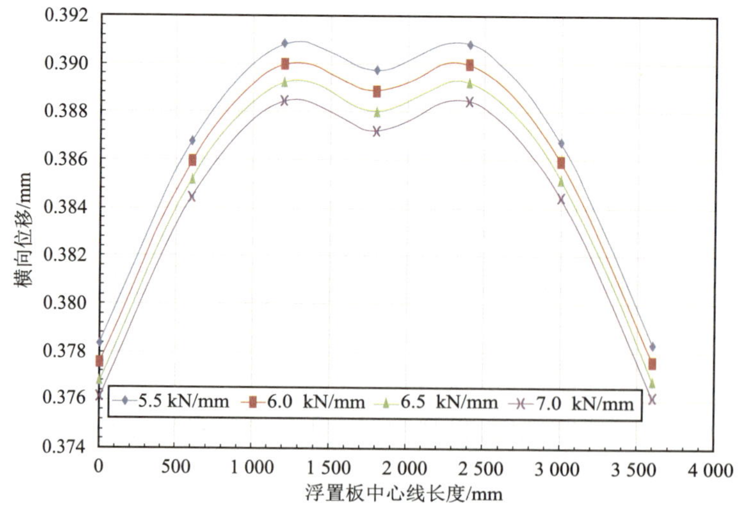

图 2-13　工况 2 浮置板横向位移

浮置板的纵向位移如图 2-14 所示,与横向位移一样,《浮置板技术规范》(CJJ/T 191—2012)也没有对此做出限制,但一般认为浮置板的纵向位移不能大于 0.3 mm。如浮置板纵向位移过大,意味着钢轨的纵向位移更大。钢轨纵向位移大,则造成无缝线路长轨条中的纵向温度力分布不均,对轨道结构的受力不利。浮置板纵向位移大,同时也意味着钢轨扣件传给浮置板的力增大,而此纵向力的增大,也意味着轨下胶垫窜出的概率增大。

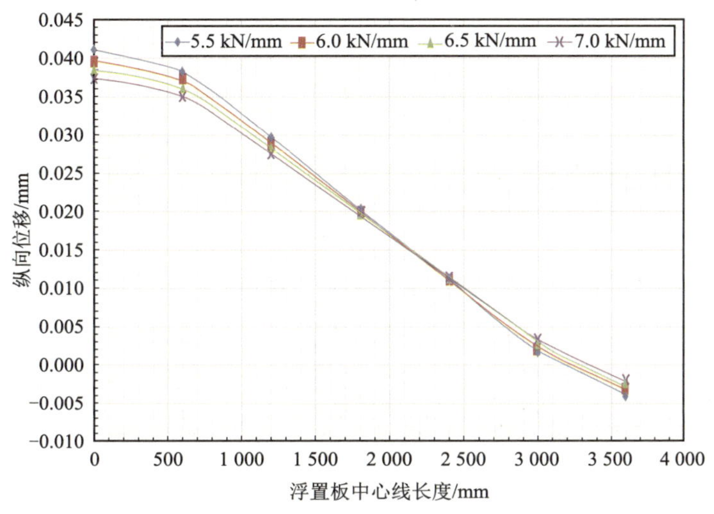

图 2-14　工况 2 浮置板纵向位移

2.1.5　隔振器受力计算结果及分析

长 3.6 m 的浮置板,设置 6 个隔振器,隔振器编号如图 2-15 所示。实际上,根据图 2-10、图 2-11、图 2-12 三种工况条件下的浮置板位移曲线,找到隔振器所在位置的相应位移值,乘以隔振器刚度,即可得到隔振器的受力大小。如隔振器所在位置浮置板位移 4 mm,隔振器刚度 6.0 kN/mm,则隔振器受力为 24 kN。隔振器刚度大,位移小;刚度小,位移大,所以在不同隔振器刚度条件下,只要列车荷载相同,则各隔振器的荷载大小随刚度变化不大。如果浮置板下隔振器的刚度大小不等,则必然刚度大的隔振器要承担较大的荷载,所以保证隔振器的刚度均匀也是重要的技术指标之一。

各工况下隔振器受力情况如图 2-16 所示(由于浮置板与隔振器的设置是对称的,因此只列出一侧的隔振器受力情况)。从图 2-16 可知,由于不同工况轮载位置的不同,浮置板的垂向位移曲线不同,故 3 个隔振器的受力也不相同,但隔振器的最大受力也没有超过 25 kN。隔振器钢弹簧可按 GB/T 23935—2009 中的要求进行疲劳检算其荷载的大小,但一般认为隔振器的受荷不应超过 50 kN。

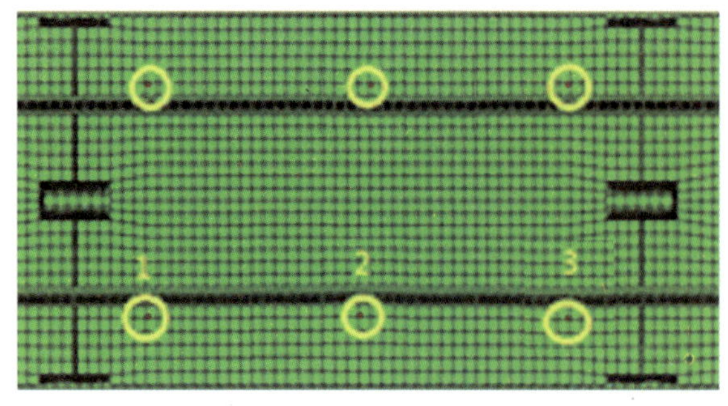

图 2-15 3.6 m 长浮置板的隔振器布置

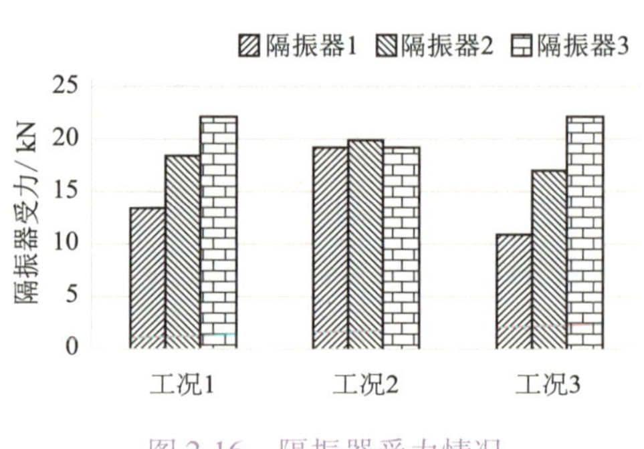

图 2-16 隔振器受力情况

2.2 浮置板模态分析

任何物体都有自身的固有振动频率,也称特征频率,用系统方程描述后就是矩阵的特征值。很多工程问题都要涉及系统特征频率问题。一个目的是防止共振、自激振荡之类的现象发生。历史上有名的桥梁共振事件是步兵按统一步伐过大桥,结果把大桥震塌了。飞机飞行时更要注意机翼的振动频率问题了,以避免与气流共振,风洞试验就是测试分析这种结构动力学问题的一种有效手段。

浮置板模态分析是浮置板性能理论分析的一个重要部分,通过建立各种结构形状、支承刚度组合下的浮置板轨道结构有限元模型,计算相应的模态频率和模态振型,为浮置板共振分析和减振分析提供支撑,避免浮置板的共振频率与某一速度的列车荷载频率相一致。

2.2.1 浮置板轨道有限元模型的建立

浮置板轨道由钢轨、扣件系统、浮置板、隔振器、剪力铰和基底等组成,在建立浮置板三维有限元模型时,采用空间八节点六面体单元 Solid45 进行离散,弹性模量 3.5×10^4 MPa,密度为 2 500 kg/m^3,断面的几何尺寸可调。下部钢弹簧隔振器采用弹簧单元 Combin14 进行模拟,同时可以考虑隔振器的阻尼。根据工程实际,钢弹簧垂向刚度主要有 6 kN/mm、6.5 kN/mm 和 7 kN/mm 三种,阻尼比为 0.05 ~ 0.08(水平及垂向)。钢轨被视为有限长度的 Euler 梁模型,钢轨扣件被视为弹簧单元,通过节点联结钢轨与浮置板;不考虑剪力铰的影响,基底也采用空间八节点六面体单元 Solid45 进行离散。

钢轨扣件通过弹簧单元节点相连接,同时约束钢轨端部的纵向位移。对于嵌入浮置板的钢弹簧,其上部节点通过共用节点和浮置板发生相互作用,下部节点与基底联结,采取固定约束,即约束钢弹簧下部节点三个方向平动自由度和三个方向转动自由度。同时,在对称面上施加对称边界条件。由于浮置板轨道沿线路方向左右对称,故只取一半模型进行分析,在对称面上施加对称边界条件。

2.2.2　浮置板前十阶模态振型计算结果

利用上节所述方法建立浮置板轨道有限元模型，对 6 m 长板视为以板梁进行模态分析，单块浮置板是浮置板轨道结构的基本分析单元，对单块板进行模态分析是对实际多联板轨道进行结构分析的基础。单块浮置板钢弹簧浮置板轨道的前十阶振动固有频率和振型如图 2-17 所示。

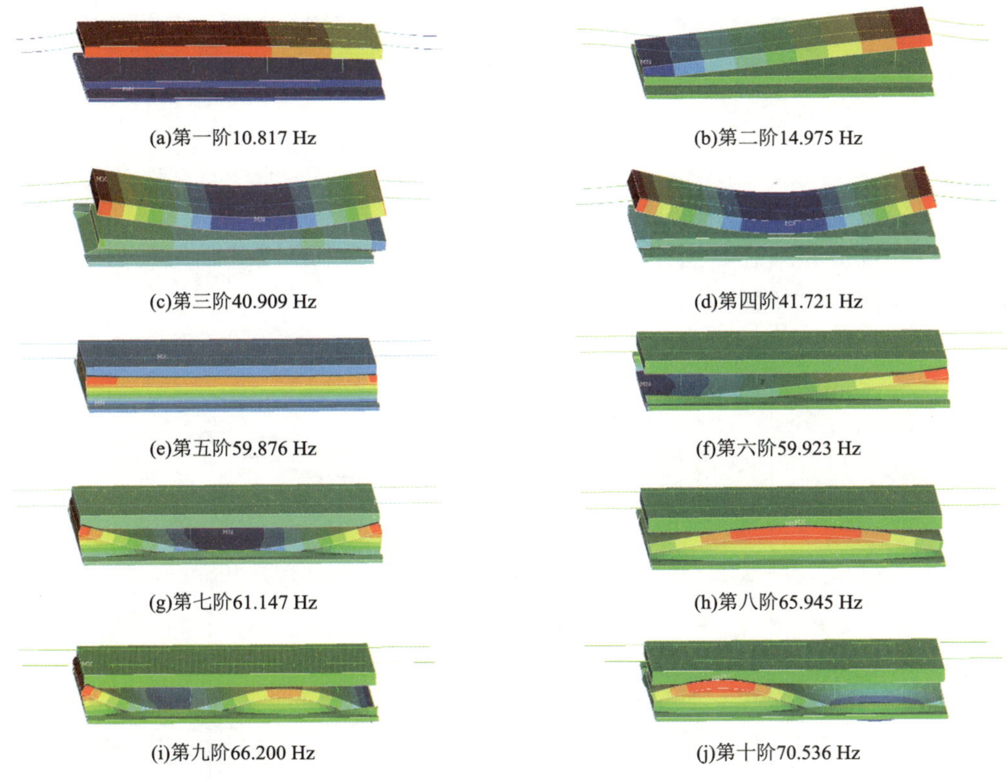

(a)第一阶10.817 Hz　(b)第二阶14.975 Hz

(c)第三阶40.909 Hz　(d)第四阶41.721 Hz

(e)第五阶59.876 Hz　(f)第六阶59.923 Hz

(g)第七阶61.147 Hz　(h)第八阶65.945 Hz

(i)第九阶66.200 Hz　(j)第十阶70.536 Hz

图 2-17　单块钢弹簧浮置板前十阶振型

由图 2-17 可知，前四阶（10.817～41.721 Hz）振动以浮置板的振动为主，第五阶到第十阶（59.876～70.536 Hz）振型以基础的振动为主。

为进一步分析三块浮置板联结对模态振型的影响，对三块 6 m 长预制浮置板建立的轨道多层三维钢弹簧隔振器浮置板模型进行模态分析，各阶振型如图 2-18 所示。

(a)第一阶9.204 Hz　(b)第二阶10.303 Hz

(c)第三阶16.768 1 Hz　(d)第四阶18.457 Hz

图　2-18

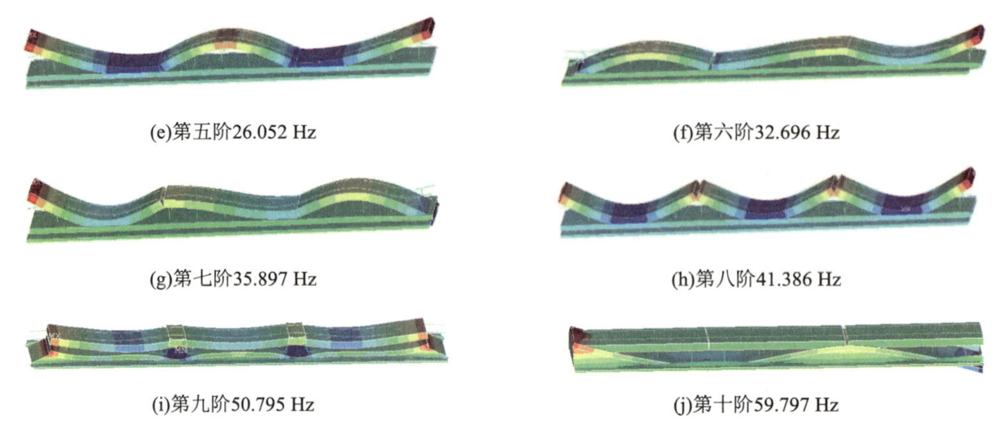
(e)第五阶26.052 Hz　(f)第六阶32.696 Hz
(g)第七阶35.897 Hz　(h)第八阶41.386 Hz
(i)第九阶50.795 Hz　(j)第十阶59.797 Hz

图 2-18　钢弹簧浮置板前十阶振型

由图 2-18 可知,前八阶振型(9.20~41.386 Hz)以浮置板的振动为主,第九阶振型(50.795 Hz)浮置板和基础共同参与,第十阶振型(59.797 Hz)以基础振动为主。浮置板轨道各阶模态与频率之间的关系如图 2-19 所示。

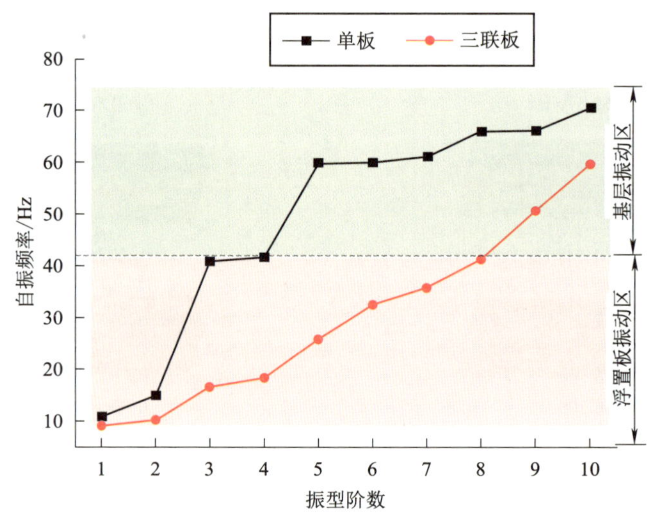

图 2-19　浮置板模态分析结果

由图 2-19 可知,结构形式的改变对振动的改变有较大的影响,尽管单板模型的各阶振动频率要高于三联板模型,但是从振动形态上来看,单板和三联板的模型在 41 Hz 以下频段内都以浮置板振动为主,在 41 Hz 以上频段至第十阶振动频率处以基础振动为主。

2.2.3　轨道结构参数对振动模态频率的影响

浮置板轨道结构的振动模态频率的大小是影响轨道结构减振效果的重要因素之一[4,5]。浮置板是一个系统工程,组成部件较多,影响其性能的因素也较多,而浮置板各阶模态对各因素的响应敏感性也差别较大。通过分析浮置板轨道各种参数对浮置板振动模态的影响，为浮置板结构设计时选择合理的参数提供技术支持。计算分析时的基本参数为，扣件刚度 10 ~ 30 kN/mm；浮置板长度 3 ~ 30 m，板厚 320 mm，密度 2 200 ~ 3 300 kg/m^3；浮置板下隔振器刚度 4 ~ 12 kN/mm，阻尼 7 N·s/mm；隔振器在两钢轨外侧布置，纵向间距0.5 ~ 1.5 m。计算结果如图 2-20 ~ 图 2-25 所示。

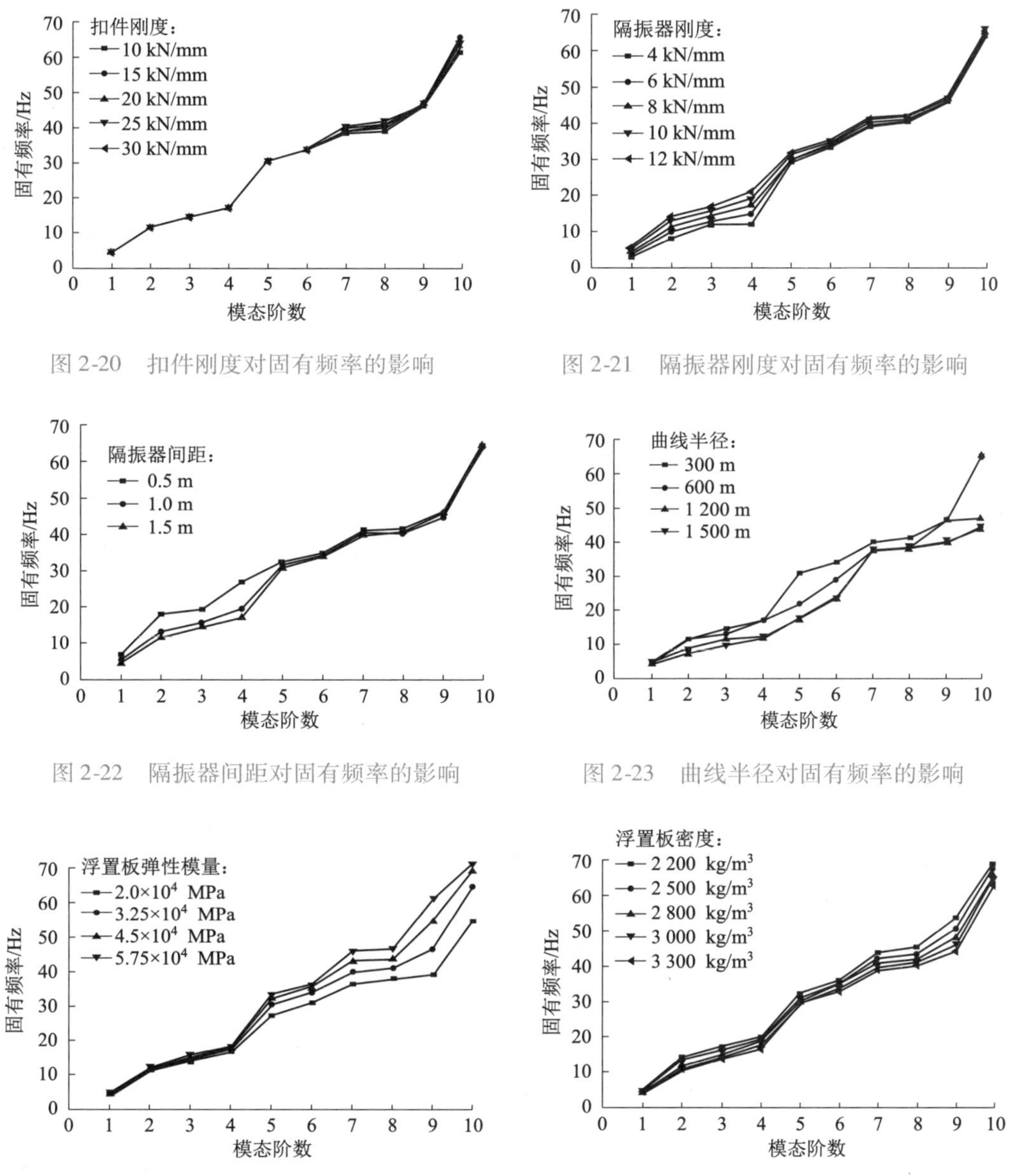

图 2-20　扣件刚度对固有频率的影响

图 2-21　隔振器刚度对固有频率的影响

图 2-22　隔振器间距对固有频率的影响

图 2-23　曲线半径对固有频率的影响

图 2-24　浮置板弹性模量对固有频率的影响

图 2-25　浮置板密度对固有频率的影响

从图 2-20 ~ 图 2-25 可知，不同的浮置板轨道结构参数，对浮置板各阶模态频率的影响也不尽相同，有些对低阶模态影响较大，有些则对高阶模态影响较大。扣件刚度的变化对浮置板轨道结构的固有频率影响较小，只对 7 阶和 8 阶模态的振动频率有一些的影响，频率变化量最大也小于 8% 。

隔振器的刚度是浮置板轨道结构的重要参数,其变化对 5 阶以下模态的频率影响较大,当隔振器刚度从 12 kN/mm 变化到 4 kN/mm 时,一阶固有频率从 5.26 Hz 变化到 3.047 Hz,变化达42%,而10 阶模态的变化量只有2.3%。隔振器间距对5 阶以下的模态频率也有较大影响,最大变化达 36.35%。实际上加大隔振器间距与降低隔振器刚度是同一概念,都是将浮置板的板下支承线刚度降低,从而使得浮置板的低阶振动模态频率下降。而高阶模态,主要是浮置板本身的翘曲所致,故支承刚度对其影响程度降低。

曲线半径的增大,对所有阶的模频率都有降低影响,但线路的曲线半径不能随轨道结构性能优化的需要而改变,故其实际意义并不大。弹性模量的变化对 4 阶以上模态的频率有较大的影响,9 阶模态的频率变化量可达 36%。除 1 阶模态外,浮置板密度增大,其他各阶模态的振动频率都有所下降,所以认为如条件许可,混凝土用高密度的重骨料也是一个不错的选择。另外,有关资料表明[6],板长对 1 阶和 2 阶的低阶模态频率基本没有影响,而对高阶模态的影响有较大的影响,板长越长,高阶(4 阶以上)模态的频率越高。浮置板的厚度增大,相当于浮置板的质量增大,其 1 ~3 阶的低价振动的模态频率降低,但 3 阶以上的高阶振动的模态频率提高[4]。

以上所述可知,浮置板的支承刚度变化对低阶振动频率影响较大,而浮置板的密度、弹性模量等特性变化对高阶振动频率影响较大。但浮置板的高阶频率,相对于噪声的频率又低得多,所以认为在对浮置板模态优化时,应考虑以低阶频率优化为主。

2.3 浮置板自振频率及隔振效率分析

如第 1 章所述,轨道减振措施主要包括扣件减振、轨枕减振及浮置式道床隔振。实际应用表明,浮置式轨道隔振效果好、结构稳定性高、出现病害较少。浮置板道床隔振性能研究中有一个共识的结论,即在该结构固有频率附近振动会被放大。故在浮置板轨道结构设计中,应避免轮载激励频率与轨道结构固有频率重合[8]。

考虑浮置板轨道结构自上而下依次为钢轨、扣件、浮置板以及减振垫。根据轨道结构的对称性,沿轨道中心线取轨道结构的一半建立模型。将钢轨简化为离散点支承欧拉梁,铺设在一系列有限长的浮置板上。由于相邻板之间设置了约束板端垂向和横向差动的剪力铰,且在垂向力作用下板间纵向差动较小,因此将浮置板视为两端铰接的欧拉梁。扣件和板下弹性支承采用线性弹簧和黏性阻尼元件表示,它们按照实际结构离散分布。相对于板下弹性支承,轨道基础的质量和刚度通常较大,因此将其视为刚体。考虑谐振荷载作用于轨道中部。建立的浮置板轨道物理模型如图 2-26 所示。

模型长度的确定主要考虑边界效应,有关文献指出荷载激励点与模型端部距离不小于 30 m 时,可认为模型无限长。以 6 m 长浮置板为基本工况,模型总长为 114 m,相当于 19 块浮置板长。其他板长的模型总长度同样取不小于 90 m。由于模型足够长,可忽略模型长度差异带来的计算误差。钢轨和浮置板采用 2 节点的平面欧拉梁单元 B23 进行离散,单元长度均取 0.1 m。扣件和板下弹性支承均采用 2 节点的平面连接单元 CONN2D2 进行模拟。采用“equation constraint”绑定相邻板板端节点的垂向自由度,以模拟板间剪力铰的作用。钢轨两端采用纵向对称约束,板下弹性支承的下部节点采用固定约束,整个模型节点数为 3 441,单元数为 3 611。图 2-27 为浮置板轨道结构有限元模型的局部放大图。

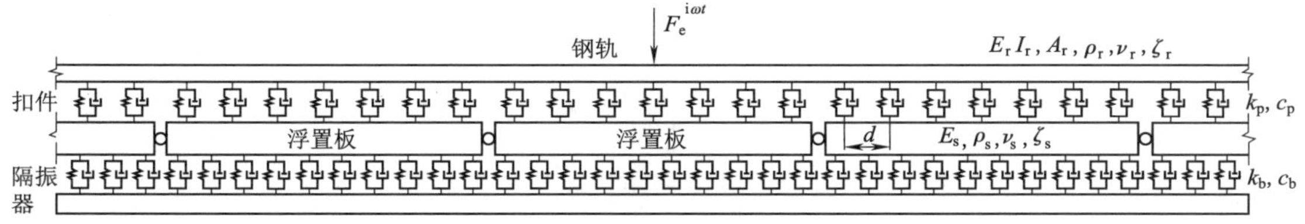

图 2-26　浮置板轨道结构物理模型

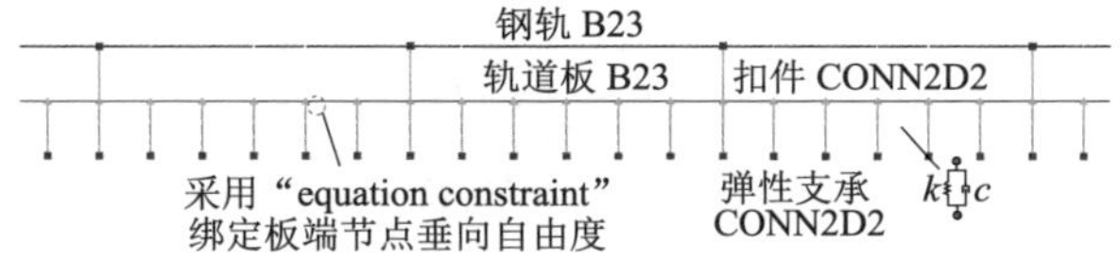

图 2-27　浮置式轨道有限元模型(局部放大)

轨道参数:

60 kg 钢轨:截面面积 $A_r = 7\ 745\ \text{mm}^2$,对水平轴的惯性矩 $I_r = 32.17 \times 10^6\ \text{mm}^4$,密度 $\rho_r = 7\ 830\ \text{kg}^3$,弹性模量 $E_r = 2.06 \times 10^5$ MPa,泊松比 $\nu_r = 0.3$,阻尼比 $\zeta_r = 0.005$。

扣件:刚度 $k_p = 38$ kN/mm,阻尼 $c_p = 6.3$ kN · s/m,间距 $d = 0.6$ m。

浮置板:长 $L_s = 6$ m,宽 $W_s = 2.8$ m,厚 $H_s = 0.35$ m,密度 $\rho_s = 2\ 500\ \text{kg/m}^3$,弹性模量 $E_s = 0.325 \times 10^5$ MPa,泊松比 $\nu_s = 0.2$,阻尼比 $\zeta_s = 0.025$。

板下弹性支承:每延米等效线刚度 $k_b = 16.3$ kN/mm,等效线阻尼为 $c_b = 55\ \text{kN} \cdot \text{s/m}^2$。

模型中的钢轨上作用一固定位置的谐振荷载 $F_e^{i\omega t}$,幅值 $F = 1$ kN。

2.3.1　隔振效率的理论分析

谐响应分析方法可以直观反映结构在不同激励频率下的振动特性,是轨道隔振性能研究中普遍采用的方法。基于谐响应法,可分析谐振荷载作用下轨道系统在频域内的结构响应,并采用隔振效率评价浮置板轨道的振动放大效应。

1. 轨道系统隔振效率计算方法

基于有限元法,将浮置式轨道模型离散为有限个单元,利用虚功原理得到单元的运动方程为

$$\boldsymbol{M}_e \ddot{\boldsymbol{\delta}} + \boldsymbol{C}_e \dot{\boldsymbol{\delta}} + \boldsymbol{K}_e \boldsymbol{\delta} = \boldsymbol{Q}_e \tag{2-1}$$

将所有单元按“对号入座”的方法进行组装,可以得到系统的运动方程:

$$\boldsymbol{M}\ddot{\boldsymbol{x}} + \boldsymbol{C}\dot{\boldsymbol{x}} + \boldsymbol{K}\boldsymbol{x} = \boldsymbol{F}(t) \tag{2-2}$$

式(2-1)和式(2-2)中　$\boldsymbol{M}_e$、$\boldsymbol{C}_e$、$\boldsymbol{K}_e$——单元的质量、阻尼和刚度矩阵;

$\boldsymbol{\delta}$、$\boldsymbol{Q}_e$——单元节点位移和单元外荷载向量；

$\boldsymbol{M}$、$\boldsymbol{C}$、$\boldsymbol{K}$——整个轨道系统的质量、阻尼和刚度矩阵；

$\ddot{\boldsymbol{x}}$，$\dot{\boldsymbol{x}}$，$\boldsymbol{x}$，$\boldsymbol{F}(t)$——分别为系统各自由度加速度、速度、位移和激励力向量。

在谐波激振力作用下，响应和激励力表达式为

$$\boldsymbol{X}(t)=[\mathrm{Re}(\boldsymbol{x})+\mathrm{iIm}(\boldsymbol{x})]\mathrm{e}^{\mathrm{i}\omega t}=\bar{\boldsymbol{x}}(\omega)\mathrm{e}^{\mathrm{i}\omega t} \tag{2-3}$$

$$\dot{\boldsymbol{x}}(t)=\mathrm{i}\omega\bar{\boldsymbol{x}}\mathrm{e}^{\mathrm{i}\omega t} \tag{2-4}$$

$$\ddot{\boldsymbol{x}}(t)=-\omega^2\bar{\boldsymbol{x}}\mathrm{e}^{\mathrm{i}\omega t} \tag{2-5}$$

$$\boldsymbol{F}(t)=[\mathrm{Re}(\boldsymbol{F})+\mathrm{iIm}(\boldsymbol{F})]\mathrm{e}^{\mathrm{i}\omega t}=\bar{\boldsymbol{F}}(\omega)\mathrm{e}^{\mathrm{i}\omega t} \tag{2-6}$$

式中 $\bar{\boldsymbol{x}}(\omega)$——位移幅值向量；

$\bar{\boldsymbol{F}}(\omega)$——激励幅值向量；

$\mathrm{Re}(\boldsymbol{x})$，$\mathrm{Im}(\boldsymbol{x})$，$\mathrm{Re}(\boldsymbol{F})$，$\mathrm{Im}(\boldsymbol{F})$——对应位移及激励幅值的实部和虚部。

将式(2-3)～式(2-6)代入式(2-2)，可得

$$(-\omega^2\boldsymbol{M}+\mathrm{i}\omega\boldsymbol{C}+\boldsymbol{K})\bar{\boldsymbol{x}}(\omega)=\bar{\boldsymbol{F}}(\omega) \tag{2-7}$$

$$\bar{\boldsymbol{x}}(\omega)=(-\omega^2\boldsymbol{M}+\mathrm{i}\omega\boldsymbol{C}+\boldsymbol{K})^{-1}\bar{\boldsymbol{F}}(\omega) \tag{2-8}$$

浮置板模型每个节点位置有一根弹簧与基础相连，以模拟隔振垫的刚度和阻尼作用。刚度和阻尼系数分别为 k_b 和 c_b。单根弹簧传递到基础上的力(弹簧力)可通过式(2-9)求得。

$$f_b(\omega)=(k_b+\mathrm{i}\omega c_b)\bar{x}_s(\omega) \tag{2-9}$$

式中 $\bar{x}_s(\omega)$——浮置板节点位移幅值。

传递到基础的合力等于单根弹簧力幅值的和，如式(2-10)所示。

$$\bar{F}_b(\omega)=\sum\bar{f}_b=\sum\sqrt{(k_b^2+\omega^2c_b^2)}\,\bar{x}_s(\omega) \tag{2-10}$$

隔振效率计算公式为

$$T=1-\frac{\bar{F}_b(\omega)}{F(\omega)} \tag{2-11}$$

激励幅值 $\bar{F}_b(\omega)$ 取为定值 1 kN。

当 $T>0$，表明具有隔振效果；当 $T<0$，表明振动被放大。

2. 单自由度振动体系隔振效率分析

早期研究中一般将浮置式轨道视为单自由度的质量—弹簧隔振体系。在该体系中将隔振垫以上结构视为一质量块，仅考虑结构的垂向刚体振动。单自由度质量—弹簧体系隔振效率计算公式：

$$T=1-\frac{\sqrt{1+(2\zeta\beta)^2}}{\sqrt{(1-\beta^2)^2+(2\zeta\beta)^2}} \tag{2-12}$$

$$\beta = \frac{\bar{f}}{f_0} \tag{2-13}$$

$$f_0 = \frac{1}{2\pi}\sqrt{\frac{k_f}{m_f}} \tag{2-14}$$

式中　ζ——阻尼比；

β——频率比；

$\bar{f}$——激励频率，Hz；

f_0——轨道系统垂向刚体运动固有频率，Hz；

k_f——每延米板下支承刚度，kN/mm；

m_f——每延米浮置板和钢轨质量之和，kg。

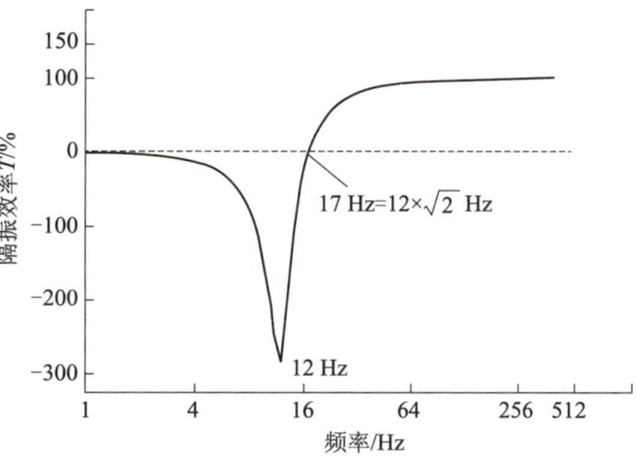

图 2-28　单自由度体系浮置式轨道的隔振效率

将基本工况计算参数带入得到单自由度质量—弹簧体系的隔振效率，如图 2-28 所示。

由式(2-14)计算得到轨道的垂向刚体运动固有频率为 12 Hz，与图 2-18 中振动放大效应最大处对应的频率相同。当激励频率大于垂向刚体运动固有频率的 2 倍时，隔振效率为正，表明起到隔振作用。

单自由度质量—弹簧体系仅考虑了轨道垂向刚体运动自由度，因此不能体现轨道结构在弯曲振动模态下的振动放大效应，但当浮置板长度较小时(短板，以垂向振动为主)，单自由度质量—弹簧体系能够较好反映轨道系统的隔振性能。

3. 考虑弯曲振动的叠合梁体系隔振效率分析

一般浮置板长度可以达到几米甚至几十米，远超过板厚(一般不超过 1 m)。此时浮置板的弯曲振动模态更突出。采用模态分析法计算得到浮置板的前 3 阶弯曲振动模态及固有频率，如图 2-29 所示。

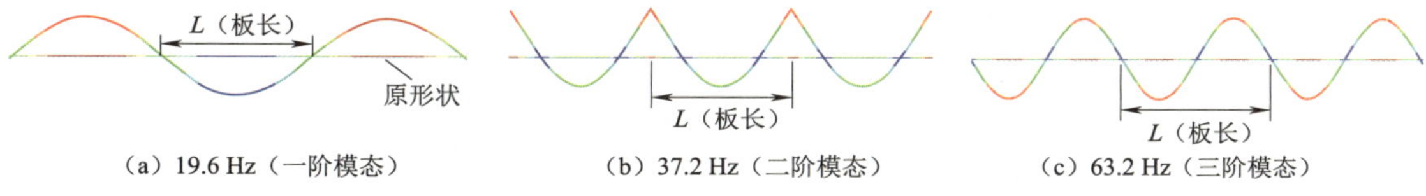

(a) 19.6 Hz（一阶模态）　(b) 37.2 Hz（二阶模态）　(c) 63.2 Hz（三阶模态）

图 2-29　浮置板前 3 阶弯曲振动模态及固有频率

从图 2-29 可知，一阶模态振型中板长刚好为一个振动波长的一半，固有频率为 19.6 Hz；二阶模态振型中板长刚好为一个振动波长，固有频率为 37.2 Hz；三阶模态振型中板长也为一个振动波长，但其振型为相对轨道横轴的中心对称结构，固有频率为 63.2 Hz。

从图 2-29 还可以看出各阶模态对荷载作用位置的敏感度。一阶模态振型中板端未动，板中振动幅度最大，由此可知，一阶模态振型对板中位置的荷载最敏感。同理，二阶模态振型对板中和板端位置的荷载较敏感，三阶模态振型对浮置板 1/4 位置处的荷载更敏感。

为了更细致分析不同弯曲振动模态对轨道系统隔振性能的影响，计算荷载分别作用于浮置板板中、板长1/4处和板端三个位置时浮置式轨道的隔振效率，如图2-30所示。

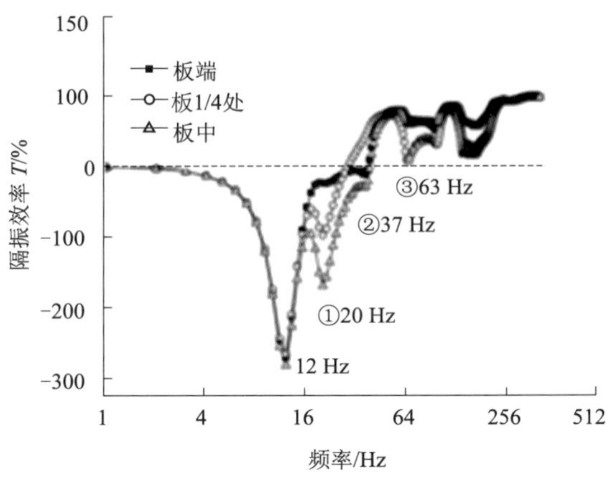

图2-30　叠合梁模型浮置式轨道的隔振效率

由图2-28和图2-30对比可知，当激励频率小于垂向刚体运动固有频率时，两条隔振效率曲线完全一样。当激励频率大于垂向刚体运动固有频率时，两者表现出不同的变化规律。叠合梁模型中，隔振效率曲线存在多个峰值，每个峰值处都放大了振动强度或减小了隔振效率。可以看出，采用单自由度振动系统计算得到的轨道整体隔振效率结果偏大。

图2-30中，激励频率大于垂向刚体运动固有频率部分的第1个峰值对应图2-29中的一阶模态振型，第2个峰值对应二阶模态振型，第3个峰值对应三阶模态振型。由此可知，与垂向刚体运动类似，在弯曲振动模态下轨道振动将放大或隔振效果变差。

表2-2根据图2-30给出了各阶弯曲振动固有频率处轨道系统的隔振效率。对比可知，一阶弯曲振动固有频率处振动放大效果最明显，荷载作用于板中时，隔振效率可达－169.5%。二阶模态振型的板中振幅最大，板端最小，这与图2-30中荷载作用于不同位置时隔振效率变化规律一致。荷载作用于板中，对应振幅最大位置，因此振动放大效果最明显。还可以看出其他阶弯曲振动对系统隔振效果影响较小。因此，在进行浮置式轨道隔振设计时，有必要考虑一阶弯曲振动的影响，避免激励频率与一阶弯曲振动固有频率重合，其他阶弯曲振动可不考虑。

表2-2　弯曲振动固有频率处轨道系统的隔振效率

荷载位置	弯曲振动固有频率/Hz		
	19.6	37.2	63.2
荷载作用板端/%	－23.2	－6.2	70.1
荷载作用板1/4处/%	－97.2	51.1	11.0
荷载作用板中/%	－169.6	－20.9	63.4

为方便工程设计，有必要给出一阶弯曲振动固有频率的简化计算公式。假定板下弹性层连续支承，按照弹性地基上两端铰接梁推导得到浮置式轨道一阶弯曲振动固有频率的解析公式为

$$f_b=\frac{1}{2\pi}\sqrt{\frac{E_s I_s \pi^4}{m_f l_s^4}+\frac{k_f}{m_f}} \tag{2-15}$$

式中　f_b——一阶弯曲振动固有频率，Hz；

E_sI_s——浮置板抗弯刚度,kN · m^2;

l_s——浮置板长度,m。

其他参数意义与上相同。代入轨道参数,可以求得一阶弯曲固有频率为 19.6 Hz,计算结果与模态分析结果相同。

2.3.2　轨道参数影响规律分析

考虑荷载作用于板中的情况,对不同设计参数条件下轨道系统一阶弯曲振动固有频率及隔振效率进行分析。主要考虑的参数包括浮置板厚度、长度、扣件刚度、板下刚度以及板下隔振垫支承方式等。板宽主要受建筑限界影响,变化量不大。研究表明,板宽对轨道系统的动力特性影响较小,因此不考虑板宽的影响。板厚取 0.20 ~ 0.55 m。板长主要考虑 3.6 m、6.0 m、15.0 m、30.0 m。无砟道床的扣件节点垂直静刚度宜为 20 ~ 40 kN/mm,动静刚度比不应大于 1.4,则扣件垂向动刚度取 28 ~ 56 kN/mm。板下线刚度取 7.2 ~ 29.0 MN/mm。板下隔振垫支承方式考虑满铺和点铺,其中点铺考虑了不同的纵向间隔距离。表 2-3 为计算工况汇总。

表 2-3　计算工况汇总

轨道参数	工　况
板厚/m	0.20,0.25,0.35,0.45,0.55
板长/m	3.6,6.0,15.0,30.0
扣件刚度/kN · mm^{-1}	28,38,48,56
板下线每延米刚度/kN · mm^{-1}	7.2,11.3,16.3,22.2,29.0
板下隔振垫支承方式	满铺,间隔 0.6 m,间隔 1.2 m,间隔 1.5 m,间隔 2 m

1. 浮置板厚度

浮置板厚度对隔振效率的影响如表 2-4 和图 2-31 所示,从此可知,随着板厚减小,轨道系统垂向刚体运动固有频率增大,而一阶弯曲振动固有频率减小。当板厚小于 0.25 m 时,两者很接近。

表 2-4　不同板厚下轨道系统固有频率及隔振效率

浮置板厚度/m	固有频率/Hz		隔振效率/%	
	垂向刚体运动	一阶弯曲振动	垂向刚体运动	一阶弯曲振动
0.20	15.6	17.9	-322	-352
0.25	14.1	17.8	-299	-309
0.35	12.0	19.6	-283	-169
0.45	10.6	22.6	-274	-78
0.55	9.6	26.3	-273	-23

一阶弯曲振动固有频率处的隔振效率一般为负值,但隔振效率随着板厚的增加迅速增大,增长率约 983% /m。板厚 0.55 m 时隔振效率增加到 -23% ,此时弯曲振动模态下

的振动放大效应已较小。因此，当浮板足够厚，如大于0.55 m时，可不考虑轨道弯曲振动导致的振动放大效应，也即此时浮置板主要是以刚体运动的振动为主。

垂向刚体运动固有频率处的隔振效率没有随着浮置板厚度的增加明显改变，仅在浮置板厚度较小时（此时垂向刚体运动固有频率与一阶弯曲振动固有频率非常接近）放大效应才有所增加。可知垂向刚体运动与弯曲振动的叠加，导致放大效应进一步增加，因此浮置板厚度不宜过小。

2. 浮置板长度

既有研究关于浮置板长度对轨道系统隔振效率的影响尚无定论，不同浮置板长度的轨道系统具有相同的垂向刚体运动固有频率（图2-32和表2-5）是其原因之一。浮置板长度不影响轨道系统的垂向刚体运动固有频率，但对弯曲振动固有频率影响明显。浮置板长度越长，弯曲振动固有频率越小。当浮置板长度大于15 m时，弯曲振动固有频率与垂向刚体运动固有频率基本重合。浮置板的垂向刚体运动固有频率处和一阶弯曲振动固有频率处的隔振效率都随着板长的增加而减小，其中弯曲振动固有频率处的隔振效率变化更明显。当一阶弯曲振动固有频率与垂向刚体运动固有频率重合时，轨道系统的振动放大效应最明显。由此可知，浮置板越长，轨道系统的隔振性能越差。在进行浮置式轨道隔振设计时，建议通过改变浮置板长度控制弯曲振动固有频率，避免与垂向刚体运动固有频率重合。另外，浮置板长度小于3.6 m时，弯曲振动对轨道系统的振动放大效应已很小，可以忽略。但经验和理论都表明，隔振效率是浮置板长度选择的重要因素，但不是唯一的因素。

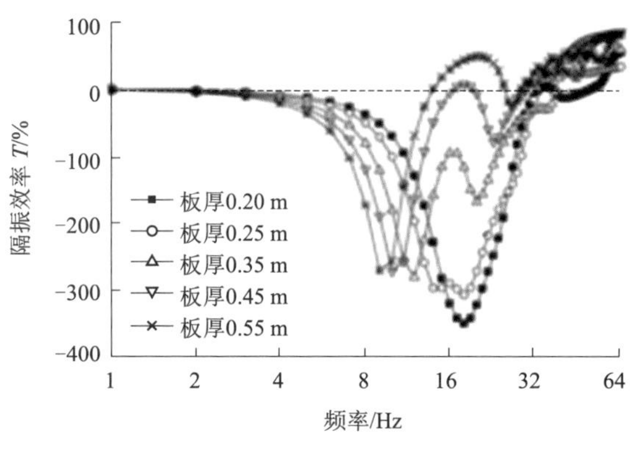

图2-31　不同浮置板厚度的隔振效率

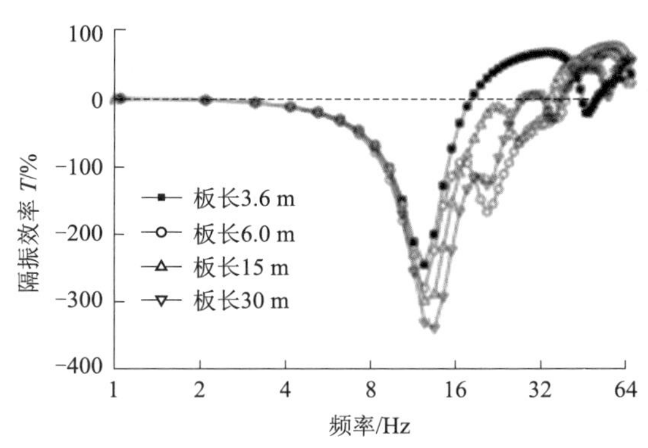

图2-32　不同浮置板长度的隔振效率

表2-5　不同浮置板长度的轨道系统固有频率及隔振效率

浮置板长度/m	固有频率/Hz		隔振效率/%	
	垂向刚体运动	一阶弯曲振动	垂向刚体运动	一阶弯曲振动
3.6	12.0	44.6	-247	-21.3
6.0	12.0	19.6	-283	-170
15	12.0	12.3	-302	-302
30	12.0	12.0	-334	-334

3. 扣件刚度

浮置式轨道有两个弹性层，一层是扣件，另一层是浮置板下弹性支承。通过改变扣件动刚度，计算得到不同激励频率下轨道系统的隔振效率，如图 2-33 所示。由图 2-33 可知，频率小于 128 Hz 时扣件刚度对轨道系统的隔振效率基本无影响。计算得到由钢轨和扣件组成的单自由度质量—弹簧体系的垂向刚体运动固有频率为 140 ~ 198 Hz。因此可以认为，小于 128 Hz 频率范围内，轨道振动特性主要受浮置板下的支承刚度影响，此时可将浮置板上的结构看作一个结构层。

4. 浮置板下刚度

由图 2-34 可知，随着浮置板下线刚度的增加，垂向刚体运动固有频率和弯曲振动固有频率均增大，前者增加幅度稍大。浮置板下线刚度越大，低频范围内轨道系统振动放大效应越明显，见表 2-6。减小浮置板下刚度可以同时减小垂向刚体运动固有频率和一阶弯曲振动固有频率附近的振动放大效应。因此，为了提高轨道系统的隔振效率，建议减小浮置板下刚度。

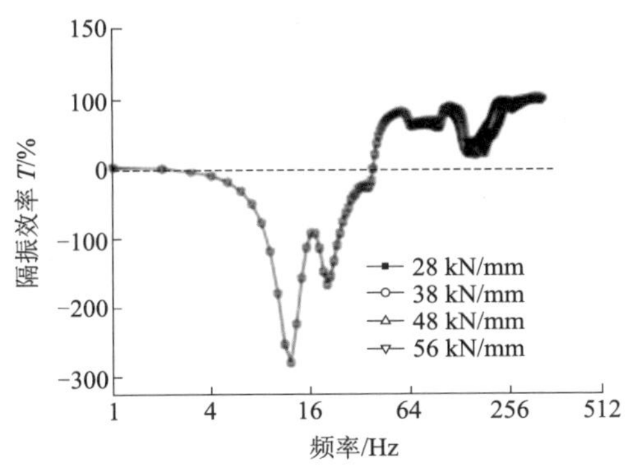

图 2-33　不同扣件刚度的隔振效率

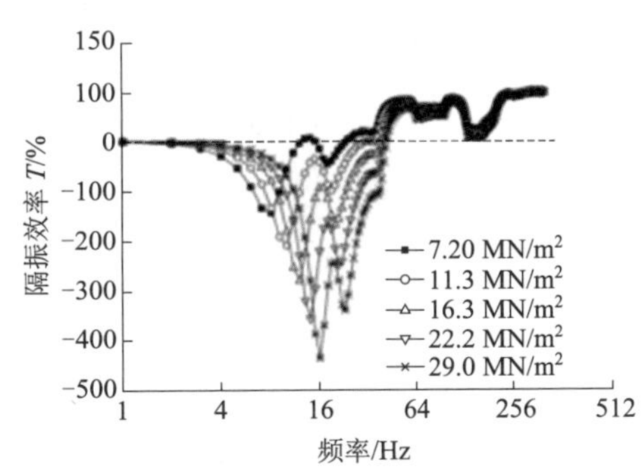

图 2-34　不同浮置板下线刚度的隔振效率

表 2-6　不同浮置板下线刚度轨道系统固有频率及隔振效率

浮置板下线每米刚度 /(kN · mm⁻¹)	固有频率/Hz		隔振效率/%	
	垂向刚体运动	一阶弯曲振动	垂向刚体运动	一阶弯曲振动
7.20	8	17.4	-145	-46.6
11.3	10	18.4	-211	-100
16.3	12	19.6	-283	-169
22.2	14	20.9	-359	-249
29.0	16	22.3	-438	-341

5. 浮置板下隔振垫支承方式

浮置板下支承方式不同可对轨道系统的弯曲振动产生影响。在计算不同支承形式下轨道系统隔振效率时，考虑浮置板下总刚度不变，计算结果如图 2-35 所示。由图 2-35 可知，当隔振垫支承间距小于 2 m 时，浮置板下支承方式对轨道系统隔振性能影响较小，一阶弯曲振动固有频率也无明显变化。因此，在进行浮置式轨道弯曲振动固有频率计算时，若板下支承间距不大(小于 2 m),可在换算得到板下等效线刚度后,统一采用式(2-15)进行计算。

6. 浮置板下阻尼

阻尼是耗散外界能量的一种方式,尤其对系统在动力作用下振动响应有着重要的影响。针对 20 kN·s/m、75 kN·s/m 和 100 kN·s/m 三种不同钢弹簧阻尼值,分析浮置板轨道系统隔振效率随钢弹簧阻尼变化的规律[9]。由计算可知,钢弹簧阻尼的变化对系统自振频率的大小没有影响(即共振峰重叠),但增加钢弹簧阻尼可以有效地降低浮置板轨道低阶共振频率处系统的振动响应,如图 2-36 所示。从图 2-36 可知,随着阻尼的增加,一阶共振峰处的振动幅值迅速减小,隔振效率明显增加。但是,钢弹簧阻尼增加对高阶共振峰处系统振动幅值的减小不利。建议设计中适当增加钢弹簧的阻尼值,以有效提升一阶共振处的隔振效率。

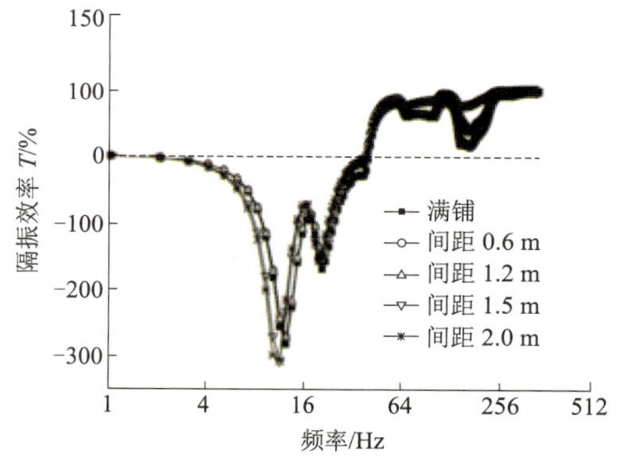

图 2-35 不同隔振器间距隔振效率

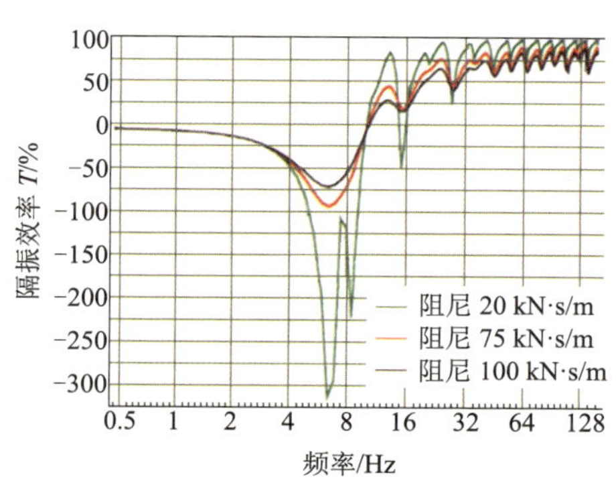

图 2-36 不同隔振器阻尼的隔振效率[9]

2.4 浮置板隔振性能分析

浮置板的隔振性能是一项重要的指标,通过计算分析比较浮置板长度对隔振性能的影响,以及连接浮置板的剪力铰对隔振性能的影响,考察短浮置板轨道是否具有与长浮置板轨道相同的隔振性能;由于浮置板轨道的刚度比较小,而整体道床的刚度比较大,车辆驶过两种轨道交界处时经历不同的刚度变化,将引起轮轨之间的动载荷变化幅度较大。对车辆经过浮置板轨道与整体道床轨道交界处的动态过程进行仿真,计算浮置板对轮轨动载荷、轨道位移和车辆加速度的影响[10]。

2.4.1 轨道—道床结构模型

浮置板轨道—道床结构模型如图 2-37 所示,从上到下依次为钢轨、轨下垫片、浮置板、隔振器、道床和弹性地基。考虑到轨道的对称性,仅取一半轨道建立模型。钢轨简化为无限长 Euler 梁;轨下垫片处理为离散的弹簧;单块浮置板简化为长度为 L_s 的自由—自由 Euler 梁;相邻两块浮置板采用铰连接;浮置板下的隔振器简化为离散的弹簧;道床和弹性地基处理为无限长弹性地基梁。道床梁截面惯性矩根据图纸上的道床截面尺寸计算得到。考虑隧道结构质量对道床振动的影响,在模型中将隧道管片的部分质量附加给道床梁。

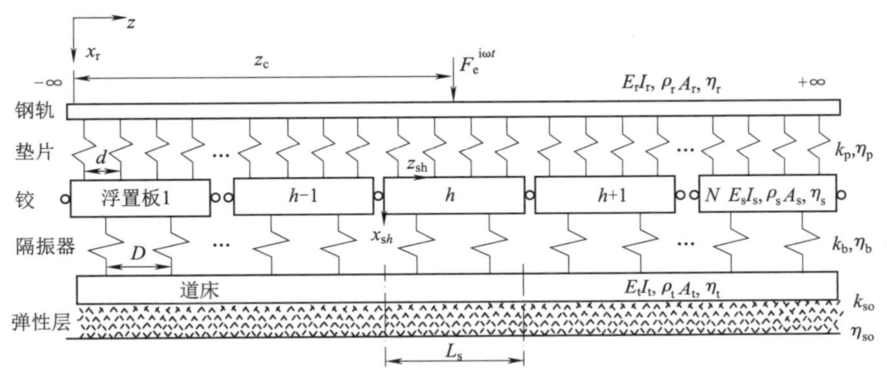

图 2-37　浮置板轨道—道床结构模型

整体道床轨道结构模型见图 2-38,从上到下依次为钢轨、轨下垫片、道床和弹性地基,钢轨通过垫片直接连接于道床。考虑到轨道的对称性,仅取单根钢轨对应的轨道建立模型。整体道床模型对钢轨、轨下垫片、道床和弹性地基的处理与浮置板轨道—道床结构模型相同,仅部分参数存在差别。

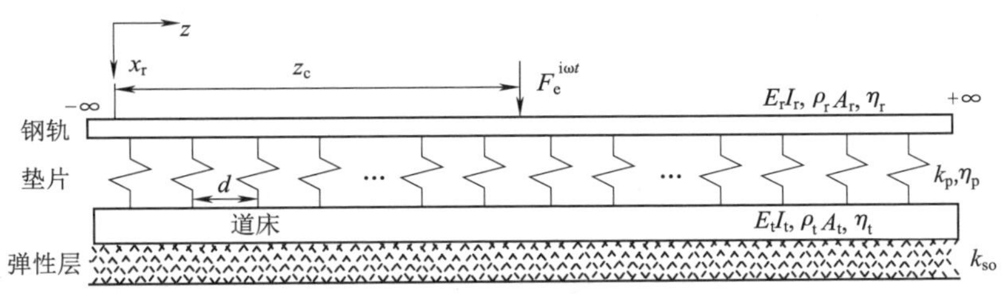

图 2-38　整体道床轨道结构模型

轨道结构采用 CHN60 钢轨,浮置板和道床采用混凝土,对应图 2-37 和图 2-38 中的基本参数见表 2-7。表 2-7 中的参数根据浮置板轨道图纸中截面尺寸计算得到。单块浮置板长度 L_s 为 6 m、7.2 m、25 m,计算模型中分别取 19 块、15 块、5 块。浮置板隔振系统固有频率根据单块浮置板质量和单块浮置板下隔振器总刚度计算得到。对于道床梁,其单位长度质量包括道床本身和 1/2 隧道管片质量。

表 2-7　轨道和道床基本参数(1/2 轨道)

项目名称		浮置板轨道	整体道床
钢轨	弹性模量 $E_r/(\mathrm{N\cdot m^{-2}})$	2.06×10^{11}	2.06×10^{11}
	截面积 $A_r/\mathrm{m^2}$	7.745×10^{-3}	7.745×10^{-3}
	截面积惯性矩 $I_r/\mathrm{m^4}$	3.217×10^{-6}	3.217×10^{-6}
	单位长度质量 $m_r/(\mathrm{kg\cdot m^{-1}})$	60.64	60.64

续上表

项目名称		浮置板轨道			整体道床
垫片	垫片刚度 k_p/(kN · mm^{-1})	40			40
	损失因子 η_p	0.15			0.15
	基本间距 d/m	0.6			0.6
浮置板隔振系统	弹性模量 E_s/(N · m^{-2})	3.5×10^{10}			—
	密度 ρ_s/(kg · m^{-3})	2 500			—
	附加质量/(kg · m^{-1})	75			—
	铰剪切刚度 k_j/(N · m^{-1})	1×10^{9}			—
	单块浮置板长度 L_s/m	6.00	7.20	25.0	—
	截面积 A_s/m^2	0.479 4	0.479 4	0.514 0	—
	截面积惯性矩 I_s/m^4	6.34×10^{-3}	6.34×10^{-3}	7.74×10^{-3}	—
	隔振固有频率 f_n/Hz	13.0	12.8	11.5	—
	单块板下隔振器个数 N	6	7	21	—
	隔振器刚度 k_b/(kN · mm^{-1})	8.50			—
	隔振器阻尼比 ζ_b	0.04			—
	隔振器基本间距 D/m	1.2			—
道床隧道及支承	弹性模量 E_t/(N · m^{-2})	3.5×10^{10}			3.5×10^{10}
	密度 ρ_t/(kg · m^{-3})	2 500			2 500
	弹性层刚度 k_{so}/(Pa · m^{-1})	1.5×10^{9}			1.5×10^{9}
	道床截面积 A_t/m^2	0.263 0	0.263 0	0.256 6	0.706 0
	道床截面惯性矩 I_t/m^4	1.85×10^{-3}	1.85×10^{-3}	1.75×10^{-3}	1.79×10^{-2}
	道床宽度 W/m	1.287	1.287	1.277	1.728
	道床厚度 H_b/m	0.320	0.320	0.315	0.611
	隧道内径 D_t/m	5.5			5.5
	隧道壁厚 H_t/m	0.35			0.35

2.4.2 车辆—轨道耦合模型

车辆模型简化为车厢的两个转向架，一半轨道结构则对应转向架单边四个车轮。由于车身和转向架转动惯量对计算结果影响很小，因此采用图 2-39 所示的四个 1/8 车辆模型。每个 1/8 车辆模型自上而下依次为 1/8 车体质量、二系悬挂、1/4 转向架质量、一系悬挂和车轮。

车辆—浮置板轨道耦合模型如图 2-39 所示，因为同一节车厢的两个转向架距离较远（15.7 m），两者之间影响较小，所以车辆模型包含相邻两节车厢的两个转向架（中心距 7.1 m），单边轨道共有四个车轮与之耦合。在道床上取离开车辆模型中心 0、1.05 m、3.55 m 的三个位置，计算该处的加速度响应，这些位置分别对应车辆模型中心、车轮 2、车轮 1 的位置。

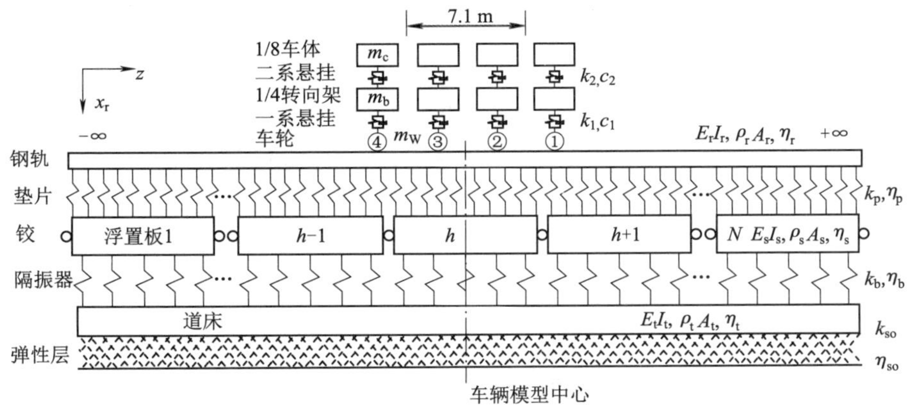

图 2-39　车辆—浮置板轨道耦合模型

A 型车车辆模型参数见表 2-8，表中参数对应 1/8 车辆和 1/4 转向架。

表 2-8　车辆模型参数（动车，1/8 车辆）

项目名称	参数取值
1/8 车体质量 m_c/kg（考虑 410 人乘客）	6 100
二系悬挂刚度 k_2/(kN · mm^{-1})	0.212
二系悬挂阻尼 c_2/(N · s/m)	2.0×10^4
1/4 转向架质量 m_b/kg	1 180
一系悬挂刚度 k_1/(kN · mm^{-1})（单个车轮）	1.500
一系悬挂阻尼 c_1/(N · s/m)（单个车轮）	0
单个车轮质量 m_w/kg	750
转向架轴距 L_w/m	2.50
车辆定距 L_b/m	15.70
相邻两节车厢两个转向架中心距 L_b/m	4.60

根据牛顿第二定律，可以列出车辆系统的运动微分方程。假设在车轮 j' 处作用单位简谐激励 $F_{cj'}=F_e^{i\omega t}$，如图 2-27、图 2-28 所示，可求出车轮 j' 处的动柔度 $\alpha_{wj'}(j'=1,2,3,4)$。在轨道—道床模型通过四个车轮的轮轨作用力相互耦合。假设车轮 j' 的纵向位置为 $z=z_{wj'}$，根据图 2-27 和图 2-28 的计算模型可以求出该位置轨道的动柔度 $\alpha_T(z_{wj'})$。假设轮轨之间的相对位移激励为 R，则第 j 个车轮处轮轨作用力为

$$F_{cj'}=-\frac{R}{\alpha_T(z_{wj'})+\alpha_{wj'}+\alpha_c},(j'=1\sim4) \tag{2-16}$$

式中　α_c——轮轨接触弹簧柔度，$\alpha_c=\dfrac{1}{k_c}$，mm/kN；

k_c——线性化的轮轨接触弹簧刚度，kN/mm；

R——轮轨相对位移激励，mm，向下为正，向上为负。

式(2-16)忽略了车轮之间经由轨道结构产生的相互影响。但是，在 500 Hz 以下的频

率范围,轨道振动传播的衰减率达到 10 dB/m 以上,因此在车轮间距 2.5 m 的条件下,其相互影响很小,可以不予考虑。

计算出轮轨相互作用力后,根据图 2-27 和图 2-28 的轨道结构计算模型可以求出浮置板隔振器受力和剪力铰受力,整体道床轨道的垫片受力;进而可得到钢轨、浮置板和道床上任一点的振动响应。

2.4.3 浮置板轨道自身隔振性能分析

1. 隔振性能评价标准

浮置板轨道自身隔振性能可以采用力的传递率进行评价。假设钢轨受到激励力 $Fe^{i\omega t}$,如图 2-27 所示,力的传递率定义为所有隔振器中力的幅值的平方和开根与激励力幅值的比,即:

$$R_{tr}=\frac{F_{tr}}{F}=\frac{\sqrt{\sum_{n=1}^{N_b}|F_{bn}|^2}}{F} \tag{2-17}$$

式中 F_{bn}——浮置板下第 n 个隔振器受力,整体道床轨道为第 n 个轨下垫片受力,kN;

N_b——隔振器总数;

F——激励力幅值,kN。

2. 剪力铰的影响

对于单块长度为 7.2 m 的浮置板系统,其固有频率为 12.8 Hz。简谐载荷作用于钢轨上,位置对应于中间一块浮置板的中央,计算模型采用 15 块浮置板。整体道床轨道的计算长度取 180 跨(108 m),载荷位于中间位置。浮置板剪力铰的剪切刚度取 1 000 kN/mm 和 1×10^{-6} kN/mm 两个值,分别代表浮置板有剪力铰和无剪力铰连接两种工况。浮置板轨道动柔度、力传递率、单位简谐载荷作用下浮置板和道床对应点处的加速度响应计算结果如图 2-40 所示。

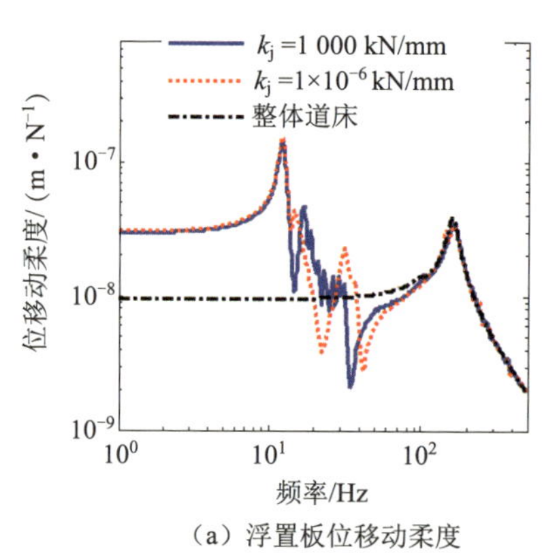

(a) 浮置板位移动柔度

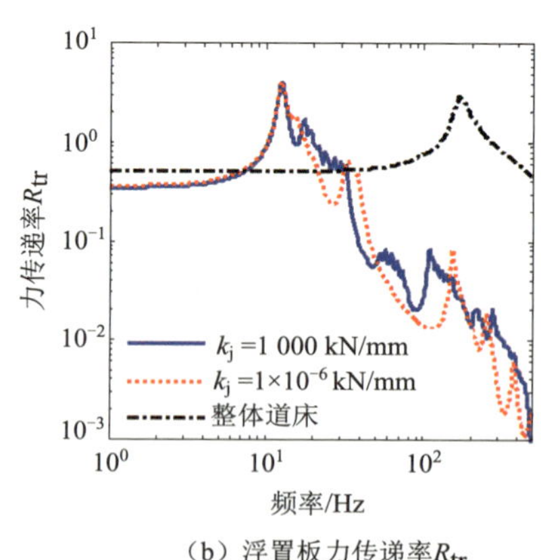

(b) 浮置板力传递率R_{tr}

图 2-40

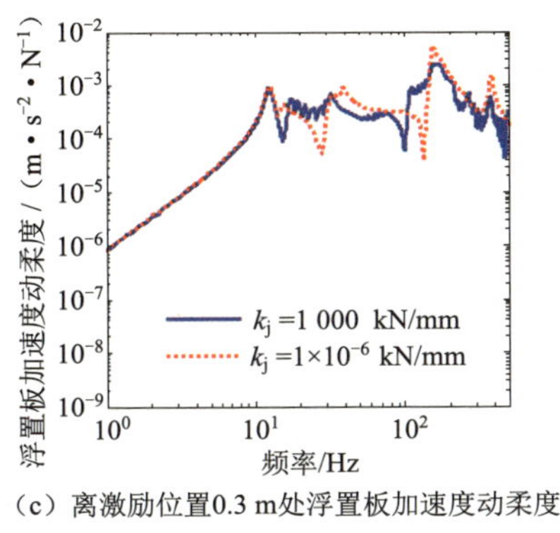

(c) 离激励位置0.3 m处浮置板加速度动柔度

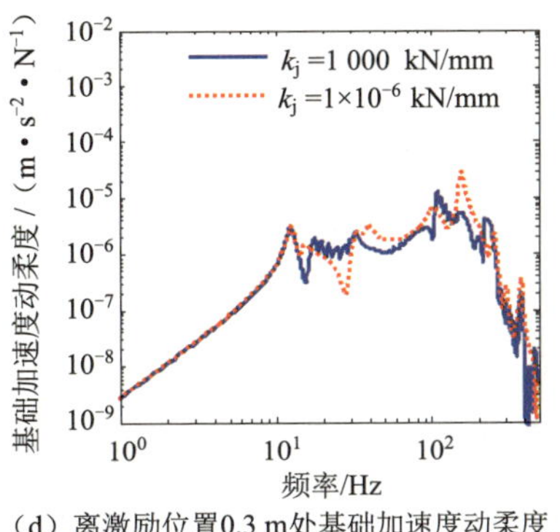

(d) 离激励位置0.3 m处基础加速度动柔度

图 2-40　浮置板与基础的振动加速度动柔度

由图 2-40(b)可见，与整体道床相比，除了固有频率附近，浮置板轨道具有良好的隔振性能。从高于约$\sqrt{2}$倍固有频率开始，浮置板轨道的隔振效果为每倍频程降低 6 dB。与没有剪力铰的浮置板相比，采用剪力铰连接的浮置板轨道并不能提高系统的隔振性能，剪力铰反而使浮置板轨道的隔振效果略有下降。由于隔振器阻尼比仅为 4%，故在固有频率处，力传递率增加达 12 dB(4 倍)。除了系统的固有频率外，浮置板轨道的隔振效果还受到浮置板自身弯曲振动模态的影响。如图 2-30(b)无剪力铰的浮置板轨道，在隔振器支承的浮置板弯曲振动第 1 和第 3 阶固有频率附近(31 Hz 和 150 Hz)，力传递率出现峰值，隔振性能变差。

比较图 2-40(c)和图 2-40(d)的加速度响应曲线可看出，由于浮置板轨道具有良好的隔振能力(力传递率低)，基础的加速度响应远小于浮置板的加速度响应。

图 2-41 给为不同浮置板长度有无剪力铰对轨道力传递率的影响。浮置板长度 L_s为 6 m和7.2 m 的短浮置板轨道，剪力铰使浮置板轨道的隔振性能略微变差。浮置板长度 L_s 为 25 m 的长浮置板轨道，剪力铰对隔振效果的影响不显著，这是因为激励力位于浮置板中央，由激励引起的振动传到剪力铰处(12.5 m)已衰减很多。

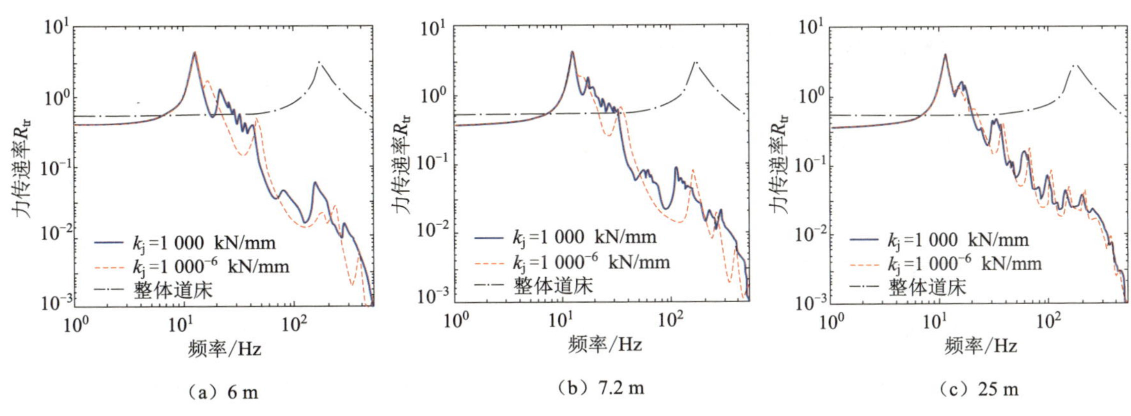

(a) 6 m　(b) 7.2 m　(c) 25 m

图 2-41　不同浮置板长度的轨道力传递率 R_{tr}

2.4.4 车辆—浮置板轨道耦合的隔振性能分析

通过对浮置板轨道力传递率的计算分析研究，可以清楚地了解浮置板轨道自身的隔振性能，以及浮置板轨道参数对隔振性能的影响。对车辆—浮置板轨道耦合情形下的浮置板轨道动力响应进行计算，分析列车荷载作用下的浮置板隔振性能。

1. 隔振性能评价标准

车辆—轨道耦合模型中，用幅值 1 μm 的轨面不平顺简谐函数模拟轮轨踏面粗糙度而产生的激励作用，并假设四个车轮处的位移激励具有相同的相位，应用图 2-29 车辆—轨道耦合模型对相对位移激励下轨道结构的动态响应进行分析计算。引入相对加速度响应作为浮置板轨道在车辆—轨道耦合工况下隔振性能的评价标准，其定义为相同的位移激励分别作用于浮置板轨道和整体道床轨道，浮置板轨道基础与对应的整体道床的加速度响应幅值之比，即：

$$R_{\mathrm{A}}=\frac{A_{\mathrm{FST}}}{A_{\mathrm{ET}}} \tag{2-18}$$

式中 A_{FST}——1 μm 相对位移激励下，浮置板轨道基础的加速度响应幅值；

A_{ET}——1 μm 相对位移激励下，整体道床对应位置的加速度响应幅值。

此外，还可用浮置板基础和整体道床传递力的比值评价浮置板轨道隔振性能。传递力比值定义为，相同的位移激励分别作用于浮置板轨道和整体道床轨道，浮置板轨道传递给基础的力与整体道床轨道传递给道床的力之比，即：

$$R_{\mathrm{F}}=\frac{F_{\mathrm{trFST}}}{F_{\mathrm{trET}}}=\frac{\sqrt{\sum_{n=1}^{N_{\mathrm{b}}}|F_{\mathrm{b}n}|^{2}}}{\sqrt{\sum_{m=1}^{N_{\mathrm{p}}}|F_{\mathrm{p}m}|^{2}}} \tag{2-19}$$

式中 $F_{\mathrm{b}n}$——第 n 个浮置板隔振器中的力，kN；

N_{b}——隔振器总数；

$F_{\mathrm{p}m}$——整体道床轨道第 m 个钢轨支座垫层中的力，kN；

N_{p}——钢轨支座总数。

2. 剪力铰和浮置板长度的影响

根据图 2-29 车辆—轨道耦合模型，计算有无剪力铰两种浮置板轨道和整体道床在 1 μm 轨面不平顺位移激励下的响应，单块浮置板长度为 7.2 m。车辆模型位于浮置板正中，图 2-42、图 2-43 分别给出了道床离开车辆模型中心 0、1.05 m、3.55 m 处的加速度响应。将浮置板道床与整体道床的加速度响应进行比较，或者直接观察相对加速度响应可以看出，浮置板轨道在其固有频率之上具有良好的隔振能力，而有和无剪力铰连接对隔振性能的影响很小。此外，三处的加速度响应基本上相同。

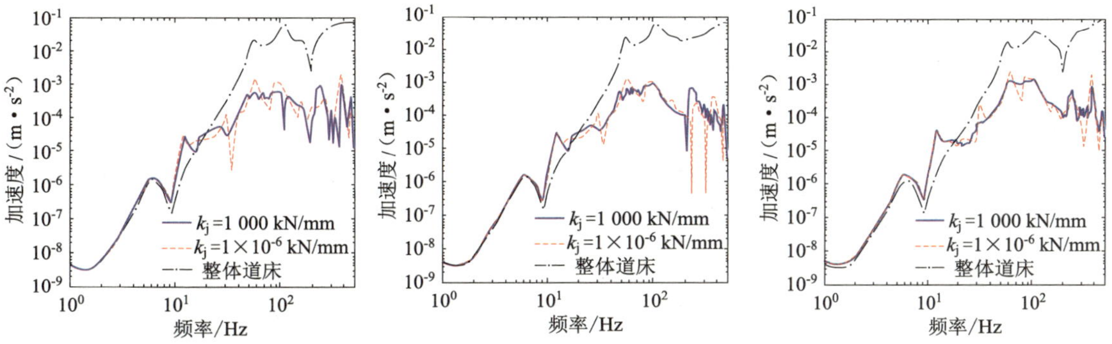

（a）距离车辆中心0 m 处　（b）距离车辆中心1.05 m 处　（c）距离车辆中心3.55 m 处

图 2-42 基础加速度响应

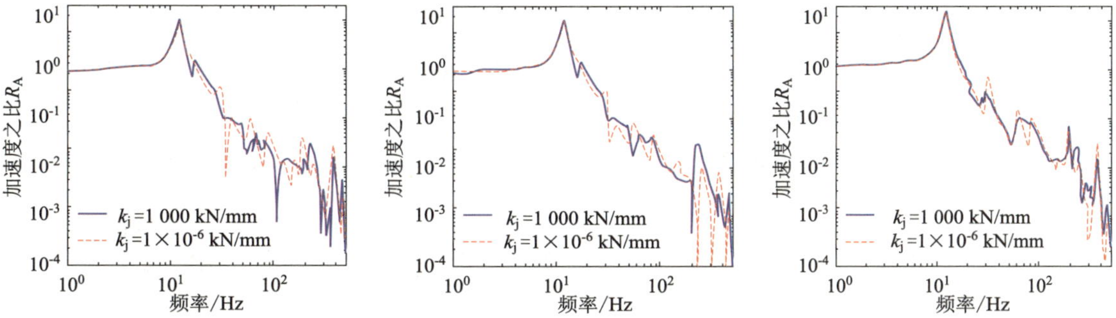

（a）距离车辆中心 0 m 处　（b）距离车辆中心 1.05 m 处　（c）距离车辆中心 3.55 m 处

图 2-43 基础加速度之比 R_A

图 2-44(a)给出在相同的相对位移激励下，有无剪力铰连接的浮置板轨道传递给道床的力，与整体道床轨道传递给道床的力之比值 R_F。与相对加速度响应一样，R_F 可以用于评价浮置板轨道的隔振性能。由力传递比值曲线同样可见，浮置板轨道有和无剪力铰连接对隔振性能的影响很小。

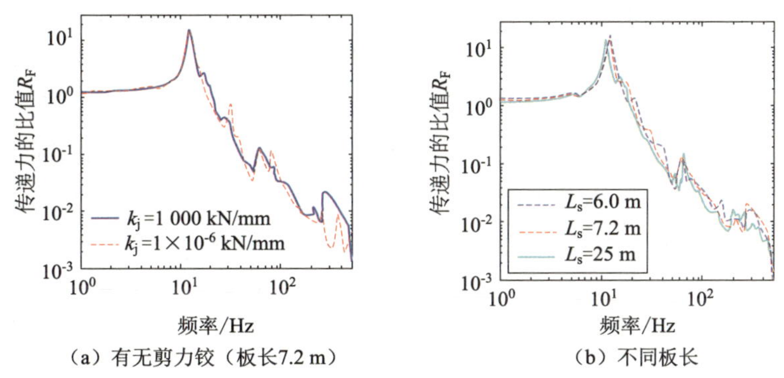

（a）有无剪力铰（板长7.2 m）　（b）不同板长

图 2-44 基础传递力的比值 R_F

图 2-44(b)给出在同样的相对位移激励下，单块浮置板长度为 6 m、7.2 m、25 m 的三种轨道传递给道床的力与整体道床轨道传递给道床的力之比 R_F，从图 2-44 可见，3 种不

同长度浮置板轨道对整体道床轨道的力传递之比 R_F 基本相同，说明隔振性能大致相同。

浮置板轨道隔振性能主要由其固有频率决定，在$\sqrt{2}$倍固有频率以上频段，隔振效果为每倍频程下降 6 dB 左右；对于 6 m 和 7.2 m 的短浮置板，按设计参数计算的固有频率约 13 Hz，$\sqrt{2}$倍固有频率约 18.3 Hz；25 m 长浮置板的固有频率和$\sqrt{2}$倍固有频率分别为 11.5 Hz 和 16.2 Hz；在固有频率附近，浮置板轨道道床振动被放大，放大倍数随隔振器阻尼减小而增加。

浮置板轨道的刚体振动固有频率由单位长度的浮置板质量和隔振器数量与刚度决定，与浮置板长度无关，但各阶模态弯曲振动的频率与浮置板长度有关。根据计算结果可以看到，所设计的 6 m、7.2 m 和 25 m 的浮置板轨道不管用力传递率还是加速度比值衡量，在 50 Hz 以上的隔振效果都可以达到 15 dB 以上。

浮置板长度对隔振性能的影响与浮置板自身弯曲振动模态有关。在浮置板弯曲振动固有频率处，浮置板轨道的隔振性能下降。在同样频率范围内，长浮置板弯曲振动的模态数目多于短浮置板，因此从这个意义上，相同固有频率（指浮置板—隔振器系统）的短浮置板轨道的隔振性能要优于长浮置板，尤其在 30 ~ 100 Hz 的频段。这与前面的浮置板隔振效率得出的结论一致。

浮置板之间的剪力铰对浮置板轨道的隔振性能没有明显影响。

2.5 附加质量块的 TMD 减振系统

理论分析表明，浮置板轨道结构在其固有频率$\sqrt{2}$倍以上具有较好的隔振性能。然而当荷载的激振频率在浮置板结构的固有频率$\sqrt{2}$倍以下时，浮置板的隔振性能是不理想的，且在固有频率处存在振动放大现象。但在振动传播时，0 ~ 20 Hz 的振动衰减则较慢，倍距衰减量约 5 dB，传递到建筑物的振动主要为 20 Hz 以内的低频振动。在距地铁20 ~ 30 m 的地方还可能出现振动放大现象，且以 10 Hz 以内的振动分量为主，而 10 Hz 又是浮置板轨道结构的固有振动频率。为实现浮置板轨道更低频段范围的减振，现有的方法是增加浮置板质量或降低弹性支撑刚度，如通过增大浮置板厚度来增加浮置板质量，但此种方法受到铁路基础建筑限界及成本限制；而考虑到列车运行时对轨道结构动力学性能、轨道静变形要求以及浮置板支座的承载能力，浮置板支承刚度也不能无限降低。

为达到更宽频带内更高的综合性减振效果并控制上部结构的振动，组合式减振轨道应是一个开发应用的方向[11]。

浮置板动力吸振器由质量块、弹簧和阻尼构成，结构动力学中称为调谐质量阻尼器（tuned mass damper，TMD）。特点是利用 TMD 的附加质量和刚度，在与浮置板主系统振动的固有频率达到同调时把主体的振动能量吸收。因此，将 TMD 应用于浮置板结构上后，可改善浮置板结构在低频段的隔振效果，抑制浮置板在固有频率附近处的振动放大现象，提高浮置板轨道的综合减振性能。

钢轨吸振器对钢轨振动起到明显的抑制作用，尤其在 800 ~ 1 000 Hz 左右频段，并且显著降低钢轨铰—铰(pinned-pinned)共振峰值。同时，安装钢轨吸振器后不会加大钢轨下部结构的振动响应，且会略微减小轮轨的相互作用力，对行车安全性舒适性也没有负面影响。因此，可在组合减振轨道系统中通过加入钢轨吸振器来抑制钢轨的振动，特别是在铰—铰(pinned-pinned)共振频率附近的振动。

由钢轨吸振器—浮置板—浮置板 TMD 组合的减振轨道系统，其结构从上至下分别由钢轨、减振扣件、浮置板、钢弹簧、基底组成，且在钢轨轨腰处安装钢轨吸振器，在浮置板上安装浮置板 TMD，如图 2-45 所示(对于钢轨吸振器本节不展开讨论)。

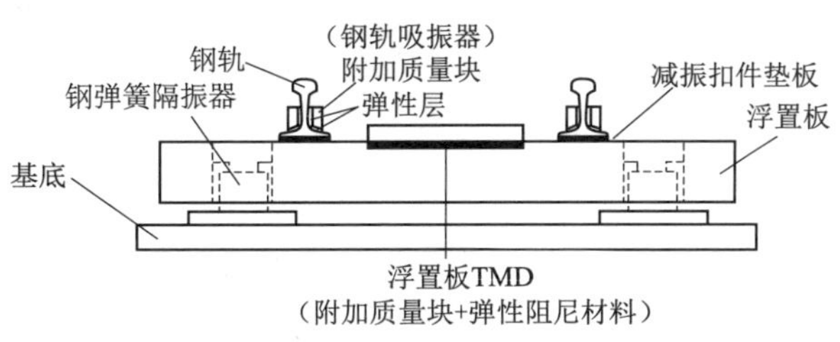

图 2-45　组合减振轨道系统

2.5.1　组合减振轨道设计原理

为使组合减振轨道能够在宽频段内实现更高的综合减振水平，需对轨道部件及其参数如质量、刚度和阻尼的设计进行优化。组合减振轨道的计算分析模型如图 2-46 所示。

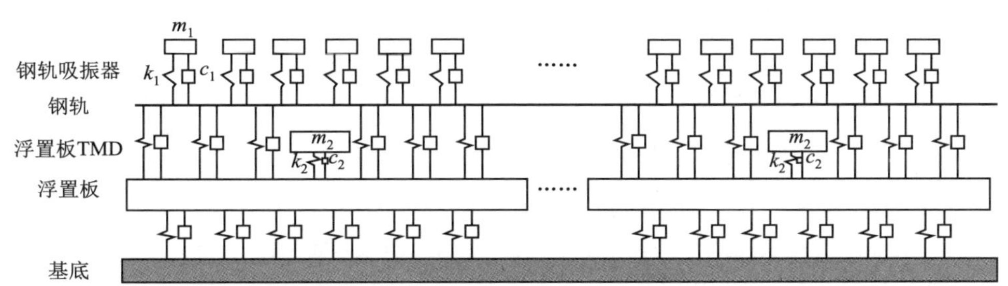

图 2-46　组合减振轨道构件及参数

动力吸振器由质量块、弹性元件和阻尼元件构成，作为附加系统联结在主振动系统上，通过产生动力作用，减小主振动系统的振动。将主振动系统视为单自由度系统，则在安装动力吸振器附加系统后，将整个系统简化视为如图 2-47 所示的二自由度系统。

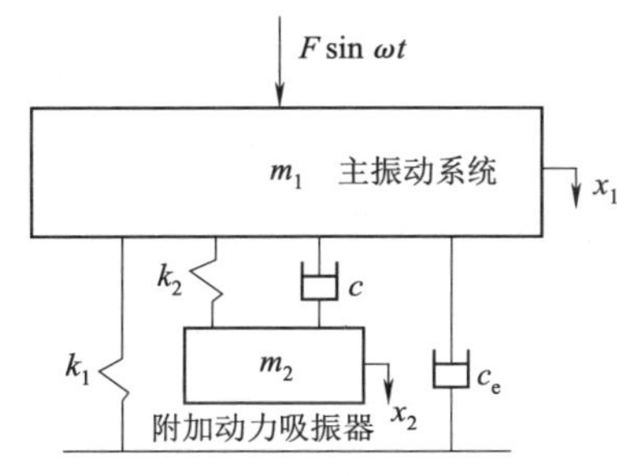

图 2-47　安装 TMD 后的系统模型

为了简化计算，分析 TMD 参数对系统振动响应的影响时，忽略主振动系统的阻尼影响，此时系统的振动方程为

$$m_1\ddot{x}_1 + c(\dot{x}_1 - \dot{x}_2) + (k_1 + k_2)x_1 - k_2x_2 = F\sin\omega t \tag{2-20}$$

$$m_2\ddot{x}_2 - c(\dot{x}_1 - \dot{x}_2) - k_2x_1 + k_1x_2 = 0 \tag{2-21}$$

用复数矢量表示作用在主系统上的激振力为 $Fe^{i\omega t}$，并设主体和 TMD 系统的位移分别

为 $x_1=X_1e^{i\omega t}$ 和 $x_2=X_2e^{i\omega t}$，其中，X_1、X_2 为振幅，代入式(2-20)和式(2-21)可得

$$(k_1+k_2-m_1\omega^2+ic\omega)X_1e^{i(\omega t-\psi)}-(k_2+ic\omega)X_2e^{i(\omega t-\psi)}=Fe^{i\omega t} \tag{2-22}$$

$$-(k_2+ic\omega)X_1+(k_2-m_2\omega^2+ic\omega)X_2=0 \tag{2-23}$$

由式(2-23)可得式(2-24)。

$$X_2=\frac{k_2+ic\omega}{k_2-m_2\omega^2+ic\omega}X_1 \tag{2-24}$$

代入式(2-22)求解主系统的振幅 X_1，得式(2-25)。

$$X_1e^{-i\psi}=F_1\frac{k_2-m_2\omega^2+ic\omega}{[(k_1-m_1\omega^2)(k_2-m_2\omega^2)-k_2m_2\omega^2]+ic\omega(k_1-m_1\omega^2-m_2\omega)} \tag{2-25}$$

由复数运算规则进一步化简式(2-25)，可得式(2-26)。

$$X_1=F_1\sqrt{\frac{k_2-m_2\omega^2+c^2\omega^2}{[(k_1-m_1\omega^2)(k_2-m_2\omega^2)-k_2m_2\omega^2]^2+c^2\omega^2(k_1-m_1\omega^2-m_2\omega)^2}} \tag{2-26}$$

简化式(2-26)，则可得式(2-27)。

$$\frac{X_1}{X_{st}}=\sqrt{\frac{\left[\left(\frac{\omega}{\Omega_1}\right)^2-\left(\frac{\Omega_1}{\Omega_2}\right)^2\right]^2+\left(2\zeta\frac{\omega}{\Omega_1}\right)^2}{\left\{\mu^2\left(\frac{\omega}{\Omega_1}\right)^2\left(\frac{\Omega_1}{\Omega_2}\right)^2-\left[\left(\frac{\Omega_1}{\Omega_2}\right)^2-1\right]\left[\left(\frac{\omega}{\Omega_1}\right)^2-\left(\frac{\Omega_1}{\Omega_2}\right)^2\right]\right\}^2+\left(2\zeta\frac{\omega}{\Omega_1}\right)^2\left[\left(\frac{\omega}{\Omega_1}\right)^2-1+\mu\frac{\omega}{\Omega_1}\right]^2}} \tag{2-27}$$

式中 μ——附加系统(吸振器)与主振系统质量比，即 $\mu=m_2/m_1$；

Ω_1——主振动系统的振动固有频率，即 $\Omega_1=\sqrt{k_1/m_1}$；

Ω_2——TMD 振动固有频率，即 $\Omega_2=\sqrt{k_2/m_2}$；

α——主振系统与 TMD 振动固有频率比，即 $\alpha=\Omega_1/\Omega_2$；

λ——频率比，即 $\lambda=\omega/\Omega_1$；

X_{st}——主系统在激振力作用下的最大静位移，即 $X_{st}=F_1/k_1$；

c_e——主系统阻尼系数，即 $c_e=2m_1\Omega_1$；

ζ——当量阻尼比，即 $\zeta=c/c_e=c/(2m_1\Omega_1)$。

对式(2-27)进一步可简化为

$$\frac{X_1}{X_{st}}=\sqrt{\frac{(\lambda^2-\alpha^2)^2+(2\zeta\lambda)^2}{[\mu^2\lambda^2\alpha^2-(\lambda^2-1)(\lambda^2-\alpha^2)]^2+(2\zeta\lambda)^2(\lambda^2-1+\mu\lambda)^2}} \tag{2-28}$$

根据式(2-28)中不同阻尼比 ζ 的取值，主体的振幅倍率曲线如图 2-48 所示。不论阻尼比 ζ 取何值，曲线均通过 P、Q 两点，且两点振动相位相反，这一特点为动力吸振器的参数设计给出了限制。Erich Hahnkammzh 利用这一特点推导出最优同调的条件，即通过选用合适的附加动力系统与主振动系统的频率比使得 P、Q 两点高度相等。在此基础上 Brock 推导得到最优阻尼的条件，即通过调整附加动力系统的阻尼及附加动力系统

与主振动系统的质量比，将曲线 P、Q 两点调为最高点。因此，为 TMD 动力吸振器选取合适的质量比、固有频率和阻尼，可使得 P、Q 两点等高且为曲线最高点。此时，$X_P = X_Q < [X]$（最大振幅），则主振动系统振幅小于未加附加动力系统时的振幅，即达到减振效果。

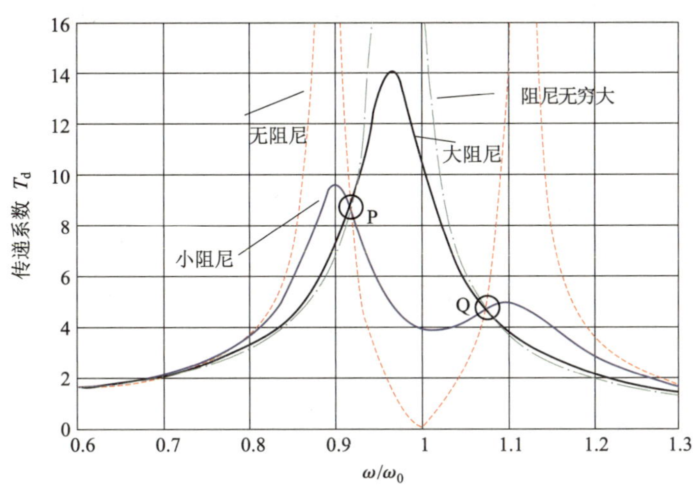

图 2-48　TMD 动力吸振器共振曲线

参考文献[12]也对双层质量体系振动系统的传递率进行了研究。由于双质量系统涉及 6 个变量（m_1、m_2、k_1、k_2、c_1、c_2），分析参数变化对主质量（浮置板）系统力传递率的影响。取基本参数 m_1、$m_2 = 1\ 000$ kg、k_1、$k_2 = 1.8 \times 10^6$ N/m、c_1、$c_2 = 2 \times 10^3$ Ns/m。取系统上下层参数比 $\xi = 0.01 \sim 100$；变量为质量比（m_1/m_2）、刚度比（k_1/k_2）、阻尼比（c_1/c_2）。从浮置板轨道结构可知，单位长度的浮置板质量要远远大于单位长度 TMD 质量；主刚度和 TMD 刚度、主阻尼和 TMD 阻尼之比尚需要研究分析对比后确定。计算得振动系统的传递率如图 2-49 所示。

图 2-49 中 m_1 为浮置板质量，m_2 为 TMD 质量，刚度和阻尼与此相对应。

从图 2-49（a）可知，TMD 质量与主质量之比在 1.0 以下，传递率较小，如质量比在 0.01，则在 13 Hz 以上的传递率都较小，从而有利于隔振。从图中可知，传递率有两个明显的峰值带。从图 2-49（b）可知，TMD 的刚度与主刚度之比大于 1.0，有利于降低传递率，如质量比的变化规律一样，传递率也有两个峰值带，但变化趋势与质量比的相反。从图 2-49（c）可知，TMD 的阻尼与主阻尼之比大于 1.0，有利于降低传递率，但峰值带的范围较宽。

图中的结果只是从传递率角度考虑，质量比取小，刚度和阻尼比取大，对降低主质量系统传递率有利，但对于实际的系统，还需要从结构的合理性、运行的安全性、维修养护的方便性等方面加以综合的考虑。系统质量、刚度、阻尼等参数如何优化最合理，尚等更进一步的研究分析。

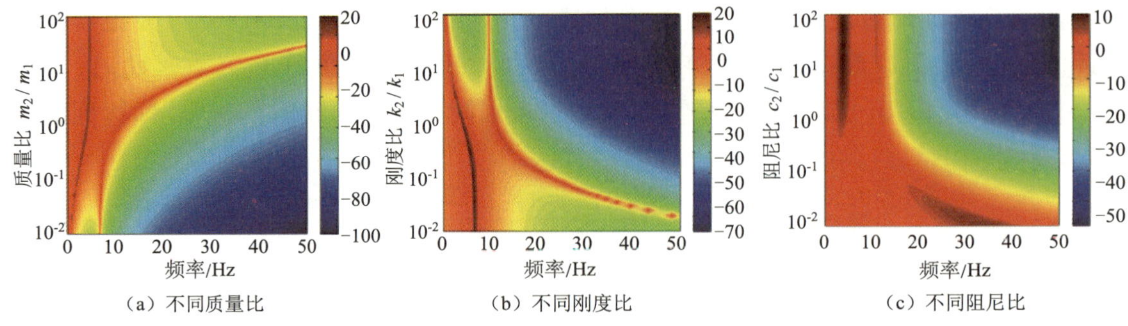

（a）不同质量比　（b）不同刚度比　（c）不同阻尼比

图 2-49　参数变化对传递率的影响

2.5.2　浮置板 TMD 初步设计

浮置板 TMD 由质量、弹簧和阻尼单元构成的附加动力吸振系统，因此设计浮置板 TMD 时通常需要确定其质量、弹簧单元的刚度和系统的阻尼。基于 TMD 动力吸振器的原理，借助扩展定点理论（即利用频响函数曲线上与阻尼无关的定点现象）进行动力吸振器系统的设计，同时利用扩展定点理论确定最优同调条件和最优阻尼条件并初步设计附加动力吸振系统的参数。

1. 最优同调条件

由于不论阻尼比 ζ 取何值，曲线均通过 P、Q 两点，即 P、Q 两点为与阻尼比 ζ 的取值无关的点，在此思路上，由式(2-27)两侧平方并通过变换使得之前的系数为 1，则

$$\left(\frac{X_1}{X_{st}}\right)^2=\frac{A^2}{(-B\omega^2+A)^2}\frac{(1-C\omega^2)^2/(A\omega)^2+\zeta^2}{(E\omega^4-D\omega^2+1)^2/[(A-B\omega^2)^2\omega]^2+\zeta^2} \tag{2-29}$$

式中，

$$A=2\frac{\Omega_2}{\Omega_1};B=2\frac{1+\mu}{\Omega_1^2\Omega_2};C=\frac{1}{\Omega_1^2};D=\frac{1+\mu}{\Omega_2^2};E=\frac{1}{\Omega_1^2\Omega_2^2}。$$

要使得振幅倍率曲线与取值无关，则式(2-29)系数的关系为

$$\frac{(1-C\omega^2)^2}{(A\omega)^2}=\frac{(E\omega^4-D\omega^2+1)^2}{[(A-B\omega^2)^2\omega]^2} \tag{2-30}$$

此时振幅倍率为

$$\left(\frac{X_1}{X_{st}}\right)^2=\frac{A^2}{(-B\omega^2+A)^2} \tag{2-31}$$

将式(2-30)整理为激振力振动频率的多次方程，则有

$$\omega^4-\frac{AD+AC+B}{BC+AE}\omega^2+\frac{2A}{BC+AE}=0 \tag{2-32}$$

设振幅倍率曲线上定点 P、Q 处的频率为 ω_P、ω_Q，则为方程(2-32)的两个解，即方程 $(\omega^2-\omega_P^2)(\omega^2-\omega_Q^2)=\omega^4-(\omega_P^2+\omega_Q^2)\omega^2+\omega_P^2\omega_Q^2=0$ 与方程(2-32)的各项系数一一对应，即

$$\omega_P^2+\omega_Q^2=\frac{AD+AC+B}{BC+AE} \tag{2-33}$$

由最优同调条件中 P、Q 两点等高，因此由式(2-31)可得

$$\frac{A^2}{(-B\omega_P^2+A)^2}=\frac{A^2}{(-B\omega_Q^2+A)^2} \tag{2-34}$$

化简得

$$\omega_P^2+\omega_Q^2=\frac{2A}{D} \tag{2-35}$$

联立式(2-33)和式(2-35)并化简，得

$$2A^2E=B(AD+B-AC) \tag{2-36}$$

将 $A\sim E$ 的表达式代入式(2-36)中，化简求得最优同调条件下的附加动力吸振系统和主振系统的固有频率比为

$$\frac{\Omega_1}{\Omega_2}=\frac{1}{1+\mu} \tag{2-37}$$

2. 最优阻尼条件

最优阻尼条件是指使得等高的 P、Q 两点处于振幅倍率曲线的最高点时的阻尼条件，此时有

$$\frac{\partial(X_1/X_{st})}{\partial\omega^2}=0 \tag{2-38}$$

将式(2-38)化简并整理为 ζ 的多次方程，得

$$R_4\zeta^4-R_2\zeta^2+R_0=0 \tag{2-39}$$

式中，

$$R_4=-2A^2B^2\omega^6+2A^3B\omega^4$$

$$R_2=(3A^2E^2+B^2C^2)\omega^8-(4A^2DE+4BC^2)\omega^6+(A^2D^2+4ABC+3B^2+2A^2E-A^2C^2)\omega^4-(4DE)\omega^2+(A^2-B^2)$$

$$R_0=-2C^2E^2\omega^{10}+(2C^2DE+6CE^2)\omega^8-(4E^2+8CDE)\omega^6+(4CE+2CD^2+6DE-2CD)\omega^4-(2C^2-4E-2D^2)\omega^2+(2D-2C)$$

通过式(2-39)求得 ζ^2 并将 ω_P、ω_Q 代入，求得阻尼比 ζ_P、ζ_Q 为

$$\zeta_P^2=\frac{R_2}{2R_4}-\sqrt{\frac{R_2^2-4R_0R_4}{4R_4^2}}=\frac{\mu}{8(1+\mu)^3}\left(3-\sqrt{\frac{\mu}{\mu+2}}\right) \tag{2-40}$$

$$\zeta_Q^2=\frac{R_2}{2R_4}+\sqrt{\frac{R_2^2-4R_0R_4}{4R_4^2}}=\frac{\mu}{8(1+\mu)^3}\left(3+\sqrt{\frac{\mu}{\mu+2}}\right) \tag{2-41}$$

求得后，最优阻尼比取两者的平均值，即

$$\zeta=\frac{\zeta_P+\zeta_Q}{2}\approx\sqrt{\frac{3\mu}{8(1+\mu)^3}} \tag{2-42}$$

由于浮置板轨道系统是一个多模态的连续体系统，故设计浮置板 TMD 时不能直接采用上述单自由度系统动力吸振器的设计方法。可以将连续体系统离散为一个多自由度耦合系统，再通过模态解析的方法转化为多个单自由度系统的合成来进行处理，最后基于单自由度系统动力吸振器的设计方法进行浮置板 TMD 的设计，需要针对多少阶模态，则建立同等数量的单自由度系统。

模态解析方法是运用具有正交性质的固有向量进行坐标变换，进行非耦合处理，然后利用单自由度系统解来合成多自由度系统的响应。在此过程中，对固有向量归一化处理后得到各个模态的单自由度等价质量，进而可求得等价刚度和等价阻尼的方法，即为多自由度等价质量识别法。

基于模态解析的方法，利用模态向量的正交性将浮置板轨道连续体离散为 n 个单自由度系统解的合成，如图 2-50 所示。

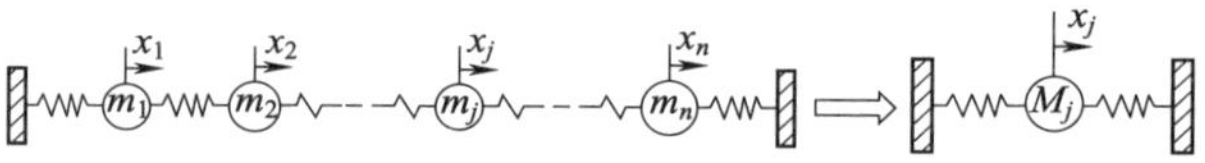

图 2-50　第 i 阶模态振动的 n 自由度系统转化为单自由度系统的集合

浮置板轨道系统第 i 阶模态的总动能为

$$\begin{aligned}T_{\mathrm{t}} &= \frac{1}{2}m_1(\omega_i x_1)^2 + \frac{1}{2}m_2(\omega_i x_2)^2 + \cdots + \frac{1}{2}m_j(\omega_i x_j)^2 + \cdots + \frac{1}{2}m_n(\omega_i x_n)^2 \\ &= \frac{1}{2}\omega_i^2(m_1x_1^2 + m_2x_2^2 + \cdots + m_jx_j^2 + \cdots + m_nx_n^2)\end{aligned} \tag{2-43}$$

式中　$(x_1, x_2, \cdots x_j, \cdots, x_n)$——浮置板轨道系统第 i 阶模态的固有向量；

ω_i——第 i 阶固有圆频率。

以质点 j 为例，其动能为

$$T_j = \frac{1}{2}M_i(\omega_i x_j)^2 \tag{2-44}$$

式中　M_i——第 i 阶模态的固有向量在处质点 j 经过归一化后的等价质量。

由动能相等，即 $T_j = T_{\mathrm{t}}$，可求得等价质量 M_i 为

$$M_i = \frac{2T_{\mathrm{t}}}{(\omega_i x_j)^2} = m_1\left(\frac{x_1}{x_j}\right)^2 + m_2\left(\frac{x_2}{x_j}\right)^2 + \cdots + m_j + \cdots + m_n\left(\frac{x_n}{x_j}\right)^2 \tag{2-45}$$

因此，浮置板轨道系统在第 i 阶的等价刚度为

$$K_i = M_i\omega_i^2 \tag{2-46}$$

通过模态解析法和多自由度等价质量法，通过扩展定点理论得到的最优同调和最优阻尼条件，确定抑制浮置板第 i 阶模态振动的浮置板 TMD 的最优设计参数步骤如下：

(1)对浮置板轨道进行模态分析，确定其固有频率和振型，并确定 TMD 所针对浮置板低阶模态的振动频率。

(2)确定浮置板 TMD 质量并计算 TMD 与浮置板的质量比：

$$\mu_i = \frac{m_i}{M_i} \tag{2-47}$$

(3)TMD 的弹簧刚度：

$$k_i = m_2\frac{K_i}{M_i}\frac{1}{(1+\mu_i)^2} \tag{2-48}$$

(4)TMD 的阻尼:

$$c_i = 2m_i \sqrt{\frac{K_i}{M_i}} \sqrt{\frac{3\mu_i}{8\ (1+\mu_i)^3}} \tag{2-49}$$

浮置板只能在高于$\sqrt{2}$倍固有频率的中高频振动发挥减振效果,而在低频范围特别是固有频率附近会由于浮置板轨道系统的共振而导致出现振动放大现象,而浮置板 TMD 附加系统只有在与主系统(浮置板)的固有频率达到最优同调时可以实现最佳的减振效果。因此,先对浮置板轨道进行模态分析,确定其固有频率和振型,才能确定 TMD 所针对的浮置板模态并对其参数进行设计。

模态分析是将线性定常系统振动微分方程组中的物理坐标变换为模态坐标,使方程组解耦,成为一组以模态坐标及模态参数描述的独立方程,以便求出系统的模态参数。坐标变换的变换矩阵为模态矩阵,其每列为模态振型。模态分析是一种有效的研究结构振动特性的方法,通过模态分析能够了解结构在频率范围内各阶主要模态的振型特性,亦可以作为谐响应分析、瞬态动力学分析和谱分析等其他动力学分析的基础和前期分析。系统的固有振型是指系统以某一固有频率做自由谐振时的振动形态。系统的固有频率和振型的求解过程如下:

一个 n 自由度振动系统,在不计阻尼的情况下,其自由振动方程为

$$\boldsymbol{M}\ddot{\boldsymbol{x}}(t) + \boldsymbol{K}\boldsymbol{x}(t) = \boldsymbol{0} \tag{2-50}$$

式中　$\boldsymbol{M}$、$\boldsymbol{K}$——$n \times n$ 阶对称矩阵。

设振动方程的解为:$\boldsymbol{x}(t) = \{A\}e^{i\omega t}$,其中,$\{A\}$为系统的振幅矢量,$\omega$ 为激振圆频率。将其代入式(2-50)可得

$$(\boldsymbol{K} - \omega^2\boldsymbol{M})[A] = \boldsymbol{0} \tag{2-51}$$

式(2-51)实质上是求解矩阵 $\boldsymbol{M}$、$\boldsymbol{K}$ 的特征值。

故令 $\det(\boldsymbol{K} - \omega^2\boldsymbol{M}) = 0$ 可求得 n 个不同的特征值 $\omega_i^2 (i = 1, 2, \cdots, n)$,每个特征值的平方根 ω_i 即是系统各阶的固有频率。将它们从小到大排列,分别是系统的第一阶,第二阶,……,第 n 阶固有频率,其分别对应的特征向量则为系统的固有振型,即系统的模态。

对于轨道交通短型浮置板,即板长 3.6 m、宽 2.7 m、厚 0.370 m 的浮置板(为了降低浮置板主体的固有频率,采用厚度较大的浮置板),建立浮置板轨道三维有限元模型,按照模态分析要求,网格划分时大小和形状尽量均匀,对结构进行模态分析,得到其前 6 阶的振型频率及位移云图如图 2-51 所示。从图 2-51 可看出,钢弹簧浮置板轨道的第一阶振型是由垂向平动引起的,第二阶和第三阶振型主要以转动为主,第四阶振型则为垂向对称弯曲,而前六阶模态均以浮置板的振动为主。

根据浮置板轨道的模态分析结果,浮置板在低频部分(小于$\sqrt{2}$倍固有频率)的模态振型主要以垂向平动与转动为主,因此确定本文中浮置板 TMD 的设计主要针对浮置板一阶垂向平动模态。考虑到受控结构受控频率的不同以及轨道安装空间限制,浮置板 TMD 与

主振动系统的质量比一般在0.005～0.02范围内，但浮置板TMD的质量比越大，浮置板主体的振动越能得到抑制，且考虑到可以从浮置板挖去一部分体积进行浮置板TMD安装。因此，TMD的质量可以设计得较大，但基于不影响浮置板结构的安全性的原则，一般不超过0.1，一般浮置板TMD的质量比初步选取0.02、0.05、0.1。

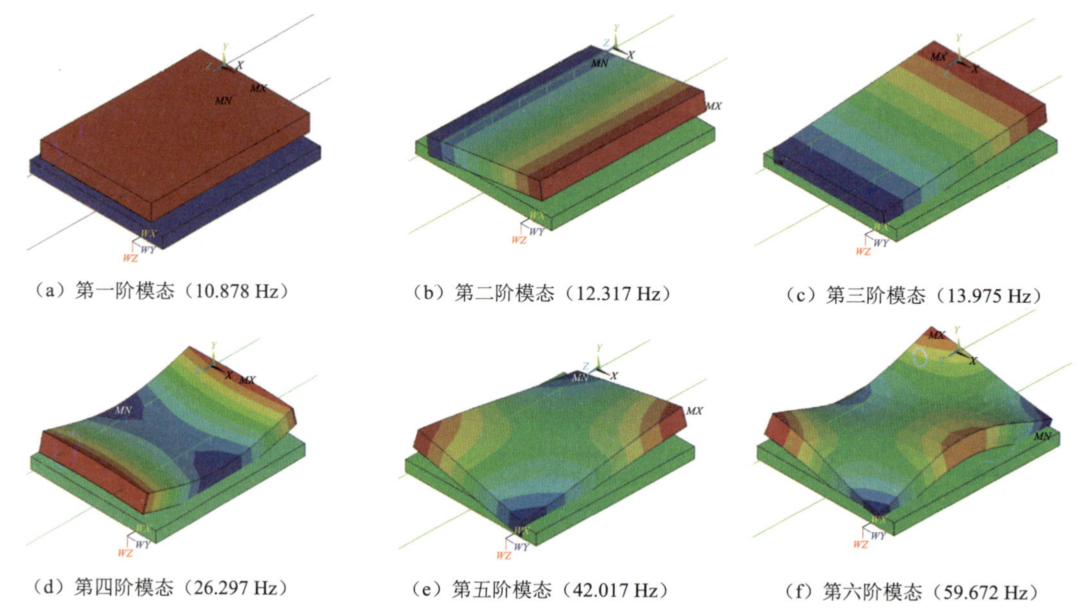

图2-51　钢弹簧浮置板轨道前6阶频率及振型位移云图

TMD的最优安装位置是在所针对的模态振型的峰值处，由于浮置板一阶垂向平动模态是主要振型，因此浮置板TMD安装于横向板中处，TMD质量块沿纵向离散均布于浮置板上，浮置板长为3.6 m，因此TMD质量块沿纵向离散为三块。进行初步设计的浮置板TMD的参数见表2-9。浮置板TMD的安装位置正视图和俯视图如图2-52所示。

表2-9　浮置板TMD基本参数

质量比	质量/kg	最优刚度/(kN·mm^{-1})	最优阻尼/(kN·s·m^{-1})
0.02	180	1.24	2.67
0.05	450	2.90	10.10
0.10	899	5.25	26.63

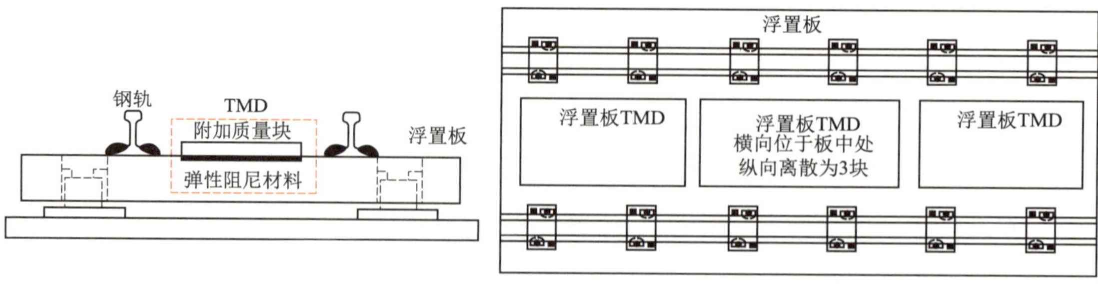

图2-52　浮置板TMD安装位置

第3章　车辆—轨道耦合仿真及行车平稳性

轮轨动力学的车辆—轨道耦合仿真理论已日臻成熟,但研究目标和目的不同,则建立模型的侧重点和计算方案就有所不同。如计算分析车辆动力性能,则一般改变车辆结构的动力参数和运行状态,而轨道结构的动力参数保持不变或小量变化,输出以车辆响应为主;对于计算目标为轨道结构的轮轨耦合模型,车辆就采用目前城市轨道常用的A型车,而轨道结构则根据所需要分析的对象进行针对性建模,改变轨道结构的各部件之间的相互关系、尺寸和参数,而车辆运行状态正常,响应输出也根据对结构的分析需要考虑,研究轨道结构各项参数变化对轨道结构动力性能和车辆运行性能的影响。

浮置板轨道结构轮轨动力学仿真计算是根据车辆与浮置板轨道耦合的垂横向动力学模型,采用浮置板轨道的初步设计参数,计算车辆运行时的各项车辆和轮轨的动力响应,分析车辆运行时的平稳性和安全性,保证列车的高品质安全运行。

3.1　车辆—轨道耦合系统动力学模型基本原则

在车辆—轨道耦合系统建模时,对车辆子系统和轨道子系统的简化,或多或少会导致模型功能的损失和分析精度的降低。理想的模型应充分考虑各种影响因素,尽可能完整地反映轮轨系统的本质,并且针对分析目标,使模型具有精度高、功能强的特点,又不过分复杂,以便于计算模拟的实施。车辆—轨道耦合系统的动力学模型应遵循如下基本原则:

(1)采用连续分布轨道模型而不用简化的等效集总参数轨道模型。因为集总参数模型主要适用于定性分析,不能用于复杂问题的定量化研究。

(2)采用连续弹性离散点支承梁模型而不用连续弹性基础梁模型,从而更好地符合铁路轨道实际,并能用于处理轨道支承弹性沿纵向非均匀变化等特殊类型的动力学问题。

(3)采用Timoshenko梁钢轨模型,既不使计算过程过于复杂,又能适应工程应用需要,保证足够的数值精度。

(4)采用多层离散点支承梁模型,充分考虑钢轨—扣件垫层—道床体系的功能及其相互作用关系。

(5)采用整车—轨道模型,考虑车体、前后转向架、轮对及一、二系悬挂方式的影响,特别是充分考虑各轮对相互间的动力影响及其对轨道部件振动的叠加效应。

3.2 车辆—浮置板轨道耦合动力学系统模型

3.2.1 物理模型

采用车辆—轨道耦合动力学理论，建立了车辆—浮置板轨道空间耦合动力学模型。此模型在国内外轮轨动力学仿真计算中已得到广泛应用，其仿真精度也得到各方验证，模型如图 3-1 所示。

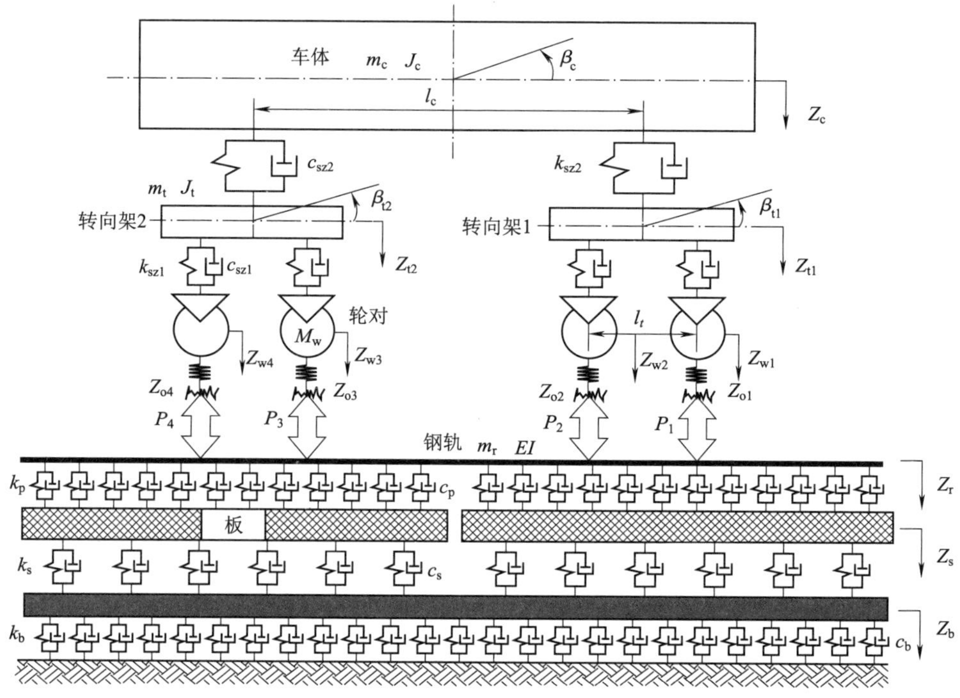

图 3-1 车辆—浮置板轨道空间耦合模型正视图

车辆模型采用经典的车辆空间动力学模型，客车转向架模型由轮对、构架和两系悬挂组成。车辆子模型中，转向架中央悬挂模型包括弹簧(或空气弹簧)提供的三个方向的刚度和阻尼，橡胶块提供的横向止挡，抗蛇行减震器、横向减振器及垂向减振器提供的阻尼；轴箱悬挂模型包括轴箱弹簧提供的三个方向刚度，轴箱定位装置提供的水平刚度，一系垂向阻尼则由悬挂在轴箱弹簧外侧的一系垂向减振器提供。

轨道子模型中，钢轨视为有限长 Timoshenko 梁模型，浮置板视为弹性薄板模型，板下基础支承视为弹性薄板模型，轨下胶垫和板下支承被视为弹簧阻尼单元，路基也被视为弹簧阻尼单元。

轮轨接触是联系车辆子系统与轨道子系统的纽带，法向力用非线性 Hertz 接触理论求解，切向蠕滑力用 Kalker 线性理论求解，后用沈氏理论非线性修正。

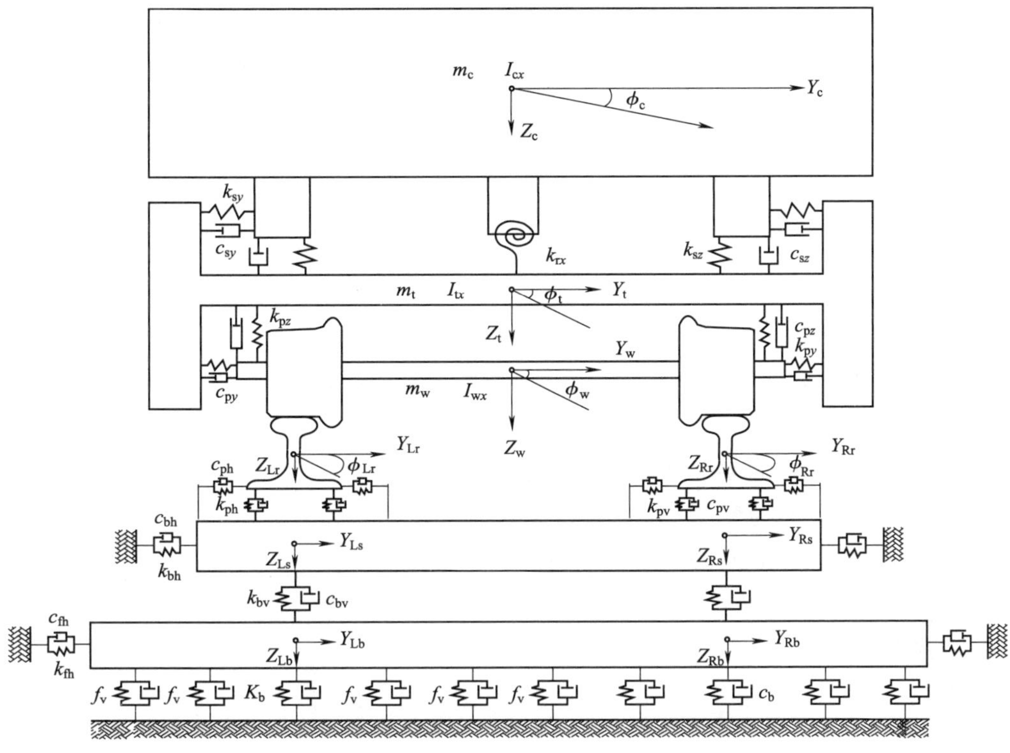

图 3-2　车辆—浮置板轨道空间耦合模型后视图

3.2.2　数学模型

1. 车辆模型

在对车辆模型设计时,需要根据仿真的对象和输出的响应确定所需要的系统自由度,以满足对系统分析研究的需要。假设车体、构架及轮对均为刚体,每个刚体具有五个方向自由度,则整个车辆子系统共有 35 个自由度,每个自由度可导出一个动力平衡微分方程。车辆模型的自由度数量和名称见表 3-1。

表 3-1　客车系统模型的自由度

自由度	横移	沉浮	侧滚	摇头	点头
车体	Y_c	Z_c	ϕ_c	ψ_c	β_c
构架($i=1,2$)	Y_{ti}	Z_{ti}	ϕ_{ti}	ψ_{ti}	β_{ti}
轮对($i=1\sim4$)	Y_{wi}	Z_{wi}	ϕ_{wi}	ψ_{wi}	β_{wi}

根据各刚体之间的相对位移和相对速度,可以得到各个悬挂力的表达式:

(1)一系悬挂纵向力($i=1\sim4$)

$$F_{xf(L,R)i}=k_{px}\left[\pm d_w\psi_{tn}+H_{tw}\beta_{tn}\mp d_w\psi_{wi}\mp(-1)^{i-1}d_w\left(\frac{l_t}{R_{tn}}\right)\right]+$$
$$c_{px}\left[\pm d_w\dot{\psi}_{tn}+H_{tw}\dot{\beta}_{tn}\mp d_w\dot{\psi}_{wi}\mp(-1)^{i-1}d_w\frac{\mathrm{d}}{\mathrm{d}t}\left(\frac{l_t}{R_{tn}}\right)\right] \tag{3-1}$$

式中 k_{px}——纵向弹簧刚度,kN/mm;

c_{px}——纵向弹簧阻尼,kN · s/mm。

(2)一系悬挂横向力($i=1\sim4$)

$$F_{yf(L,R)i}=k_{py}\left[Y_{wi}-Y_{tn}+H_{tw}\phi_{tn}+(-1)^{i}l_{t}\psi_{tn}+\frac{l_{t}^{2}}{2R_{tn}}\right]+$$
$$c_{py}\left[\dot{Y}_{wi}-\dot{Y}_{tn}+H_{tw}\dot{\phi}_{tn}a+(-1)^{i}l_{t}\dot{\psi}_{tn}+\frac{l_{t}^{2}}{2}\frac{\mathrm{d}}{\mathrm{d}t}\left(\frac{1}{R_{tn}}\right)\right] \tag{3-2}$$

(3)一系悬挂垂向力($i=1\sim4$)

$$F_{zf(L,R)i}=k_{pz}[Z_{tn}-Z_{wi}+(-1)^{i}l_{t}\beta_{tn}\pm d_{w}\phi_{wi}\mp d_{w}\phi_{tn}]+$$
$$c_{pz}[\dot{Z}_{tn}-\dot{Z}_{wi}+(-1)^{i}l_{t}\dot{\beta}_{tn}\pm d_{w}\dot{\phi}_{wi}\mp d_{w}\dot{\phi}_{tn}] \tag{3-3}$$

式中 R_{tn}——曲线轨道上第 n 个构架中心所对应的曲率半径($n=1\sim2$),m;

H_{tw}——构架质心与轮对中心线的垂向距离,m;

d_{w}——一系悬挂横向距离之半,m;

l_{t}——转向架轮对定距之半,m。

(4)二系悬挂纵向力($i=1\sim2$)

$$F_{xt(L,R)i}=k_{sx}\left[H_{cB}\beta_{c}+H_{Bt}\beta_{ti}\pm d_{s}\psi_{c}\mp d_{s}\psi_{ti}\mp(-1)^{i-1}d_{s}\left(\frac{l_{c}}{R_{c}}\right)\right]+$$
$$c_{sx}\left[H_{cB}\dot{\beta}_{c}+H_{Bt}\dot{\beta}_{ti}\pm d_{s}\dot{\psi}_{c}\mp d_{s}\dot{\psi}_{ti}\mp(-1)^{i-1}d_{s}\frac{\mathrm{d}}{\mathrm{d}t}\left(\frac{l_{c}}{R_{c}}\right)\right] \tag{3-4}$$

(5)二系悬挂横向力($i=1\sim2$)

$$F_{yt(L,R)i}=k_{sy}\left[Y_{ti}-Y_{c}+H_{Bt}\phi_{ti}+H_{cB}\phi_{c}+(-1)^{i}l_{c}\psi_{c}+\frac{l_{c}^{2}}{2R_{c}}\right]+$$
$$c_{py}\left[\dot{Y}_{ti}-\dot{Y}_{c}+H_{Bt}\dot{\phi}_{ti}+H_{cB}\dot{\phi}_{c}+(-1)^{i}l_{c}\dot{\psi}_{c}+\frac{l_{c}^{2}}{2}\frac{\mathrm{d}}{\mathrm{d}t}\left(\frac{1}{R_{c}}\right)\right] \tag{3-5}$$

(6)二系悬挂垂向力($i=1\sim2$)

$$F_{zt(L,R)i}=k_{sz}[Z_{c}-Z_{ti}\pm d_{s}\phi_{ti}\mp d_{s}\phi_{c}+(-1)^{i}l_{c}\beta_{c}]+$$
$$c_{sz}[\dot{Z}_{c}-\dot{Z}_{ti}\pm d_{s}\dot{\phi}_{ti}\mp d_{s}\dot{\phi}_{c}+(-1)^{i}l_{c}\dot{\beta}_{c}] \tag{3-6}$$

式中 R_{c}——曲线轨道上车体中心所对应的曲率半径,m;

H_{cB}——车体质心至二系悬挂上平面的距离,m;

H_{Bt}——构架质心至二系悬挂下平面的距离,m;

d_{s}——二系悬挂横向距离之半,m;

l_{c}——车辆定距之半,m。

至此,根据上述各悬挂力和牛顿定律,可以得到车辆各部件运动方程。

(7)轮对运动方程($i=1\sim4$)

①横移运动:

$$m_{w}\left(\ddot{Y}_{wi}+\frac{v^{2}}{R_{wi}}+r_{0}\ddot{\phi}_{sewi}\right)=-F_{yfLi}-F_{yfRi}+F_{Lyi}+F_{Ryi}+N_{Lyi}+N_{Ryi}+m_{w}g\phi_{sewi} \tag{3-7}$$

式中　ϕ_{sewi}——曲线轨道上第 i 位轮对中心所对应的外轨超高角，rad；

R_{wi}——曲线轨道上第 i 位轮对中心所对应的曲率半径，m；

r_0——车轮的名义滚动半径，m；

v——车辆运行速度，m/s；

g——重力加速度，m/s²。

②沉浮运动：

$$m_w\left(\ddot{Z}_{wi}-a_0\ddot{\phi}_{sewi}-\frac{v^2}{R_{wi}}\phi_{sewi}\right)=-F_{Lzi}-F_{Rzi}-N_{Lzi}-N_{Rzi}+F_{zfLi}+F_{zfRi}+m_w g \quad (3\text{-}8)$$

③侧滚运动：

$$I_{wx}(\ddot{\phi}_{sewi}+\ddot{\phi}_{wi})-I_{wy}(\dot{\beta}_{wi}-\Omega)\left(\dot{\psi}_{wi}+\frac{v}{R_{wi}}\right)=a_0(F_{Lzi}+N_{Lzi}-F_{Rzi}-N_{Rzi})-$$
$$r_{Li}(F_{Lyi}+N_{Lyi})-r_{Ri}(F_{Ryi}+N_{Ryi})+d_w(F_{zfRi}-F_{zfLi}) \quad (3\text{-}9)$$

式中　Ω——轮对的名义滚动角速度；

r_{Li}, r_{Ri}——第 i 位轮对左、右轮的滚动半径。

④摇头运动：

$$I_{wz}\left[\ddot{\varphi}_{wi}+v\frac{\mathrm{d}}{\mathrm{d}t}\left(\frac{1}{R_{wi}}\right)\right]-I_{wy}(\dot{\varphi}_{sewi}+\dot{\varphi}_{wi})(\dot{\beta}_{wi}-\Omega)=a_0(F_{Lxi}-F_{Rxi})+$$
$$a_0\psi_{wi}(F_{Lyi}+N_{Lyi}-F_{Ryi}-N_{Ryi})+M_{Lzi}+M_{Rzi}+d_w(F_{xfLi}-F_{xfRi})+a_0(N_{lxi}-N_{Rxi}) \quad (3\text{-}10)$$

⑤旋转运动：

$$I_{wy}\ddot{\beta}_{wi}=r_{Ri}F_{Rxi}+r_{Li}F_{Lxi}+r_{Ri}\psi_{wi}(F_{Ryi}N_{Ryi})+r_{Li}\psi_{wi}(F_{Lyi}+N_{Lyi})$$
$$M_{Lyi}+M_{Ryi}+N_{Lxi}r_{Li}+N_{Rxi}r_{Ri} \quad (3\text{-}11)$$

（8）构架运动方程（$i=1,2$）

①横移运动：

$$m_t\left[\ddot{Y}_{ti}+\frac{v^2}{R_{ti}}(r_0+H_{tw})\ddot{\phi}_{seti}\right]=F_{yfL(2i-1)}+F_{yfL2i}-F_{ytLi}+F_{yfR(2i-1)}+$$
$$F_{yfR2i}-F_{ytRi}+m_t g\phi_{seti} \quad (3\text{-}12)$$

式中　ϕ_{seti}——曲线轨道上第 i 转向架中心所对应的外轨超高角，rad；

R_{ti}——曲线轨道上第 i 转向架中心所对应的曲率半径，m。

②沉浮运动：

$$m_t\left(\ddot{Z}_{ti}-a_0\ddot{\phi}_{seti}-\frac{v^2}{R_{ti}}\phi_{seti}\right)=F_{zfLi}-F_{zfL(2i-1)}-F_{zfL(2i)}+F_{zfRi}-F_{zfR(2i-1)}-F_{zfR(2i)}+m_t g$$
$$(3\text{-}13)$$

③侧滚运动：

$$I_{tx}(\ddot{\phi}_{ti}+\ddot{\phi}_{seti})=-(F_{yfL(2i=1)}+F_{yfR(2i=1)}+F_{yfL(2i)}+F_{yfR(2i)})H_{tw}+$$
$$(F_{zfL(2i=1)}+F_{zfL(2i)}-F_{zfR(2i-1)}-F_{zfR(2i)})d_w+$$
$$(F_{ztRi}-F_{ztLi})d_s-(F_{ytLi}+F_{ytRi})H_{Bt}+m_{R(i)} \quad (3\text{-}14)$$

④摇头运动：

$$I_{tz}\left[\ddot{\psi}_{ti}+v\frac{d}{dt}\left(\frac{1}{R_{ti}}\right)\right]=(F_{yfL(2i-1)}+F_{yfR(2i-1)}-F_{yfL(2i)}+F_{yfR(2i)})l_i+\\(F_{xfR(2i-1)}+F_{xfR(2i)}-F_{xfL(2i-1)}-F_{xfR(2i)})d_w+\\(F_{xtLi}-F_{xtRi})d_s+(F_{xsLi}-F_{xsRi})d_{sc} \tag{3-15}$$

⑤点头运动：

$$I_{ty}\ddot{\beta}_{ti}=(F_{zfL(2i-1)}+F_{zfR(2i-1)}-F_{zfL(2i)}-F_{zfR(2i)})l_t+\\(F_{xfL(2i-1)}+F_{xfR(2i-1)}+F_{xfL(2i)}+F_{xfR(2i)})H_{tw}-\\(F_{xtLi}+F_{xtRi})H_{Bt}-(F_{xsLi}+F_{xsRi})H_{Bt} \tag{3-16}$$

(9)车体运动方程

横移运动：

$$m_c\left[\ddot{Y}_c+\frac{v^2}{R_c}+(r_0+H_{tw}+H_{Bt}+H_{cB})\ddot{\phi}_{sec}\right]=F_{ytL1}+F_{ytL2}+\\F_{ytR1}+F_{ytR2}m_cg\phi_{sec} \tag{3-17}$$

式中 ϕ_{sec}——曲线轨道上车体中心所对应的外轨超高角，rad；

R_c——曲线轨道上车体中心所对应的曲率半径，m。

沉浮运动：

$$m_c\left(\ddot{Z}_c-a_0\ddot{\phi}_{sce}-\frac{v^2}{R_c}\phi_{sec}\right)=-F_{ztL1}-F_{ztR1}-F_{ztL2}-F_{ztR2}+m_cg \tag{3-18}$$

侧滚运动：

$$I_{cx}(\ddot{\phi}_c+\ddot{\phi}_{sec})=-(F_{ytL1}+F_{ytR1}+F_{ytL2}+F_{ytR2})H_{cB}+\\(F_{ztL1}+F_{ztL2}-F_{ztR1}-F_{ztR2})d_s-m_{R1}-m_{R2} \tag{3-19}$$

摇头运动：

$$I_{cz}\left[\ddot{\Psi}_c+v\frac{d}{dt}\left(\frac{1}{R_c}\right)\right]=(F_{ytL1}+F_{ytR1}-F_{ytL2}-F_{ytR2})l_c+\\(F_{xtR1}+F_{xtR2}-F_{xtL1}-F_{xtL2})d_s+(F_{xsR1}+F_{xsR2}-F_{xsL1}-F_{xsL2})d_{sc} \tag{3-20}$$

点头运动：

$$I_{cy}\ddot{\beta}_c=(F_{ztL1}+F_{ztR1}-F_{ztL2}-F_{ztR2})l_c-\\(F_{xtL1}+F_{xtR1}+F_{xtL2}+F_{xtR2})H_{cB}-(F_{xsLi}+F_{xsRi}+F_{xsL2}+F_{xsR2})H_{cB} \tag{3-21}$$

2. 浮置板无砟轨道物理模型与结构振动方程

(1)钢轨的运动方程

钢轨采用有限长 Timoshenko 梁模型，其受力关系如图 3-3 所示，其中 P_i 为轮轨作用力，随车辆以速度 v 向前移动；$F_{rsi}(i=1\sim n)$是轨下支点反力，n 为长度 l 范围内的轨下支点总数。设钢轨的振动位移变量为 $z_r(x,t)$，钢轨的弹性模量 E，截面惯性矩 I，则其振动微分方程见式(3-22)。

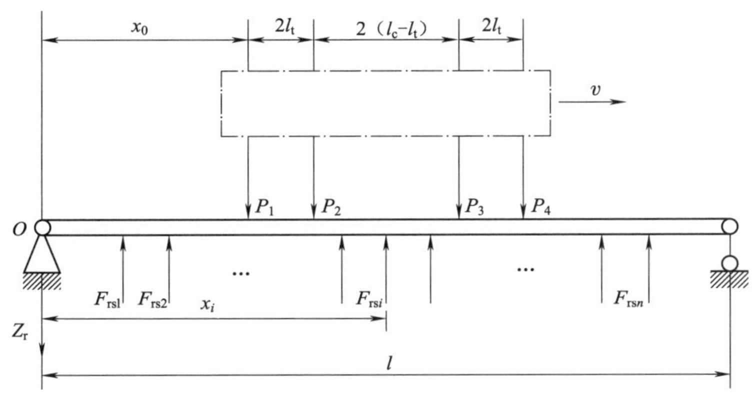

图 3-3　钢轨受力分析模型

$$\begin{cases}\rho_r A\dfrac{\partial^2 Z_r(x,t)}{\partial t^2}+\kappa GA\left[\dfrac{\partial\psi_r(x,t)}{\partial x}-\dfrac{\partial^2 Z_r(x,t)}{\partial x^2}\right]= \\ -\sum\limits_{i=1}^{N_s}F_{rsi}(t)\delta(x-x_{Fi})+\sum\limits_{j=1}^{N_W}P_j(t)\delta(x-x_{pj}) \\ \rho_r I_{ry}\dfrac{\partial^2\psi_r(x,t)}{\partial t^2}+\kappa GA\left[\psi_r(x,t)-\dfrac{\partial z_r(x,t)}{\partial x}\right]-EI_y\dfrac{\partial^2\psi_r(x,t)}{\partial x^2}=0\end{cases} \tag{3-22}$$

$$F_{rsi}(t)=k_{pi}[Z_r(x_i,t)-Z_s(x_i,t)]+c_{pt}[\dot{Z}_r(x_i,t)-\dot{Z}_s(x_i,t)] \tag{3-23}$$

式中　$Z_r(x,t)$——钢轨位移，mm；

$Z_s(x,t)$——轨下支点位移，mm；

$\Psi_r(x,t)$——作为 Timoshenko 梁的钢轨转角位移，rad；

k_{pi}——轨下支承刚度，kN/mm；

c_{pi}——轨下支承阻尼，kN · s/mm；

x_{Fi}——钢轨第 i 个支点的 x 坐标，m；

x_{pj}——第 j 个轮对的 x 坐标，m。

钢轨振动方程为二阶偏微分方程，为了进行数值分析，需要将其转化为二阶常微分方程，这里采用 Ritz 法。引入正则振型坐标 $q_k(t)$、$w_k(t)$，应用简支梁的正则振型函数，将其化为二阶常微分方程。

$$\begin{cases}\ddot{q}_{zk}(t)+\dfrac{\kappa G}{\rho_r}\left(\dfrac{k\pi}{l}\right)^2 q_{zk}(t)+\dfrac{\kappa Gk\pi}{\rho_r l}\sqrt{\dfrac{A_r}{I_y}}w_{zk}(t)=-\sum\limits_{i=1}^{N_S}F_{rsi}Z_k(x_{Fi})+\sum\limits_{j=1}^{N_w}P_jZ_k(x_{pj}) \\ \ddot{w}_{zk}(t)+\left[\dfrac{\kappa GA}{\rho_r I_y}+\dfrac{E}{\rho_r}\left(\dfrac{k\pi}{l}\right)^2\right]w_{zk}(t)-\dfrac{\kappa Gk\pi}{\rho_r l}\sqrt{\dfrac{A_r}{I_y}}q_{zk}(t)=0\quad(k=1\sim NMR)\end{cases} \tag{3-24}$$

从而钢轨位移、速度、加速度可以表示为

$$Z_r(x,t)=\sum_{k=1}^{NMR}Z_k(x)q_k(t) \tag{3-25}$$

$$\psi_r(x,t)=\sum_{k=1}^{NMR}\psi_k(x)w_k(t) \tag{3-26}$$

$$\dot{Z}_{\mathrm{r}}(x,t) = \sum_{k=1}^{NMR} Z_k(x)\dot{q}_k(t) \tag{3-27}$$

$$\ddot{Z}_{\mathrm{r}}(x,t) = \sum_{k=1}^{NMR} Z_k(x)\ddot{q}_k(t) \tag{3-28}$$

$$Z_k(x) = \sqrt{\frac{2}{m_{\mathrm{r}}l}}\sin\frac{k\pi x}{l} \tag{3-29}$$

$$\psi_k(x) = \sqrt{\frac{2}{\mu_{\mathrm{r}}l}}\cos\frac{k\pi x}{l} \tag{3-30}$$

式中　l——简支梁长度，m；

NM——钢轨振型的截止模态阶数。

(2)浮置板振动方程

在浮置板无砟轨道中，轨道振动主要体现在钢轨和轨道板的振动上。建模时，钢轨的模型与上述相同，浮置板的垂向振动按弹性地基上的等厚度矩形薄板考虑，而横向可视为刚体运动。由于轨道板的厚度比轨道板的长度和宽度小很多，轨道板在垂向可视为弹性薄板，而轨道板的横向抗弯刚度很大，可简化为刚体，其受力如图 3-4 所示。

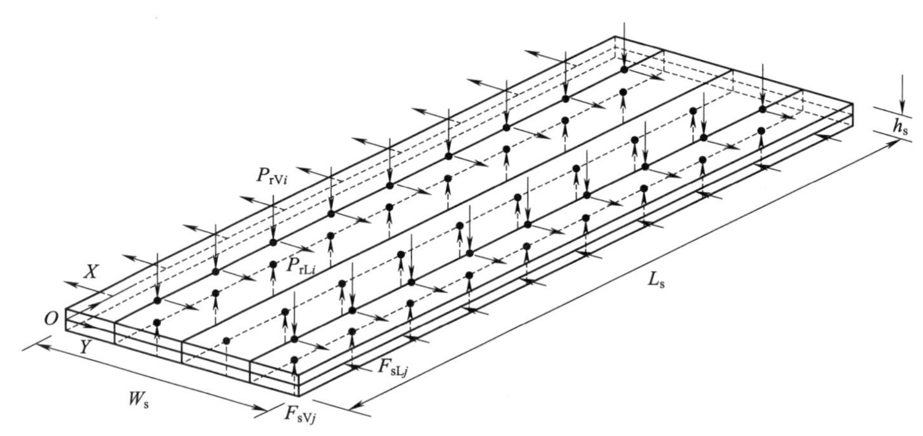

图 3-4　轨道板动力学模型示意

根据弹性薄板的振动理论，轨道板得垂向振动微分方程可写为

$$\frac{\partial^4 w(x,y,t)}{\partial x^4} + 2\frac{\partial^4 w(x,y,t)}{\partial x^2 y^2} + \frac{\partial^4 w(x,y,t)}{\partial y^4} + \frac{c_{\mathrm{s}}}{D_{\mathrm{s}}}\frac{\partial w(x,y,t)}{\partial t} + \frac{\rho_{\mathrm{s}}h_{\mathrm{s}}}{D_{\mathrm{s}}}\frac{\partial^2 w(x,y,t)}{\partial t^2}$$
$$= \frac{1}{D_{\mathrm{s}}}\left[\sum_{i=1}^{N_{\mathrm{p}}} P_{\mathrm{rV}i}(t)\delta(x - x_{\mathrm{p}i})\delta(y - y_{\mathrm{p}i}) - \sum_{j=1}^{N_{\mathrm{b}}} F_{\mathrm{sV}j}(t)\delta(x - x_{\mathrm{b}j})\delta(y - y_{\mathrm{b}j})\right] \tag{3-31}$$

式中　N_{p}——轨道板上左右轨总的扣件结点数；

N_{b}——轨道板下离散支承点数；

$w(x,y,t)$——轨道板的垂向挠度，mm；

$x_{\mathrm{p}i}, y_{\mathrm{p}i}$——轨道板上第 i 个钢轨扣结点的纵向及横向位置，m；

x_{bj}, y_{bj}——轨道板下第 j 个支承点的纵向及横向位置,m;

ρ_s——轨道板的质量密度,kg/m^3;

h_s——轨道板的高度,m;

c_s——轨道板的阻尼系数,kN · s/mm;

D_s——轨道板的弯曲刚度,计算式为:

$$D_s = \frac{E_s h_s^3}{12(1 - v_s^2)} \tag{3-32}$$

其中　E_s——轨道板的杨氏模量,MPa,

v_s——轨道板的泊松比。

对于矩形薄板的四边为简支、固定、自由、弹性边界之一的一般情况,采用双向梁函数组合级数逼近方法可取得较为满意的结果,工程中大部分矩形板振动分析均可采用此方法。因此,轨道板的第(i,j)阶振型可以表示为

$$W_{ij}(x,y) = \sum_{m=1}^{N_x}\sum_{n=1}^{N_y} A_{mn}^{ij} X_m(x) Y_n(y) \tag{3-33}$$

式中　A_{mn}^{ij}——系数;

N_x, N_y——分别是轨道板长度、宽度方向的截止模态阶数;

$X_m(x)$、$Y_n(y)$——为轨道板长度、宽度方向的梁振型函数,其中:

$$\begin{cases} X_1(x) = 1 \\ X_2(x) = \sqrt{3}\left(1 - \dfrac{2x}{L_s}\right) \\ X_m(x) = \cosh(\alpha_m x) + \cos(\alpha_m x) - \beta_m[\sinh(\alpha_m x) + \sin(\alpha_m x)]\ (m > 2) \end{cases} \tag{3-34}$$

且频率系数 α 的计算公式为

$$\begin{cases} \alpha_1 L_s = 0 \\ \alpha_2 L_s = 0 \\ \alpha_3 L_s = 4.730\ 02 \\ \alpha_m L_s = \dfrac{2m-3}{2}\pi\ (m \geqslant 4) \end{cases} \tag{3-35}$$

振型系数 β 为

$$\begin{cases} \beta_3 = 0.982\ 502 \\ \beta_m = \dfrac{\cosh(\alpha_m L_s) - \cos(\alpha_m L_s)}{\sinh(\alpha_m L_s) - \sin(\alpha_m L_s)}\ (m \geqslant 4) \end{cases} \tag{3-36}$$

轨道板宽度方向的梁振型函数形式与上述类似。

轨道板为四边自由的矩形板,其边界条件关于对角线不对称,振型以 $X_m Y_n$ 项为主。因此,轨道板的振型表达式可简化为式(3-37)。

$$W_{mn}(x,y) = X_m(x) Y_n(y) \tag{3-37}$$

式(3-31)为关于挠曲面函数 $w(x,y,t)$ 的四阶偏微分方程。采用分离变量法,设轨道

板挠度的解如式(3-38)所示。

$$w_{ij}(x,y,t) = \sum_{m=1}^{N_x}\sum_{n=1}^{N_y} X_m(x)Y_n(y)T_{mn}(t) \tag{3-38}$$

式中 $T_{mn}(t)$——轨道板的正则坐标。

将式(3-38)代入式(3-31),可得式(3-39)。

$$\begin{aligned}&\sum_{m=1}^{N_x}\sum_{n=1}^{N_y} X_m'''(x)Y_n(y)T_{mn}(t) + 2\sum_{m=1}^{N_x}\sum_{n=1}^{N_y} X_m''(x)Y_n''(y)T_{mn}(t) + \\ &\sum_{m=1}^{N_x}\sum_{n=1}^{N_y} X_m(x)Y_n'''(y)T_{mn}(t) + \frac{C_s}{D_s}\sum_{m=1}^{N_x}\sum_{n=1}^{N_y} X_m(x)Y_n(y)\dot{T}_{mn}(t) + \\ &\frac{\rho_s h_s}{D_s}\sum_{m=1}^{N_x}\sum_{n=1}^{N_y} X_m(x)Y_n(y)\ddot{T}_{mn}(t) = \frac{1}{D_s}\sum_{i=1}^{N_\mathrm{p}} P_{\mathrm{r}V_i}(t)\delta(x-x_{\mathrm{p}i})\delta(y-y_{\mathrm{p}i}) - \\ &\frac{1}{D_s}\sum_{j=1}^{N_\mathrm{p}} F_{\mathrm{sV}j}(t)\delta(x-x_{\mathrm{b}j})\delta(y-y_{\mathrm{b}j})\end{aligned} \tag{3-39}$$

在式(3-39)两边同乘以轨道板的阵型函数 $W_{ks}(x,y)$,并对板面积分,利用梁振型函数的正交性,可得轨道板垂向振动关于正则坐标的二阶常微分方程式(3-40)。

$$\begin{aligned}&\ddot{T}_{mn}(t) + \frac{C_s}{\rho_s h_s}\dot{T}_{mn}(t) + \frac{D_s}{\rho_s h_s}\frac{B_3B_2 + 2B_4B_5 + B_1B_6}{B_1B_2}T_{mn}(t) \\ &= \frac{1}{\rho_s h_s B_1 B_2}\left[\sum_{i=1}^{N_p} P_{\mathrm{rV}i}(t)X_m(x_{pi})Y_n(y_{\mathrm{p}i}) - \sum_{j=1}^{N_\mathrm{b}} F_{\mathrm{sV}j}(t)X_m(x_{\mathrm{b}j})Y_n(y_{\mathrm{b}j})\right]\end{aligned} \tag{3-40}$$

式中 m、n——均为正整数,$m=1,2,\cdots,N_x$;$n=1,2,\cdots,N_y$。

$$\begin{cases} B_1 = \int_0^{L_s} X_m^2(x)\,\mathrm{d}x \\ B_2 = \int_0^{W_s} Y_n^2(y)\,\mathrm{d}y \\ B_3 = \int_0^{L_s} X_m'''(x)X_m(x)\,\mathrm{d}x \\ B_4 = \int_0^{L_s} X_m''(x)X_m(x)\,\mathrm{d}x \\ B_5 = \int_0^{W_s} Y_n''(y)Y_n(y)\,\mathrm{d}y \\ B_6 = \int_0^{W_s} Y_n'''(y)Y_n(y)\,\mathrm{d}y \end{cases} \tag{3-41}$$

轨道板的横向运动方程为

$$\rho_s L_s W_s h_s \ddot{y}_s = \sum_{i=1}^{N_\mathrm{p}} P_{\mathrm{rL}i} - 2\sum_{j=1}^{N_1} F_{\mathrm{sL}j} \tag{3-42}$$

式中 N_1——轨道板下离散支承点数(按列排);

L_s——轨道板长度，m；

W_s——轨道板宽度，m。

轨道板的转动方程为

$$J_{sz}\ddot{\phi}_s = \sum_{i=1}^{N_p} P_{rLi} d_{pi} - 2\sum_{j=1}^{N_1} F_{sLj} d_{bj} \tag{3-43}$$

式中　d_{pi}——轨道板上第 i 个钢轨扣结点与轨道板中心的纵向距离，右侧为正，m；

d_{bj}——轨道板下第 j 个支承截面与轨道板中心的纵向距离，左侧为正，m；

J_{sz}——轨道板绕垂直轴的转动惯量，且 $J_{sz}=h_s W_s^3/12$，m^4。

(3)板下基础支承层

板下基础支承层运动方程如同浮置板。

3.3 车辆与轨道耦合系统激扰

轮轨动力学仿真计算时，需要输入轨道不平顺，一般是利用轨道不平顺功率谱进行反演计算，得到轨道不平顺空间域函数。在仿真计算时，可选取被仿真轨道的实测不平顺谱，但其他轨道不平顺谱也可应用，但需要对谱值做一些技术上处理，考虑到仿真线路的列车运行速度和轨道结构状况，可放大或缩小谱值，然后反演。国内轨道交通仿真计算中应用较多的是美国铁路的 5 级谱。美国轨道谱是美国联邦铁路管理局(FRA)根据大量实测资料得到线路不平顺功率谱密度，拟合成一个以截断频率和粗糙度常数表示的偶次函数，其波长范围可达 1.524～304.8 m，轨道级别分为六级。

(1)轨道高低不平顺：

$$S_v(\Omega)=\frac{kA_V\Omega_c^2}{\Omega^2(\Omega^2+\Omega_c^2)} \tag{3-44}$$

(2)轨道方向不平顺：

$$S_a(\Omega)=\frac{kA_a\Omega_c^2}{\Omega^2(\Omega^2+\Omega_c^2)} \tag{3-45}$$

(3)轨道水平及轨距不平顺：

$$S_c(\Omega)=S_g(\Omega)=\frac{4kA_V\Omega_c^2}{(\Omega^2+\Omega_c^2)(\Omega^2+\Omega_s^2)} \tag{3-46}$$

式中　$S(\Omega)$——轨道不平顺功率谱密度，$cm^2/(rad\cdot m^{-1})$；

Ω——轨道不平顺的空间频率，rad/m；

A_v、A_a——粗糙度常数，$cm^2\cdot rad/m$；

Ω_c、Ω_s——截断频率，rad/m；

k——安全系数，可根据要求在 0.25～1.0 之间选取，一般取为 0.25。

所有轨道级别的粗糙度参数及截断频率见表3-2,表中还同时列出了根据行车安全标准制定的不同等级线路所允许的车辆最高运行速度。

表3-2 美国轨道不平顺谱参数

参数		线路等级					
		1级	2级	3级	4级	5级	6级
$A_v/(\mathrm{cm}^2\cdot\mathrm{rad}\cdot\mathrm{m}^{-1})$		1.210 7	1.018 1	0.681 6	0.537 6	0.209 5	0.033 9
$A_a/(\mathrm{cm}^2\cdot\mathrm{rad}\cdot\mathrm{m}^{-1})$		4.363 4	1.210 7	0.412 8	0.302 7	0.076 2	0.033 9
$\Omega_s/(\mathrm{rad}\cdot\mathrm{m}^{-1})$		0.604 6	0.930 8	0.852 0	1.131 2	0.820 9	0.438 0
$\Omega_c/(\mathrm{rad}\cdot\mathrm{m}^{-1})$		0.824 5	0.824 5	0.824 5	0.824 5	0.824 5	0.824 5
允许最高速度 $/(\mathrm{km}\cdot\mathrm{h}^{-1})$	货车	16	40	64	96	128	176
	客车	24	48	96	128	144	176

轨道谱由频域反演转换到空间域的轨道不平顺样本,如图3-5和图3-6所示。

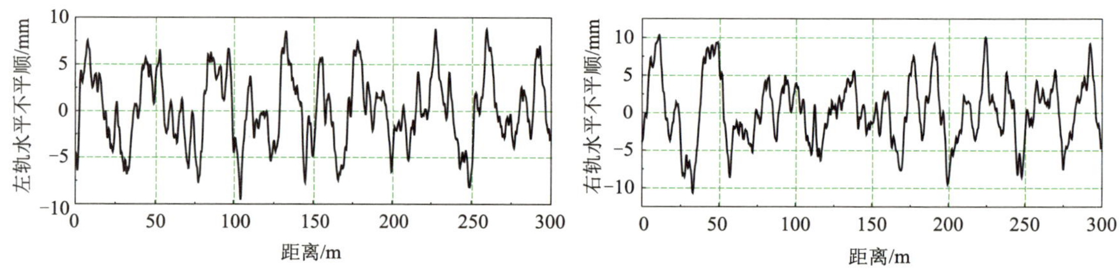

图3-5 美国5级轨道谱水平不平顺时域值

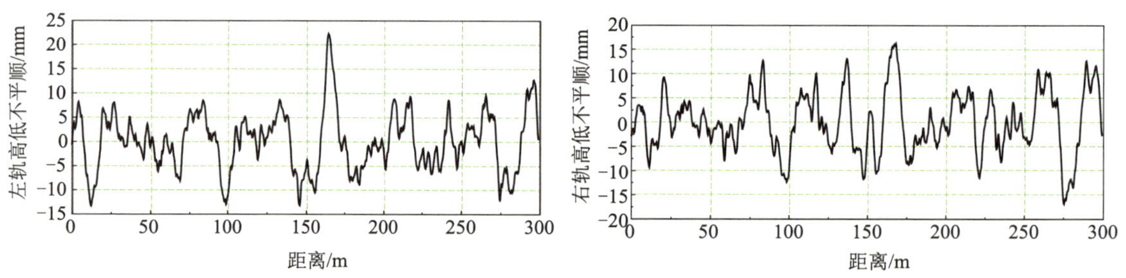

图3-6 美国5级轨道谱高低不平顺时域值

3.4 数值积分方法

对于复杂的动力学系统,一般采用数值积分的方法求解其动力响应。本文采用翟婉明提出的新型快速显式积分方法,此方法在动力学仿真计算中得到了广泛的应用。积分格式如式(3-47)所示。

$$\begin{cases}u_{n+1}=u_n+\dot{u}_n\Delta t+(1/2+\psi)\ddot{u}_n\Delta t^2-\psi\ddot{u}_{n-1}\Delta t^2\\ \dot{u}_{n+1}=\dot{u}_n+(1+\varphi)\ddot{u}_n\Delta t-\varphi\ddot{u}_{n-1}\Delta t\end{cases} \tag{3-47}$$

式中　u、$\dot{u}$、$\ddot{u}$——轨道动力学系统的广义位移、速度、加速度；

φ、ψ——积分参数，均取为 0.5；

Δt——时间积分步长。

根据动力学统一方程 $m\ddot{u}+c\dot{u}+ku=p$，其在任意时刻 $t_k=k\Delta t$ 的加速度可表达为

$$\ddot{u}_{\rm k}=m^{-1}(\boldsymbol{p}_{\rm k}-c\dot{u}_{\rm k}-ku_{\rm k}) \tag{3-48}$$

起步时，将初始条件

$$\begin{cases}u(0)=u_0\\ \dot{u}(0)=\dot{u}_0\end{cases} \tag{3-49}$$

代入式(3-48)可得到 $\ddot{u}_0$，这时令 φ、$\psi=0$，根据式(3-47)和式(3-48)可得到 $\ddot{u}_1$，于是便可按照积分递推公式逐次计算出对应于各步长的位移、速度和加速度离散值，可以看出，此方法具有积分“自开始”的特性。

3.5 车辆与轨道模型参数

A 型地铁车辆模型部分动力参数见表 3-3。

表 3-3　车辆模型主要参数

序号	名　　称	变　量	数　值	单　位
1	构架质量	$m_{\rm t}$	2 510	kg
2	构架摇头转动惯量(z)	$I_{\rm tz}$	2 600	kg · m^2
3	构架侧滚转动惯量(x)	$I_{\rm tx}$	740	kg · m^2
4	构架点头转动惯量(y)	$I_{\rm ty}$	1 900	kg · m^2
5	轮对组成质量	$m_{\rm w}$	1 030	kg
6	轮对摇头转动惯量	$I_{\rm wz}$	473	kg · m^2
7	轮对侧滚转动惯量	$I_{\rm wx}$	473	kg · m^2
8	轮对点头转动惯量	$I_{\rm wy}$	38	kg · m^2
9	车体质量	$m_{\rm c}$	34 700	kg
10	车体摇头转动惯量	$I_{\rm cz}$	1 066 562	kg · m^2
11	车体侧滚转动惯量	$I_{\rm cx}$	45 340	kg · m^2
12	车体点头转动惯量	$I_{\rm cy}$	1 066 562	kg · m^2
13	每个空气弹簧垂向阻尼	$c_{\rm sz}$	50 000	N · s/m
14	一系垂向阻尼系数(每轴箱)	$c_{\rm pz}$	20 000	N · s/m
15	二系横向刚度(每转向架)	$k_{\rm sy}$	1.6	MN/m

续上表

序号	名　　称	变　量	数　值	单　位
16	二系纵向刚度（每转向架）	k_{sx}	1.6	MN/m
17	二系垂向刚度（每转向架）	k_{sz}	4.1	MN/m
18	一系横向定位刚度（每轴箱）	k_{py}	6.6	MN/m
19	一系纵向定位刚度（每轴箱）	k_{px}	10	MN/m
20	一系垂向定位刚度（每轴箱）	k_{pz}	1.1	MN/m
21	转向架定距之半	l_c	7.85	m
22	轴距	l_t	2.5	m
23	轮径	R_w	840	mm

轨道结构计算模型中，采用 CHN60 钢轨，浮置板和道床采用混凝土材料，浮置板布置 100 块，基本参数见表 3-4，表中参数根据浮置板轨道图纸中截面尺寸计算得到。

表 3-4　轨道和道床基本参数

项目名称		浮置板轨道			整体道床
钢轨	弹性模量 $E_r/(\mathrm{N\cdot m^{-2}})$	2.06×10^{11}			2.06×10^{11}
	截面积 $A_r/\mathrm{m^2}$	7.745×10^{-3}			7.745×10^{-3}
	截面积惯性矩 $I_r/\mathrm{m^4}$	3.217×10^{-5}			3.217×10^{-5}
	单位长度质量 $m_r/(\mathrm{kg\cdot m^{-1}})$	60.64			60.64
垫片	垫片刚度 $k_p/(\mathrm{kN\cdot mm^{-1}})$	33			33
	垫片阻尼 $c_p/(\mathrm{kN\cdot s/mm})$	0.1			0.1
	基本间距 d/m	0.6			0.6
浮置板隔振系统	弹性模量 $E_s/(\mathrm{N\cdot m^{-2}})$	3.25×10^{10}			—
	密度 $\rho_s/(\mathrm{kg\cdot m^{-3}})$	2 500			—
	单块浮置板长度/m	4.576（或实际长度）			—
	单块浮置板厚度 H_s/mm	250	285	325	—
	单块板下隔振器个数 N	6	6	6	—
	隔振器刚度 $k_b/(\mathrm{kN\cdot mm^{-1}})$	6.5/15/20			—
	隔振器阻尼系数 $C_b/(\mathrm{kN\cdot s/mm})$	0.15			—
	隔振器基本间距 D/m	1.2			—

3.6 浮置板轨道振动特性和隔振效果分析

通过对浮置板轨道振动加速度的计算，可以清楚地了解浮置板轨道在车辆荷载作用下的隔振性能，以及浮置板轨道参数对隔振性能的影响。计算时选用一节地铁 A 型车辆，响应输出点选择在扣件处钢轨、浮置板和道床板下基础支承。

车辆以时速 60 km/h 通过浮置板轨道时，在不同隔振器刚度、不同浮置板厚度条件下进行计算,分析刚度和板厚度对隔振效果的影响。图 3-7 ~ 图 3-9 给出了 250 mm 厚浮置板轨道的钢轨、浮置板道床和道床板下基础垂向振动加速度的时间历程。

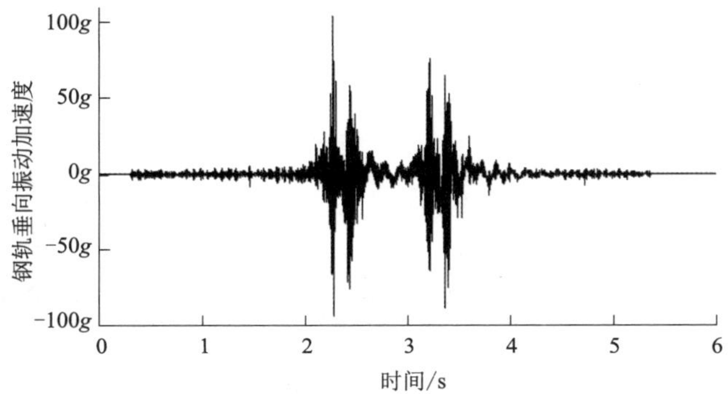

图 3-7　钢轨垂向振动加速度时程曲线

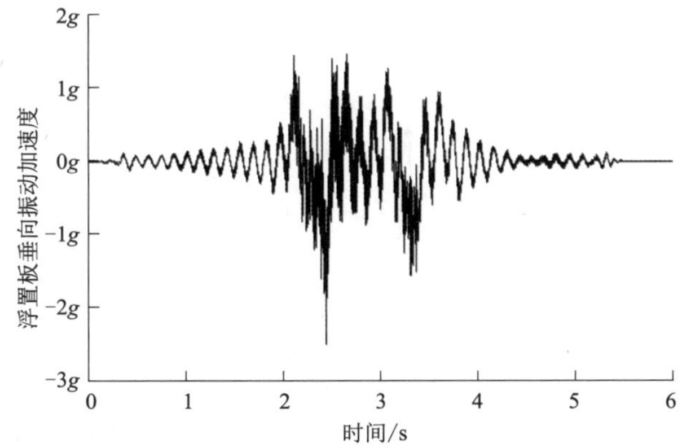

图 3-8　浮置板垂向振动加速度时程曲线

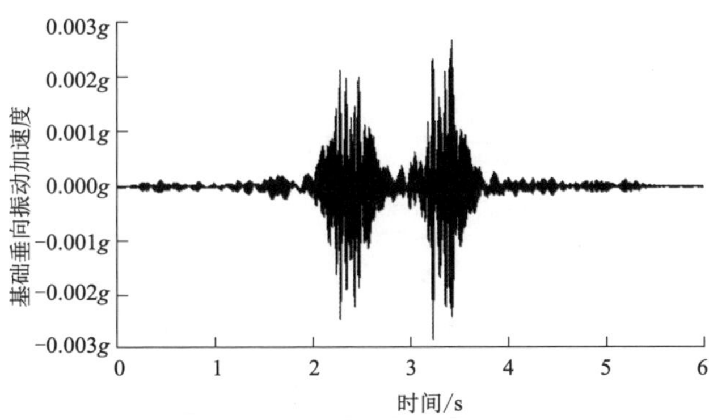

图 3-9　基础垂向振动加速度时程曲线

从图 3-7 ~ 图 3-9 可知,钢轨垂向振动加速度最大值约 100g,浮置板垂向振动加速度最大值约 2.2g,道床下基础的垂向振动加速度很小,最大值只有 0.002g。根据不同浮置板厚的计算结果表明,板厚对隔振具有一定的优势。

为探明浮置板厚度对浮置板轨道结构主频的影响,图 3-10 ~ 图 3-12 给出了三种板厚的浮置板轨道的钢轨、浮置板道床和板下基础垂向加速度功率谱的计算结果。

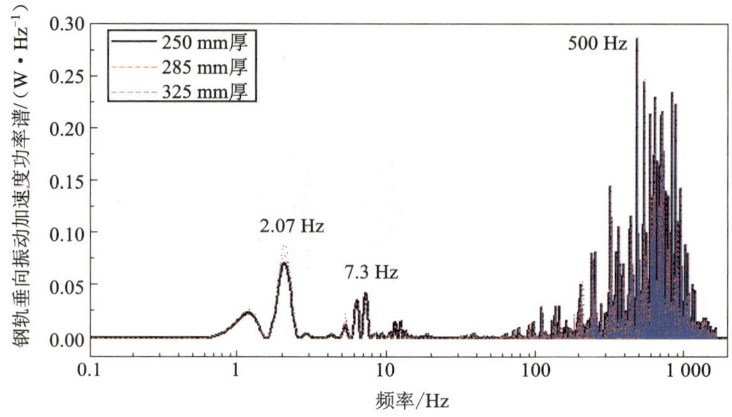

图 3-10 钢轨垂向振动加速度功率谱

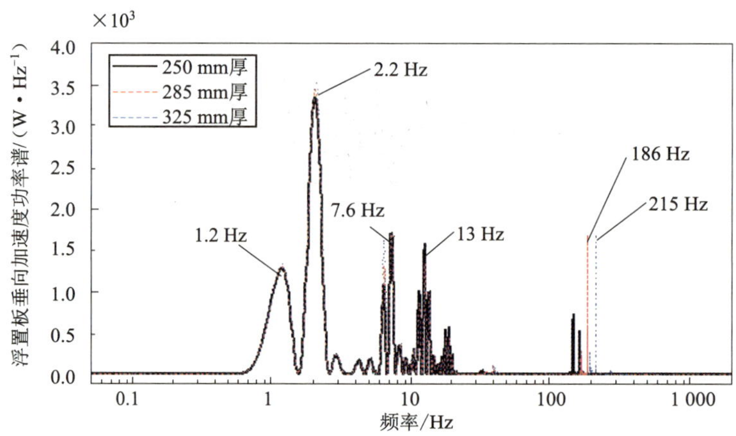

图 3-11 浮置板垂向振动加速度功率谱

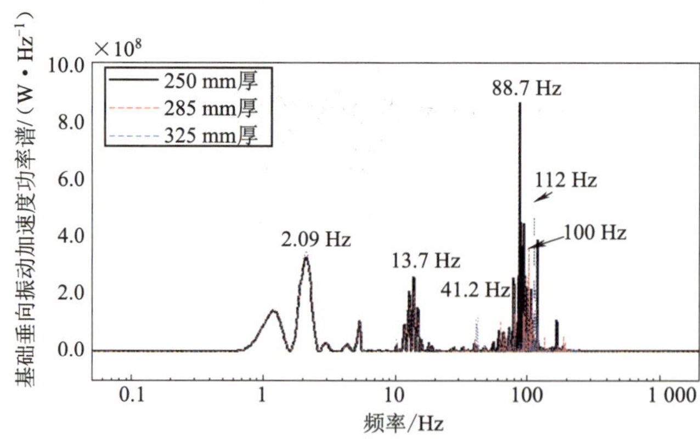

图 3-12 基础垂向振动加速度功率谱

从图3-10～图3-12 可知，钢轨垂向振动的主频为2.07 Hz、7.3 Hz 和500 Hz 等，100～1 000 Hz 之间频率峰值异常丰富，因此主要振动能量都集中到这一频段。浮置板板厚对钢轨低频段峰值略有影响，厚度越大其加速度最大值也相应增大，其他频段板厚对钢轨振动影响不大。浮置板振动的主频为 1.2 Hz、2.2 Hz、7.6 Hz、13 Hz、186 Hz 和 215 Hz 等，1～30 Hz之间频率峰值异常丰富，因此浮置板主要振动能量集中到这一频段。浮置板在 12 Hz 以下频段振动主要由基础刚度引起的，12～25 Hz 频段振动跟浮置板固有振动模态有关，100 Hz 以上频段振动受钢轨和自身固有模态影响较大。对于板下基础振动的主频主要集中到 2.09 Hz、13.7 Hz 和 88.7 Hz 等处，在 50～120 Hz 频段，板厚对主频有一定影响，板厚越大，主频有增大的趋势，另外还可以看出在 41.2 Hz 处，板厚越大其振动幅值越大。

为分析浮置板厚度变化对轨道结构振动强度的影响，对计算所得的振动加速度时域信号进行 1/3 倍频程分析，从而可分析各频段的振动强度。将 1/3 倍频振级绘图，得图 3-13～图 3-15。

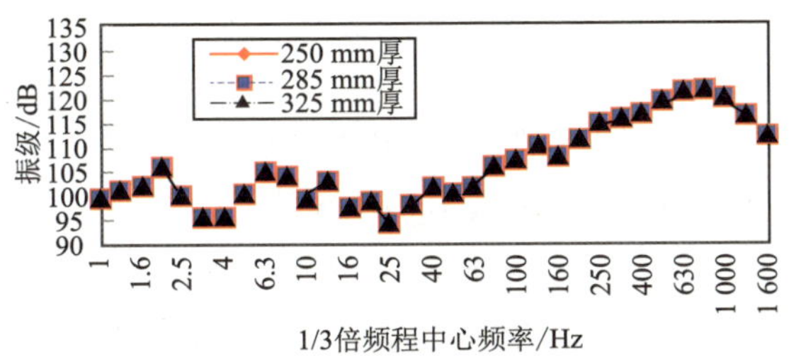

图 3-13　钢轨垂向振动加速度级比较

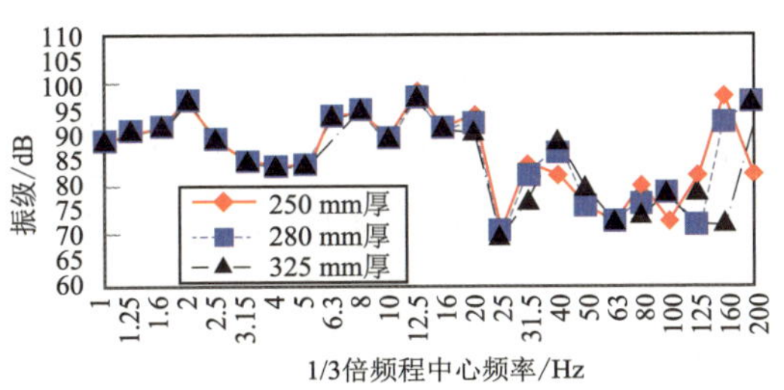

图 3-14　浮置板垂向振动加速度级比较

从图 3-13～图 3-15 中可知，浮置板板厚对钢轨振动加速度几乎不受影响，对浮置板振动加速度在 25～200 Hz 频段有一定影响，最大差值约 20 dB；对板下基础振动加速度在 16～200 Hz 频段有影响，最大差值约7 dB。目前测试结果表明，城市轨道交通的振动强度较大的普遍集中在 20～80 Hz，而加厚浮置板则对降低该频带的 1/3 倍频程振动强度有明显作用。

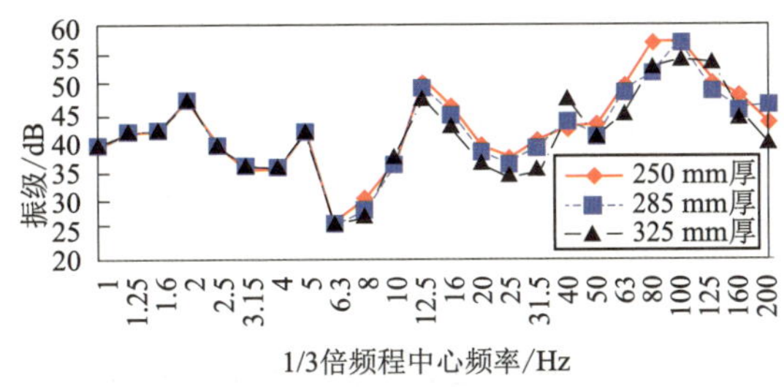

图 3-15　基础垂向振动加速度级比较

对不同隔振器刚度条件下的浮置板隔振效果进行计算分析，得 1/3 倍频程如图 3-16～图 3-18 所示。

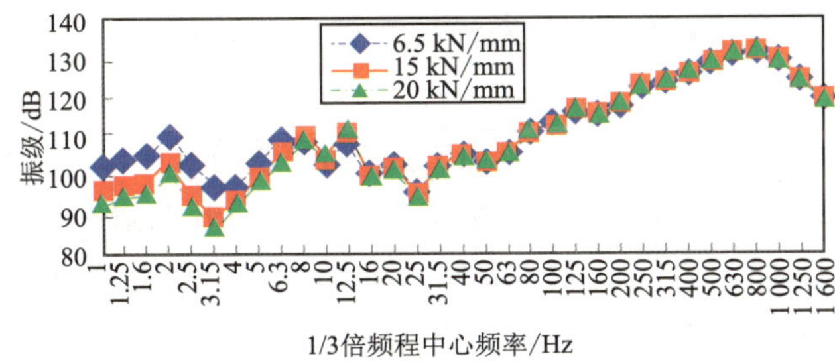

图 3-16　钢轨振动加速度级（板厚 250 mm）

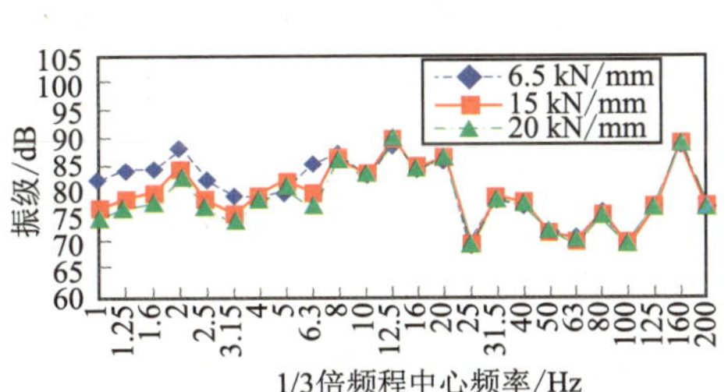

图 3-17　浮置板振动加速度级（板厚 250 mm）

从图 3-16～图 3-18 中可知，浮置板隔振器刚度对钢轨振动加速度在 20 Hz 以下频段影响较大，最大差值约 7 dB；对浮置板振动加速度在 0.6～3.7 Hz 频段有一定影响，最大差值约 10 dB；对板下基础振动加速度在 1.2～20 Hz 频段有影响，最大差值约 10 dB。结果表明，隔振器刚度大，则钢轨和浮置板的振级水平低，但基础的振级水平高；隔振器刚度低，则反之。

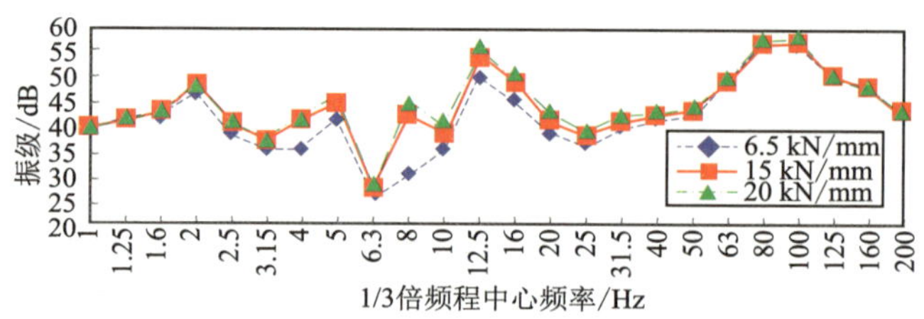

图 3-18　基础振动加速度级(板厚 250 mm)

对浮置板的减振效果分析时，采用插入损失指标对浮置板轨道结构减振特性进行分析，取车辆经过时浮置板下基础和普通线路整体道床垂向 1/3 倍频程强度进行插入损失计算。插入损失的计算式为

$$IL = 20\lg(a_1/a_2) \tag{3-50}$$

式中　a_1——车辆经过时普通轨道整体道床的振动加速度有效值(RMS 值)；

a_2——车辆经过时浮置板下基础垂向的振动加速度有效值(RMS 值)。

浮置板轨道的基础垂向振动的插入损失 1/3 倍频程分析结果表明，浮置板在 6.3 Hz 和 160 Hz 以上频段隔振效果显著，达 25 dB，其他频段降低较小。浮置板厚度对 20 Hz 以上频段插入损失影响较大，20 Hz 以下频段几乎不受影响，浮置板的厚度越大，基础振动的插入损失越大。但从整体上看，在不同频段，浮置板最大插入损失为 24 dB，最小插入损失也能达到 8 dB。

隔振器刚度对 2～50 Hz 范围内插入损失影响较大，其他频段几乎不受影响，隔振器刚度越小，基础振动强度的插入损失越大，最大插入损失为 23 dB，最小插入损失也可达到 8 dB。

3.7 车辆运行安全性及平稳性分析

3.7.1 车辆安全性与 Sperling 平稳性评价指标

轨道不平顺有轨距、水平、方向、高低四类，大量统计资料表明，轨道不平顺的随机函数是各态历经的，因此可以用一段有限长的时间历程曲线来模拟车辆在实际线路上的运行情况。仿真计算时采用美国五级谱计算车辆系统的运行平稳性。为了较为完整地反映车辆的实际动态响应，计算时先让车辆在一段无激扰直线轨道上运行，然后在一段足够长的不平顺轨道上运行。车体加速度响应数据的采样从车辆运行一段距离后开始进行，数据的采样、处理和分析方法及平稳性指标计算方法和评定指标依据为国标《机车车辆动力学性能评定及试验鉴定规范》(GB 5599—2019)。

(1)运行平稳性评定指标(Sperling 指标)

铁路和城市轨道交通车辆运行平稳性计算结果评定标准采用 GB 5599—2019 的各项

要求，分别按平稳性指标、平均最大加速度评定，同时也给出了最大加速度值作为评定参考。根据 GB 5599—2019 规定，运行平稳性指标计算式为

平稳性指标分量为
$$W_i = \alpha \sqrt[10]{\frac{a_i^3}{f_i} F(f_i)}$$

平稳性指标为
$$W = \sqrt[10]{W_1^{10} + W_2^{10} + \cdots\cdots + W_n^{10}} = \sqrt[10]{\sum_{i=1}^{n} W_i^{10}} \tag{3-51}$$

式中　α——系数，GB 5599—2019 中为 3.57；

W——Spering 平稳性指标；

a_i——振动加速度，m/s^2；

f_i——振动频率，Hz；

$F(f_i)$——频率修正系数，见表 3-5。

表 3-5　频率修正系数

垂直振动		横向振动	
0.5 Hz≤f<5.9 Hz	$F(f_i)=0.325f_i^2$	0.5 Hz≤f<5.4 Hz	$F(f_i)=0.8f_i^2$
5.9 Hz≤f<20.0 Hz	$F(f_i)=400/f_i^2$	5.4 Hz≤f<26.0 Hz	$F(f_i)=650/f_i^2$
f≥20.0 Hz	$F(f_i)=1$	f≥26.0 Hz	$F(f_i)=1$

依平稳性指标确定车辆运行平稳性的等级见表 3-6，表 3-6 中垂向和横向采用相同的评定等级。

表 3-6　平稳性指标评定等级

平稳性等级	评定	客车平稳性指标	货车平稳性指标
1 级	优	W≤2.50	W≤3.50
2 级	良好	2.50<W≤2.75	3.50<W≤4.00
3 级	合格	2.75<W≤3.00	4.00<W≤4.25

根据国标 GB 5599—2019 规定，加速度测点位置为客车和动车组车体垂向、横向振动加速度测点对角布置在 1、2 位转向架中心偏向车体一侧 1 000 mm 的车内地板上，如图 3-19 所示。

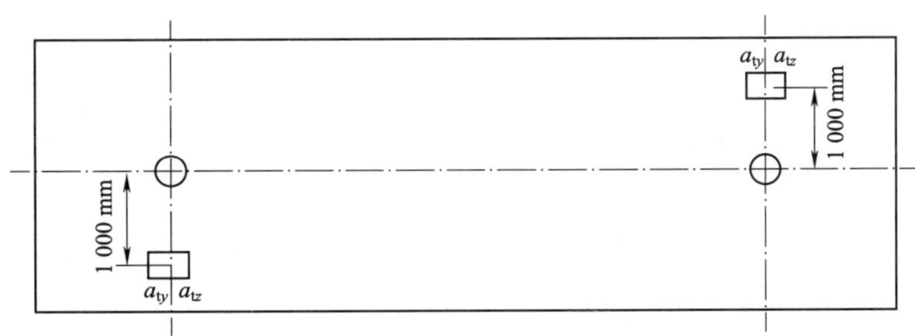

图 3-19　客车和动车组车体振动加速度测点布置示意

另外也可采用车体振动加速度来评价车辆平稳性。

(2)运行安全性标准

根据以往的研究资料,车辆运行的安全性由脱轨系数和轮重减载率决定。

脱轨系数,第一限度:$Q/P \leq 1.20$;第二限度:$Q/P \leq 1.0$。

式中 Q——爬轨侧车轮作用于钢轨上的横向力,kN;

P——爬轨侧车轮作用于钢轨上的垂向力,kN。

轮重减载率,第一限度:$\Delta P/\overline{P} \leq 0.65$;第二限度:$\Delta P/\overline{P} \leq 0.6$。

式中 ΔP——轮重减载量;

$\overline{P}$——两侧车轮的平均轮重,kN。

第一限度为评定车辆运行安全的合格标准,第二限度是为了增大安全裕量的标准。

根据 GB 5599—2019 规定,曲线半径 250 ~ 400 m 时,脱轨系数≤1.0;曲线半径大于 400 m 时,脱轨系数≤0.8。当速度≤160 km/h 时,轮重减载率≤0.65;速度大于 160 km/h 时,轮重减载率≤0.8。

3.7.2 浮置板轨道下车辆安全性与平稳性计算结果

取第二位轮对左轨和左轮间的脱轨系数和轮重减载率为研究对象,图 3-20 和图 3-21 给出浮置板厚度为 250 mm 时,隔振器刚度在 6.5 kN/mm、15 kN/mm 和 20 kN/mm 条件下车辆运行安全性指标的计算结果。

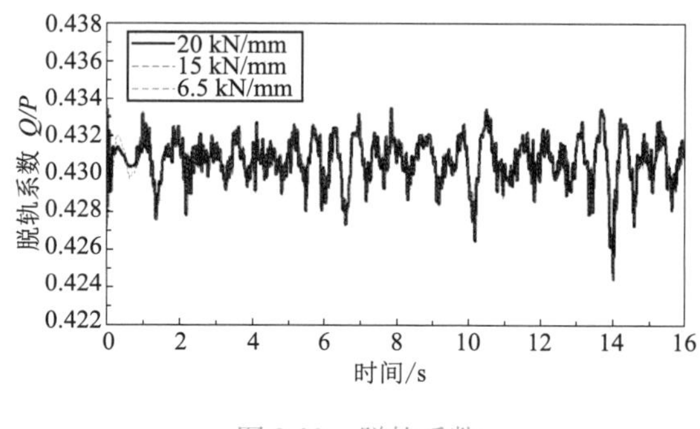

图 3-20 脱轨系数

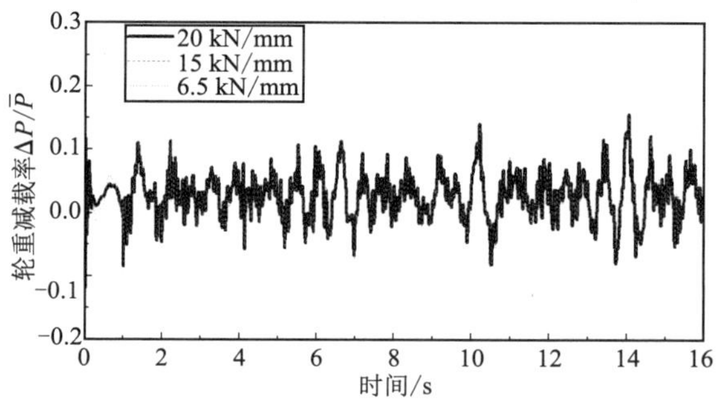

图 3-21 轮重减载率

从图 3-20 和图 3-21 可知,随着隔振器刚度增加,车辆脱轨系数和轮重减载率的变化很小,约增大 0.1% 。但是 3 种刚度条件下,车辆脱轨系数未超过 0.45,轮重减载率未超过 0.15,列车运行处于安全状态。

在不同隔振器刚度条件下,对车辆脱轨系数、轮重减载率初始一段时间内有所影响,后续阶段影响甚微,从整体上看,车辆脱轨系数也未超过 0.45,轮重减振率也在 0.15 以下,列车车运行处于安全状态。

车体振动加速度的时域特性如图 3-22 和图 3-23 所示。由图可知,对车体横向加速度几乎不受影响；车体垂向加速度在初始时刻有所影响，后续阶段影响很小，量值远小于 GB 5599—2019 规定的 0.25g。

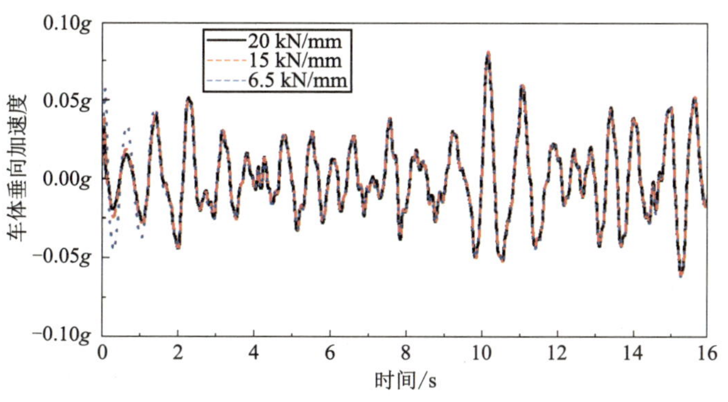

图 3-22　车体垂向加速度

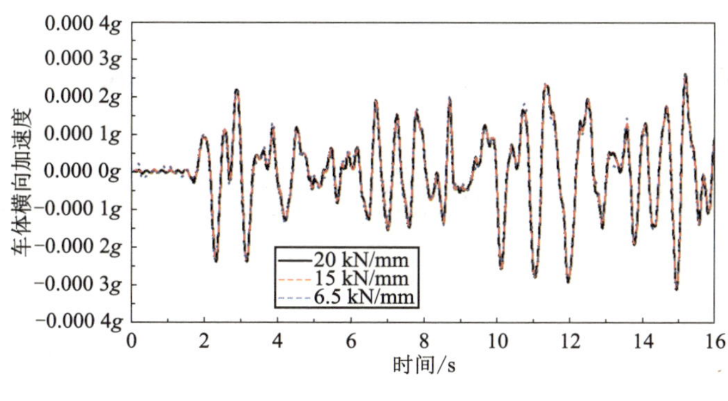

图 3-23　车体横向加速度

为探明隔振器刚度对车体结构主频的影响，图 3-24 和图 3-25 给出了三种刚度条件下的车体垂向和横向加速度功率谱的计算结果。

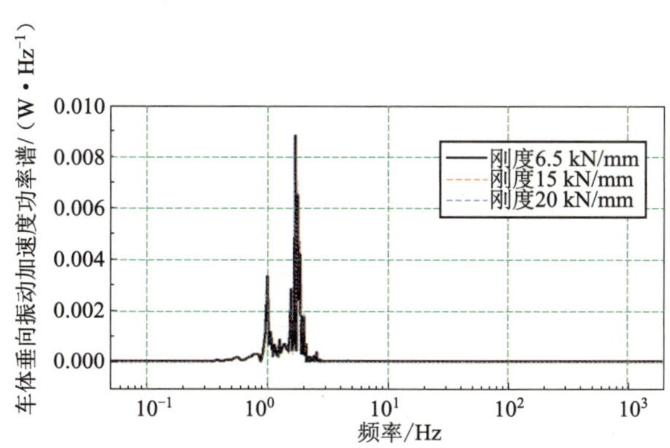

图 3-24　车体垂向加速度功率谱（板厚度 250 mm）

从图 3-24 和图 3-25 可知，车体垂向振动的主频在 1 Hz 和 1.6 Hz 附近，频率成分较为单一；横向振动的主频在 1 Hz 附近，频率也较为单一。浮置板隔振器刚度变化对车辆垂向振动主频影响甚微，但对车辆横向振动主频有一定的影响，刚度 15 kN/mm 时横向振动主频峰值降低。

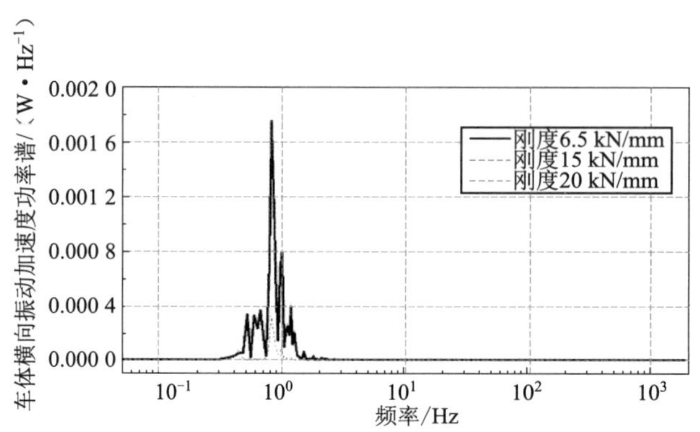

图 3-25　车体横向加速度功率谱(板厚度 250 mm)

表 3-7 给出了在板厚为 250 mm 时三种隔振器刚度下车体 Sperling 指标。

表 3-7　浮置板厚度 250 mm 时车体 Sperling 指标

隔振器刚度/(kN·mm⁻¹)	车体垂向 Sperling 指标	车体横向 Sperling 指标
6.5	2.34	1.89
15	2.35	1.89
20	2.34	1.88

从表 3-7 可知，浮置板隔振器刚度的变化对车体垂向和横向 Sperling 指标几乎不产生影响，且三种隔振器刚度条件下，车辆平稳性指标均在优良级范围内。由上述图表结果可见，列车运行在 250 mm 厚度浮置板轨道结构上，车辆的安全性和平稳性指标符合标准 GB 5599—2019 规定的要求。

第4章　刚度阻尼对振动影响的分析

浮置板是一个典型的质量、刚度、阻尼组成的振动结构体系，通过结构参数的合理匹配，可得到列车通过时的最佳隔振效果，从而减小轨道交通运行对环境振动噪声的影响，提高轨道交通线路周围居民的生活和工作质量。作为一种轨道结构，首要任务是要保证轨道上运行的列车具有足够的安全储备，并在此基础上，优化轨道结构形式和参数，达到最佳的隔振效果。基于这一前提，选择的浮置板质量越大，隔振效果越好。但浮置板的质量要受到结构尺寸、隧道净空高度、轨下基础的承载能力、结构性能价格比等等因素的影响和限制。由于浮置板的质量越大，性能越优，轨道结构的稳定性越好，所以设计人员在浮置板的尺寸选择时尽量用足结构所给的条件，增大浮置板的质量。有时设计人员为了增加浮置板的质量，在轨道当中增加低于轨顶面的凸台。但受到运营，预制浮置板的吊装、运输、安装等方面的限制，浮置板的质量大小也受到了限制。

一般来说，浮置板板下刚度越小，则隔振效果越好，但也要与质量、荷载大小、减振效果、位移量等因素综合考虑。既要保证隔振效果达到设计要求，也要保证在列车荷载作用下浮置板的垂向位移量符合相关的规范要求。《浮置板轨道技术规范》(CJJ/T 191—2012)规定，浮置板与基础之间的垂向位移不大于3 mm，但大多数实际情况很难达到这一要求。如果严格控制浮置板的垂向位移为3 mm，则隔振效果较难达到设计要求。目前认为浮置板的垂向位移控制在3.5～4.0 mm，钢轨与浮置板之间的垂向位移1.0～1.5 mm，钢轨与基础之间的垂向位移4.5～5.5 mm，则较为合理。但这一问题在业界尚有较多争论。在浮置板设计实践中，列车荷载作用下最大垂向位移的规定已经造成了困扰。为此，最新编发的《工程隔振设计标准》(GB 50463—2019)做出了部分修正，对于钢弹簧浮置板道床，要求在定员荷载列车通过时，钢轨最大竖向振动位移不宜大于5 mm。

由于浮置板要与其他轨道结构相连，预制浮置板之间也要相互连接，当列车荷载作用时，浮置板要产生挠曲和转角。有关规范规定，要求钢轨竖向转角不大于2.0‰，与垂向位移一样，这一问题也有较多的争论。根据铁路研究人员对路桥过渡段钢轨转角对行车平稳性和安全性的研究分析结论，认为由于路桥间刚度差引起的轨道基础刚度的变化对高速行车的影响不显著，不成为控制条件。有些相关研究认为，钢轨转折角θ限值和列车行驶速度相关，给出的限值为：$v=160$ km/h时，$\theta\leq5.5‰$；$v=250$ km/h时，$\theta\leq3‰$；$v=350$ km/h时，$\theta\leq1.5‰$。王其昌和蔡成标对高速铁路路桥过渡段轨道折角限值的分析[13]研究中得出，$v = 160$ km/h 时，$\theta \leqslant 6.0‰$；$v = 250$ km/h 时，$\theta \leqslant 3.0‰$；$v = 350$ km/h 时，$\theta \leqslant 2.0‰$。综合各方面情况，有关研究人员认为，对于城市轨道交通，列车速度在 120 km/h 以下，3.5‰的钢轨转折角能保证列车运行安全和平稳性的要求。

以往在对浮置板隔振效果研究中，对隔振器阻尼问题的研究尚不够深入，主要因素是，阻尼不像刚度，对浮置板的振动主频影响不明显，而阻尼存在于结构中，有时难以捉摸，但是阻尼能有效地耗散结构的振动能量。根据结构动力学可知，阻尼越大，隔振效率越差，但振动衰减越快，阻尼越小，隔振效率越好，但振动衰减越慢，故选择一个合适的阻尼比，达到最好的隔振效果，这也是需要研究的问题。

4.1 浮置板刚度的选择

根据轨道结构高度和隧道的内径尺寸确定了浮置板的外形尺寸后，根据列车荷载对浮置板的强度要求配置钢筋，下一步就是板下刚度的选择。在选择隔振器刚度时，首先考虑板下设置几个隔振器，然后根据隔振和列车运行的安全性要求，选择单个隔振器的刚度。图 4-1 和图 4-2 所示是 5.9 m 盾构隧道的 6 m 长预制浮置板的 8 和 10 个隔振器的布置方案；对于 4.8 m 浮置板，有 6 个和 8 个隔振器布置方案；对于 3.6 m 浮置板，有 4 个和 6 个隔振器布置方案。图 4-3 是直线段浮置板轨道断面，图 4-4 是曲线段浮置板轨道断面。

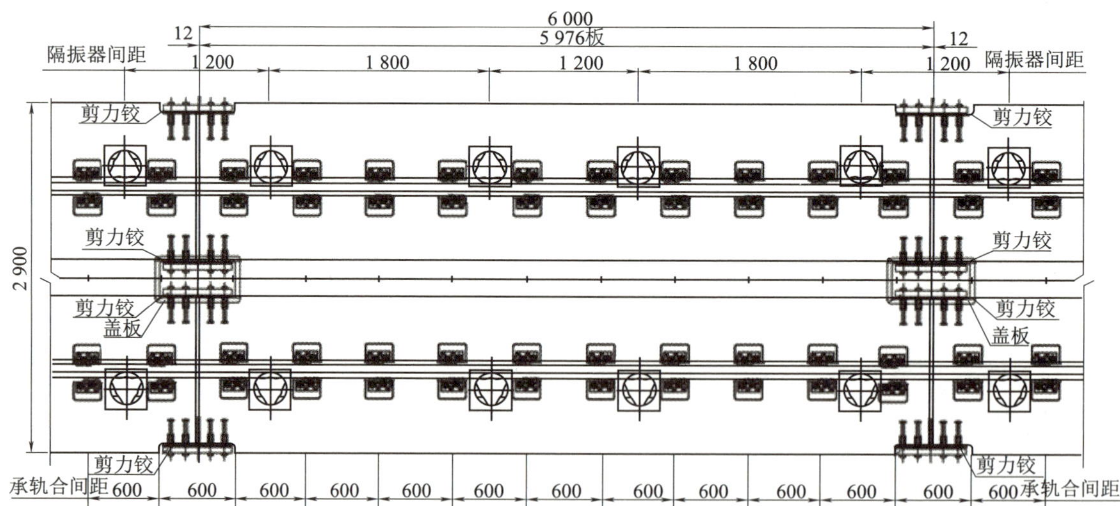

图 4-1　6 m 浮置板 8 套筒布置(单位:mm)

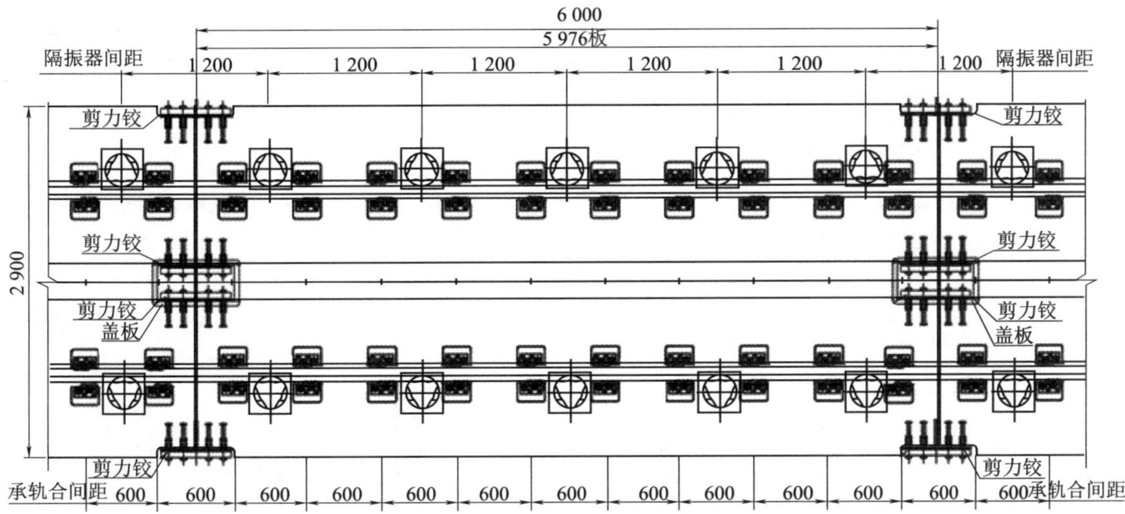

图 4-2　6 m 浮置板 10 套筒布置(单位:mm)

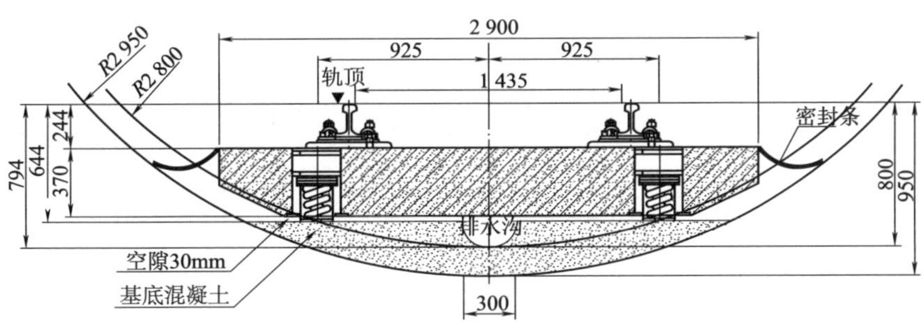

图 4-3　直线地段典型断面(单位:mm)

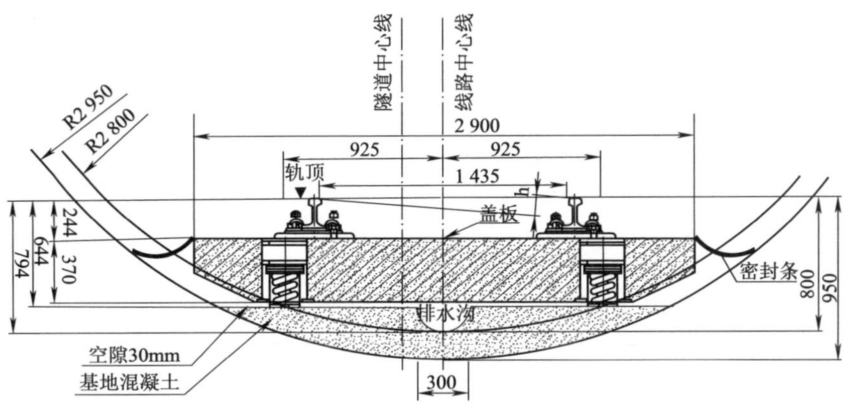

图 4-4　曲线地段典型断面(单位:mm)

4.1.1 不同刚度浮置板轨道结构振动分析

以 5.9 m 盾构隧道的 6 m 长浮置板为例，浮置板宽 2.7 m，厚 0.325 m，隔振器数量为 6 个、8 个、10 个，单个隔振器刚度为 6.0 kN/mm、6.5 kN/mm、7.0 kN/mm。采用第 3 章轮轨耦合动力学仿真分析方法对钢轨垂向和横向加速度、浮置板的垂向和横向加速度，以及基础的垂向加速度进行计算分析，统计值如图 4-5 ~ 图 4-10 所示。

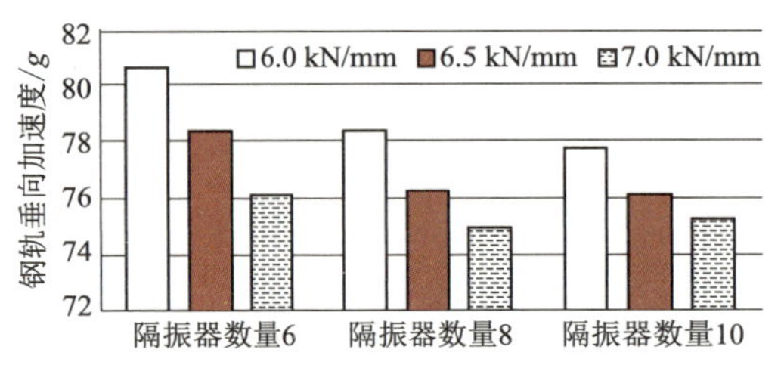

图 4-5 钢轨垂向加速度统计值

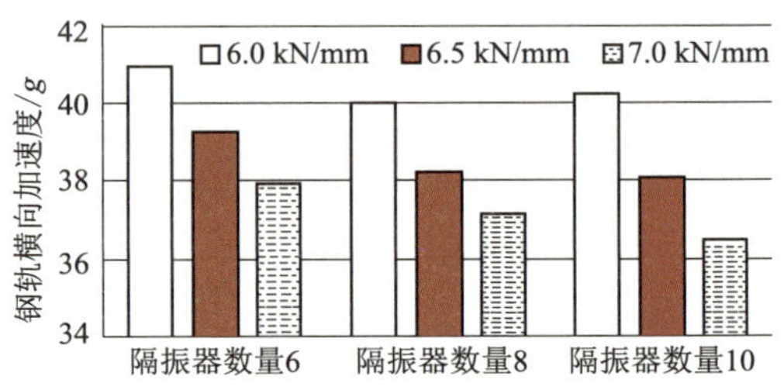

图 4-6 钢轨横向加速度统计值

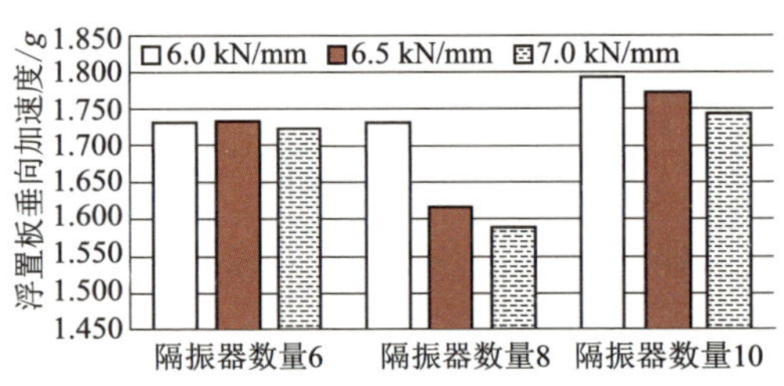

图 4-7 浮置板垂向加速度统计值

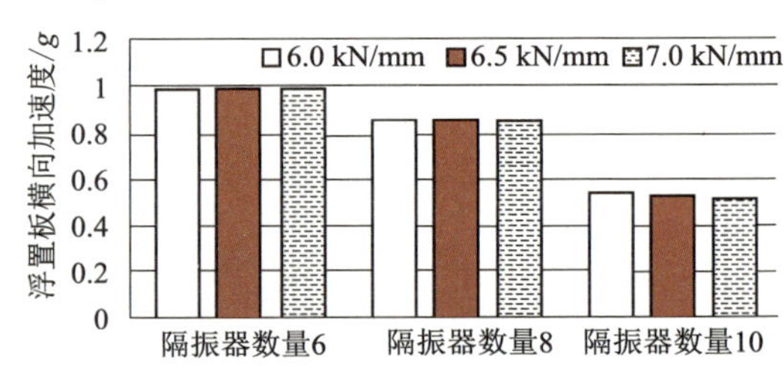

图 4-8 浮置板横向加速度统计值

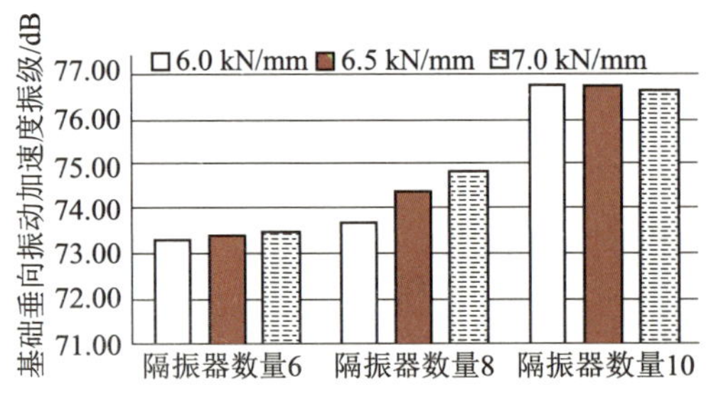

图 4-9 基础垂向加速度统计值

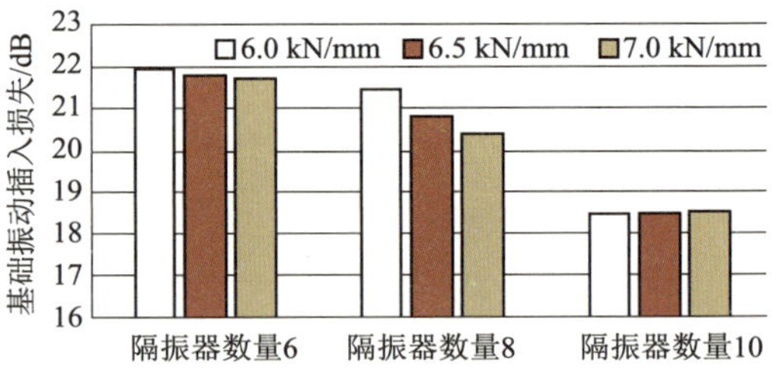

图 4-10 基础垂向振动插入损失

从图 4-5 ~ 图 4-10 可知，隔振器刚度对钢轨、浮置板和基础的垂向加速度具有一定的影响。随着刚度的增大，钢轨和浮置板的垂向加速度统计值基本呈现下降的趋势，基础的垂向加速度呈现上升趋势；钢轨的垂向加速度在 70 ~ 80*g* 范围内，钢轨横向加速度在30 ~ 40*g* 范围内，浮置板垂向加速度在 1.5 ~ 2*g* 范围内，浮置板横向加速度在 0.7 ~ 1.0*g* 范围内，垂向振动加速度振级在 73 ~ 77 dB 之间。计算结果也表明，隔振器刚度越低，其隔振效果越好。但隔振器刚度的大小不是由隔振效果单一因素决定，还需要综合考虑行车安全、平稳性等因素。

4.1.2　不同刚度浮置板轨道结构车辆平稳性指标分析

采用第 3 章的轮轨动力仿真计算结果，对浮置板轨道结构的车辆运行平稳性进行分析，得车体加速度 Sperling 指标值如图 4-11 和图 4-12 所示。从图可知，浮置板轨道结构的刚度值提高，Sperling 值相应减小，但变化量较小，也即浮置板的刚度变化对车辆运行的平稳性 Sperling 指标影响不明显，各参数组合下浮置板的平稳性指标均满足小于 3.0，故平稳性等级均为 3 级以下。车辆在浮置板轨道上运行平稳性与安全性满足标准 TB/T 2360—1993 的要求。

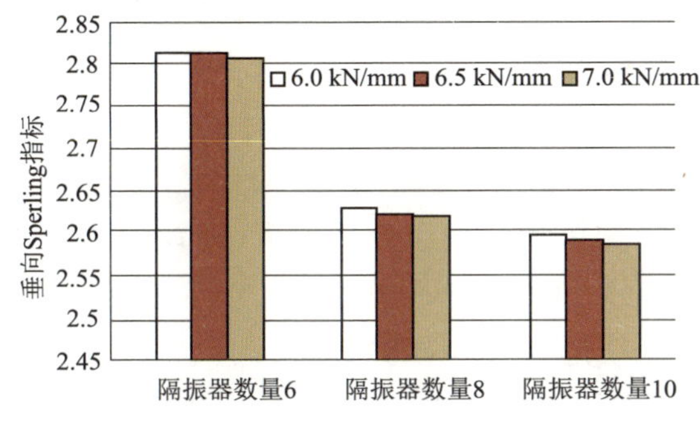

图 4-11　垂向 Sperling 指标统计值

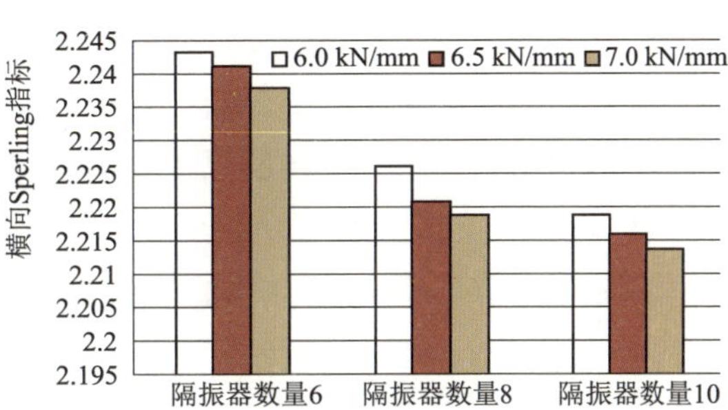

图 4-12　横向 Sperling 指标统计值

4.1.3　不同刚度浮置板轨道结构浮置板应力及位移分析

浮置板下隔振器刚度的不同，对浮置板混凝土和钢筋的应力也有所影响。目前轨道交通 A 型车的轴重为 160 kN，动载系数取 1.3，当车辆行驶在不同浮置板位置时，浮置板所受的应力也不相同。对于 6 m 长浮置板，考虑两种工况：工况 1 加载为车辆的一个转向架作用在一块板上，工况 2 加载方式为一个轮轴在板 1/3 断面上。采用有限元建立三块预制钢弹簧浮置板的三维模型，两板之间由剪力铰连接，三维计算模型见第 2 章图 2-2。

钢轨竖向位移根据《浮置板轨道技术规范》（CJJ/T 191—2012）中 3.1.5 规定，浮置板轨道在列车额定荷载作用下钢轨的最大垂向位移不应大于 4 mm，浮置板的位移不大于 3 mm。但根据大量设计和试验资料表明，要达到这一标准具有较大的难题，故较多专家认为可将钢轨的最大垂向位移定为不应大于 5 mm，浮置板的位移不大于 4 mm。

混凝土强度：按照《混凝土结构设计规范》（GB 50010—2010）规定，C50 混凝土抗压强度设计值 23.1 MPa，抗拉强度设计值 1.89 MPa。

根据静力仿真计算的结果以及评价标准，浮置板静力计算结果见表 4-1。

表 4-1　直径 5 900 mm 盾构板长 6.0 m 浮置板（隔振器 10 个单套筒）

工　况	工　况 1				工　况 2			
隔振器刚度/$(kN \cdot mm^{-1})$	5.5	6.0	6.5	7.0	5.5	6.0	6.5	7.0
板顶纵向压应力/kN	−1.272 4	−1.210 7	−1.157 3	−1.110 6	−0.744 7	−0.690 4	−0.643 9	−0.603 6
板底纵向拉应力/kN	1.019 9	0.975 3	0.936 5	0.902 5	0.513	0.475 1	0.442 6	0.414 5
浮置板竖向位移/mm	4.89	4.62	3.21	2.4	4.77	4.22	3.21	3.06
钢轨竖向位移/mm	5.12	4.85	4.09	3.2	5.32	4.78	4.21	4.1

4.1.4 隔振器刚度的选定

浮置板的质量、刚度、阻尼的不同,其隔振效果也相同,但目前还未有专业、权威人士根据隔振效果定义浮置板的类型。根据与业界专业技术人员探讨,认为可把浮置板分为重型、普通和轻型三种类型,三种类型的浮置板的分类用板厚、振动主频和隔振效果三个参数确定。

重型浮置板:板厚 400 mm 以上,振动主频低于 8 Hz,隔振效果 Z 振级 18 dB 以上;

普通浮置板:板厚 300 ~400 mm,振动主频 8 ~13 Hz,隔振效果 Z 振级 13 ~18 dB;

轻型浮置板:板厚 300 mm 以下,振动主频 13 ~17 Hz,隔振效果 Z 振级 13 dB。

认为主要由以下因素决定浮置板隔振器个数和刚度:

(1)根据浮置板的类型,隔振效果要达到以上的设计要求;

(2)根据浮置板质量和所需的结构固有振动频率确定隔振器刚度;

(3)根据浮置板的结构尺寸和配筋,在最不利支承和荷载组合条件下,浮置板的混凝土和钢筋应力都不得超过各自的疲劳容许应力;

(4)列车运行在浮置板轨道上,与运行在线路线形条件相同的普通轨道上对比,其运行平稳性和安全性指标相差不应超过 10% ,且都不得超过标准 TB/T 2360—1993 中规定的限值;

(5)浮置板轨道在列车额定荷载作用下钢轨的最大垂向位移不应大于相应规范标准的限值。

目前,隔振器弹簧刚度为 5.5 ~7.0 kN/mm,这一刚度范围具有较高的适用性。3.6 m 板可选择4 个或者6 个单筒方案,4.8 m 板可选择6 个或者8 个单筒方案,6 m 板可选择8 个或者 10 个单筒方案,也可选择双筒方案,但一般认为同样隔振器数量,单筒的隔振效果优于双筒 2 ~5 dB。

综上所述,推荐的浮置板长度和隔振器配置选择见表 4-2。

表 4-2 6 m 长浮置板隔振器配置推荐方案

浮置板参数	隔振器数量/个	隔振器刚度/(kN · mm^{-1})			
		5.5	6.0	6.5	7.0
盾构直径 5 900 mm	6	NN	N	N	N
	8	N	N	N	N
浮置板宽度 2 900 mm	10	N	N	Y/21.11	Y/21.04
浮置板厚度 370 mm	6(双筒)	N	Y/16.03	YY/15.97	YY/15.81
	8(双筒)	N	YY/15.63	YY/15.53	YY/15.46

注:表中字母含义:NN 表示较不合适;N 表示不合适;Y 表示合适;YY 表示较合适;分母表示隔振效果 dB 值。

4.2 单自由度系统的阻尼比对振动影响的分析

在结构动力学分析中,单自由度的模型如图 4-13 所示。

根据系统受力和初始条件,可得系统自由振动时的动力平衡微分方程。

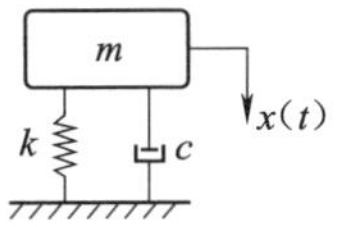

$$\begin{cases} m\ddot{x} + c\dot{x} + kx = 0 \\ x(0) = x_0, \dot{x}(0) = \dot{x}_0 \end{cases} \tag{4-1}$$

图 4-13　单自由度振动系统

方程可改写为

$$\ddot{x} + 2\zeta\omega_n\dot{x} + \omega_n^2 x = 0 \tag{4-2}$$

式中　ζ——阻尼比,$\zeta = \dfrac{c}{2m\omega_n}$;

ω_n——无阻尼时系统自振频率;$\omega_n = \sqrt{\dfrac{k}{m}}$。

根据结构动力学可知,当阻尼比 $0 < \zeta < 1.0$ 时,称为欠阻尼状态,单自由度振动系统的振动方程解为一对实部为负的共轭复根,系统时间响应具有振荡特征。当 $\zeta = 1.0$ 时的解为一对重实根,此时系统的自阻尼形式称为临界阻尼,此时系统振动不到一个周期就衰减为零。当 $\zeta > 1.0$ 时的解为一对互异实根,此时系统的阻尼形式称为过阻尼。在考虑为欠阻尼状态下,求解式(4-2),可得系统的运动方程为

$$x(t) = A_0 e^{-\zeta\omega_n t}\cos(\omega_d t - \varphi) \tag{4-3}$$

$$A_0 = \sqrt{x_0^2 + \left(\frac{\dot{x}_0 + \zeta\omega_n x_0}{\omega_d}\right)^2}, \varphi = \arctan\frac{\dot{x}_0 + \zeta\omega_n x_0}{\omega_d x_0}$$

式中　ω_d——有阻尼时系统自振频率,$\omega_d = \omega_n\sqrt{1 - \zeta^2}$。

为了保证浮置板轨道系统处于较好的隔振状态,系统应处于欠阻尼状态。不同阻尼比的振动衰减曲线如图 4-14 所示。

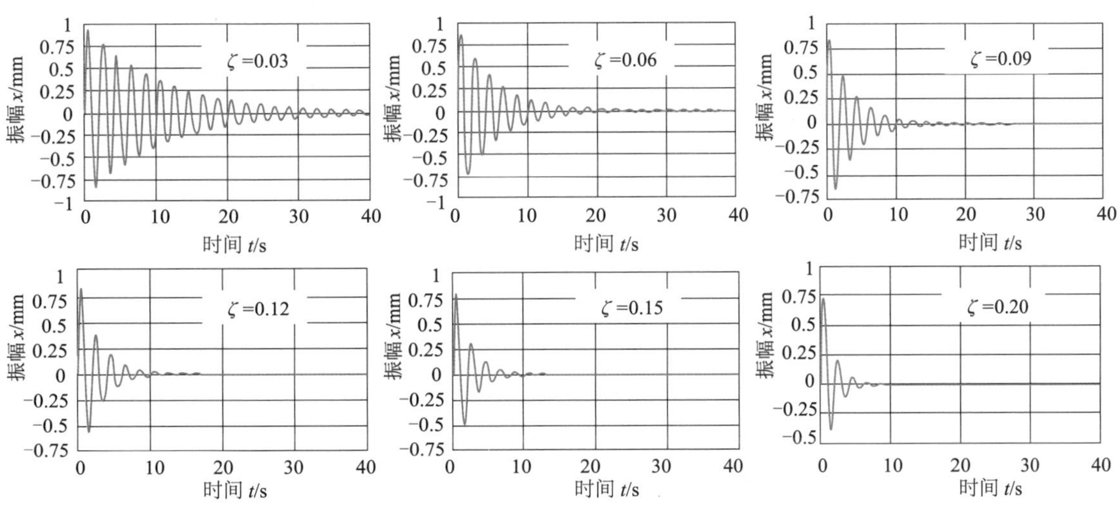

图 4-14　不同阻尼比的单自由度振动衰减曲线

从图 4-14 可知,阻尼比越大,周期性振动衰减越快,当阻尼比 $\zeta = 0.20$ 时,系统也就振动 3 ~ 4 个周期就结束了。

浮置板隔振器阻尼比合理值的选择难度要大于刚度合理值的选择。选择阻尼比首先要考虑的是隔振效果。对于一个振动体系，由于激振的频带较宽，系统在各个频段的隔振效果是不同的。考虑图 4-15 所示的单自由度振动系统分析系统的振动传递特性。

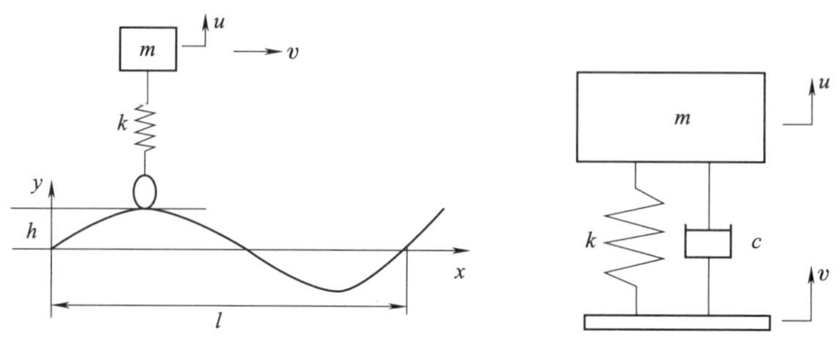

图 4-15　单自由度振动系统

在图 4-15 中，考虑基础的简谐运动方程为 $v(t)=v_0\sin(\omega t)$，则可得振动微分方程：

$$m\ddot{u}(t)=-c[\dot{u}(t)-\dot{v}(t)]-k[u(t)-v(t)] \tag{4-4}$$

则对于单自由度强迫振动，有绝对运动方程如式(4-5)。

$$m\ddot{u}(t)+c\ddot{u}(t)+ku(t)=cv_0\omega\cos(\omega t)+kv_0\sin(\omega t)=v_0\sqrt{k^2+(c\omega)^2}\sin(\omega t+\psi) \tag{4-5}$$

式中，$\psi=\arctan\left(\dfrac{c\omega}{k}\right)$为激励初相位。

可得通解：

$$u(t)=u_0\sin(\omega t+\psi_1+\psi) \tag{4-6}$$

其中，系统振动位移幅值计算为

$$u_0=\frac{v_0\sqrt{k^2+(c\omega)^2}}{\sqrt{(k-m\omega^2)^2+(c\omega)^2}}=\frac{v_0\sqrt{1+\left(2\zeta\dfrac{\omega}{\omega_0}\right)^2}}{\sqrt{\left(1-\dfrac{\omega^2}{\omega_0^2}\right)^2+\left(2\zeta\dfrac{\omega}{\omega_0}\right)^2}} \tag{4-7}$$

式中　ω——激振频率；

ω_0——系统自振频率；

v_0——激振输入位移，mm。

则可得振动系统的绝对传递系数为

$$T_d=\frac{u_0}{v_0}=\frac{\sqrt{1+\left(2\zeta\dfrac{\omega}{\omega_0}\right)^2}}{\sqrt{\left(1-\dfrac{\omega^2}{\omega_0^2}\right)^2+\left(2\zeta\dfrac{\omega}{\omega_0}\right)^2}} \tag{4-8}$$

由式(4-8)可得系统振动传递系数和阻尼比的关系图如图 4-16 所示，在不同阻尼比共振频率处的传递系数如图 4-17 所示。

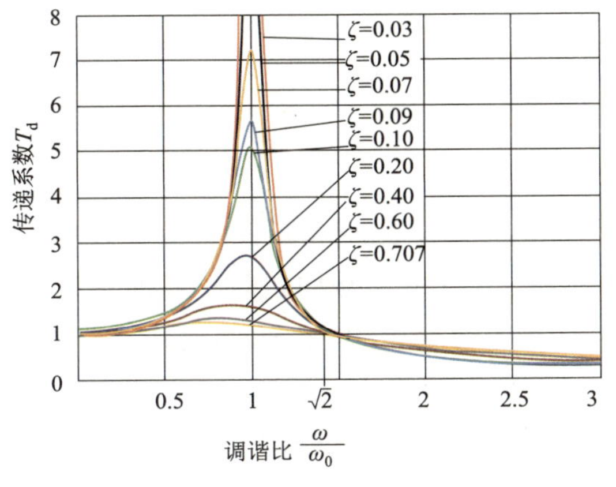

图 4-16　传递系数和阻尼比关系

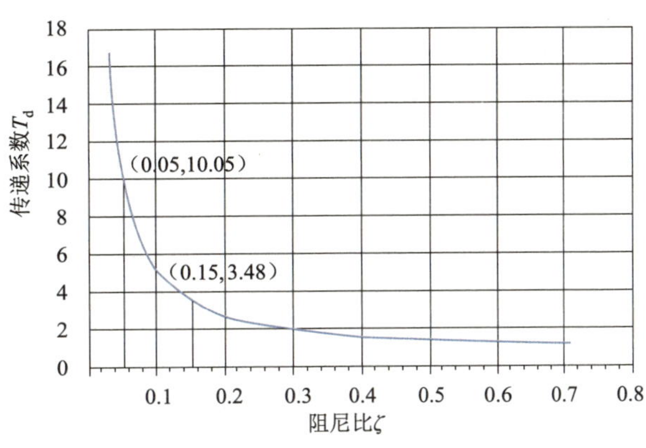

图 4-17　在共振动频率处阻尼比与传递系数关系

根据图 4-16 和图 4-17 的传递系数和阻尼比关系曲线，可有如下结论：

(1)当$\frac{\omega}{\omega_0}=1$时，整个系统处于共振状态，$\zeta=0$时，传递系数 T_d 无穷大。因此，当外荷载作用频率接近系统共振频率时，系统处于恶劣的工作环境中，在结构设计是必须要加以避免的。

(2)阻尼比越小，共振曲线越陡峭；阻尼增大，T_d 减小，传递系数曲线越趋平缓。

(3)不同阻尼比的各条传递系数曲线相交于$\frac{\omega}{\omega_0}=\sqrt{2}$处。

(4)为了振动系统隔振效果最好，要求设计系统的荷载作用频率 $\omega>\sqrt{2}\omega_0$。

(5)当$\frac{\omega}{\omega_0}>\sqrt{2}$时，阻尼比的增大反而增大传递系数 T_d，对此频段的隔振不利。选择合适的阻尼比可以抑制系统的共振和减小传递系数 T_d。

在系统的自振频率处，即 $\omega=\omega_0$ 处，传递系数与阻尼比的关系如图 4-17 所示。当阻尼比为 0.05 时，传递系数为 10.05，当阻尼比为 0.15 时，传递系数为 3.48。浮置板的一阶自振频率一般为 6～16 Hz，而根据传递系数与阻尼比关系图，在 8～22 Hz 以上，阻尼比增大，传递系数是增大的，而轨道交通引起环境振动的峰值一般在 50～100 Hz 频率范围，也即这一范围的振动传递系数是增大的，所以就要考虑适当控制阻尼比，以降低 50～100 Hz频率范围的传递系数，提高隔振效果。

在《浮置板技术规范》(CJJ/T 191—2012)指出，浮置轨道阻尼比不应小于 5%，同时，浮置板轨道构成的质量—弹簧—阻尼系统不应发生过阻尼现象。实际上在考虑浮置板的隔振效果时，不是取决于单个隔振器的参数，而是整个浮置板的动力参数。浮置板的阻尼除了隔振器的阻尼占主要成分外，还有钢轨、扣件、浮置板等阻尼组合而成，所以，一般将 0.05～0.12 作为当前浮置板隔振器所使用的阻尼比范围。

4.3 隔振器阻尼液特性及阻尼比试验

与质量和刚度一样,阻尼在振动体系中也起重要的作用。阻尼是反映结构体系振动过程中能量耗散特征的参数。阻尼使得振动加速衰减,减少振动叠加效应。任何现实的建筑结构系统都具有振动阻尼。实际结构振动时耗能是多方面的,具体形式相当复杂。而且耗能不像构件尺寸、结构质量、刚度等物理量那样具有明确、直接的测量手段和相应的分析方法,而只能采用宏观的总体表达方法。一般认为,振动中耗能因素有结构材料内摩擦、构件连接处干摩擦或库伦阻尼、空气阻尼、地基土内摩擦和地基中波的辐射耗能等。所以,一个振动系统的阻尼值的大小较难掌握,一旦系统的质量、刚度和结构形式改变,阻尼比也随之改变,因此,以往在浮置板结构设计时,采用的阻尼比也不是一个定值,而是为 0.05 ~0.12 范围。浮置板阻尼比范围的大小及对振动能量的耗散和对隔振效果的影响等都是需要深入研究的课题[14]。

4.3.1 阻尼液剪切黏度试验

阻尼液是一种半液体半固体的黏稠介质。黏度是表征其性质的一项重要参数,黏度的测量是研究和应用各种黏流体的必要手段。测量黏度的方法有许多,其中,应用最为广泛的有旋转法、毛细管法、落体法以及振动法。黏度 μ 的定义式为

$$\mu = \tau/\dot{\gamma} = \Delta\tau/\Delta\dot{\gamma} \tag{4-9}$$

式中 τ——剪切应力,kN/m^2;

$\dot{\gamma}$——剪切速率,rad/s。

毛细管法和落地法固定剪切应力差值测剪切速率差值,旋转法和振动法固定剪切速率差值测剪切应力差值。为了得到阻尼介质的剪切黏度参数,对隔振器的阻尼液进行 DSR 剪切黏度试验,通过剪切频率扫描,得到阻尼液的弹性特征;通过剪切速率扫描,得到阻尼液在不同剪切速率和温度下的剪切黏度特性。

试验样本取自 A、B 两种普通钢弹簧隔振器内的阻尼液。A 型阻尼液常温下具有一定流动性,呈透明黏稠状,可溶于煤油,密度为 0.92 g/mm^3;B 型阻尼液常温下为蓝色凝胶体,有一定弹性,加热至 60 ℃后,由固态渐渐转变为液态,密度为 1.05 g/mm^3。

试验仪器动态剪切流变仪(DSR)如图 4-18(c)所示,剪切圆盘直径 8 mm,测试材料在不同剪切速率和温度下的黏度值。测试时扫描频率 0 ~ 100 rad/s,应变控制值 γ = 1% ,测试温度 25 ℃,得到不同频率下的相位角数据;扫描频率 0 ~ 10 rad/s,应变控制值 γ = 1% ,15 ℃、25 ℃、35 ℃、45 ℃下各测一次,得到不同温度下剪切速率—剪切黏度关系曲线。

由于 A 型阻尼液在常温下具有可流动性,试验时不需要倒模,可直接开始进行试验。B 型阻尼液要先进行加热至可流动形态,进行倒模脱模,将成形的试样放置在剪切台上,

然后再按步骤进行剪切试验。试验过程如图 4-19 所示。

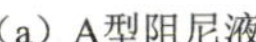
(a) A型阻尼液

(b) B型阻尼液

(c) DSR剪切仪

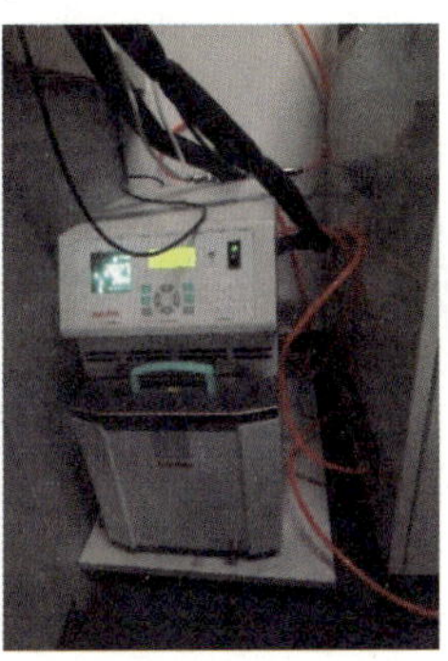
(d) 水浴制冷装置

图 4-18　试验材料及试验仪器

(a) 电炉加热

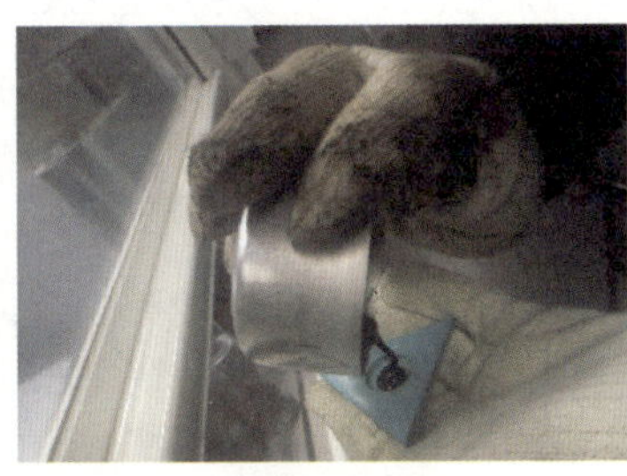
(b) 倒模

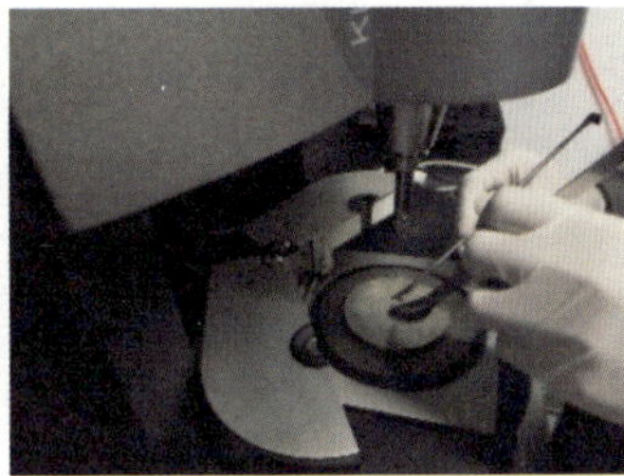
(c) 放入试样

(d) 拉下上平行板

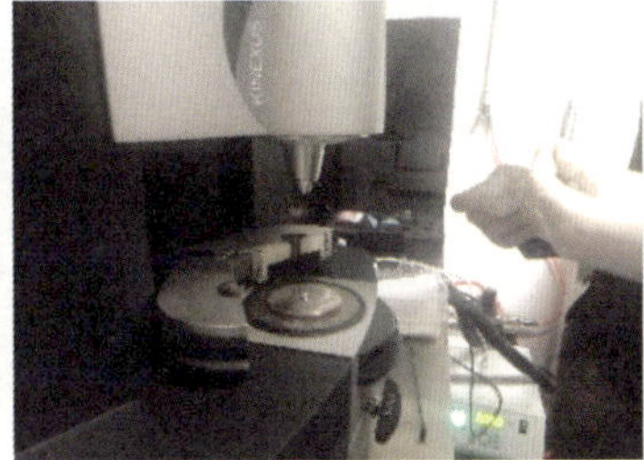
(e) 清除多余阻尼液

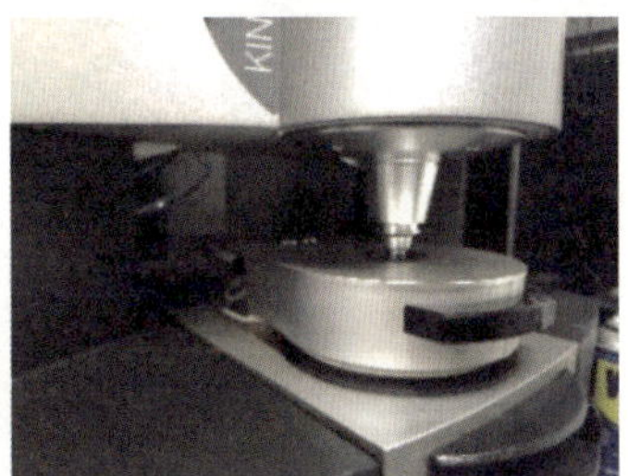
(f) 闭合夹具

图 4-19　剪切黏度试验步骤

在交变应力场作用下，流体在运动时受到内摩擦力的作用，使形变落后于应力变化的相位差称为相位角。当材料是完全弹性的，则相位角 $\delta=0°$；当材料是完全黏性的，则相位角 $\delta=90°$，如图 4-20 所示。大部分复杂流体都同时具有弹性和黏性特性，也即相位角在 0～90°之间变化。试验时，在扫描频率 0～100 rad/s 范围内进行 15 次测试，剪切扫描频率依次递增，得到 25 ℃时各频率对应的阻尼液相位角，如图 4-21 所示。取 15 次测试结果的平均值作为该阻尼液的相位角，可以得到阻尼液 A 的相位角为 73.67°，阻尼液 B 的相位角为 78.20°。说明 A 型和 B 型阻尼液的弹性特性并不明显，在后续的计算中，可对阻尼液作为近似为纯黏性流体进行分析。

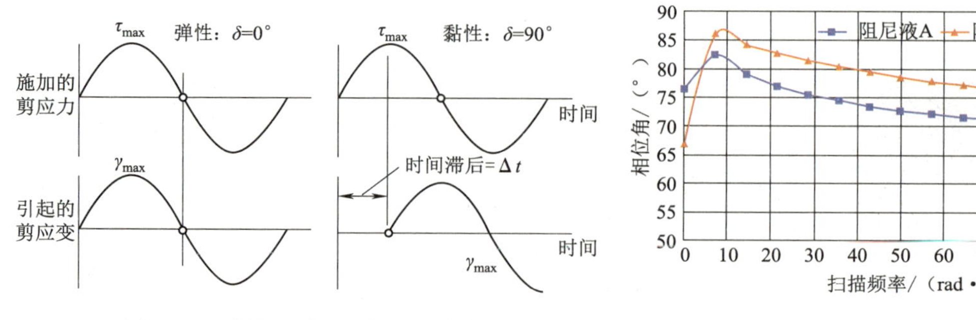

图 4-20　弹性和黏性材料的相位角

图 4-21　25 ℃时阻尼液相位角

在 15 ℃、25 ℃、35 ℃、45 ℃四个温度时的剪切速率扫描试验的结果如图 4-22 和图 4-23 所示。从图 4-22 可知，不同温度下阻尼液 A 的剪切黏度值基本不受剪切速率的影响，结合 A 阻尼液的频率扫描试验结果，认为流体性质比较稳定，可以判定该流体为近似牛顿流体；从图 4-23 可知，不同温度下阻尼液 B 的剪切黏度受剪切速率影响较大，随着剪切速率升高，阻尼液 B 不再具备稳定的黏度值，因此无法测量；但当温度达 45°时，剪切速率也能做到 100 rad/s。

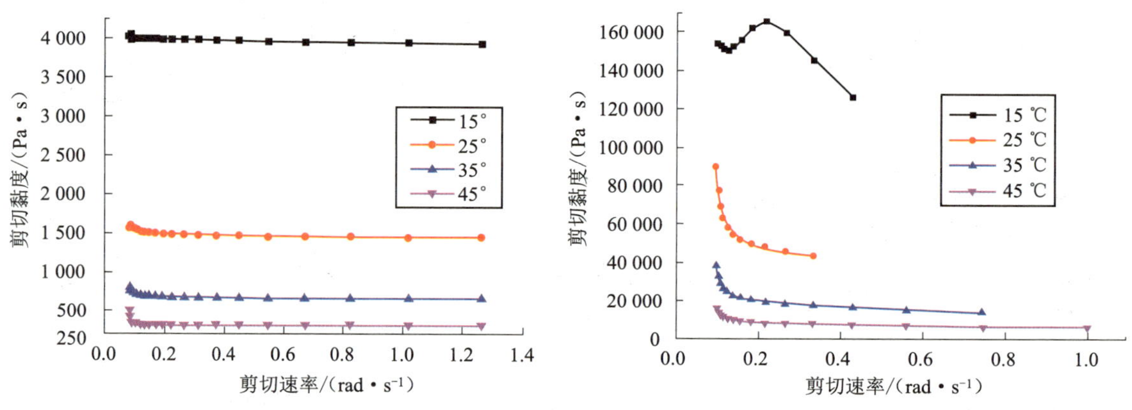

图 4-22　阻尼液 A 各温度下的剪切黏度

图 4-23　阻尼液 B 各温度下的剪切黏度

对阻尼液 A 各温度下的剪切黏度进行深入分析，发现阻尼液 A 的剪切黏度受温度影响十分显著。在 15 ℃、25 ℃、35 ℃、45 ℃时，阻尼液剪切黏度稳定值分别为 4 000 Pa·s、1 500 Pa·s、690 Pa·s、330 Pa·s，可见阻尼液 A 的剪切黏度随着温度的升高逐渐下降。阻尼液 B 也有类似现象，但剪切黏度值较阻尼液 A 大得多。

4.3.2　不同温度条件下隔振器阻尼比测试

采用第 6 章中所述的激振衰减法测试不同温度下 2 种型号隔振器阻尼比。对 A、B 两种型号各两个隔振器进行锤击激振试验。试验时，利用红外线测温仪测温，试验时环境温度低于 5 ℃，以使得隔振器有充分的温度下降空间。测试装置布置完成后，将隔振器放置入烘箱加热至 75 ℃（以烘箱内温度计读数为准）并保温 24 h，之后逐个取出，按温度从高到低自然冷却的顺序进行各温度梯度下的锤击测试。

根据锤击对隔振器上方混凝土块产生的振动位移衰减曲线(试验过程详见第 6 章),分别取衰减曲线的振动波周期 n 为 3、5、7 计算不同温度下单自由度钢弹簧隔振器的阻尼比,结果如图 4-24 和图 4-25 所示。

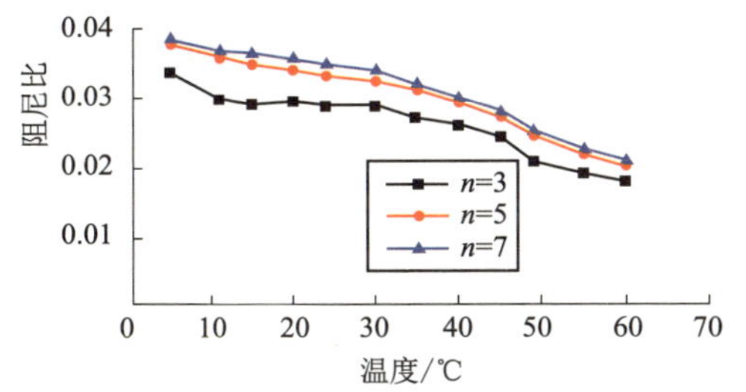

图 4-24　A 型隔振器阻尼比测试结果

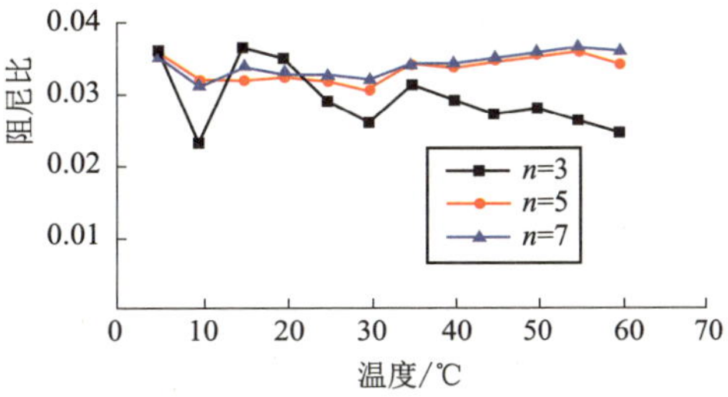

图 4-25　B 型隔振器阻尼比测试结果

从图 4-24 可知,A 型隔振器的阻尼比随着温度呈明显的线形下降趋势。隔振器阻尼比最大值出现在 5 ℃处,为 0.05,最小值出现在 60 ℃处,为 0.026,温度升高 55 ℃后,阻尼比下降了 0.024,降幅达到 48% 。从位移衰减曲线取的周期数看,3 个周期计算所得的阻尼比最小,7 个周期计算的阻尼比最大,所以认为一般计算时 n 取 5 ~ 7 为宜。

从图 4-25 可知,B 型隔振器的阻尼比与温度之间并未表现出明显的上升或下降趋势。当周期间隔取 $n = 5$ 时,5 ℃ ~ 60 ℃温度区间内 B 型隔振器的阻尼比最大值为 0.047,最小值为 0.04,最小值比最大值小 0.007,偏小 14.89% 。说明 B 型隔振器的温度稳定性较好,适用于温差大的地段。图 4-26 也表明,$n = 5$ 和 $n = 7$ 计算所得的阻尼比也较为稳定。

结合阻尼液的剪切黏度试验,阻尼液 A 的剪切黏度较低,隔振器的阻尼比随温度上升而下降也较明显,阻尼液 B 的剪切黏度较高,隔振器的阻尼比基本不随温度的上升而下降,性能更稳定。隔振器 A 是一种老型号,而 B 是一种新型号,可见研究人员在隔振器使用过程中也发现阻尼比与温度的关系,并作了相应的改进,提高了隔振器阻尼比的稳定性。

4.4 流固耦合的钢弹簧隔振器振动分析

从隔振器锤击试验的动态响应可知,温度对 A 型隔振器的阻尼比有显著影响,但对 B 型隔振器没有明显的影响。同时,对阻尼液剪切黏度试验发现,阻尼液的剪切黏度随着温度升高逐渐下降。为更深入地研究钢弹簧隔振器的阻尼形成机理,建立流体黏度的单个钢弹簧隔振器—质量块振动系统振动模型,如图 4-26 所示。

当系统产生振动，钢弹簧在阻尼介质中来回剪切做功消耗能量，在一次持续时长为 T，振动频率为 f_n 的振动过程中，钢弹簧单次来回剪切所做的功为 E_D^{eq}，则振动时间 T 后，钢弹簧隔振器消耗的总能量 E_{DT}^{eq} 如式(4-10)所示。

$$E_{DT}^{eq}=E_D^{eq}Tf_n \tag{4-10}$$

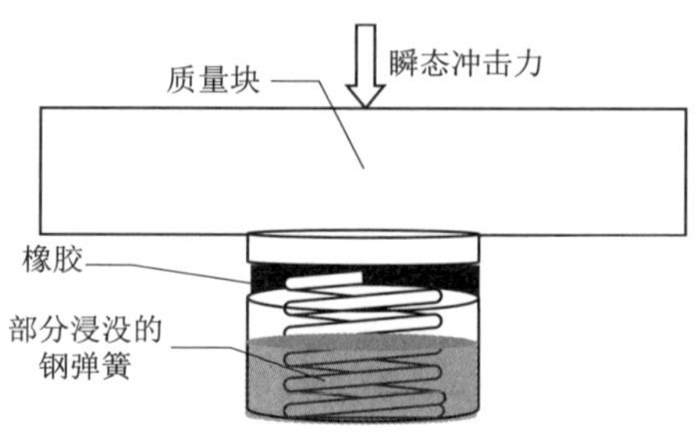

图 4-26　单自由度钢弹簧隔振器

弹簧单次来回剪切消耗的能量又可表征为阻尼力在垂直方向上做的功，如式(4-11)所示。

$$E_D^{eq}=\int F_D x dx=4F_D^{eq}x_0 \tag{4-11}$$

式中　F_D——弹簧位移至 x 位置时的阻尼力；

F_D^{eq}——单次来回剪切周期内的平均阻尼力；

x——某时刻弹簧偏离中心位置的垂向位移；

x_0——单次来回剪切周期内的位移最大最小值。

弹簧在阻尼介质中受到的阻力本质上是阻尼流体受到的剪切力反力，根据流体力学中剪切黏度与剪切应力的关系为

$$F_D=\tau A_F=\frac{2A_F\mu\dot{x}}{r_\mu} \tag{4-12}$$

单次来回剪切中平均阻尼力：$F_D^{eq}=C_\mu\dot{x}^{eq}=\dfrac{2A_F\mu\dot{x}^{eq}}{r_\mu}=\dfrac{2A_F\mu x_0 f_n}{r_\mu}$　(4-13)

式中　A_F——弹簧的有效剪切面积，m^2/s；

τ——剪切应力，N/mm^2；

μ——剪切黏度，Pa·s；

$\dot{x}$——剪切速率，mm/s；

r_μ——DSR 剪切试验时试样的半径，mm。

代入 $f_n=\dfrac{1}{2\pi}\sqrt{\dfrac{k}{m}}$，最终整理得钢弹簧隔振器消耗的总能量计算式为

$$E_D^{eq}=\frac{4}{\pi r_\mu}\sqrt{\frac{k}{m}}x_0^2A_F\mu \tag{4-14}$$

根据对数衰减法，在第 i 个周期内的 x_0 与振动系统初始位移 A_0 以及阻尼比有关，有 $x_0=A_0/e^{2\pi i\zeta}$。单自由度系统的阻尼比与系统初始位移并无明显联系，因此，在单次振动周期内，不对 x_0 进行研究，只分析钢弹簧隔振器的阻尼与振动系统的刚度 k、质量 m、弹簧在阻尼液中的有效剪切面积 A_F、阻尼液的剪切黏度 μ 这四个因素的关系。

4.4.1　计算原理

当理想的有阻尼单自由度振动系统受到一个初始冲击力后，其自由振动的方程如

式(4-15)所示,振动过程中,质量块的动能 $T=\frac{1}{2}mv^2$ 和弹簧的势能 $V=\frac{1}{2}kx^2$ 相互转化,阻尼消耗能量,因此理想情况下单自由度弹簧振动系统做简谐衰减运动。

$$m\ddot{x}+c\dot{x}+kx=0 \tag{4-15}$$

在由钢弹簧隔振器和质量块构成的振动系统中,认为阻尼主要由以下几部分构成:

$$c=c_{\mathrm{s}}+c_{\mathrm{m}}+c_{\mu} \tag{4-16}$$

式中　c——单自由度系统的整体结构阻尼系数;

c_{s}——系统结构阻尼系数,与隔振器和质量块的装配位置有关;

c_{m}——系统材料阻尼系数,与质量块材料性质有关;

c_{μ}——运动黏度阻尼系数,与隔振器中的阻尼液运动黏度性质有关。

在单个隔振器锤击试验中,质量块与隔振器的相对位置不变,质量块温度不变,变量为隔振器的温度,忽略温度对弹簧刚度的影响,认为不同隔振器温度仅改变筒内阻尼液的剪切黏度性质,那么不同温度工况下的 c_{s} 和 c_{m} 均为常值,$c_{\mathrm{cons}}=c_{\mathrm{s}}+c_{\mathrm{m}}$,则式(4-16)可进一步写为:

$$c=c_{\mathrm{cons}}+c_{\mu} \tag{4-17}$$

弹簧在上下剪切运动过程中对周围阻尼液所做的功,转化为隔振器筒内流体的动能以及热能,将 c_{μ} 引入式(4-15)。

$$m\ddot{x}+(c_{\mathrm{cons}}+c_{\mu})\dot{x}+kx=0 \tag{4-18}$$

代入 $\omega_0=\sqrt{\frac{k}{m}}$,整理可得引入流体黏度特性的单自由度系统振动的微分形式:

$$\frac{\mathrm{d}^2x}{\mathrm{d}t^2}+\frac{c_{\mathrm{cons}}+c_{\mu}}{m}\frac{\mathrm{d}x}{\mathrm{d}t}+\omega_0^2x=0 \tag{4-19}$$

设该微分方程的解为 $x=e^{rt}$,则特征方程为

$$r=-\frac{c_{\mathrm{cons}}+c_{\mu}}{2m}\pm\sqrt{\left(\frac{c_{\mathrm{cons}}+c_{\mu}}{2m}\right)^2-\omega_0^2} \tag{4-20}$$

设 $\alpha=\sqrt{\left(\frac{c_{\mathrm{cons}}+c_{\mu}}{2m}\right)^2-\omega_0^2}$,$\alpha$ 可以是实数、零或虚数,则:

$r_1=-\frac{c_{\mathrm{cons}}+c_{\mu}}{2m}+\alpha$,$r_2=-\frac{c_{\mathrm{cons}}+c_{\mu}}{2m}-\alpha$,$r_1$ 和 r_2 可以是实数或复数,微分方程的解:

$$x=c_1\mathrm{e}^{r_1t}+c_2\mathrm{e}^{r_2t}=\mathrm{e}^{-\frac{c_{\mathrm{cons}}+c_{\mu}}{2m}t}(c_1\mathrm{e}^{\alpha t}+c_2\mathrm{e}^{-\alpha t}) \tag{4-21}$$

其中 c_1 和 c_2 是由初始条件决定的常数,可解得弹簧的速度式为

$$\dot{x}=\frac{\mathrm{d}x}{\mathrm{d}t}=c_1r_1\mathrm{e}^{r_1t}+c_2r_2\mathrm{e}^{r_2t} \tag{4-22}$$

假设初位移为 A_0,则当 $t=0$ 时,$x=A_0$,$\dot{x}=0$,得:

$$\begin{cases}c_1+c_2=A_0\\ c_1\left(-\frac{c_{\mathrm{cons}}+c_{\mu}}{2m}+\alpha\right)+c_2\left(-\frac{c_{\mathrm{cons}}+c_{\mu}}{2m}-\alpha\right)=0\end{cases} \tag{4-23}$$

当 $\alpha \neq 0$ 时，容易得到两个常数为

$$\begin{cases} c_1 = \dfrac{A_0}{2}\left(1 + \dfrac{c_{\text{cons}} + c_{\mu}}{2\alpha m}\right) \\ c_2 = \dfrac{A_0}{2}\left(1 - \dfrac{c_{\text{cons}} + c_{\mu}}{2\alpha m}\right) \end{cases} \tag{4-24}$$

最终可解得考虑流体性质的单自由度振动系统的运动方程为

$$x = \frac{A_0}{2} e^{-\frac{c_{\text{cons}} + c_{\mu}}{2m} t} \left[\left(1 + \frac{c_{\text{cons}} + c_{\mu}}{2\alpha m}\right) e^{\alpha t} + \left(1 - \frac{c_{\text{cons}} + c_{\mu}}{2\alpha m}\right) e^{-\alpha t} \right] \tag{4-25}$$

由于只关注弹簧振动的衰减情况，因此用弹簧的实际位移与初始位移之比来表征弹簧计算位移，去除初始位移幅值的影响，可得：

$$\frac{x}{A_0} = \frac{1}{2} e^{-\frac{c_{\text{cons}} + c_{\mu}}{2m} t} \left[\left(1 + \frac{c_{\text{cons}} + c_{\mu}}{2\alpha m}\right) e^{\alpha t} + \left(1 - \frac{c_{\text{cons}} + c_{\mu}}{2\alpha m}\right) e^{-\alpha t} \right] \tag{4-26}$$

容易看出，$\frac{x}{A_0}$与待定的常值阻尼系数 c_{cons} 和已知的动力黏度阻尼系数 c_{μ}，振动系统质量 m，钢弹簧刚度系数 k 有关。

根据流体力学可知，弹簧对阻尼液的作用力主要来源于剪切力，阻尼液对弹簧的阻尼力计算式为

$$F_{\mu} = c_{\mu} \dot{x} = \frac{2}{r_{\mu}} A_{\text{F}} \mu \dot{x} \tag{4-27}$$

式中 A_{F}——弹簧的有效剪切面积，m^2/s；

μ——剪切黏度，Pa · s；

$\dot{x}$——剪切速率，mm/s；

r_{μ}——DSR 剪切试验时试样的半径，mm。

在单自由度振动方程中，m、k、A、μ、r_{μ} 均为已知常值，因此只要确定 c_{cons} 的值，就可确定单自由度钢弹簧隔振器的运动方程中的阻尼 c。

4.4.2 单自由度振动系统常值阻尼系 c_{cons} 计算

为了确定 c_{cons} 的值，选取上述的隔振器 A 在温度 25 ℃时的单自由度锤击测试数据进行计算。已知该工况下，振动系统质量 m 为 102 kg，弹簧浸没在阻尼液中的圈数为 5，隔振器内筒半径为 130 mm，弹簧直径为 20 mm。则有效垂直剪切面积为

$$A = 2n\pi rd \tag{4-28}$$

式中 n——浸没在阻尼液中的圈数；

r——弹簧线圈半径，mm；

d——弹簧直径，mm。

根据阻尼比的定义：

$$\zeta = \frac{c_{\text{cons}} + c_{\mu}}{2m\omega_n} \tag{4-29}$$

得常值阻尼系数：
$$c_{\text{cons}} = 2m\omega_{\text{n}}\zeta - c_{\mu} = 2m\omega_{\text{n}}\zeta - \frac{2}{r_{\mu}}A_{\text{F}}\mu \tag{4-30}$$

在对隔振器激振试验中，得到 25 ℃时隔振器 A 的阻尼比为 0.043，25 ℃时阻尼液 A 的剪切黏度系数为 1 500 Pa·s，隔振器 A 的振动频率为 32.48 Hz。最终求得隔振器 A 的常值阻尼系数 c_{cons} 为 1 583.042 kN·s/m。以此 c_{cons} 为基准，可根据其他温度条件下阻尼液的剪切黏度系数计算结构系统的阻尼比。

4.4.3　钢弹簧隔振器阻尼比影响因素分析

根据单自由度钢弹簧隔振器振动方程，对隔振器进行质量 m、刚度 k、筒内阻尼液高度（用阻尼液浸没的弹簧圈数 n 表征）、隔振器内筒半径 r、钢弹簧直径 d、阻尼液黏度 μ 这几个因素对阻尼比的影响进行分析。

计算时，使用钢弹簧隔振器单自由度锤击测试的实际参数作为基本计算参数。振动系统质量为 102 kg，静刚度为 5 kN/mm，浸没在阻尼液中的钢弹簧圈数为 5，隔振器内筒半径为 130 mm，钢弹簧直径 200 m。

1. 结构质量和刚度对隔振器阻尼比的影响

首先分析结构质量对单自由度钢弹簧隔振器阻尼比的影响。计算时，根据试验测试值，隔振器的静刚度取为 5 kN/mm。各温度下的刚度和阻尼比的关系如图 4-27 所示。

从图 4-27 可知，单自由度振动系统的阻尼比随着质量的增加而逐渐减小；相同质量时，温度越高，振动系统阻尼比越低，当温度高于 35 ℃时，温度对质量—阻尼比的关系影响不大。

分析结构刚度对单自由度钢弹簧隔振器阻尼比的影响，质量取为 102 kg，与实际单自由度锤击测试质量一致。计算得阻尼比如图 4-28 所示，各温度下阻尼比随着刚度值得增加而线性减小。相同刚度下，温度越高，隔振器阻尼比越小。

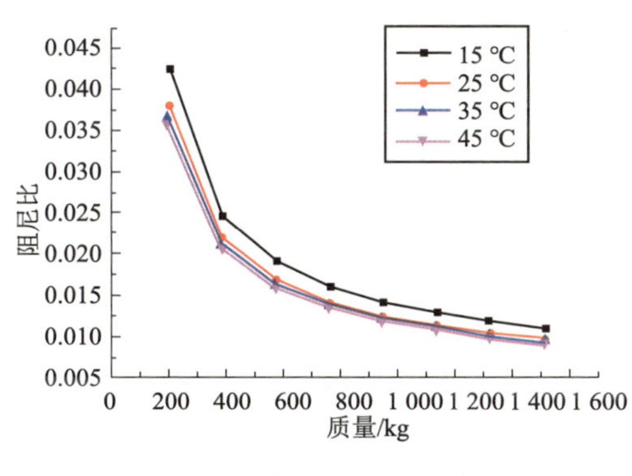

图 4-27　质量—阻尼比关系

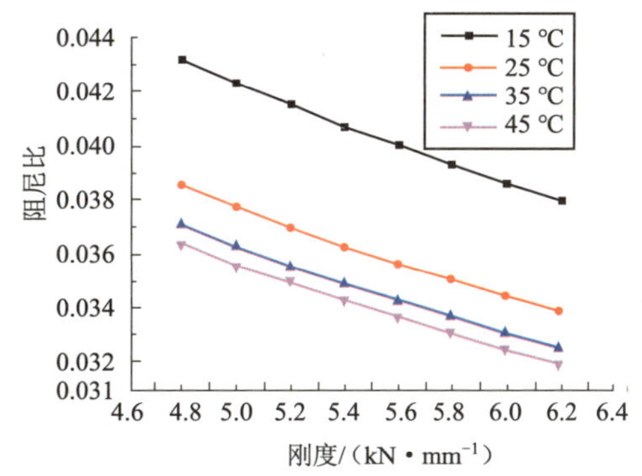

图 4-28　刚度—阻尼比关系

2. 阻尼液高度对隔振器阻尼比的影响

阻尼液对隔振器阻尼比的影响主要体现在阻尼液的量和剪切黏度两个方面。在隔振器内筒尺寸不变的情况下，阻尼液的量用淹没弹簧圈数来表征。

从图 4-29 可知,各温度下单自由度钢弹簧隔振器振动系统的阻尼比随着阻尼液高度的增加而线性增加。相同阻尼液高度的情况下,温度越高,振动系统的阻尼比越小。

隔振器中所用的阻尼液性质因为所用原料和配比的不同而千差万别,对于存在稳定剪切黏度的阻尼液来说,剪切黏度系数的温度敏感性也十分明显。DSR 剪切黏度测试中测得的阻尼液黏度在 330 ~4 000 Pa·s 的范围内,为了充分研究剪切黏度系数对振动系统阻尼比的影响,计算阻尼液黏度在 100 ~6 400 Pa·s 范围内的振动系统阻尼比,级差900 Pa·s,计算结果如图 4-30 所示,从图可知,单自由度钢弹簧隔振器的阻尼比随着阻尼液黏度值的提高而线性增加。

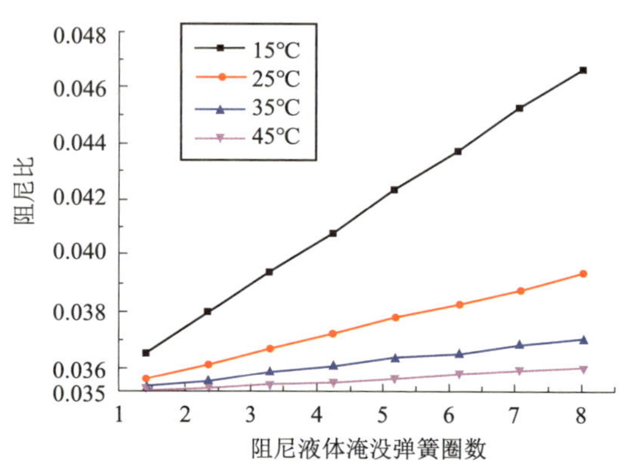

图 4-29 阻尼液淹没弹簧圈数—阻尼比关系

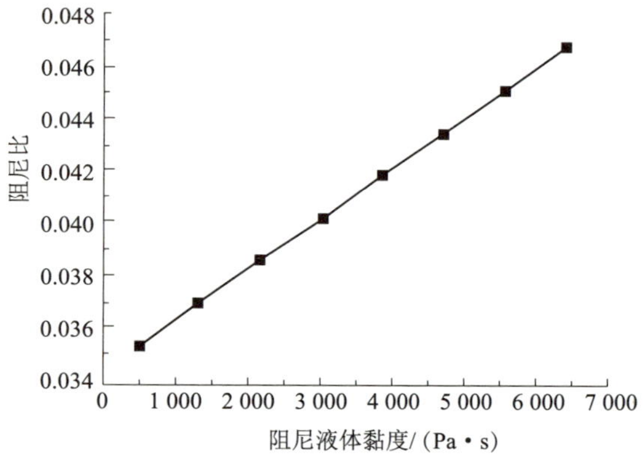

图 4-30 阻尼液黏度—阻尼比关系

3. 钢弹簧隔振器内筒几何尺寸对隔振器阻尼比的影响

钢弹簧隔振器的几何构造如内筒半径、钢弹簧直径大小,都会影响到弹簧在阻尼液中的有效剪切面积,进而对振动系统的阻尼比产生影响。内筒半径对隔振器阻尼比的影响如图 4-31 所示。

由图 4-31 可知,阻尼比随着隔振器内筒半径的增加而增加,并且温度越低,增加的速率越快。由图 4-32 可知,阻尼比也是随着弹簧棒直径的增加而逐渐增加。

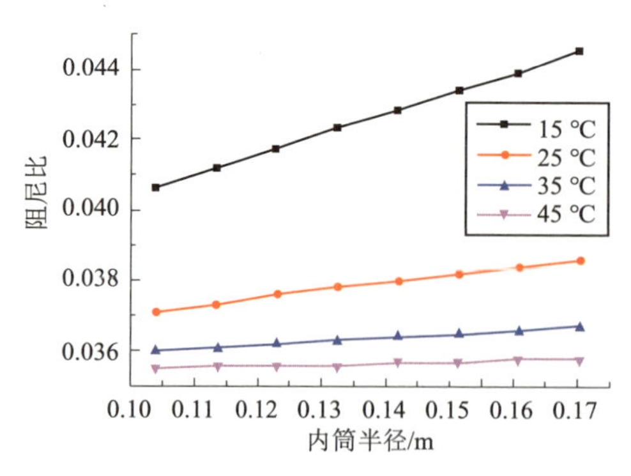

图 4-31 隔振器内筒半径—阻尼比关系

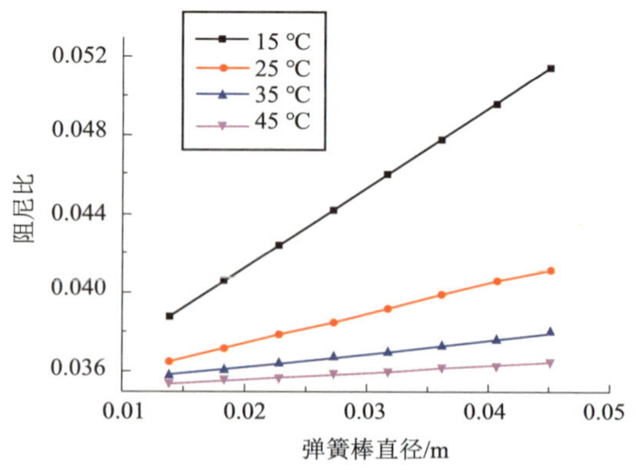

图 4-32 钢弹簧棒直径—阻尼比关系

4.5 隔振器阻尼比对轨道动力特性的影响

对于实际线路轨道上浮置板隔振器应采用多大的阻尼比，目前尚处于探索阶段，一般定为 0.05 ~ 0.12。此范围的阻尼比到底合理否，是不是最佳阻尼比范围，需要进行深入的研究。具体可从试验和仿真两个方面开展研究。认为可从阻尼比对隔振效果的影响、对结构振动模态的影响、对浮置板轨道结构动力特性的影响及对列车荷载作用下振动叠加效应的影响等几方面进行研究。

对浮置板隔振效果的研究可建立多层三维浮置板模型进行瞬态落轴计算，用 Anays 中的阻尼施加方式进行细致计算，比较施加材料阻尼、瑞利阻尼对落轴仿真结果的影响，并以落轴实测结果为基准，最终确定最符合实际的计算参数组合。建立三维有限元钢弹簧浮置板模型进行模态分析，观察各阶模态及对应的振型，作瞬态分析和谐响应分析，分别模拟冲击荷载和简谐荷载，在时域内模拟实际列车运行，研究行车荷载作用下隔振器阻尼比对钢轨振动叠加效应的影响，并在频域内得到钢弹簧浮置板的振动频谱特性。

4.5.1 计算原理

用瞬态动力学分析和谐响应分析相结合的方法，在时域和频域内对钢弹簧浮置板的振动特性做详细的研究。瞬态动力学分析也称为时间历程分析，常用来分析结构受时间变化的荷载在时域内的动力响应，运用瞬态分析可模拟实际落轴、落锤、列车运行等试验。基本运动方程为

$$m\ddot{x} + c\dot{x} + kx = F(t) \tag{4-31}$$

式中　m——结构质量；

c——结构阻尼；

k——结构刚度；

$F(t)$——节点荷载；

$\ddot{x}, \dot{x}, x$——节点振动加速度、速度和位移。

谐响应分析使设计人员能预测结构的持续动力特性，从而使设计人员能够验证其设计能否成功地克服共振、疲劳及其他受迫振动引起的有害后果。

作为一种线性分析，谐响应分析可以采用 3 种方法，即完全法（full method）、缩减法（reduced method）和模态叠加法（superposition method）。其中，完全法虽不能考虑预应力，但它是三种方法中最容易使用的方法，它采用完整的系统矩阵计算谐响应，矩阵可以是对称或者非对称的。完全法具有容易使用，允许有非对称矩阵，允许施加各种类型的荷载等等优点，广泛应用于工程结构的动力特性分析中。在轨道结构动力学分析时，一般用完全法对不同阻尼条件下的钢弹簧浮置板进行谐响应分析，分析钢轨、浮置板和基础的动力响应，并与实际试验结果进行对比分析。

4.5.2 基本计算参数

在对轨道结构动力响应计算时，建立如图 4-33 所示的三联板钢弹簧浮置板轨道模型。

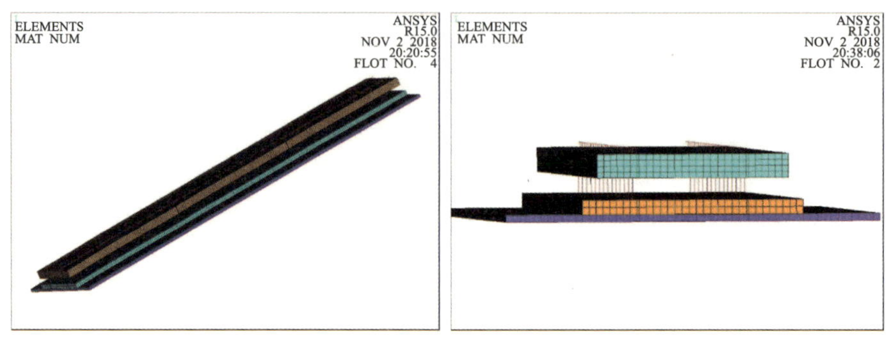

图 4-33　钢弹簧浮置板三维有限元模型

为了对不同频率下的浮置板隔振效果进行对比分析，建立 3 块 6 m 长的整体道床三维有限元模型，模型尺寸和参数与钢弹簧浮置板轨道完全一致，如图 4-34 所示。

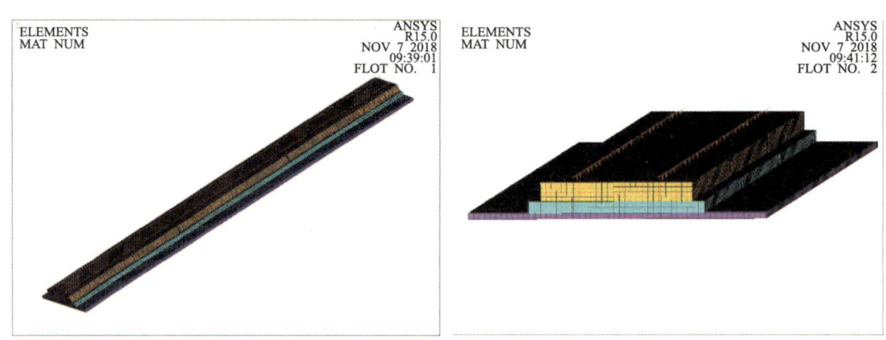

图 4-34　整体道床三维有限元模型

模型中浮置板长 6 m，板下布置 8 个隔振器，板厚 0.325 m，板宽 2.7 m，浮置板密度为 2 500 kg/m^3，基础长 18.1 m，宽 2.95 m，厚 0.2 m，密度为 2 300 kg/m^3，土层长 18.1 m，宽 5 m，厚 0.1 m，密度为 2 000 kg/m^3。模型从上至下依次是钢轨、扣件、浮置板、钢弹簧、基础和土层。使用 Beam4 单元模拟钢轨和剪力铰，Combin14 单元模拟扣件和钢弹簧隔振器，Solid45 单元模拟浮置板、基础和土层。计算参数见表 4-3。

表 4-3　有限元模型计算参数

部件名称	计算参数	部件名称	计算参数
钢轨	弹性模量 $E=2.06\times10^5$ MPa 密度 $\rho_R=7\ 850$ kg/m^3 主泊松比 $\mu_R=0.3$ 截面积 $A_R=7.745\times10^{-3}$ m^2	钢弹簧	横向刚度 $k_{S_x}=7\times10^8$ N/m 纵向刚度 $k_{S_y}=7\times10^8$ N/m 垂向刚度 $k_{S_z}=6\times10^6$ N/m

续上表

部件名称	计算参数	部件名称	计算参数
扣件	横向刚度 $k_{F_x}=9\times10^7$ N/m 纵向刚度 $k_{F_y}=9\times10^7$ N/m 垂向刚度 $k_{F_z}=3\times10^7$ N/m	基础	弹性模量 $E=5\times10^3$ MPa 密度 $\rho_T=2\ 300$ kg/m^3 主泊松比 $\mu_T=0.2$
浮置板	弹性模量 $E=3.6\times10^4$ MPa 密度 $\rho_T=2\ 500$ kg/m^3 主泊松比 $\mu_T=0.2$	剪力铰	弹性模量 $E=2.06\times10^5$ MPa 密度 $\rho_R=7\ 850$ kg/m^3 主泊松比 $\mu_R=0.3$ 截面积 $A_R=6\times10^{-3}$ m^2

在仿真分析中,钢弹簧浮置板的阻尼是研究的重点内容。Ansys 提供了多种阻尼的施加方式,在模态、谐响应和瞬态分析中,阻尼矩阵为下面各阻尼形式之和。

(1)瑞利阻尼,即常值质量阻尼(α 阻尼)和刚度阻尼(β 阻尼);

(2)材料的常值刚度矩阵系数;

(3)单元阻尼常数;

(4)结构整体阻尼比。

钢弹簧隔振器的阻尼由弹簧单元的阻尼常数进行表征,在考虑钢弹簧隔振器阻尼比对轨道动力响应的影响时,分析阻尼比为 0.01、0.03、0.05、0.07、0.09、0.11、0.13、0.15、0.17、0.19 这 10 个工况,使用式(4-32)进行从阻尼比到阻尼系数的换算。

$$c=2\zeta m\omega_n \tag{4-32}$$

式中　m——单个隔振器上的分布质量,计算得 1 645.3 kg;

ω_n——浮置板固有频率,公式法计算得 9.62 Hz;

ζ——单个隔振器阻尼比。

4.5.3　材料阻尼和瑞利(Rayleigh)阻尼对瞬态振动的影响

在对浮置板轨道结构仿真计算分析时,为了保证模型仿真的准确性,需分析材料和瑞利阻尼对仿真结果的影响作。

1. 材料阻尼对瞬态振动的影响

尽管实际线路中,浮置板轨道的阻尼绝大多数由隔振器提供,但是轨道的其余部件也提供一部分阻尼,如果忽略这部分阻尼,就会影响到仿真和实际试验结果差别。浮置板轨道结构中,除隔振器外的轨道其他部件中,常见材料的阻尼损耗因子为钢铁(钢轨和弹条扣件)$1\sim6\times10^{-4}$,橡胶(轨下垫层)0.1 ~ 5,混凝土(浮置板及基础)0.01 ~ 0.10,由于钢轨和扣件的阻尼损耗因子在系统结构中占比很小,在考虑系统其余部分的阻尼作用时,主要考虑混凝土的作用。在小阻尼的情况下,系统固有频率附近,阻尼比是损耗因子的 1/2,故混凝土的材料阻尼比一般在 0.005 ~ 0.05 之间,一般取混凝土的材料阻尼比为 0.02。为了研究混凝土材料阻尼比对浮置板轨道动力响应的影响,对有无材料阻尼的两种工况进行对比分析,根据常见的工程实际,单组扣件的阻尼系数取为 2 070 N·s/m。根据落轴试验实测结果,取隔振器阻尼比为0.087,由式(4-32)换算得此时隔振器阻尼系数为8 652 N·s/m。

在模拟计算分析模型中,在浮置板跨中作用轮对冲击,作用位置如图4-35所示。模拟落轴冲击荷载激振作用下的轨道结构振动,得浮置板振动时域波形如图4-36所示,基础的振动时域波形如图4-37所示。

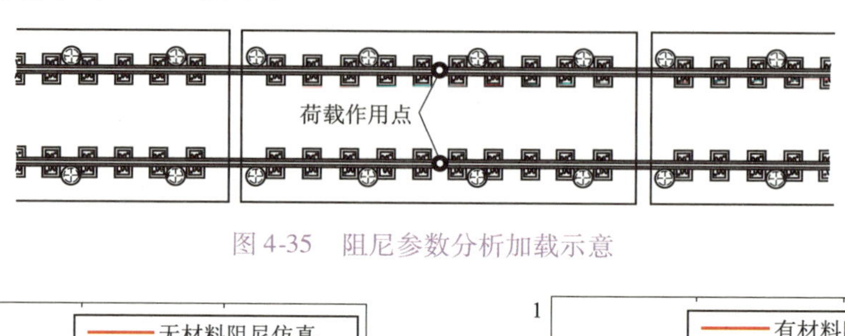

图4-35 阻尼参数分析加载示意

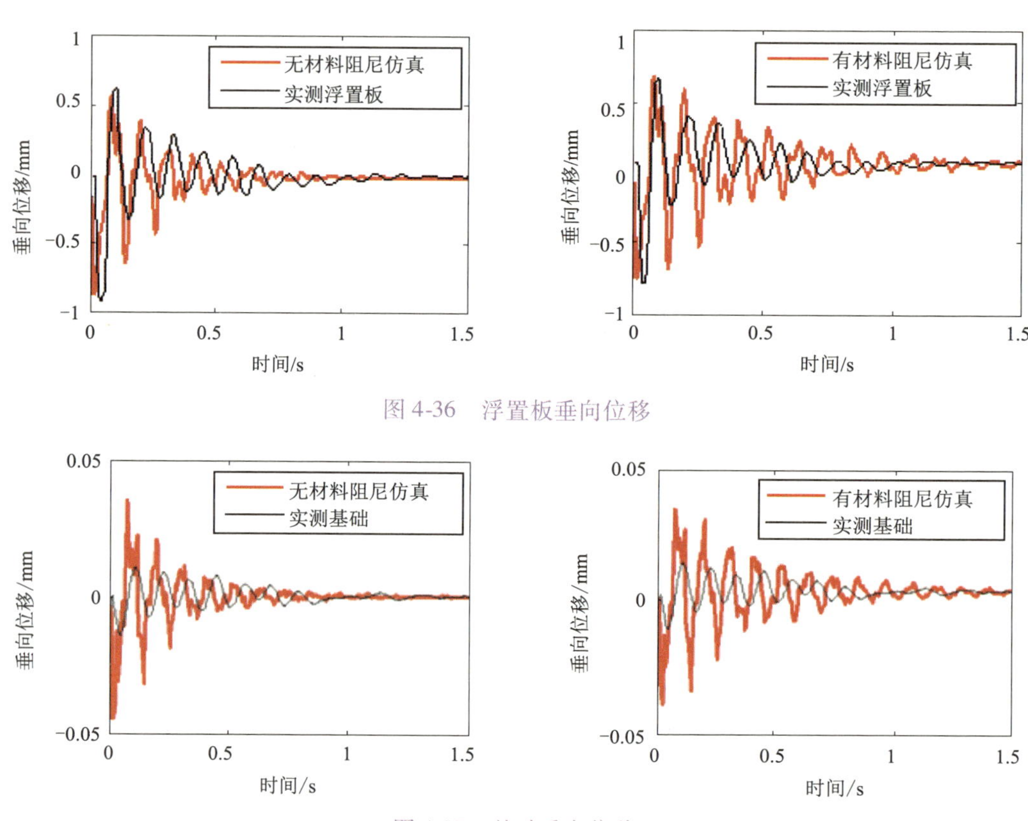

图4-36 浮置板垂向位移

图4-37 基础垂向位移

由图4-36和图4-37可知,材料阻尼对轨道结构的瞬态振动位移影响不大。浮置板的仿真计算结果与实际情况较为相符,基础的仿真结果较实际测试结果大。

2. 瑞利(Rayleigh)阻尼对瞬态振动的影响

在考虑材料阻尼的基础上,进一步分析瑞利阻尼对浮置板瞬态振动响应的影响。瑞利阻尼假设的结构阻尼是由质量和刚度组成,一项与质量成正比,一项与刚度成正比,即:

$$c = c_{\mathrm{m}} + c_{\mathrm{k}} = \alpha m + \beta k \tag{4-33}$$

通常质量阻尼系数α和刚度阻尼系数β的值不是直接得到的,而是用振型阻尼比计算得到。瑞利阻尼是一种正交阻尼，α、β 的值可由实际测量得到的结构阻尼比来确定。

各个振型下得阻尼系数与阻尼比之间的关系满足：

$$c_n = 2\zeta_n m\omega_n \tag{4-34}$$

$$\omega_n^2 = k/m \tag{4-35}$$

式中　c_n——第 n 个振型对应阻尼系数；

ζ_n——第 n 个振型对应的阻尼比。

相应地，阻尼比也分成两项，与质量矩阵成正比项 ζ_m 和与刚度矩阵成正比项 ζ_k。整理式(4-33)～式(4-35)可得：

$$\zeta_n = \zeta_m + \zeta_k = \frac{\alpha}{2\omega_n} + \frac{\beta\omega_n}{2} \tag{4-36}$$

图 4-38 给出的阻尼比随频率 ω_n 的变化规律，当常数 α 和 β 确定后，ζ_m 和 ζ_k 仅与 ω_n 有关。由图 4-38 可知，与质量矩阵成正比的 ζ_m，当频率趋于零时，变得无穷大，随着频率的增加而迅速变小；与刚度矩阵成正比的 ζ_k，则随着频率的增加而线性增加。

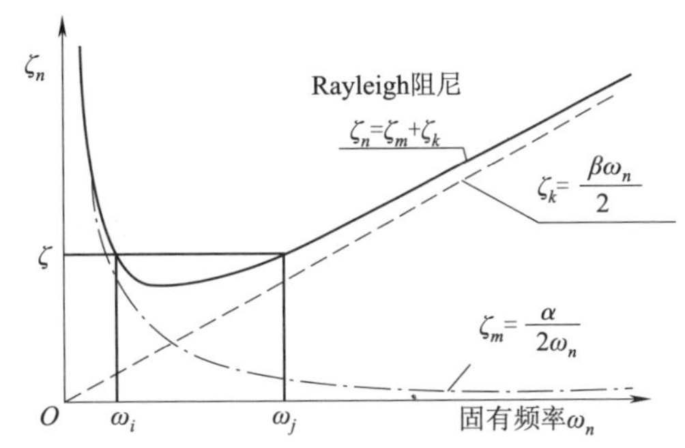

图 4-38　瑞利阻尼关系图

瑞利阻尼比 ζ_n 在两个自振频率 ω_i 和 ω_j（用于确定瑞利阻尼常数的振型阻尼比对应的自振频率）点处等于给定的阻尼比 ζ_i 和 ζ_j 相等（这是工程中常用的，一般取各振型阻尼比均相同），则当振动频率 ω 在$[\omega_i, \omega_j]$区间之内时，阻尼比将小于或等于给定阻尼比，而当频率在这一区间之外时，其阻尼比均大于给定阻尼比，而且距离越远，阻尼越大。

因此，确定瑞利阻尼的原则是选择两个用于确定常数 α 和 β 的频率点 ω_i 和 ω_j 覆盖结构分析中感兴趣的频段。

感兴趣的频率（频段）的确定要根据作用于结构上的外荷载的频率成分和结构的动力特性综合考虑。在频段$[\omega_i, \omega_j]$内，阻尼比略小于给定的阻尼比 ζ（在 i、j 点，$\zeta = \zeta_i = \zeta_j$）。这样，在该频段内由于计算的阻尼略小于实际阻尼，结构的反应将略大于实际的反应，这样的计算结果对工程而言是安全的。如果 ω_i 和 ω_j 选择得好，则可以保证这种增大程度很小。在频段$[\omega_i, \omega_j]$以外，其阻尼比将迅速增大，这样频率成分的振动反应会被抑制，其计算值将远小于实际值，但这一部分是不需要考虑的，或可以忽略的。但是，如果存在对结构设计有重要影响的频率分量，则可能导致严重的不安全。

根据给定两个振型阻尼比 ζ_i、ζ_j 和对应的振动圆频率 ω_i、ω_j 后，即可求出 α 和 β 的值。整理后得：

$$\begin{pmatrix} \alpha \\ \beta \end{pmatrix} = \frac{2\omega_i\omega_j}{\omega_j^2 - \omega_i^2} \begin{pmatrix} \omega_j & -\omega_i \\ -\dfrac{1}{\omega_j} & \dfrac{1}{\omega_i} \end{pmatrix} \begin{pmatrix} \zeta_i \\ \zeta_j \end{pmatrix} \tag{4-37}$$

当模型质量较大时,质量阻尼系数 α 往往会造成动力分析结果误差过大,因此,模型质量的影响用材料阻尼的方式进行表征,本模型中的质量阻尼取为 0,只引入刚度阻尼系数 β,以抑制轨道的高频振动。由式(4-37)可得:

$$\beta = \frac{2(\omega_j\zeta_j - \omega_i\zeta_i)}{\omega_j^2 - \omega_i^2} \tag{4-38}$$

本算例采用实测浮置板的一阶模态和二阶模态确定 β 阻尼系数。阻尼比的计算采用半功率点法,得到 $\zeta_1 = 0.087$, $f_1 = 8.789$ Hz, $\zeta_2 = 0.042$, $f_2 = 12.210$ Hz,最终可根据式(4-38)计算得到 $\beta = 2.23 \times 10^{-3}$。

瑞利阻尼对浮置板和基础瞬态振动位移响应与实测振动位移衰减波形对比,得图 4-39 和图 4-40。

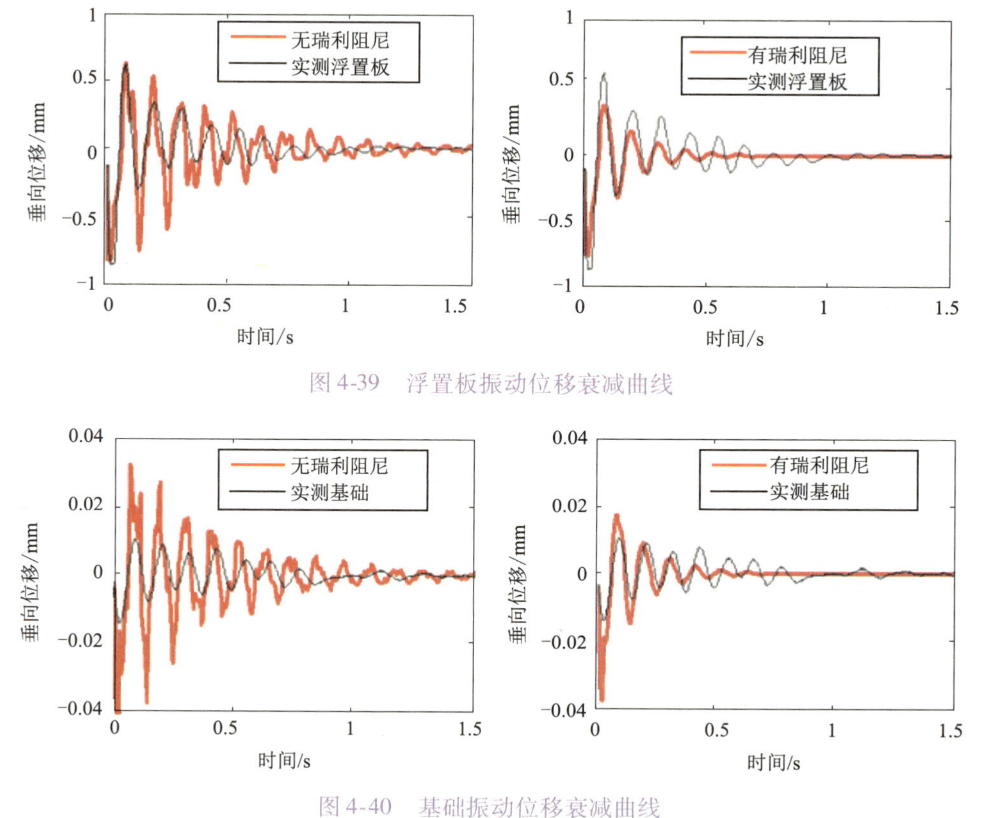

图 4-39　浮置板振动位移衰减曲线

图 4-40　基础振动位移衰减曲线

图 4-39 和图 4-40 可知,加上瑞利阻尼后,浮置板和基础的振动衰减加快,但对最大振动幅没有明显的作用,能使基础的振动幅值更接近实际。

对浮置板和基础位移的功率谱分析,得图 4-41 和图 4-42。从图可知,实测的功率谱密度较计算的大,但振动主频基本一致。当考虑瑞利阻尼时,瑞利阻尼抑制了浮置板和基础在 24.8 Hz 处以及更高频处出现振动能量,而实测浮置板和基础的振动频率也都集中在 20 Hz 下,仿真计算与实测结果有较好的一致性。所以,为了保证对浮置板轨道结构振动分析的可靠性,有必要考虑合适的瑞利阻尼。

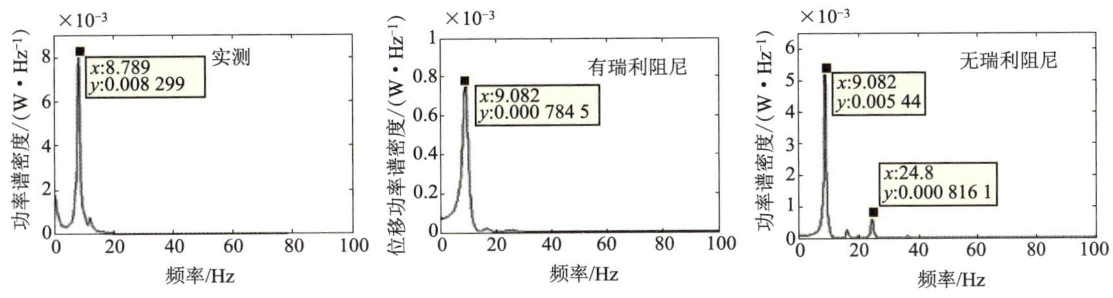

图 4-41　浮置板位移功率谱密度

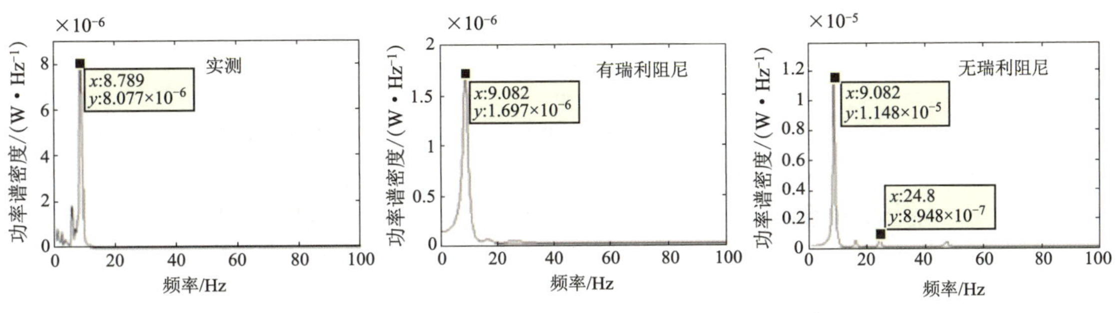

图 4-42　基础位移功率谱密度

4.5.4　阻尼比对振动模态频率的影响

从第 2 章可知,单板模型的各阶振动频率要高于三联板模型,但是从振动形态上来看,单板第四阶和三联板第八阶在 41 Hz 以下频段内都以浮置板振动为主,在 41 Hz 以上频段至第十阶振动频率处以基础振动为主。

钢弹簧隔振器轨道属于小阻尼结构,分析阻尼对结构各阶振型频率的影响时,可以用式(4-39)计算。

$$\omega_{\mathrm{d}} = \omega_n \sqrt{1 - \zeta^2} \tag{4-39}$$

式中　ω_{d}——考虑阻尼的结构振动固有频率,Hz;

ζ——阻尼比;

ω_n——不考虑阻尼的结构振动固有频率,Hz。

由式(4-39)可知,由于阻尼比 ζ 在 0.05 ~ 0.19 之间,钢弹簧的阻尼比对模型振动的频率影响十分微小。有关结构动力学资料表明,一般阻尼比 $\zeta \leqslant 0.30$ 时,可忽略阻尼比对振动频率大小的影响。

在单板模型中,阻尼比从 0.01 上升至 0.19 后,其第十阶的固有频率仅仅下降了 1.281 Hz;在三联板模型中,阻尼比从 0.01 上升至 0.19 后,其第十阶的固有频率仅仅下降了 1.086 Hz。所以一般在模态分析中可不考虑尼比的影响,取 $\omega_{\mathrm{d}} = \omega_n$,但如果要对浮置板模态进行精细化分析,则就要考虑阻尼比对各模态频率的影响。

4.6 阻尼比对振动影响的时域分析

4.6.1 隔振器阻尼比对振动叠加效应的影响

为了分析隔振器阻尼比对浮置板振动衰减以及振动幅度的影响，选取单个隔振器阻尼比为0.01～0.19（间隔0.02）10种工况进行单个转向架仿真冲击试验，分析时单个轮载为80 kN，加载位置为轨道中间位置，如图4-43所示。

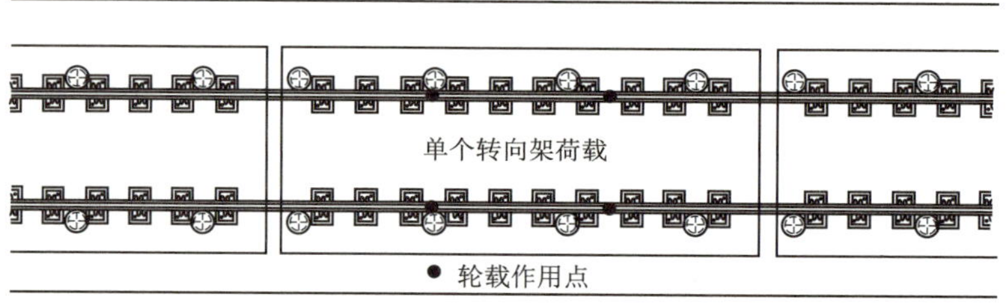

图4-43　瞬态分析加载示意

浮置板的材料阻尼比取为0.02，瑞利阻尼比取为$\alpha=0,\beta=2.23\times10^{-3}$。以振幅小于单次振动最大振幅的$1\times10^{-3}$次方为振动衰减截止时间，一般认为当衰减后的振幅为最大振幅的5%以下时，可以认为振动已完成衰减作用。根据计算，得到阻尼比与振动衰减时间和最大振幅关系如图4-44和图4-45所示。

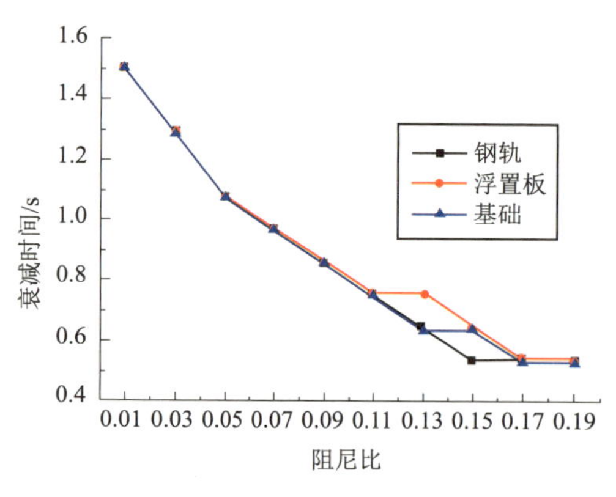

图4-44　阻尼比与衰减时间的关系

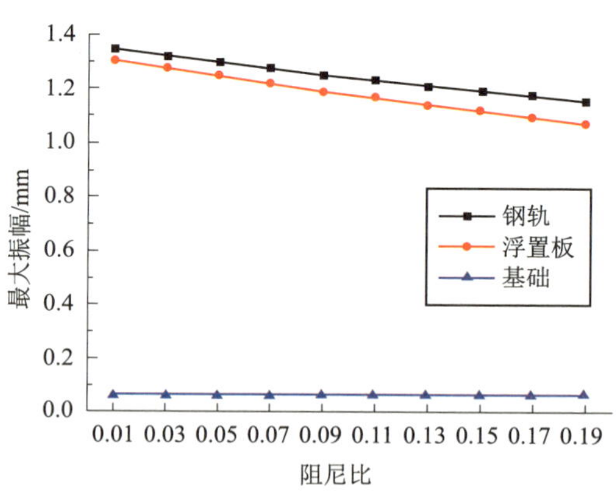

图4-45　阻尼比与最大振幅的关系

从图4-44和图4-45可知，振动衰减时间和最大振幅都随着阻尼比的增大而减少。在相同工况下，钢轨的振动衰减时间要短于浮置板和基础的振动衰减时间。浮置板和基础的振动持续时间基本一致。钢轨和浮置板的位移振幅最大值都随着阻尼比的增加而逐渐减小。基础位移振幅受隔振器阻尼变化影响最不明显，随着阻尼比的增加，基础振幅有增大趋势,但是增量十分微弱。由于浮置板的作用是要降低基础的振动强度而不是降低钢轨和浮置板的振动强度,所以从隔振效果出发,隔振器的阻尼比不是越大越好。

当阻尼比较小时,振动衰减过慢,加之振动幅值较大,有可能导致在实际列车运行中,如列车速度较高产生多个轮载引起的振幅叠加效应,影响到浮置板的隔振效果。地铁车辆的运行速度通常在 0 ~ 80 km/h 的区间内,为了分析最不利的叠加振幅情况,取最高车速 80 km/h 的行车速度进行分析。车辆模型选用上海地铁 Tc 型列车,如图 4-46 所示,固定轴距为 2.5 m,车辆定距为 15.7 m,两车钩连接面长度为 24.14 m。

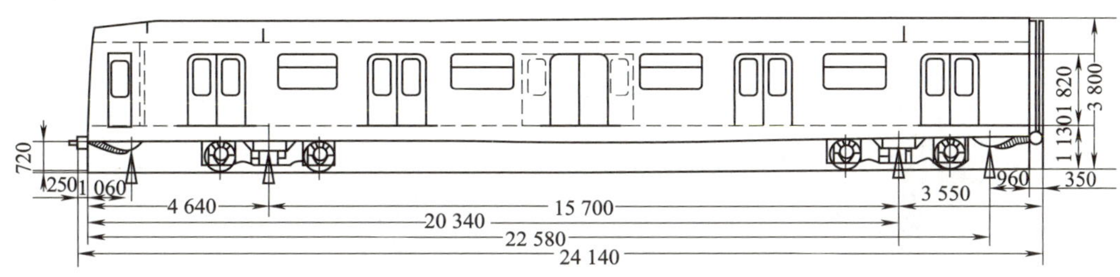

图 4-46　上海地铁 Tc 型车辆结构示意(单位:mm)

列车运行荷载条件下,多个车轮叠加作用对轨道某固定点的振动影响,以图 4-47 钢轨上 A 点为例,从车厢第一节上的第一个轮子到达 A 点开始计时,某时刻 A 点的垂向振动位移叠加如式(4-40)所示。

$$x_A(t) = \sum_{i=1}^{n} x_i(t) \tag{4-40}$$

式中　$x_i(t)$——在时间 t 时,第 i 个车轮在 A 点的振动幅值;

n——参与振动叠加的车轮数。

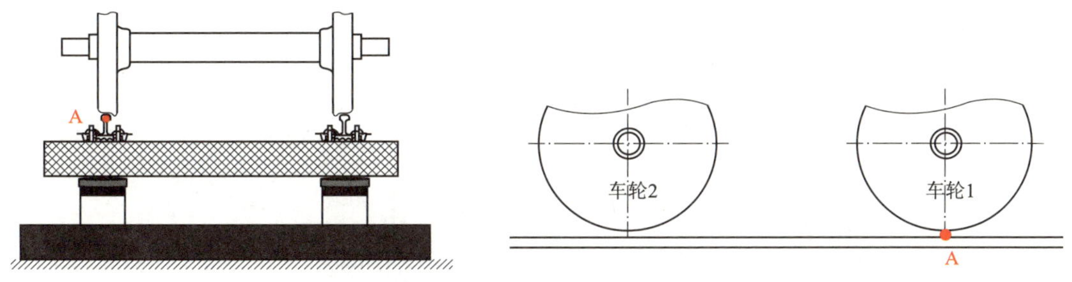

图 4-47　车轮位置示意

为了考虑振动幅值最大,振动持续时间最长的不利情况,将钢弹簧浮置板阻尼比取为 0.01,此时单次振动衰减需要 1.495 s。以车速 80 km/h 计,当车体上第一个轮子通过后,需要考虑 33.22 m 范围内的轮载作用下的振动幅值对计算点振动的叠加作用。即需要考虑同节车厢的全部四个轮子,再加下节车厢第一个转向架上两个轮对的振动叠加。但实际上当一个转向架的第二个轮对通过时,到第三个轮对,振动衰减基本完成,所以一般条件下考虑两节车辆相邻两个转向架四个车轮振动的叠加就能满足对振动叠加的分析要求。

以某断面上钢轨的固定点为例，此处考虑四个车轮的叠加情况，四个车轮依次通过的叠加效应如图 4-48、图 4-49、图 4-50 所示。

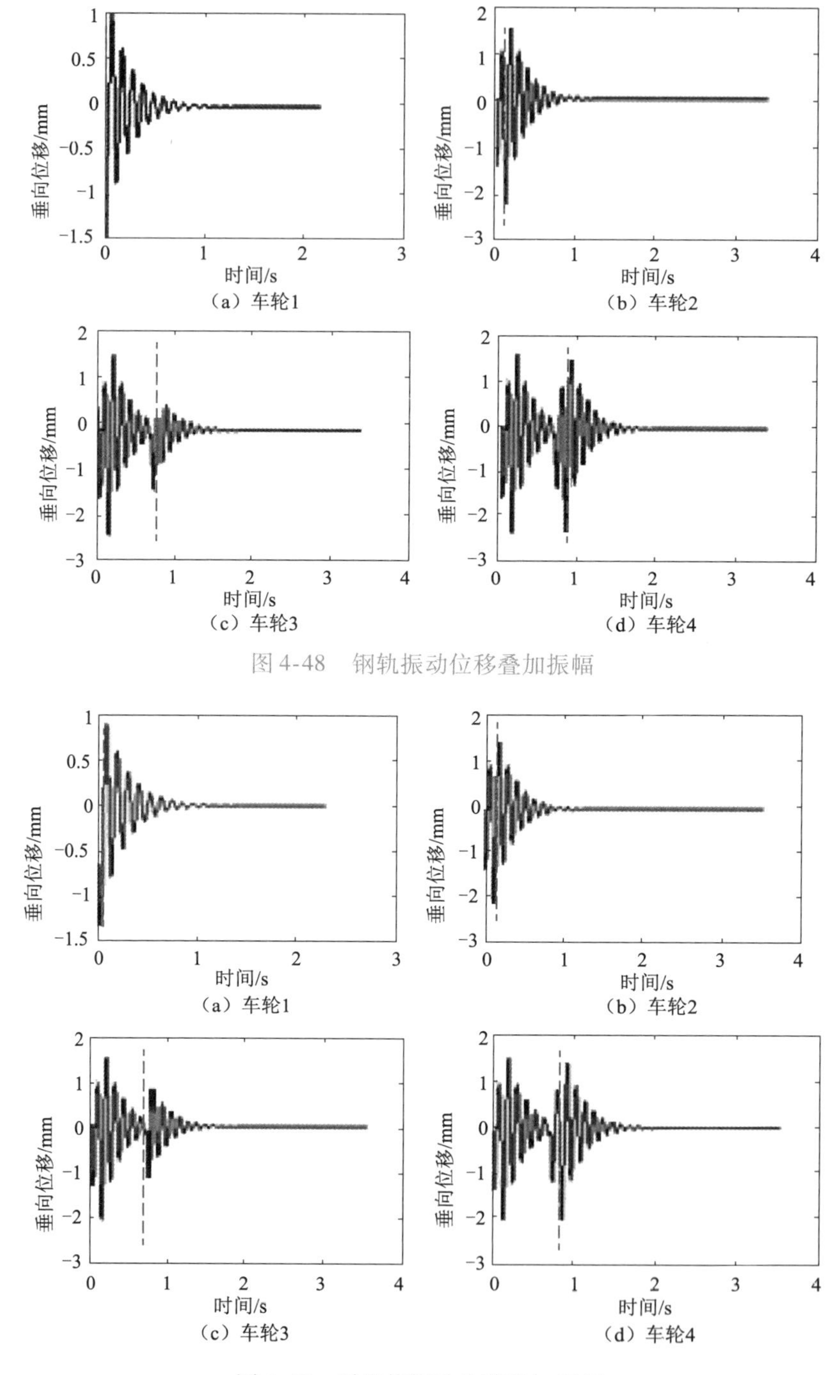

图 4-48　钢轨振动位移叠加振幅

图 4-49　浮置板振动位移叠加振幅

从图 4-48、图 4-49、图 4-50 可知，一个转向架两个轮对的振动位移叠加较为明显，而第二转向架的第 3 轮对振动位移叠加效应就不明显。所以，一般情况下考虑一个转向架两个车轮即能满足分析要求。如要精确计算,则考虑叠加的车轮就要多一些。

振动位移的叠加方式考虑了振动的方向和相位,在叠加时存在正负相抵的情况,使得叠加振幅可能比单个轮载产生的振幅更小。如果考虑最不利情况,即每次叠加时都考虑振动幅值的同号叠加,则在不同阻尼比和不同速度条件下的叠加振幅如图 4-51 所示。在不同阻尼比条件下,钢轨位移振动位移幅值的最大增幅如图 4-52 所示。

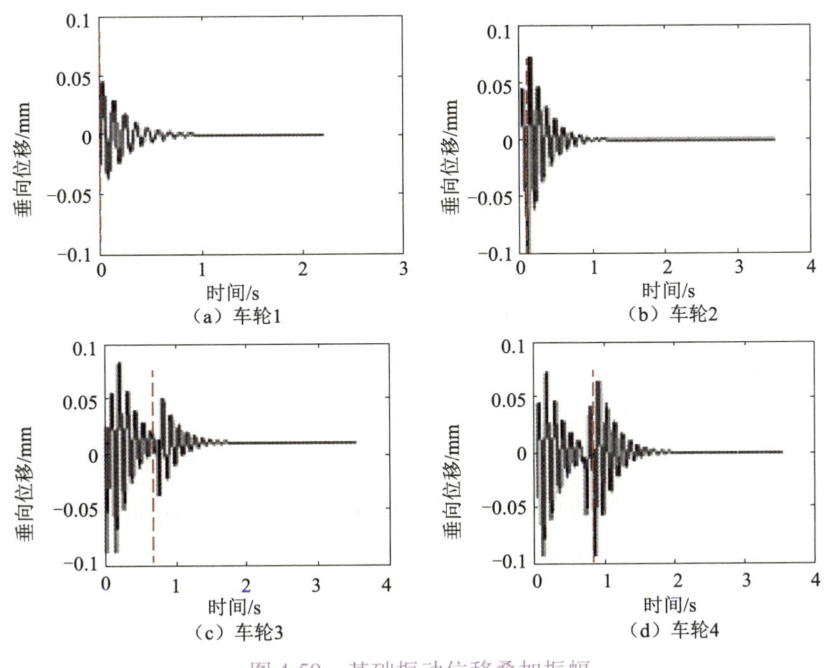

图 4-50　基础振动位移叠加振幅

由图 4-51 可知,不同列车速度条件下,最不利情况时钢轨振动位移叠加的最大值都随着阻尼比的增加而减少,且列车速度越高,叠加振幅受阻尼比的影响越明显。阻尼比越小,考虑叠加的振幅相比不考虑叠加的振幅增幅就越大,如图 4-52 所示。即使是在 0.19 的阻尼比条件下,叠加振幅最值也比单次振幅最值大 18.84% 。因此,计算中不仅应关注单次轮载冲击是否超过安全限制,更应注意叠加后的振幅最大值是否满足振幅不得大于 4 mm 的规范要求。

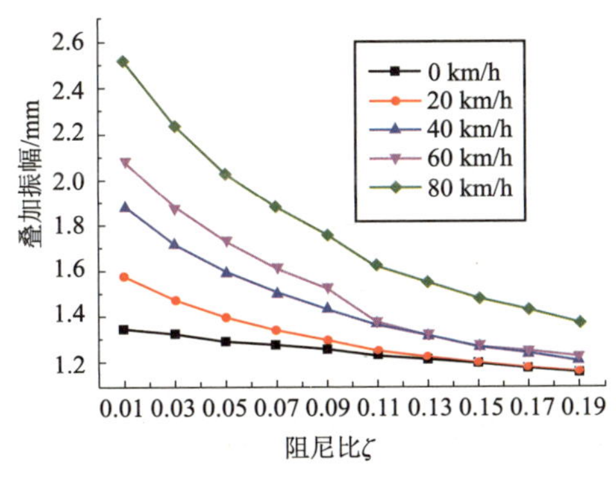

图4-51　各车速下的阻尼比—钢轨最大振幅

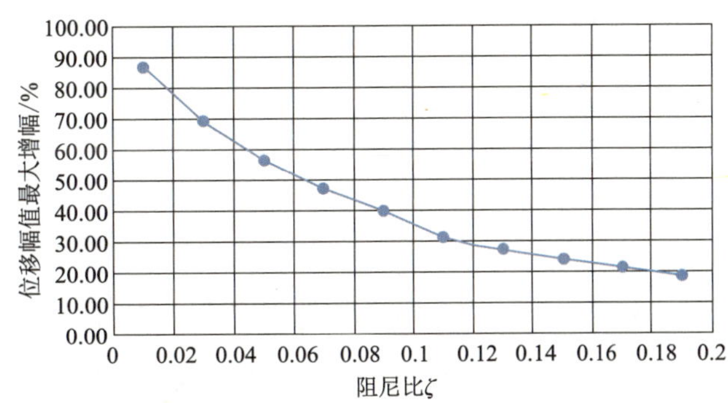

图 4-52　各阻尼比下钢轨振幅最大增幅

注意到不同阻尼比条件，在 0 ~ 20 km/h 和 40 ~ 60 km/h 的车速增幅差异，发现隔振器阻尼比 0.01 ~ 0.09 这 5 个工况，叠加振幅随着车速每一级的增加都有明显增加。阻尼比 0.11 ~ 0.19 工况时，在 0 ~ 20 km/h 和 40 ~ 60 km/h 这两点处的叠加振幅却没有明显增幅。认为这是由于从阻尼比 0.11 开始，前一个轮对的振动衰减时间已经小于后一个轮对的到达时间，导致叠加振幅并没有增加。从叠加幅值上看，当阻尼比大于 0.11 时，叠加幅值无论是增加速度还是量值，都明显小于 0.01 ~ 0.09 的阻尼比工况。综上所述，从减小浮置板轨道叠加振幅的角度考虑，应当使浮置板的阻尼比在 0.11 ~ 0.19 范围内，且越大越好。

4.6.2 隔振器阻尼比对隔振效果的影响

虽然阻尼比越大，越有利于减小振幅的叠加，但是从能量衰减的角度分析，阻尼比也不是越大越好，因为振动持续时间越短，振动幅值越小，浮置板消耗吸收的能量越小，传到基础的能量就越大，对浮置板轨道的隔振效果产生不利影响。

1. 基础振动加速度 1/3 倍频程振级强度分析

计算结果表明，在 0.01 ~ 0.19 阻尼比范围内，随着钢弹簧隔振器阻尼比的增加，钢轨和浮置板的加速度都略有减小，但是减小的幅度非常小，钢轨的振动加速度最大值只减小 0.1% 以下，浮置板的振动加速度最大幅值只减小 1.5% 以下，说明隔振器阻尼比的变化对钢轨和浮置板几乎没有减振效果。

取 0.01、0.05、0.09、0.13、0.17 等 5 种阻尼比分析隔振器阻尼比对基础振动加速度的影响，各种阻尼比条件下的基础振动加速度的波形如图 4-53 所示，基础最大振动加速度与阻尼比的关系如图 4-54 所示。

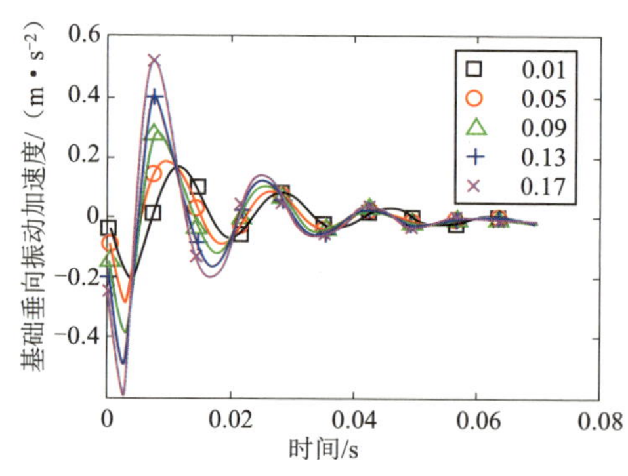

图 4-53 各阻尼比条件下的基础振动加速度波形

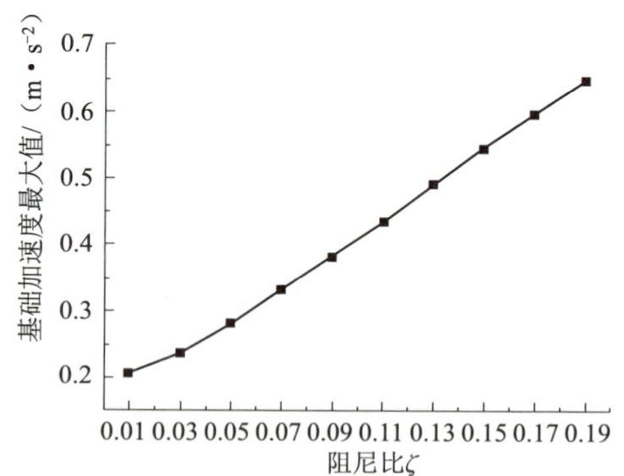

图 4-54 阻尼比与基础最大振动加速度关系

从图 4-54 可知，增大隔振器的阻尼比会导致基础振动加速度明显增大，且基础振动加速度最大值随隔振器阻尼比的变化基本呈线性关系。说明阻尼比越大，越不利于控制基础的振动加速度。

根据常用的 1/3 倍频程振级强度评价阻尼比对钢轨、浮置板和基础振动强度的影响。钢轨的振级如图 4-55 所示，浮置板的振级如图 4-56 所示。从图 4-55 和图 4-56 可知，在频率为 9 Hz 左右频带附近，阻尼比对振动强度起减小作用，但影响有限。在其他频段，阻尼比对振动级强度基本没有影响。在整个频段，如同时域振动加速度幅值的分析结果一样，阻尼比的大小对钢轨和浮置板的振动强度影响有限。

基础振动加速度的 1/3 倍频程振级强度如图 4-57 所示。从图可知，7 Hz 以下的低频段和 30 Hz 以上的中高频段，阻尼比越大，基础的振动强度也越大；而在浮置板一阶模态振动频率的附近，阻尼比越小，基础振动强度越大。但对于浮置板轨道结构，隔振效果最佳的是以在浮置板一阶模态振动频率以上的频段，所以综合以上情况认为，阻尼比小对浮置板的隔振效果有利，也即阻尼比小有利于降低浮置板轨道结构的基础振动强度水平。

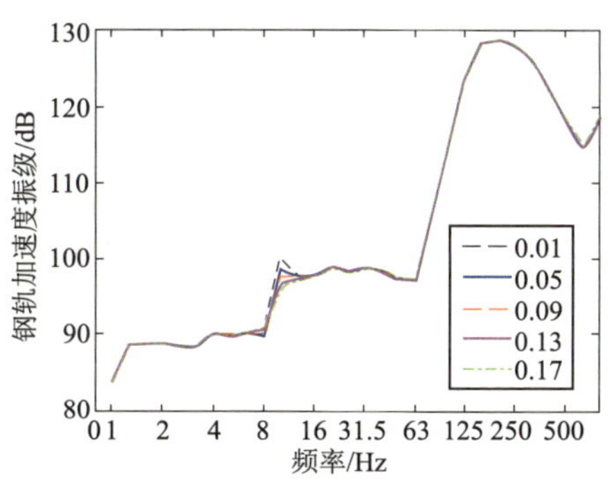

图 4-55　钢轨加速度振级

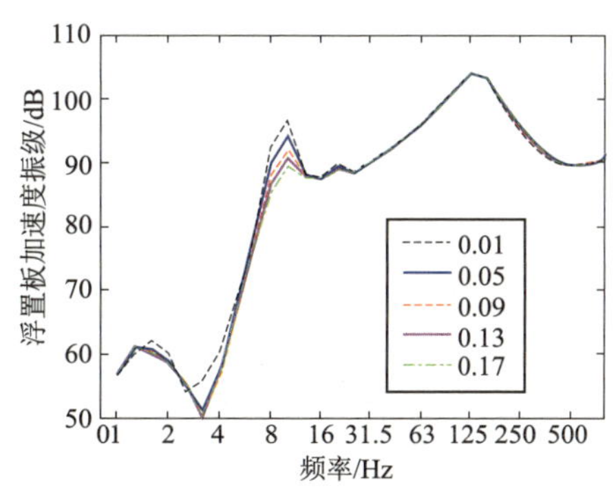

图 4-56　浮置板加速度振级

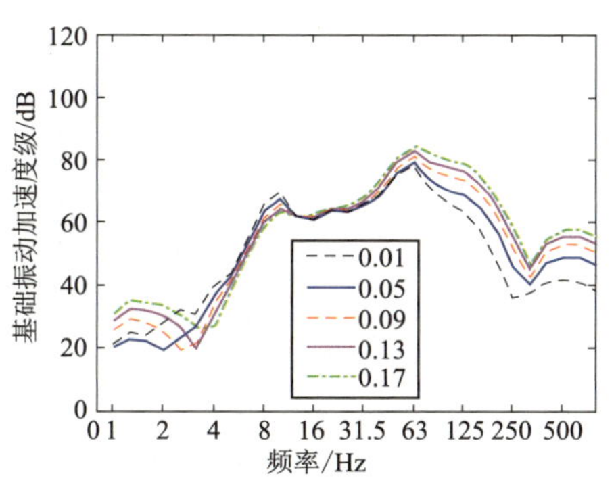

图 4-57　基础加速度振级

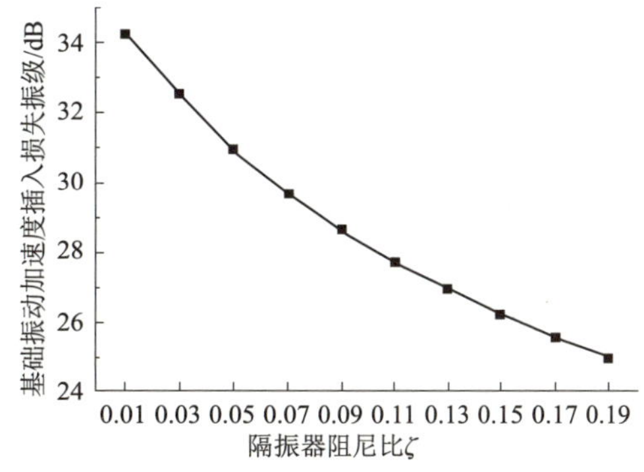

图 4-58　隔振器阻尼比—基础插入损失

计算 8 ~ 500 Hz 范围内基础加速度插入损失平均振级，结果如图 4-58 所示。从图可知，阻尼比越小，8 ~ 500 Hz 范围内基础加速度振级平均插入损失越大，钢弹簧浮置板隔振效果越好。

2. 浮置板轨道振动谐响应位移导纳分析

对浮置板轨道谐响应分析，频率一般都在 200 Hz 以下，这个频率已经包含了浮置板的振动频段及对环境振动的分析要求。若要对钢轨进行分析，则应分析到 1 000 Hz 以上的频段。谐响应的导纳计算方法见第 7 章。

谐响应分析的模型参数与瞬态分析完全一致，施加荷载时，在两根钢轨的沿轨道方向中部位置(图 4-35)所示的荷载位置加垂向 1 N 的集中力。

计算浮置板各层在 0～200 Hz 频段内的谐响应位移导纳，速度导纳和加速度导纳，以下结果主要分析位移导纳，如图 4-59 所示。从图 4-59 可知，在 0～200 Hz 频段范围内，浮置板在 10 Hz 和 145 Hz 处出现共振峰，隔振器阻尼比对浮置板垂向振动位移的影响主要出现在 10 Hz 左右共振处。钢弹簧浮置板的基础位移导纳和相位如图 4-60 所示。对浮置板5～200 Hz 处的位移导纳进行深入分析，由图 4-61 左图可知，浮置板 10 Hz 共振处的位移导纳随着隔振器阻尼比的增加而减小。

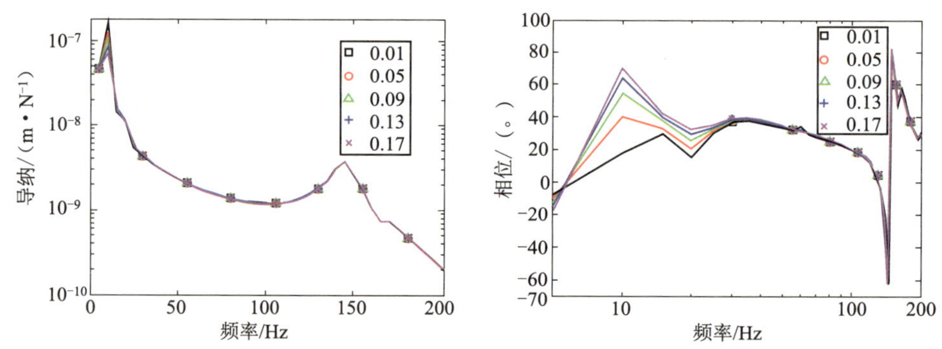

图 4-59　不同阻尼比条件下的浮置板位移导纳(左)和相位(右)

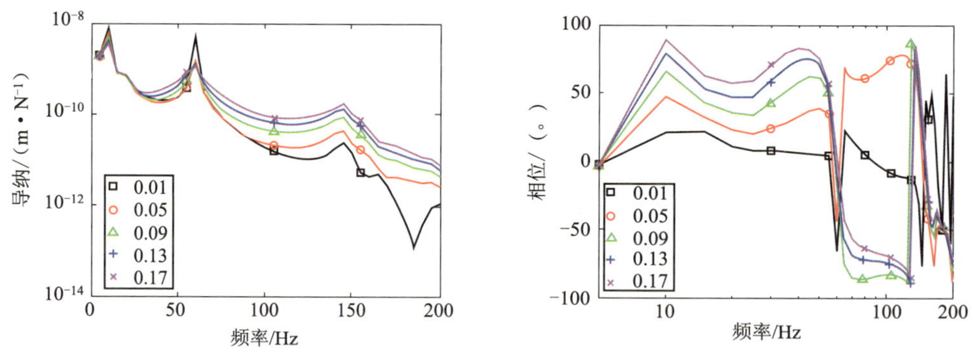

图 4-60　不同阻尼比条件下的基础位移导纳(左)和相位(右)

从图 4-60 可知，浮置板轨道基础在 10 Hz 和 60 Hz 共振处存在比较明显的两个共振峰。总体而言，阻尼比对 10 Hz 和 60 Hz 中间的基础振动响应影响不大，对低频共振处和 100～200 Hz 的基础振动位移响应影响较大。对基础 5～65 Hz 处的垂向位移导纳进行深入分析，由图 4-61 右图可知，基础 10 Hz 和 60 Hz 共振处的位移导纳随着隔振器阻尼比的增加而减小。

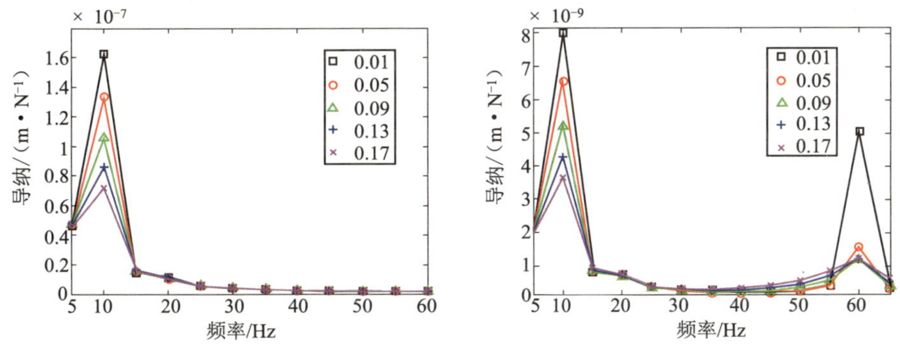

图 4-61　浮置板（左）和基础（右）位移导纳局部放大图

综上所述，隔振器阻尼比越大，越有利于共振时浮置板和基础的幅值减振。但是在 60～200 Hz 的范围内，隔振器阻尼比越大，反而会导致基础位移导纳越大。因此，从控制共振峰值的角度考虑，应当尽量选择较大的结构阻尼，但是从控制 60～200 Hz 频域内基础振动的幅值考虑，隔振器阻尼比的选择不宜过大。

3. 浮置板轨道振动谐响应加速度导纳分析

对不同频率下浮置板和基础的加速度导纳进行分析，计算结果如图 4-62 和图 4-63 所示。

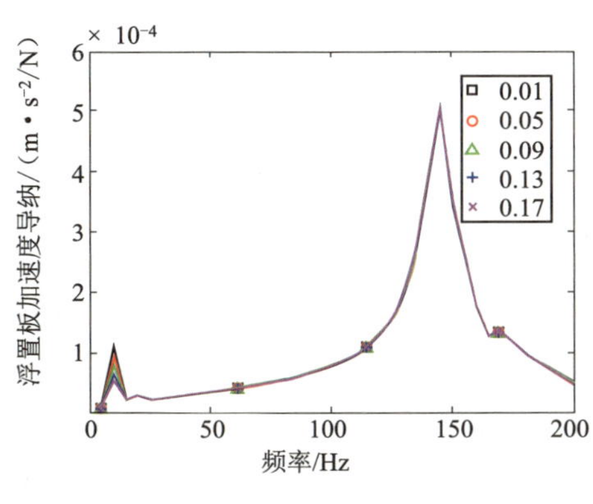

图 4-62　浮置板加速度导纳

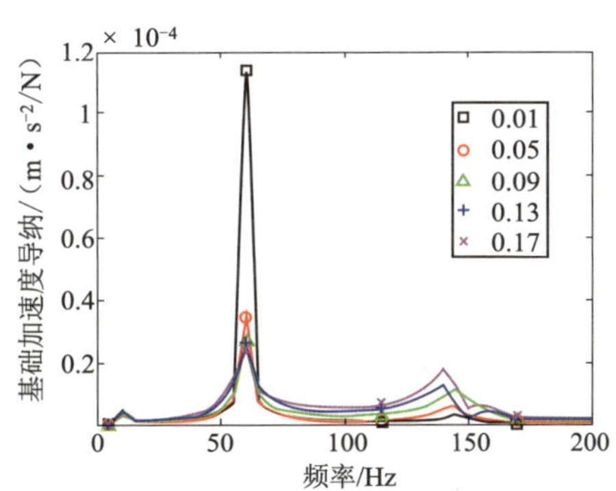

图 4-63　基础加速度导纳

从图 4-62 可知，浮置板加速度导纳在 0～200 Hz 频段内共有两个峰值，在 10 Hz 的最大值处受阻尼比影响较大，阻尼比越大，峰值越小；在 150 Hz 处，该处加速度量值基本不受隔振器阻尼比的影响。

从图 4-63 可知，基础加速度导纳在 0～200 Hz 频段内共有 3 个峰值，加速度导纳最大值出现在 60 Hz 处，在该处，隔振器阻尼比越大，基础加速度导纳越小，说明增大阻尼比可抑制基础的振动主频的峰值。在其他频段处，阻尼比大，导纳也大。所以，要选用合理的阻尼比，使得既能抑制振动主频的导纳，又能使得非振动主频区段的导纳在较佳范围。

采用1/3倍频程振级强度计算基础加速度振级,如图4-64所示。图中虚线代表整体道床的计算结果,可以看出在高频处浮置板轨道的基础加速度振级要明显小于整体道床。如图5-33的基础导纳一样,在60 Hz处,阻尼比小,振级大,在其他区段,阻尼比小,振级也小。所以,能兼顾60 Hz主频区和其他频段的加速度振级都处于一个较佳状态,阻尼比的大小也合理。

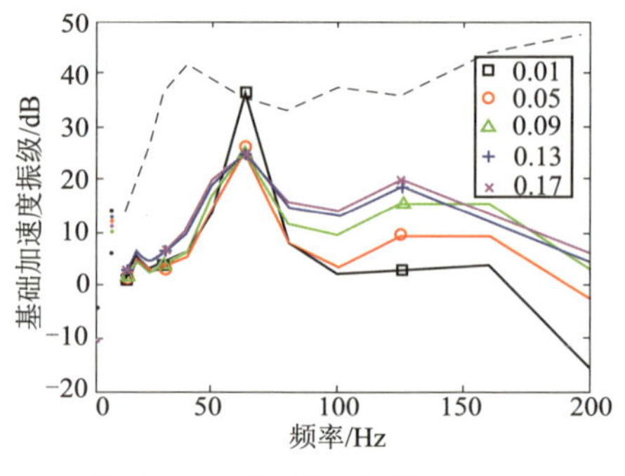

图4-64　基础加速度振级

4.7 浮置板轨道合理阻尼比范围的分析

浮置板轨道的阻尼比是由钢轨、扣件、轨下垫层、轨道板和隔振动器等组成,但对于大多数情况,一般要求浮置板轨道结构的阻尼比在0.05以上,但上限多少,在《浮置板技术规范》(CJJ/T 191—2012)没有说明,只是说要避免过阻尼现象。过阻尼是指阻尼比大于1.0,而对于浮置板轨道,目前达不到此大小的阻尼比。

通过0.01~0.19十个阻尼比对系统动力特性的影响,用Ansys对阻尼参数的取值进行分析表明,考虑材料阻尼能使计算所得的衰减情况与实际更为相符;瑞利阻尼中的刚度阻尼系数β对高频振动有比较显著的影响,考虑β阻尼能抑制系统的高频振动成分,可提高对轨道结构隔振效果的分析精度。

通过瞬态分析,得到单个转向架对钢轨的冲击曲线。以垂向位移振动幅值以及衰减时间为指标进行浮置板减振效果的评价。结果发现,总体而言,钢轨、浮置板、基础的振动衰减时间随着隔振器阻尼比的增大而减小,当隔振器阻尼比大于0.11时,振动衰减时间与隔振器阻尼比之间的关系不再明确。对位移幅值来讲,钢轨和浮置板的振动幅值随着隔振器阻尼比的增加而逐渐减小,而基础的位移振动幅值受隔振器阻尼比影响不显著。

实际列车运行时轨道结构振动位移的轮位叠加效应表明,随着车速增加,叠加振幅最值随之增大,且阻尼比越小,叠加效应更明显。即使是在0.19的阻尼比条件下,叠加振幅最值也比单次振幅最值大18.84%,因此在计算分析中,应考虑振动叠加效应对轨道结构振动分析结果的影响。从叠加幅值上看,当阻尼比大于0.11时,叠加幅值无论是增加速度还是量值,都明显小于0.01~0.09的阻尼比叠加效应。故从减小浮置板轨道结构振动的叠加效应,可考虑使浮置板的阻尼比在0.11~0.19范围。

对冲击荷载下的钢弹簧浮置板的振动加速度进行分析,发现钢轨的振动加速度几乎不受隔振器阻尼比的影响;浮置板200 Hz以下的频段受隔振器阻尼比的影响,且阻尼比越大浮置板的加速度振级越小;隔振器阻尼对基础的振动加速度影响最为显著。阻尼比越小,基础加速度平均插入损失越大。说明阻尼比越小,浮置板隔振效果越好。据此,认为浮置板轨道的阻尼比取0.11以下较为合理。

综合以上分析情况，认为对于浮置板的阻尼比取 0.05 ~ 0.15 较为合理。对于单个隔振器的阻尼比，认为一块浮置板下有 n 个隔振器，如不考虑混凝土、钢轨、扣件等的材料阻尼，将 n 个隔振器的阻尼比相加即得浮置板下的阻尼比。

考虑到一块浮置板下的阻尼比为

$$\zeta_s = \frac{c_s}{2\sqrt{m_s k_s}}$$

而单个隔振器的阻尼比为

$$\zeta_{si} = \frac{c_{si}}{2\sqrt{m_{si} k_{si}}}$$

如仅考虑隔振器的阻尼比，而不考虑浮置板轨道结构的阻尼比，对于一块浮置板下有 n 个隔振器，则有：

$$\zeta_s = \frac{c_s}{2\sqrt{m_s k_s}} = \frac{nc_{si}}{2\sqrt{nm_{si} \times nk_{si}}} = \frac{c_{si}}{2\sqrt{m_{si} k_{si}}} = \zeta_{si}$$

式中　m_s, c_s, k_s——一块浮置板的质量、阻尼和刚度；

m_{si}, c_{si}, k_{si}——一个隔振器所承担的质量、阻尼和刚度。

可见，浮置板和隔振器的阻尼比是相等的。但考虑到浮置板轨道结构的钢轨、扣件、轨下垫层、道床板阻尼和一块浮置板下各个隔振器承载的均匀性对浮置板总阻尼比的影响，要求将隔振器的阻尼比控制得较浮置板的阻尼比严一些，即将隔振器的阻尼比定为 0.06 ~ 0.12 较为合适，有 0.06 的阻尼比变化范围，有利于隔振器的制造。

综上所述，隔振器阻尼比的选择应根据实际荷载类型和主要的振动频段进行选择。当荷载类型是冲击荷载时，为了兼顾减振和隔振性能，应在振幅不超过限制的条件下，优先选择小阻尼隔振器。当荷载类型为简谐荷载时，应进一步根据隔振所关心的频段范围进行选择，当主要目标是控制共振处的环境振动时，应选择大阻尼隔振器；当主要目标是控制高频振动时，应在保证振幅不超过限制的条件下，优先选择较小阻尼的隔振器。

第 5 章　浮置板结构设计与检算

根据《城市区域环境振动标准》(GB 10070—88)、《地铁设计规范》(GB 50157—2013)和《环境影响评价技术导则　城市轨道交通》(HJ 453—2018),凡振动超标地段均应采取可行的减振措施,把地铁列车运营产生的振动控制在标准限值以内。浮置板轨道是目前业界公认的减振降噪效果最好的一种轨道结构,故我国主要城市在轨道交通建设中,在振动噪声敏感地段优先选择使用浮置板轨道。由于各城市地质条件不同、施工环境不同、施工技术与工艺工法不同,还尚未像高速铁路轨道结构设计那样,有 CRTS 系列的无砟轨道板标准可供借鉴。对各线路的施工工艺、工法,以及浮置板结构尺寸、隔振器刚度和布置等,都需要进行调研和计算分析,根据要求合理设计,使得浮置板轨道结构既能达到环评提出的减振降噪要求,满足自身结构安全与耐久性要求,又能满足列车运行平稳性和安全性的要求,同时工程造价经济合理。

浮置板轨道设计首先要确定减振目标值,同时根据施工条件明确散铺法、轨排钢筋笼法,或是预制板法施工工艺,结合线路和轨道结构条件准备浮置板方案,然后根据减振目标值、线路上运行列车的车辆荷载条件和运行条件等,对浮置板系统的振动传递特性、振动模态和减振效果以及浮置板弯矩和剪力等进行静力和动力计算,并基于计算所得的内力对结构和构件进行检算。此外,还需要根据各专业接口要求,对一些特殊部位进行针对性设计和检算。具体工程设计时,会有资料收集、系统设计、产品选型、初步方案、方案评审、计算与检算、施工图设计、施工图评审等诸多环节。不同工程的具体环节详略不同,本章主要对浮置板静力计算、结构和部件检算、浮置板垂向位移限值做介绍和探讨,同时对浮置板总体设计和一般设计等内容进行介绍,供相关技术人员参考。

5.1 设计综述

国外尚没有针对钢弹簧浮置板设计的专门标准,国内主要参照《浮置板轨道技术规范》(CJJ/T 191—2012)、《地铁设计规范》(GB 50157—2013)和《工程隔振设计规范》(GB 50463—2019)。设计同时参照执行规范:《混凝土结构设计规范》(GB 50010—2010)、《铁路桥涵设计基本规范》(TB 10002. 1—2005)、《圆柱螺旋弹簧设计计算》(GB 23935—2009)。相应的国际标准主要有《Eurocode 1:Actions on structures-Part 2: Traffic loads on bridges》(EN 1991-2)、《Eurocode 2:Design of concrete structures-Part 1-1 General rules and rules for building》(EN 1992-1-1)、《Cylindrical helical springs made from round wire and bar-Calculation and design-Part 1:Compression springs》(EN 13906-1)。

这里仅列举了一些主要规范。钢弹簧浮置板轨道系统设计是一个多学科、综合性的设计检算过程,需要同时掌握动力分析和静力计算知识,熟练应用铁路桥设计和混凝土结构设计规范,熟悉适用于弹簧和剪力铰的机械设计检算内容,在各种设计条件和诸多设计目标中寻求最佳平衡。

5.1.1　设计目标

钢弹簧浮置板轨道系统作为道床类隔振轨道结构,以达到项目环评要求的减振效果为主要目标,同时满足轨道设计的各项要求,包括满足结构承载能力(含疲劳强度)和正常使用要求;也要满足车辆运行安全性、平顺性等要求。

按主要目标划分,系统可分为高等减振和特殊减振钢弹簧浮置板轨道两大类。高等减振钢弹簧浮置板轨道系统的减振目标值(与普通道床相比隧道壁插入损失,下同)为 10 ~ 15 dB,特殊减振钢弹簧浮置板轨道系统的减振目标值为 15 dB 以上。设计条件、施工偏差、人防门以及消防过管等诸多因素均可能影响系统布置乃至于减振效果;同时,随着社会发展,市民对于振动噪声影响的容忍度在降低,相应的技术控制标准也趋于严格,因而选择浮置板系统时宜预留 3 ~ 5 dB 的减振裕量。对于有上盖物业的车辆段,有精密仪器的实验室或生产车间,古建筑与文物保护单位等有特殊要求的保护目标,应结合实际情况具体分析、预测振动情况,多专业配合设计钢弹簧浮置板减振系统。

5.1.2　设计原则

浮置板系统的设计中应贯彻执行国家的技术经济政策,做到安全、适用、经济和高质量。

浮置板系统的安全性检算,主要指通过采用动力系数的拟静力计算方法计算和验证浮置板、隔振器、剪力铰以及钢轨和扣件等元件的强度和刚度(变形);对于有特殊变化的浮置板(比如应用于设计运行速度 160 km/h 的线路上)还应进行车—轨耦合动力分析,确保其行车安全性、平稳性及舒适性指标符合规范要求。

浮置板的经济性主要涉及项目环评专业对浮置板减振需求的准确界定,也包括浮置板轨道系统安全冗余度和减振裕量的设计预留。环评专业根据地质条件、线路与振动敏感保护目标的距离、保护目标的建筑物类型等因素确定浮置板轨道标准段长度,标准段长度不应小于实际敏感点保护长度,即应从敏感点保护长度向两侧适当延伸;同时标准段也不宜小于列车长度。浮置板轨道标准段两侧要有一定长度的过渡段,过渡段长度按轨道刚度平稳过渡原则确定,其最短长度可按 $0.5v$(m/s)确定,对于常见的最高运行速度 $v=$ 80 km/h,过渡段最短长度为 11.1 m。实际设计中,当端板独立作为过渡板时,其长度可按此最小长度确定,但一般常见的做法是过渡段端板仍用 15 ~ 25 m 的普通板长。浮置板结构安全冗余度的选择也会影响经济性，鉴于目前缺少针对性的标准，浮置板结构主要还是参照铁路桥梁相关标准，同时结合混凝土结构设计规范要求进行设计，比如拟静力计算中动力系数的确定以及活载分项系数的选定，影响结构安全冗余度，相应地也影响经济性。

浮置板的适应性，主要涉及对减振需求、土建条件、轨道条件的适应。浮置板设计还需满足其他诸多专业如供电、排水和信号的接口要求，同时还需满足施工单位、运营单位等各方的特殊要求；即在确保结构安全性、满足减振需求基础上，满足各专业设计、施工及运营维护的各项要求。

5.1.3 总体设计

如前所述，高等减振钢弹簧浮置板轨道系统减振目标值在 10 ~ 15 dB，一般采用固体阻尼隔振器；特殊减振钢弹簧浮置板轨道系统减振目标值为 15 dB 以上，一般采用液体阻尼隔振器。开始浮置板设计前，环评专业一般已给出具体减振要求。值得注意的是，从设计上讲，高等和特殊减振钢弹簧浮置板轨道系统的区别不应仅仅在隔振器，还应有轨道高度条件的区分；只有轨道高度足够，才能设计合适的板厚，相应优化隔振器布置，降低特殊减振浮置板的系统频率，拉开特殊减振与高等减振的减振效果差别。设计实践中，限于轨道条件，特殊减振的板厚总是和高等减振的相同，甚至个别时候条件相反，使得高等减振有条件做厚而特殊减振反倒受限，其结果往往是高等减振浮置板可以实现13 dB乃至于15 dB 以上减振效果，而特殊减振仅能达到 16 dB 左右的效果，难以实现 3 dB 减振裕量[17]。

根据隔振器设置位置的不同，钢弹簧浮置板轨道系统分为内置式，侧置式与下置式三种。

内置式钢弹簧浮置板是目前最为常见的浮置板类型。隔振器外筒预埋在钢筋混凝土板体中，常见设置于两扣件之间的钢轨外侧，便于施工期隔振器内筒的安装和取出以及运营期间的抽查。按目前轨下净空 70 mm 的设计要求和隔振器的外径，隔振器中心至线路中线距离大于 930 mm，即可方便地安装与取出。设计实践中经常遇到土建偏差较大的情况，不得不将部分隔振器内移至钢轨下方，即距离小于 930 mm，对隔振器的安装检查便利性造成影响，但一般通过拆除一段扣件拨动钢轨或顶升钢轨一定高度仍可取出隔振器。内置式浮置板板厚一般在 320 ~ 500 mm。

侧置式浮置板系统的隔振器设置在浮置板的侧面，隔振器不受扣件位置限制，可沿线路纵向自由布置。由于隔振器设置于两侧，必须考虑浮置板两侧有足够的隔振器安装空间。此类浮置板板厚一般在 500 ~ 1 000 mm，适用于矩形隧道中轨道结构高度 900 mm 以上的区段，两侧宜有不少于 600 mm 的检修空间。

下置式浮置板系统的隔振器设置在浮置板底部，隔振器不受扣件位置限制，可在浮置板底部自由布置，但对下部空间要求较高。此类浮置板一般应用于矩形隧道中轨道结构高度 1 600 mm 以上的区段，板下预留高于 650 mm 的检修空间，浮置板板厚在 500 ~ 1 000 mm。

另外,相对于常规钢弹簧浮置板,还有板体为混凝土 U 形槽的复合式有砟钢弹簧浮置板系统,如图 5-1 所示。此类浮置板的 U 形槽内铺设道砟和普通轨枕,在 U 形槽侧面或下部设置钢弹簧隔振器。复合式有砟钢弹簧浮置板轨道的噪声辐射较小,但需要在常规钢弹簧浮置板的基础上增加约 500 mm 的道砟布置空间,此类浮置板多用于对减振降噪有特殊需求的地段。

在城市轨道交通建设中,随着预制混凝土构件技术的成熟,钢弹簧浮置板道床也越来越多地采用预制浮置板。对于城市轨道交通的无砟轨道,扣件间距常见为 0.6 m,只是在一些特殊连接处采用小到 0.5 m,大到 0.7 m 的扣件间距,预制浮置板的长度配合扣件间距设置,一般取 6 组、8 组或 10 组扣件,相应的浮置板长度为 3.6 m、4.8 m 和 6 m。一般预制浮置板单位长度重量 2 ~ 2.5 t/m,故 3.6 m 长板重约 9 t,4.8 m 长板约 12 t,6 m 长板约 15 t,考虑到浮置板的制造、吊装、运输和安装,尚未有长于 6 m 的预制浮置板。

现浇浮置板板长通常在 15 ~ 25 m,板与板之间通过剪力铰连接,其变形协调问题不突出。采用预制短板后,板与板之间的连接数量大大增加,使得刚度不连续问题凸显。相邻板刚度不连续,当变形差过大,钢轨及板端扣件将会承受较大的应力。采用在板端部增设侧置式共享隔振器,同时支撑相邻板体,使得"断掉的"刚度连续起来,最终确保相邻板体变形平顺、协调。共享式支座隔振器同时支撑相邻的预制浮置板,如图 5-2 所示。板体结构采用悬臂式设计,为侧置式支座隔振器提供传力部位和安装空间。在板两端线路中心处各设置一个缺口,作为侧置式隔振器的安装、检修与更换通道,兼做中心水沟排水的检查通道。

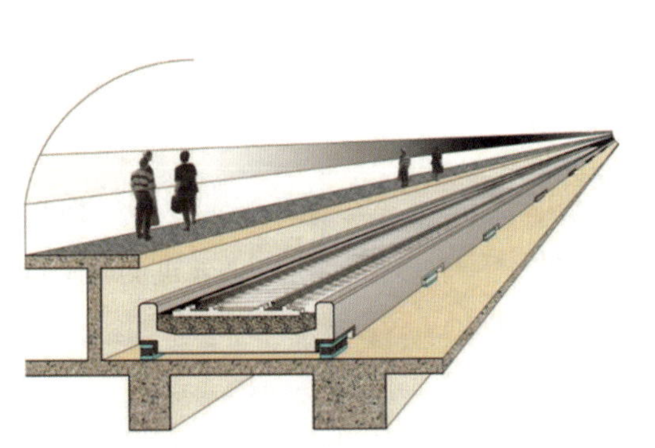

图 5-1　U 形槽复合式有砟浮置板

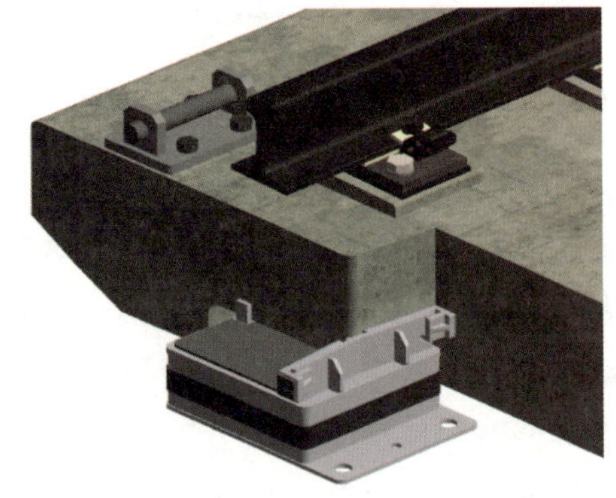

图 5-2　预制浮置板端部的共享式支座隔振器

5.1.4　浮置板垂向位移限值

《浮置板轨道技术规范》(CJJ/T 191—2012)中规定,在列车额定荷载作用下浮置板的最大垂向位移不应大于 3 mm(第 3.2.4 条);浮置板轨道在列车额定荷载作用下钢轨的最大垂向位移不应大于 4 mm(第 3.1.5 条)。规范条文解释指出,受钢轨底部拉伸强度及钢轨允许位移的限制,浮置板轨道的钢轨垂向位移不能过大,确保钢轨安全工作状态和列车运行平稳。

根据规范给定的固有频率计算方法计算得出的是浮置板刚体浮沉模态频率，而基于浮置板每延米支承刚度和质量确定浮置板浮沉模态频率的方法更适用于预制短板。参照文献[2]的思路，这里对某工程 25 m 长钢弹簧浮置板进行分析。板厚 325 mm，设中心凸台，凸台宽 1 m，高 160 mm，单板总体积约 28.12 m^3，单板平均用钢筋 8 250 kg，共计 1.05 m^3，混凝土约 64 968 kg，单板钢轨重 3 000 kg，单板扣件重 1 428 kg。因此，每延米浮置板质量 $m_f=3\ 106$ kg。每延米浮置板的刚度如式(5-1)所示。

$$k_f = m_f\,(2\pi f_0)^2 \tag{5-1}$$

可以得到浮置板固有频率与支承刚度的关系[18]，如图 5-3 所示。《浮置板轨道技术规范》规定浮置板轨道固有频率宜为 6 ~ 16 Hz，计算可到浮置板系统每延米的支承刚度为 4.41 ~ 31.33 kN/mm；按钢弹簧浮置板常用固有频率 6 ~ 12 Hz，则对应的支承刚度为 4.41 ~ 17.62 kN/mm。

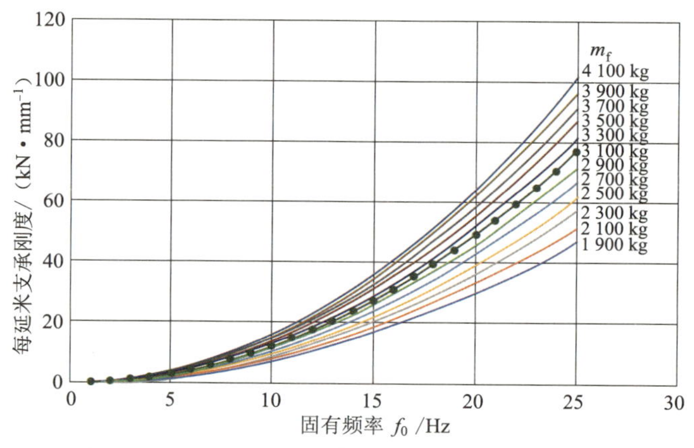

图 5-3 固有频率与支承刚度的关系

浮置板固有频率在 16 Hz 以下，按照浮置板最大垂向位移 3 mm 计算，浮置板轨道相应的最大承载应该为 13 ~ 94 kN/m。这里按 16 t 轴重的轨道交通 A 型车进行粗略推算，每延米列车荷载约 28 kN，如图 5-4 所示。因而每延米浮置板支承刚度最小应为 9.3 kN/mm，对应浮置板固有频率为 8.7 Hz 左右。如隔振器间距为 1.8 m，则一对隔振器刚度为 16.74 kN/mm，每个隔振器刚度为 8.37 kN/mm；如容许浮置板垂向位移 4 mm，则单个隔振器刚度可取为 6.3 kN/mm，浮置板的固有频率相应下降至 7.6 Hz，隔振效率相应提高。这是对列车荷载作用下浮置板垂向位移不大于 3 mm 这一规范要求的粗略推论，这与 2.1 节中基于实际浮置板的理论分析是一致的。

如分析指出的，规范这一要求是值得商榷的。浮置板设计与铁路桥设计有诸多相同之处，但铁路桥设计主要对桥梁挠度提出限值，另外对于梁端结构转角提出要求，这两项要求均为相对变形指标，相比垂向位移量这一绝对值指标更为合理。对于钢筋混凝土铁路桥，如果要求列车通过时桥跨结构的竖向变形量不大于 3 mm，则按挠度限值，可以反推简支钢筋混凝土桥梁跨度不得大于 2 400 mm，即 2.4 m。这是违背常识的。至于条文说明提及的满足钢轨底部拉伸强度,自然应由钢轨疲劳强度检算完成。

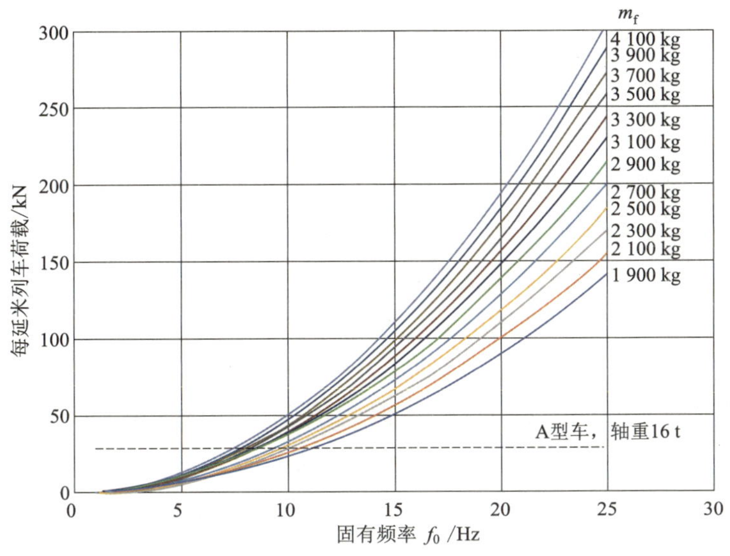

图 5-4　浮置板位移 3 mm 的每延米容许列车荷载

欧洲规范 EN 1991-2 规定,对于实际运行速度不超过 160 km/h 的线路,要求桥面板顶面相对于相邻结构的竖向位移不大于 3 mm。这里相邻结构指桥台或相邻的桥面板。这一要求非常明确地指出,竖向位移限值是一个相对值,并非绝对变形量。

浮置板设计实践中,对列车荷载作用下浮置板与钢轨最大垂向位移的规定已经造成了困扰。为了满足这一要求,有设计采用车轨耦合动力分析,将某一种轨道不平顺谱(常用美国6 级谱)激励下得到的轨顶最大位移与规范进行对标。实际上,车—轨耦合动力系统分析的目的在于确定行车安全性、平稳性及舒适度指标,并不适合直接用于轨道结构设计。根据欧洲规范(EN 1991-2)相关规定,仅采用静力分析还是应同时进行动力分析,有具体的判定方式;对于设计运行速度≤200 km/h 的线路,当桥梁结构为连续桥(非简支桥)时,可不进行动力分析,拟静力计算已经足够。当需要进行动力分析时,采用轮轨不平顺激励得到的动力分析结果(应力、变形、桥梁加速度等)应根据轨道维护水平乘以不小于 1.0 的修正系数;且修正后的结果应与拟静力计算结果进行对比,并取两者的大值进行轨道结构设计。

最新编发的《工程隔振设计标准》(GB 50463—2019)做出了部分调整,对于钢弹簧浮置板道床,要求在定员荷载列车通过时,钢轨最大竖向振动位移不宜大于 5 mm。实测浮置板在满足列车运行安全性平稳性的前提下,垂向位移基本可满足这一规定要求,可参见第7 章相关测试数据。这也是因为浮置板自身特性,其结构形式(表现为活载影响线加载长度)决定了其绝对变形量也不会过大。

从服务钢轨安全工作和列车平稳运行的最终目的出发,对于钢轨和浮置板变形限值,后续规范修订可考虑采用相对变形指标,即挠度限值和转角限值,替代绝对变形指标。

5.1.5 隔振器选型与布置

隔振器选型首先取决于系统类型，是内置式、侧置式还是下置式浮置板。内置式系统采用内外筒结构的内置式隔振器，侧置式和下置式则采用支座式隔振器。

浮置板轨道系统通过隔振器的选择与布置达到预期的系统固有频率要求。单个隔振器刚度一般情况下均相同，布置得越多，系统整体刚度越大，固有频率越高，浮置板位移越小，减振效果越低；隔振器布置得越少，系统整体刚度越小，固有频率越低，浮置板位移越大，减振效果提高，但是单个隔振器受力增加，对弹簧疲劳强度的要求提高。因此，浮置板轨道系统的设计需要根据实际需求寻找系统性能、安全性与经济性之间的平衡。

目前浮置板轨道系统采用内置式隔振器最多，常用单个隔振器的刚度 5 ~ 7.5 kN/mm，并成对布置于钢轨外侧的两轨枕之间，一般间隔 2 组或 3 组扣件（即间距约 1.2 ~ 1.8 m），加密位置间隔 1 组扣件（0.6 m），加密位置也可能在钢轨内侧增加 1 ~ 2 对隔振器。常规浮置板每延米刚度在 7.3 ~ 11 kN/mm，板厚在 320 ~ 500 mm 时，固有频率在 7 ~ 10 Hz 之间。

侧置式与下置式浮置板隔振器刚度调整范围较大，单个隔振器侧置式刚度为 5 ~ 20 kN/mm，下置式刚度约 10 ~ 100 kN/mm，布置灵活，且板厚较大，可达 1 000 mm，固有频率可做到 6 Hz，隔振效果更好。

5.1.6 浮置板轨道一般设计

1. 扣件与钢轨的设计

浮置板轨道对扣件没有特殊要求，采用一般整体道床地段的扣件，扣件间距也与整体道床地段相同，只是预制浮置板常规统一为 600 mm 间距。列车的牵引是利用回流电路，依靠钢轨来实现，因此，轨道结构应做绝缘设计，以降低结构和设备受迷流腐蚀的影响。这些都是与一般整体道床地段相同的设计要求。

浮置板结构在列车经过时产生往复位移与变形。设计时，应分析检算浮置板地段钢轨疲劳强度和板端扣件上拔力是否满足要求[19][20]。

2. 轨道结构的一般设计

在满足结构限界要求的前提下，浮置板轨道结构的高度不宜小于表 5-1 中的数值。

表 5-1 浮置板轨道结构高度

线路类型或隧道断面	高架线	地面线和马蹄形或矩形隧道	圆形隧道
浮置板轨道结构高度/mm	650	750	800 ~ 840

浮置板轨道结构高度应根据施工方法、限界要求、基础形式、采用的浮置板轨道类型和浮置板特殊设计要求等情况，结合隔振要求来确定，设计实践圆形隧道中一般不小于 840 mm。

大多数浮置板道床采用倾斜基底设计法，即当浮置板位于曲线地段时，将曲线超高设置在轨道基础（常规称作基底）上。这种做法统一了板的厚度和隔振器高度，简化和加快了隔振器生产和安装。但在有些特殊地段，比如轨道高度有限的地下车站或高架线上，仍会采用早期做法：保持基底面水平，通过调整浮置板板体厚度实现超高。这一传统做法会使得浮置板横断面变化比较大、隔振器规格增多、生产成本增加，还延长了供货周期。

预制浮置板极大提升了板体质量，提高了施工速度，上海、深圳和北京等大城市已主要采用预制浮置板系统；全国范围内预制浮置板即将替代钢筋笼法现浇浮置板成为主流设计。预制浮置板最早应用的是组合式隔振系统，即板端采用共享式支座隔振器，板内采用内置式隔振器；也有采用全内置式隔振器的预制浮置板系统。与组合式隔振系统相比，为弥补板端缝处"断掉的"刚度，有些全内置式系统设置了更多隔振器；同时，为保持减振效果，采用了非线性刚度隔振器。

下一代浮置板，即同时结合了预制短板和现浇长板两者优点的预制湿连接长板（也称湿接装配式长型浮置板），目前已完成试验段施工，待后续获得更多验证后，有望逐步成为新的主流设计。

轨道交通线路上存在较多小半径曲线，曲线地段存在曲线矢距，其上下股钢轨中心线与按直线制作的预制板存在偏离。以 $R=350$ m 曲线为例，3.6 m 长板的最大矢距为 4.6 mm。为应对这一问题，早期预制浮置板设计了两种曲线板以适应不同半径的曲线，扣件承轨台按曲线布置；同时曲线板设计为梯形，最大化减小板端缝宽窄变化，为剪力铰安装提供便利。轨道设计普遍加大了扣件调整能力，新的预制板已逐步统一为矩形板，且承轨台均按直线布置。

缓和曲线地段内外股钢轨为变超高的空间曲线，而预制短板为一个刚性体，单块板上只能实现一个固定超高值，如何实现平顺过渡也是需要重点研究的问题。曾有在预制板扣件位置预留槽，预制板就位后进行承轨台后浇筑的设计和实践，但因为浇筑体量小、立模难，工程效果不理想，主流还是通过隔振器垫板的无级调高（最薄 1 mm 垫板）来解决。另外，缓和曲线段对剪力铰安装也提出挑战，剪力铰在板缝两侧的两部分应能适应板面超高（横向倾斜度）的跳跃，采用铰棒和套管体系的上置式剪力铰，剪力铰底座（主体即套管）可在铰棒上自由旋转，天然地应对了这一难题。

在某些特殊地段，现浇浮置板仍有预制板无法替代的优点。例如，某线路经过某大学校区，为减少对实验室内精密仪器的干扰，针对精密设备的使用要求和振动源频谱特性设计了特种钢弹簧浮置板，考虑线路前期预留条件不足，浮置板断面设计了三个凸台（中间凸台与两侧凸台）如图 5-5 所示。这种断面在早期工程中也有一些应用，可以较好地适应较小的轨道高度条件，增加浮置板的参振质量，降低系统固有频率，同时增加浮置板刚度，减小浮置板板体及钢轨变形，从而减小钢轨应力，提高系统的安全性。近年来，轨道高度条件有一定改善，带凸台浮置板对工务部门养护维修工作造成一定影响，这种带凸台的断面已较少应用。

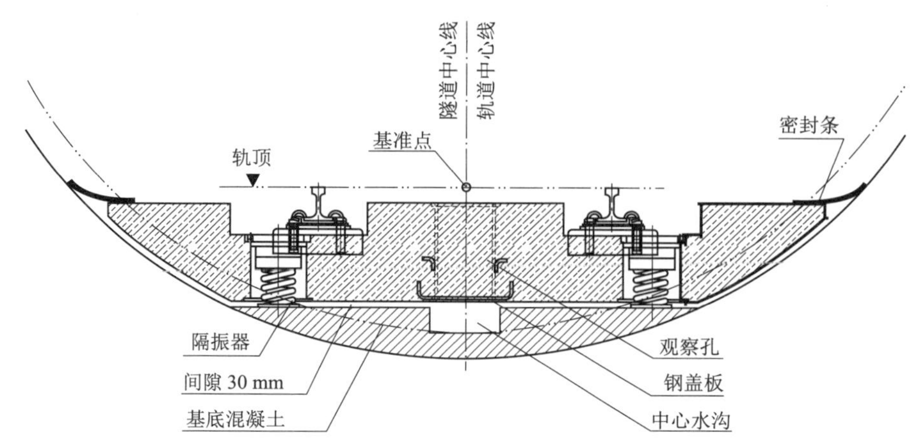

图 5-5　三凸台浮置板断面

3. 排水设计

浮置板地段要与其他类型道床做好排水衔接。浮置板表面和基底表面应设置排水横坡,板内应设置检查孔,以方便检查基底中心水沟排水情况。上游来水进入浮置板段中心水沟前,应设置水篦子和沉沙坑;浮置板段中心水沟排向下游,要设置排水过渡段,利用线路坡度和排水坡度(一般设为 2‰)差,逐步抬高并汇入普通道床两侧水沟。

特殊情况下,当线路坡度较大,也可在浮置板地段提前找坡、部分抬升水沟;或者设置道床内集水坑,通过潜水泵进行机械排水。早期实践中,曾做过更为细致的设计。从排水上游至下游,以板长为单位分段减少浮置板厚度,分段加厚基底厚度,基底中心水沟利用线路纵坡做"倒坡",如图 5-6 所示。此时,水沟坡度小于纵坡坡度,可取 2‰或 1. 5‰,水沟相对于轨面逐步抬高,至下游刚好接入普通整体道床水沟。连续水沟保证了排水的连续性,而分段调整的基底及浮置板又保证了单板的相对独立,防止变厚度板的出现,使得设计、隔振器布置及施工便于控制。当然这一设计增加了施工的复杂性,损失了一定的隔振效率;而且,如果此处线路纵坡比较平缓(接近 2‰),要顺利做好水沟纵坡也非常困难。因此,应在设计初期协调好线路坡度与减振需求的关系。

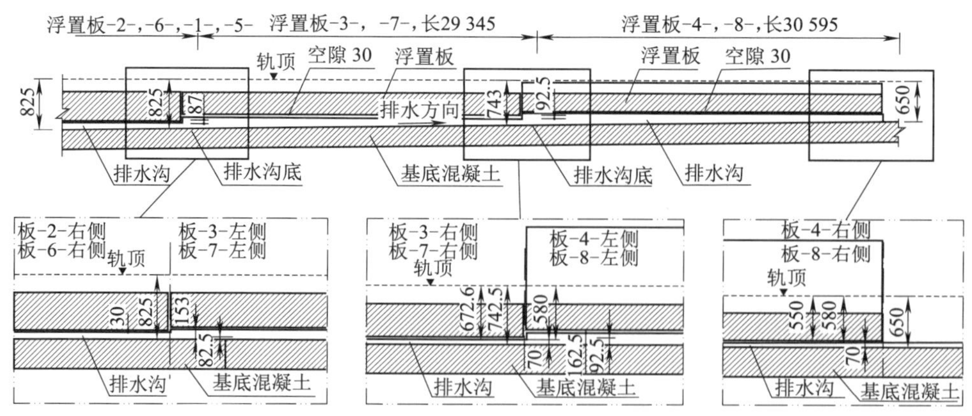

图 5-6　浮置板段排水过渡特殊方案(单位:mm)

4. 典型专业接口设计

（1）与信号专业接口

浮置板设计中，需提前考虑信号设备的安装空间。由于信号设备位置的精确定位往往滞后，无法预留准确。因此，预制板特殊设计一种板型，将中心凸台取消；在需要安装信号设备的位置，采用无凸台板。有凸台的现浇浮置板也同样需要预留安装空间，同时需考虑道床面行走连顺性，可按图 5-7 做平顺处理。国内无凸台板设计已成主流，避免了这一问题的影响。

（2）与供电专业接口

浮置板道床钢筋兼做杂散电流的收集网。因此，浮置板配筋设计中，须按照杂散电流专业要求，形成电气连通的杂散电流收集网，并在每块板端部预埋连接端子。同时，预制浮置板要设计扣件下承轨台，现浇板的预制轨枕要高出板面，以确保钢轨下部净空不小于 70 mm。

（3）区间泵站处

区间联络通道常见采用冷冻法施工，施工完成后隧道不均匀沉降情况较严重，个别线路在运营初期扣件调高量就已达到限值。不均匀沉降易引起道床基底脱空，需在后期对基底进行注浆治理。因此，此地段的浮置板一般会要求延后铺设，基底延后浇筑。这使得区间泵站处成为线路施工工期的制约点。同时，接入废水泵房的排水管有过轨需求，且过管数量有时多达 3 根。针对此段的浮置板设计不断发展，已从避免铺设浮置板，到仅采用现浇浮置板但要延后铺设（在过管处设大板缝），再到目前已有预制浮置板解决方案。区间泵站处另一个常见问题是泵站埋管过高，浮置板基底排水难以进入泵站。此时，往往需要在道床面设置排水管引向泵房，在观察筒内设置潜水泵抽取集水坑内的积水，如图 5-8 所示。

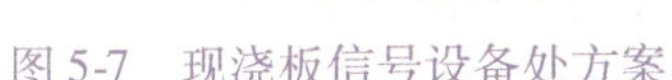

图 5-7　现浇板信号设备处方案

图 5-8　区间泵站处道床机械排水

（4）人防门门槛处

人防门的使用功能要求“隔断”，而浮置板的使用功能要求“连续”，为解决这一矛盾，对人防门处浮置板需采用特殊的结构设计方案。

铺设布板时，将人防门门槛作为一个控制点，如图 5-9 所示，浮置板自门槛处向两端铺设。此时，剪力铰不能穿过门槛布设，这两块板的剪力传递完全由钢轨来承担，车辆经过时,钢轨的变形与应力将增大,而且这种应力和变形是非单向的并且往复发生,对轨道疲劳强度形成了挑战。为此,设计中采用了刚度过渡处理的方式,即适当增加门槛两侧的隔振器数量(但少于浮置板端板刚度过渡段的隔振器数量),减小绝对变形进而减小相对变形差,相应减少钢轨内力,却又不对系统的整体性及调谐频率产生较大的影响。这一方案同时满足了钢轨的强度要求、人防门的使用功能及隔振段的隔振要求。

对于排水功能,在门槛底处相对于中心水沟埋设一段排水管,使水流经由排水管通过人防门槛,在车站侧设置排水管控制阀门,相对应的在浮置板端开设操作空间,当人防功能启动时,于浮置板上操作阀门截断水流,达到隔断目的,如图 5-10 所示。

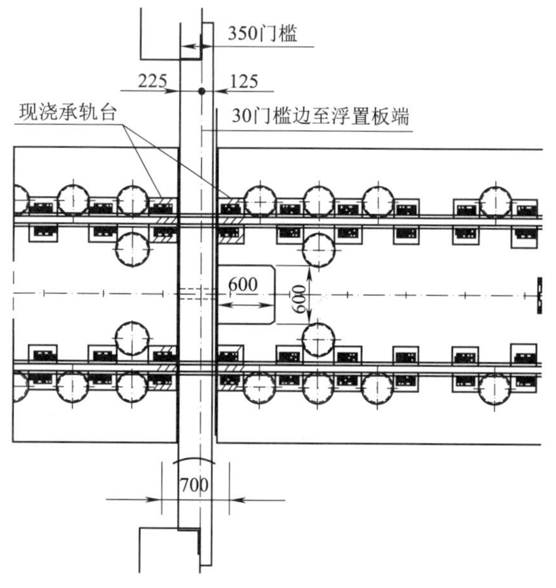

图 5-9　人防门门槛处浮置板方案(单位:mm)

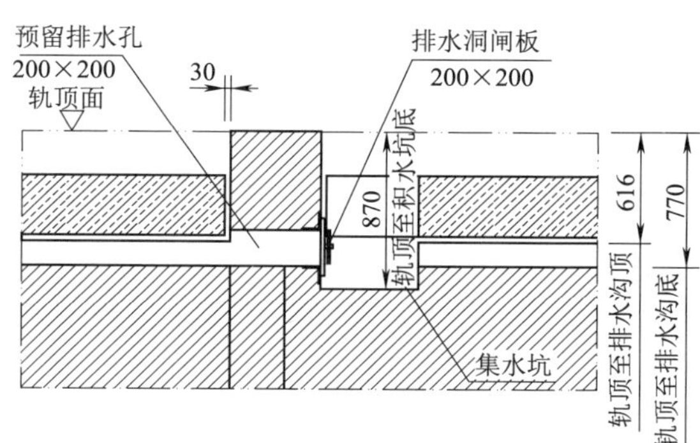

图 5-10　人防门门槛处纵剖图(单位:mm)

5.2 浮置板静力计算与配筋设计

5.2.1 有限元建模

钢弹簧浮置板设计,需要对浮置板受力进行计算分析,以验证浮置板的截面尺寸,并设计配筋。浮置板的受力计算主要采用有限元法,计算模型通常包含钢轨、扣件系统、浮置板道床、钢弹簧隔振器以及板与板之间的剪力铰。

考虑钢轨和剪力铰内部的剪力作用,通常用铁木辛柯梁模拟;道床板视为弹性薄板,用壳单元模拟。钢弹簧隔振器和扣件用弹簧阻尼器单元模拟。

浮置板有限元计算模型中,一般至少包含 3 块板,通常以中间板作为研究对象,建立 3 块板的目的是减小边界条件带来的计算误差。

有限元模型的坐标系选取原则与轨道结构的坐标系选取原则一致，浮置板长度为 x 方向，宽度为 y 方向，厚度为 z 方向。板的内力符号约定如图 5-11 所示。

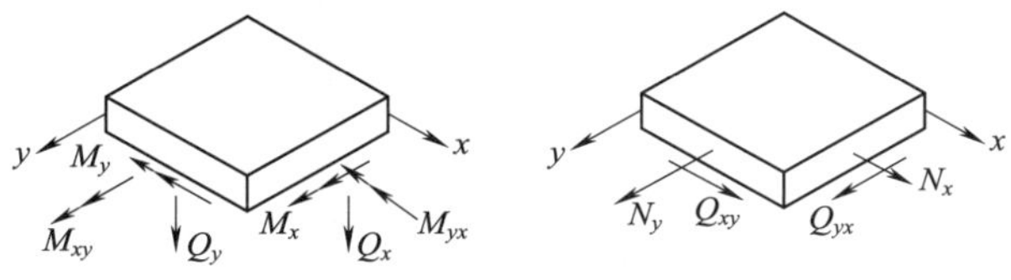

图 5-11　符号约定

有限元模型建模参数包含几何参数及材料参数。几何参数包含浮置板的长度、宽度及厚度，这些几何参数应根据具体项目的设计要求而定。材料参数包含钢轨材料参数，混凝土材料参数，剪力铰材料参数等。在有限元分析时，浮置板隔振系统假设为线性系统，材料亦假定为线性材料，常规材料参数包含密度、弹性模量及泊松比。

扣件、隔振器等在模型中均采用弹簧阻尼器单元模拟，建模时需要明确其刚度阻尼参数。以 A 型车 80 km/h 最高设计速度线路上板厚 340 mm 的常规现浇钢弹簧浮置板轨道系统为例，浮置板道床截面尺寸如图 5-12 所示，平面尺寸如图 5-13 所示。

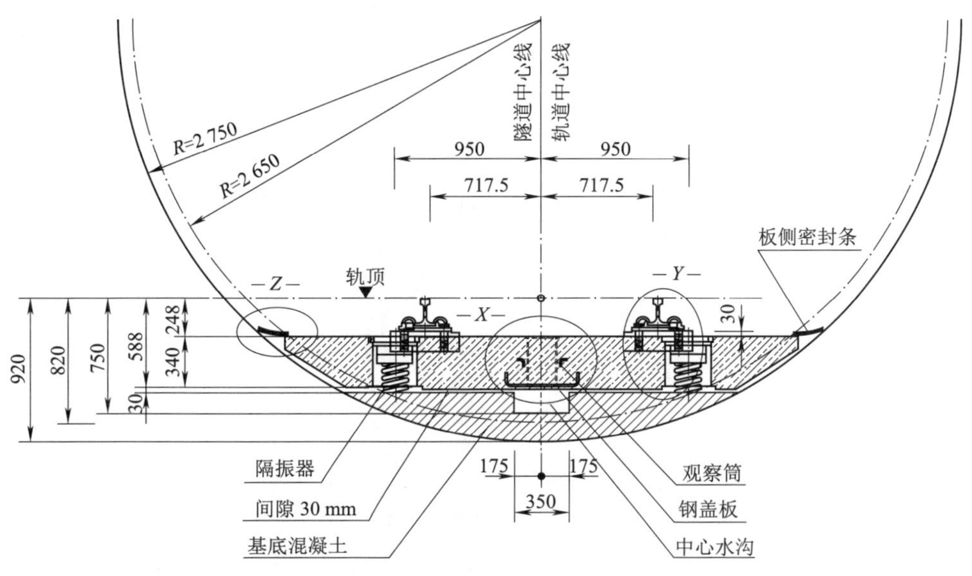

图 5-12　浮置板轨道结构横断面布置（单位：mm）

浮置板动力特性分析，即模态分析，详见第 2 章。需要注意的是，浮置板固有频率通常计算两种工况，一是仅考虑浮置板自重情况下的固有频率；另一种是考虑到轨道与列车为一个耦合系统，故将部分轴重质量考虑到浮置板系统内，通常考虑 15% 的轴重对应质量。

静力计算主要分析各工况下各位置处各部件内力，如两块浮置板连接点处钢轨和剪力铰内力、浮置板变截面处和板中位置混凝土和钢筋拉压应力，寻得各点各内力最大值。

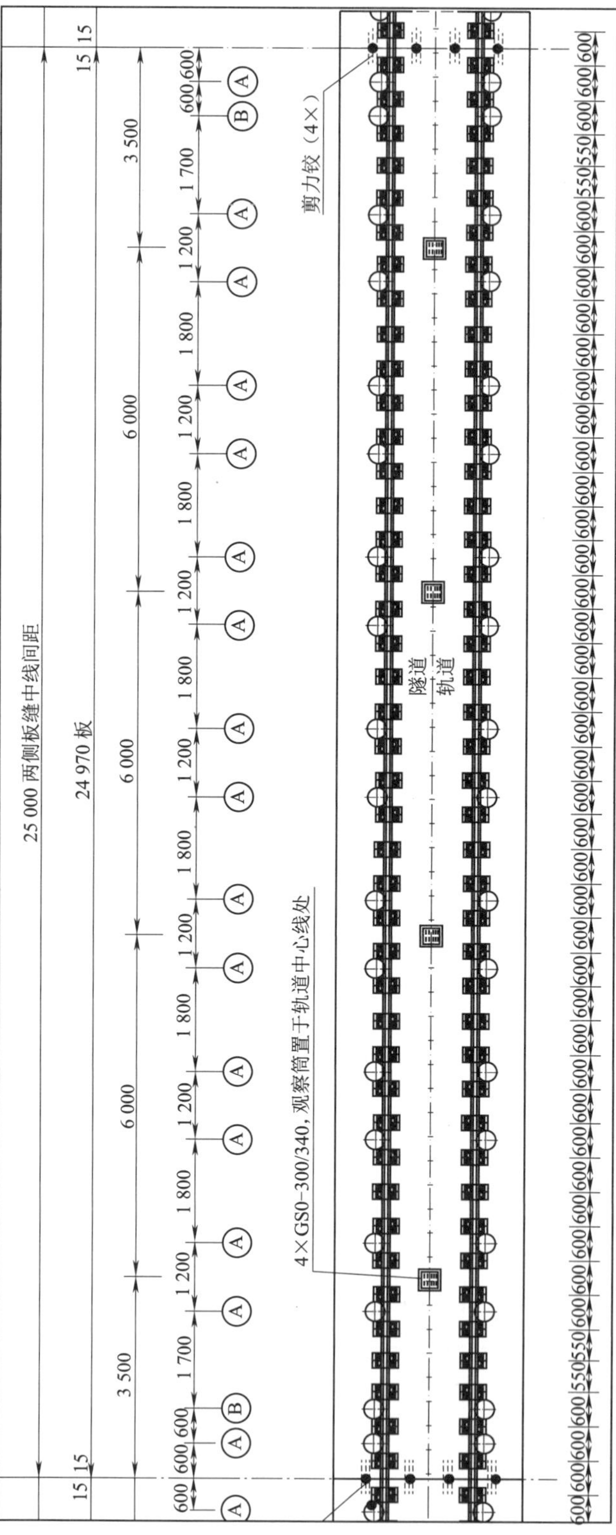

图 5-13　浮置板轨道结构平面尺寸及隔振器布置（单位：mm）

5.2.2　静力计算

1. 静力荷载

钢弹簧浮置板的外界荷载为列车车轮施加给钢轨的荷载，包含车重产生的静力荷载及运行时产生的动荷载。静力分析时可假设轮轨之间为点接触，则荷载的形式为点荷载，一个轮对对左右钢轨产生两个点荷载。荷载的空间位置与车辆的轴距、定距等有关，分析时应根据具体车型选择。常见的地铁 A、B 型车辆荷载位置分布如图 5-14 所示。A 型车轴重 160 kN；动力系数一般可取 1.3；离心力按《铁路桥涵设计基本规范》中相应公式计算，作用轨面上 1.8 m 处；横向摇摆力按 100 kN 分布于 4 m 范围考虑（极端情况）；牵引和制动力按 25% 轴重考虑，分布于钢轨上，即 $P_{\text{braking,rail}} = (0.25 \times 4 \times 160/2)/(13.2 + 2.5 + 4.6 + 2.5) = 3.51$ kN/m。

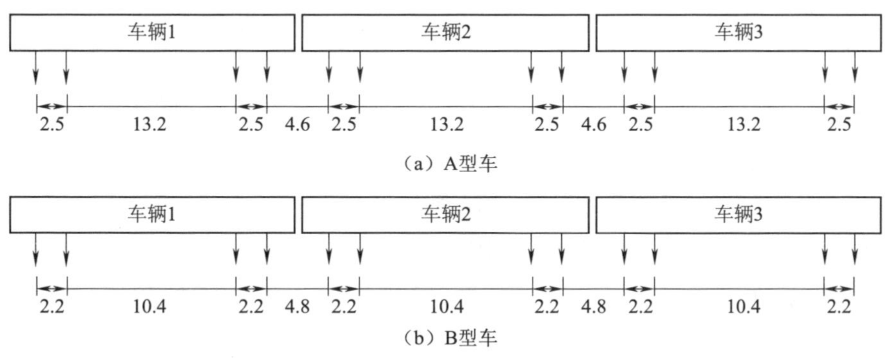

图 5-14　地铁列车荷载

静力分析主要考虑两种工况。一是仅考虑浮置板自重时的静力分析；二是考虑车体荷载对钢轨的动力作用时的静力分析。考虑行车对钢轨的动力作用时的静力分析，最不利工况为车辆满员同时考虑动力系数。

2. 动力系数

车辆运行过程中，由于轨道不平顺、车轮失圆、轨道及车轮病害等产生较大的附加动力荷载，使得列车轮对轨道产生的实际动荷载大于车辆自重产生的静荷载。故静力分析时需要引入动力系数以考虑由于轮轨冲击、震荡及其他动力作用的影响。列车动力系数与轮轨的平顺性及列车运行速度直接相关。设计实践中，80 km/h 时速及以下的新建地铁线路动力系数通常取 1.3。

《Eurocode 1 Actions on structures-Part 2: Traffic loads on bridges》给出了详细计算公式。

对于轨道进行日常标准维护的，可按式（5-2）计算。

$$1 + \varphi = 1 + \varphi' + \varphi'' \tag{5-2}$$

对于进行精心维护的轨道，可按式（5-3）计算。

$$1 + \varphi = 1 + \varphi' + 0.5\varphi'' \tag{5-3}$$

当 $K < 0.76$ 时，$\varphi' = \dfrac{K}{1 - K + K^4}$；

当 $K \geqslant 0.76$ 时，$\varphi' = 1.325$；

$$K = \frac{v}{2Ln_0}$$

$$\varphi'' = \frac{\alpha}{100}\left[56\mathrm{e}^{-\left(\frac{L}{10}\right)^2} + 50\left(\frac{Ln_0}{80} - 1\right)\mathrm{e}^{-\left(\frac{L}{20}\right)^2}\right]，且\ \varphi'' \geqslant 0 \tag{5-4}$$

当 $v \leqslant 22$ m/s 时，$\alpha = \frac{v}{22}$；当 $v > 22$ m/s 时，$\alpha = 1$。

式中 v——允许最高列车速度，m/s；

n_0——桥梁在恒载作用下第一阶弯曲频率，Hz；

L——特征长度，具体可为桥梁跨度或影响线加载长度，m。

对于板配筋疲劳检算，参照 Eurocode 1 中的公式进行折减，即：

$$\varphi_{\mathrm{fat}} = 1 + 0.5(\varphi' + 0.5\varphi'') \tag{5-5}$$

式中 $\varphi' = \frac{K}{1 - K + K^4}$，当 $L \leqslant 20$ m 时，$K = \frac{v}{160}$，当 $L > 20$ m 时，$K = \frac{v}{47.16L^{0.408}}$；

$\varphi'' = 0.56\mathrm{e}^{-\frac{L^2}{100}}$为式(5-4)的简化式。

基于轮轨不平顺进行动力分析后，可对分析计算结果(应力、变形、桥面板加速度及其他指标)乘以一个不小于 1.0 的系数，以考虑动力效应的增加，这个系数具体为$(1 + \varphi'')$，适用于进行标准维护的轨道；$(1 + \varphi''/2)$适用于进行精心维护的轨道，其中，φ''参见式(5-4)。

对于拟静力分析，《地铁设计规范》援引了《铁路桥涵设计基本规范》，钢筋混凝土桥跨结的动力系数按式(5-6)计算。

$$1 + \mu = 1 + \alpha\left(\frac{6}{30 + L}\right), \alpha = 4(1 - h) \leqslant 2 \tag{5-6}$$

式中 h——从轨底至梁顶的填土厚度，m；

L——桥梁跨度，m；对承受局部活载的杆件，为其影响线加载长度。

对于桥跨结构，$h = 0$ m，故 α 取 2。同时，根据《地铁设计规范》10.3.4 条，μ 要乘以 0.8 的系数。《铁路桥涵设计基本规范》中动力系数主要来自蒸汽机车试验资料，而轨道交通车辆为电力机车，动力作用相对要小。也有地方规范如上海《城市轨道交通设计规范》，直接给出了轨道交通高架线钢筋混凝土桥的动力系数计算式：

$$1 + \mu = 1 + \frac{10}{30 + L} \tag{5-7}$$

当考虑浮置板配筋疲劳检算时，根据欧标 Eurocode 1，还要乘以 0.5 的系数(参见式 5-5)；即最终 μ 的折减系数取 0.4。

以上是基于铁路桥规范和城市轨道交通规范给出的动力系数，一些新的研究成果也在纳入这些规范中。例如，2017 年发布的上海《城市轨道交通设计规范》补充了“单线槽型梁桥道板动力系数可取 1.4”。对于钢弹簧浮置板结构，也需针对性地开展动力特性试验研究，以获得更为直接和准确的设计参数。

【工程算例】

以前述 16 t 轴重 A 型车和 80 km/h 设计运行速度线路上的 340 mm 厚、24 970 mm 长（即 25 m 标准板）钢弹簧浮置板为例，分别给出板自重和列车动载两种工况下板的弯矩和剪力。内力值的正负与方向有关，最大值为绝对值；另外，内力均为单位长度内力，非截面内力。

自重荷载作用下的浮置板弯矩云图如图 5-15 和图 5-16 所示。

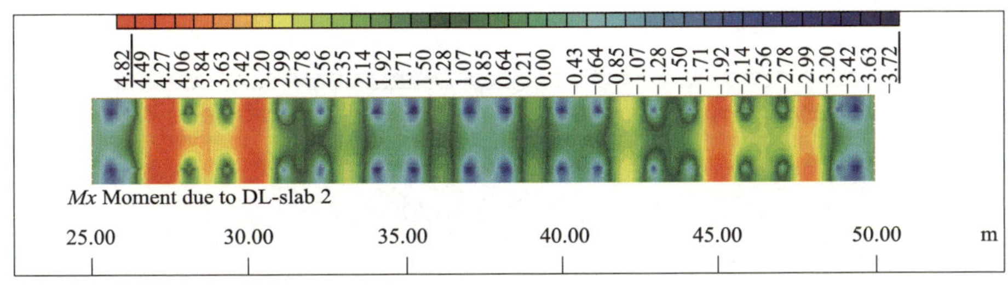

图 5-15　自重荷载作用下每延米浮置板弯矩 M_x（单位：kN · m）

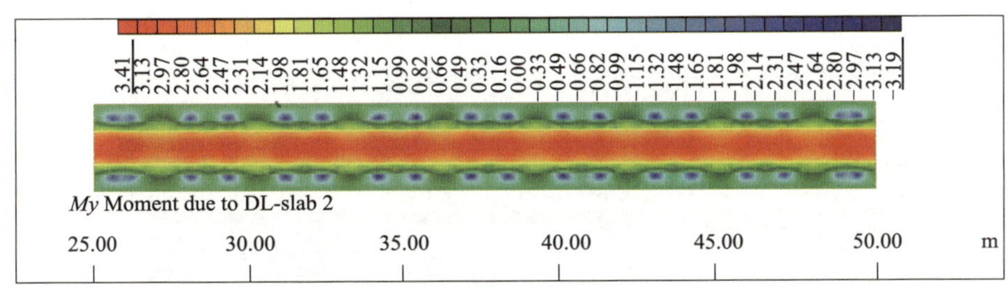

图 5-16　自重荷载作用下每延米浮置板板弯矩 M_y（单位：kN · m）

车辆荷载作用下浮置板弯矩云图如图 5-17 ~ 图 5-20 所示。

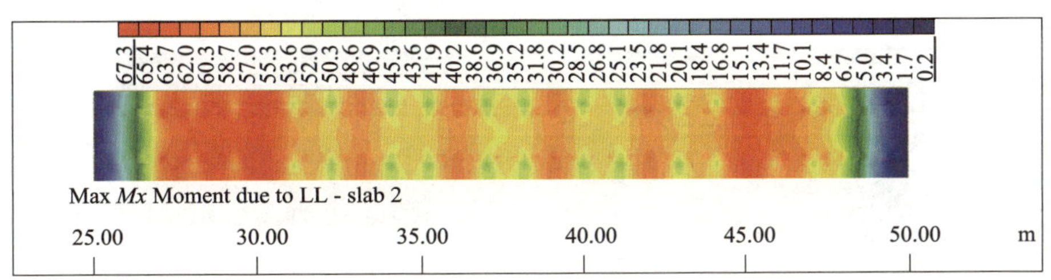

图 5-17　车辆荷载作用下每延米浮置板最大正弯矩 M_x（单位：kN · m）

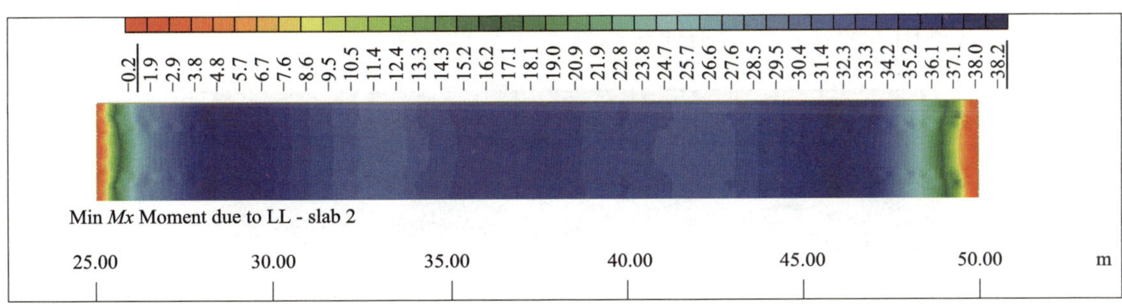

图 5-18　车辆荷载作用下每延米浮置板最大负弯矩 M_x（单位：kN · m）

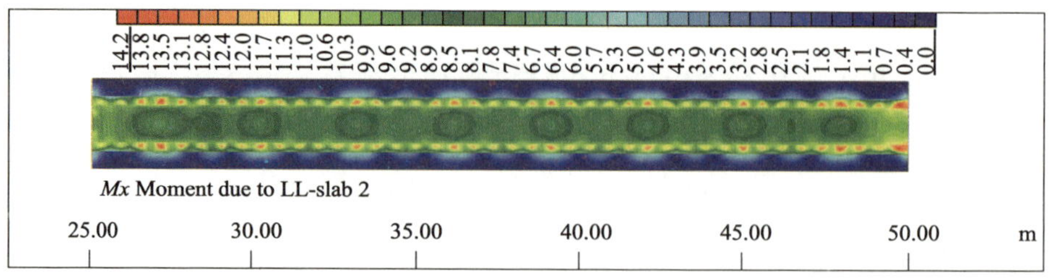

图 5-19　车辆荷载作用下每延米浮置板最大正弯矩 M_y（单位：kN・m）

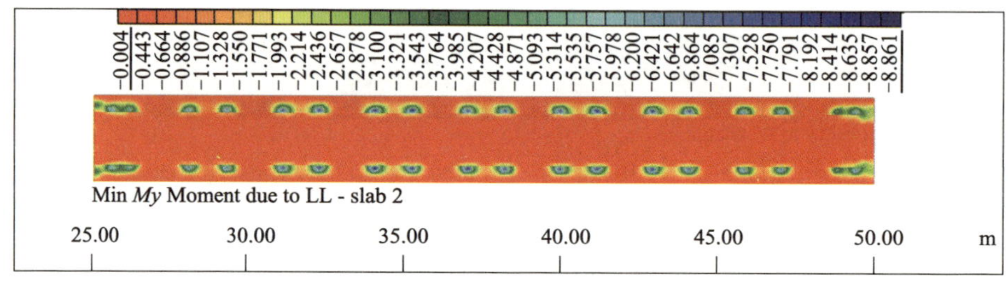

图 5-20　车辆荷载作用下每延米浮置板最大负弯矩 M_y（单位：kN・m）

自重作用下的浮置板剪力计算结果如图 5-21 和图 5-22 所示。

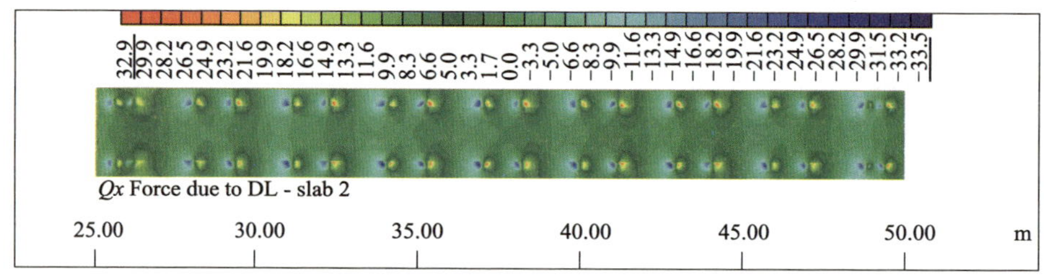

图 5-21　自重作用下每延米浮置板剪力 Q_x（单位：kN）

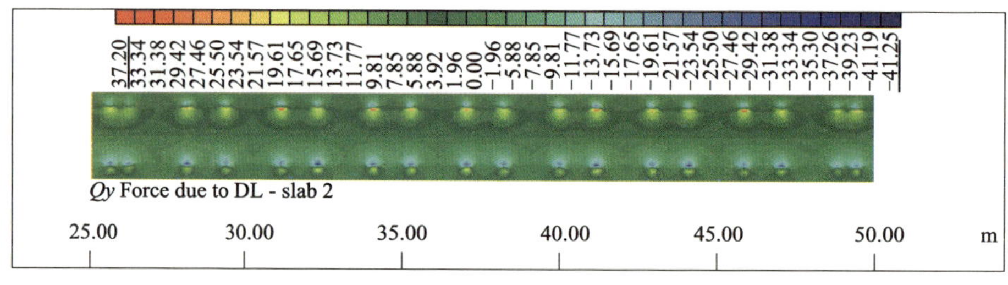

图 5-22　自重作用下每延米浮置板剪力 Q_y（单位：kN）

车辆荷载作用下的浮置板剪力计算结果如图 5-23 ~ 图 5-26 所示。

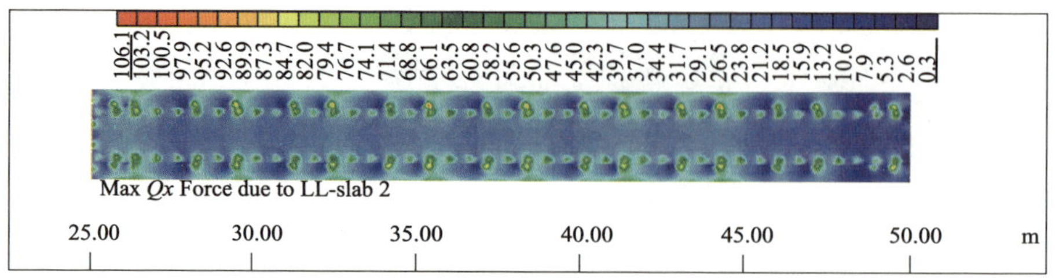

图 5-23　车辆荷载作用下每延米浮置板最大正剪力 Q_x（单位：kN）

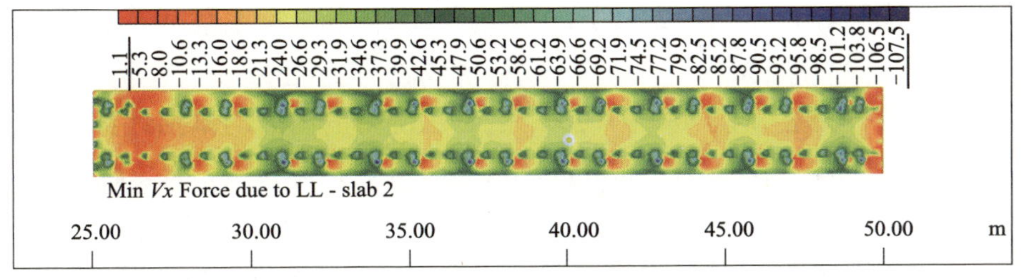

图 5-24　车辆荷载作用下每延米浮置板最大负剪力 Q_x（单位：kN）

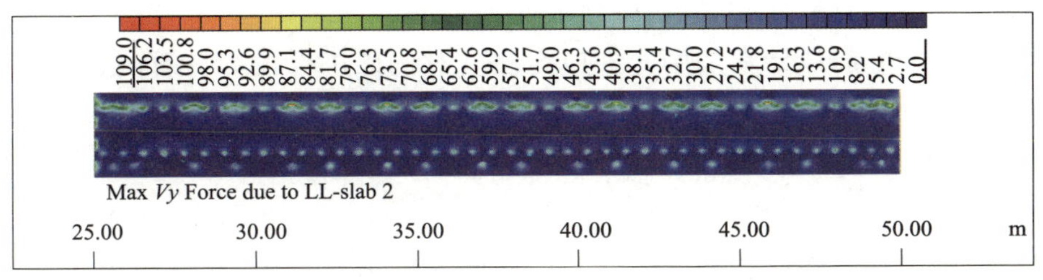

图 5-25　车辆荷载作用下每延米浮置板最大正剪力 V_y（单位：kN）

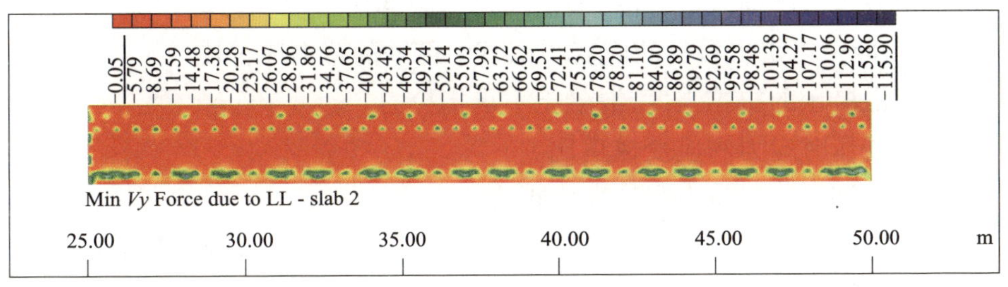

图 5-26　车辆荷载作用下每延米浮置板最大负剪力 V_y（单位：kN）

5.2.3　配筋设计及计算

配筋计算，首先要进行各种工况下板内力分析，主要工况包括板自重、列车荷载（一般工况，动力系数按公式计算）、列车荷载（疲劳验算，动力系数根据公式修正）、列车横向摇摆力、列车制动力或牵引力、温度变化、混凝土收缩徐变等。

对于混凝土结构计算，荷载组合或者内力包络对承载力极限状态检算、正常使用极限状态及疲劳工况（疲劳工况本属于承载能力极限状态，这里因其特殊性单列）各有不同。

承载能力极限状态检算，内力最大值取自：1.35 倍板自重 + 最大列车荷载（来自以下三项的最大值：1.5 倍牵引制动力，1.5 倍横向摇摆力，1.5 倍车辆轴重乘动力系数）+ 1.5 倍温度变化 × 1.0 倍混凝土收缩。正常使用极限状态检算，内力最大值取自：浮置板自重；列车车辆轴重乘动力系数。疲劳工况，内力最大值取自：浮置板自重；85% 的列车轴重，同时考虑疲劳工况动力系数。

恒载分项系数 1.35 来自 *Eurocode-Basis of Structural Design*（EN 1990），《建筑结构可

靠性设计统一标准》（GB 50068—2018）采用的是1.3，活载分项系数欧洲标准和国内标准均为1.5。

具体计算由软件完成，对于每一个板单元，各工况下的内力均单独计算。对于具体的力或弯矩，对计算所得最大和最小值进行包络，同时得到其他相关结果。输出结果主要有单元的最大法向力 N_x、N_y，单元上的弯矩 M_x、M_y，及单元上的剪力 Q_x、Q_y。

对承载能力极限状态、正常使用极限状态和疲劳工况，各自进行组合，选取浮置板各单元上内力最大值，分别进行配筋设计。考虑钢筋规格、布置位置和间距等实际问题后，实际配筋总会大于计算所需配筋量，以增大安全裕量。

国内浮置板的配筋设计常采用允许应力法。对构件进行设计计算时，构件是处于工作荷载的作用下，同时假定材料是弹性体，于是可以采用基于弹性理论方法求出构件内钢筋和混凝土各自的最大应力 $\sigma_{s,max}$、$\sigma_{c,max}$，要求它们不大于相应的材料允许应力，即 $\sigma_{s,max} \leqslant [\sigma_s]$ 和 $\sigma_{c,max} \leqslant [\sigma_c]$。

在钢筋混凝土受弯构件和受压构件的正截面承载力计算中，允许应力法采用了以下基本假定：

（1）截面应变保持平面，即构件的横截面在荷载作用下仍保持为平面，并与变形后的纵轴线垂直。由此可以得出材料的应变与离开中性轴的距离成正比。

（2）不考虑混凝土的抗拉强度，混凝土不承担拉力。

（3）混凝土受压时应力和应变成正比。

（4）钢筋受拉和受压时应力和应变成正比。

（5）钢筋和混凝土完全粘结，变形时两者之间没有相对滑移，因此钢筋和相同位置处的混凝土的应变相同。

具体计算可参考《混凝土结构设计规范》6.2 节。

【工程算例】

以前述静力计算案例中板厚为 340 mm 的钢弹簧浮置板道床为例，说明配筋计算。基于有限元分析软件由各荷载组合计算出的板截面内力，根据各工况板截面内力计算配筋需求量。图 5-27 给出的是配筋计算简图。

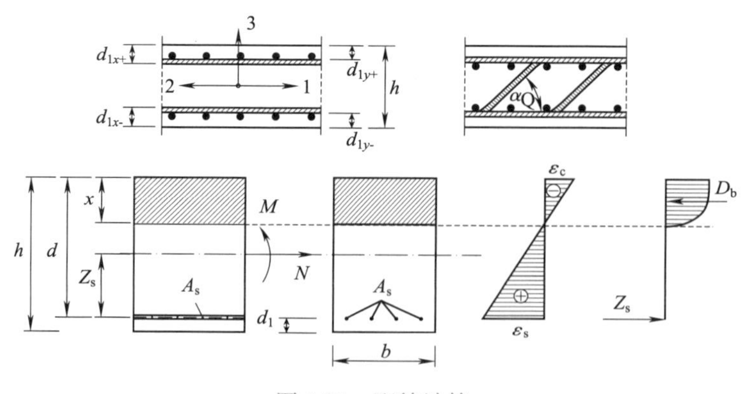

图 5-27　配筋计算

(1)钢筋位置参数:顶层纵向钢筋 $d_{1x+}=70$ mm;顶层横向钢筋 $d_{1y+}=50$ mm。

底层纵向钢筋 $d_{1x-}=70$ mm;底层横向钢筋 $d_{1y-}=50$ mm。

(2)最小配筋量:$A_{sy}=0.2A_{sx}$(A_{sy}为横向钢筋面积,A_{sx}为纵向钢筋面积)。

图 5-28 ~ 图 5-32 是钢筋面积需求量云图。从图可知,最大纵向配筋需求量:顶层为 14.33×10^2 mm²/m,底层为 23.34×10^2 mm²/m。横向钢筋的需求量相对小一些。

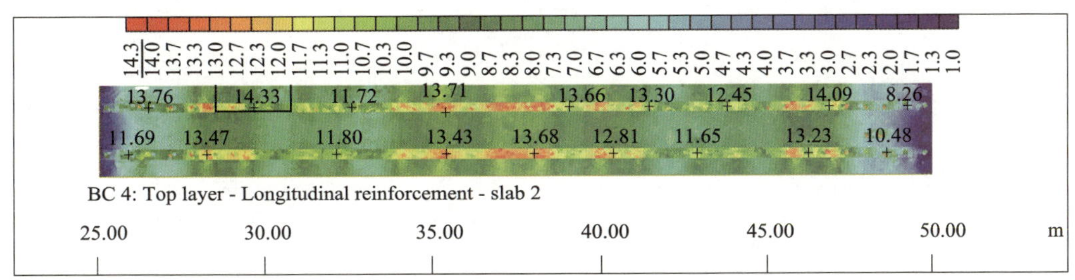

图 5-28　顶层纵向钢筋需求量($\times10^2$ mm²/m)

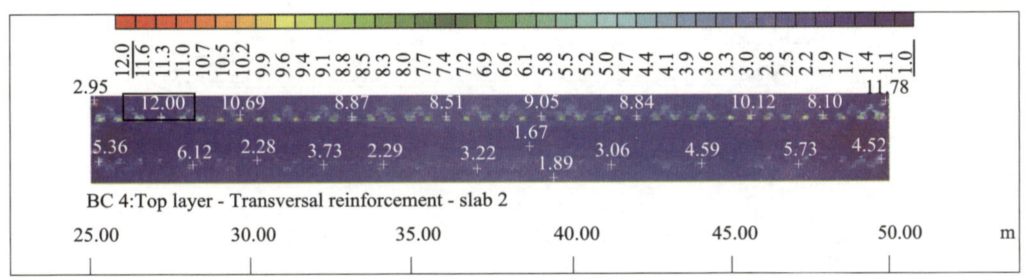

图 5-29　顶层横向钢筋需求量($\times10^2$ mm²/m)

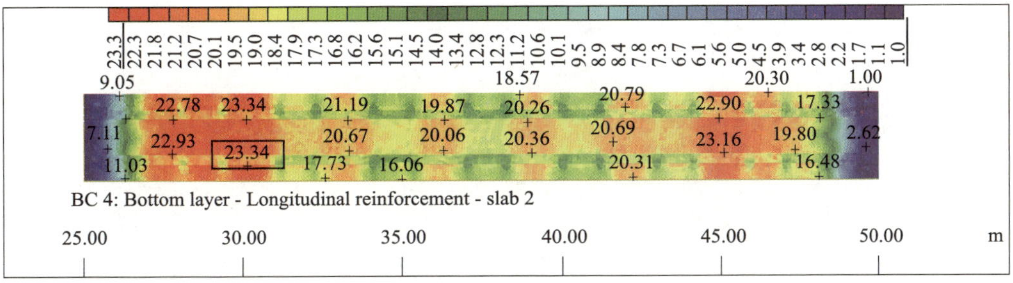

图 5-30　底层纵向钢筋需求量($\times10^2$ mm²/m)

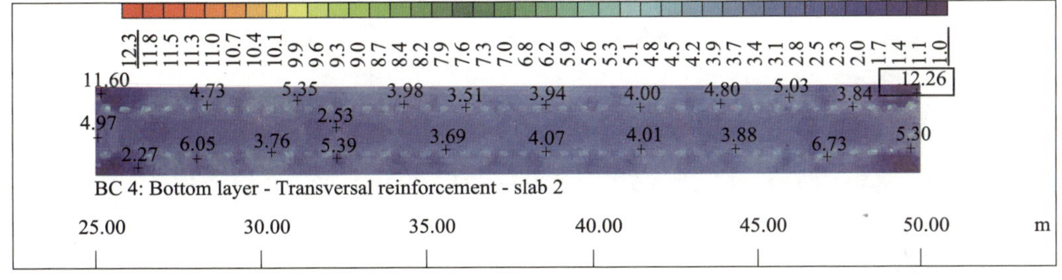

图 5-31　底层横向钢筋需求量($\times10^2$ mm²/m)

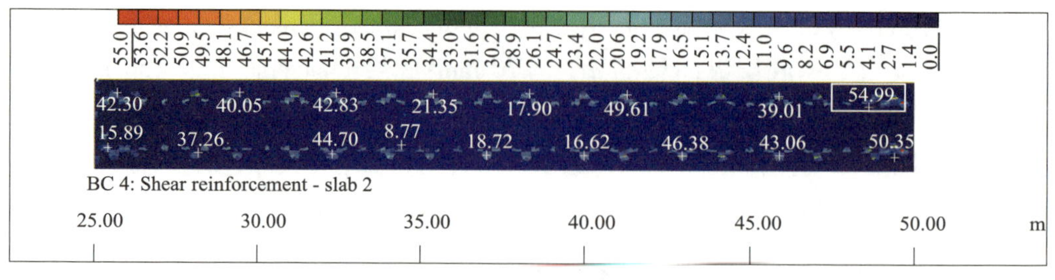

图 5-32 抗剪钢筋需求量($\times 10^2 mm^2/m$)

根据钢筋计算需求量计算结果绘制的浮置板道床典型断面配筋图,如图 5-53 所示。

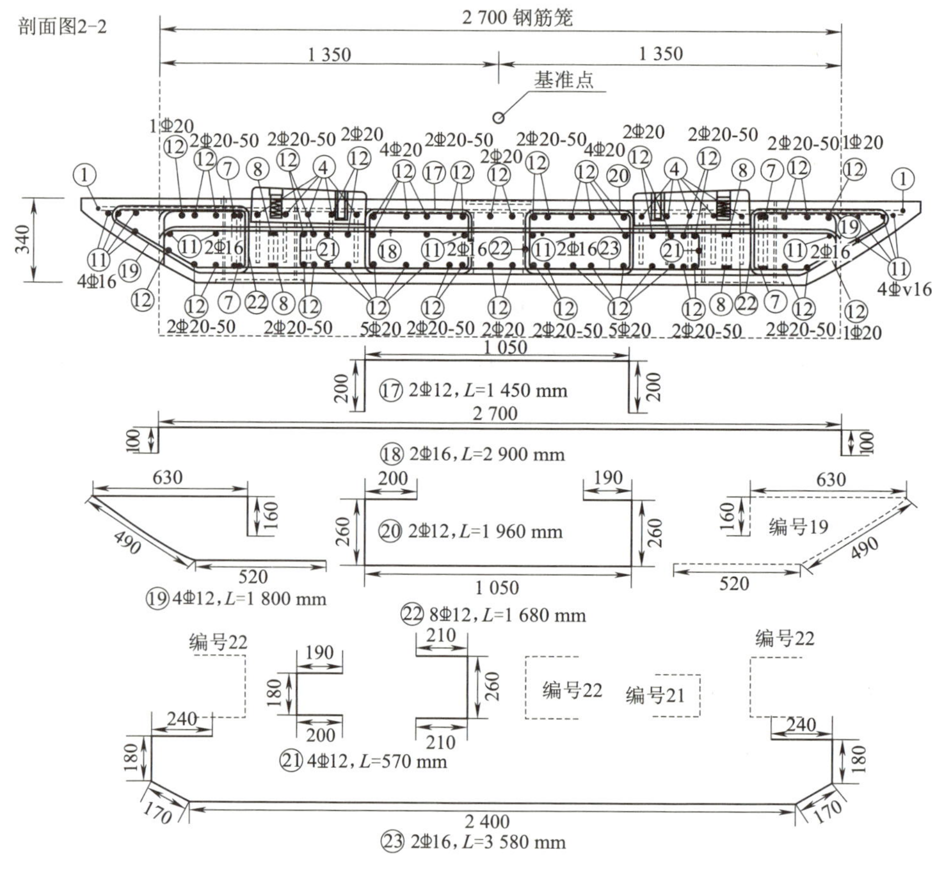

图 5-33 浮置板典型配筋图(单位:mm)

5.3 重要检算

5.3.1 浮置板检算

浮置板轨道结构处于列车荷载的反复作用下,故需要对钢筋混凝土板体进行疲劳验算。国内桥梁相关规范要求对钢筋应力幅进行检算。Eurocode 2：Design of concrete structures—Part 1-1：General rules and rules for buildings 则规定，钢筋混凝土结构疲劳检算要分别检算钢筋和混凝土的应力状态。此外，对浮置板还有隔振器位置抗冲切检算（顶升及运营期疲劳工况下）以及轨枕和中置式剪力铰处抗冲切检算等，对于预制板还需要检算吊装运输工况。这里重点介绍浮置板主受力钢筋和混凝土疲劳检算。

1. 钢筋疲劳检算

我国《铁路桥涵混凝土结构设计规范》（TB 10092—2017）规定，对运营阶段承受疲劳荷载作用的构件，应检算钢筋应力幅，其容许值[$\Delta\sigma$]应根据试验确定。当缺少该项试验数据时，可按表 5-2 所示的容许值采用。

表 5-2　预应力钢筋容许疲劳应力幅

预应力钢筋种类	[$\Delta\sigma$]/MPa
预应力钢丝	150
预应力钢铰线	140
预应力螺纹钢筋	80

注：预应力螺纹钢筋的疲劳应力幅容许值应根据试验确定，当无可靠试验数据时可按本表采用。

按照欧洲规范，对于钢筋只考虑应力幅，不考虑应力比情况，根据式(5-8)进行校核。

$$\gamma_F \cdot \gamma_{sd} \cdot \Delta\sigma_{s,equ}(N^*) \leqslant \frac{\Delta\sigma_{Rsk}(N^*)}{\gamma_{s,fat}} \tag{5-8}$$

式中　γ_F——不确定性的荷载分项安全系数，取 1.0；

γ_{sd}——不确定性的模型分项安全系数，取 1.0；

$\gamma_{s,fat}$——疲劳荷载下钢筋分项安全系数，取 1.15；

$\Delta\sigma_{Rsk}(N^*)$——应力循环次数达到 N^* 时的疲劳强度，根据表 5-2 和图 5-34 计算；

$\Delta\sigma_{s,equ}(N^*)$——计算的等效应力幅。

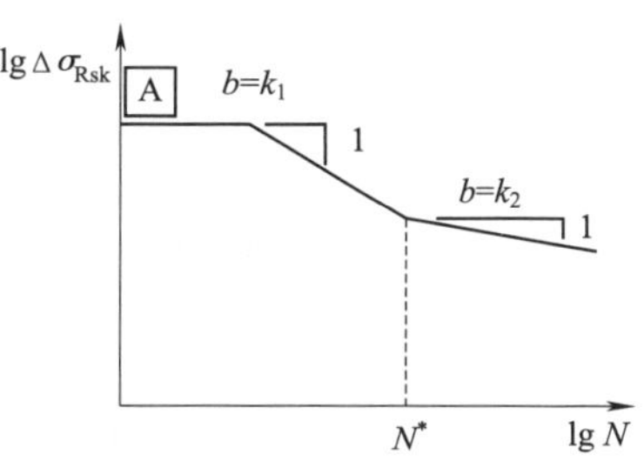

图 5-34　$\lg\Delta\sigma_{Rsk}$—$\lg N$ 图

注：k_1、k_2 为疲劳曲线斜率。

欧洲规范的钢筋 *S*—*N* 曲线如图 5-34 所示，图中参数的大小见表 5-3。

表 5-3　欧洲规范给出的钢筋 *S*—*N* 疲劳曲线参数

钢　筋　类　型	N^*	应力指数		N^* 次循环下 $\Delta\sigma_{Rsk}$/MPa
		k_1	k_2	
直钢筋和弯曲钢筋	10^6	5	9	162.5
焊接钢筋和绑接钢筋	10^7	3	5	58.5
连接装置	10^7	3	5	35

注：表中的 $\Delta\sigma_{Rsk}$ 值是针对直钢筋的，对于弯曲钢筋需要乘以折减系数（折减系数 $\zeta = 0.35 + 0.26D/\phi$，其中，$D$ 是弯曲直径，ϕ 是钢筋直径）。

基于浮置板实际配筋，通过有限元模型计算出钢筋实际应力幅 $\Delta\sigma_{s,equ}(N)$，根据式(5-7)与给定疲劳寿命（N 次应力循环下）的容许等效应力幅 $\Delta\sigma(N)$ 对比，即完成疲劳检算。

【工程算例】

根据真实配筋数量和内力幅值，重新算出钢筋中的最大应力幅。本算例与上述配筋计算算例不属于同一工程，是某工程 30 m 长、370 mm 厚现浇板。算例给出了板 1 和板 2 的应力范围，其中，板 1 起始端为过渡段，板 2 为标准板。顶层纵向钢筋应力幅如图 5-35 和图 5-36 所示。

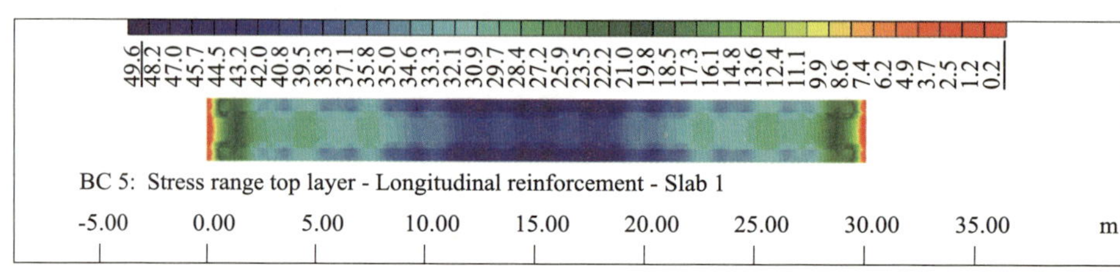

图 5-35 板 1 顶层纵向钢筋应力幅（单位：MPa）

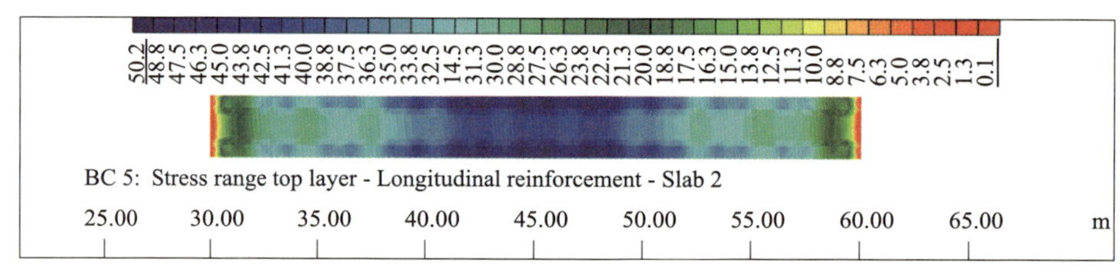

图 5-36 板 2 顶层纵向钢筋应力幅（单位：MPa）

顶层横向钢筋应力幅如图 5-37 和图 5-38 所示。

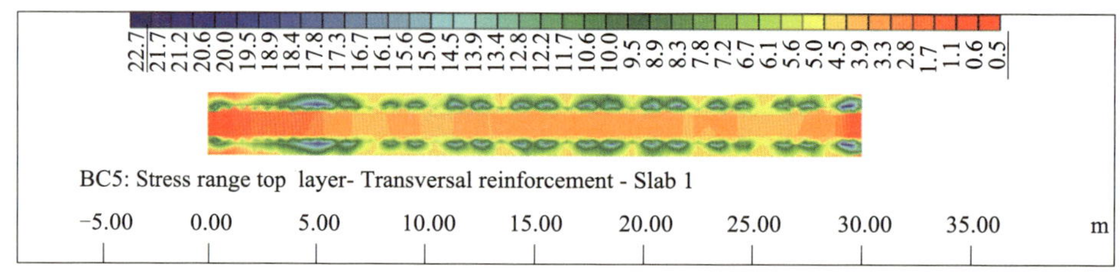

图 5-37 板 1 顶层横向钢筋应力幅（单位：MPa）

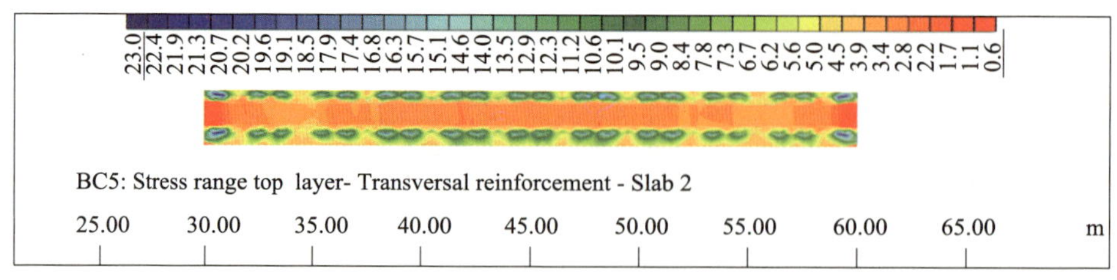

图 5-38 板 2 顶层横向钢筋应力幅（单位：MPa）

底层纵向钢筋应力幅如图 5-39 和图 5-40 所示。

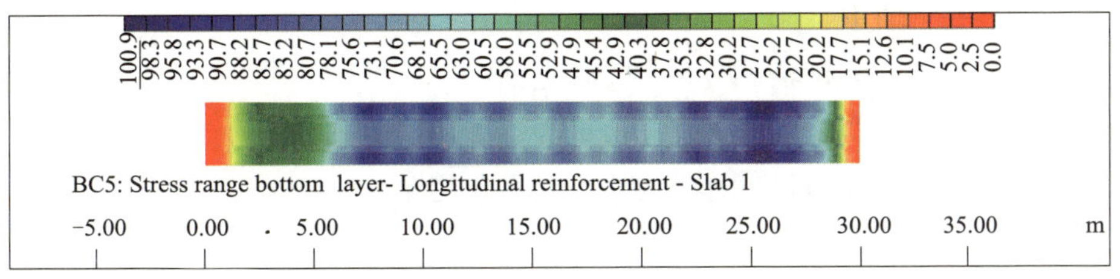

图 5-39　板 1 底层纵向钢筋应力幅(单位:MPa)

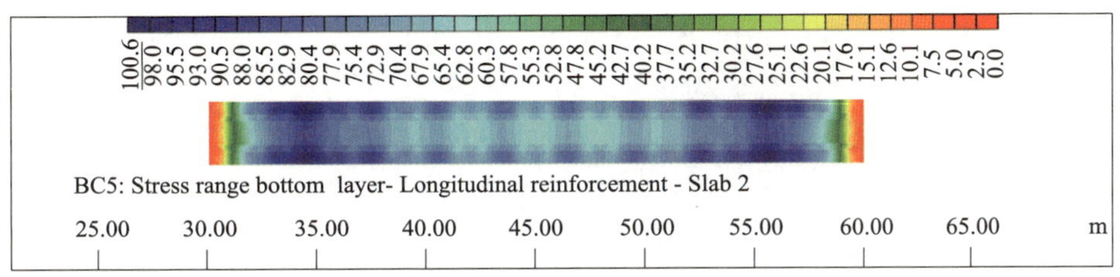

图 5-40　板 2 底层纵向钢筋应力幅(单位:MPa)

底层横向钢筋应力幅如图 5-41 和图 5-42 所示。

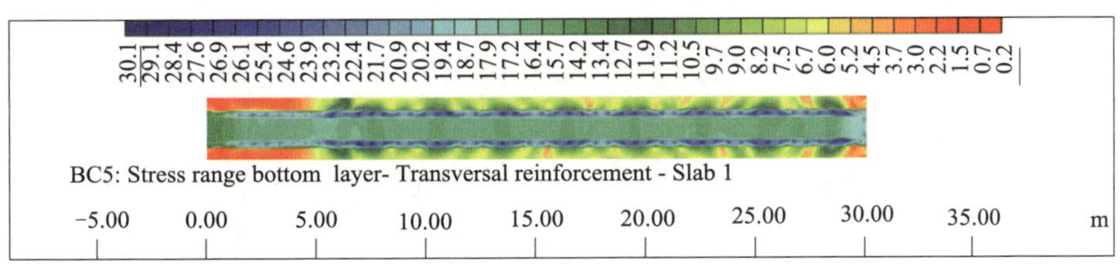

图 5-41　板 1 底层横向钢筋应力幅(单位:MPa)

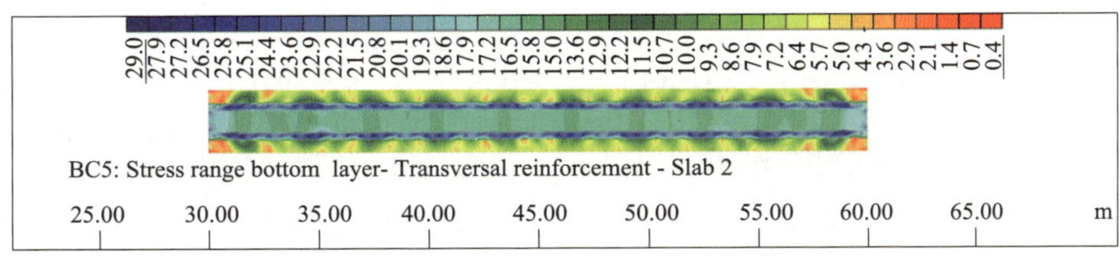

图 5-42　板 2 底层横向钢筋应力幅(单位:MPa)

应力幅容许限值由疲劳循环次数决定。对于浮置板疲劳循环次数,考虑每天运营时间为 6:00 ~ 23:00,共 17 h,列车平均约 5 min 一趟,每天按 208 趟列车计,每车 7 次加载(6 节编组),则每年(365 d)荷载循环次数为 531 440 次。50 年的荷载循环次数为 26.6×10^6 次。

考虑列车并非所有时段均满员,对疲劳计算取 0.85 系数,一年内总荷载量计算式为

$$\sum P(a) = 0.85 P_w N_w N_c N_d d \tag{5-9}$$

式中 $\sum P(a)$——一年通过浮置板的总疲劳荷载；

P_w——轴重，160 kN；

N_w——一节车辆的轮轴数，取 4 轴；

N_c——一列车的车辆数，取 6 辆；

N_d——一天通过的车次数据，取 208 趟车；

d——一年的天数，取 365 d。

可得一年通过浮置板的总荷载为 2.48×10^8 kN，符合 EN 1991-2 对年度总疲劳荷载 2.5×10^8 kN 的规定。

因为 $N=26.6\times10^6>N^*=10^6$ 次，根据图 5-34 的 $\log\Delta\sigma_{\mathrm{Rsk}}-\lg N$ 图，可得

$$\frac{\lg\Delta\sigma(N)-\lg\Delta\sigma_{\mathrm{Rsk}}(N^*)}{\lg N-\lg N^*}=-\frac{1}{k_2} \tag{5-10}$$

从式(5-9)可得式(5-11)。

$$\Delta\sigma(N)=\left[\frac{N^*}{N}\right]^{\frac{1}{k_2}}\Delta\sigma_{\mathrm{Rsk}}(N^*) \tag{5-11}$$

代入 $\Delta\sigma_{\mathrm{Rsk}}(N^*)=162.5$ MPa，$N=26.6\times10^6$，$N^*=10^6$，$k_2=9$，则可得容许等效应力幅 $\Delta\sigma(N)=112.9$ MPa。根据有限元计算最不利条件下的应力幅为 $\Delta\sigma_{s,\mathrm{equ}}(N)=\Delta\sigma_{s,\max}(N)=98.0$ MPa。得检算结果 $1.0\Delta\sigma_{s,\mathrm{equ}}(N)=98.0\leqslant\frac{\Delta\sigma(N)}{1.15}=98.2$ MPa，检算通过。

2. 混凝土疲劳检算

对于混凝土，分为满意的疲劳抗力和满足要求的疲劳抗力两个层次。实际检算中，一般只做满足要求的疲劳检算。满足要求的疲劳抗力要通过式(5-12)或式(5-13)的检算。

$$\frac{\sigma_{c,\max}}{f_{cd,\mathrm{fat}}}\leqslant0.5+0.45\frac{\sigma_{c,\min}}{f_{cd,\mathrm{fat}}}\leqslant0.9，当 f_{ck}\leqslant50\ \mathrm{MPa} \tag{5-12}$$

或

$$\frac{\sigma_{c,\max}}{f_{cd,\mathrm{fat}}}\leqslant0.5+0.45\frac{\sigma_{c,\min}}{f_{cd,\mathrm{fat}}}\leqslant0.8，当 f_{ck}>50\ \mathrm{MPa} \tag{5-13}$$

式中 $\sigma_{c,\max}$——交替荷载组合作用下混凝土纤维的最大压应力（压力为正）；

$\sigma_{c,\min}$——该位置混凝土纤维的最小压应力，如果 $\sigma_{c,\min}>0$（受拉），取 $\sigma_{c,\min}=0$；

$f_{cd,\mathrm{fat}}$——混凝土设计疲劳强度，$f_{cd,\mathrm{fat}}=k_1\beta_{cc}(t_0)f_{cd}\left(1-\frac{f_{ck}}{250}\right)$；

k_1——与循环加载次数相关的系数；

$\beta_{cc}(t_0)$——与混凝土养护时间 t_0 相关的系数，$\beta_{cc(28)}=1.0$；

f_{ck}——混凝土 28 d 圆柱体抗压强度特征值，C40 混凝土对应值 26.8 MPa；

f_{cd}——混凝土设计抗压强度，C40 混凝土对应值 19.1 MPa。

混凝土受压疲劳一般不起控制作用，有研究表明，压—拉受力降低疲劳寿命。对混凝土的疲劳寿命研究较多，有各种 S—N 混凝土疲劳曲线和计算公式，但缺乏广泛接受的疲劳 S—N 曲线。上面两式适用于整体现浇和预制构件。

【工程算例】

这里，继续前面钢筋疲劳检算的工程案例。混凝土板受压计算结果，顶面混凝土压应力，如图 5-43 和图 5-44 所示。

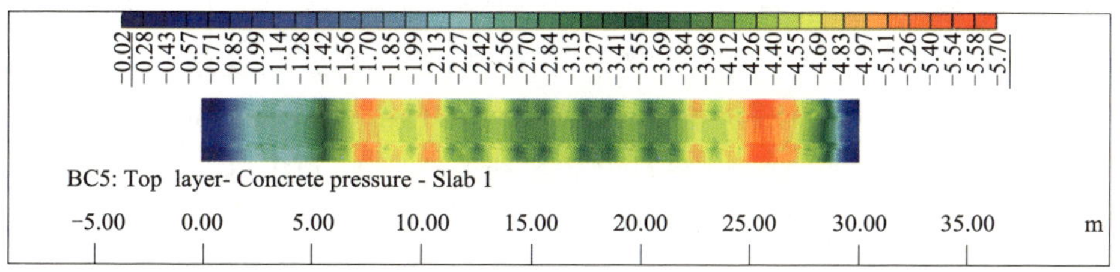

图 5-43　板 1 顶面混凝土压应力（单位：MPa）

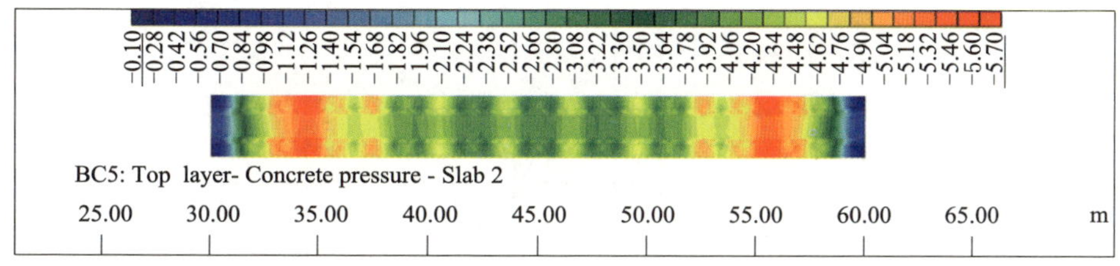

图 5-44　板 2 顶面混凝土压应力（单位：MPa）

底面混凝土压应力，如图 5-45 和图 5-46 所示。

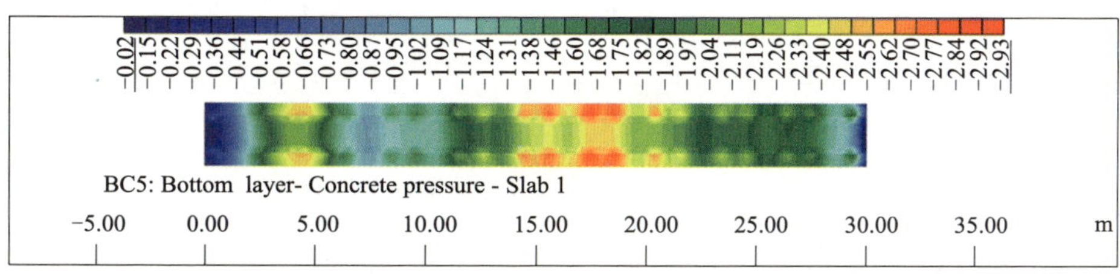

图 5-45　板 1 底面混凝土压应力（单位：MPa）

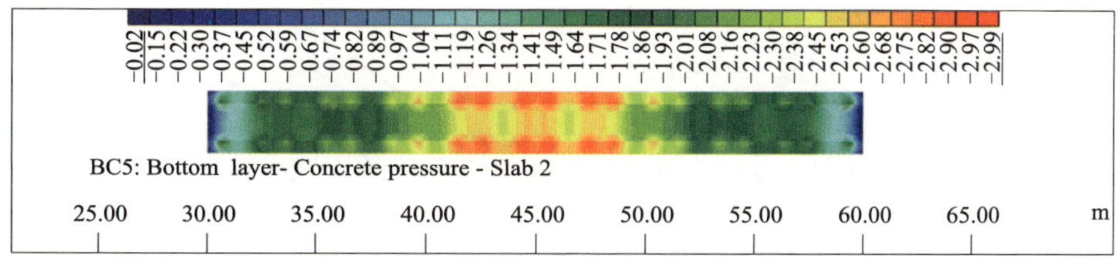

图 5-46　板 2 底面混凝土压应力（单位：MPa）

根据计算结果，最大压应力为 $\sigma_{c,max}=5.7$ MPa，最小压应力为 $\sigma_{c,min}=0$ MPa（混凝土受拉）。$\beta_{cc}(28)=1.0$，取 $k_1=0.9$，得：$f_{cd,fat}=k_1\beta_{cc}(t_0)f_{cd}\left(1-\dfrac{f_{ck}}{250}\right)=15.35$ MPa。

检算，$\dfrac{\sigma_{c,max}}{f_{cd,fat}}=\dfrac{5.7}{15.35}=0.37\leqslant0.5\leqslant0.9$，检算通过。

5.3.2 隔振器检算

隔振器检算主要为钢弹簧检算,这里不含隔振器筒体检算。不同钢弹簧验算遵照的规范不同,需要特别注意。在国内轨道交通浮置板道床中也有采用德国原装进口弹簧的情况,其材料为符合 EN 17221 规定的优质弹簧钢,相应的,检算参照的规范为 DIN EN 13906-1:2013(Cylindrical helical springs made from round wire and bar—Calculation and design—Part 1:Compression springs),对应的国标为《圆柱螺旋弹簧设计计算》(GB/T 23935—2009)。

对于浮置板钢弹簧隔振器,主要检算动力荷载作用下许用切应力。钢弹簧的受力如图 5-47 所示。

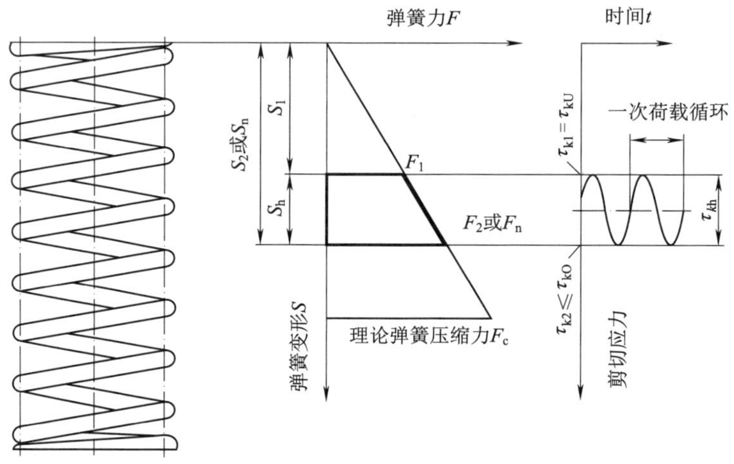

图 5-47 钢弹簧的受力分析图

相关规范规定,对于某一个给定的 $\tau_{k1}=\tau_{kU}$ 时,τ_{k2} 不得超过 τ_{kO};或者压缩弹簧的工作应力幅 τ_{kh} 不得超过从疲劳强度图中查得的 τ_{kH},即 $\tau_{kh}\leq\tau_{kH}$。其中,τ_{k1} 为对应弹簧工作受力 F_1 时经修正的切应力,τ_{kU} 为经修正的许用应力下限;τ_{k2} 为对应弹簧受力 F_2 经修正的切应力;τ_{kO} 为经修正的许用应力上限;τ_{kh} 为弹簧工作应力幅;τ_{kH} 为从 Goodman 图中获取的许用应力幅。

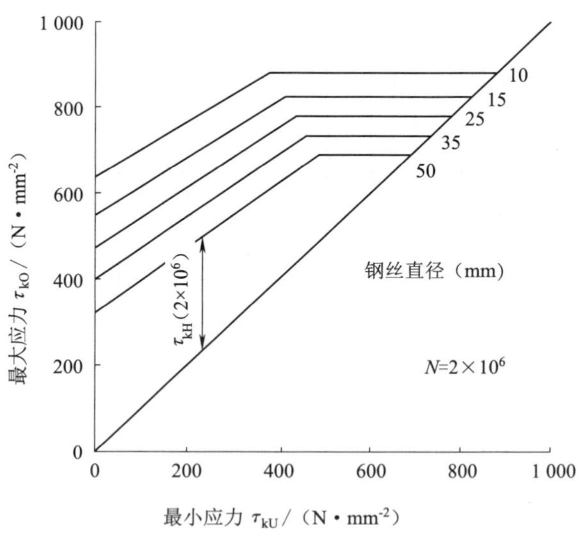

图 5-48 弹簧钢无限寿命疲劳强度 Goodman 图

这个验算的内涵,即对应于压缩弹簧工作变形量 S_h 的工作应力幅 τ_{kh} 不得大于规范给出的许用应力幅 τ_{kH}。对于材料符合 EN 10089 规定的优质弹簧钢,表面磨光或剥皮,经喷丸处理的热卷螺旋压缩弹簧,其无限寿命疲劳强度如图 5-48 的 Goodman 图所示。

计算动力荷载作用下的弹簧切应力(最大切应力、最小切应力和切应力幅)时应进行应力修正。这是因为螺旋压缩弹簧钢丝截面上的应力分布是不均匀的,因为钢丝曲率的存在,最大切应力发生在弹簧横截面的内边缘,如图 5-49 所示。

应力修正系数取决于旋绕比;修正系数可从其与旋绕比的关系曲线图中获取或直接采用式(5-14)计算。国内习惯采用沃尔系数,但区别不大。

$$k = \frac{w + 0.5}{w - 0.75} \tag{5-14}$$

式中　W——旋绕比,定义为 $w = \dfrac{D}{d}$;

D——弹簧直径,mm;

d——弹簧棒料或钢丝直径,mm。

在实际受力中,浮置板钢弹簧隔振器承受各种组合受力,即除了竖向力作用,需考虑横向力产生的切应力,如图 5-50 所示。

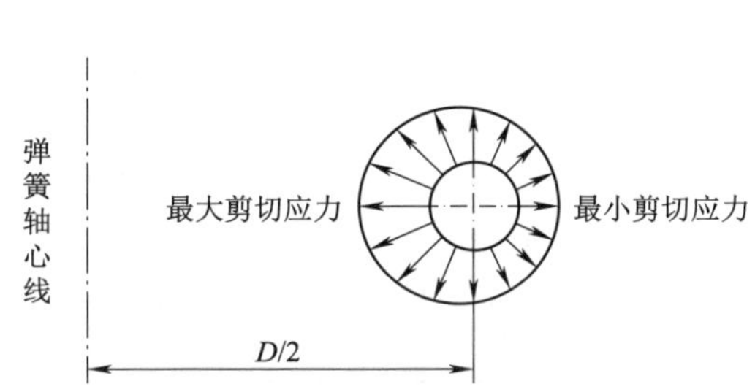

图 5-49　螺旋弹簧钢丝或棒料截面上切应力的分布

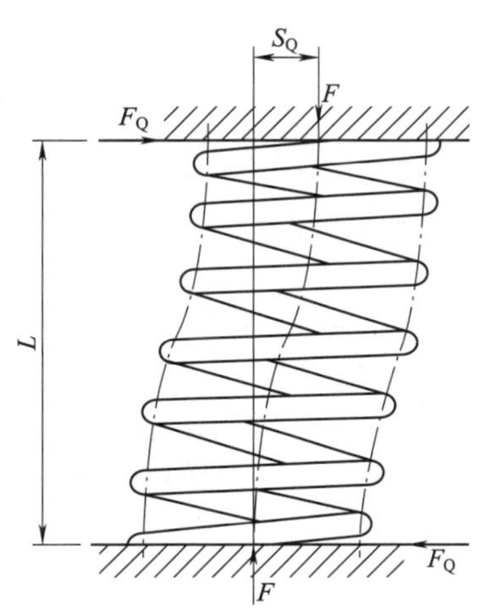

图 5-50　钢弹簧的实际受力图

同时,考虑轴向和横向加载产生的切应力的计算式为

$$\tau_{max} = \frac{8}{\pi d^3}\left[F(D + S_Q) + F_Q(L - d)\right] \tag{5-15}$$

式中　F——弹簧所受的轴向荷载,kN;

F_Q——弹簧所受的横向荷载,kN;

S_Q——弹簧所受的轴向荷载偏心值,mm;

L——弹簧高度,mm。

对计算所得的切应力进行修正后,就得到修正后的弹簧切应力:

$$\tau_{kmax} = k\tau_{max} \tag{5-16}$$

【工程算例】

本算例继续前面浮置板检算中的工程案例。自重作用下,钢弹簧隔振器的轴向压缩

量 u_z 如图 5-51 和图 5-52 所示。从图 5-51 可知，浮置板 1 左端为过渡区，隔振器的布置密度较高（图左端），故位移较小，最大位移位于板中位置，为 3.27 mm。浮置板 2 的最大位移也在板中，为 3.22 ~ 3.24 mm。

如前所述，这里隔振器压缩量计算也采用了拟静力法，对列车竖向荷载考虑了动力系数 1.3。列车荷载作用下，钢弹簧隔振器的轴向压缩量 u_z 如图 5-53 和图 5-54 所示。图 5-53表明，板 1 在列车荷载作用下的最大位移在板中偏右，为 7.07 mm。这个计算结果偏于安全。

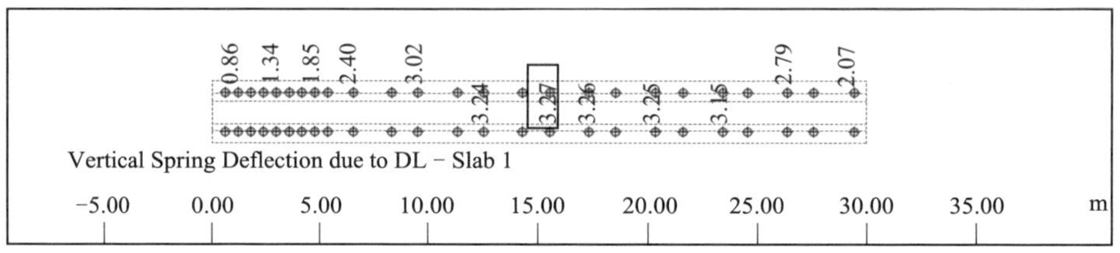

图 5-51　板 1 自重作用下各隔振器的轴向压缩量（单位：mm）

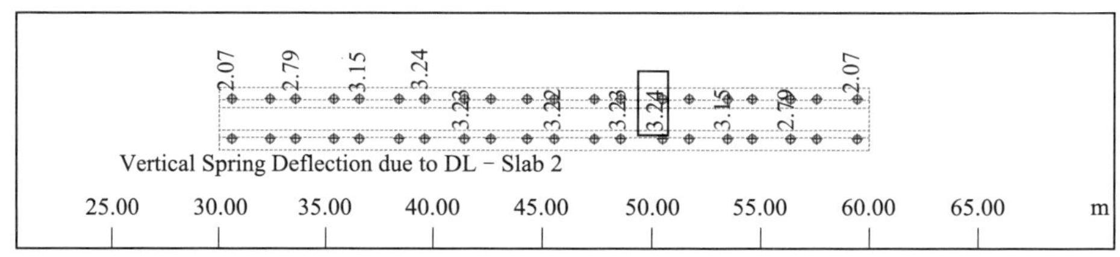

图 5-52　板 2 自重作用下各隔振器的轴向压缩量（单位：mm）

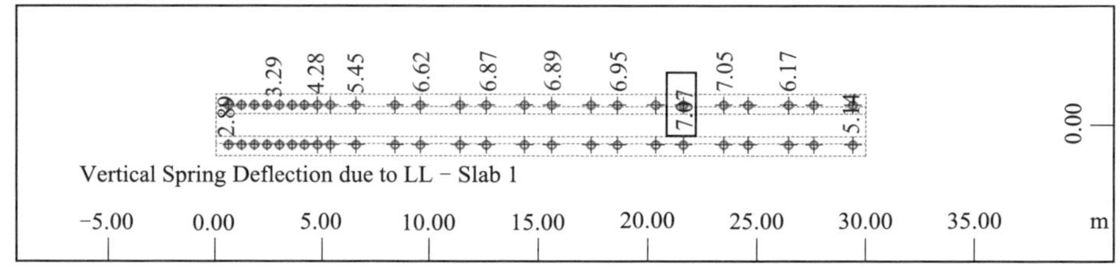

图 5-53　板 1 在列车荷载作用下各隔振器的轴向位移（单位：mm）

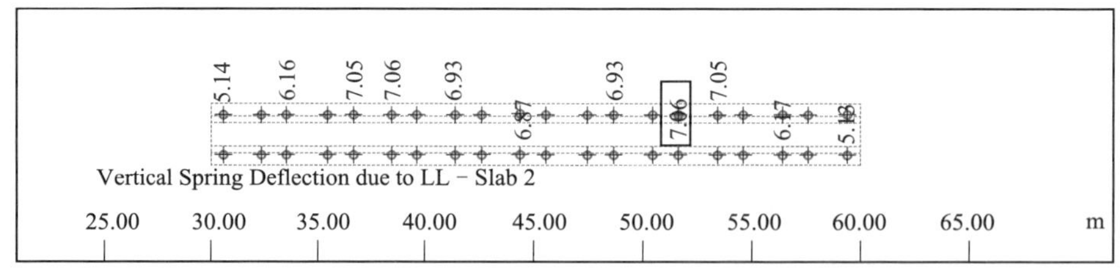

图 5-54　板 2 在列车荷载作用下各隔振器的轴向位移（单位：mm）

对本算例进行的对比研究表明，同样按 A 型车建模，采用列车—浮置板轨道耦合动力计算，轮轨不平顺为美国轨道不平顺 6 级谱模拟的样本，得到浮置板竖向最大位移 4.74 mm；同时，将多个车速下浮置板的竖向位移和弯矩结果与对应的静力加载结果进行对比，可发现整体上各个车速下位移和弯矩动力放大系数均接近于 1.0，即列车动载引起的浮置板动力放大作用很小[21]。

但如前所述，采用轮轨不平顺激励得到的动力分析结果（应力、变形、桥梁加速度等）应根据轨道维护水平乘以不小于 1.0 的修正系数；且修正后的结果应与拟静力计算结果进行对比，取两者的大值进行轨道结构设计。这里隔振器疲劳验算，采用较大位移，即采用较大的工作应力幅，是偏于严苛的验证。因此，这里仍旧采用动力系数 1.3 的拟静力计算结果。对于浮置板板体的变形检算，详见后续板变形和转角检算。

将来针对浮置板轨道进行了足够多的动力特性试验研究后，可以对动力系数进行修正，使其更接近真实，但目前尚只能参照有关规范规定计算取值。

弹簧隔振器在横向力作用下的水平变形 u_y 如图 5-55 和图 5-56 所示。从图 5-55 可知，浮置板 1 的最大横向位移也在板右端，约 1.17 mm（最不利情况）。浮置板 2 的最大位移也板两端，为 1.17 ~ 1.18 mm。

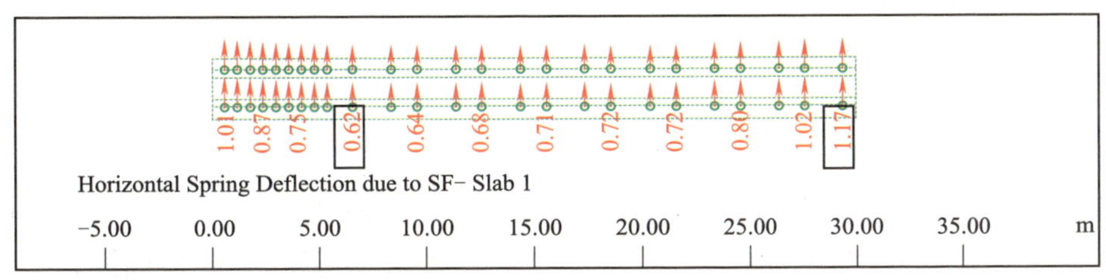

图 5-55　板 1 在横向荷载作用下各隔振器的横向位移（单位：mm）

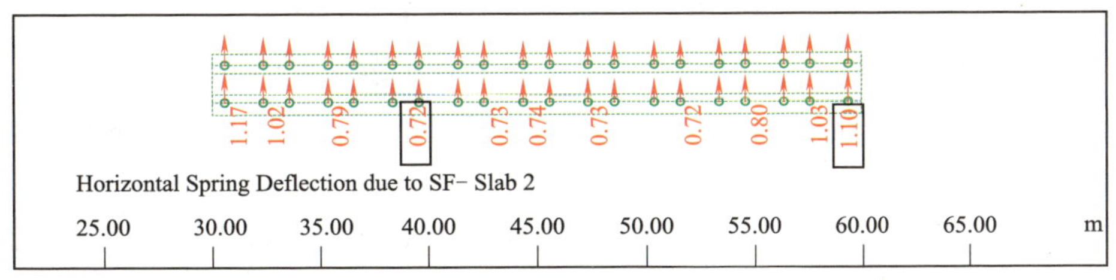

图 5-56　板 2 在横向荷载作用下各隔振器的横向位移（单位：mm）

制动力作用下，钢弹簧隔振器纵向位移 u_x 如图 5-57 和图 5-58 所示。制动力作用下的板 1 的 2 纵向位移为 0.6 ~ 0.64 mm（最不利情况），板 2 的纵向位移约 0.87 ~ 0.89 mm。

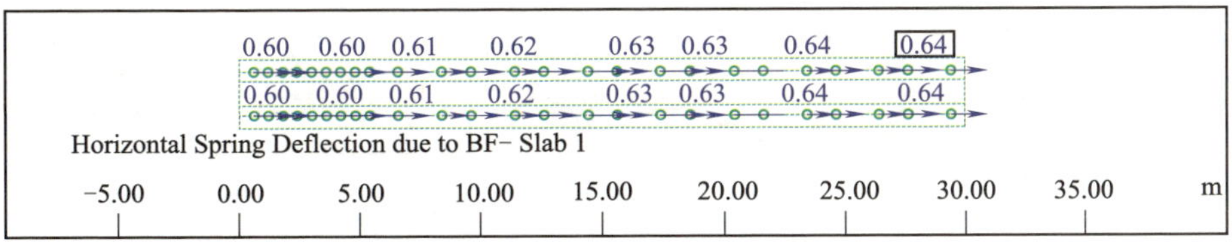

图 5-57　板 1 在纵向荷载作用下的各隔振器纵向位移（单位：mm）

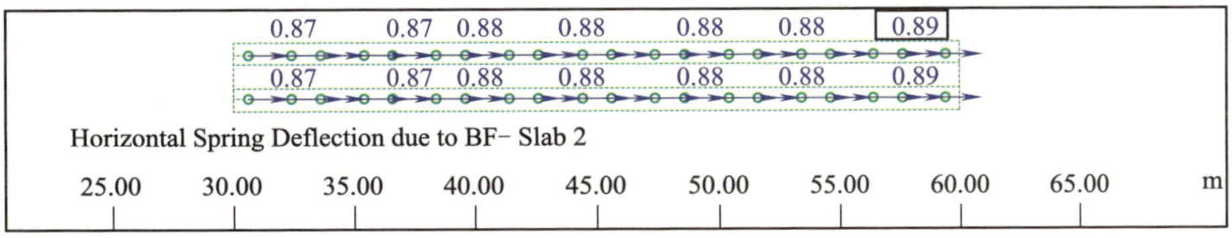

图 5-58　板 2 在纵向荷载作用下的各隔振器纵向位移（单位：mm）

温度变化作用下，弹簧隔振器的水平变形为 u_h。按板长 $l=30$ m，热膨胀系数 $\alpha_T=1.0\times10^{-5}/℃$，假定隧道内温度变化范围 ΔT 为 10 ℃，则温度变化条件下浮置板一端的伸长率如式(5-17)所示。

$$u_h=\frac{1}{2}\alpha_T l\Delta T \tag{5-17}$$

对于 30 m 长浮置板，板一端的伸长量约 1.5 mm。

线路坡度上浮置板自重的纵向分力计算式为

$$G_x=G\sin\alpha=\gamma Al\sin\alpha \tag{5-18}$$

式中 α——线路坡度角，$\alpha=\arctan(h_{slope})$；

h_{slope}——线路坡度，‰；

G——一块浮置板重量，kN；

γ——钢筋混凝土容重，kN/m³；

A——浮置板截面积，m²；

l——浮置板长度，m。

在线路纵坡条件下，列车重力的坡度纵向分力引起的钢弹簧隔振器的水平变形为 u_h。按线路纵坡为 20‰考虑，根据目前长度 30 m 浮置板的重量(板横截面面积约 1 m²，容重 25 kN/m³)，可算得浮置板自重的纵向分力 14.85 kN。每块浮置的隔振器数量为 $N=40$ 套，每个隔振器横向刚度 $k_h=4.9$ kN/mm，则一块浮置板的纵向总刚度为 196 kN/mm。计算可得浮置板的纵向位移量 u_h 为 0.08 mm，这也是每个隔振器的纵向位移量。

已知隔振器竖向水平向位移，也就得到隔振器竖向水平向受力，即可进行钢弹簧疲劳强度检算。根据变形量，计算隔振器大弹簧(外簧)和小弹簧(内簧)受力分别为 $F_{stat,d,main}=36.25$ kN，$F_{stat,d,nested}=8.83$ kN。代入公式算得大弹簧实际切应力 486.7 N/mm²，允许最大应力为 541.9 N/mm²；小簧实际切应力 544.7 N/mm²，允许最大应力为 695.6 N/mm²，如图 5-59 和图 5-60 所示。检算图在规范 Goodman 图基础上增加了允许应力幅 τ_{kH} 折线，可以更方便的进行判断(实际工作应力幅 τ_{kh} 的点位于允许应力幅 τ_{kH} 折线下方，即表明满足疲劳要求)。

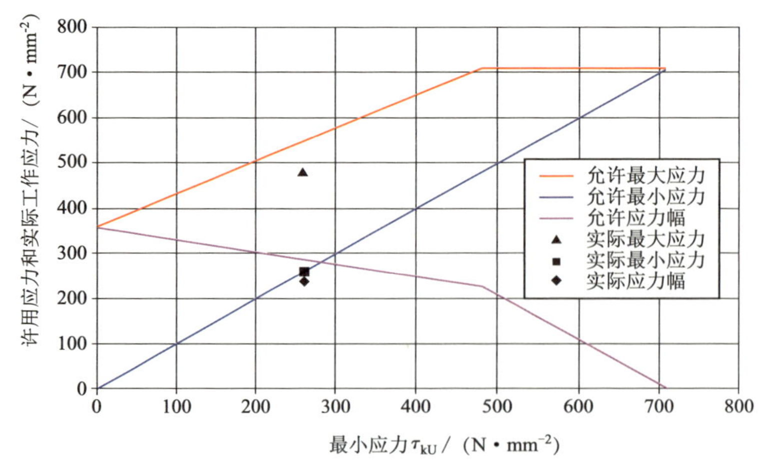

图 5-59 外簧疲劳检算图

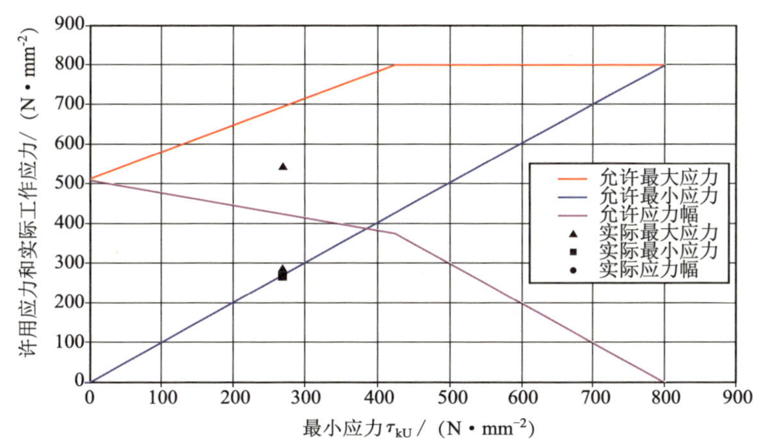

图 5-60　内簧疲劳检算图

5.3.3　板变形和转角检算

为保证浮置板的隔振效果，同时又要保证列车的运行安全性和平稳性，在浮置板设计时，需要计算分析浮置板轨道的变形。浮置板轨道的变形计算主要是垂向位移和板端转角的计算，垂向位移计算在第 2 章已有详述，本节对浮置板的转角计算做一些讨论。

浮置板转角（正切角）与浮置板的挠度可以认为是宏观与微观的关系。当列车经过，板体受弯，板身各处都会发生弯转。转角检算，即找出板体各点转角中的最大值，与限值比较。转角的定义式如图 5-61 所示。

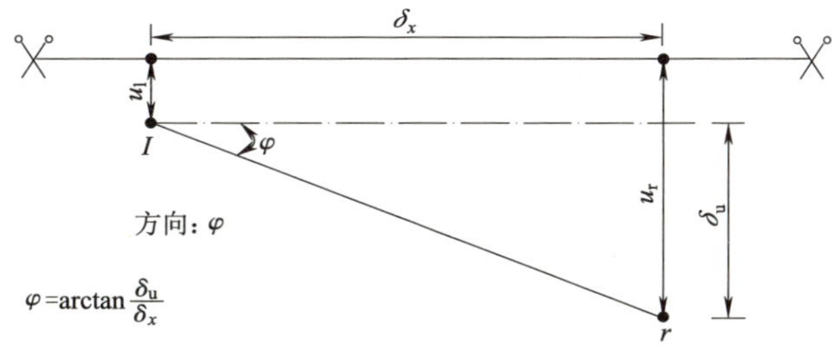

图 5-61　浮置板折角的定义

转角的正负与转角方向相关，顺时针方向发生的转角为正，逆时针方向发生的转角为负。转角的限值与车速相关，车速越高，限值越小。对转角限值的研究，国内与世界各国研究基本有类似结论，在第 4 章中已对不同列车速度对轨面折角的要求进行了讨论。城市轨道交通的列车速度小于 120 km/h，在浮置板设计中，以 3.5 mrad（即 3.5‰）控制，实践表明平顺性良好，完全满足列车的运行要求。

【工程算例】

这里以前述工程 30 m 长浮置板为例，在列车荷载作用下的各点转角包络如图 5-62 和图 5-63 所示。从图可知浮置板的顺时针向最大转角为 1.66 mrad；逆时针向最大转角为 1.01 mrad。

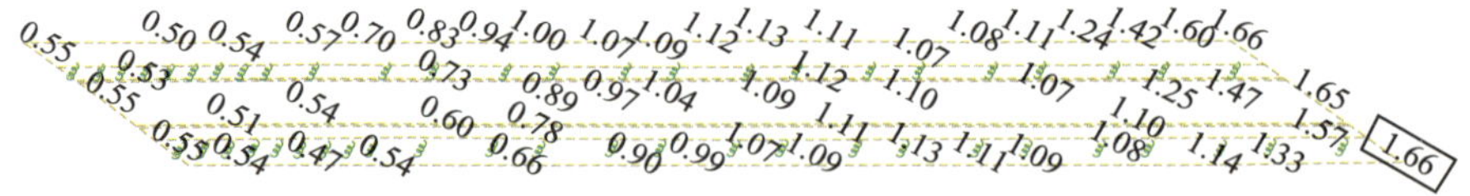

图 5-62　列车荷载作用下的浮置板(过渡板)顺时针向最大转角(单位:mrad)

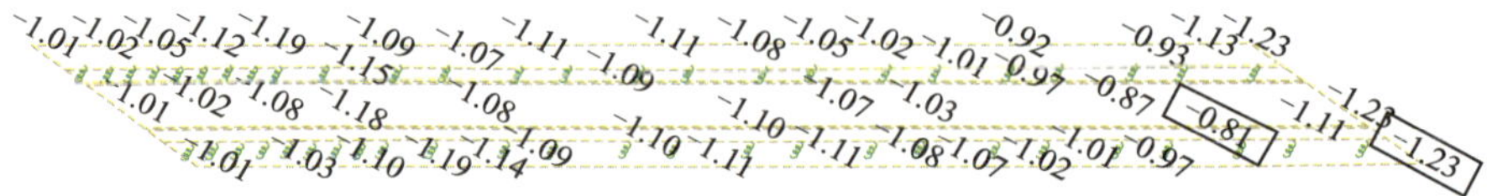

图 5-63　列车荷载作用下的浮置板(过渡板)逆时针向最大转角(单位:mrad)

检算:浮置板最大转角 $\varphi_{slab}=0.001\ 66\ \text{rad}<\varphi_{max}=0.003\ 5\ \text{rad}$。

检算通过。

5.3.4 板端扣件检算

从上面板转角计算可知,板体转角大值通常发生在板端部;而板端转角会引起板端扣件上拔力,当上拔力大于扣件扣压力时,将导致钢轨与轨下垫板脱开,扣件失效。因此有必要验算浮置板板端的扣件上拔力,与扣件设计扣压力进行对比。铁路桥桥梁刚度一般保持不变,转角越大,上拔力越大;浮置板的刚度直接受隔振器布置影响,过渡区隔振器加密布置后,转角不是最大的,但受刚度变化影响,最大上拔力往往发生在这里。

【工程算例】

以前述工程 30 m 长浮置板为例,30 m 长浮置板在列车荷载作用下的各扣件承受的最大上拔力如图 5-64 和图 5-65 所示,已考虑动力系数 1.3。查 DTⅢ2-A 扣件扣压力设计值不小于 18 kN。

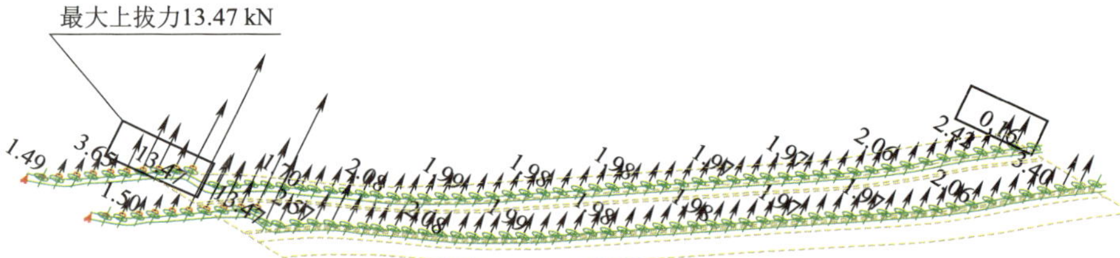

图 5-64　板 1(过渡板)各扣件最大上拔力(单位:kN)

图 5-65　板 2(标准板)各扣件最大上拔力(单位:kN)

检算:$P_{fd,max}=13.47\ \text{kN}\leqslant 18\ \text{kN}$,检算通过。

第6章　浮置板和隔振器的室内试验

随着人们生活水平的提高和环保意识的增强，城市轨道交通所产生的振动和噪声已经成为其快速发展的瓶颈，减振降噪已成为轨道交通建设中必须面对的问题。在诸多减振降噪型轨道结构中，浮置板轨道结构的隔振效果最好。现场浇注的浮置板道床也制约了施工进度，为此，城市轨道交通建设部门研发了预制短浮置板。为掌握预制浮置板的力学性能及安全储备，需要对预制浮置板进行静载强度试验、动载疲劳试验、整板的静动刚度试验、隔振效果试验等。对于单个隔振器，也需要进行静动刚度试验、疲劳试验、阻尼比试验等。

6.1 浮置板的静载强度试验

浮置板在使用过程中，会出现隔振器失效状况。一个隔振器失效，则由其承担的荷载就转移到其他隔振器上。所以，在浮置板强度试验时，需要考虑浮置板的最不利支承状态。试验时，将浮置板端的隔振器位置设置为刚性支座，并在浮置板中间位置根据设计安装隔振器，以试验浮置板不利支承条件下的静载强度和最大承载力，验证浮置板设计的合理性和使用的安全性。静载强度试验时可同步测试钢筋的应力、混凝土的应变、浮置板的挠度，为浮置板结构进一步的设计优化提供依据。

6.1.1　试验边界条件

参照城市轨道交通车辆转向架的固定轴距（大型车 2.5 m，小型车 2.0 m）设置试验荷载加力架，共两轴，两轴间距为 2.4 m，转向架中心位置与浮置板中心位置重叠，如图 6-1 所示。

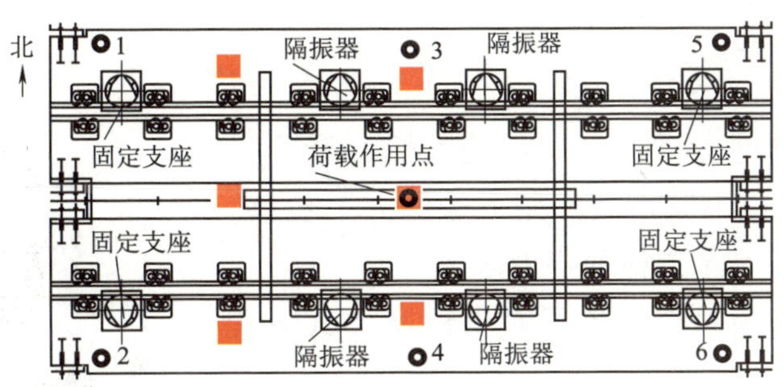

图 6-1　静载强度试验加载方式及支承条件

● 垂向位移测点；■ 应变测点

根据浮置板设计的隔振器弹性支承点，为了安全考量，浮置板的剪、弯承载力，在试验中，在板端的隔振器外套筒底部采用刚性固定支座，如图 6-2 所示；中间隔振器外套筒位置用隔振器支承，如图 6-3 所示。在荷载作用点处放置压力传感器，监测加载情况。

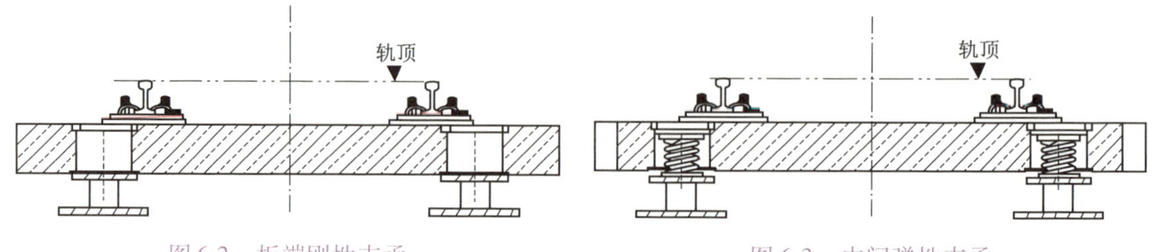

图 6-2　板端刚性支承　　图 6-3　中间弹性支承

加载时最大荷载分别为 160 kN 轴重的 1.0～2.0 倍，即一个转向架荷载的 320～640 kN。荷载级差 80 kN，每级加载持荷时间为约 2 min。如荷载达到 3 倍轴重，即 960 kN 时，浮置板边没有出现 0.2 mm 裂纹，则继续加大荷载，直到板边某条裂纹的宽度达到 0.2 mm时，认为此时荷载为浮置板的最大承载力，结束加载试验。

承载力测试重点考察两个断面，分别为板长的 1/2（板中）和 1/4 断面（6 m 浮置板为距板端 1.5 m）处。在板长 1/2 和 1/4 断面处的板顶、板底（与板顶相对位置）布置混凝土应变测点，如图 6-1 所示，应变片有纵向（轨道中心线方向）和横向（与轨道中心线垂直）。

浮置板钢筋配筋图如图 6-4 所示。1 号为纵向筋，ϕ25 mm，长约 5.8 m（6 m 长浮置板）板顶层与底层各 18 根，共 36 根。2 号也为纵向筋，ϕ25 mm，较 1 号筋稍短。钢筋应变测点布置于钢轨支座下方顶层与底层的 1 号钢筋和轨道中心线位置的浮置板顶层与底层 2 号钢筋。

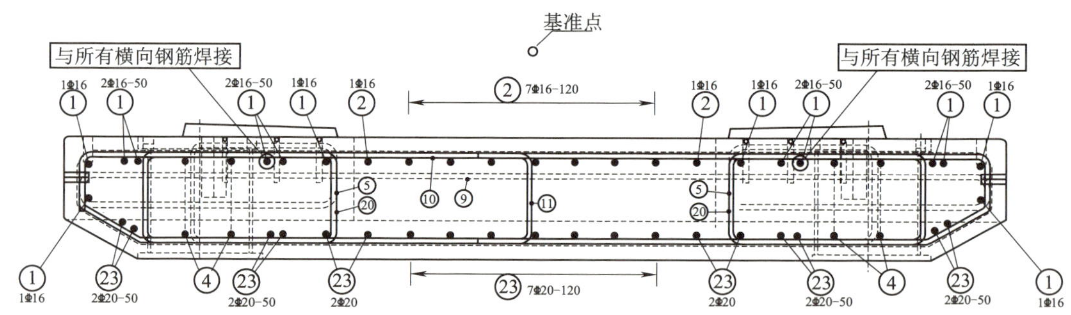

图 6-4　浮置板配筋图及钢筋应变测点

在浮置板两端刚性支承点和中部处外侧设置位移测点，如图 6-1 所示，测试不同荷载作用下板的向下位移，从而计算在此支承条件下浮置板的挠度。

预制钢弹簧浮置板轨道结构承载力试验加载装置整体图如图 6-5 所示。

图 6-5　静载试验装置

6.1.2　静载强度试验分析

对预制浮置板轨道结构进行不同荷载大小的加载测试，每次加载持荷 2 min 后连续采集（不少于）3 次数据，将 3 次采集的数据取平均值作为测试结果。浮置板混凝土为 C50，根据《钢筋混凝土结构设计规范》（GB 50010—2010），其弹性模量为 3.45×10^4 MPa，轴心抗压强度标准值为 32.5 MPa，轴心抗拉强度标准值为2.64 MPa。钢筋屈服强度标准值为 400 MPa，弹性模量为 2.06×10^5 MPa。

根据各级荷载作用下各测点的应变测试数据，用式（6-1）计算钢筋和混凝土的应力。

$$\sigma = E\varepsilon \tag{6-1}$$

式中　σ——应力，受拉为正，受压为负，MPa；

E——弹性模量，MPa；

ε——应变，受拉为正，受压为负。

测得荷载从 0 到 640 kN（2 倍车辆转向架荷载）时混凝土各点应变后，根据式（6-1）计算得浮置板纵向混凝土应力如图 6-6 所示。从图 6-6 可知，浮置板纵向受力全部都是底部混凝土受拉，顶部混凝土受压，纵向应力随荷载的增加线性增大。跨中顶面的混凝土压应力要大于板端 1.5 m 断面的混凝土压应力。在 1/4 断面（离板端 1.5 m 断面）的板底北纵向应力在荷载达 160 kN 时超过混凝土的容许强度 2.64 MPa，此时混凝土表面产生细微裂纹，荷载从混凝土转移到钢筋上，这符合混凝土结构的设计原则。

横向最大压应力出现在板中断面底部南侧位置，如图 6-7 所示，为 0.74 MPa，横向最大拉应力出现在板中顶部南侧位置，为0.92 MPa，小于混凝土抗拉强度标准值。

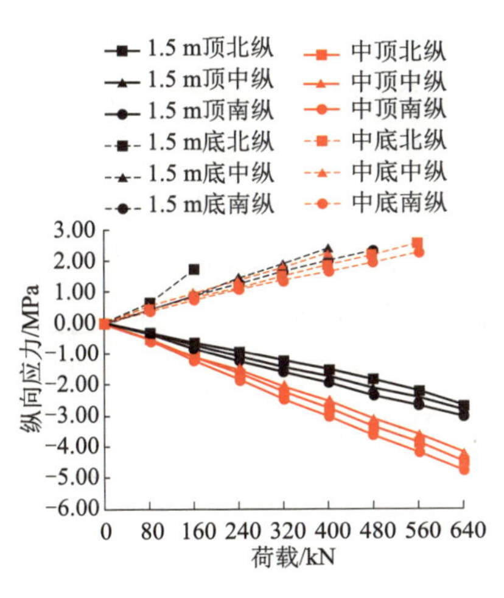

图 6-6　混凝土纵向应力（工况 3）

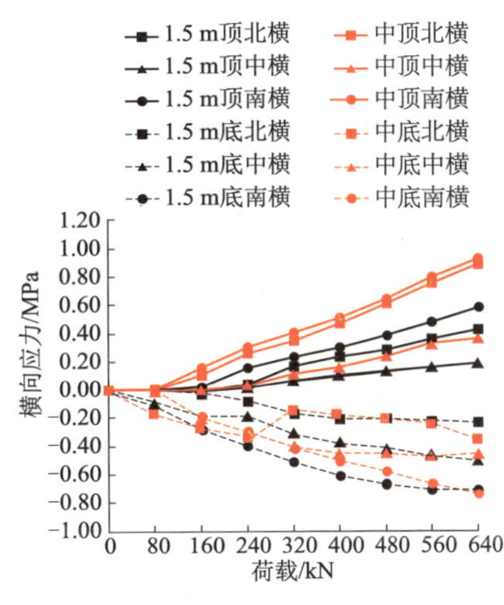

图 6-7　混凝土横向应力（工况 3）

从以上的试验可知，横向力的应力强度处于较低的水平，在对浮置板混凝土应力评价时，可以纵向应力为主。

浮置板的板顶位移如图 6-8 所示。浮置板东南角位置板面位移轻微向上（可能位移计位于刚性支点外侧)，其余各测点浮置板位移均向下，且基本随荷载增加线性增大，板中位置(图 6-8 中的中南、中北)垂向位移最为明显。加载到 640 kN 时，最大位移出现在板中北侧位置，为 3.33 mm。

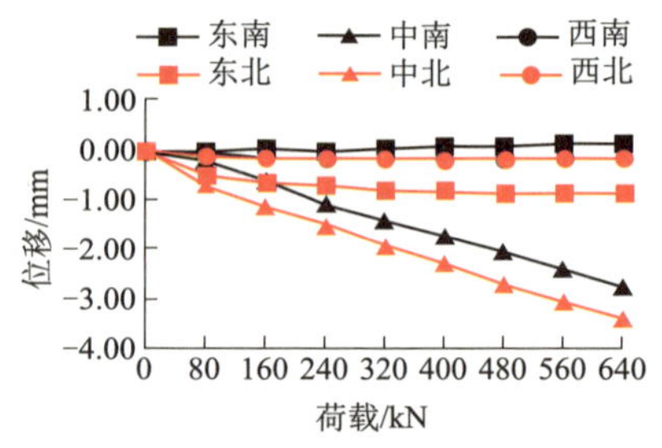

图 6-8 浮置板垂向位移

浮置板顶部钢筋的应力如图 6-9 所示。从图可知，顶部钢筋处于受压状态，钢筋应力随荷载的增加线性增大。加载到 640 kN 时，浮置板顶部钢筋的最大压应力为 32.29 MPa(钢与混凝土的弹性模量之比约为 6，故钢筋的应力约混凝土应力的 6 倍)。浮置板底钢筋的应力如图 6-10 所示。可知，底部钢筋为拉应力，钢筋应力随荷载的增加线性增大。加载到 640 kN 时，浮置板底部钢筋的最大拉应力为 55.30 MPa，大于顶面的最大压应力，但仍处于较低的水平，远未达到钢筋的抗拉强度。

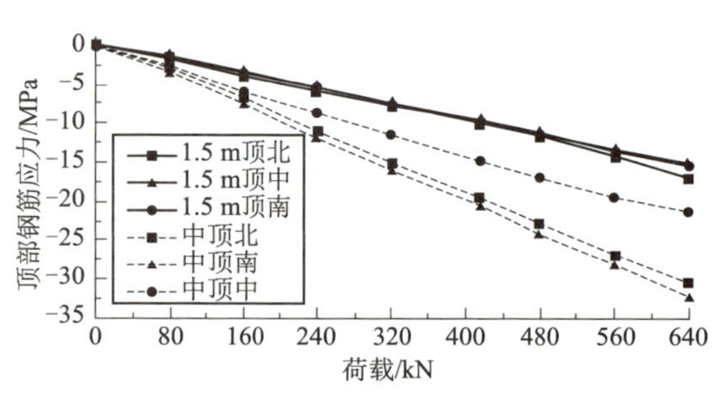

图 6-9 浮置板顶钢筋应力

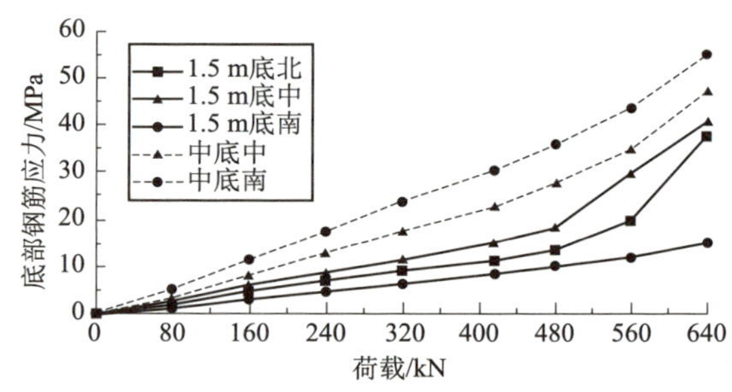

图 6-10 浮置板底部钢筋应力

加载前对浮置板四周的裂缝进行全面检查，发现有些浮置板端部侧表面有水泥浮浆的极浅龟裂纹(这些龟裂纹没有深入混凝土本体)，有些则没有如此龟裂纹，认为这些水泥浮浆浅龟裂纹不影响浮置板混凝土的强度，但影响板的外观，也应尽量避免。

在大荷载作用下，大多数试验的结果是在浮置板侧面的混凝土裂纹主要出现在有隔振器外套筒的截面，认为有隔振器外套筒的存在，该截面的浮置板抗弯强度被削弱，而该截面所受的荷载弯矩又较大，所以试验达荷载 640 kN 以上时，该断面出现裂纹的概率最大。

试验时，所有荷载都作用在一块浮置板上，而且浮置板端部是刚性支座，是一种最不利情况。而现场轨道浮置板下都装隔振器，故车辆荷载作用在一块板上时，通过钢轨传递荷载，相邻板也要承担一定比例的车辆荷载，同样一个车辆转向架作用一块浮置板上，而现场浮置板所受的荷载弯矩要比试验时的小得多，所以认为试验结果是偏于安全考虑的。

6.2 浮置板及隔振器疲劳试验

6.2.1 混凝土构件的疲劳强度理论

钢筋混凝土构件不像钢材，其是一个非同质的混合体，在此混合体中，水泥、碎石、砂、钢筋等材料的力学性能各不相同,将这些材料组合在一起,其性能也随各种材料的比例不同而不同,造成其性能的离散性较大,故要得到混凝土材料的力学性能的准确值是一件困难的事。目前一般是通过大量试验进行数据统计方法,得出混凝土材料特性的统计值[22][23]。

1. 混凝土受压疲劳强度

混凝土构件的疲劳强度定义为对于某一给定的重复荷载次数,相当于标准试件疲劳破坏时的交变疲劳应力水平,通常用占其静力强度的百分数来表示。对于任意重复次数 N 与相应的疲劳强度 S 的关系可用应力－疲劳寿命曲线,即 $S—N$ 曲线或 Wohler 曲线来表示,如图 6-11 所示。该图是用半对数曲线来表示 $S—N$ 关系的,其中纵轴为最大应力比 σ_{max}/f_{cm},横轴为以对数表示的混凝土疲劳破坏时的荷载重复次数。静力强度通常是由实验决定的,而在这个试验中,作用荷载的速率可能比疲劳试验中的荷载速率在数值上小 n 次方。另外,由于加载速率和试件形状对混凝土的静载强度影响很大,所以,σ_{max} 的试验值实际上是与通常的强度特性有关的平均值,它可能没有真实反映结构在荷载作用下的条件。

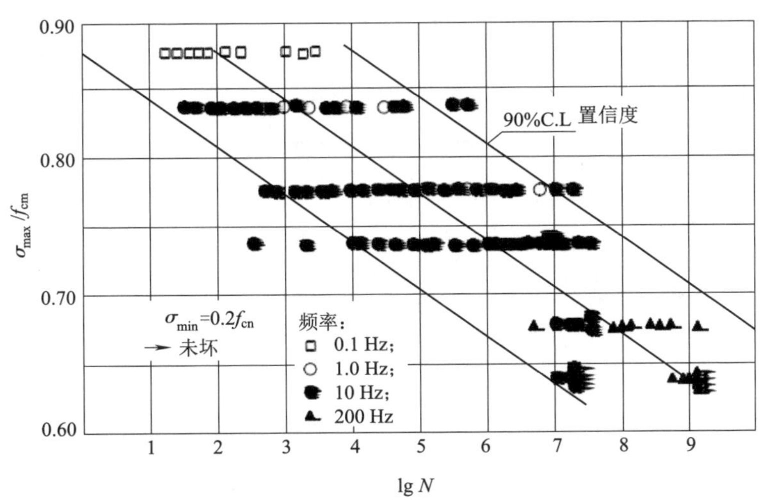

图 6-11　受压状态混凝土典型的 $S—N$ 曲线

图中,σ_{max},σ_{min}——混凝土所承受的最大和最小压应力,MPa;

f_{cn}——混凝土立方体抗压强度,MPa;

f_{cm}——混凝土轴心抗压强度平均值,MPa。

疲劳试验通常在每一应力水平都要经很多次重复才能达到破坏,因此,为了建立某一种混凝土的 $S—N$ 曲线,就必须对几种应力水平的每一种试件都要进行试验。通常还对某一给定的常数最小应力水平(σ_{min} = 常数)或最小与最大应力水平间常数比例($R = \sigma_{max}/\sigma_{min}$ = 常数)绘制 $S—N$ 曲线。疲劳强度不仅取决于重复荷载中的最大应力,而且也取决于最小应力。

混凝土疲劳强度与静载试验的各种强度密切相关。国内外相关试验采用的试件形状和尺寸不相同，例如，边长 100 mm 或 200 mm 的立方体，$H/D=2$ 的圆柱体。混凝土的破坏过程和形状虽然相同，但得到的抗压强度值因试件受力条件不同和尺寸效应而有所差别，给疲劳强度的计算带来了一定的麻烦。为了使不同疲劳模型之间可以相互转化，对比试验给出的不同试件抗压强度的换算关系见表 6-1。

表 6-1　不同形状和尺寸试件的混凝土抗压强度相对值

混凝土试件	立方体			圆柱体（$H=300$ mm，$D=150$ mm）				
	边长/mm			强度等级				
	200	150	100	C20 ~ C40	C50	C60	C70	C80
抗压强度对应值	0.95	1	1.05	0.8	0.83	0.86	0.875	0.89

由于混凝土的力学特性，混凝土的抗压特性是最具实际意义的，疲劳问题也是如此。研究表明，混凝土疲劳破坏形态与静力破坏形态基本一样，即中间部位的混凝土外凸压碎，两段的混凝土近似保持锥体。在有关混凝土疲劳性能的研究中，针对混凝土轴心受压疲劳性能的研究开展得最早，主要以试验研究为主。混凝土疲劳强度的计算公式主要有以下几种，Aas-Jakobsen（1973）提出了普遍采用的混凝土疲劳强度的计算式为

$$S_{max}=1-\beta(1-R)\lg N \tag{6-2}$$

式中　S_{max}——疲劳强度，有 $S_{max}=\sigma_{max}/f_c'$，$f_c'$ 为混凝土圆柱体抗压强度，MPa；

R——最小应力水平和最大应力水平比，$R=\sigma_{min}/\sigma_{max}$；

β——材料常数，取 0.064 ~ 0.080。

国内学者也对混凝土疲劳做了大量的工作，姚明初在总结我国混凝土等幅疲劳性能研究成果的基础上得到判断混凝土疲劳失效的 S—N 曲线方程：

$$S_{max}=\sigma_{min}+(1-\sigma_{min})(1.09-0.074\lg N) \tag{6-3}$$

吴佩刚等由试验得到高强混凝土（$f_{cu}=76.4$ MPa）受压疲劳 S—N 曲线方程为

$$S_{max}=0.9213-0.0424(1-R)\lg N \tag{6-4}$$

2. 混凝土受拉疲劳强度

国内外的一些学者和研究单位认为混凝土在重复荷载作用 200 万次后抗弯拉疲劳强度的变化范围大约是其静力抗拉强度的 0.4 ~ 0.8 倍。美国 Murdock，J. W 和 Kesler，C. E 对 150 mm × 150 mm × 1 500 mm 的素混凝土梁进行等幅重复加载致裂试验，得出：

$$S_{max}=0.94-\lg N/22.2 \tag{6-5}$$

美国 Byun Hwan Oh 对 26 片 100 mm × 100 mm × 500 mm 素混凝土梁等幅重复加载试验，得出公式：

$$S_{max}=0.9645-\lg N/17.4 \tag{6-6}$$

1982 年国际桥梁和工程结构协会（IABSE）期刊发表 $K_uK_ut_u$ 试验得到的混凝土疲劳强度和加载重复次数 N 有如式（6-7）所示的关系。

$$S_{max} = 1 + S_{min} - (1 - S_{min}) \lg N/17 \tag{6-7}$$

P. N. Balagurn 试验研究的荷载重复次数 N 与抗拉疲劳强度与初始静力强度之间关系可用式(6-8)表示。

$$S_{max} = 1 - \lg N/13 \tag{6-8}$$

瑞典 R. Tepfer 于 1997 年在进行 N 次混凝土疲劳试验后，用式(6-9)得出了满意的结果。

$$S_{max} = 1 - 0.068\,5(1 - R) \lg N \tag{6-9}$$

国内也做过一些混凝土抗拉疲劳试验研究，其成果已列入新修订的"钢筋混凝土设计规范"，混凝土疲劳强度应根据其静力抗拉强度而折减，即：

$$f_{r,max} = \gamma_P f_r^t \tag{6-10}$$

式中　$f_{r,max}$——混凝土抗拉疲劳强度；

γ_p——混凝土疲劳折减系数，其值由 $R = \sigma_{min}/\sigma_{max}$ 确定（当 $R < 0.5$ 时，$\gamma_P = 0.74$；当 $R \geqslant 0.5$ 时，$\gamma_p = 1.0$）；

f_r^t——混凝土静力抗拉强度。

大连理工大学宋玉普回归了素混凝土弯曲疲劳，如式(6-11)所示。

$$S_{max} = 0.998\,3 - 0.081\,7 \lg N \tag{6-11}$$

吕培印综合考虑最小、最大应力水平对疲劳强度的影响，采用多元回归分析法分别得到轴拉和拉—压情况下的 S—N 关系：

$$\lg N = 16.67 - 16.76 S_{max} + 5.17 S_{min} \quad (S_{min} = 0 \sim 0.3，轴拉) \tag{6-12}$$

$$\lg N = 12.02 - 10.64 S_{max} - 4.39 S_{min} \quad (S_{min} = 0.1 \sim 0.2，拉—压) \tag{6-13}$$

式中　S_{max}，S_{min}——最大、最小应力水平；

N——疲劳破坏时的疲劳荷载重复次数。

3. 混凝土疲劳弯曲变形模量的变化

由清华大学李秀芬的试验结果可知，随疲劳荷载作用次数的增加，梁的挠度和混凝土应变增大，疲劳变形模量降低。由统计计算可得，高强混凝土的疲劳弯曲变形模量 $E_{b,f}$ 与受压弹性模量 E_c 的关系式为

$$E_{b,f} = 0.875 \gamma_f E_c \tag{6-14}$$

式中　γ_f——疲劳弯曲变形模量降低系数，其回归方程为

$$\gamma_f = 0.982 - 0.027 \lg N \tag{6-15}$$

钟铭等变形模量 E_c 和疲劳变形模量 $E_{b,f}$ 之间的关系为

$$E_{b,f} = 0.787 \gamma_f E_c \tag{6-16}$$

$$\gamma_f = 0.998 - 0.023\,7 \lg N \tag{6-17}$$

太原工学院土木系通过对大量的钢筋混凝土梁的试验研究，得出弯疲劳弯曲变形模量 $E_{b,f}$ 和疲劳变形模量 E_c 随荷载反复次数 N 之间的关系：

$$E_{b,f} = 0.61 \gamma_f E_c \tag{6-18}$$

$$\gamma_f = 1.019 - 0.071\lg(N \times 10^{-4}) \tag{6-19}$$

以上分析表明,不同学者对混凝土的疲劳变形模量的计算模式不同,不同的试验,得出的结果也有所差异,但随着疲劳荷载作用次数的增加,混凝土的弯曲变形模量 E_b^f 都有所降低。

6.2.2 钢筋疲劳强度理论

为分析对比热轧钢筋在空气中的疲劳强度和在混凝土中的差异,采用 HRB 400 级钢筋(Ⅲ级钢筋)作为研究对象,新Ⅲ级钢筋中 20MnSiV(N)的 ϕ12 钢筋作为试件,原材性能:屈服强度 $\sigma_s = 444$ MPa,抗拉强度 $\sigma_b = 622$ MPa,伸长率 $\delta_5 = 33\%$ 。设计 $R = 0$、0.1、0.3、0.4、0.5 五组应力比的试验($R = \sigma_{min}/\sigma_{max}$,称循环应力特征值或应力比),根据各组试验得出疲劳强度试验值,并进行线性回归,得到疲劳寿命 $N = 2 \times 10^6$ 次时的疲劳强度曲线关系:

$$\sigma_{max} = 314.1893 + 0.6165\sigma_{min} \tag{6-20}$$

式中,相关系数为 0.982 6,相关性较好。

清华大学的李秀芬等通过对 11 片混凝土简支梁的静载和等幅疲劳荷载试验,试件的纵向钢筋采用新Ⅲ级钢中 20MnSiV(N)的 ϕ12,分析研究了受弯构件的疲劳特性,给出了受压区混凝土应力、纵向受拉钢筋应力的计算方法以及钢筋的疲劳强度设计取值,得到了作为控制梁的疲劳承载能力极限状态的 S—N 曲线,得到疲劳寿命 $N = 2 \times 10^6$ 次时的疲劳强度曲线关系如式(6-21)所示。

$$\sigma_{max} = 241.4 + 0.56\sigma_{min} \tag{6-21}$$

式中,相关系数为 0.999 8,相关性较好。

我国混凝土结构设计规范以疲劳应力幅作为疲劳参数,考虑应力比的影响,给出了 HRB400 应力比在 $R = \sigma_{min}/\sigma_{max}$ 从 0 到 1 时的疲劳应力幅值,但是由于试验资料的缺乏,没有给出 $R < 0$ 时相应的疲劳应力幅值。对于应力比均小于 0,$R = -0.5835 \sim -0.0733$。采用二元线性回归,得

$$\lg N = 13.2111 - 3.1157\lg\Delta\sigma + 2.5517\lg(1 - R) \tag{6-22}$$

当 $N = 2 \times 10^6$ 时,得

$$\Delta\sigma = 165.17\,(1 - R)^{0.819} \tag{6-23}$$

式中 $\Delta\sigma$——应力变化幅值,MPa。

在钢筋疲劳试验中钢筋的疲劳强度与试验条件、应力比有很大的关系,在疲劳荷载 2×10^6 次时钢筋的最大应力随应力比的增大而增大。对钢筋的疲劳试验在空气中进行和在混凝土中进行,在循环荷载达到 2×10^6 次时,不同的应力比条件下后者的疲劳强度比前者的疲劳强度低约 69 ~ 119 MPa,强度降低约 1/6,这也进一步证明,钢筋的疲劳强度随应力比的增大而增大,当应力比达到 0.5 时对钢筋的疲劳强度影响很小。

6.2.3　基于 Palmgren-Miner 理论的疲劳损伤分析

图 6-12 是匀质材料,如钢材的典型疲劳曲线。当荷载作用次数 $N_f < 10^4$ 时结构破坏,则称为低周疲劳破坏;$N_f > 10^4$ 时结构破坏,则称为高周疲劳破坏。从图 6-12 可知,当荷载小于 S_f 时,每次作用的荷载不会对材料产生伤损,材料就不会发生疲劳破坏,所以 S_f 也称为允许疲劳荷载。每次作用荷载大于 S_f 都会对材料产生伤损,如当荷载为 S_N,作用 N 次材料破坏,每次伤损就是 $1/N$;大于 S_f 的荷载大小不同,材料破坏时的疲劳荷载作用次数也不同,当荷载大于 S_f 越多,疲劳荷载作用的次数就越少。Palmgren-Miner 法则就是依据此理论计算材料的疲劳强度。但对于非匀质材料的钢筋混凝土构件,其疲劳寿命有没有一个明确的 S_f,也即不管荷载大小,会不会对材料产生疲劳伤损,各种文献的表述也不尽相同。

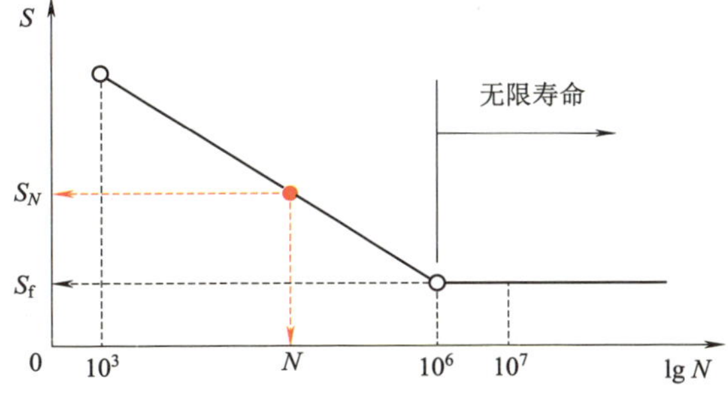

图 6-12　典型的材料疲劳寿命曲线

Palmgren-Miner 法则作为线性疲劳累积损伤的经典理论,国内外有很多文献利用此理论计算变幅疲劳试件的损伤程度,而作为常幅荷载试验,属于变幅荷载疲劳试验的特例。Palmgren-Miner 理论(以下简称 Miner 理论),主要对以下三个问题进行了描述。

对于一个循环荷载造成的损伤:$D = \dfrac{1}{N}$;

对于 n 个循环荷载造成的损伤:$D = \dfrac{n}{N}$;变幅加载:$D = \sum\limits_{i=1}^{n} \dfrac{1}{N_i}$;

临界疲劳损伤:$D_{cr} = 1$,结构疲劳破坏。

将上述问题简要概括为

$$D_{cr} = \sum_{i=1}^{n} \frac{n_i}{N_i} = 1 \tag{6-24}$$

式中　n_i——第 i 级应力水平的循环数;

　　N_i——第 i 级应力水平的疲劳寿命。

6.2.4　疲劳荷载的类型

当一构件受交变应力作用时,应力每变化一次称为一个应力循环,如图 6-13 所示。完成一个应力循环所需时间为 T,也称为一个周期。应力循环中的最大应力为 σ_{max},最小应力为 σ_{min},最大最小应力的比值称为疲劳应力循环特征:$R = \sigma_{min}/\sigma_{max}$。现场结构所受的疲劳荷载是一个宽频带的随机波,但疲劳试验的荷载一般以正弦波为主,其他如三角波、矩形波、梯形波等也有应用。

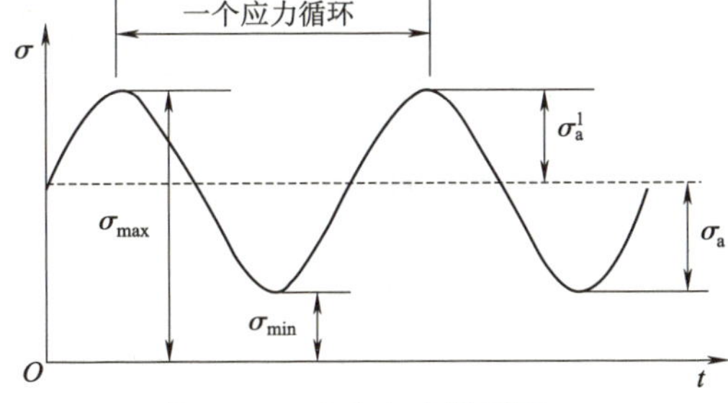

图 6-13　疲劳应力循环图

由图6-13可知，应力变化幅值为 $\sigma_a = \dfrac{\sigma_{max} - \sigma_{min}}{2}$，平均应力为 $\sigma_m = \dfrac{\sigma_{max} + \sigma_{min}}{2}$，平均应力也称为交变应力；循环特征值 R 在 $+1$ 与 -1 之间变化。各种不同的加载状况如图6-13所示。

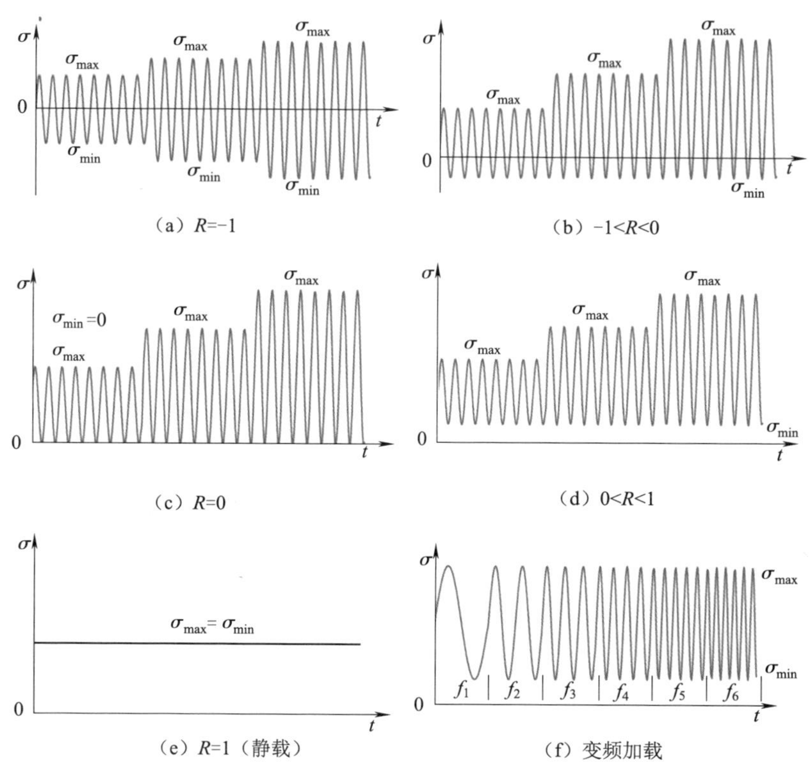

图6-14　疲劳荷载各种加载状况

图6-14(a)为拉压对称荷载加载，最大最小应力异号，其循环特征值 $R=-1$；图6-14(b)为拉压非对称荷载加载，最大最小应力也为异号，其循环特征值 $-1<R<0$；图6-14(c)最小应力为0，其循环特征值 $R=0$；图6-14(d)最大和最小应力同号，其循环特征值 $0<R<1$；图6-14(e)最大最小应力大小相等，其循环特征值 $R=1$，也即是静载状态；图6-14(f)为变频加载的应力幅值变化，用变频荷载做疲劳试验的较少。对于交变荷载的疲劳试验，R 值越小，意味着应力的变化幅值越大，则一般材料的疲劳寿命就越低。

在对浮置板试验时，一般是以压力进行试验，荷载形式如图6-14(d)所示，其循环特征值 $0<R<1$，但试验时一般是以等幅荷载进行，最小荷载取最大荷载的10%～15%，如最小荷载取得太小，疲劳加载压力头在最小荷载时会产生跳动，造成加载装置的移位。

6.2.5　浮置板疲劳试验

1. 浮置板试验装置

浮置板疲劳试验有单板试验和多板试验（一般为三板试验），单板试验时，将单块浮置板隔振器、钢轨、扣件安装好，然后在板跨中位置单轴加载。大型构件的疲劳试验机一般最大荷载为 500 kN(一般达不到 500 kN),荷载作用频率为 3～5 Hz。在前期浮置板疲劳试验时采用单板试验,由于单块浮置板试验的荷载和支承条件与现场实际情况相差甚远,后经多位专家论证,认为对三块浮置板的疲劳试验受力更为合理,故现在一般都采用三块浮置板的疲劳试验。浮置板疲劳试验以试验浮置板的疲劳强度为主,试验隔振器的疲劳强度为辅,且不考虑两边两块辅助板的疲劳强度。

三块浮置板试验时,按照浮置板设计的铺装要求,中间一块为加载试验浮置板,边上用两块辅助用板,辅助浮置板最好与试验浮置板的长度一致,但也可长于或短于试验浮置板。用大于三块板长度的钢轨将三板连接起来,组装成一段浮置板轨道,如图 6-15 所示。

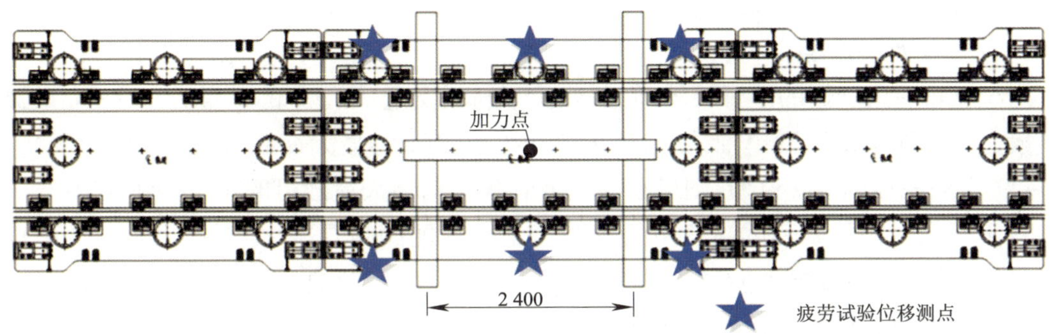

图 6-15　三板疲劳试验装置(单位:mm)

将试验浮置板的中心位置置于疲劳机加载头下,将三块浮置板顶起 100 mm 左右,在每个套筒位置安装隔振器。根据设计要求,一般一块浮置板有 6～10 个隔振器,在安装时,应尽量保证每块板所有隔振器受力均匀。将荷载分配梁置于试验浮置板中心位置,如图 6-16所示。加载 500 万次,观察加载过程中浮置板的变形情况,以及在疲劳荷载作用不同万次时,浮置板侧面和板面是否有裂纹产生,隔振器完好情况等。

图 6-16　浮置板疲劳试验

图 6-17　隔振器疲劳试验

在疲劳荷载作用到不同万次时,记录浮置板在荷载作用下的垂向位移,据此位移和作用荷载,可计算不同荷载作用次数条件下浮置板的挠度变化,也可根据荷载和位移的滞回曲线,计算不同荷载作用次数条件下的整板的阻尼比变化(具体计算后续介绍),以分析浮置板在荷载作用次数多少对其刚度和阻尼比的影响。

2. 荷载大小和作用次数的确定

目前浮置板轨道仅应用于城市轨道交通，而城市轨道交通的列车运行速度一般不大于80 km/h，市郊轨道交通的最高速度一般也在120 km/h左右，故可用式(6-25)计算动轴载。

$$P_d = (1+\alpha)P_0 \tag{6-25}$$

式中 P_d——动轴重，kN；

P_0——静轴重，kN，对于城市轨道交通A型车，可取160 kN；

α——速度系数，内燃机车 $\alpha = 0.3v/100$，电力机车 $\alpha = 0.45v/100$，对于车辆，速度系数可相应取小值；

v——列车速度，km/h。

对于城市轨道交通的浮置板轨道结构，由于轨道交通A型车的轴重为160 kN，最高速度一般为60～80 km/h，则单轴试验，最小荷载可取30 kN，最大荷载按式(6-25)计算，可取180～200 kN；三板的双轴试验，则最小荷载可取50 kN，最大荷载可取360～400 kN。

对于一般材料的疲劳试验，200万次疲劳荷载就能满足要求，但对于由各部件组成的结构系统，其疲劳强度很少能遵循图6-12所示的*S*—*N*疲劳曲线，故大多数专家认为，一般浮置板轨道疲劳试验的荷载作用次数要在300万次以上，最好是500万次。目前大多数浮置板疲劳试验的荷载作用次数已达500万次。但有些专家提出对浮置板在役期间的全寿命荷载作用次数试验。如一个轮对作为作用一次疲劳荷载，则一年作用的疲劳荷载次数如式(6-26)所示。

$$n = 365 n_w n_h n_d \tag{6-26}$$

式中 n——一年疲劳荷载作用次数；

n_w——一列列车的轮对数，6节车辆编组为24，8节车辆编组为32；

n_h——每小时运行的列车趟数；

n_d——每天轨道交通运行的时间，h。

按式(6-26)计算，目前一般城市轨道交通线路运行一年，荷载作用次数约200万次，如要以在浮置板服役期内的荷载作用次数进行疲劳试验，则疲劳荷载作用次数可达几千万次，甚至上亿次，显然这一试验太过保守。

6.2.6 隔振器疲劳试验

单体隔振器疲劳试验如图6-17所示。以3.6 m长板为例，板重约5～7 t，一般板下有4～6个隔振器。根据设计，当列车荷载作用在浮置板上时，浮置板的垂向位移一般为3～5 mm，如隔振器刚度5～7 kN/mm，则相应隔振器受到的荷载为15～35 kN。把一个隔振器承担的浮置板自重荷载作为最小荷载，则可把隔振器疲劳试验的荷载定为最小荷载10 kN，最大荷载40～50 kN。

隔振器疲劳试验的观察内容有隔振器各部位有无裂纹、紧固件有无松动、橡胶护套有无损坏、阻尼液有无渗漏和弹簧有无断裂等。与整块浮置板试验一样，测试不同荷载作用次数时的隔振器刚度和阻尼比。要求疲劳试验循环荷载不少于 300 万次，疲劳前后静刚度变化不大于 10%，隔振器垂向永久变形不大于 2 mm。

6.3 循环加载测试浮置板的动态参数

对浮置板进行疲劳循环加载，在试验浮置板疲劳强度的同时，测试不同循环荷载作用次数条件下浮置板的受力和位移，并可据此分析浮置板的动刚度和阻尼比。

根据浮置板上作用一个车辆转向架的荷载 50～360 kN（考虑动载系数），测试不同荷载作用次数时的荷载和动位移，一般取浮置板跨中的两个位移值平均计算整块浮置板的动刚度和阻尼比。由于疲劳试验的加载为正弦谐波，故浮置板所受的荷载和位移时程曲线也均为正弦波，如图 6-18 和图 6-19 所示。

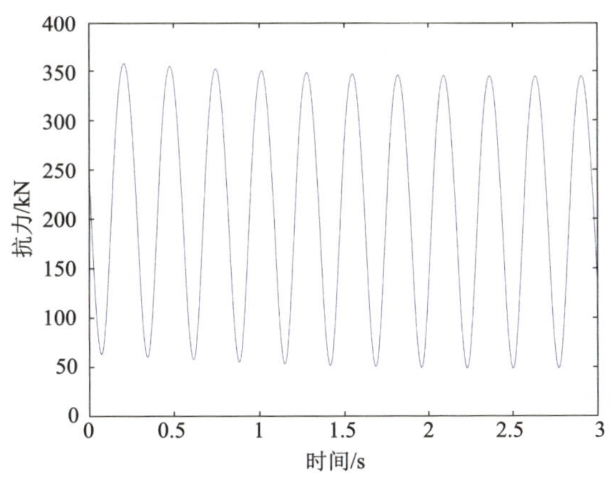

图 6-18　循环荷载加载曲线

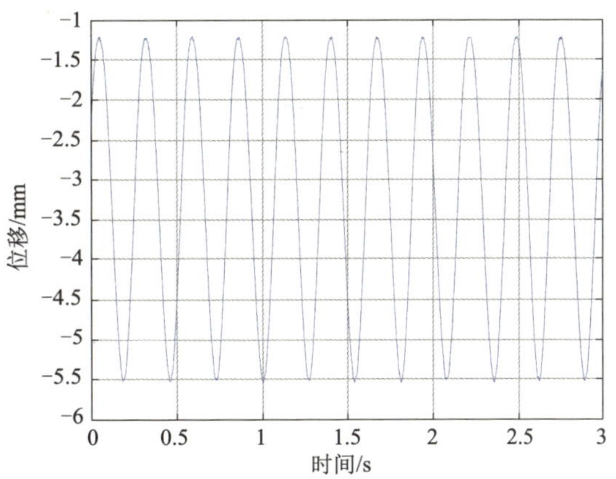

图 6-19　浮置板位移曲线

在试验时，根据不同荷载作用次数，取 250～500 个荷载和位移的谐波，根据荷载位移对应关系，绘制滞回曲线，如图 6-20 所示。以此滞回曲线计算浮置板的整板刚度和阻尼比。如果是单个隔振器循环加载试验，则可计算单个隔振器的动刚度和阻尼比。

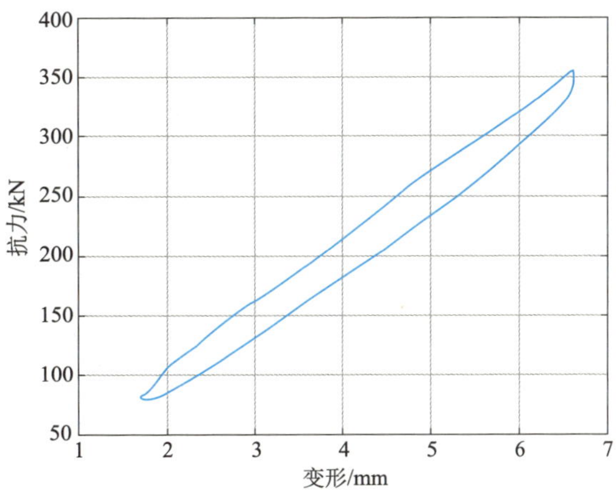

图 6-20　跨中断面荷载位移滞回曲线

6.3.1　动刚度和阻尼比计算方法

1. 循环加载动刚度计算法

循环加载时，浮置板上布置有 6 个位移测点，在一个转向架荷载作用下，6 个测点的位移大小不一，一般浮置板跨中的 2 个测点位移要大于两端的 4 个测点。如同计算轨道整体刚度的概念一样，计算浮置板整体轨道刚度时也只考虑浮置板跨中两侧的位移平均值。

由于循环加载试验机的加载频率一般为 3 ~ 5 Hz，用此测得的刚度也是低荷载作用频率下的名义刚度，计算式见式(6-27a)。

$$k_d = \frac{P_i - P_j}{y_i - y_j} \tag{6-27a}$$

式中 k_d——浮置板动刚度；

P_i, P_j——滞回曲线的最高、最低点荷载；

y_i, y_j——滞回曲线的最高、最低点荷载时的浮置板位移。

如要考虑加载和卸载时的不同刚度，则用式(6-27b)计算：

$$k_d = \frac{aP_i - bP_j}{y_{aP_i} - y_{bP_j}} \tag{6-27b}$$

式中 P_i, P_j——计算加载刚度时，荷载曲线的最高、最低点荷载；

a, b——避开滞回曲线中最高低和最低点的系数，$a<1, b>1$。

y_{aP_i}, y_{bP_j}——对应荷载 aP_i、bP_j 处的位移。

取加载和卸载曲线的割线刚度为加载或卸载名义刚度，如图 6-21 所示。

根据以往的试验情况，一般加载刚度要大于卸载刚度，但也有相反的情况，且 a、b 的取值不同，也影响到加载和卸载刚度的大小。一般两者相差在 10% 以内。

对于单个隔振器的动刚度计算，也采用式(6-27)计算。在单个隔振器加载时，在隔振器顶部的 3 个承载翅上安装 3 个位移传感器。隔振器刚度计算时，采用三个位移平均值。如上所述，也可计算隔振器的加载和卸载刚度。

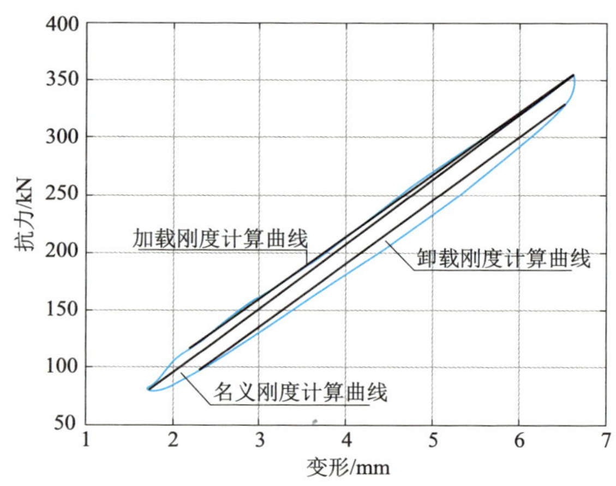

图 6-21 刚度计算曲线

2. 循环加载阻尼比计算法

根据结构动力学理论，加载和卸载时的荷载位移路径形成一个滞回环，通常将此阻尼力的滞回曲线称为阻尼力与位移之间的关系曲线，即 $f_d - u$ 曲线。将简谐荷载作用下体系的振动解 $u(t) = u_0 \sin(\omega t - \varphi)$ 代入黏性阻尼力计算公式，可得

$$f_d = c\dot{u}(t) = c\omega u_0 \cos(\omega t - \varphi) = c\omega\sqrt{u_0^2 - [u_0 \sin(\omega t - \varphi)]^2} = c\omega\sqrt{u_0^2 - u^2(t)} \tag{6-28}$$

式中 u_0——荷载作用下最大的位移量，mm；

c——阻尼，N · s/m；

ω——荷载作用频率，Hz；

φ——初相位角，rad。

图 6-22 为黏性阻尼力的滞回关系曲线。

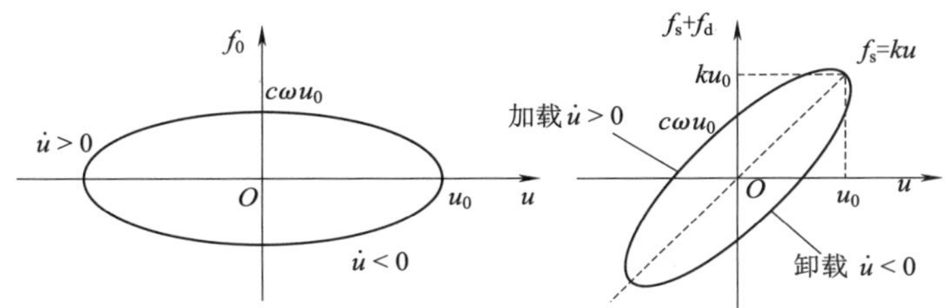

图 6-22　黏性阻尼和抗力的滞回关系曲线

对式(6-28)整理得

$$\left[\frac{u(t)}{u_0}\right]^2 + \left(\frac{f_d}{c\omega u_0}\right)^2 = 1 \tag{6-29}$$

可知,黏性阻尼的阻尼力滞回曲线为椭圆。力在一个循环内所做的功等于滞回曲线所包围的面积,这可以从功的意义直接得出。该椭圆的面积为

$$S_d = \pi(c\omega u_0)(u_0) = \pi c\omega u_0^2 = 2\pi\zeta\frac{\omega}{\omega_n}ku_0^2 = E_d \tag{6-30}$$

式中　c——阻尼,$c=2\zeta\sqrt{km}$;

ζ——阻尼比;

k——单自由振动系统的刚度,kN/mm;

m——单自由振动系统的质量,kg;

ω_n——系统固有频率$\sqrt{\dfrac{k}{m}}$,对于整体轨道结构,则可用锤击法测试轨道结构的一阶自振频率。

对于图 6-22 中的右图,其面积与左图面积相等,而f_d+f_s有时称为抗力,因此抗力的滞回曲线包围的面积等于阻尼力做的功。在实际测量时,测得的量是抗力,得到的滞回曲线的形状与右图相近。

根据能量耗散相等的原理确定等效黏性阻尼比,即在一个振动循环内等效黏性阻尼所做的功等于实际阻尼所做的功。

实际测量的抗力滞回曲线如图 6-23 所示,其中,滞回曲线包括的面积为E_d,是一个循环内实际阻尼力做的功。如果等效成黏性阻尼,如图 6-23 右图,设等效阻尼比为ζ_{eq},则在一个循环内等效阻尼力所做的功如式(6-31)所示。

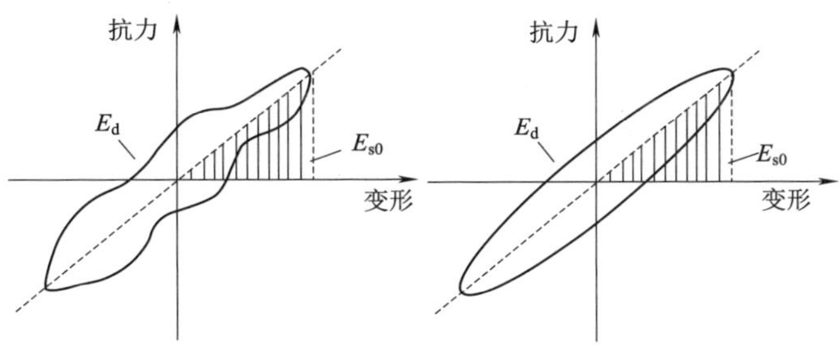

图 6-23　实测和理论的抗力滞回曲线

$$E_{\mathrm{d}}^{\mathrm{eq}} = 2\pi\zeta_{\mathrm{eq}}\frac{\omega}{\omega_n}ku_0^2 \tag{6-31}$$

由能量耗散相等原理知：

$$E_{\mathrm{d}}^{\mathrm{eq}} = E_{\mathrm{d}} \tag{6-32}$$

将式(6-30)和式(6-31)代入式(6-32)得

$$\zeta_{\mathrm{eq}} = \frac{E_{\mathrm{d}}}{2\pi(\omega/\omega_n)ku_0^2} \tag{6-33}$$

6.3.2 浮置板轨道刚度和阻尼比测试实例

单块浮置板试验，板长4.8 m，有6个隔振器，每个隔振器名义刚度5.7～5.9 kN/mm，系统自振频率$f_{\mathrm{n}}=10.4$ Hz($\omega_{\mathrm{n}}=2\pi f_{\mathrm{n}}$)，荷载频率$f=3.3$ Hz($\omega=2\pi f$)。单轴加载，荷载40～180 kN。在计算浮置板轨道的加载和卸载刚度时，以荷载50～170 kN的割线刚度作为钢弹簧浮置板的名义静刚度，根据滞回曲线计算得到的加载和卸载曲线的割线刚度，见表6-2。随着疲劳荷载作用次数的增加，刚度略有降低。

表6-2　疲劳试验加载/卸载刚度和阻尼比

位　置		0	150万次	280万次
加载刚度/(kN·mm^{-1})	南侧	33.71	32.80	31.44
	北侧	35.37	35.23	34.27
	平均	34.52	33.97	32.79
卸载刚度/(kN·mm^{-1})	南侧	32.30	30.12	31.86
	北侧	34.02	32.69	33.65
	平均	33.13	31.34	32.73
阻尼比	南侧	0.228	0.253	0.120
	北侧	0.203	0.177	0.113
	平均	0.216	0.215	0.117

根据前述的滞回曲线阻尼比计算方法，对多个滞回曲线计算得到的阻尼比取算数平均值，得到疲劳试验加载0、150、280万次时钢弹簧浮置板的阻尼比，见表6-2。

由表6-2可知，疲劳荷载作用次数为0、150、280万次时，钢弹簧浮置板的阻尼比分别为0.216、0.215和0.117；随着疲劳次数的增加，钢弹簧浮置板阻尼比有所降低。

6.4 浮置板动态参数的激振试验

对结构的激振试验有锤击试验、落轴试验、落锤试验，三种方法具有共同之处是对被测物体一个冲击力，也即脉冲荷载，使系统激振，但由于方法和激振力的不同，三种方法的适应性也有所不同。

6.4.1　激振方法介绍

1. 锤击试验

一般在测试浮置板的动力参数时,不考虑钢轨和扣件的作用。试验时,在轨道中心线的浮置板上锤击,并在锤击点处粘贴一块硬橡胶垫,以免锤击砸伤混凝土。如图 6-24 所示,并在锤击点附近安装位移和加速度传感器。测试人员站在浮置板上,用铁锤对浮置板锤击,不少于 15 次,锤击力可分大、中、小 3 种,以满足对参数分析的需要。由于锤击试验简单方便,故较适合于现场测试轨道结构的动力性能。

图 6-24　浮置板锤击试验

图 6-25　单个隔振器锤击试验

单个隔振器锤击试验时,在隔振器上方放置一块与浮置板轨道结构中单个隔振器所承受的重量相当的混凝土块(或钢板),如图 6-25 所示。也在混凝土中心锤击位置粘贴一硬橡胶垫或钢板,以防混凝土被击碎。考虑到混凝土块振动时,除了上下的一阶振动外,还有两个方向侧的滚振动,所以锤击点四周布置四个位移传感器,以抵消混凝土块侧滚振动的影响。

在锤击试验时,有时需要测试锤击力,则用测力锤锤击,如只要测试阻尼比,则采用一般力锤即可。用测力锤的试验结果可分析锤击冲击力与结构位移和振动加速度的关系。

2. 落轴试验

落轴试验是根据组装的实际浮置板轨道结构,既可单板,也可三板,甚至多板。多块浮置板试验时,根据设计要求,相邻浮置板用钢轨、扣件、剪力铰等连接好。浮置板数量的不同,试验目的也不同,试验结果也有所不同。落轴试验是将轮对吊起一定的高度,让其自由落体冲击钢轨。一般落轴试验的轮轨冲击点位于钢轨上,如图 6-26 所示。轮对质量 1 000 kg 左右,落轴高度根据激振强度要求确定,一般为 10 ~ 30 mm。试验时要求每个高度落轴 5 次以上,两轮接触钢轨时间差小于 0.003 s 的数据有效。

落轴试验时,需要一个轮对瞬时脱钩装置,使得轮对自由落体冲击钢轨。由于落轴试验时轮对冲击钢轨,故不适合做单个隔振器的冲击试验。落轴试验时测得的轨道结构阻尼比包括钢轨、扣件、轨下垫板、浮置板和隔振器的阻尼比，而锤击试验是锤击浮置板，测得的阻尼比是浮置板和隔振器的阻尼比，两者只能作相对的参考比较。

3. 落锤试验

落锤试验是通过 50 kg 质量锤以一定高度自由落体冲击钢轨，使系统激振。高度也是根据激振力要求决定，一般为 100 ~ 500 mm。落锤试验装置如图 6-27 所示。落锤既可冲击钢轨，也可冲击混凝土道床板，但冲击混凝土时需要在冲击点粘一块钢板，以免砸碎混凝土，同时也需要起吊和瞬时脱钩装置。落锤较适合于单个扣件的振动响应对比及振动传递性能试验。

图 6-26　落轴试验

图 6-27　落锤试验

6.4.2　阻尼比计算方法

把振动系统简化为一个单自由度系统，也即在隔振器上方放置一个混凝土质量块，如图 6-28 所示，形成等效的单自由度的质量—弹簧—阻尼系统模型，如图 6-29 所示，其自由振动方程如式(6-34)所示。

$$m\ddot{u} + c\dot{u} + ku = 0 \tag{6-34}$$

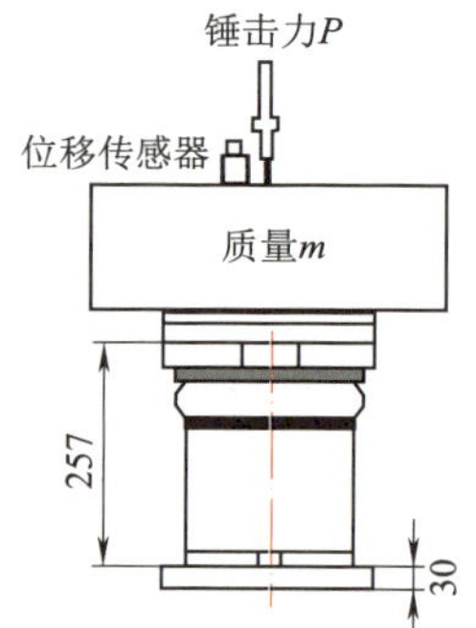

图 6-28　隔振器试验装置示意(单位:mm)

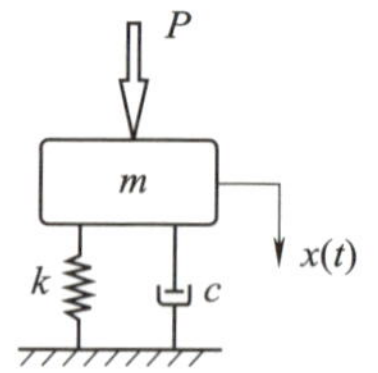

图 6-29　等效单自由度质量—弹簧—阻尼系统

令 $u(t) = e^{st}$，代入式(6-34)，同时考虑到弹簧隔振器为小阻尼体系，得

$$s_{1,2} = -\zeta\omega_n \pm i\omega_n\sqrt{1-\zeta^2} \tag{6-35}$$

则
$$u(t) = e^{-\zeta\omega_n t}\left[u(0)\cos(\omega_d t) + \left(\frac{\dot{u}(0) + \zeta\omega_n u(0)}{\omega_d}\right)\sin(\omega_d t)\right] \tag{6-36}$$

其中，$c = 2\zeta m\omega_n$，$\omega_d = \omega_n\sqrt{1-\zeta^2}$。则任意两个相邻振动峰值之比如式(6-37)所示。

$$\frac{u_i}{u_{i+1}} = \frac{u(t_i)}{u(t_i + T_d)} = \exp(\zeta\omega_n T_d) = \exp\left(\frac{2\pi\zeta}{\sqrt{1-\zeta^2}}\right) \tag{6-37}$$

式中，$T_d = \frac{2\pi}{\omega_d} = \frac{2\pi}{\omega_n\sqrt{1-\zeta^2}}$。

理论上即弹簧浮置板相邻振动峰值比仅与其阻尼比有关，与 i 的取值无关，但实际测试时有些差别。称相邻振动峰值比的自然对数值为对数衰减率，用 δ 表示：

$$\delta = \ln\frac{u_i}{u_{i+1}} = \frac{2\pi\zeta}{\sqrt{1-\zeta^2}} \tag{6-38}$$

则阻尼比 ζ 为
$$\zeta = \frac{\delta}{2\pi\sqrt{1+(\delta/2\pi)^2}} \tag{6-39}$$

弹簧浮置板的阻尼比较小，为了获得更高的精度，可采用相隔几个周期的振动峰值比来计算其阻尼比，如相隔 n' 个周期，则其对数衰减率和阻尼比为

$$\delta = \frac{1}{n'}\ln\frac{u_i}{u_{i+n'}}, \quad \zeta = \frac{\delta}{\sqrt{4\pi^2+\delta^2}} \tag{6-40}$$

式中　δ——单个波形对数衰减率；
n'——自由振动波形个数；
$u_i, u_{i+n'}$——第 $i, i+n'$ 个波峰幅值。

6.4.3　激振试验数据波形分析

根据结构动力学理论，在用激振衰减曲线法测试振动系统的阻尼比时，一般采用振动位移衰减曲线。目前环境振动测试拾振仪既可以测振动加速度，也可以测振动速度和位移。但测试时，由于环境的本底振动、结构本身除一阶模态振动外，还有其他各阶模态的振动。虽然在激振动条件下，一阶模态的振动成分远大于其他模态的成分，但如不对其他模态的成分做一些处理，会影响到阻尼比的计算结果。

根据系统的一阶振动主频 8 ~ 15 Hz，对测试的移信号进行滤波。考虑到试验场地周边环境的振动情况，将 5 Hz 以下的信号进行高通滤波。滤波前后垂向振动位移衰减情况如图 6-30 所示，其中，细线为测试原始数据，粗线为滤波后的数据。如果信号中有高频成分，则也需要对测试信号进行低通滤波，滤波频率可通过对信号的频谱分析获得。

对滤波后的信号进行分析，通过提取相邻位移峰值位置的时间间隔 T_d（图 6-31），可以得到隔振器系统的有阻尼自振频率 $\omega_d = \frac{2\pi}{T_d}$，考虑到当阻尼比 $\zeta \leqslant 0.3$ 时，$\omega_d \approx \omega_n$，则如

已知系统的总刚度，可得系统的总质量 m；如已知系统总质量，也可得系统总刚度，关系式如式(6-41)所示。

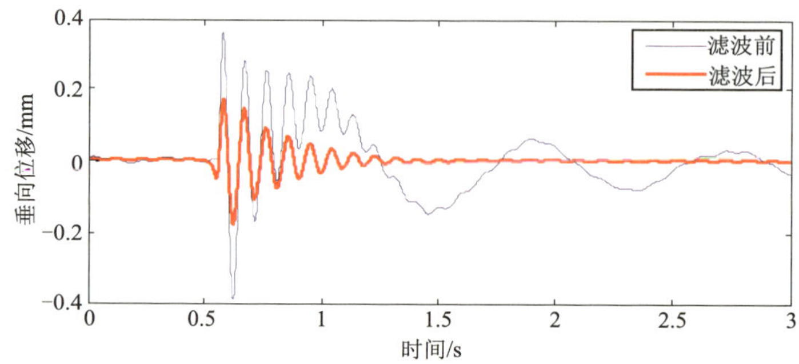

图 6-30　一次滤波后系统垂向振动位移衰减曲线

$$m = k\left(\frac{T_{\mathrm{d}}}{2\pi}\right)^2 \tag{6-41}$$

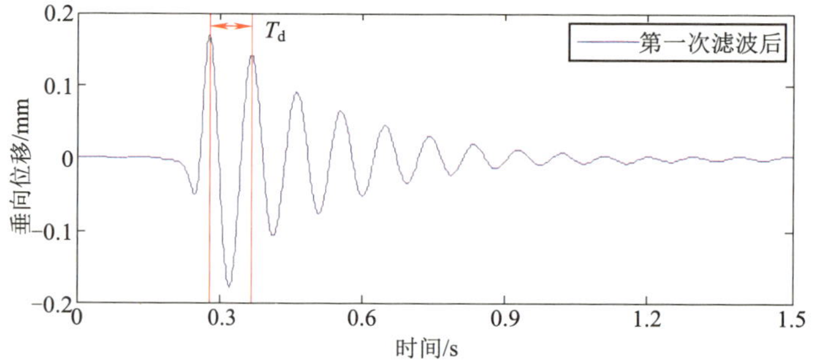

图 6-31　系统振动的自振周期 T_{d}

为了排除干扰信号对测试数据的影响，以固有频率为中心频率，上下扩大 20% 作为带通滤波的上下限频率，第二次滤波后，系统垂向振动位移衰减情况如图 6-32 所示，蓝色为第一次滤波后的数据，红色为二次滤波后的数据。

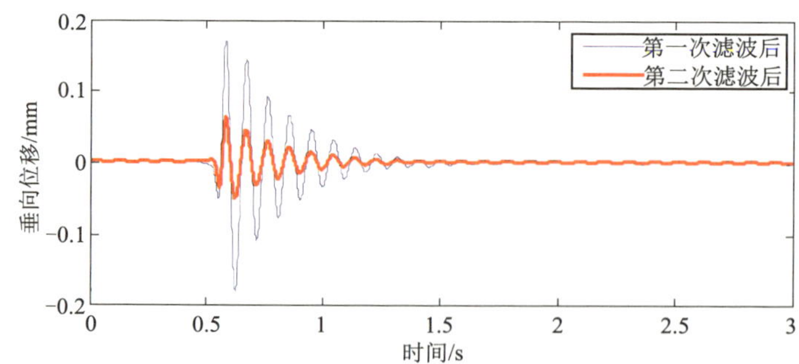

图 6-32　二次滤波后系统垂向振动位移衰减曲线

由图 6-32 可知，滤波后基本消除了位移波形图中的干扰信号。

6.4.4　锤击试验测试阻尼比实例

测试时，在锤击点附近设置两个测点，共测试 2 个隔振器。先对测试信号进行粗读信号自振周期T_d，根据T_d计算得系统的固有频率，然后上下扩大 20% 作为带通滤波范围，见表 6-3。

表 6-3　信号的带通频率

隔振器编号	自振周期 T_d/s		固有频率/Hz		带通范围/Hz	
	测点 1	测点 2	测点 1	测点 2	测点 1	测点 2
1	0.093 1	0.094 0	10.74	10.64	8.72 ~ 13.08	8.42 ~ 12.63
2	0.091 7	0.095 0	10.90	10.53	8.59 ~ 12.89	8.51 ~ 12.77

对测试信号用表 6-3 中的带通滤波频率滤波后，由式（6-40）计算得到 1 ~ 2 号隔振器的阻尼比，见表 6-4。

表 6-4　隔振器阻尼比

隔振器	测点 1	测点 2	平均值	隔振器	测点 1	测点 2	平均值
1 号隔振器	0.062	0.050	0.056	2 号隔振器	0.094	0.079	0.087
	0.057	0.053	0.055		0.091	0.078	0.084
	0.059	0.052	0.055		0.088	0.076	0.082
	0.063	0.057	0.060		0.093	0.074	0.083
	0.064	0.062	0.063				
	0.062	0.061	0.062				
	0.062	0.061	0.061				
	0.062	0.059	0.061				
平均值	0.061	0.057	0.059	平均值	0.092	0.077	0.084

由表 6-4 可知，1 号隔振器两个测点的阻尼比较为接近，约 0.059；2 号隔振器两个测点的阻尼比之差大于 1 号隔振器，约 0.084。根据钢弹簧浮置板隔振器的设计要求，一般隔振器的阻尼比为 0.05 ~ 0.12。一般在对隔振器阻尼比试验时，都要对疲劳试验前后的进行测试，根据《浮置板轨道技术规范》（CJJ/T 191—2012），疲劳试验后，钢弹簧隔振器的阻尼变化不应大于 10% 。

6.5　单体隔振器和浮置板静刚度试验

6.5.1　测试和计算方法

隔振器静刚度的测试是隔振器上道前必须要进行的一项检测工作，以保证隔振器的刚度值及其离散性符合设计要求。一般抽检试验时，以3个隔振器为1组。每次试验时，加载步长一般为5 kN，一般取最大荷载为50～60 kN（根据设计时隔振器受最大的荷载确定），如有 n 级加载，则一般用第2级（10 kN）和 $n-1$ 级（45或55 kN）荷载及在此荷载级的隔振器位移值计算静刚度，每级荷载持荷时间60 s以上，每个隔振器试验3次。一般隔振器顶部都设计有3个承载翅，位移计测点在3个承载翅上，如图6-33所示，荷载作用下隔振器的位移值取这3个测点读数的平均值。依据《浮置板轨道技术规范》（CJJ/T 191—2012），同一批的隔振器刚度允许偏差值为±10%。隔振器疲劳试验前后都要进行静刚度测试，一般要求疲劳前后的静刚度变化不大于10%。

图6-33　隔振器静刚度测试

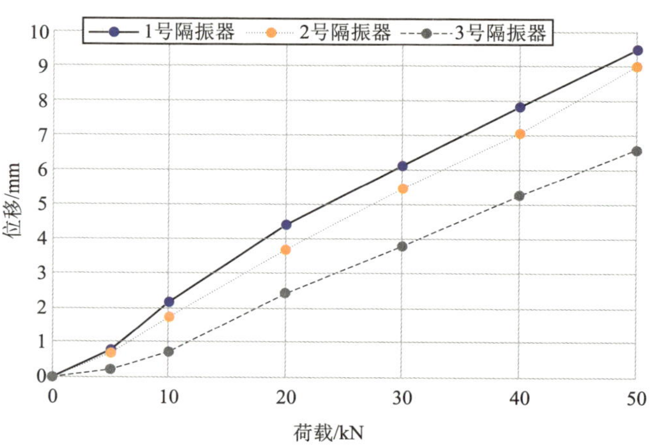

图6-34　隔振器的荷载位移曲线

计算各级荷载作用下隔振器的静刚度，计算式为

$$k=\frac{P_{i+1}-P_i}{y_{i+1}-y_i} \tag{6-42}$$

式中　P_i, P_{i+1}——第 i 和 $i+1$ 级荷载，kN；

y_i, y_{i+1}——第 i 和 $i+1$ 级荷载作用下隔振器顶部的垂向位移，mm。

6.5.2　隔振器静刚度测试实例

共测试3个隔振器，荷载范围为0～50 kN，加载级差为5 kN，每个隔振器上方放置3个测点。共做3个隔振器，图6-34是根据每个隔振器做3次测试的平均值绘制的。从图可知，在第2级荷载前，位移和荷载的变化线性较差，这主要是隔振器各部件间的连接间隙所致，当荷载达10 kN以上时，间隙被消除，则钢弹簧的线性就表现出来了。所以计算隔振器的名义刚度时应从第二级荷载（10 kN）算起。实际现场浮置板轨道的隔振器，在列车荷载作用前，由于浮置板重量的作用，隔振器连接部件之间的间隙已被压实，故列车荷载作用上去后的隔振器实际刚度也应去掉浮置板重量段的荷载。根据图6-34计算，得隔振器1号刚度为5.30 kN/mm，2号刚度为5.61 kN/mm，3号刚度为6.60 kN/mm。通过测试可知，此批隔振的刚度相差较大，误差大于10%，说明此批隔振器的刚度离散性需要缩小。

对 3 号隔振器进行 300 万次疲劳试验，疲劳试验后其静刚度为 6.55 kN/mm，与疲劳试验前的静刚度 6.60 kN/mm 比较，两者相差小于 1%。

6.5.3 浮置板静刚度和轨道结构整体刚度测试

对浮置板轨道结构刚度的测试可分为单板和多板。由于试验条件的限制，试验室多板试验时，一般要求 3 块浮置板以上，测试中间浮置板的荷载与位移之间的关系，也可在现场对浮置板轨道结构进行加载试验。

单块浮置板试验的目的是试验在荷载作用下，浮置板位移的均匀性。根据静力学理论，单块浮置试验测得的静刚度等于该块浮置板下所有隔振器静刚度之和，但由于板的挠曲、隔振器与浮置板的连接间隙，隔振器本身部件间的连接间隙等，造成整块浮置板的静刚度与所有隔振器刚度之和有一些偏差，一般要求偏差在 5% 以内。单板试验时，根据浮置板的设计，将所有隔振器安装好，并安装好钢轨和扣件，在浮置板跨中加载。一般在跨中单轴加载，荷载级为 20 ~ 50 kN，最大荷载为 160 ~ 180 kN（车辆轴重）。位移传感器 6 个，分别在两板端和跨中钢轨外侧，如图 6-15 中间板的位移传感器布置，测量浮置板与基础之间的相对位移。试验时读取 6 个位移传感器的测量值进行平均，然后根据荷载计算整板的刚度，此刚度也称为浮置板刚度。也可只用浮置板两个跨中位移计算刚度，但此时的刚度要小一些（因为浮置板的挠度，跨中位移要大于板端位移）。同时可根据板端和跨中的位移值，可计算在隔振器支承条件下浮置板挠度。

浮置板轨道结构的整体刚度测量时，与其他轨道结构的整体刚度一样，荷载作用在钢轨上，位移测点也在钢轨上。此时测量钢轨与基础之间的相对位移，不是测量钢轨与浮置板之间的相对位移，此刚度包括钢轨扣件的刚度。

浮置板整体刚度测量时，荷载作用在钢轨上，位移测点在浮置板上。此时测量浮置板与基础之间的相对位移，排除了扣件的刚度。实际上浮置板整体刚度就相当于其他轨道结构的轨下基础刚度。

目前预制浮置板的长度有 3.6 m、4.8 m、6.0 m 三种。试验时，安装浮置板的所有隔振器，钢轨、扣件按照设计要求安装。然后在中间板的跨中单轴加载，一般荷载级也为 10 ~ 20 kN，最大荷载 160 ~ 180 kN。多板试验的荷载作用位置的浮置板位移要小于单板试验的位移，这主要是由于通过钢轨、剪力铰传递荷载，相邻浮置板也要承担一定比例的荷载。此时刚度值计算时只考虑荷载作用点处的浮置板垂向位移，此刚度也可认为浮置板轨道的整体刚度，单位为 kN/mm。多板试验测得的轨道整体刚度要大于单板试验的轨道刚度。

6.5.4 浮置板横向静刚度测试

浮置板横向刚度的测试，主要是考虑浮置板的横向稳定性，即在列车横向荷载作用下，浮置板的横向位移也能保持在允许的范围内。根据资料表明，在曲线轨道上，轨道结构受到的横向力较大，要求浮置板的横向位移也在 0.5 mm 范围内。

用一块浮置板测量横向静刚度,试验装置如图6-35所示。试验时,分两种工况,浮置板上有一个转向架320 kN的垂向荷载和无垂向荷载,然后在浮置板跨中侧面施加横向力,横向力荷载级为5 kN,当浮置板横向位移达2 mm时,认为已达最大横向荷载。

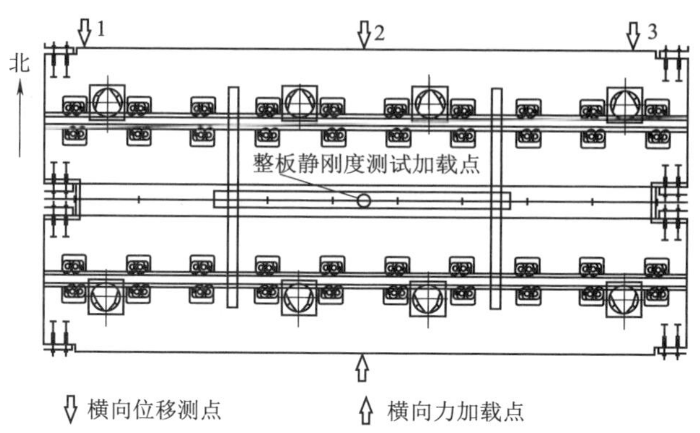

图6-35　浮置板横向静刚度测试横向加载点和位移测点

无垂向荷载时,浮置板的横向刚度要远小于的垂向荷载时的横向刚度。如图6-35所示的6 m长浮置板,单个隔振器的垂向刚度为6.5 kN/mm,整板垂向刚度为52.33 kN/mm,板顶无垂向荷载时,其横向刚度为292.13 kN/mm;板顶有垂向荷载时,当横向力达100 kN时,浮置板仍无横向移动现象(实验室用加力架加垂向荷载,垂向千斤顶对横向有牵拉作用)。另有试验表明,浮置板上有垂向荷载时,横向刚度是无垂向荷载时的1.8~2.0倍。

对多块浮置板联装测试浮置板的横向刚度,与垂向刚度一样,多板试验时,与试验板相邻的浮置板也要承担一定比例的横向力,故多板试验的横向刚度要大于单板试验的横向刚度。如果单板试验的横向刚度能满足浮置板轨道结构的设计要求,则多板试验的结构必定能满足,所以用单板无垂向荷载的横向刚度试验的结果是偏于安全保守的。

6.6 剪力铰静载和疲劳试验

由于铺设、吊装、曲线轨道等因素,预制浮置板的长度一般要受到限制。城市轨道交通的钢轨支座间距为0.6 m,为保证浮置板长度与支座间距对应,一般取6个、8个和10个支座间距,相应的预制浮置板长度为3.6 m、4.8 m和6.0 m。

为保证相邻浮置板的荷载传递,两板连接处的垂向位移协调一致,提高轨面的平顺性,同时减小浮置板板端扣件的上拔力,在预制浮置板的设计中采用剪力铰。剪力铰有上置式(图6-36),侧置式(图6-37)和内置式。

在两浮置板之间安装剪力铰,最初设计是在轨道两侧安装一对剪力铰,后经过改进设计,用两对剪力铰,如图6-38所示。原剪力铰底座只有4个固定螺栓,改进设计后用6个固定螺栓,提高了剪力铰传递剪力的能力。

图 6-36　上置式剪力铰

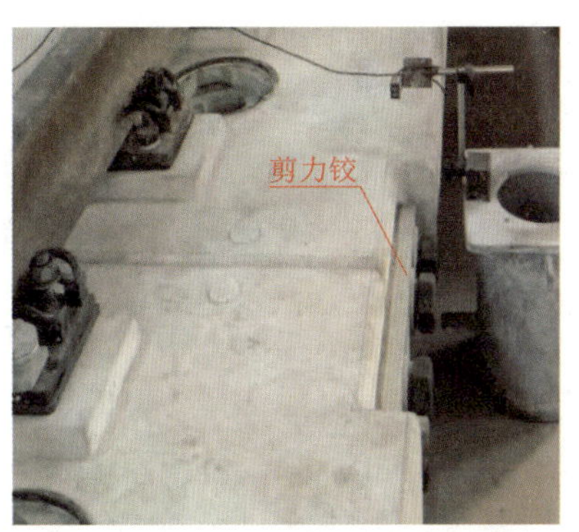

图 6-37　侧置式剪力铰

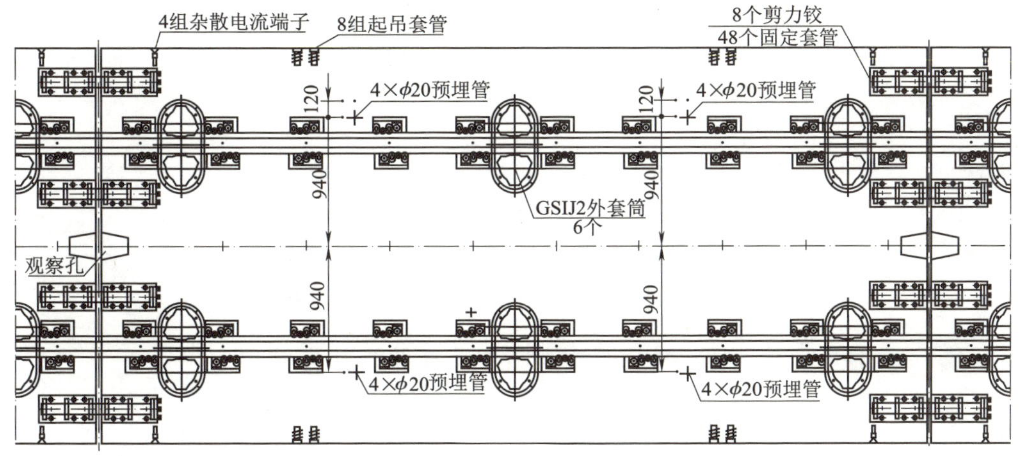

图 6-38　浮置板间的剪力铰布置(四铰式浮置板)

6.6.1　铰棒测试和计算方法

测试铰棒弯曲应力时,在铰棒的上下表面纵向贴片,如图 6-39 所示,由于弯曲应力上拉下压或下拉上压,故组桥时上下应变片相邻桥臂组桥,如图 6-40 所示。

剪切应变在铰棒侧面 45°贴片,贴片如图 6-39 所示,组桥时左右两片应变片对角组桥,如图 6-41 所示。

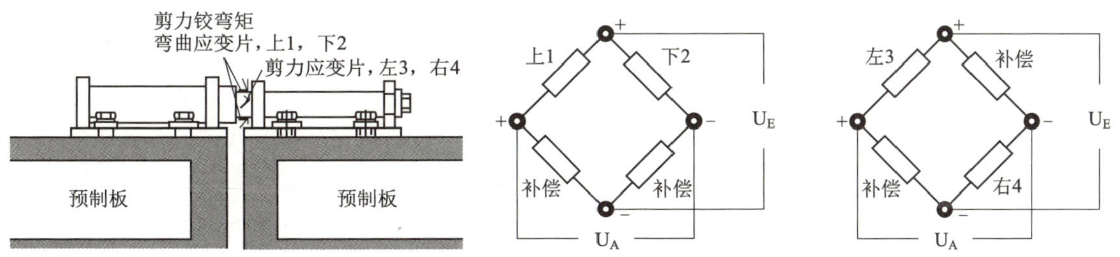

图 6-39　剪力铰剪切应变和弯曲应变测点　图 6-40　弯曲应变片组桥方式　图 6-41　剪切应变片组桥方式

通过对铰棒上下面测得的应变,根据式(6-43)计算弯曲应力。

$$\sigma = E\varepsilon/2 \tag{6-43}$$

式中　E——弹性模量,2.06×10^5 MPa;

ε——测得的应变。

由于是铰棒上下两片应变片测得的应变和,故计算铰棒弯曲应力时要将测得的应变除以2。根据测试所得的铰棒侧面45°应变数据,可计算铰棒的剪力。根据材料力学的应力应变理论,在二向应力状态分析时,45°截面的剪应力计算式:

$$\tau_\alpha = \frac{\sigma_x - \sigma_y}{2}\sin 2\alpha + \tau_{xy}\cos 2\alpha \tag{6-44}$$

式中 α——计算截面与测试截面的夹角,取45°;

σ_x,σ_y——测试截面对应的应力,MPa;

τ_{xy}——测试截面对应的剪应力,MPa。

另外,铰棒横截面为圆形,圆形截面中性轴处剪应力的计算式:

$$\tau = \frac{1.33Q}{A} \tag{6-45}$$

式中 Q——铰棒剪力,kN;

A——铰棒横截面面积,mm^2。

结合式(6-43)、式(6-44)和式(6-45),可以得出剪力计算式:

$$Q = \frac{A\tau}{1.33} = \frac{A}{1.33} \times \frac{\sigma_x - \sigma_y}{2} = \frac{E\varepsilon_\tau A}{2.66} \tag{6-46}$$

式中 ε_τ——实测剪应变,据测试截面测点布置及桥路连接方式可以确定 $\varepsilon_\tau = \frac{\varepsilon_x - \varepsilon_y}{2}$。

6.6.2 剪力铰底座螺栓拉压力测试

浮置板剪力铰底板的固定螺栓有普通形状的螺栓和对穿螺栓,如图6-42和图6-43所示。不管采用何种类型的螺栓,根据材料力学的圣维南原理,为保证测试点位于螺栓应力流的均匀位置,螺栓拉压力应变片位置应尽量远离螺栓端部,即应变片位置尽量靠近螺纹部分。对于六角螺栓,在螺栓头部钻4个小孔,以导出应变片连接导线,如图6-42所示。对于对穿螺栓,在螺栓中部贴片,但需要把螺栓中部的螺纹镟修,并在螺栓上半部分开槽,以导出应变片导线,如图6-44所示。

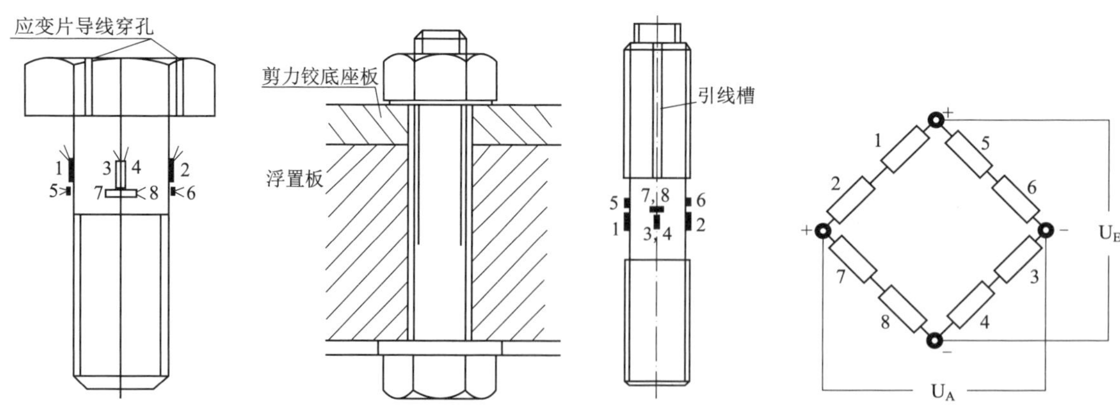

图6-42 普通螺栓及贴片　图6-43 对穿螺栓　图6-44 对穿螺栓贴片　图6-45 应变片组桥

根据应力应变测试原理,为了提高灵敏度和抵消荷载偏心引起的弯曲应变,杆件拉压力测试时,一般在圆柱体四周贴轴向和周向各 4 片应变片,如图 6-42、图 6-44 所示,并如图 6-45组桥(应变片 3 和 7 在螺栓正面,4 和 8 在螺栓反面)。贴片后的螺栓如图 6-46 所示。

图 6-46　测力螺栓实物图

图 6-47　螺栓的标定装置

图 6-48　安装好的剪力铰底座和对穿螺栓

通过对螺栓应变测试,获得各个工况下各个螺栓 4 个测点的应变数据的平均值,按照式(6-47)计算,得到螺栓的拉/压力。

$$F = \sigma A = E\varepsilon A \tag{6-47}$$

式中　σ——应力,MPa;

E——弹性模量,2.06×10^5 MPa;

ε——应变;

A——螺栓测试点处横截面面积,螺栓直径 24 mm。

实际测试时,对螺栓拉力直接标定,用标定系数计算螺栓拉力。标定在 100 kN 拉压试验机上进行,通过对螺栓实际最大荷载估计,取加载时荷载级为 5 kN,最大荷载30 kN,并读取相应的应变值,求出标定系数。根据标定系数乘以测得的应变,直接得到螺栓拉压力。螺栓的标定如图 6-47 所示。

6.6.3 剪力铰应力及固定螺栓静载拉力试验

剪力铰底板的螺栓有四孔和六孔，不管是四孔还是六孔，都是板端两个螺栓的受力最大，故试验时也是测试板端两个螺栓为主。剪力铰安装好后的螺栓如图 6-48 所示。试验剪力铰受力时，分三板剪力铰试验（图 6-49）和单个剪力铰试验（图 6-50）。

三板试验时，浮置板支高 300 mm 左右，三板连装，钢轨、扣件、都安装好，板下不装隔振器。将两边辅助板用加力架、千斤顶压住，在中间板四角用千斤顶往上顶，使得左边板的 1、2、3、4 号螺栓拉力增大，5、6、7、8 号螺栓拉力减小。静载试验时板底四角的每个千斤顶荷载级为 5 kN，最大荷载为 40 kN。三板试验时，铰棒不会像单铰那样会上翘，故更接近实际情况，但试验装置要复杂些。

单个剪铰试验时，也测试板端的 4 个螺栓拉力及铰棒的弯曲和剪应变，测点布置如图 6-50 所示。加载有垂和加载和横向加载，荷载级也为 5 kN，最大荷载 40 kN。横向加载时的螺栓拉力极小，主要是试验螺栓达到设计扭矩时，在横向力作用下，剪力铰底座的横向位移较小。单个剪力铰的试验如图 6-51 所示。

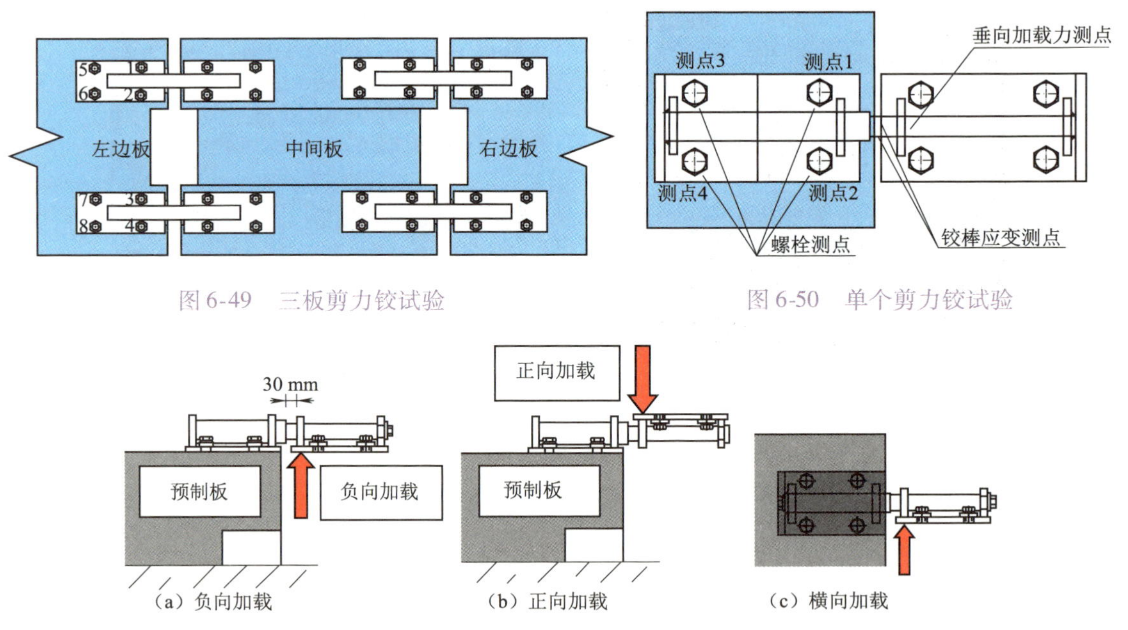

图 6-49　三板剪力铰试验

图 6-50　单个剪力铰试验

图 6-51　垂向和横向承载力加载

6.6.4 三板剪力铰应力及固定螺栓循环（疲劳）加载试验

为了试验在循环（疲劳）加载条件下，剪力铰棒和底座螺栓的动应力响应，将浮置板三板联装，安装隔振器、钢轨、扣件、剪力铰等，然后在中间板以双轴加载，加载装置如图 6-15所示。循环加载荷载大小为 50 ~ 360 kN。

三板垂向加载试验时，测试铰棒、底座螺栓的应变，然后计算铰棒和螺栓应力。图 6-52

为疲劳荷载加载曲线，图 6-53 和图 6-54 为疲劳加载时剪力铰的弯曲应力和剪切应力波形。

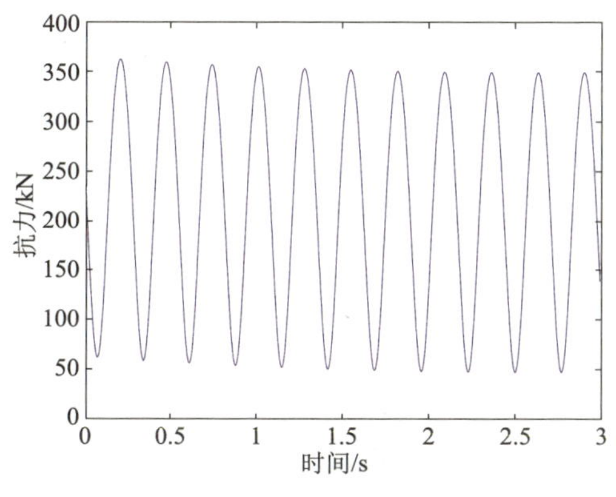

图 6-52　疲劳荷载加载曲线

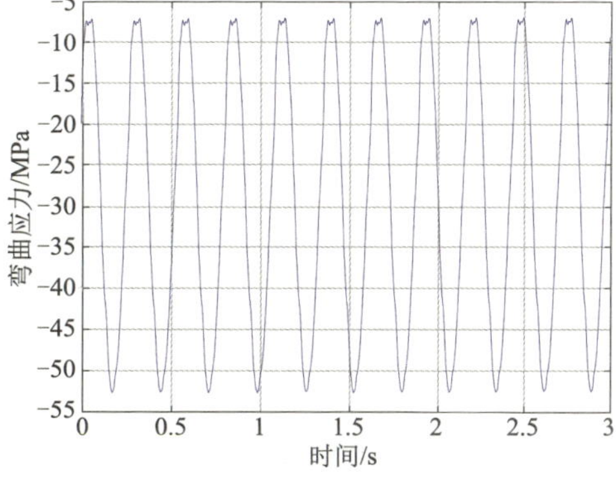

图 6-53　铰棒弯曲应力波形

循环加载过程中产生的铰棒弯曲应力与荷载的响应较为一致，但剪切应力除荷载频率的应力外，尚有高频部分的应力分量。铰棒的弯曲应力小于 55 MPa，剪切应力小于 5 MPa，剪切力小于 4 kN，都处于较低水平。

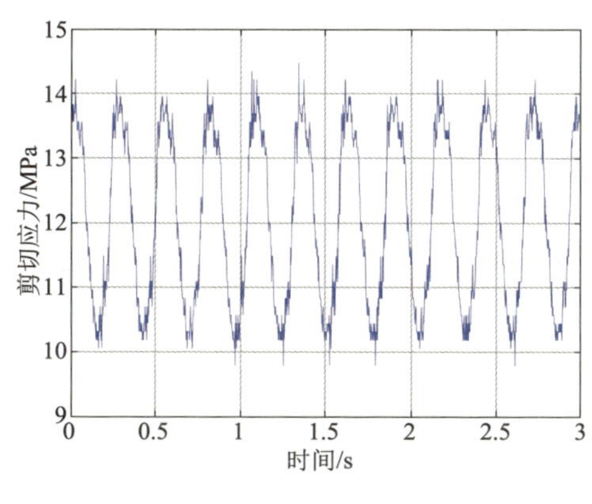

图 6-54　铰棒剪切应力波形

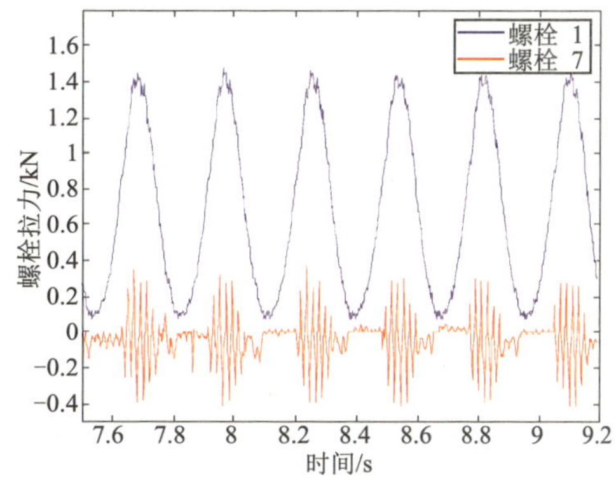

图 6-55　螺栓力（螺栓编号见图 6-49）

螺栓力波形如图 6-55 所示，从图可知，靠近板边的螺栓主要承受拉力，最大值 1.4 kN，处于较低水平，其波形也与荷载波形一致，但有少量的高频载波成分。离板边较远的螺栓，其拉力最大也只有 0.4 kN，可见荷载作用下的螺栓拉力主要是由靠近板边的螺栓承担，现场出现螺栓破损也主要是靠近板边的螺栓。值得注意的是，离板边较远螺栓力，其波形除了荷载频率外，还有相对较大成分的高频响应，认为主要是循环荷载作用下，剪力铰底座的振动所致。由于离板边较近螺栓的拉力较大，其振动现象较内侧螺栓处的低得多，所以高频成分也小得多。

理论计算和试验都表明，两浮置板之间力的传递主要靠钢轨，剪力铰的受力不大，但现场实际运营线路上，仍有铰棒断裂、剪力铰底座靠近板端的螺栓拉断或螺栓头部损坏，这一问题尚待进一步研究。

6.7 浮置板隔振效果的落轴冲击试验

在浮置板设计过程中,需经过仿真计算,预估浮置板的隔振效果,但其实际效果还需要实验室和现场试验。一般对浮置板隔振效果试验采用对比法,在实验室试验时,采用有无隔振器时的轨下基础振动强度,分析有隔振器时的浮置板隔振效果;在现场试验时,对比普通轨道结构和浮置板轨道结构对基底振动强度的影响,分析浮置板的隔振效果。现场浮置板轨道结构的隔振效果试验见第7章。

落轴试验是将轮对吊起一定的高度,让其自由落体冲击钢轨,使得轨道结构和基础激振,通过钢轨、扣件、轨枕道床、基础等振动强度,分析轨道结构差异对轨道结构部件和基础振动强度的影响。

6.7.1 落轴试验原理

列车在线路上运行时,车轮踏面和钢轨顶面总是存在各种各样的不平顺,这些不平顺就成为轮轨的冲击源。早在1960年代,英国德比(Derby)铁道技术中心就提出了车轮通过钢轨接头的轮轨冲击 P_1 和 P_2 力的计算式,但没有提出对轮轨冲击动力性能和振动强度进行分析方法。同样在1960年代,日本铁道综合技术研究所 Yoshihio Sator 就提出用落轴冲击的轮轨接触滞留时间来测定轨道刚度和阻尼比。目前,落轴试验已作为轨道结构动力性能测试的常用方法[24]。

落轴试验的原理是利用车辆轮对自由落下,对轨道施加一冲击荷载,使得轨道结构在脉冲激励荷载作用下产生振动。由于是冲击荷载,所以测得的轨道结构振动主频率是其结构本身的自振频率,且是衰减振动。落轴试验装置如图6-26所示。

以列车顺高低台阶通过钢轨接头为例,当车轮通过钢轨接头时,造成车轮踏面与钢轨顶面脱离。由于车辆转向架的一系弹簧处于压缩状态,当车轮脱空时,压缩弹簧就把轮对弹向轨面,从而造成轮轨冲击,所以当轮轨发生冲击时,参与冲击钢轨的质量一般为转向架的簧下质量,即轮对质量。由于车辆一系弹簧处于压缩状态,轮对冲击钢轨时的加速度要大于重力加速度。车辆越重,轮轨冲击的加速度越大,同样不平顺,冲击速度就越大;不平顺越大,轮轨冲击的速度也越大。基于这一原理,用落轴试验模拟列车运行时轮轨的实际冲击,并用此来评价轮轨冲击及轨道结构的振动特性。关于列车运行时,车轮扁疤、错牙接头、低接头、焊缝等引起的轮轨冲击速度 v_0 的计算,可参考翟婉明《车辆—轨道耦合动力学》中的第三章车辆—轨道系统激励模型[1]。

在对轨道结构振动特性研究时,根据轮对的不同高度,计算得轮轨的冲击速度。根据列车运行速度和轨面不平顺类型,计算得实际轮轨冲击速度 v_0,利用式(6-48)计算落轴高度。

$$h = v_0^2/2g \tag{6-48}$$

式中　h——落轴高度,mm;

v_0——轮轨冲击速度,mm/s;

g——重力加速度,9 807 mm/s^2。

对于钢轨表面凸台的轮轨冲击速度计算公式为

$$v_0 = v\sqrt{\frac{2\delta}{R}} \tag{6-49}$$

式中　v——列车速度,mm/s;

δ——轨面凸台高度,mm;

R——车轮半径,mm。

如轨面有 0.1 mm 的凸台,列车以 100 km/h 通过,车辆轮径为 1 000 mm,由式(6-49)可得轮轨冲击速度 v_0 =555 mm/s,则由式(6-48)可得落轴高度 h =15.7 mm。根据目前列车运行速度和轨面不平顺类型,一般取落轴高度 5~30 mm 就能满足轮轨冲击速度的要求。

落轴试验的关键有两点,一是保证轮对的自由落体,这就需要一个瞬时脱钩装置;二是保证轮对的两个车轮同时冲击钢轨,一般要求两轮接触钢轨的时间差小于 0.003 s,否则,一个车辆冲击钢轨后对第二个车轮所在钢轨的振动产生影响,造成测试结果的偏差。所以,试验时要保持轮对的平衡。

6.7.2　轨道整体动刚度的测试

在本章 6.4 节中,对利用落轴试验测得的浮置板位移衰减曲线计算阻尼比作了叙述,此位移衰减曲线是从浮置板上取得的位移信号,故此时测得的阻尼和刚度不包括扣件的刚度和阻尼。Yoshihio Sator 提出的用轮轨冲击力的时程曲线的轮轨接触时间和轮对起跳空间滞留时间计算轨道结构整体的阻尼比和动刚度,采用的轮轨力是从钢轨上取得的信号,故计算所得的刚度和阻尼是包括钢轨、扣件的轨道结构整体刚度和阻尼,计算结果与 6.4 节中的计算结果不完全一致,但可以互做参考。

日本 Yoshihio Sator 在用落轴模型法测试轨道结构振动参数时,模型如图 6-56 所示。首先确定落轴高度 h,根据图 6-56(b)可得轮对冲击钢轨的速度为

$$v_0 = gT_0 = \sqrt{2gh}, v_1 = gT_1, v_2 = gT_2$$

式中　g——重力加速度,9.81 m/s^2。

根据图 6-56(a)的力学模型建立动力平衡微分方程,可得出临界阻尼系数比 $\zeta = c/(2\sqrt{mk})$ 与恢复系数 v_1/v_0 有如式(6-50)所示。

$$\frac{v_1}{v_0} = \exp\left(-\zeta\frac{\pi - \arctan\dfrac{2\zeta\sqrt{1-\zeta^2}}{1-2\zeta^2}}{\sqrt{1-\zeta^2}}\right) \tag{6-50}$$

图 6-57 是利用剪力法测得的轮轨冲击力实际波形(纵坐标的数值只作参考用)。此图的第一个轮轨冲击波形可见有明显的两个峰值,称为 P_1 和 P_2,P_2 的形成是当轮轨冲击

完成起跳时，钢轨在轨下基础的弹性作用下也一起起跳，而在此时，钢轨的起跳速度要大于车轮的起跳速度，也即钢轨顶着轮对起跳，但达到一定高度后，钢轨回落，此时钢轨的回落速度又大于轮对的下落速度（钢轨的振动频率较高），从而造成车轮的滞空时间。P_1和P_2力的大小也不是所有情况都相同，而是与轨下基础的刚度有关，轨下基础刚度较小，则P_1力较小，P_2力较大；反之P_1较大，P_2力较小。有时冲击力波形只有一个峰值。

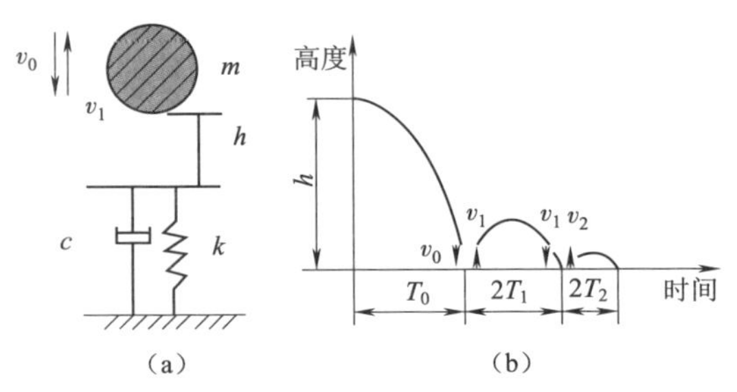

图 6-56　由落轨引起冲击的计算模型

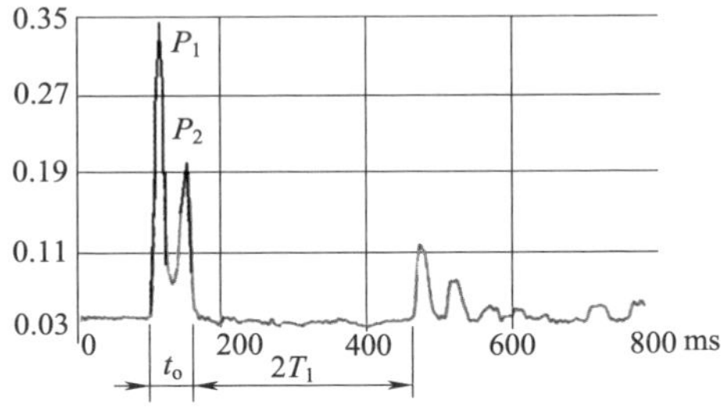

图 6-57　落轴后钢轨所受的冲击力波形

根据图 6-57 的波形可读得轮轨冲击持续时间t_0和车轮起跳后重新落下的时间间隔 $2T_1$。于是可算得轨道结构的动刚度和动阻尼为

$$|k| = m\frac{\left(\pi - \arctan\dfrac{2\zeta\sqrt{1-\zeta^2}}{1-2\zeta^2}\right)^2}{(1-\zeta^2)^2 t_o^2} \tag{6-51}$$

$$c = 2\zeta\sqrt{kW/g} \tag{6-52}$$

式中　k——轨道结构动刚度，kN/mm；

W——质量为 m 的车轮重量，N；

g——重力加速度，9.81 m/s^2；

c——轨道结构阻尼系数，kN · s/m。

6.7.3　落轴试验浮置板轨道整体动刚度和阻尼比试验实例

对无隔振器、钢弹簧隔振器和橡胶弹簧隔振器的三种轨道结构进行落轴试验。落轴高度分别为 10 mm、20 mm，6 m 长浮置板质量约 11 000 kg，轮对质量 980 kg，在轮对冲击作用下，无隔振器、钢弹簧和橡胶弹簧隔振器轨道结构的实测轮轨冲击力波形如图 6-58 所示。

从图 6-58 可知，轮对自由落下时，南北轮在同一时刻冲击钢轨，但轮对起跳后第二次自由落下时北侧车轮普遍滞后于南侧车轮，但每次试验的滞后时长也不同，这是由于南北侧轨道的刚度差别所致。在三种不同的支承状态下，轮对自由落下后，对钢轨产生冲击作用，且轮对产生第一次冲击后跳起，产生第二次冲击，甚至第三次冲击。

从图 6-58 也可知，无隔振器状态轮对落下后起跳的滞空时间最长，钢弹簧隔振浮置板的次之，橡胶弹簧浮置板的滞空时间最短，从此也说明，浮置板下刚度越大，轮对起跳的滞空时间越长。在多次冲击作用后，轮轨冲击力基本衰减为轮对的重量。其中，非浮置状态车轮跳起至重新落下时间间隔较长，且车轮第二次冲击产生的轮轨冲击力明显大于安装钢弹簧和橡胶弹簧隔振器后的轮轨冲击力。同时，落轴高度由 10 mm 调高至 20 mm 后，车轮首次跳起至重新落下的时间有所增长，即车轮弹起高度更高。

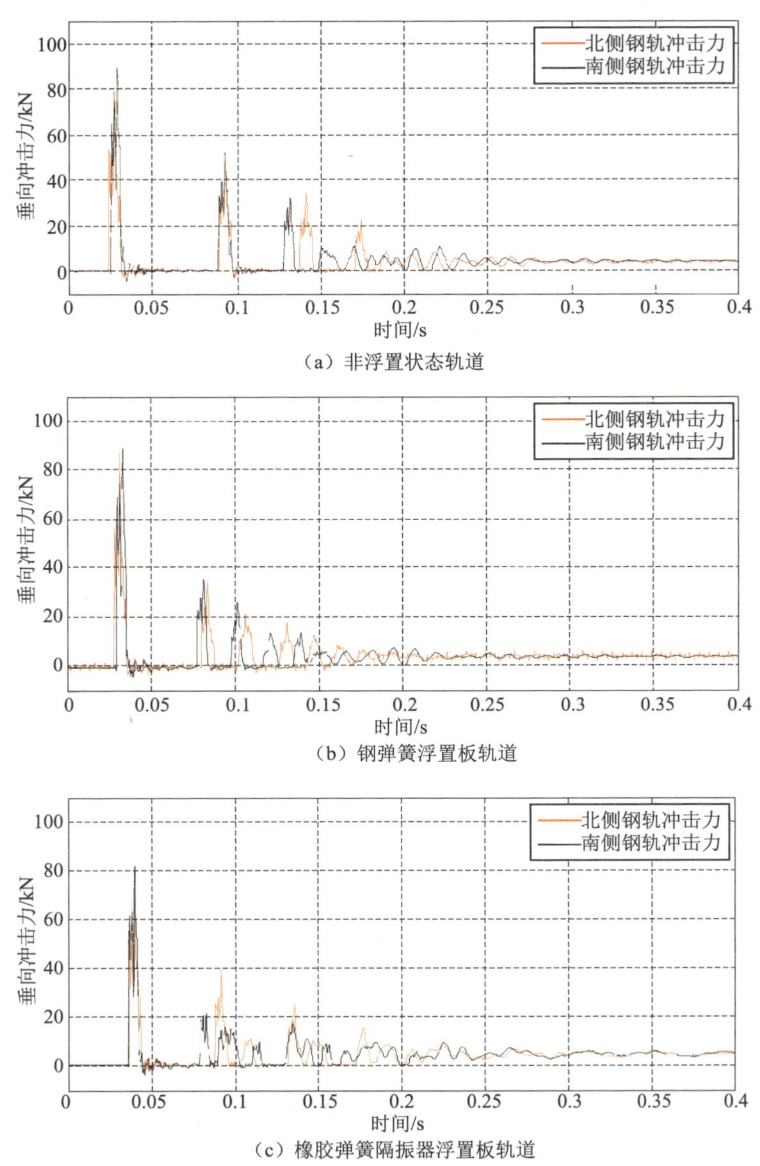

图 6-58 轮轨冲击力波形图(落轴高度 10 mm)

由于测试数据具有一定的离散性，故同一种轨道结构状态需进行多次落轴试验，一般是需要 10 次，如果数据的离散性不大，5 次试验也能满足对试验的分析要求。由上述动刚度、动阻尼及阻尼比计算方法，选取 10 次测试数据进行计算，并取其算术平均值，得到的浮置板轨道结构的动刚度、动阻尼见表 6-5。表 6-5 是轨道结构的整体动力参数(包括钢轨扣件的弹性)，而并非仅是隔振器的动力参数。

表 6-5　浮置板轨道结构整体动刚度、动阻尼及阻尼比

落轴高度	非浮置状态			钢弹簧浮置板			橡胶弹簧隔振器浮置板		
	动刚度/(kN·mm^{-1})	动阻尼/(kN·s/m)	阻尼比	动刚度/(kN·mm^{-1})	动阻尼/(kN·s/m)	阻尼比	动刚度/(kN·mm^{-1})	动阻尼/(kN·s/m)	阻尼比
10 mm	49.32	50.09	0.038	45.06	81.58	0.066	46.29	88.09	0.068
20 mm	49.04	54.69	0.043	45.56	80.30	0.064	45.56	93.14	0.067

从表 6-5 可知,安装钢弹簧和橡胶弹簧隔振器后,浮置板轨道结构动刚度约 45 kN/mm 左右,小于非浮置状态下结构的动刚度。同时,落轴高度由 10 mm 调高至 20 mm 后,钢弹簧和橡胶弹簧隔振器浮置板轨道结构动刚度基本一致,即落轴高度对安装隔振器的轨道结构动刚度影响不大。钢弹簧和橡胶弹簧隔振器浮置板动阻尼及阻尼比均大于非浮置状态下轨道结构动阻尼比,且这两种支承状态下动阻尼及阻尼比较接近。

6.7.4　落轴试验浮置板轨道的隔振性能

落轴试验是利用冲击荷载对轨道结构激振,在激振条件下,根据测得的振动加速度或速度分析浮置板振动和基础振动的传递损失,同时也可分析浮置板的振动响应的导纳、分析有隔振器浮置板轨道与普通轨道的振动插入损失。

落轴冲击对比试验的钢轨振动加速度、轮轨作用力和浮置板振动加速度测点布置如图 6-59 所示;试验台(基础)振动加速度测点 1 ~ 6 均布置在浮置板四周,但分析时以 1、2 测点为主。在有些试验中,需要用落轴试验测试浮置板在轮对冲击作用下的位移衰减曲线用于计算浮置板的阻尼比,则可在浮置板当中再布置位移测点;如需要测试轨道结构的整体刚度和阻尼比,则可在当中两个支座上的钢轨中和轴上贴应变片测轮轨冲击力。

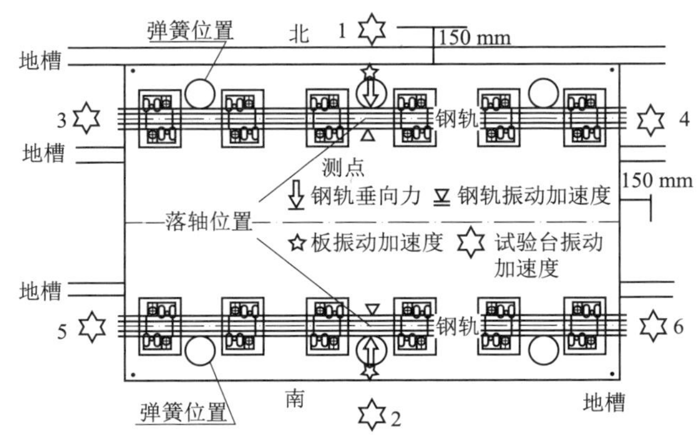

图 6-59　落轴冲击对比试验测点布置图

测试浮置板振动传递损失时,用一块预制浮置板,将隔振器、扣件、钢轨都按照设计要求安装好,然后落轴测试浮置板和基础的振动加速度,对比浮置板和基础的振级水平,两者之差就是传递损失,计算式如式(6-53)所示。

$$TL_t = L_s - L_b = 20\lg\frac{a_{srms}}{a_{brms}} \tag{6-53}$$

式中　TL_t——浮置板与基础之间的传递损失,dB;

L_s——浮置板的振级,dB;

L_b——基础的振级,dB;

a_{srms}——浮置板振动加速度均方根有效值,m/s^2;

a_{brms}——基础振动加速度均方根有效值,m/s^2。

测试浮置板基础振动强度插入损失时,首先测试无隔振器时的基础振动加速度,即直接将浮置板放置在试验台上,并将钢轨和扣件安装好,然后落轴测试基础的振动加速度,或者用普通轨道结构测试基础的振动加速度;测试有隔振器时轨道结构基础振动加速度时,将浮置板的隔振器安装好,在有隔振器的条件下测试浮置板轨道结构的基础振动加速度,对比有无隔振器时的基础振动加速度振级水平,两者之差就是插入损失,计算式为

$$TL_i = L_{b_1} - L_{b_2} = 20\lg \frac{a_{b_1rms}}{a_{b_2rms}} \tag{6-54}$$

式中　TL_i——无隔振器和有隔振器轨道结构基础振动插入损失,dB;

L_{b_1}——无隔振器时的轨道结构基础振级,dB;

L_{b_2}——有隔振器时的轨道结构基础振级,dB;

a_{b_1rms}——无隔振器时的轨道结构基础振动加速度均方根有效值,m/s^2;

a_{b_2rms}——有隔振器时的轨道结构基础振动加速度均方根有效值,m/s^2。

传递损失或者插入损失分析时,一般用 1/3 倍频程谱或 Z 振级。1/3 倍频程是不同频带的中心频率振动水平对比,而 Z 振级是将不同频带的振动级加权计算得到的一个振级。前者分析不同频带的隔振效果,后者分析的是一个总体效果。

6.7.5　落轴试验浮置板隔振效果计算内容和方法

一般在对轨道结构振动特性分析时,分别从时域和频域两方面进行分析。在时域分析时,主要考虑不同轨道结构类型或轨道结构部件的性能对振动加速度信号的最大幅值的影响,而不考虑信号的频率构成。由于轨道结构的随机性、离散性和荷载的随机性,使得轨道结构的动力响应输出也具有较大的离散性和随机性,故同一种轨道结构状态需要进行多次试验才能获得需要的测试数据。数据处理时,对各次试验测得的振动加速度信号最大值进行统计分析。根据数理统计原理,可求得最大值的平均值,最大值中的最大值,以此进行对比,确定不同轨道结构形式和不同轨道部件对振动加速度最大值的影响。

频域分析是对振动测试信号进行分析的常用手段,通过频域分析,可以得到振动信号的大量有用的信息,从而提高振动分析的意义和效率。

对测试信号进行功率谱分析是一种较为常用的频谱分析方法。功率谱计算方法可参考有关信号处理方法和随机振动数据处理方法方面的书籍中获得,此处不作详细介绍。从功率谱函数可知信号的主频和各频率的能量分布,所以从功率谱较能反映结构的振动特性。在对结构振动信号的频域函数分析时,一般对同一结构、同一种状态进行多次试验,并把各次试验的振动信号进行功率谱分析,然后再将各次信号的功率谱进行平均,作为这一结构在这种状态下的功率谱。几种结构、几种状态便可得几个功率谱,然后对这些功率谱进行对比分析,确定结构各类轨道结构、各种状态振动特性的优劣。此外导纳(传

递函数）反映了振动系统能量传递的特性，在对测试信号分析中也经常应用。

1/3 倍频程振动强度分析是环境噪声和振动分析中的常采用手段，因为振级概念较容易为社会公众所接受，也较多应用于轨道交通的振动强度分析。通过 1/3 倍频程的分析，可知结构振动强度在各频段的分布状况，从而可进一步分析振动传递特性、对环境影响的振动源治理。在 1/3 倍频程分析中，频程中心频率均按照 ISO 标准给出，1/3 倍频程频带的上下频率计算式为 $f_{i上}/f_{i下}=2^{\frac{1}{3}}$，频率依次为 1 Hz、1.25 Hz、1.6 Hz、2 Hz、2.5 Hz、3.15 Hz、4 Hz、5 Hz、6.3 Hz、8 Hz、10 Hz、12.5 Hz、16 Hz、20 Hz、25 Hz、31.5 Hz、40 Hz、50 Hz、63 Hz、80 Hz、100 Hz、125 Hz、160 Hz、200 Hz、250 Hz、315 Hz、400 Hz、500 Hz、630 Hz、800 Hz、1 000 Hz、1 250 Hz、1 600 Hz、2 000 Hz。计算时以 $f_{i上}f_{i下}$ 为带宽对原始信号进行带通滤波，并对各频带的滤波信号进行均方根值（RMS）计算，计算式为

$$a_{\mathrm{rms}} = \sqrt{\frac{1}{T}\int_0^T a^2(t)\,\mathrm{d}t} \tag{6-55}$$

式中 $a(t)$——某频带滤波信号 t 时刻的加速度，$\mathrm{m/s^2}$；

T——信号时长，也即积分时长，s。

振动量级（L）的一般表达式为

$$L = 20\lg\frac{a_{\mathrm{rms}}}{a_0} \tag{6-56}$$

式中 a_0——参考加速度，取 $10^{-6}\mathrm{m/s^2}$。

根据大量调查分析，参照有关国家的评价方法，我国规定采用垂向 Z 振级 VLz 作为环境振动强度的基本评价量。VLz 就是根据 ISO 2631-1-1997 推荐的频率计权网络。在对环境振动 Z 振级分析时，对 1～80 Hz 的振动信号计权，其频率响应特性应与各轴向人体暴露允许界限的特性相对应，即计权网络的插入损失应当符合表 6-6 的规定。表 6-6 为相对于人体最敏感频率范围垂向为 4～8 Hz、横向为 1～2 Hz 的计权系数。网络特性在两个指定的频率（a_z 为 6.3 Hz 和 31.5 Hz，a_x、a_y 分别为 1.25 Hz 和 31.5 Hz）上的允差应当不大于 ±1 dB，在其他频率范围内应当不大于 ±2 dB。

表 6-6　相对于人体敏感频率范围的计权系数

序号 j	频率 （1/3 倍频程带中心频率）/Hz	计权系数 W_j	
		a_z/dB	a_x/dB、a_y/dB
1	1.0	0.50(−6)	1.00(0)
2	1.25	0.56(−5)	1.00(0)
3	1.60	0.63(−4)	1.00(0)
4	2.0	0.71(−3)	1.00(0)
5	2.5	0.80(−2)	0.80(−2)
6	3.15	0.90(−1)	0.63(−4)
7	4.0	1.00(0)	0.5(−6)
8	5.0	1.00(0)	0.4(−8)

续上表

序号 j	频率 (1/3 倍频程带中心频率)/Hz	计权系数 W_j	
		a_z/dB	a_x/dB、a_y/dB
9	6.3	1.00(0)	0.315(−10)
10	8.0	1.00(0)	0.25(−12)
11	10.0	0.80(−2)	0.2(−14)
12	12.5	0.63(−4)	0.16(−16)
13	16.0	0.50(−6)	0.125(−18)
14	20.0	0.40(−8)	0.1(−20)
15	25.0	0.315(−10)	0.08(−22)
16	31.5	0.25(−12)	0.063(−24)
17	40.0	0.20(−14)	0.05(−26)
18	50.0	0.16(−16)	0.04(−28)
19	63.0	0.125(−18)	0.0315(−30)
20	80.0	0.10(−20)	0.025(−32)

用于测量环境振动的仪器,其性能必须符合 ISO/DP 8041—1984 有关条款的规定,其频率范围仅为 1～80 Hz,具有这种频率计权网络的测量仪器,能正确反映环境振动对人的影响。

由于 Z 振级是考虑人体对振动频率的感受而加权所得,有时为了评价结构的振动而不需考虑人体的感受时,则就采用不加权的振级,不考虑加权的振级用 VAL 表示,且计算频率范围也不局限于 1～80 Hz。

6.7.6　落轴试验浮置板隔振效果实例

在对浮置板隔振效果的落轴冲击对比试验中,先将试验用的浮置板放置于试验台上,钢轨、扣件组装好,不安装隔振器做落轴试验,落轴高度分别为 10 mm 和 20 mm;然后将浮置板顶起约 100 mm 高度,根据设计要求安装隔振器,并尽量保证各隔振器的承载相同。试验时的落轴高度也是 10 mm 和 20 mm。不同落轴高度的各测点振动加速度波形是相同的,只是幅值的大小不同,故在一般试验中,采用 10 mm 和 20 mm 两种落轴高度就能满足对浮置板隔振效果分析的要求了。

1. 振动信号的时域分析

对测得的钢轨、浮置板和试验台的振动加速度信号截取有效数据。图 6-60 为有无隔振器、落轴高度为 20 mm 时的钢轨的振动加速度波形。从波形可知,钢轨的振动加速度达 150g～230g,且非浮置状态、钢弹簧浮置板钢轨振动加速度相差不大,橡胶弹簧浮置板的峰值略小。也说明,浮置板的弹性对钢轨的振动加速度大小有一些影响。在落轴 20 mm条件下,钢轨的持续振动时间约 0.2 s 左右,但橡胶浮置板的钢轨振动时间稍长,达 0.25 s 左右。说明浮置板下刚度对振动的持续时间也有影响,但落轴高度对振动加速度的影响较大,对振动持续时间影响较小。如图6-58的轮轨冲击力波形一样,从振动加速度波形也可明显看出车轮对钢轨的二次冲击,也是北侧车轮的第二次冲击滞后于南侧车轮。如果仅考虑第一次冲击,则振动的持续时间要短得多,只有0.06~0.07 s,也即第一次振动冲击振动基本已衰减完毕,才发生第二次轮轨冲击。

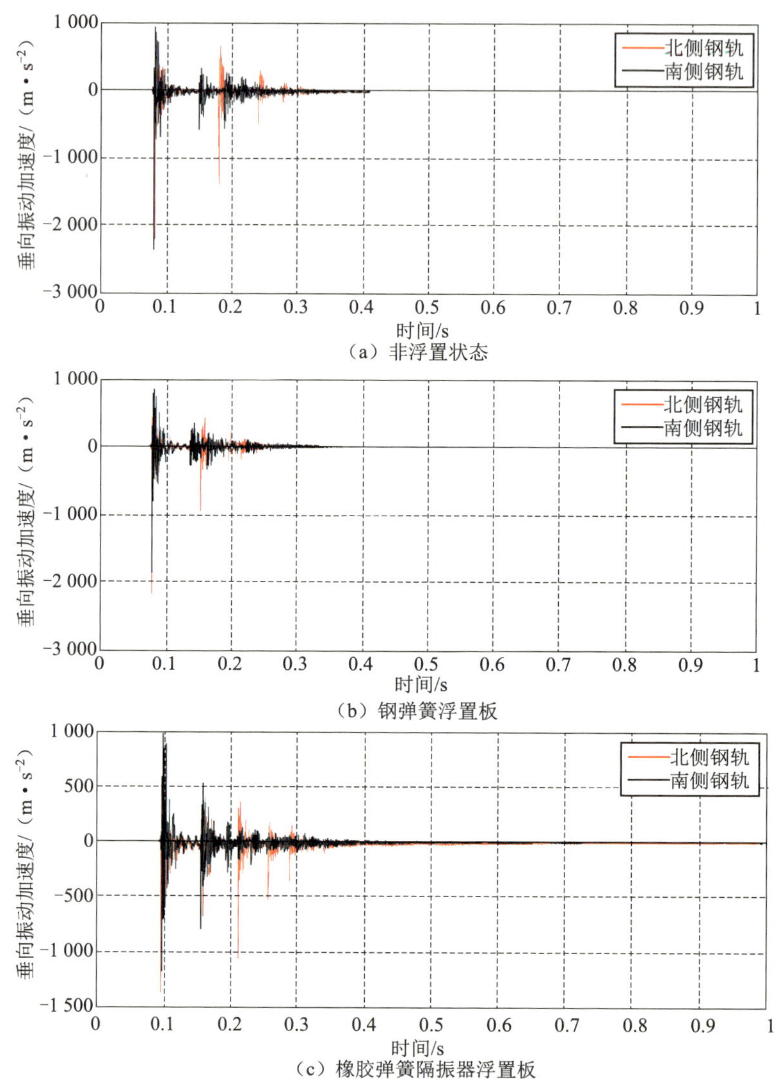

图6-60 钢轨垂向振动加速度波形图(落轴高度10 mm)

浮置板的振动加速度如图6-61所示。从图中可知,非浮置状态的浮置板振动加速度达11g,橡胶弹簧浮置板的次之,振动加速度达10g。钢弹簧浮置板的较小,只有7.5g左右,钢弹簧浮置板的振动加速度持续时间相接近,达0.25 s;橡胶弹簧浮置板的振动持续时间稍长,达0.35 s,说明浮置板的振动持续时间较钢轨振动的持续时间稍长。从浮置板的振动加速度波形也可看出轮轨的二次冲击;从浮置板的振动加速度曲线可知,非浮置状态的谐振成分明显低浮置状态。

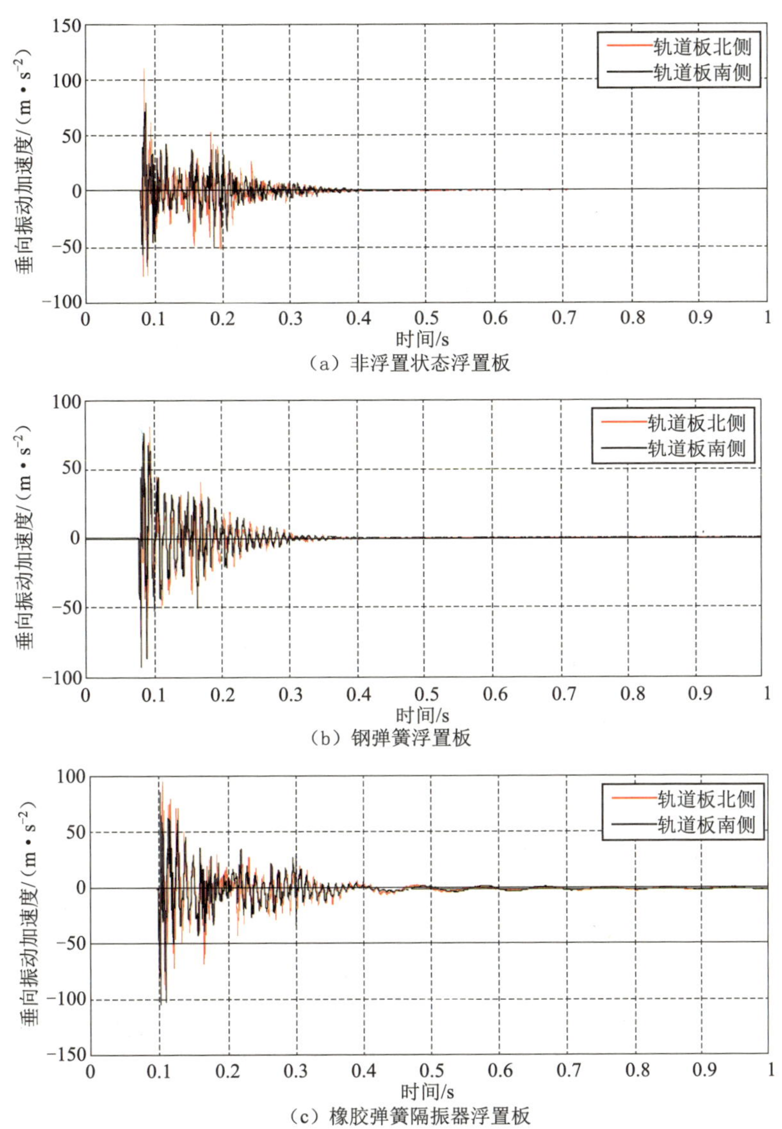

（a）非浮置状态浮置板

（b）钢弹簧浮置板

（c）橡胶弹簧隔振器浮置板

图 6-61　浮置板垂向振动加速度波形图(落轴高度 20 mm)

试验台(基础)的振动加速度波形如图 6-62 所示。从图可知,非浮置状态时,浮置板的最大振动加速度达 0. 15g,钢弹簧浮置板的最大振动加速度达 0. 02g,橡胶弹簧浮置板的最大振动加速度只有 0. 007 5g,说明有隔振时试验台的振动加速度明显小于无隔振器时的振动加速度,可见隔振的隔振效果较佳。试验台振动的持续时间较浮置板的稍长,而橡胶浮置板的试验台振动持续时间更长,且有一个明显的低频谐振成分。

一般在落轴试验时,同一落轴高度需要做 5 次以上试验,在时域分析时,振动加速度值有正有负,但只读取振动加速度波形的最大峰值,然后进行统计分析,忽略加速度的正负。

对非浮置状态、钢弹簧浮置板和橡胶弹簧浮置板三种状态下的钢轨的振动加速度进行统计,见表 6-7。从表中可知,三种轨道结构的钢轨振动加速度,橡胶弹簧的最小;三种状态的浮置板振动加速度相差不大;而试验台的振动加速度,非浮置的是钢弹簧隔振器的

4～5 倍，是橡胶弹簧隔振器的近 10 倍，说明浮置板对振动的传递起到了良好的隔离作用。

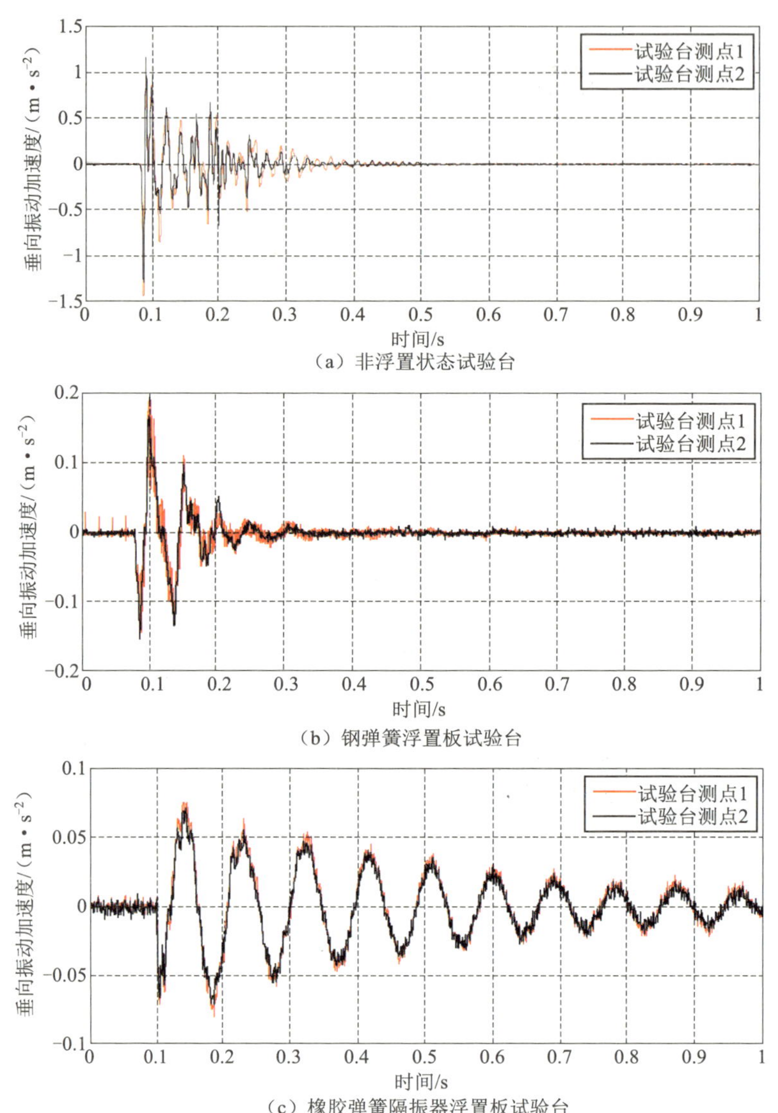

图 6-62　试验台测点 1、2 垂向振动加速度波形图（落轴高度 10 mm）

表 6-7　三种状态下最大振动加速度

状　　态	非浮置状态				钢弹簧浮置板				橡胶弹簧浮置板			
落轴高度	10 mm		20 mm		10 mm		20 mm		10 mm		20 mm	
数值	最大值	平均值	最大值	平均值	最大值	平均值	最大值	平均值	最大值	平均值	最大值	平均值
钢轨	162.17	135.68	257.81	218.70	164.71	139.15	236.57	205.86	134.41	122.76	158.61	130.64
浮置板	8.425 1	6.564 7	10.749 2	9.388 4	7.507 6	6.039 8	10.336 4	8.593 3	8.119 3	6.880 7	10.525 0	9.541 3
试验台	0.118 8	0.089 2	0.154 4	0.135 6	0.028 0	0.024 5	0.040 8	0.037 2	0.008 2	0.007 6	0.012 7	0.010 7

2. 振动信号的功率谱分析

在对平稳随机信号的频谱分析时，信号的各时长段的数据处理结果是一样的，即各时长段信号的统计数据的分析结果一样。但对于落轴试验的冲击振动，信号是一个衰减曲线，所以，各信号的截取时长应一致，以避免信号时长的不同造成对分析结果的影响。如图 6-60 所示，钢轨的冲击振动信号长度应截取在轮轨第二次冲击前，不能包括第二次冲击的振动信号，且各次落轴试验的测试的信号截取时长也应一致；至于浮置板和试验台，信号的截取时长也要与钢轨振动信号的截取时长一致，因为有时要分析振动的导纳、传递损失等，如果长度不一致，则就会导致结果的差异，影响分析的结论。

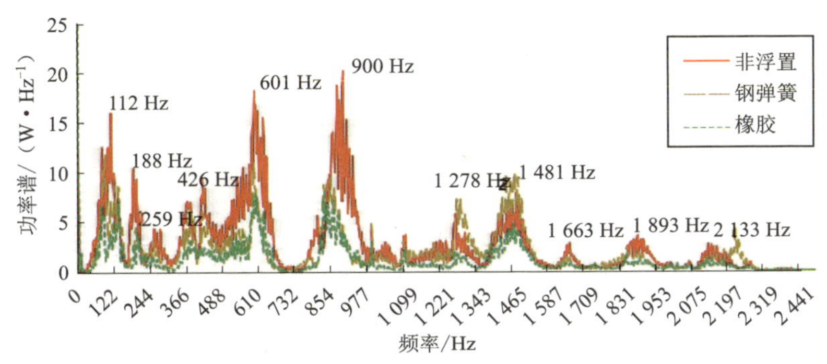

图 6-63　钢轨振动加速度功率谱

由于轮轨第二次冲击对试验台的振动加速度信号影响不明显，故在单独分析试验台振动强度或分析各种轨道状态的振动强度插入损失时，信号的截取长度可不与钢轨的信号分析长度一致，信号截取长度可长一些，但各种轨道状态的测试信号截取长度也要一致，从而提高分析的有效性。

在对非浮置、钢弹簧和橡胶弹簧三种轨道状态的钢轨垂向振动加速度进行功率谱密度分析时，先对每一次试验的钢轨垂向振动加速度信号进行功率谱密度分析，然后对同一测点的几次试验数据进行平均，所得钢轨的振动加速度功率谱图如图 6-63 所示。从图可知，不同的轨道状态，其频率的峰值位置稍有差别，但功率谱峰值的大小有较大的差别。

与对钢轨的振动加速度功率谱分析一样，三种轨道结构的浮置板功率谱如图 6-64 所示。由图 6-64 可知，未浮置状态下，浮置板加速度自功率谱主频为 373. 5 Hz、206. 3 Hz、116. 0 Hz、52. 5 Hz，分布比较广；钢弹簧浮置状态下，浮置板加速度自功率谱主频为 95. 2 Hz、20. 8 Hz；橡胶弹簧浮置状态下，浮置板加速度自功率谱主频为 87. 9 Hz、11. 0 Hz。说明随着轨道结构参数的改变，浮置板的振动频率也随之改变。从图 6-59 还可知，非浮置状态的浮置板振动加速度功率谱值最小，而橡胶弹簧隔振器浮置板的振动加速度功率谱值最大。

三种轨道状态下的试验台振动加速度功率谱密度图如图 6-65 所示。由图 6-65 可知，非浮置轨道结构状态下，试验台的加速度自功率谱主频为 41. 5 Hz、112. 3 Hz；钢弹簧隔振器状态下，试验台的加速度自功率谱主频范围为 14. 6 ~ 19. 5 Hz；橡胶弹簧隔振器状态下，试验台的加速度自功率谱主频为 11. 0 Hz。很明显，对于橡胶浮置板，11. 0 Hz 是该浮置板轨道的一阶振动主频,在此主频作用下,试验台也产生了 11.0 Hz 的强迫振动,且具有较高的振动能量成分,在此频率范围,浮置板对基础起不到减振的作用。从振动加速度的能量分布可知,非浮置轨道结构试验台的振动加速度功率谱值最大,且分布频率较宽;而钢弹簧和橡胶弹簧隔振器轨道结构试验台的振动能量较小,说明浮置板轨道结构具有良好的隔振作用。

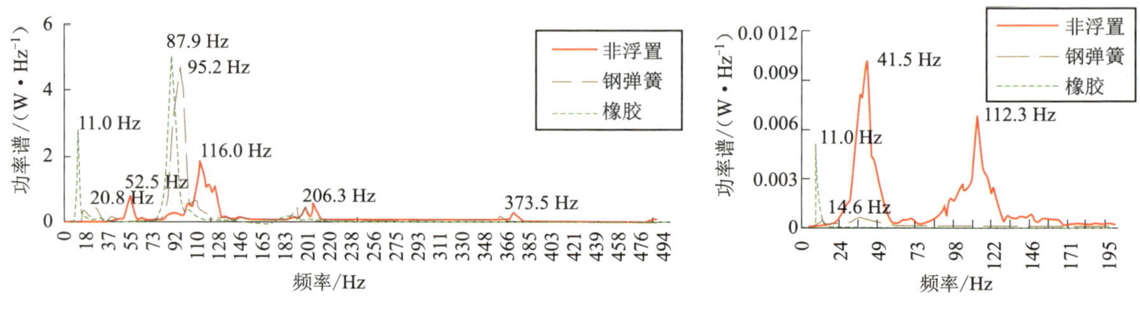

图 6-64　浮置板振动加速度功率谱

图 6-65　试验台振动加速度功率谱

3. 振动信号的 1/3 倍频程分析

1/3 倍频程的振动强度分析是目前结构振动强度分析中常用的手段。由于落轴试验的振动加速度信号是衰减信号而非平稳随机振动,故在数据处理时也需要取相同信号时长。

(1)钢轨振动加速度分析

先对每一次试验时的钢轨垂向振动加速度进行 1/3 倍频程的 dB 值分析,然后对同一测点的数据进行平均,不同落轴高度和不同测点处的 dB 值,如图 6-66 所示。

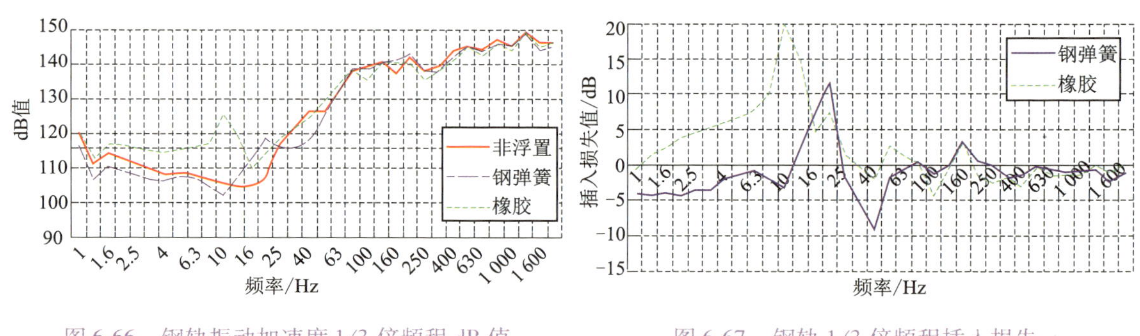

图 6-66　钢轨振动加速度 1/3 倍频程 dB 值（落轴高度 20 mm）

图 6-67　钢轨 1/3 倍频程插入损失

由图 6-66 可知,安装钢弹簧和橡胶弹簧的浮置板后,在 63 Hz 以上的高频段与非浮置板轨道的钢轨振动加速度 dB 值的幅值基本相等,但 63 Hz 以下有低频段,橡胶弹簧浮置板的钢轨振动加速度 dB 值较其他两种轨道结构的大。

为了更好地反应钢弹簧浮置板和橡胶弹簧浮置板较非浮置状态下对钢轨振动强度的影响,用钢弹簧和橡胶弹簧浮置板的钢轨振动加速度 dB 值减去非浮置状态下同一频率的钢轨振动加速度 dB 值,得 1/3 倍频程的插入损失 dB 值,如图 6-67 所示。从图可知,在频率 63 Hz 以上的高频段，插入损失值在小于 5 dB 范围波动；在 63 Hz 以下的低频段，钢弹簧浮置板的钢轨振动加速度强度的插入损失增大 12 dB 左右，而橡胶弹簧浮置板的达到 20 dB 左右。可见在 63 Hz 以下的低频段，隔振器对钢轨的振动强度具有增大效应。

(2)浮置板振动加速度分析

与钢轨振动加速度的 1/3 倍频程分析一样，对三种轨道结构的浮置板振动加速度 1/3 倍频程 dB 值分析，结果如图 6-68 所示。

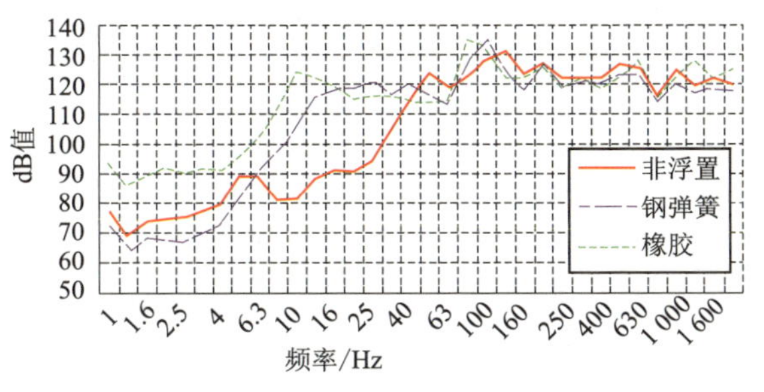

图 6-68　浮置板振动加速度 1/3 倍频程 dB 值

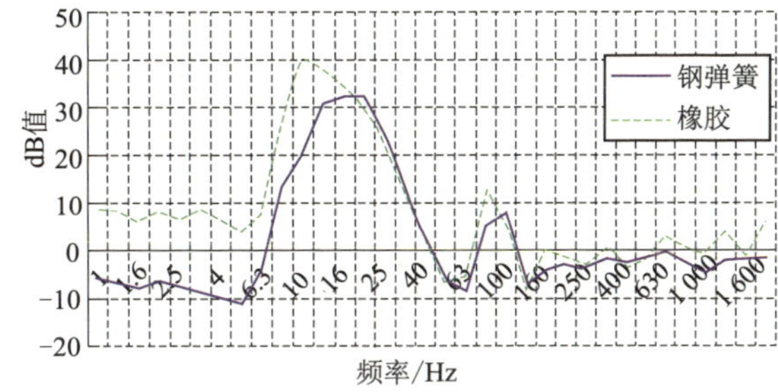

图 6-69　浮置板振动加速度 1/3 倍频程插入损失

从图 6-68 可知，钢弹簧浮置板和橡胶弹簧浮置板较非浮置状态的浮置板 1/3 倍频程 dB 值增大的频段主要集中在 63 Hz 以下的低频段，说明钢弹簧浮置和橡胶弹簧浮置状态下，板下基础变软，板的振动能量增大这一效应。

为了更好地反应钢弹簧浮置板和橡胶弹簧浮置板较非浮置状态下对浮置板振动加速度振级强度的影响，用钢弹簧浮置板和橡胶弹簧浮置板的浮置板振动加速度的各频带 dB 值减去非浮置状态下的相应 dB 值，得插入损失 dB 值，如图 6-69 所示。

相较于非浮置状态，钢弹簧浮置状态下，浮置板振动加速度 dB 值的插入损失最大增加了 32.38 dB，最大降低了 11.13 dB，说明在频率低于 8 Hz 频带，钢弹簧隔振器也对浮置的振动起降低效应，从此也表明，在 8 ~ 63 Hz 范围内，钢弹簧隔振器对浮置板振动加速度具有振动强度增大效应，但改变浮置板轨道的动力参数，这一振动强度增大范围也会相应改变。

相较于非浮置状态，橡胶弹簧浮置状态下，浮置板振动加速度的插入损失 dB 值最大增加了 40 dB，在 6.3 ~ 63 Hz 范围内，橡胶弹簧隔振器对浮置板的振动加速度起较大的增大效应。

(3)试验台振动加速度分析

三种轨道结构的试验台的振动加速度 1/3 倍频程图如图 6-70 所示。由图可知，钢弹簧和橡胶弹簧隔振器浮置板轨道的试验台振动加速度在高频段的强度 dB 值明显降低。对于钢弹簧浮置板，在 25 Hz 以上的频带具有较好的隔振效果；对于橡胶弹簧浮置板，在 16 Hz 以上频带就具有较好的隔振效果。在频率 8 ~ 25 Hz 频带，试验台的振动强度反而增大，但浮置板轨道试验台(基础)的总体振动强度较非浮置板轨道的要小得多。

为了更好地反映钢弹簧浮置板和橡胶弹簧浮置板较非浮置状态下对试验台振动强度的影响，用钢弹簧浮置板和橡胶弹簧浮置板试验台不同频带的振动加速度 dB 值减去非浮置状态下的相应频带 dB 值，各中心频率对应的插入损失如图 6-71 所示。从图可知，对于钢弹簧浮置板轨道结构,试验台在 20 Hz 以下频率振动强度增加了 7.5 dB,这是由于试验台的主频为 19.5 Hz 引起的,在 160 Hz 频率时,振动强度减小了 28.4 dB。对于橡胶弹簧浮置板轨道结构,试验台在 10 Hz 以下频率,振动强度增加了 12.3 dB,这是由于试验台的主频为 11.0 Hz 引起的,在 125 Hz 频率时,振动强度减小了 35.7 dB。

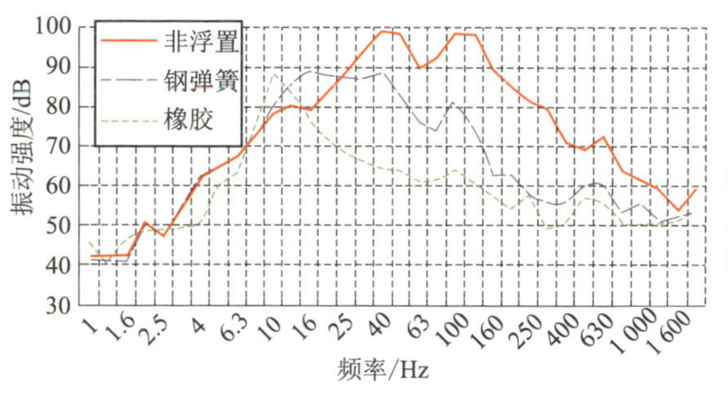

图 6-70 试验台振动加速度的 1/3 倍频程 dB 值

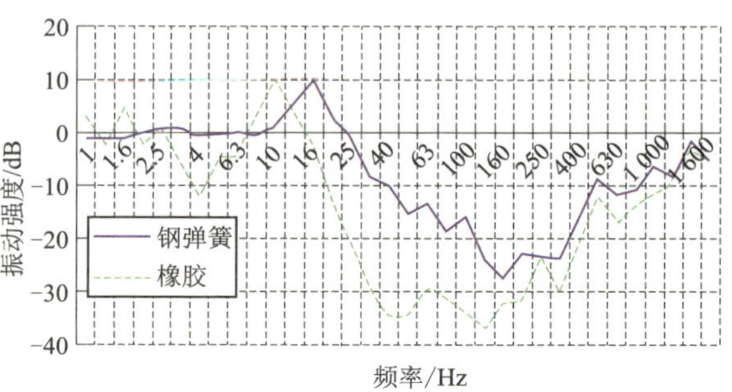

图 6-71 试验台振动加速度 1/3 倍频程插入损失

以上分析表明,浮置板轨道结构不能在所有频带上起到隔振作用,只有在频率大于浮置板一阶自振频率的频段,浮置板才有较好的隔振效果。

4. 试验台振动加速度 1 ~ 80Hz 的 Z 振级分析

对三种状态下的试验台的振动加速度进行 1/3 倍频程 Z 振级分析时,由于落轴试验的振动加速度为衰减振动信号,故分别截取试验台振动加速度信号的 0.05 s、0.1 s、0.15 s、0.2 s 和 0.25 s 时长波形进行分析,计算结果如图 6-72 所示。试验时,试验台的加速度传感器有 6 个,图 6-67 的数据是 6 个试验台加速度信号分析结果的平均值。

由图 6-72 可知,不同的信号时长,对计算结果的较大的影响,对于钢弹簧浮置板,截取信号时长 0.1 ~ 0.25 时对分析结果影响不大;而对于橡胶浮置板,试验台振动衰减速率较其他两种情况慢得多,故截取信号的时长对分析结果有较大的影响。在图 6-71 所示的 8.0 ~ 16 Hz 频段,此频带也即位于浮置板的振动主频范围,橡胶浮置板轨道试验台的振动强度反而较非浮置状态的大,而在此频段,Z 振级的权数也最大,故计算结果是橡胶浮置板轨道的试验台振级要大于钢弹簧浮置板的相应值。从此结果可得出钢弹簧的 Z 振级要优于橡胶弹簧浮置板,这是由于钢弹簧浮置板要比橡胶弹簧浮置板轨道的试验台振动衰减得快造成的。

在环境振动分析中一般 Z 振级计算用于平稳随机的环境振动,而落轴试验是一个衰减振动,用 Z 振级评价是否合适,有待进一步斟酌。

5. 试验台 1 ~ 80 Hz 的加速度级 VAL 分析

对三种状态下的试验台的振动加速度 1/3 倍频程 VAL 振级分析时,截取的时域波形与 Z 振级分析相同,不同落轴高度和不同测点的不加权振级 VAL 值如图 6-73 所示。

与非浮置状态下的试验台振动强度相比较,钢弹簧浮置板试验台的振动强度降低了 7.8 ~ 9.0 dB;橡胶弹簧浮置板试验台的振动强度降低了 11.7 ~ 16.5 dB。从此可知,橡胶弹簧的隔振效果要优于钢弹簧隔振动器,但需要指出的是,两种隔振器的隔振效果的频段是不同的，由于钢弹簧浮置板的振动主频较高，故在减振效果较差的低频带宽度要大于橡胶弹簧隔振器浮置板的相应值。

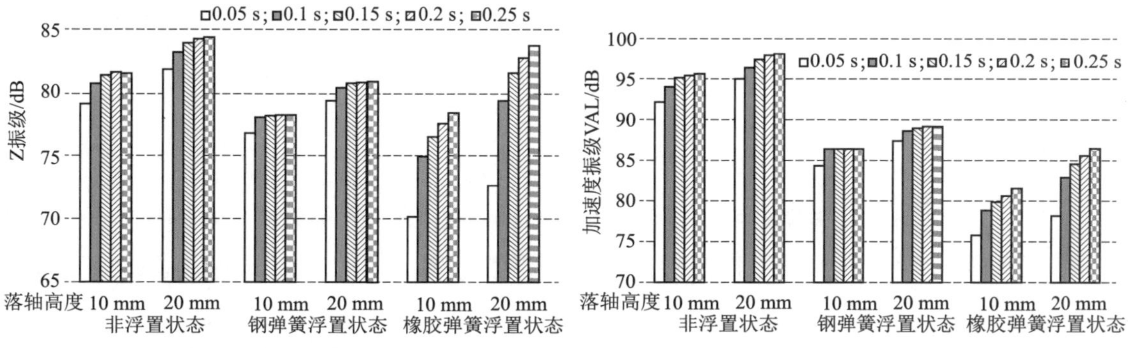

图 6-72　试验台振动加速度 Z 振级平均值　　图 6-73　试验台振动加速度级 VAL 平均值

从以上分析可知，各截取信号时长里，钢弹簧浮置板和橡胶弹簧浮置板较非浮置状态的试验台加速度级都有所降低，由于橡胶弹簧浮置板的试验台振动衰减速率较其他两种情况慢得多，故截取时间越短，降低得越明显。

从分析可知，用 Z 振级分析浮置板的隔振效果要低于用 VAL 振级的分析效果，从此也说明，采用不同的分析方法，可得出不同的结果，所以要选择一种公认的良好评价轨道结构振动的方法尚需进一步的研究。

第 7 章　振动噪声及动力测试

国内外研究和实践表明，由于浮置板轨道结构对减振降噪具有较为明显的效果，故在城市轨道交通建设中在振动噪声敏感区段采用浮置板轨道结构。由于实验室试验时的浮置板轨道结构和列车荷载条件等与实际情况有一定的差异，故实验室试验只能反映浮置板轨道结构减振降噪效果的相似值。现场测试分析不同于实验室测试，现场测试是在浮置板轨道结构、列车荷载和运行工况等都是实际条件下，故振动和噪声强度的测试结果更加真实，也是浮置板轨道结构实际减振降噪效果的准确值。

浮置板轨道结构的减振降噪效果在前几章的理论和实验上都有详细的分析和结论，但最终要落实在轨道交通现场的实际减振动降噪效果上，故浮置板轨道结构对车辆运行平稳性、安全性影响如何，行车时车内振动噪声的强度如何，现场振动和噪声的强度如何，都需要通过现场测试验证，并与普通轨道结构的测试结果作对比分析。

7.1 车辆振动测试与分析

7.1.1　车辆运行平稳性评价指标

在对车辆运行平稳性评价中，有两项指标：车辆振动加速度和平稳性指标。为保证行车平稳性，世界各国都有相应的评价指标，我国铁路有铁路行业标准和国标（TB/T 2360—93，GB 5599—2019），但没有专门的城市轨道交通车辆运行评价指标，目前采用铁标和国标。

根据《普速铁路线路维修规则》（铁总工电〔2019〕34 号）及我国铁路在对线路几何形位质量评价时所采用的车辆垂向和水平振动加速度，评价车辆平稳性主要是车辆的水平和垂向振动加速度，超限标准分为四个等级，加速度指标均为半峰值。

（1）日常保养标准。　垂直：$a_v \leqslant 0.10g$；水平：$a_L \leqslant 0.06g$；

（2）适度管理标准。　垂直：$a_v \leqslant 0.15g$；水平：$a_L \leqslant 0.10g$；

（3）急补修管理标准。垂直：$a_v \leqslant 0.20g$；水平：$a_L \leqslant 0.15g$；

（4）限速管理标准。　垂直：$a_v \leqslant 0.225g$；水平：$a_L \leqslant 0.175g$。

铁路和城市轨道交通车辆运行平稳性计算结果评定标准采用《机车车辆动力学性能评定和试验鉴定规范》（GB 5599—2019）的各项要求，分别按平稳性指标、平均最大加速度评定，同时也给出了最大加速度值作为评定参考。根据《机车车辆动力学性能评定及试验鉴定规范》(GB 5599—2019)规定,运行平稳性指标(Sperling 指标)计算参照第 3 章 3.7 节。

加速度功率谱分析,车辆加速度功率谱可反映列车在不同轨道结构上运行时车辆振动的剧烈程度,同时还可分析其主要的振动频率。轨道结构对列车车体振动加速度功率谱影响的对比分析可参照《机车车辆动力学性能评定及试验鉴定规范》(GB 5599—2019)有关频谱分析的规定。

7.1.2 测量方法及过程

一般选择客流量较少的时段对地铁车辆车厢内振动加速度进行测量,以免对地铁列车运行的干扰(车厢乘员的多少对车体振动加速度大小略有影响,可不考虑)。根据《机车车辆动力学性能评定及试验鉴定规范》(GB 5599—2019)中关于车体加速度测点布置的规定,测点布置位置应当位于车辆转向架心盘上方车厢地板上,对于 A 型车而言,测点布置如图 7-1 所示。

根据车辆振动的频率,取采样频率为 500 Hz,利用 Matlab 数据处理软件读出数据,根据波形将数据进行分割分组,再将两车站之间的车辆振动加速度分段列出,然后将每一段的分组数据分别存入电子表格中进行数据处理。

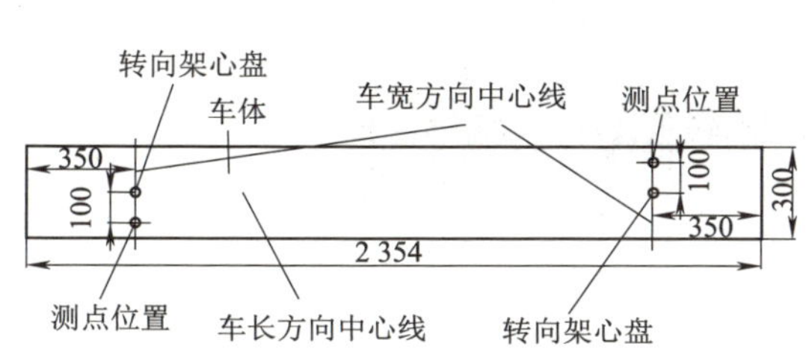

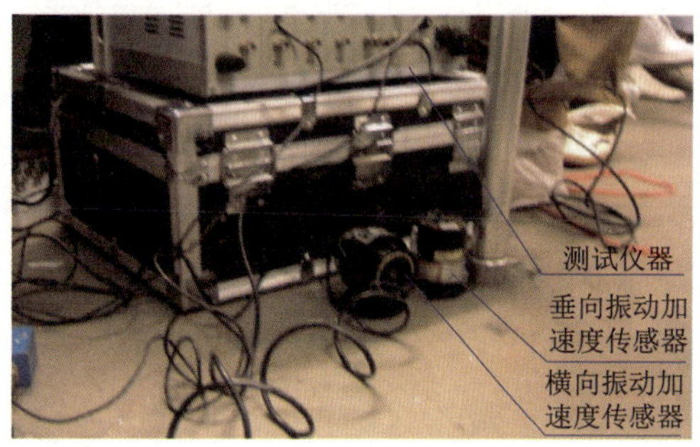

图 7-1　轨道车辆内部振动加速度测点布置图(单位:cm)

7.1.3 车辆振动现场测试结果分析

1. 车辆振动加速度测试时间历程

列车从 A 站经停 B 站,到达 C 站的一趟车辆垂向和横向振动加速度测试数据,如图 7-2所示。从图中可知,列车停靠车站时,加速度基本为零,当列车在区间运行时,车辆振动,但不同的线路区段,振动加速度大小也不相同。

为分析列车在浮置板地段和普通轨道地段运行时,车辆振动加速度的变化情况,取其中浮置板地段和相邻的普通轨道地段的车辆振动加速度信号时段放大,从中可知列车在加速和减速区段,振动加速度相对较小,但在区间中间,列车的运行速度相对较高,车辆振动加速度也要相对大一些,垂向和横向车辆振动加速度都有这一特性,在列车起动前关门时,车辆也会出现较大的振动,如图 7-3 所示。列车在进入道岔时,手动产生一个脉冲作为信号标记,等进入隧道再产生一个脉冲作为标记。

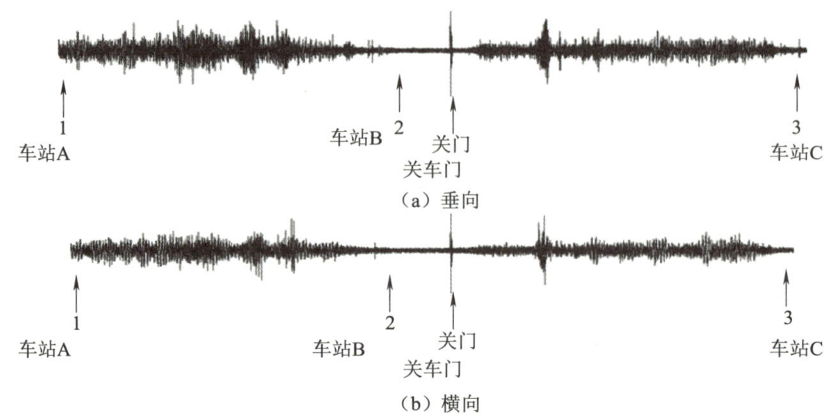

图 7-2　车辆垂横向振动加速度时间历程图

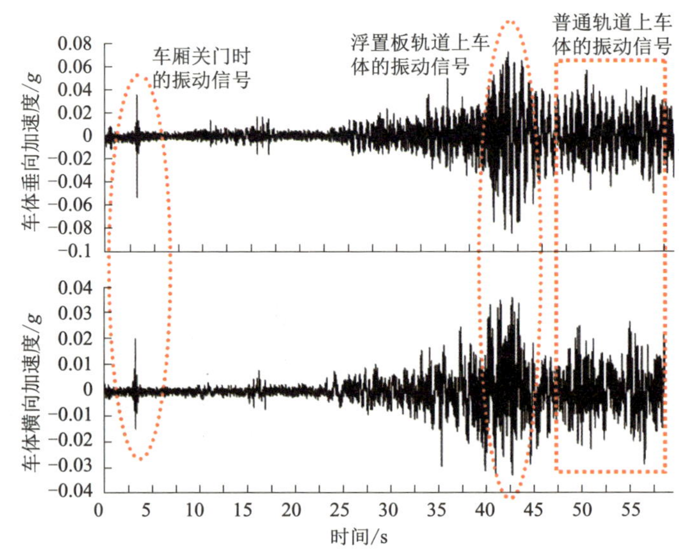

图7-3　列车通过浮置板和普通轨道地段的车体振动加速度信号

从图 7-3 中可知，在浮置板轨道上的车体垂横向振动加速度幅值大于普通道床。车辆横向振动加速度都在适度管理标准的 0.10g 以下，垂向振动加速度都在日常保养标准的 0.10g 以下，说明列车运行的总体平稳性达到了适度管理标准。

2. 最大振动加速度分析

在某次车辆振动加速度测试中，共测 20 趟列车数据进行分析。对每趟数据的加速度幅值和有效值进行计算，分别得到其平均值和最大值，见表 7-1。

表 7-1　车辆振动加速度统计

轨道结构类型	幅　值				有　效　值			
	平均值		最大值		平均值		最大值	
	垂向	横向	垂向	横向	垂向	横向	垂向	横向
浮置板轨道	0.075g	0.047g	0.091g	0.058g	0.019g	0.013g	0.024g	0.017g
普通轨道	0.055g	0.036g	0.064g	0.059g	0.014g	0.010g	0.016g	0.015g
Ⅰ级保养标准	垂向:0.10g;横向:0.06g							

列车通过浮置板轨道结构的车辆垂向、横向振动加速度均大于普通轨道的相应值。对于车体垂向振动加速度幅值的最大值，浮置板轨道比普通轨道大；对于横向振动加速度幅值最大值，浮置板轨道与普通轨道基本相等。两种轨道结构的车体垂向、横向加速度幅值均小于《普速铁路线路修理规则》(铁总工电〔2019〕34 号)Ⅰ级保养标准，说明线路状态处于良好状态。

3. 平稳性指标对比分析

根据《机车车辆动力学性能评定和试验鉴定规范》(GB 5599—2019)的要求，进行车辆的平稳性指标计算时需要对每次分析的数据截取长度为 18 ~ 20 s 进行分析，在截取的数据中每 2 s 计算一个平稳性指标，然后取各个平稳性指标的平均值作为平稳性指标值测试结果。但在测试中，通过浮置板轨道的时间为 6 ~ 8 s，具体时间根据车速的不同而不同。为了说明浮置板轨道与普通轨道对车辆平稳性影响的差异，截取通过浮置板轨道和普通轨道的信号长度为 8 s，以每 2 s 计算一个平稳性指标，然后取平均值作为该趟列车的平稳性指标测试值，计算结果见表 7-2。

表 7-2　Sperling 平稳性指标计算结果

轨道结构类型	平均值		最大值	
	垂向	横向	垂向	横向
浮置板轨道	1.86	1.88	2.13	2.04
普通轨道	1.82	1.77	1.98	1.91

从表 7-2 可知，在同样列车运行条件下，轨道状态基本接近，则车辆在通过浮置板轨道时的平稳性指标值均比通过普通轨道时的稍大，但车辆经过两种轨道结构时的垂横向平稳性指标均低于“优”限值 2.5。

对城市轨道交通线路列车运行平稳性测试的大量数据表明，车辆运行的平稳性指标的大小要受到轨道结构几何形位、轨面平顺度、轨下基础刚度的均匀性、车轮的圆顺度、转向架结构的动力性能等诸多因素的影响，其中，轨道几何形位的影响最大。如轨道几何形位状态不良，对车辆运行平稳性的影响要大于浮置板轨道结构对车辆运行平稳性的影响。所以认为，虽然浮置板轨道结构会降低行车平稳性，但保持良好的轨道结构状态和轨道几何形位的平顺性，列车运行在浮置板轨道结构区段的平稳性指标仍能达到优良状态。

4. 车辆振动加速度功率谱分析(浮置板和相邻普通轨道地段)

列车区间运行的车辆加速度功率谱是反映列车在整个区间运行时车辆振动的剧烈程度，同时还可分析其主要的振动频率。由于列车在不同区间的行车时间不相同，所以每个区间的数据长度也不相同。在对车辆振动加速度分析时，只选择几段典型区间的车辆振动加速度测试值进行分析。以下是研究某一路段浮置板轨道结构的车辆振动加速度功率谱，再同其相邻的普通轨道地段的做比较。

四趟列车测得的车辆垂向和横向振动加速度功率谱图如图 7-4 所示。列车在浮置板地段和普通轨道地段的垂向振动加速度功率谱在 1.375 Hz 处有一峰值，说明此频率也为车辆的垂向振动主频，同样也可说明，浮置轨道结构对车辆振动主频的影响不大，主要原因是浮置板轨道结构的振动主频(8 ~ 15 Hz)远高于车辆的振动主频。

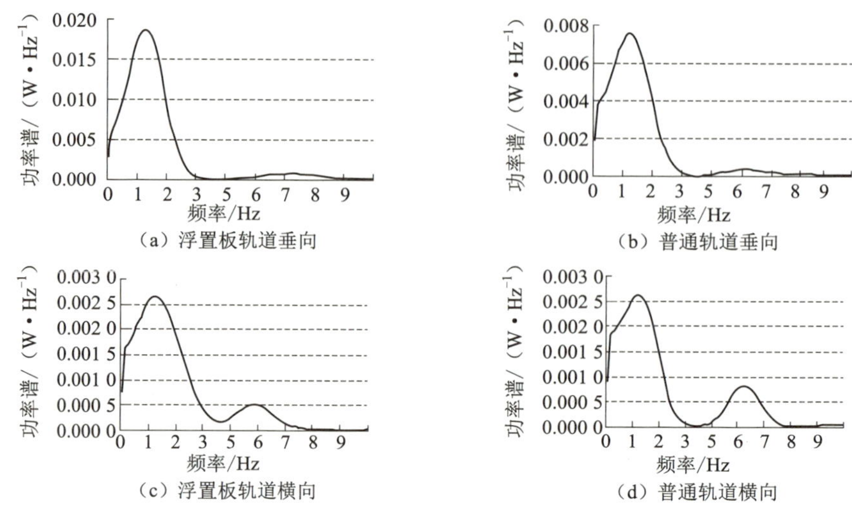

图 7-4 运行车辆振动加速度功率谱对比图

在浮置板地段运行时横向振动加速度的功率谱在 1.375 Hz 处也有一功率谱峰值，这是车辆的自振频率，而车辆在普通轨道地段也在 1.375 Hz 有峰值，说明浮置板对车辆的振动主频影响不大。从时域分析也可知，浮置板地段的峰值要大于普通轨道地段的峰值。说明浮置板地段的振动加速度较为均匀，而普通轨道地段的振动加速度则变化较大。

7.2 车内噪声测试与分析

7.2.1 噪声的测量与标准

噪声与振动一样，无处不在，当噪声达到某一值时，就会造成环境污染，影响人的情绪和工作效率，噪声再增大时，则伤害到人的听觉系统。国外列出了噪声等级与噪声源之间的直观关系，见表 1-5。对于车内噪声，主要参考《城市轨道交通列车噪声限值和测量方法》(GB 14892—2006) 中的规定，对城市轨道交通系统中地铁和轻轨列车噪声等效声级 L_{Aeq} 的最大容许值作了相应的要求：

(1) 对于地下线路，司机室内 80 dB(A)，客车车厢内 83 dB(A)；

(2) 对于地面和高架线路，司机室和客车车厢内均为 75 dB(A)。

7.2.2 测试轨道条件和测点

为研究浮置板轨道结构对列车车厢内噪声的影响，选择了一段有 120 m 钢弹簧浮置板轨道结构，其余为普通轨道结构的线路。为了更好地对两种轨道结构对车厢内噪声影响的对比分析，对列车通过浮置板和普通轨道结构线路时的车厢内噪声进行测量[25]。

上行方向均在列车车厢前端进行测量，下行方向在列车车厢末端进行测量。测点距车厢地板高度为 1.5 m。噪声测试仪器采用的是 National Instruments 公司的 NI 9 234 多通道采集系统。测量传声器为声望(BSWA)的 MPA201 型传感器。

7.2.3　列车运行条件和测量次数

试验过程中,视频记录列车速度仪表盘,与所记录音频文件相对应,以得到列车通过浮置板轨道结构区段的运行速度。上行方向列车在通过浮置板地段时即将或已开始减速,下行方向列车在通过浮置板地段处于加速阶段。

测量在上行和下行方向各重复多次进行。测量过程中一些测量数据会受到外界环境的干扰,因此,实际测量的列车运行次数根据测量数据的情况及时调整,以测量结果达到较好的一致性和稳定性为目标。

测量时间选取在夜间 22:00 以后至运营结束,以及早晨 5:30 ~ 9:00 之间客流较少的时间段,以减少车箱内人员对测量效果的干扰。

7.2.4　数据处理和评价量

测量过程中完整记录列车运行于两站之间的时间历程声压数据。根据记录的时间历程,截取记录数据中列车通过浮置板道床段的信号以及对应的普通道床段的信号作为测量的分析数据。列车通过浮置板道床段的信号分为有/无语音(车厢内广播声)干扰两部分,对比语音信号对数据结果的干扰程度。

测量分析中给出列车通过浮置板及对应普通轨道结构时的 1/3 倍频程频谱声压级以及线性、A 计权声级。测量结果中分别以图和表的形式给出列车通过两种轨道结构车内噪声的 1/3 倍频程频谱声压级和 A 计权声级,以及用 1/3 倍频程频谱、A 计权声级的噪声变化量。

7.2.5　车内噪声测试结果

1. 上行方向测试结果

图 7-5 为通过两车站之间一个区间的车内噪声的时序图,图 7-6 为对应的声压级变化曲线图。图 7-7 中给出对应的 1/3 倍频程声压级随时间变化的时频图。

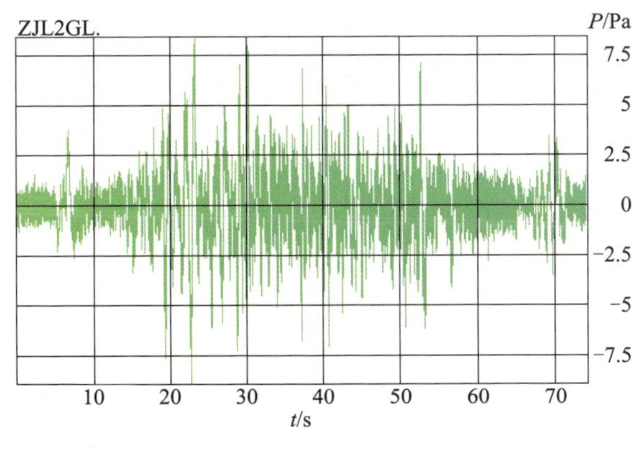

图 7-5　车内声压时序图

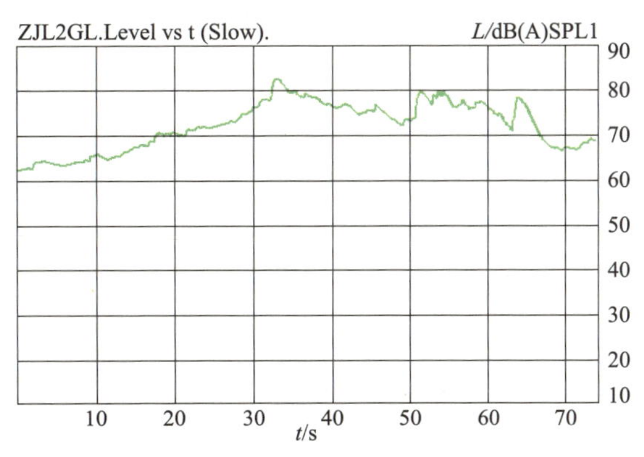

图 7-6　车内声压级变化

从图 7-5 可明显看出列车在两站之间运行时的车内声压幅值变化,图 7-6 显示对应的车内声压级变化,体现了列车从加速到减速运行状态所产生噪声声压的变化。

从图 7-7 的时频图中可以明显看出列车通过浮置板道床段,引起低频部分噪声的变化,在 80 Hz 附近两个倍频程的噪声强度均显著增加。

在对振动和噪声分析中,1/3 倍频程的强度分析是一种常用的手段,据此可分析不同频带的振动和噪声强度,从而为减振降噪结构设计提供技术支持。为对比两种轨道结构对车内噪声的影响,图 7-8 给出了列车通过浮置板轨道结构地段及对应站间相似运行条件下(列车速度、线间距相同)普通轨道结构地段的 1/3 倍频程频谱的噪声强度比较。

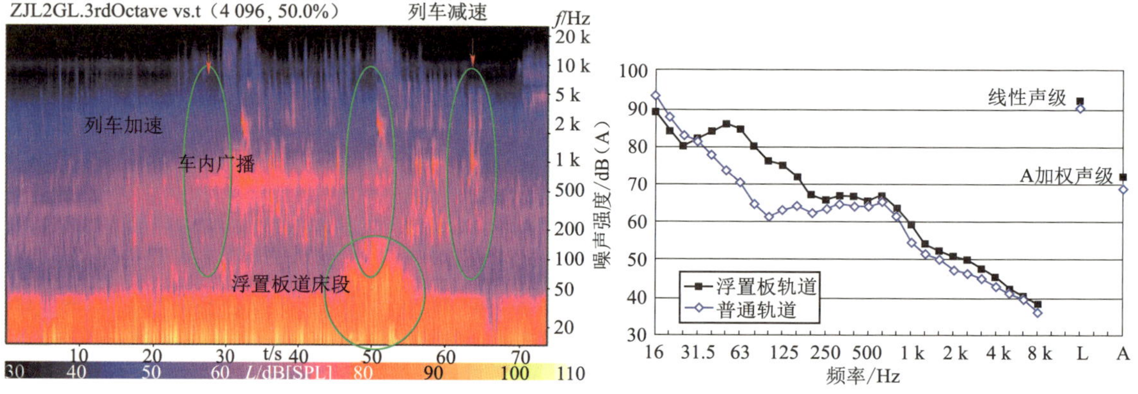

图 7-7　车厢内 1/3 倍频程声压级随时间变化

图 7-8　车厢内噪声强度对比

从图 7-8 中可以看出,列车通过浮置板轨道结构段所引起的 250 Hz 以下的低频噪声要显著高于普通轨道结构地段。在 80 Hz 附近的 2 个倍频程,列车通过浮置板轨道结构段比普通道床的低频噪声高 5 dB(A)以上,在 63 Hz、80 Hz 高出约 15 dB(A)。列车通过浮置板轨道结构段的车厢内噪声 A 加权声级为 72 dB(A),小于《城市轨道交通列车噪声限值和测量方法》(GB 14892—2006)中的 83 dB(A),较普通轨道结构地段噪声增大 3.2 dB(A)。

2. 下行方向测试结果

与上行方向的测试结果一样,下行方向列车通过浮置板地段的车厢内噪声 1/3 倍频程声压级如图 7-9 所示。列车通过浮置板轨道结构时,在 80 Hz 附近两个倍频程的噪声强度也显著增加。

从图 7-10 中可以看出,列车通过浮置板轨道结构段所引起的低频噪声要显著高于普通轨道结构段。显示在 80 Hz 附近 2 个倍频程列车通过浮置板道床比普通轨道的低频噪声高 5 dB(A)以上,在 63 Hz 高出 12.7 dB(A)。列车通过浮置板道床段车厢内的 A 加权声级为 77 dB(A),较普通轨道结构地段噪声增大 2.5 dB(A)。

对于车厢内噪声的语音干扰主要影响 250 Hz 以上的中高频声压级,对浮置板所影响的 250 Hz 以下的低频段几乎没有干扰。

如前面分析中所给出的结论,对两种轨道结构引起的列车车厢内的噪声影响,可采用

250 Hz 以下频率范围内的噪声级的变化来评价。所以,在比较上行方向以及下行方向浮置板道床对车辆噪声影响时,主要比较 250 Hz 以下频段。上下行运行工况下 250 Hz 以下车内低频噪声的差异主要由车辆动荷载以及列车速度的差异引起。

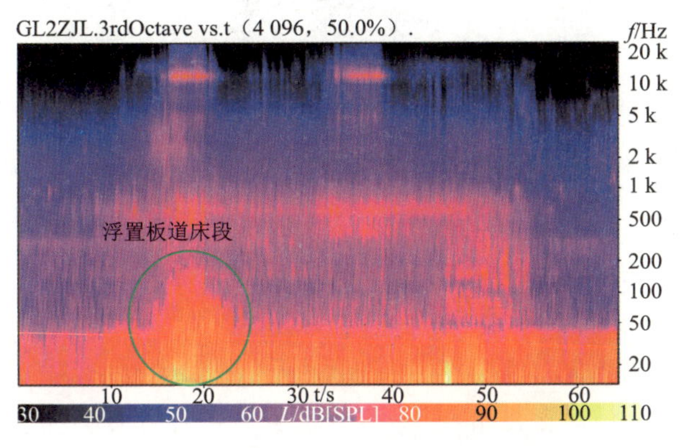

图 7-9　车厢内 1/3 倍频程声压级随时间变化

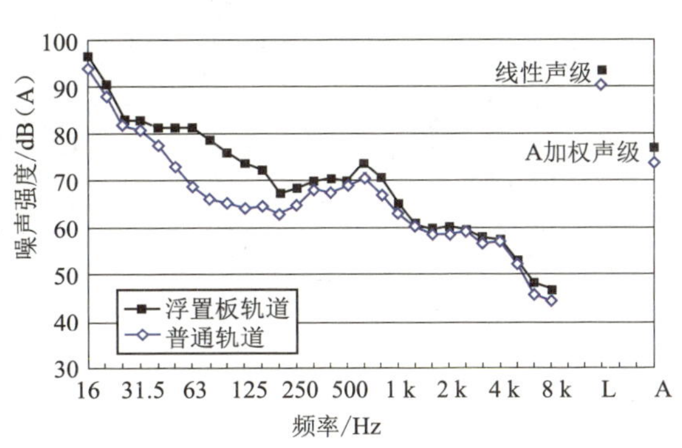

图 7-10　车厢内噪声强度对比

7.3　现场轨道结构及隧道壁的振动测试与分析

地铁线路如直接下穿振动敏感区(如医院、音乐厅、学校、古建筑、精密设备仪器使用加工单位等),宜采用浮置板轨道结构,以对地铁列车运行所产生的环境振动强度进行控制。不管是新建线路还是已经运营一段时间的浮置板轨道结构线路,都需要对其减振效果进行测试评估,以掌握浮置板轨道结构的减振效果是否还能满足保护目标的要求。

7.3.1　测试依据及标准

对于轨道结构和隧道壁的振动强度,还没有限值标准,只有对不同轨道结构产生振动的强度进行相对分析和评价。对于地面的环境振动水平评价,《城市区域环境振动标准》(GB 10070—88)给出了城市各类区域 Z 振级标准限值,见表 1-3。

7.3.2　测试地点对轨面平顺度的要求

从轮轨动力学理论可知,影响轨道结构振动强度的有列车速度、轨道几何形位不平顺、轨面不平顺、轨道刚度不均匀、车轮扁疤、车轮不圆顺等。在对轨道结构振动强度测试时,一般是对浮置板和普通两种轨道结构进行相对比较,测试时要求这两种轨道结构处于同一个区间,从而尽量使得列车运行的速度接近、轨道的状态一致。由于轨道状态对轨道结构的振动强度影响较大,故需要在振动测试之前应对测点附近的轨面不平顺进行测量,以排除轨面不平顺对两种轨道结构振动强度对比分析结果的影响。

1. 轨面不平顺的测量

轨面不平顺的波长在 10 ~ 1 000 mm。轨面不平顺的测量有轨面平直仪,如图 7-11所示，和轨面不平顺测量仪，如图 7-12 所示。

图 7-11　轨面平直仪

图 7-12　轨面不平顺测量仪

轨面平直仪测量的轨面长度为 1 m，共采集 201 个点，即采样间距为 5 mm。根据波长与采样频率的关系，可知平直仪可测量的最短波长为 20 mm。由于平直仪的长度为 1 m，故其可测量的最长波长也不超过 1 m。平直仪的基准点为两端测点，即两端的测量值为零，故相邻段测得的数据无法连接，且测量效率较低，一般用于钢轨焊接头的轨面局部平顺性测量。但对于分析轨面不平顺对轨道结构振动强度的影响，轨面平直仪的测量数据能满足要求。

轨面不平顺测量仪可连续测量轨面不平顺，测量的效率较高，测量的速度为人步行的速度。该类仪器种类也较多，一般其采样点间距为 2 mm，即 1 m 有 500 个数据，故可分析最短 10 mm 波长的轨面不平顺。目前此类仪器用于调查轨面波磨的测量较多，也用于成段轨面不平顺的测量。

2. 轨面不平顺类型和标准要求

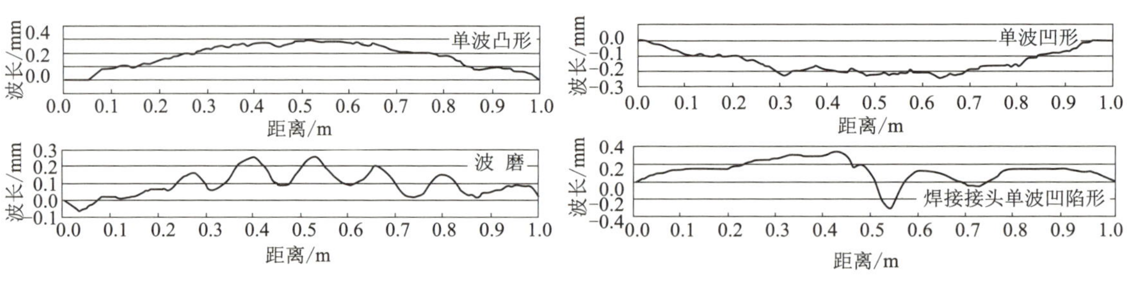

图 7-13　轨面短波不平顺类型

为了便于分析，将轨面平直仪测得的轨面短波不平顺分为 4 类，分别为单波凸形、单波凹形、短波谐振波形（波磨）、接头单波凹陷形，如图 7-13 所示。

轨面不平顺分析中，一般是用每米长度有几毫米不平顺的钢轨。根据《钢轨焊接第 1 部分：通用技术条件》（TB/T 1632—2005）中规定，如图 7-13 的单波凸形，速度≥200 km/h 线路，钢轨焊接接头的平顺度要求小于 +0.2 mm/m（凸起）；对于≤120 km/h 线路和城市轨道交通，要求小于 +0.3 mm/m。测量用 1 m 轨面平直仪，测量时将平直仪中部（500 mm 位置）对准焊缝位置。

图 7-14 是某次现场测试三个测试断面的轨面不平顺状态。从图可知，断面 1 不平顺变化范围为 -0.129 ~ 0.592 mm，变化幅度为 0.721 mm，但是负值只是出现在 0 ~ 0.15 m 的较小范围内，因此从总体上说断面 1 轨面不平顺变化范围可以界定在 0 ~ 0.592 mm。断面 2 轨面不平顺变化范围为 0 ~ -0.146 mm。断面 3 不平顺变化范围为 -0.113 ~ 0.156 mm，变化幅度为 0.269 mm。说明断面 1 的轨面状态最差，断面 2 和 3 轨面平顺性较好。为了比较其他因素对轨道振动的影响，所以认为断面 2 和 3 的测试结果具有较好的可对比性，而断面 1 的状态较差，轨面平顺性较差引起的轨道结构振动成分影响到分析结果的有效性。

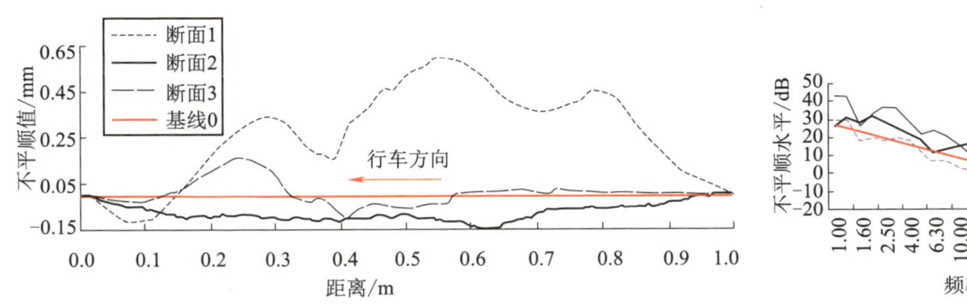

图 7-14　轨道结构振动测试断面处的轨面不平顺

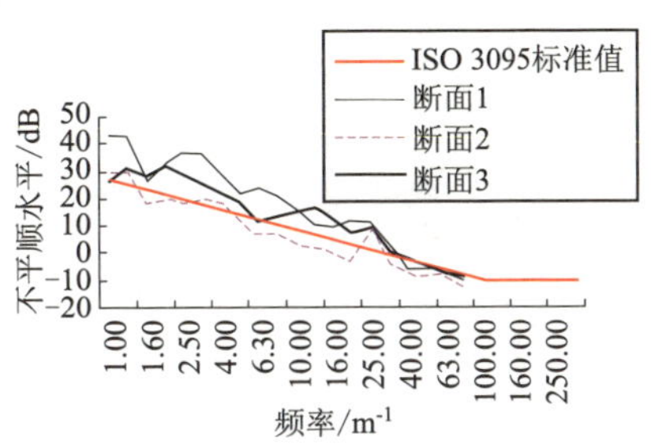

图 7-15　轨面不平顺 1/3 倍频程图

用 1/3 倍频程分析轨面平直仪测得的数据，并用 EN：ISO-3095-2005（E）标准，得 3 个断面位置轨面不平顺的 1/3 倍频程图如图 7-15 所示。从图可知，断面 2 的平顺性较好，1/3 倍频程 dB 值大部分小于 ISO-3095-2005（E）标准值，而断面 3 的 dB 值较标准值大，断面 1 的 dB 值较标准值大得多。

为排除轨面不平顺因素对不同断面测得的轨道结构振动的影响，要求对比断面的轨面不平顺峰的差值和 1/3 倍频程 dB 差值都能在 15% 以内。

7.3.3　轨道结构振动测试的测点布置

轨道结构振动加速度指钢轨、扣件、铁垫板、道床板、基底、隧道壁等的垂向和水平（横向）振动。在现场实则时，对扣件和铁垫板的振动测试较少，因为扣件和铁垫板是一个中间连接零件，既不是激振体，也不是受振体，只有当分析轨道结构传递特性时，扣件和铁垫板的振动特性才会引起较多的重视。

实际上轨道结构部件的不同位置（如钢轨轨头、轨腰、轨底），其振动加速度的大小也有一定的差别，所以在测试选择安装传感器位置时要考虑测点位置具有代表性。对轨道结构振动加速度测试时，在轨道测试断面布置加速度传感器，拾取列车通过时浮置板和普通轨道结构断面的钢轨垂向、横向振动加速度；浮置板和普通轨道的道床垂向振动加速度；浮置板基底垂向振动加速度；以及隧道壁垂向、横向振动加速度信号，以分析不同轨道结构的振动特性差异和减振隔振特性。

在选定测试断面位置的基础上，测点应布设于两钢轨支座之间，如有特殊的振动分析要求，则也可布置于钢轨扣件处。图 7-16 是典型的测点布置图。

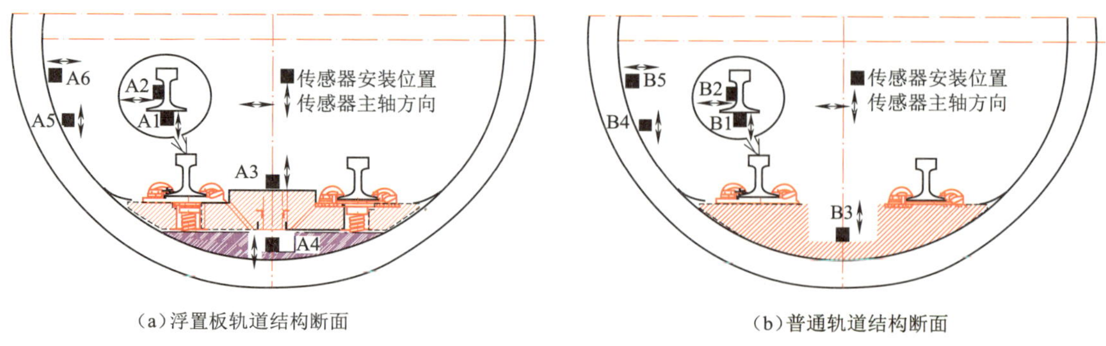

（a）浮置板轨道结构断面　　（b）普通轨道结构断面

图 7-16　轨道结构及隧道壁振动加速度测点布置图

图 7-17 是各测点的振动加速度传感器现场安装图。钢轨垂向振动加速度传感器一般布置在轨底中心线上，但由于轨底坡，与水平面不垂直，但一般情况下不考虑轨底坡的影响，如果要求严格，则应有轨底加一个与轨底坡相适应的传感器座垫。有时将垂向振动加速度粘贴在轨底斜坡上，但要有一个与斜坡相适应的传感器座垫，如图 7-17(a)所示，对比的轨道结构钢轨振动加速度测试传感器也要粘贴在相同位置。钢轨横向振动加速度传感器一般布置在轨腰中和轴附近，也有布置于轨头外侧面，两者测得的振动加速度大小和频率结构有一定的差别，有时根据专业人员的需要考虑在轨腰还是在轨头布置振动加速度传感器。

道床的振动加速度传感器一般布置在两钢轨支座中间的轨道中心线上，如图 17(b)所示，这样得到的振动加速度具有较好的代表性，也有将振动加速度传感器布置钢轨外侧的道床板肩上，一般此处振动加速度的大小和频率结构与线路中心线处测到的也稍有不同。

基础振动加速度传感器布置在线路中心线上。对于浮置板轨道，通过基底检查孔将传感器布置在轨道基底上，如图 7-17(c)所示，有时基底的测点与其他测点不在同一断面上，但也不能相差太远，如太远，会造成列车速度的不同影响数据分析的可信度。对于普通道床轨道结构，由于基底与道床之间没有弹性元件，故布置在尽量靠近基底的位置即可。大多数测试结果表明，普通轨道结构道床与基底的振动加速度处于一个量级上，基底与隧道壁的振动加速度也在同一量级上。

隧道壁的振动加速度传感器安装高度离轨面 1.0～1.25 m，如图 17(d)所示，需要有一与隧道壁此高度处坡度角相适应的传感器支架，以保证传感器处于垂直和水平位置。传感器支架应用最好具有一定厚度的钢材焊接，否则支架的刚度太小影响到振动加速度的测试精度。

钢轨、扣件、道床、基础、隧道壁振动加速度测点布置的多少，根据专业技术人员对轨道结构振动特性分析的需要而定。

加速度传感器的响应频率和量程的选择一般要根据被测对象的振动强度和最高频率决定。根据常规的测试，钢轨的振动加速度传感器的响应频率应在 10 kHz 以上，最大量程 500g(对于轨道结构状态较差或测试钢轨接头振动加速度，则量程应在 1 000g 以上)；对于道床，响应频率应在 500 Hz 左右，量程 20g 左右；对于基底和隧道壁，响应频率应在 500 Hz 左右，量程 5g 以下。但大多数情况下，传感器响应频率和量程的选择还是要根据专业技术人员根据测试对象和对测试数据的要求决定。

（a）钢轨振动加速度传感器

（b）道床振动加速度传感器

（c）浮置板基底振动加速度传感器

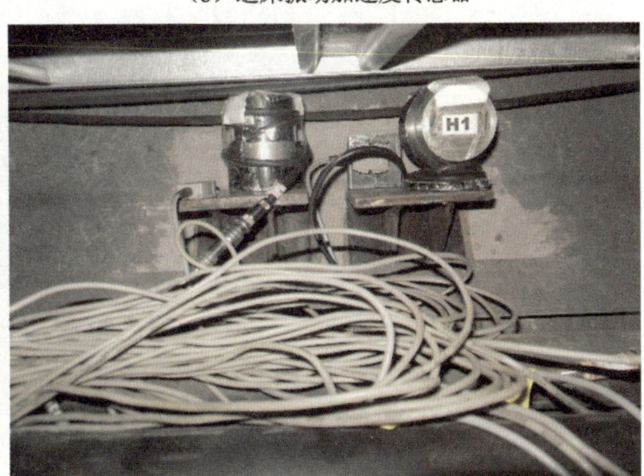

（d）隧道壁振动加速度传感器

图 7-17　轨道各部件振动加速度传感器的安装

7.3.4　测试结果与分析

测试时，一个测试断面有几个测点就需要几个仪器通道，统一采样，所以选择数据采样频率要由几个通道中最高频率的决定。一般需要对被测对象的最高振动频率作一评估，取采样频率为测试最高振动频率的 2 倍以上。如采样频率较低，信号的高频部分数据就采集不到。轨道结构振动测试中，钢轨的振动频率最高，振动频率的成分也最丰富。钢轨的振动分析频率要求达 2 kHz 以上，故一般取采样频率为 5 kHz 就能满足对轨道结构振动分析的需求。如果需要对钢轨振动的高频部分进行分析，则采样频率可取 10 kHz。采样频率越高，数据文件越大，如采集信号的时间长度相同，10 kHz采样频率的数据量是 5 kHz 的两倍。

由于不同的仪器，采集到的数据格式和读数软件不同，所以要将收集到测试数据通过 Matlab 编程截取列车通过测点时的信号，实现信号的波形分析、幅值统计、有效值计算、频谱分析、1/3 倍频分析和 VLz 振级分析。

为对比分析两种轨道结构的振动特性，两个测试断面分别选取 20 趟以上列车的有效测试数据进行分析，幅值统计计算各趟次列车通过时各测点加速度幅值最大值，再将这些最大值按照测试断面分组取最大值和平均值；有效值统计中以 1 s 为单位计算各趟列车经过时各测点振动加速度时程有效值，再对其取平均值，随后将这些平均值按照测试断面分组取最大值和平均值；频谱分析中计算各次列车通过时测点振动加速度功率谱密度的平均值；1/3 倍频分析中取分组内各次列车通过时测点振动加速度 1/3 倍频程的平均值。

1. 时域分析

为了解各测点在列车经过时振动加速度信号的时频域特征，首先选取一组各测点波形图。图 7-18 是钢轨的振动加速度，从图可知，两种轨道结构的钢轨振动加速度从量级上看差别不大，但还需要从其他方面做进一步分析。在钢轨振动加速度信号中，车辆转向架的信息较为明显（6 节车辆），轮位信息不明显。

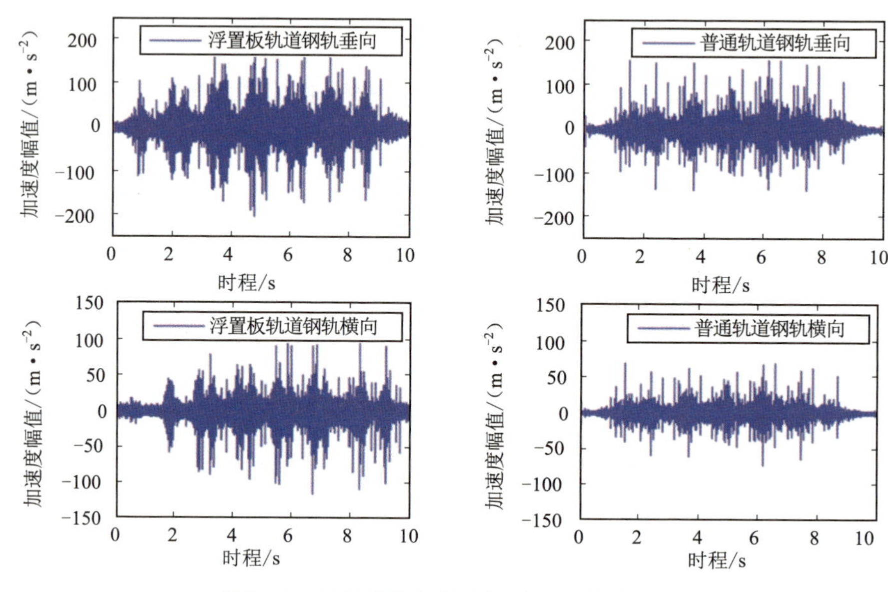

图 7-18　钢轨垂向和横向振动加速度波形图

图 7-19 为浮置板和普通轨道结构道床的振动加速度，浮置板面上的振动加速度较普通轨道的振动加速度大将近一个数量级，而浮置板轨道的基底要比普通道床的振动加速度小一个数量级，从此也可明显看出浮置板的隔振效果。

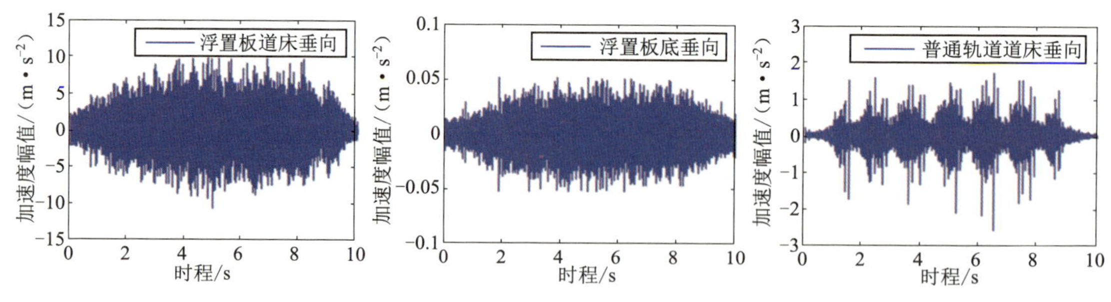

图 7-19　道床垂向振动加速度波形图

从图 7-19 可知，浮置板轨道的道床板垂向振动加速度约普通道床的 5 倍以上，而普通道床的垂向振动加速度约浮置板轨道基底为 20 倍，说明浮置板轨道结构的隔振器增大了振动传递损失，隔振效果明显。浮置板轨道的道床振动加速度信号中车辆信息不明显，但普通轨道结构的道床振动加速度信号中,车辆信息明显。

隧道壁的振动加速度波型如图 7-20 所示,从图可知,浮置板轨道结构的隧道壁振动加速度较普通轨道结构的小 5 ~ 10 倍,说明浮置板具有较佳的隔振效果。

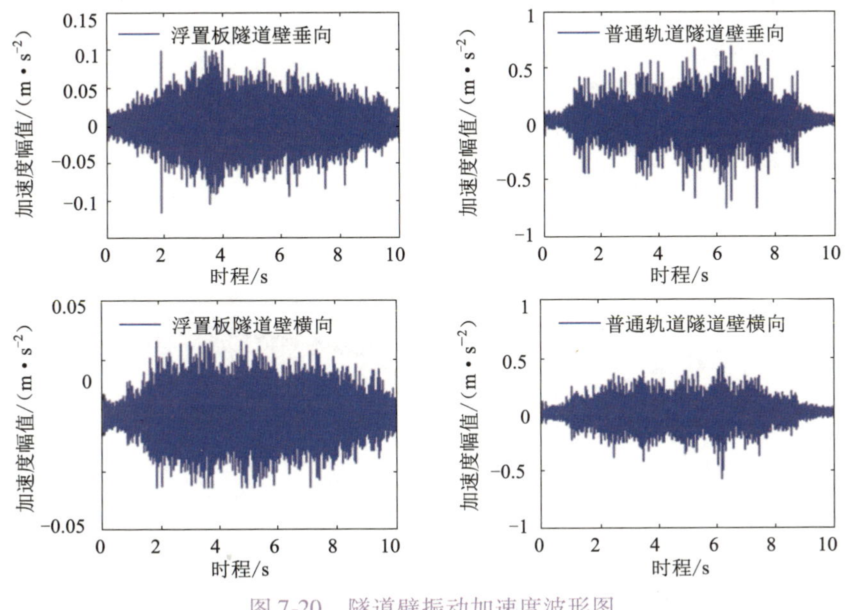

图 7-20　隧道壁振动加速度波形图

从图 7-18 ~ 图 7-20 可知,在列车通过时,测试数据的波形具有如下特性:从钢轨的振动加速度时程曲线可以分辨出列车编组情况,但是波形并不具有拍波特性,说明两测试断面轨面状态较好。从普通轨道道床和隧道壁振动加速度波形中,可分辨出列车编组情况,而浮置板轨道道床和隧道壁振动波形则无法反映列车编组。浮置板轨道的钢轨振动加速度明显大于普通轨道,浮置板道床的振动加速度也大于普通轨道,但浮置板轨道的隧道壁振动加速度比普通轨道的要小一个数量级。

为对比分析不同轨道结构类型对各测点振动加速度幅值和的影响,将列车通过两种轨道结构时各测点振动加速度幅值及有效值的最大值和平均值分别进行统计,如图 7-21 所示。从图可知两种轨道结构道床和隧道壁的振动加速度也能较好说明两者振动传递损失的差异。

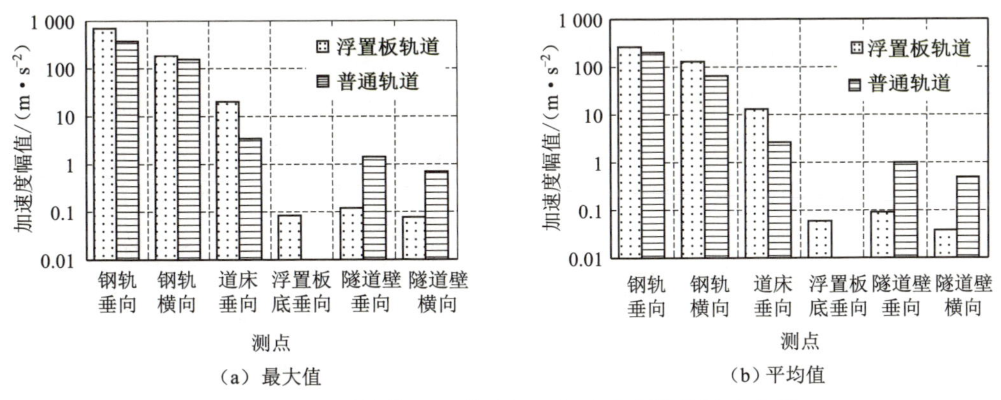

图 7-21　轨道结构及隧道壁振动加速度幅值统计直方图

2. 频域分析

为分析不同频带的浮置板轨道结构隔振效果，对列车经过时各测点时的振动加速度测试信号进行 1/3 倍频程 dB 值强度分析[26]。浮置板轨道和普通轨道钢轨振动加速度的倍频程平均 dB 值如图 7-22 所示。两种轨道结构列车通过时的钢轨振动加速度 dB 值对比可知，浮置板轨道和普通轨道情况下钢轨的垂向、水平向振动趋势均比较相近，浮置板的钢轨垂向振动在 80 Hz 以下略高于普通轨道，横向振动在 400 Hz 以下时浮置板略高于普通轨道，在其他频段两种轨道条件下的钢轨振动相差不大。

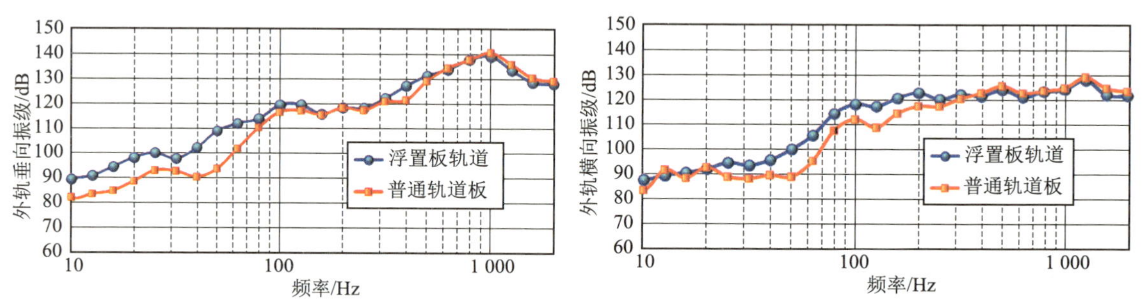

图 7-22　钢轨垂横振动加速度 1/3 倍频程 dB 级对比

浮置板轨道和普通轨道道床中心处的垂向和横向振动加速度 1/3 倍频程 dB 平均值如图 7-23 所示。由图可以看出，与普通轨道相比，浮置板轨道条件下的道床面振动在全频率段都有放大的现象。浮置板在 10 ~ 15 Hz 范围内道床面的振动强度增大 30 dB 左右，该频段包含了浮置板的一阶振动固有频率。

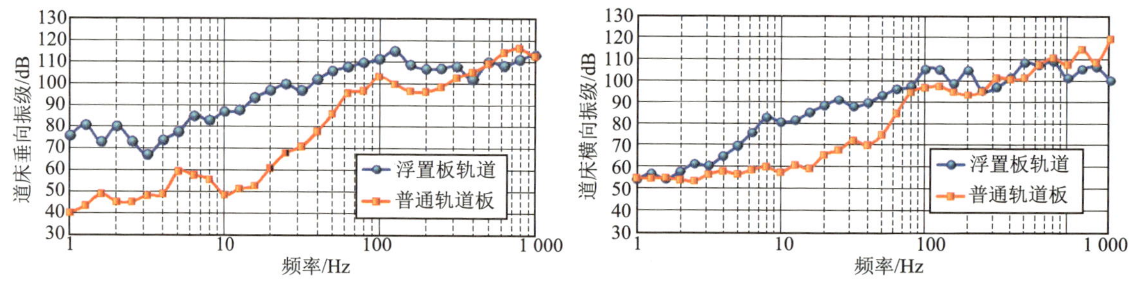

图 7-23　道床垂横振动加速度 1/3 倍频程 dB 级对比

浮置板轨道和普通轨道隧道壁的垂向和横向振动加速度 1/3 倍频程 dB 值如图 7-24 所示。在 5 ~ 80 Hz 范围内两种轨道结构的隧道壁振动强度均随频率的提高而呈增大趋势。在 8 ~ 20 Hz 范围内，普通轨道隧道壁振动略大于普通轨道。在 25 Hz 以上频率区段，浮置板轨道系统发挥减振作用，隧道壁振动强度明显低于普通轨道；在 63 及 150 Hz 以上的频率区段，插入损失均达 15 dB 以上。浮置板轨道隧道壁的振动强度在 8 ~ 20 Hz 范围内略高于普通轨道相应的 dB 值，说明浮置板轨道系统在该频段范围内存在共振频率。

采用 1/3 倍频程插入损失指标对浮置板轨道结构减振特性进行评估，选取列车经过时浮置板轨道基底和普通轨道道床，浮置板和普通轨道断面隧道壁垂向和横向振动加速度三组 1/3 倍频程数据进行插入损失计算。插入损失的计算公式如式(7-1)所示。

$$IL = 20\lg\left(\frac{a_1}{a_2}\right) \tag{7-1}$$

式中　a_1 ——普通轨道振动加速度有效值(RMS),m/s^2;

a_2 ——浮置板轨道振动加速度有效值(RMS),m/s^2。

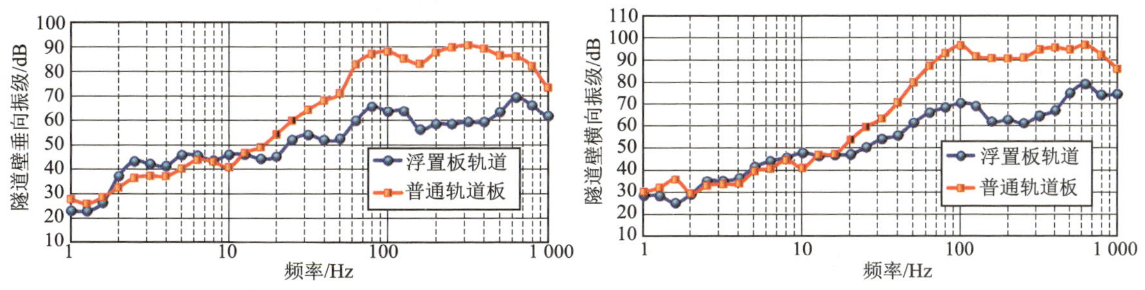

图 7-24　隧道壁垂横振动加速度 1/3 倍频程 dB 级对比

浮置板基底、隧道壁垂向和横向的插入损失 1/3 倍频程(无加权)分析结果可得出以下结论。

比较隧道壁垂向振动水平,浮置板轨道在 10 Hz 以下频率范围内减振效果不佳,插入损失值介于 -5 ~5 dB,而在 12.5 ~200 Hz 范围内,浮置板减振效果基本随频率增加而增加,在 200 ~500 Hz 处插入损失最大值可达 30 dB

比较隧道壁横向振动水平,可知浮置板在 20 Hz 以下频率范围内具有减振效果有限,插入损失值介于 -6 ~7 dB,而在 20 Hz 以上范围内,浮置板具有更好的减振效果,插入损失值达 10 dB 以上,在 100 ~400 Hz 处插入损失值达到最大值 22.4 dB。

如采用环境振动评价方法(GB 10070—88),对两断面隧道壁垂向振动 Vlz 振级进行计算分析,两断面隧道壁 Vlz 振级为浮置板轨道断面 50.09 dB,普通轨道断面为 65.76 dB,减振效果为 16 dB。

从以上测试结果的 1/3 倍频程振动强度 dB 值插入损失分析可知,大于一阶模态振动固有频率的浮置板隔振效果良好,这与浮置板隔振效率的理论分析结果相一致。浮置板的一阶振型频率一般在 10 ~17 Hz,所以浮置板隔振,在 $\sqrt{2}\omega_0$ 频率以下的隔振效果较差。从道床和隧道壁的振动加速度分析可知,距离对振动加速度强度的衰减在各频段基本一致,这主要是大地的自振频率相对于轨道交通引起的振动频率低得多,故表现出在几 Hz 频段内,距离对不同频率的振动强度衰减基本一致。

7.4　浮置板轨道结构的振动频率响应特性测试与分析

浮置板轨道结构是一个典型化的质量—刚度—阻尼振动体系,故可用实验方法对其振动传递特性进行测试分析,以掌握该系统的频率响应特性。在现场用激振器对轨道结构进行激振,通过激振力和浮置板的振动响应的导纳(频率响应函数)和相干分析,掌握浮置板轨道结构的振动频率响应特性。导纳分析是当前对结构振动频率响应特性分析的主要方法,通过导纳分析,可掌握浮置板在不同频率条件下的结构响应特性,从而为浮置板的减振设计提供技术依据[27]。

7.4.1 系统频响特性计算理论

在对系统频响特性分析时,需要计算测试信号的自相关函数、互相关函数、相干函数,傅里叶变换等。

导纳计算公式如式(7-2)所示。

$$\text{加速度导纳}: H_a(\omega) = \frac{\ddot{x}(\omega)}{F(\omega)};\text{位移导纳}: H_d(\omega) = \frac{x(\omega)}{F(\omega)} \tag{7-2}$$

式中 $x(\omega)$ ——位移的傅里叶变换函数;

$\ddot{x}(\omega)$ ——加速度的傅里叶变换函数;

$F(\omega)$ ——激振力的傅里叶变换函数。表达式如下:

$$x(\omega) = \int_{-\infty}^{\infty} x(t)\mathrm{e}^{\mathrm{i}\omega t}\mathrm{d}t, \ddot{x}(\omega) = \int_{-\infty}^{\infty} \ddot{x}(t)\mathrm{e}^{\mathrm{i}\omega t}\mathrm{d}t, F(\omega) = \int_{-\infty}^{\infty} F(t)\mathrm{e}^{\mathrm{i}\omega t}\mathrm{d}t, \omega = 2\pi f。$$

式中 $x(t)$ ——系统的振动位移,m;

$\ddot{x}(t)$ ——系统的振动加速度,$\mathrm{m/s^2}$;

$F(t)$ ——系统上施加的激振力,N。

由于现场测试是离散数据文件,不是连续函数,故需要利用离散傅里叶变换,计算式如式(7-3)所示。

$$X(f_k) = \sum_{n=0}^{N-1} x(n)\mathrm{e}^{-j\frac{2\pi f_k n}{N}} = \sum_{n=0}^{N-1} x(n)\left[\cos\left(\frac{2\pi f_k n}{N}\right) - j\sin\left(\frac{2\pi f_k n}{N}\right)\right], (n = 0,1,2,\cdots,N-1) \tag{7-3}$$

式中 $f_k = \dfrac{\omega_k}{2\pi}$ ——第 k 个分析频率;

$x(n)$ ——测试数据。

相干函数主要分析输入和输出之间的密切关系,如式(7-4)所示。

$$\gamma_{xy}^2(f) = \frac{|S_{xy}(f)|^2}{S_x(f)S_y(f)}, [0 \leqslant \gamma_{xy}^2(f) \leqslant 1] \tag{7-4}$$

相干函数为0,则输入输出信号不相干:为1,则完全相干;0~1,则测试中有外界噪声干扰,输出是输入和其他输入的综合输出,系统是非线性的。

式中互功率谱密度函数: $S_{xy}(f) = \int_{-\infty}^{\infty} R_{xy}(\tau)\mathrm{e}^{-\mathrm{j}2\pi f\tau}\mathrm{d}\tau$,

输出自功率谱密度函数: $S_x(f) = \int_{-\infty}^{\infty} R_x(\tau)\mathrm{e}^{-\mathrm{j}2\pi f\tau}\mathrm{d}\tau$,

输入自功率谱密度函数: $S_y(f) = \int_{-\infty}^{\infty} R_y(\tau)\mathrm{e}^{-\mathrm{j}2\pi f\tau}\mathrm{d}\tau$。

对于有限时长的信号,为使所得的 $R(\tau)$ 表达式不发散,则有:

自相关函数计算式: $R_x(\tau) = \lim\limits_{T_0\to\infty}\dfrac{1}{T_0}\int_{-\frac{T_0}{2}}^{\frac{T_0}{2}} x(t)x(t-\tau)\mathrm{d}t$,

互相关函数计算式：$R_{xy}(\tau) = \lim\limits_{T_0 \to \infty} \dfrac{1}{T_0} \int_{-\frac{T_0}{2}}^{\frac{T_0}{2}} x(t)y(t-\tau)\mathrm{d}t$。

离散数据的自功率谱和互功率谱密度函数计算如式(7－5)所示。

$$
\begin{cases}
S_x(f) = \lim\limits_{T_0 \to \infty} \dfrac{1}{T_0} \left| x(f) \right|^2 \\
S_{xy}(f) = \lim\limits_{T_0 \to \infty} \dfrac{1}{T_0} \left| x(f)y(f) \right|
\end{cases}
\tag{7-5}
$$

目前常用的一些计算软件，都带有频谱分析软件，故在计算时调用即可。

7.4.2　测点布置和测试方法

激振力的作用位置设置在被试验浮置板的中间。在此位置上，用膨胀螺栓在浮置板面上固定一铁件，铁件上安装测力传感器，通过测力传感器，用两端带螺纹的连接杆将浮置板与激振器联结，测试时测力传感器输出激振力信号。测试时将电磁激振器产生的3～60 Hz随机频率的激振力施加于预制浮置板上，使浮置板产生振动，如图7-25所示。为测试预制短浮置板的振动频率响应和振动传递特性，在浮置板上布置4个加速度传感器，基底布置2个加速度传感器，测试板和基底的振动加速度，测点如图7-26所示。

图7-25　激振试验现场

图7-26　激振试验测点布置

数据处理前先对测试数据的长度进行截取，以获得激振时的激振力和各测点的振动加速度时域信号函数，舍弃未激振和激振结束后的信号，对激振起始段和结束衰减段的信号也同样要舍弃。然后对截取的时域信号函数进行处理，并进行数据的频域计算分析，得到振动体系的导纳和相干函数。

7.4.3　浮置板轨道振动传递特性分析

激振器的频率和幅值是随机的(是随机频率的谐振波叠加)，试验时，频率均匀分布于3～60 Hz，基本周期为1 s的激振器输出力施加到浮置板中间，并记录各测点测试数据。预制短浮置板各测点以及基底测点的振动加速度信号如图7-27～图7-30所示。通过不同频率的激振力，可分析浮置板轨道结构的在此频率范围内的响应特性。

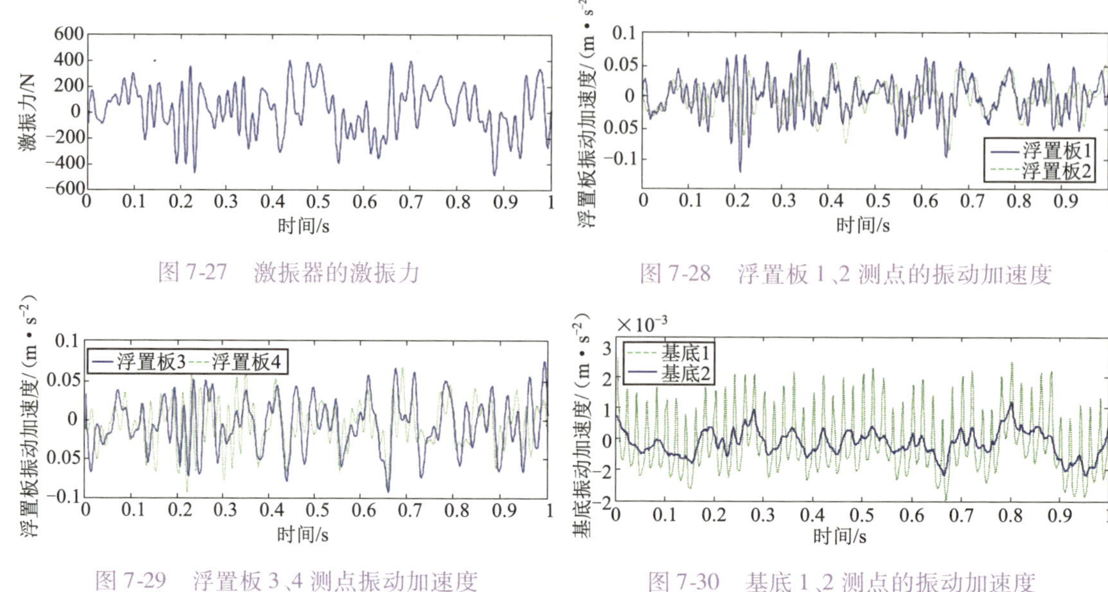

图 7-27　激振器的激振力

图 7-28　浮置板 1、2 测点的振动加速度

图 7-29　浮置板 3、4 测点振动加速度

图 7-30　基底 1、2 测点的振动加速度

从图 7-27 ~ 图 7-30 可知，电磁激振器的最大激振力达 400 N，产生的浮置板最大振动加速度达 0.075 m/s^2，基底振动加速度较浮置板的小得多，只有 0.002 ~ 0.003 m/s^2。

对测试数据进行离散傅里叶变换，然后进行导纳和相干函数的计算，得图 7-31 ~ 图 7-34。

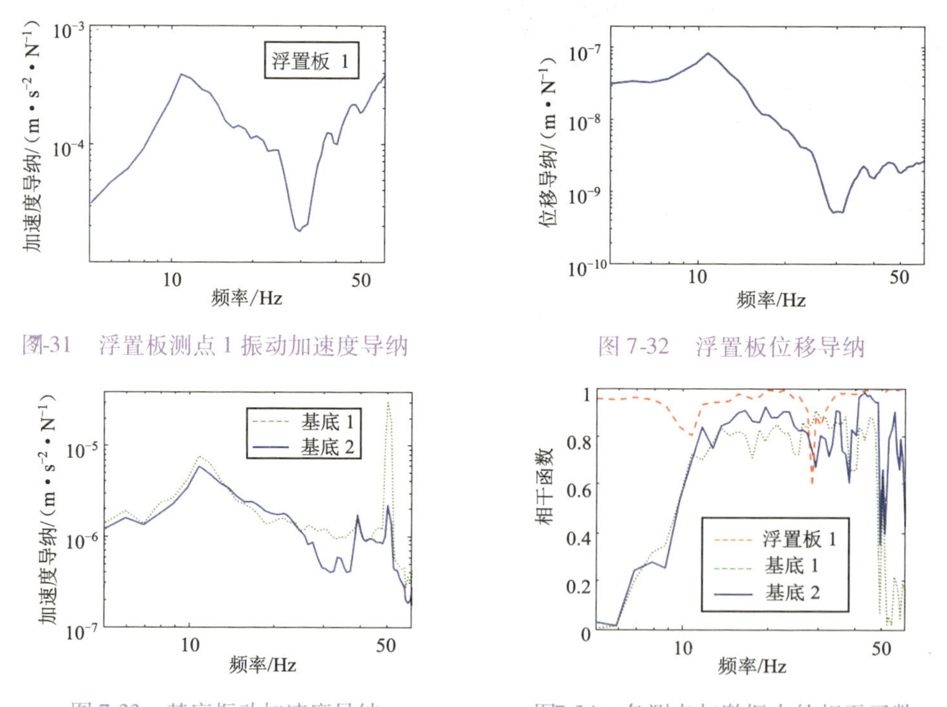

图 7-31　浮置板测点 1 振动加速度导纳

图 7-32　浮置板位移导纳

图 7-33　基底振动加速度导纳

图 7-34　各测点与激振力的相干函数

从预制短浮置板轨道结构的振动加速度和位移导纳频率特性曲线图 7-31 ~ 图 7-34 可知，在 3 ~ 60 Hz 激振频率的作用下，系统的自振频率约 11 Hz 被激发。当振动频率大

于 15 Hz 时，预制短浮置板轨道结果可起到良好的隔振作用。由于此类浮置板在两块浮置板在交接处共用一个 KY 端置式隔振器，导致浮置板隔振器系统的导纳在 30 Hz 附近出现反共振点。

比较浮置板和基底两者的加速度导纳可知，在高于谐振频率的频段，浮置板加速度远高于基底加速度，约后者的 50 ~ 60 倍，显示了预制短浮置板轨道结构的优良隔振作用；但是在 5 Hz 附近，浮置板加速度约基底加速度的 10 倍，反映了预制短浮置板轨道在低于谐振频率的频段隔振效果比较差。

从相干函数可知，浮置板振动响应与激励力之间的相干函数在大部分频率点接近于 1，说明浮置板振动的测试结果相当可靠。同时也说明，在激振力的作用下，浮置板的强迫振动频率与激振频率具有良好的跟随性。激振力通过浮置板振动体系传递到基底，由于隔振器的隔振作用，基底振动频率与激振动频率的跟随性就要差得多。响应与激励力之间的相干函数只在大于约 12 Hz 以上才达到 0.8 左右，因此道床在 10 Hz 以下的振动响应只有一部分是由于激励力而引起的，其余部分可能是环境振动，也可能是其他原因引起的。

7.5 地面环境振动测试与分析

在对浮置板轨道结构隔振效果的评估时，最终是要落在对环境评估上的。由于环境振动在地面测试，不需要进入线路和隧道，故测试难度较轨道结构振动测试的低。一般来说，轨道结构的基底振动加速度的大小与环境振动加速度的大小直接正相关，但与隧道埋深、隧道上方的土质结构、土体的含水量、测点与线路中心的距离、隧道上方地面硬化程度和建筑物类型等有关。所以，在用环境振动评价浮置板轨道结构隔振效果测试时，要求测试点的浮置板轨道和普通轨道的隧道埋深相同，测点位置与线路中心线的距离一致，地面的状态一致，列车运行速度一致。

7.5.1 测点布置

在列车运行和隧道埋深相同的条件下，在浮置板和普通轨道结构的隧道上方地面测试环境振动，测试依据标准见表 1-3。拾取本底和列车通过时地面垂向和横向振动加速度信号，通过对比分析浮置板和普通轨道结构对地面环境振动的影响，同时分析保护目标对环境振动水平的要求。每个测点均分别布设垂向和横向传感器，如图 7-35 所示。对于土质地面，传感器粘结在一块钢板上，钢板下方焊一长约 200 mm，粗约 8 mm 以上的铁钉，将铁钉钉入地面；对于混凝土地面，直接将传感器粘

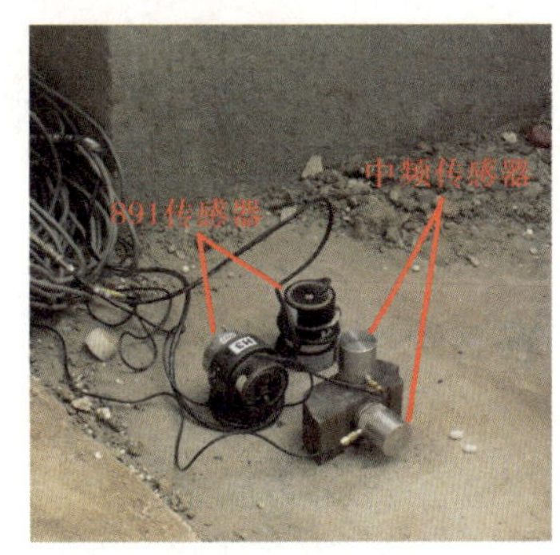

图 7-35　地面环境振动传感器布置图

结在混凝土地面即可,注意传感器底面与测试表面之间不得有弹性垫层。自测试开始,连续采集本底各次列车通过测试断面时测点振动数据。地面测试数据的离散性和随机性都较大,故要求测试有效数据不少于20趟列车。

7.5.2 时域信号分析

由于环境振动测试,分析频率达200 Hz即能满足对环境评价的要求,故数据的采样频率可取500 Hz。所截取的信号应确保为列车通过该测试轨道结构断面时的有效信号,尽量避免其中包括本底振动之外的其他振动干扰,如相反方向轨道列车通过时所引发的振动或周边突发性环境振动、地面交通引起的振动等。截取本底振动信号时保证截取时段内无列车通过且无显著激扰,信号应相对平稳。

由于列车经过浮置板地段引起地面振动影响较小,且该地面测点周边还存在其他振源,故很难在原始波形中将列车经过时的信号分离出来。因此,采用滤波比对的方法对列车经过浮置板断面时的地面振动信号进行截取,时长1 800 s,如图7-36所示。预处理数据时,首先对整段信号中取由列车经过浮置板断面时引起的地面振动信号做频谱分析,可以发现其主频主要集中在20~90 Hz;再分析截取的疑似本底振动频谱,其主频主要集中在30 Hz以下。为使得由列车经过浮置板断面时的地面振动信号从本底振动信号中显现出来,对原始信号进行30~90 Hz带通滤波,以保留列车引起振动的主要成分而减弱本底振动成分。而后,综合考虑列车发车频率(3~5 min/班次)和经过浮置板断面引起地面振动影响时长(10~12 s),在滤波信号中找出疑似列车经过浮置板断面地面振动的起止时刻,提取原始信号中该起止时刻振动信号并分析比对频谱。在合理的发车间隔和作用时长情况下,若截取信号频谱大体一致,则可确认为列车经过浮置板轨道断面时的地面振动信号。同样,本底振动信号截取时也需比对频谱,以避免其他振动信号干扰。

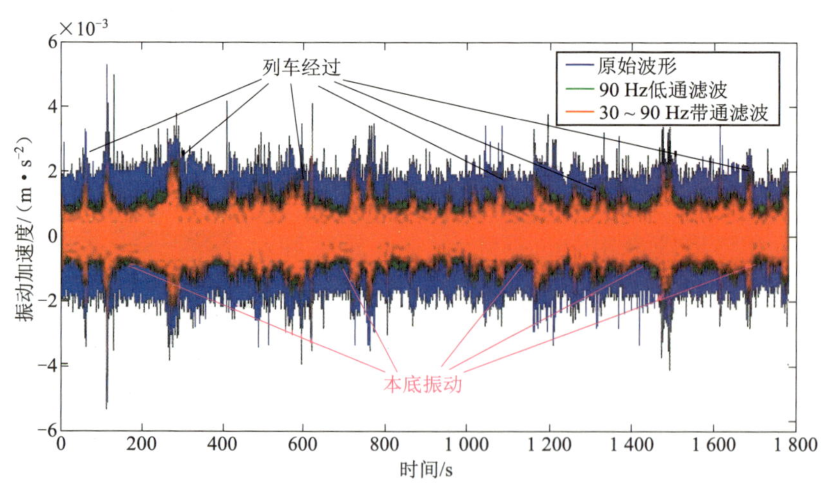

图7-36 浮置板地段地面振动信号

列车经过普通轨道结构时引起的地面振动较浮置板的大得多,甚至可以清楚辨识每一节车厢通过时的振动信号,即典型的列车经过振动波形,信号截取1 800 s,如图7-37所示。本底振动信号截取时除了通过波形幅值的判断，也需比对频谱，以避免其他振动信号干扰。

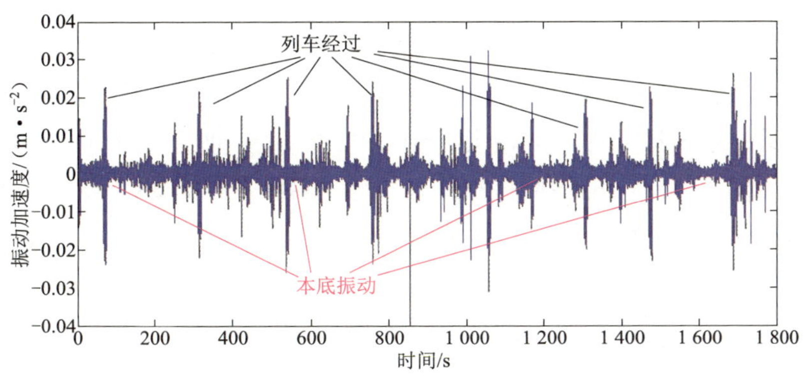

图7-37　普通轨道地段地面振动信号

1. 浮置板地段

从图7-36中截取列车通过浮置板地段时的地面振动信号和本底振动信号，如图7-38所示。从信号中分辨不出列车车辆的信息。

列车通过浮置板地段时地面的垂向振动加速度最大约0.002 m/s^2，略大于垂向本底振动加速度0.001 5 m/s^2，而列车通过时的横向振动加速度最大可达到0.006 m/s^2，小于横向本底振动加速度0.008 m/s^2。列车经过浮置板轨道时的总体振动水平很低，且与本底振动水平相近。

通过分析浮置板测点地面振动波形和频谱，可以得到以下结论，列车通过浮置板断面引起的轨道上方地面垂向振动加速度主频为64.8 Hz，对地面横向振动加速度影响极小。整体振动水平很低，表现出浮置板很好的隔振效果。

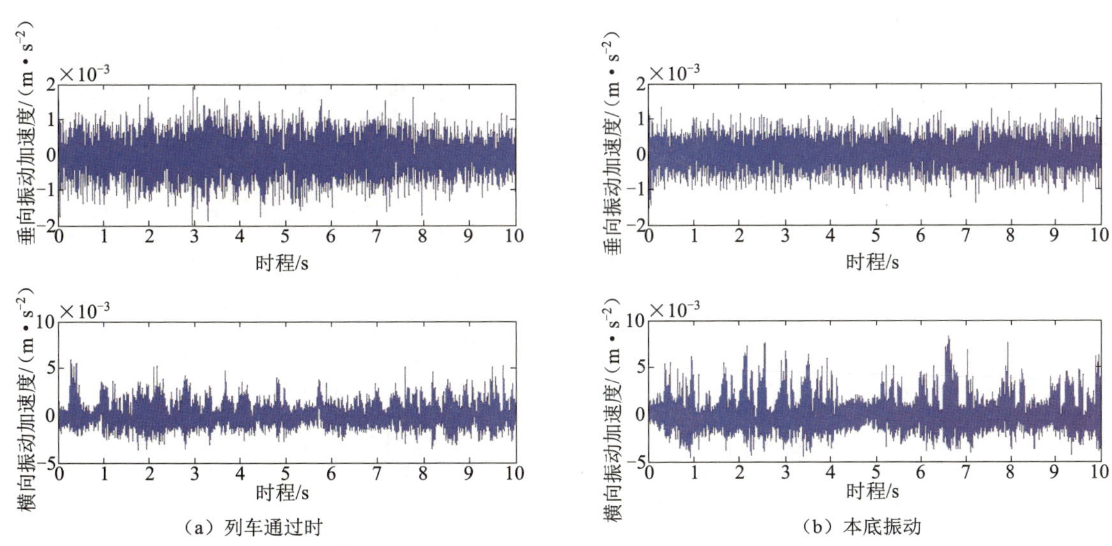

图7-38　浮置板地段振动信号

2. 普通轨道地段

从图 7-37 的 20 趟列车通过的测试信号中截取某一趟列车经过普通轨道断面时的地面振动信号和 16 段本底振动信号中任意选取一段，如图 7-39 所示。

对比图 7-38 和图 7-39 可见，普通轨道地段地面测点在列车通过时的振动加速度波形呈现出典型的列车激励波形，可明显看出列车车辆的信息，但轮位信息不明显。

列车通过时的垂向振动加速度最大可超过 0.02 m/s^2，明显大于垂向本底振动加速度 0.001 5 m/s^2，而列车通过时的横向振动加速度最大可达到 0.008 m/s^2，同样明显大于横向本底振动加速度 0.000 8 m/s^2。列车通过时的总体振动水平明显高于浮置板地段，而本底振动低于浮置板地段。通过地面振动最大加速度分析，明显可知列车通过时引起的地面振动水平明显高于浮置板轨道地段和本底振动，两者差 10 倍左右。

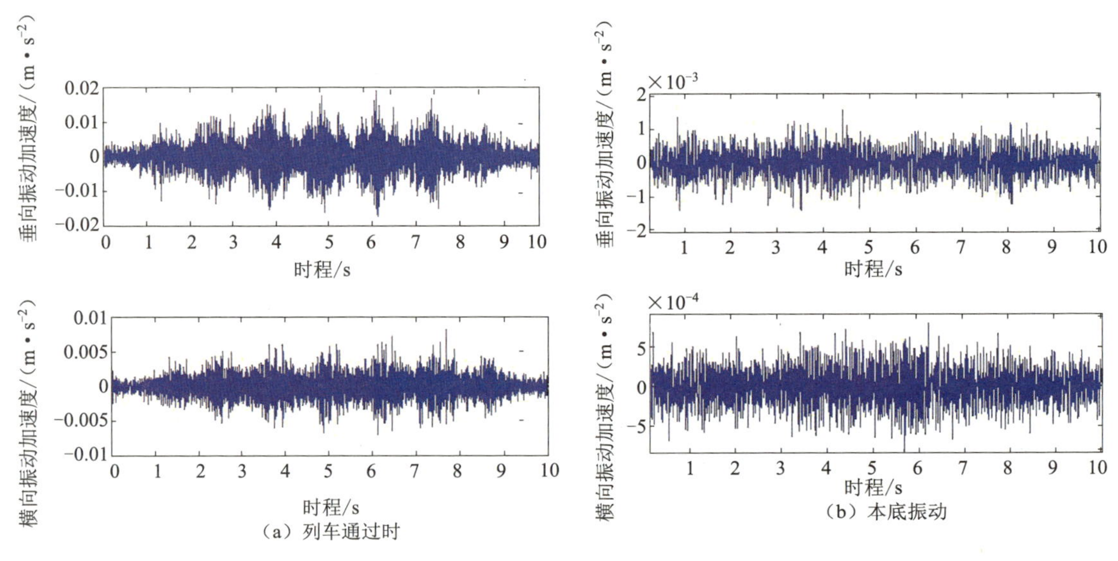

图 7-39 普通轨道结构地段地面振动波形

对截取的实际振动信号做幅值统计。列车通过时的地面振动加速度和本底振动加速度信号幅值的平均值和最大值的统计结果见图 7-40 和图 7-41。

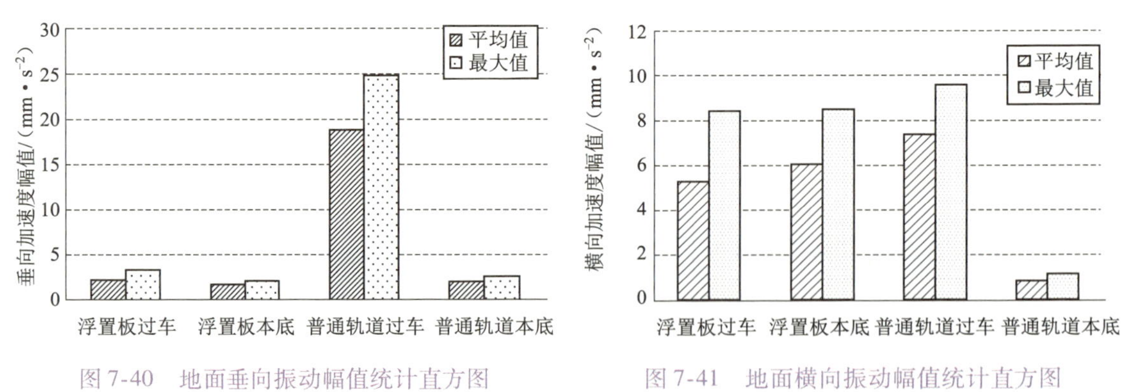

图 7-40 地面垂向振动幅值统计直方图　　图 7-41 地面横向振动幅值统计直方图

对垂向振动加速度分析可知，普通轨道断面与浮置板道床断面的本底振动基本一致，而列车通过时普通轨道的地面垂向振动加速度幅值明显大于浮置板轨道。对于横向振动加速度,浮置板轨道结构的地面振动与本底振动基本一致,而普通轨道结构地段的本底振动较小。

7.5.3　地面振动加速度信号的 1/3 倍频程分析

对采集得到的各测点振动加速度信号作 1/3 倍频程分析,结果如图 7-42 和图 7-43 所示。

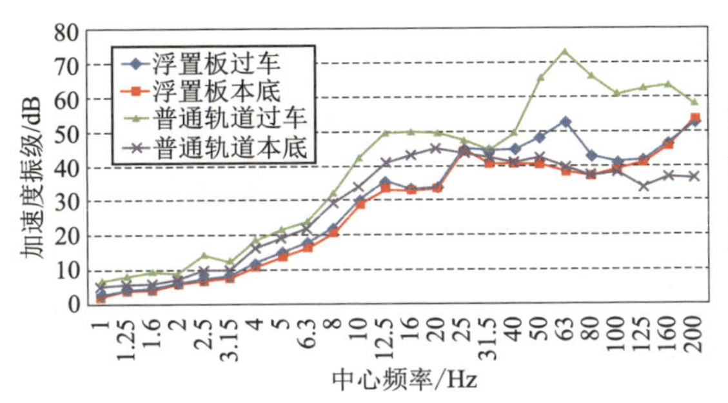

图 7-42　垂向振动加速度 1/3 倍频程 dB 图

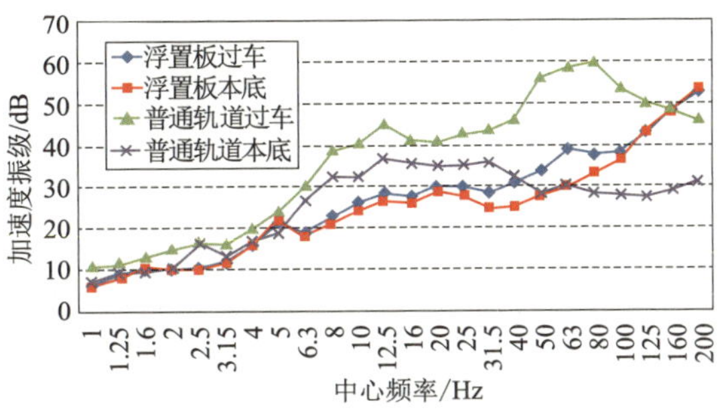

图 7-43　横向振动加速度 1/3 倍频程 dB 图

从图 7-42 可知,普通轨道断面列车经过时的地面振动加速度信号在所有 1/3 倍频程频段的振动强度都明显高于浮置板轨道的地面振动强度,最大值达到 73 dB,其所对应的中心频率为 63 Hz,与该振动加速度信号频谱分析的主频接近。从中心频率 8 Hz 处开始,普通轨道测点过车时的振动加速度信号 1/3 倍频程曲线明显高于该测点本底振动 1/3 倍频程曲线;浮置板断面列车经过时的振动加速度信号 1/3 倍频程曲线只有在中心频率 31.5 ~ 80 Hz 高于本底振动加速度 1/3 倍频程曲线,在中心频率 63 Hz 处取得最大值 53 dB。

横向振动加速度信号 1/3 倍频程计算结果如图 7-43 所示。与垂向振动类似,普通轨道断面列车经过时的振动加速度信号 1/3 倍频程曲线明显高于其他测点,最大值达到 60 dB,其所对应的中心频率为 63 ~ 80 Hz。浮置板断面列车经过时的振动加速度信号1/3 倍频程曲线只有在中心频率 63 Hz 高于本底振动 1/3 倍频程曲线,在中心频率 63 Hz 处取得最大值 40 dB,同样与其振动主频相近。

7.5.4　地面垂向振动 VLz 振级分析

参照《城市区域环境振动标准》(GB 10070—1988)计算地面垂向振动 Z 振级 VLz,普通和浮置板轨道地段测点垂向振动加速度 VLz 振级如图 7-44 所示。

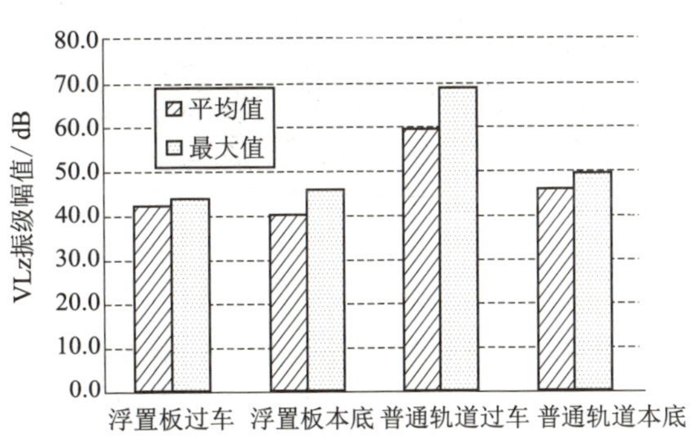

图 7-44　地面振动 Z 振级统计直方图

计算分析表明,普通轨道地段列车经过时的地面振动加速度 VLz 振级明显大于其他地段,最大值达到69 dB。浮置板轨道地段列车经过时地面振动加速度的 VLz 振级与其本底振动加速度 VLz 振级相差很小，平均值大于本底振动，最大值小于本底振动，均维持在 40～46 dB 的较低水平，表明列车通过浮置板地段对地面振动的影响很小。浮置板地段的地面振动加速度振级较普通轨道结构地段的低 17.3 dB，最大值达到 24.7 dB，体现出浮置板轨道具有优越的隔振效果。

7.6 高架浮置板轨道结构环境噪声测试与分析

为分析评估高架浮置板轨道结构的降噪性能，在列车实际运行条件下，对浮置板轨道结构线路的高架桥下噪声水平进行测试，通过与普通道床轨道同位置、同状态的对比测试，分析评估浮置板轨道结构对高架线路桥下降噪效果的影响[28]。

噪声测试地段长度 1 664 m，位于上海龙阳路高架实训段线路，双线混凝土箱型梁，桥梁高度 9～10 m，曲线半径 600 m，缓和曲线长 70 m，曲线超高 85 mm。测试地段原轨道结构为整体道床，60 kg/m 钢轨，钢轨支座间距为 600 mm，DTⅦ扣件，扣件静刚度为33 kN/mm，埋入式长轨枕，轨道结构高度 500 mm，道床宽度 2 500 mm，道床混凝土等级 C40，线路坡度 5‰。圆曲线和缓和曲线地段作为不同轨道结构试验段，设置长度为 110 m。

为保证测试的客观及准确性，对原 DTⅦ扣件的轨下垫板和板下垫板统一进行了更换，更换后的钢轨扣件垂向组合刚度为 30±5 kN/mm。

在普通轨道测试工作完成后，将原轨道拆除，铺设浮置板轨道，并通过设置刚度和高度的过渡段与普通轨道相连。浮置板轨道采用预制短板，是专为轨道高度受限且桥梁二次结构荷载要求严苛的高架线路设计，板厚仅 260 mm，为目前所有钢弹簧浮置板中最薄的板型，完成室内静载试验和疲劳试验后，在上海龙阳路高架实训段线路铺设试验段。测试地段的高架线外貌如图 7-45(a)所示，轨道结构改造前后的外观如图 7-45(b)和图 7-45(c)所示。

(a) 试验区段外观

(b) 改造前轨道

(c) 改造后浮置板轨道

图 7-45　高架线路外貌和改造前后轨道结构外观

测试的列车为轨道交通 A 型车辆空车，6 节编组，列车全长 140 m，车辆固定轴距 2.5 m，定距 15.7 m，轴重 160 kN，车辆最大运行速度 80 km/h，测试时列车运行速度 60～80 km/h。普通轨道结构测试时当天气温 11 ℃～15 ℃，测试时段天气阴，北风微风，湿度

72% ~76%；浮置板轨道结构测试时当天气温 0 ~6 ℃，测试时段天气晴，西北风小于 3 级。噪声测点布置如图 7-46(a)所示，拾音器位于桥下运行线路中心线下，离地面高度1.2 m，实际安装如图 7-46(b)所示。

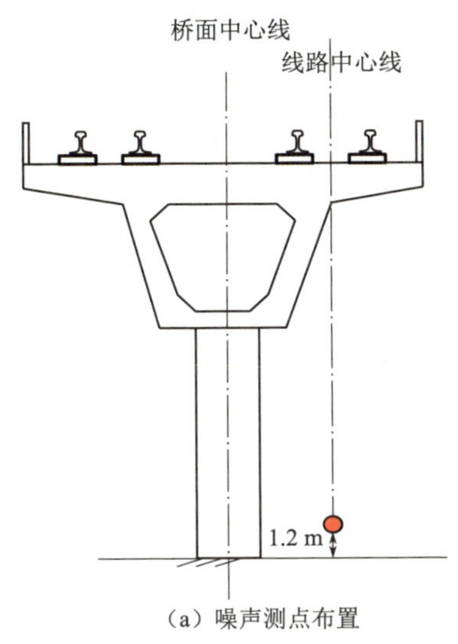

(a) 噪声测点布置

(b) 现场实测图

图 7-46　噪声测试断面与测点布置及现场噪声传声器布置示意

噪声测试时采样频率为 65.536 kHz，分析频率 25.6 kHz。用 Pulse 系统软件分析噪声 1/3 倍频程谱及 A 计权声压级，并将各次测试结果进行统计分析。测得的噪声信号如图 7-47所示，从图可知，普通轨道结构的噪声强度明显高于浮置板轨道结构。

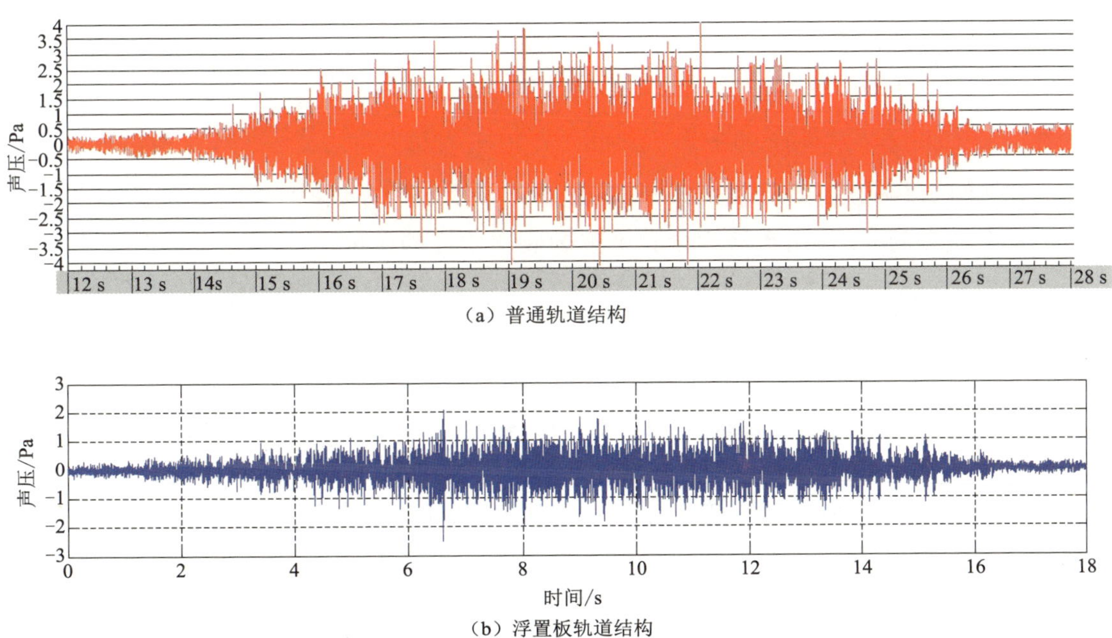

(a) 普通轨道结构

(b) 浮置板轨道结构

图 7-47　车速 60 km/h 时桥下噪声测点的声压时程曲线

桥下噪声主要反映了桥梁结构振动的二次噪声，即浮置板轨道结构的隔振效果降低了桥梁结构振动，从而降低了二次噪声的辐射强度。对测得的声压信号进行 1/3 倍频程强度分析，各次测试在高频段离散性相对较大，这可能与背景噪声的影响有关。对于普通轨道结构，噪声峰值在 100 Hz，最大达 70 dB(A)，A 级加权噪声平均值为 77.0 dB(A)。对于浮置板轨道结构，噪声的主要频段在 60～2 000 Hz 范围内，也是高频段噪声离散性较大。噪声中两个明显的峰值分别在 60～80 Hz 和 600～800 Hz 附近，最大噪声在 63 dB(A) 左右，在200 Hz附近为低谷值，A 级加权噪声平均值为 67.4 dB(A)，较普通轨道结构的噪声降低9.6 dB(A)。两种轨道结构的 1/3 倍频程噪声强度曲线如图 7-48 所示，从图可知，浮置板对桥下降噪效果最好的是在 60～600 Hz 范围内，而在 60 Hz 以下，浮置板基本没有降噪效果，在 600 Hz 以上，在各频段都可相等的降噪效果，但量值较 60～600 Hz 范围内的降噪效果低。

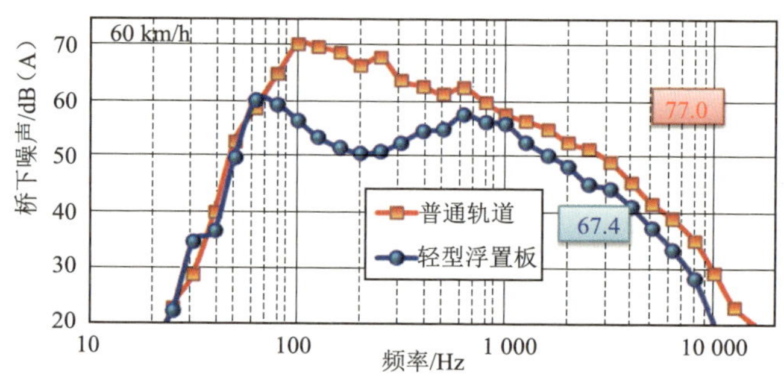

图 7-48　桥下噪声平均值 1/3 倍频程谱和 A 声压级比较

7.7 浮置板轨道结构的位移测试与分析

浮置板轨道结构位移测试的目的是在现场铺设后，测试实际列车运行时浮置板轨道结构的位移动力响应，并判断其能否满足现场应用条件和设计的要求。

7.7.1 测试条件

测试线路为高架线路，无缝线路，CHN60 钢轨，材料型号 U71Mn，扣件为 DTⅦ型扣件，高架长轨枕，坡度 5‰，圆曲线半径为 600 m，缓和曲线长 70 m，实设超高 85 mm，均衡速度 65 km/h，测点距离直缓点(ZH)65.94 m。钢轨内外侧均装有防脱护轨，测试区段的外观及既有线路状态如图 7-45 所示。将普通轨道结构换铺成浮置板轨道结构再进行测试，分析浮置板轨道结构的在列车荷载作用下的动态位移状况。

测试时，在列车经过测点前 10 s 左右，采集列车通过时各测点时的位移数据，各仪器测点同步采样，至列车通过测点 10 s 后停止采集，记为一趟列车经过的测试数据。测试至少记录 20 趟以上列车通过时的有效数据，以保证数据的可靠性。

7.7.2　测点布置

位移测点布置如图 7-49 所示(轮轨力测点也标其中),钢轨位移传感器安装如图 7-50 所示。

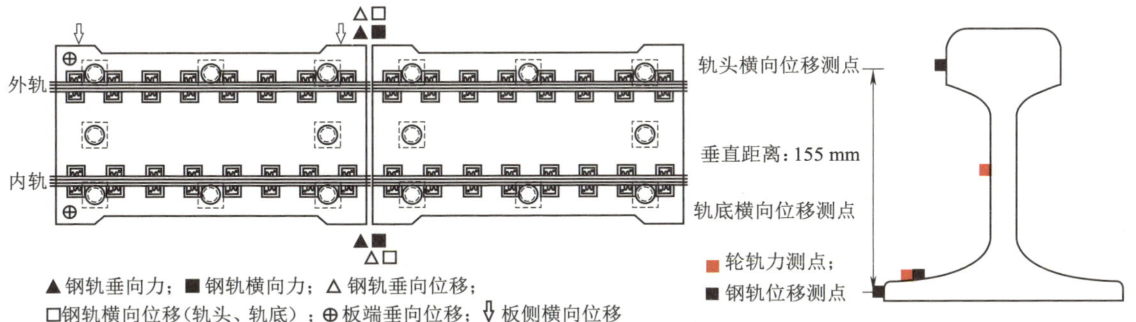

图 7-49　现场测试测点布置图

图 7-50　钢轨位移传感器、轮轨垂向力和横向力测点

7.7.3　时域信号波形分析

在列车经过测点前后约 20 s 的时间采集数据。由于钢轨和浮置板的位移频率较低,采样频率 500 Hz 就能满足要求,但考虑到与钢轨振动加速度的采样频率同步,取采样频率为 5 kHz。利用 Matlab 软件截取有效数据,编程计算各轮轴作用下的钢轨和浮置板的位移动力响应数据,统计并分析不同速度条件下位移的最大值和平均值(或最小值)。

钢轨的位移是指钢轨与浮置板的相对位移,浮置板的位移是指浮置板与基础的相对位移。测得列车经过时的钢轨和浮置板位移信号后,截取典型位移波形进行分析,波形如图 7-51 所示,其幅值接近统计数据的平均水平。钢轨和浮置板的垂向位移都是向下为正;钢轨横向位移指向轨道外侧为正,指向轨道内侧为负;浮置板横向位移指向曲线轨道外侧为正。

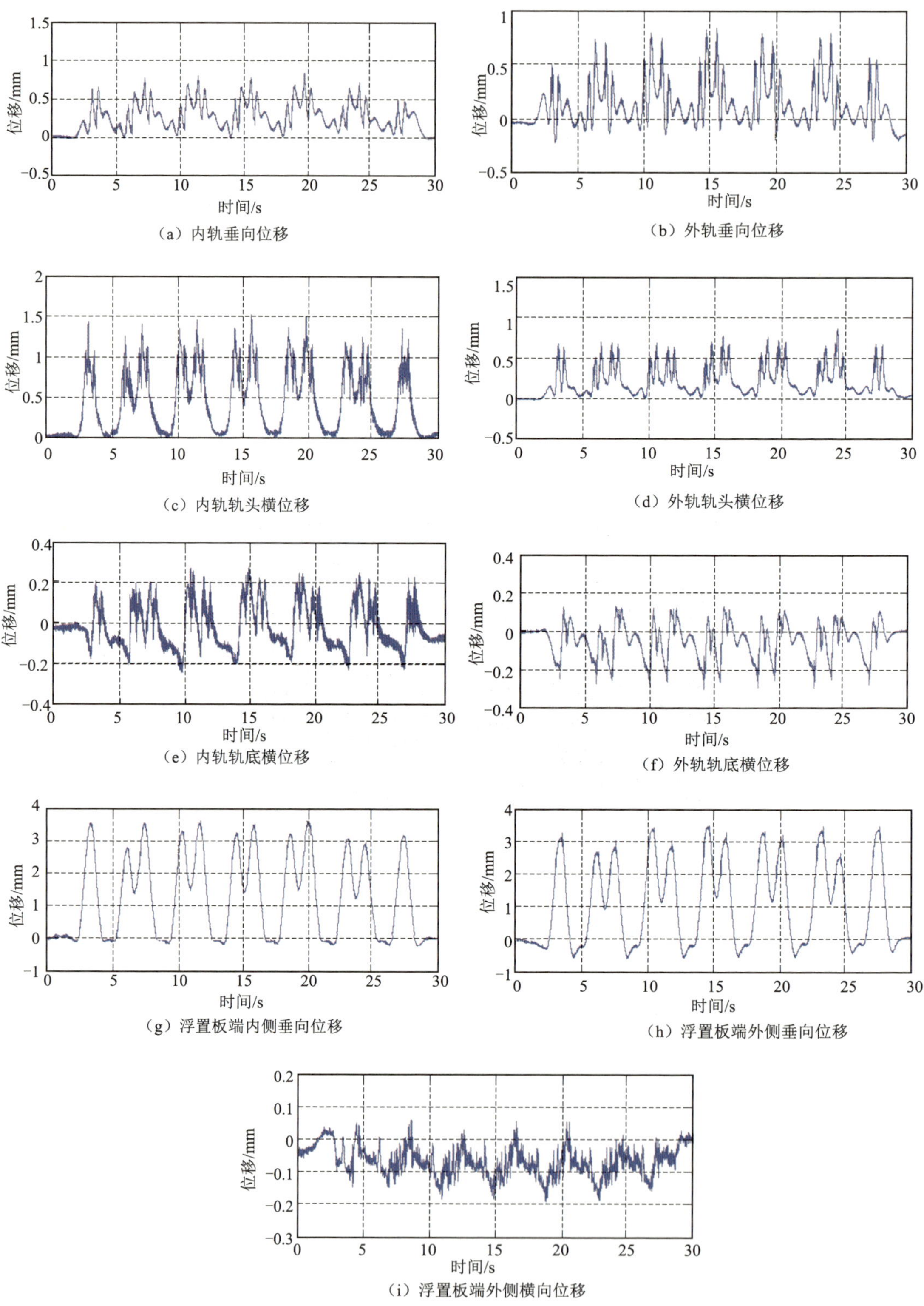

图 7-51 钢轨和浮置板位移时程曲线

图 7-51(a)(b)为钢轨相对于浮置板的垂向位移，从图可知，其波形具有明显的轮位信息。内外轨的垂向位移基本相等，最大值在 0.75～1.0 mm 之间，钢轨的稳定性处于较好的状态。轨道状态、钢轨支座刚度均匀性等也都影响到位移波形的形状。

图 7-51(c)(d)为钢轨轨头相对于浮置板的横向位移，从图可知，外轨的轮位信息明显，内轨的次之。内轨轨头横移量大于外轨，主要原因为曲线上的超高，使得内轨的倾斜度相对于水平面减小，且列车在过超高运行。

图 7-51(e)(f)为钢轨轨底相对于浮置板的横向位移。其位移值远小于轨头的横向位移，只有 0.2 mm 左右，说明钢轨处于侧扭状态。

图 7-51(g)(h)为浮置板相对于基础的垂向位移。从信号图无法读出轮位信息，但转向架信息明显。浮置板的垂向位移也是内侧大于外侧，主要原因也是列车是过超高运行。浮置板的最大位移为 3.5～4.0 mm，处于正常的设计状态。

图 7-51(i)为浮置板相对于基础的横向位移。浮置板的横向位移值较小，轮位信息不明显，但转向架的信息明显。

7.7.4　钢轨垂向和横向位移对比分析

对 3.6 m 和 4.8 m 两种浮置板长度轨道结构的钢轨垂向位移进行了测试，结果如图 7-52所示。3.6 m 板的钢轨垂向位移规律不明显；4.8 m 浮置板轨道，随着速度提高，外轨垂向位移增大，内轨减小，这与速度提高，外轨轮载增大的趋势一致。浮置板与钢轨之间的相对位移在 1.0 mm 左右，轨道结构处于正常的工作状态。

两种浮置板轨道结构的钢轨轨头和轨底横向位移如图 7-53 所示。4.8 m 板轨道结构的钢轨横向位移较有规律，内轨的轨头和轨底横向位移都随速度提高而减小状况较为明显；而3.6 m 浮置板的则次之。轨头的最大横向位移达 1.9 mm 左右，轨底最大横向位移 0.6 mm 左右。

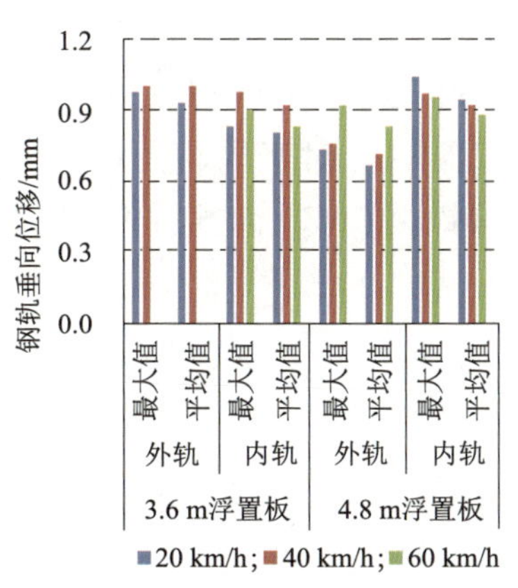

图 7-52　不同速度下两种浮置板钢轨垂向位移最大值的最大值及平均值

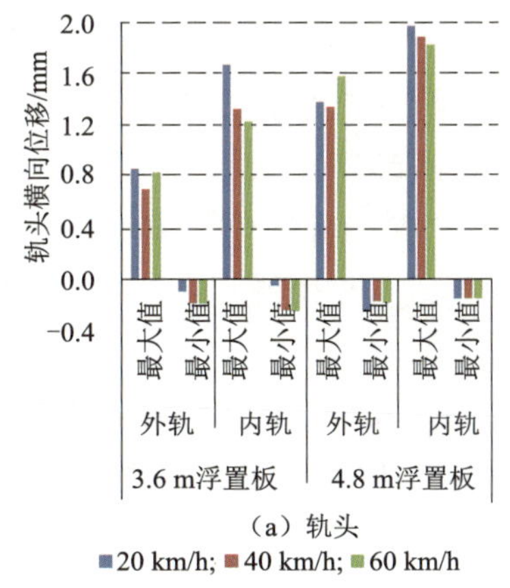

(a) 轨头

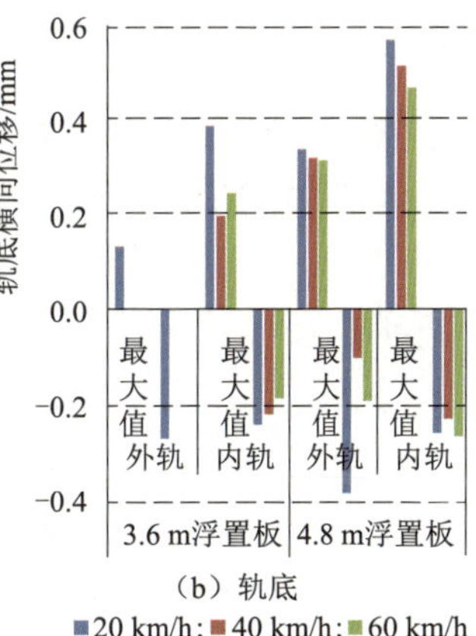

(b) 轨底

图 7-53　两种浮置板轨道结构的钢轨横向位移

7.7.5 浮置板垂向和横向位移对比分析

两种浮置板轨道结构的浮置板垂向和横向位移如图 7-54 所示。由于在曲线上，浮置板的内外侧垂向位移并不相等，但数据的离散性较小。在列车荷载作用下，最大的垂向位移在 3.0 ~4.3 mm 左右，横向位移小于 0.5 mm。从浮置板位移可知，其内外侧位移大小的变化与列车速度也有较明显的关系。

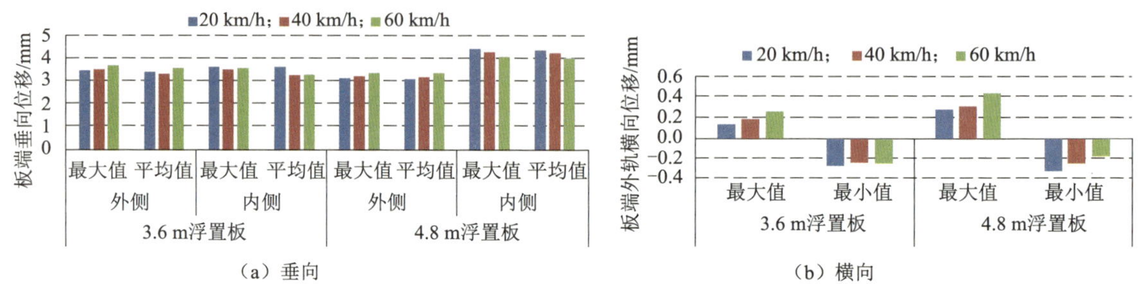

（a）垂向　　（b）横向

图 7-54　不同速度条件下的浮置板位移

7.8 浮置板轨道轮轨力测试

为了分析列车通过时浮置板轨道结构的运行安全性，对内外轨的轮轨垂向和横向力进行测试。测试方法参考《轮轨横向力和垂向力地面测试方法》（TB/T 2489—2016）。剪力法测轮轨垂向力和横向力在钢轨上贴应变片如图 7-50 所示。测试条件同 7.7.1，测点布置同 7.7.2。

7.8.1 列车行车安全性分析标准

列车行车安全性测试分析主要包括脱轨系数、轮重减载率及最大横向力的评价。测试数据评定主要依据《铁道机车动力学性能试验鉴定方法及评定标准》（TB/T 2360—93）和《机车车辆动力学性能评定和试验鉴定规范》（GB 5599—2019）。对于轮轨力的大小，我国暂无相关规范对该指标的限值进行规定，一般沿用英国铁路（BR）标准：$[P]=250$ kN；单侧轮轨横向力的限值可由下式计算得到：

轮轨最大横向力限值$[Q]=0.4(2P)$。

其中　$2P$——地铁 A 型车的轴重，取 160 kN，故横向力限值为 64 kN。

脱轨系数和轮重减载率各标准和规范有些差异，具体参照第 3 章 3.7 节。

由于测得的轮轨横向力统计为准静态力，故一般都用准静态轮重减载率 0.65 评价。

7.8.2 测试信号波形分析

对列车经过时浮置板时内外轨的轮轨力数据进行采集，截取典型轮轨力波形进行分析。轮轨力的典型样本时域波形如图 7-55 所示，其幅值接近统计数据的平均水平。轮轨垂向力向下为正，轮轨横向方向指向轨道外侧为正，指向轨道中心线方向为负。

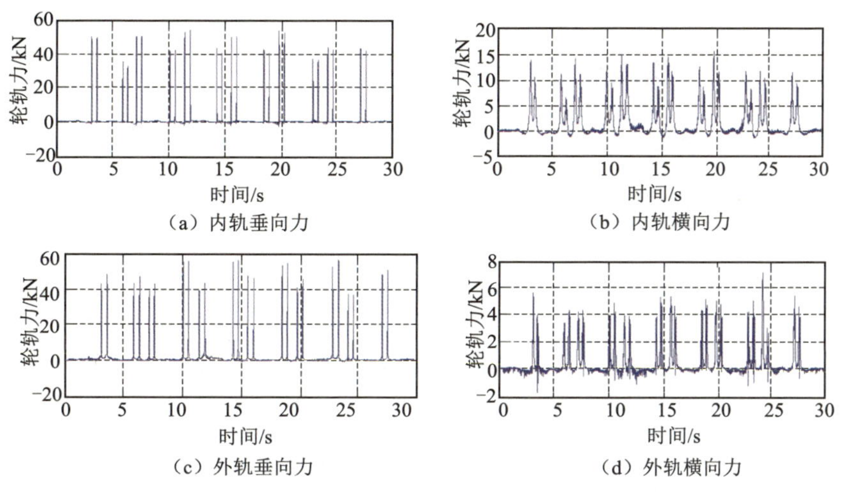

图 7-55　轮轨垂向力和横向力时程曲线

从图 7-55 的轮轨力时域波形图可以得出，列车经过时各测点的波形中，各轮位的信息明显，轮轨垂向力 50 ~ 60 kN，轮轨横向力 4 ~ 15 kN，都处于较低的水平。

7.8.3　轮轨垂向和横向力对比分析

在对轮轨垂向力和横向力数据统计时，取每趟列车的最大值，然后在 20 趟列车的最大值数据中再取一个最大值和平均值，得到列车通过两种浮置板轨道结构时的轮轨垂向力和横向力，结果如图 7-56 所示。

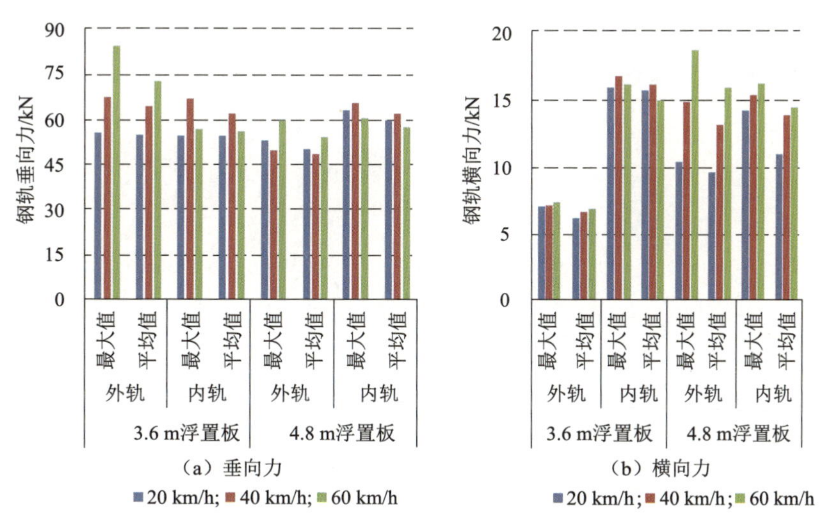

图 7-56　轮轨垂向和横向力最大值的最大值及平均值

从图 7-56 中可知，轮轨垂向力和横向力都有明显与速度相关的变化关系，有些变化较为明显,有些不明显;但有些有反向规律的变化,如 4.8 m 板的内轨横向力,速度增大,横向也变大。由于试验列车是空车运行,其空车轴重没有 160 kN,从图 7-56 可知,平均轴重接近 120 kN。

7.8.4 脱轨系数和轮重减载率对比分析

脱轨系数计算时,先通过每趟车 6 节车辆的 24 个外轨横向力和垂向力数据得到 24 个外轨脱轨系数,内轨也如此有 24 个脱轨系数;然后,在每趟车 24 个脱系数中取一个最大的脱轨系数,20 趟车就有 20 个最大脱轨系数,再对这 20 个脱轨系数进行最大值和平均值统计,如图 7-57 所示。

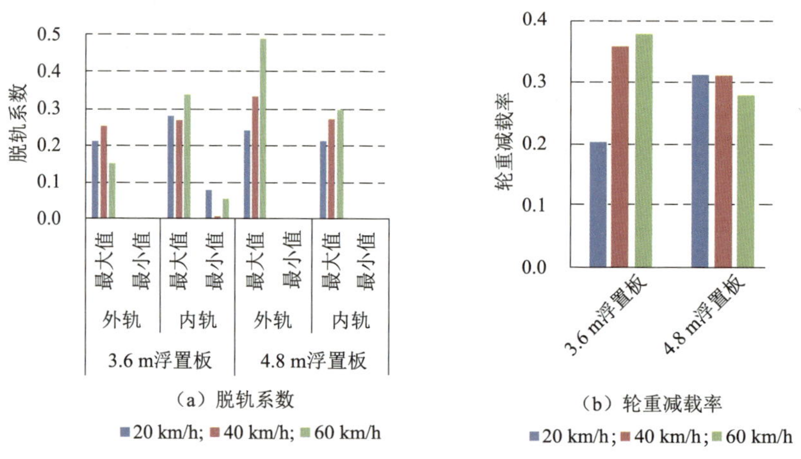

图 7-57 脱轨系数和轮重减载率最大值的最大值及最小值

从图 7-57 可知,4.8 m 浮置板轨道,内外轨的脱轨系数大小随列车速度增大而增大,而 3.6 m 浮置板这一状况不明显。对于轮重减率,也随列车速度增大有所变化,但规律不明显,主要原因是随着列车速度的提高,列车运行的过超高减小。

第 8 章 浮置板轨道的施工

钢弹簧浮置板道床的轨道结构主要分为基底和道床两部分，如图 8-1 所示。基底为浮置板隔振轨道结构提供一个基础，用于放置钢弹簧隔振器；浮置板道床是系统的主要结构，钢弹簧隔振器部件内置其中。在轨道结构施工时，先进行基底施工，后进行道床施工。

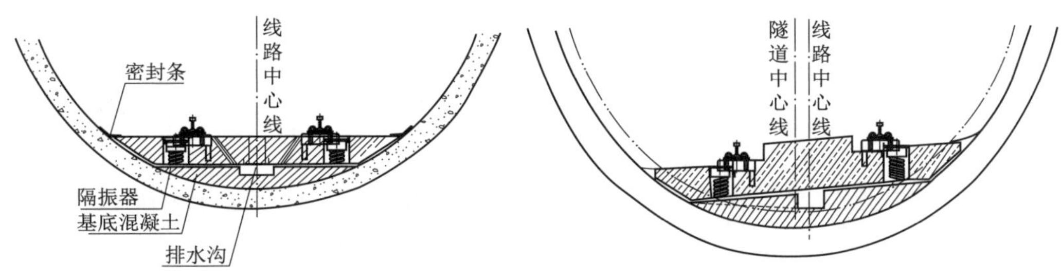

图 8-1 直线和曲线的钢弹簧隔振器浮置板轨道结构

相比普通整体道床，浮置板轨道结构的施工工序多、质量控制点多、精度要求高。浮置板轨道的施工直接影响到轨道交通投入运行后的隔振效果，也影响到车辆的运营安全。因此，浮置轨道的施工是浮置板轨道从设计到投入实际运营整个环节中比较重要的一环。

8.1 施工技术发展及工艺分类

钢弹簧浮置板轨道隔振技术最先由德国隔而固公司开发，并首次使用在德国柏林地铁（1994 年投入运营，长度 2 × 200 m），施工采用“自下而上”的方法进行。2001 年，钢弹簧浮置板轨道隔振技术首次引入中国在北京地铁 13 号线应用。至今，该技术在国内已应用发展 20 年左右。

目前，国内浮置板轨道施工工艺按施工特点等主要分为散铺法、轨排钢筋笼法和预制法。在发展过程中，受不同工况、轨道结构、土建结构形式、现场情况等的影响，浮置板道床在断面形式上、施工工序上、施工方法上出现了不同，在这三种施工工艺的基础上出现了更多种类的施工方法。

1. 散铺法

该施工工艺来自于德国,进入国内以后,结合国内普通整体道床的施工经验,对部分工序进行了调整改进,将国外普遍采用的“自下而上法”改为“上下结合法”。

国外的施工工艺是“自下而上”,即先施工浮置板基底,再施工浮置板道床(绑扎钢筋及现场浇筑道床混凝土),在道床混凝土达到设计强度后进行浮置板道床顶升,最后再在浮置板上安装钢轨及扣件。此施工工艺是先施工道床,最后铺设钢轨并控制轨面标高,所以轨面标高的控制受浮置板道床施工影响较大,对各工序质量控制要求比较高,同时施工周期也比较长。

国内首次应用时,借鉴了普通整体道床的施工方法,采用了“上下结合法”,即先施工浮置板基底,再架设钢轨及扣件,接着施工浮置板道床(绑扎钢筋及浇筑道床混凝土),在道床混凝土达到设计强度后进行浮置板道床顶升。调整后的施工工序是通过先架设钢轨控制轨面标高,再施工轨下的浮置板道床,从而降低了施工难度,提高了施工效率。该工艺中钢轨铺设、扣件轨枕安装、隔振器安装、钢轨笼绑扎、道床混凝土浇筑、浮置板顶升等主要施工工序都是在作业现场进行,因此称为散铺法。该工艺的应用条件和特点:

(1)需要利用施工现场邻近的下料口进行材料的运输,特别是 25 m 钢轨的下料运输;

(2)受现场施工作业空间、作业设备的限制,施工作业进度比较缓慢,综合进度约 5 ~6 m/d;

(3)浮置板基底一般设计为平基底,基底高程比较容易控制;

(4)浮置板长度以 30 m 为主,浮置板横断面根据现场土建结构情况设计;

(5)在曲线地段,曲线超高一般在浮置板板面上实现;

(6)该工艺主要以人工作业为主,机械化施工程度低,现场作业人员劳动强度比较大。

后期,随着其他施工效率更高的工艺的出现,该工艺已很少使用。目前该工艺在一些道岔浮置板地段、不具备机械辅助施工的地段以及其他特殊情况下仍有采用。

2. 轨排钢筋笼法

随着国内的轨道交通建设速度的不断加快,普通整体道床施工采用轨排机铺法(在铺轨基地将钢轨扣件组装成轨排,通过设备运输到现场铺设)提高了轨道交通的施工进度。原有的钢弹簧浮置板散铺施工,已经不能满足轨道交通的建设速度,因此借鉴普通整体道床轨排机铺法开发出一种新的浮置板施工工艺——轨排钢筋笼法。

该工艺中钢轨铺设、扣件轨枕安装、隔振器安装、钢筋笼绑扎等施工工序在铺轨基地完成,通过轨道运输设备运输到现场后铺设、支立模板及调整轨道几何尺寸,在现场完成道床混凝土浇筑以及后期的浮置板道床顶升工作。

该施工工艺以机械化作业为主,2008 年上海轨道交通中首次采用,在 2010 年北京轨道交通中也采用了该施工工艺,在北京轨道交通中该工艺被称为“拼装一体化”工艺。该工艺的应用有以下条件或特性：

(1)该工艺主要利用铺轨基地轨排口(一般轨排口不能小于钢轨长度 25 m,以 30 m 为宜)；

(2)以铺轨基地轨排口为起点,沿线路方向两端进行流水化施工；

(3)浮置板横断面一般采用统一的断面,浮置板设计基本形成标准化、统一化和模块化,减少了设计工程量,提高了设计效率；

(4)浮置板基底,在直线地段设计为平基底,在曲线地段设计为斜基底,曲线超高在浮置板基底上实现,斜基底标高随曲线超高进行变化;相比散铺现浇法,在曲线地段浮置板基底标高的控制难度有所提高；

(5)浮置板长度不超过 25 m,大部分浮置板长度采用 25 m,与 25 m 钢轨长度相匹配；

(6)提高了机械化施工程度,铺轨作业实现流水化,施工作业进度大大提高,综合进度约 75 ~ 100 m/d；

(7)依靠铺轨机械进行施工,提高了施工效率,同时减少了现场作业人员的劳动强度,减少了现场作业人数,也改善了现场作业环境；

(8)相比散铺法现浇浮置板,浮置板的板长减小,增加了浮置板与浮置板之间的板缝数量。

3. 预制法

在适应轨道交通建设速度的同时,也为了提高浮置板道床的施工质量,钢弹簧浮置板轨道隔振系统向着“设计模块化、工厂预制化、施工机械化”的模式发展,结合国内建筑预制化发展的方向,钢弹簧浮置板道床也出现了新的施工工艺——预制板机铺法。

该工艺中隔振器安装、钢轨笼绑扎、道床混凝土浇筑等施工工序在预制厂内完成,通过汽车、轨道运输设备运输到现场后直接铺设,现场完成扣件安装、钢轨铺设以及浮置板顶升工作。

预制浮置板道床及相应的预制板施工工艺 2009 年首次在上海轨道交通中采用。在预制浮置板发展过程中,根据现场情况的不同,发展出多种类型的施工方法,如预制板钢轨支座部分采用在铺设后在现场进行二次浇筑;如预制板铺设后,两侧进行二次浇筑等工艺。

预制浮置板道床按隔振器支承位置的不同,主要分为两大类,一种是隔振器采用端置式 + 内置式组合的预制板,另一种是隔振器全内置式预制板,内置式隔振器有单套筒和双套筒。

预制浮置板设计时,考虑现场作业空间、吊装能力、运输条件等,结合轨道轨枕布置间距,预制浮置板长度一般有 3.6 m、4.8 m 和 6.0 m,也有一些特殊长度的预制板。该施工工艺,主要有以下特点：

(1)预制浮置板采用标准化设计,减少了设计工作量,设计效率得到较大的提升；

(2)预制浮置板在工厂进行预制,相比现场浇筑的浮置板道床,预制浮置板质量提升明显；

(3)机械作业程度进一步提高,施工进度得到更大提升,综合进度达到 100 ~ 125 m/d;

(4)作业人员劳动强度进一步降低,现场作业人数进一步减少;

(5)现场作业环境得到了进一步改善;

(6)相比现浇浮置板,板缝数量增加较多,增加了后期运营维护工作量;

(7)但是预制板适应土建结构施工偏差的能力有所降低。

4. 施工工艺对比

通过以上对 3 种浮置板轨道结构施工工法的介绍及彼此之间的对比得到表 8-1 所示的结果。

表 8-1　浮置板轨道施工工法对比

对比基准	散铺法	轨排钢筋笼法	预制法
浮置板基底	直、曲线平基地	曲线地段斜基底	曲线地段斜基底
浮置板道床断面	直、曲线不同	断面基本统一	断面统一
曲线轨底坡实现	在道床板上实现	在浮置板基底实现	在浮置板基底实现
工人数量	较多	较多	较少
劳动强度	强度大	强度中等	强度小
作业环境	环境较差	环境一般	环境较好
预制部分(构件)	无	无	有
吊装设备　机械化程度	不需要,低	需要,高	需要,高
对后续施工影响	影响	影响	几乎不影响
现场浇筑混凝土	需要	需要	不需要
现场浮置板道床顶升	需要	需要	需要
对隧道、基底误差适应能力	较强	较弱	较差
构件几何形位调整灵活度	较强	弱	弱
道床质量	较难控制	较难控制	容易控制
杂散电流	较难控制	较难控制	较好控制
施工成本	成本高	成本较高	成本适宜
施工进度(m/d)	5 ~ 6	25 ~ 50	100 ~ 125

通过前面对各施工工艺的简单介绍以及分析对比,可以看出与散铺法和轨排钢筋笼法相比,预制板具有明显的施工组织优势:

(1)将轨道施工中比较耗费时间、质量较难把控的浮置板道床施工放在预制工厂内进行批量、流水化生产,提高了板体的施工质量,同时也使道床施工可以提前进行生产,不受施工现场影响,不占用现场铺轨时间,实现了与施工现场的平行作业,也为施工现场很大程度上节省了施工时间；

(2)预制浮置板很大程度上减少了繁重、复杂的手工作业和现场混凝土的浇筑工作量，降低了现场作业强度，改善了作业环境，同时降低了现场施工中人为因素、技术因素、环境因素对工程质量的影响，有效地保证了施工质量；

(3)预制板道床减少了顶升时间，预制板道床可以单块直接抬升到接近设计轨面标高，然后再整体精调。

综合以上，预制板施工方法较其他施工工艺简单，施工周期短，施工成本低，道床构件质量较高，特别适合浮置板轨道快速施工。但是预制浮置板也存在适用结构施工偏差的能力较差，板缝数量多维护工作量增加等问题。因此，在城市轨道交通建设过程中需要应用浮置板隔振的轨道结构地段，运用预制短板浮置板轨道施工工法有较大的优势。

5. 发展与展望

从浮置板道床技术在国内的发展来看，预制浮置板是以后轨道交通中的一个重要的发展方向。在浮置板系统中，板缝位置是整个系统中的薄弱部位。相对于板中部，板端部的受力和位移都有所增大，为了平衡板端的受力和位移，一般在预制板板端采用端置式隔振器(KY 支座隔振器)，或加密隔振器，或调整隔振器刚度等方法来加强板端部位，同时采用剪力铰辅助。预制浮置板板端采用端置式隔振器，使浮置板系统在工作状态下更接近于系统理想状态，但现场安装调整难度较大，因此国内采用内置式预制板较多。因此，预制浮置板下一步研究的发展方向就是：在工厂预制单元板，板端预留 300 mm 长钢筋，在施工现场将预制单元板之间的 300 mm 板缝用高强混凝土浇筑连接成长板。

8.2 散铺法施工

8.2.1 施工工艺流程

散铺法施工是钢弹簧浮置板轨道隔振系统早期使用的一种施工工艺。该工艺采用“上下结合”法，以人工作业为主，主要施工工序都是在施工现场进行。如图 8-2 所示，散铺法主要流程是将钢轨、扣件、轨枕、钢筋、隔振器外筒、观察筒、钢轨支承架、模板等材料工机具运输到施工现场，在现场将钢轨架设到位，然后组装扣件及轨枕，接着布置隔振器外筒、观察筒，绑扎浮置板钢筋网，支立浮置板道床模板，完成道床混凝土浇筑，在混凝土强度达到设计强度后完成浮置板顶升作业，安装密封条，最终形成钢弹簧浮置板道床。该工艺适用于不具备机铺流水化作业的地段或浮置板道岔道床等特殊地段，同时还需要土建结构有满足轨道预铺条件的竖井、有合适的作业场地等。

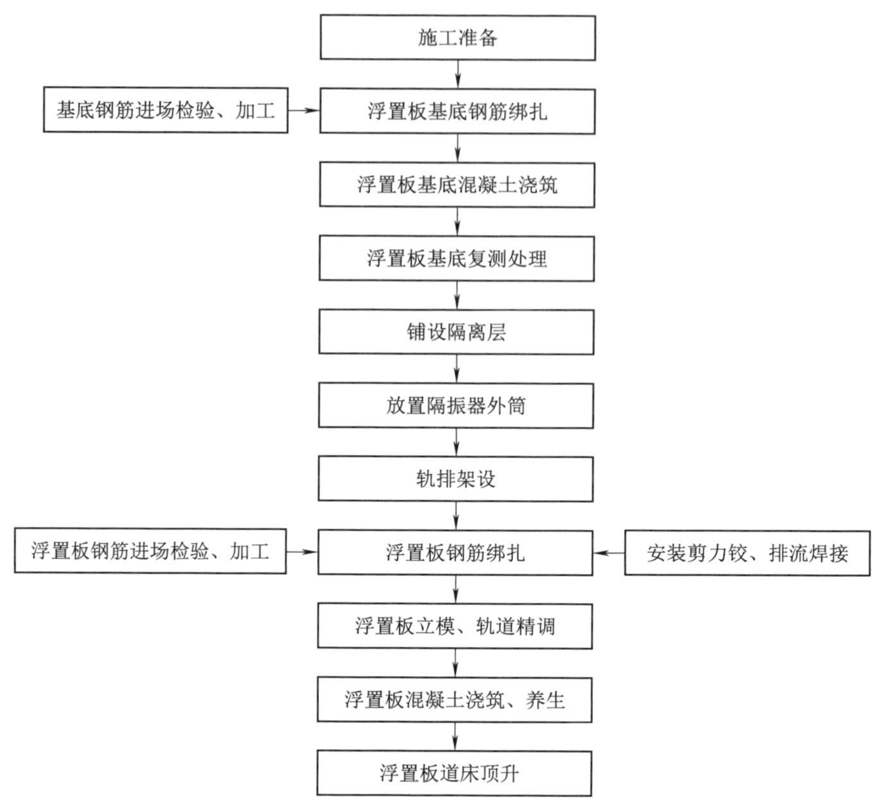

图 8-2　散铺法施工工艺流程

8.2.2　施工准备

施工准备工作包括内业准备和外业准备。内业准备主要包括审核施工图纸，对图纸中疑问与设计沟通解答，计算复核施工材料、辅助材料，技术交底等工作。外业准备包括作业现场的移交、清理，施工水电布置，材料运输方案（主要是 25 m 钢轨）的确定，轨道测量网的测设等工作。

8.2.3　铺轨控制网

铺轨控制网是铺轨工程中比较重要的一项准备工作。铺轨控制网有两种方式，即铺轨基标控制网和任意设站控制网（即 CPⅢ轨道控制网）。铺轨控制网的测试主要依据的规范是《城市轨道交通工程测量规范》（GB/T 50308）。

早期铺轨施工采用铺轨基标控制网，近几年国内多个城市引入了高铁 CPⅢ轨道控制网技术，提高了轨道铺设的技术水平及线路线形和轨道几何形位的铺设精度。两种控制网主要有以下优缺点。

（1）铺轨基标控制网，测设布置费用低；对使用人员及工机具要求不高，采用万能道尺、L 尺、钢板尺、弦线等来调整轨道几何形位，轨道几何形位的精度一般；在施工现场铺轨基标容易损坏，不易保留；后期运营维护时使用方便。

（2）CPⅢ轨道控制网，测设布置费用较高；测设时对人员、测量仪器要求比较高；对使用人员及仪器机具要求也比较高，需要全站仪、轨检测量小车等；铺设后轨道几何形位的精度较高；控制网不容易损坏，容易保留；后期运营维护时使用不方便，需要专业人员及专用测量仪器及设备。

1. 铺轨基标控制网

铺轨基标分两级测设，一级为控制基标，二级为加密基标，如图 8-3 所示。基标测设时，应首先测设控制基标，然后利用控制基标测设加密基标。

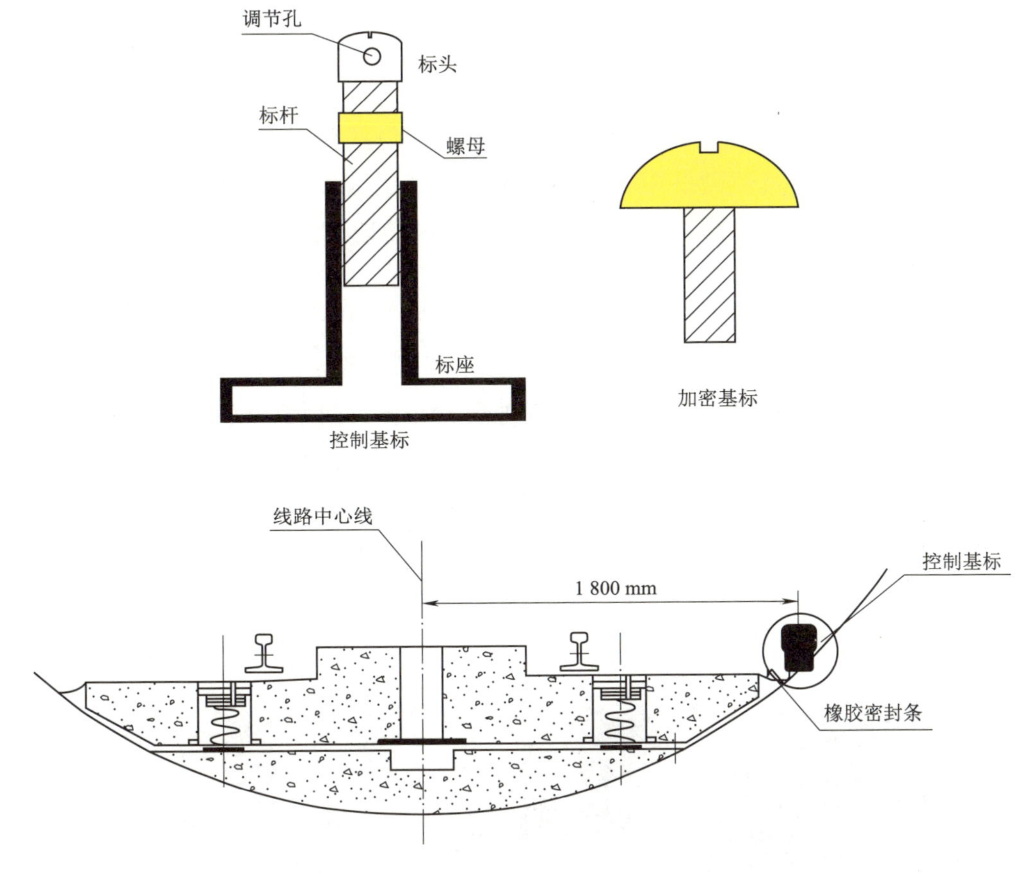

图 8-3　控制基标、加密基标用及基标设置

铺轨基标依据地面卫星定位点、精密导线点和二等水准点进行控制基标及加密基标的测设，对测设成果应进行复核后再使用。

道岔基标应设置在道岔直股和曲股的外侧，分为道岔控制基标和道岔加密基标。控制基标应设置成等高等距，埋设永久标志；加密基标宜设置成等距不等高，埋设临时标志。控制基标在线路直线段宜每 120 m 设置一个，曲线段除在曲线要素点上设置控制基标外，曲线要素点间距较大时还宜每 60 m 设置一个。加密基标在线路直线段应每 6 m、曲线段应每 5 m 设置一个。基标设置精度应符合相关测量规范、标准的规定。

铺轨基标埋设时，首先应按设计要求将底板凿毛，以增加基标与底板的黏结力；彻底清除各种杂物,经检查验收合格后,方可埋设观测头并用水泥砂浆初步固定。基标标桩应埋设牢固,经检测基标满足各项限差要求后及时固定,控制基标进行永久固定。以满足轨道铺设施工和检测的需求。

钢弹簧浮置板道床地段基标测设间距和精度要求,与正线整体道床相同。但由于钢弹簧浮置板道床结构及施工工艺的特殊性,其基标一般设置在线路一侧,偏移距离需要根据浮置板道床宽度确定,其基标结构不能侵入道床范围内。一般铺轨基标设置在左线左侧、右线右侧,如图 8-3 所示。

2. CPⅢ轨道控制网

CPⅢ轨道控制网依据地面卫星定位点、精密导线点和二等水准点进行测设,对测设成果应进行复核后再使用。地铁隧道较高铁隧道的曲线半径小,故所留限界空间较小,而两侧隧道壁上各种管线、电缆、支架等较多,考虑对点位的保护,不与后续设备安装相冲突,易于观测,视线不受其他设备阻挡,CPⅢ控制点应沿线路宜成对布设,宜位于轨道面以上0.3 m处,且应设置在稳固、不易破坏和便于测量的地方。控制点标识应清晰、齐全、便于准确识别和使用。

控制点由埋设在建筑结构中的强制对中标志和可以装卸的照准连接件组成。如图 8-4所示。

由于隧道内光线条件较差,灰尘较大,各种设备较多,通视条件较差,同时曲线地段曲线半径较小,为了保证观测精度,将 CPⅢ控制点间距缩小,各对控制点间距根据通视情况宜设置在 30 ~60 m 之内。为了减少人防隔断门对测量通视影响,在隔断门两侧 25 m 处对称布设一对 CPⅢ控制点。同时,为了验证已知点之间的相对关系,将隧道内布设的线路中线点与自由设站点重合,即在线路中线点两侧对称布设 CPⅢ控制点。控制点应编号,编号规则应符合相关规范要求。

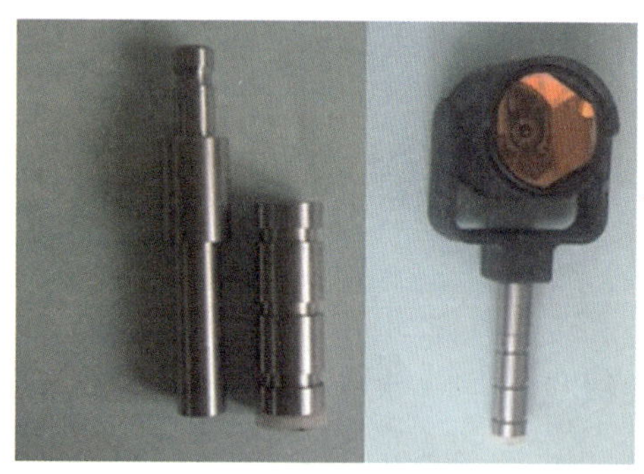

图 8-4　CPⅢ控制点设备及控制点

CPⅢ网外业观测前应对仪器进行常规电子检校(每天检查),检查仪器内存、电源、温度计、气压计是否满足要求。观测时应先将仪器在作业环境中搁置不少于 5 min 左右,使之与周围环境温度一致。并随时注意温度、气压等气象条件的变化,保证仪器气象参数及时更新。在自动观测前,还应对点号进行核实,保证现场点号与仪器记录点号一致,发现错误及时修改,对已经存储的错误点号,要做好观测日志,以便内业修改整理。

平面测量,采用任意设站观测时,每个任意测站观测不宜少于 4 对控制点,其中,重复观测控制点不宜少于 3 对。任意测站间距宜为 30 ~ 60 m,任意测站到控制点的最远观测距离不宜大于 120 m,每个控制点应有 3 个任意测站的方向和距离观测值。任意设站控制网平面测量中,有条件时地上段宜平均每隔 800 m、地下段宜平均每隔 1 km 联测一个高等级控制点。

高程测量,在高架段和地面段,应采用二等水准测量技术要求按矩形环单程水准网进行观测。在地下隧道段,由于 CPⅢ控制点位于两侧隧道壁上,采用传统的水准测量方法,仪器架设受上方有电缆、各种管线等影响较大,水准尺立放比较困难。由于隧道的视线条件较差,无论采用光学水准或电子水准仪,读数、记录均有一定的影响,效率不高,宜采用自由测站三角高程测量方法与平面测量同时进行。

大量的研究和成功经验证明,只要满足一定的前提条件,三角高程测量可以达到一、二等高程测量的精度。在平面网测量时,通过全站仪读取视线高,同步测量所有CPⅢ点高程,免去了量取仪器高和棱镜高过程,减少工作流程,可以提高测量效率和测量精度。

平面测量平差,数据采集和数据处理软件应全线统一。平面数据处理时,应采用数据处理软件对外业观测数据再次进行质量检查,检查合格后方可进行平差。平差时,应先采用独立自由网平差,再采用合格的平面起算点进行固定约束平差。平差后应满足相关规范要求。

高程测量平差,高程测量数据处理时,应对外业观测数据进行质量检查,合格后进行闭合差计算,均符合城市轨道交通工程测量规范要求。

8.2.4　浮置板基底施工

采用散铺法时,钢弹簧浮置板基底在直线和曲线地段一般都采用平基底。施工过程中需要注意,道岔地段浮置板与相邻的浮置板可能因道床板厚不同而基底高度不同。浮置板地段排水沟一般设置在基底中心位置,道岔地段排水沟变化较多。

当土建结构施工出现偏差时,会造成设计线路中心线与土建结构中心线出现横向偏差,进一步会造成浮置板原设计的隔振器外筒位置位于结构侧壁上(在盾构土建结构地段,这种影响更大),此时,需要通过设计变更将隔振器外筒向线路中心方向移动,这种移动造成隔振器外筒侵入钢轨轨底,给后期隔振器安装、检修带来不便。

浮置板基底施工主要包括基底放线、结构底部清理、结构底部凿毛、浮置板基底钢筋加工及绑扎、浮置板基底水沟立模、浮置板基底混凝土浇筑及养护、基底面平整试检查与修复。

测量放线及中心偏移检查,根据铺轨控制网,标示出水沟位置,为钢筋绑扎、水沟立模确定位置。如果浮置板地段土建结构出现过偏差,应对中心偏移情况进行检查,测量相应的偏差数据,反馈给设计单位,为浮置板隔振器外筒位置变更提供依据。

基础混凝土施工时,先将基底清理干净。对隧道仰拱基底用风镐进行凿毛处理,凿毛间距及深度应符合设计要求，凿毛完毕后，将结构底和盾构管片手孔内杂物清理干净，且要将底部泥土灰尘清理干净。

钢筋绑扎及立水沟模板：基底钢筋通过轨排口下料并运输至作业面，现场对钢筋网进行绑扎，现场钢筋需注意绑扎同水沟模板的预留，基底排水沟位于线路中心位置，具体立模位置及几何尺寸以施工图为准。浮置板基础排水沟模板可采用木模板或定制钢模具。水沟模板位置要准确，固定牢固，每隔一定距离需要有牢固的支撑措施，特殊地段视具体情况可适当加密支撑，以防浇筑混凝土时跑模、胀模，同时需要注意控制水沟深度。浮置板轨道基底钢筋笼如图 8-5 所示。模板安装完成后要报请监理组织隐检，检查符合要求后方可浇筑混凝土。

浮置板基底混凝土施工，浮置板基底施工时，根据设计图纸及铺轨综合图计算出每个控制基标或加密基标对应的断面基底顶面高度，然后在盾构壁上弹出基底边线，用于控制基底顶面标高。或通过增加钢筋头作为基底顶面高度的控制。现场混凝土一般采用架设混凝土输送管，泵送混凝土方案或者借助铺轨门吊来运输混凝土。施工完毕后，对散落于隧道管壁的混凝土及时进行清理。施工时应严格控制基底面的平整度，基底顶面误差只允许出现负误差，不允许出现正误差。按施工方案制定的养护方案对基底进行养护。

浮置板基底浇筑完毕后，对浮置板基底标高进行复测，对每个安装隔振器的位置的高程进行仔细检查，测量水平度，对于高程差大于 0～−5 mm，隔振器处水平度大于 ±2 mm/m^2，要求进行整体打磨或垫高处理，严禁采用在混凝土表面局部垫高或挖深的办法来满足隔振器放置的要求，确保施工符合技术要求。成型的浮置板轨道基底如图 8-6 所示。

图 8-5　浮置板基底钢筋

图 8-6　成型的浮置板基底

8.2.5　浮置板隔振器定位

1. 隔振器位置放线

浮置板基底检查符合要求后，将基底表面清理干净，根据浮置板平面图，将每块浮置板的板缝位置标识在土建结构侧壁。同时，根据浮置板隔振器平面布置图，将隔振器中心位置及外筒外边缘位置在浮置板基底上标识出。标识应清晰,在铺设隔离层后,能看清隔振器位置标识。隔振器位置定位误差应符合相关规范要求。

2. 水沟盖板及隔离层铺设

先铺设基底水沟盖板,再铺设隔离层。采用散铺法时,需要注意需要使用透明或半透明的隔离层材料,方便在隔振器放置时,通过隔离层可以看到隔振器位置标识。铺设隔离层时,在浮置板道床底部及两侧全部铺设,宽度不小于浮置板道床宽度,并沿土建结构壁两侧向上延伸,应高出浮置板道床不小于 200 mm。隔离层接缝位置需要用宽透明胶带或其他材料粘结,保证混凝土不泄漏。

3. 隔振器外筒放置

根据隔振器位置标识,在隔离层上将隔振器外筒放置到位。安装外筒前,在外筒底部与隔离层接触的全部范围内涂刷硅胶或其他黏性材料(需要注意隔振器外筒方向)。外筒定位完成后,用密封胶将底部与隔离层接触的部位再次密封,以保证外筒的位置不移动,并且防止在浇筑混凝土时混凝土水泥浆从外筒底部进入外筒内,如图 8-7 所示。

图 8-7　铺设隔离层及隔振器外筒定位

8.2.6　轨排组装

根据轨节铺设计划和隔振器平面布置图,将钢轨、轨枕、扣件、钢轨支撑架运输到位。运输过程中注意保护隔离层不能破损,如有破损,应及时修补。

先用钢轨支撑架将钢轨架设到位。钢轨支撑架一般在直线地段每 3 m 设置一个,曲线地段每 2.5 m 设置一个,钢轨支撑架设置位置应靠近铺轨基标,方便调整轨道几何状态,同时在遇到轨枕、隔振器外筒等障碍时,钢轨支撑架位置应适当调整。钢轨支撑架在直线段应垂直线路方向,曲线地段应垂直线路切线方向,并将各部螺栓拧紧,不得虚接。需要注意每个钢轨支撑架支腿与隔离层接触的位置,应设置垫板,防止损坏隔离层。每个钢轨支撑架支腿应套一根 PVC 管,以方便在道床混凝土浇筑后拆除钢轨支撑架。

钢轨架设时,需要特别注意架设的轨面标高应预留出浮置板道床的顶升高度。轨面标高可略低于预留顶升高度后的轨面标高。用钢轨支承架将钢轨基本架设到位,钢轨接头位置采用鱼尾夹板或无孔连接器连接前后钢轨,使轨面及钢轨工作边无错牙现象。

根据铺轨基标,粗略调整轨道中心位置及轨面标高,使线路大致定位。在一股钢轨上划出轨枕的安装位置,另一股以方尺划线。按照扣件组装铺设要求安装扣件及轨枕。轨道几何状态调整时,应按粗调、细调、精调的顺序进行。具体做法是先调水平,后调轨距;先调基标部位;后调基标之间;先粗后精,反复调整,其精度应符合相关规范要求。

8.2.7 绑扎道床钢筋及支立模板

1. 浮置板钢筋笼绑扎

浮置板道床钢筋在铺轨基地加工，以浮置板板块为单位，将同一板块的钢筋一次加工，集中存放，并将同一块板中的同一类钢筋编号、做上明显标记。钢筋下料运输时，确保编号不得混乱。

浮置板道床钢筋绑扎时，以板块为单位严格按照设计图纸进行，按自下而上的顺序，先底层、中间层、再面层，然后板块端部加强钢筋。在隔振器外筒周围绑扎钢筋时，避免移动外筒。为防止浇筑混凝土时外筒浮起和移动，把外筒的吊耳和上部钢筋连在一起。

道岔区浮置板道床钢筋密集、复杂，现场绑扎时，道床横向钢筋按照钢弹簧隔振器间距分段进行施工，完成一段检查合格后再进行下一段。由于单线隧道内的横向空间狭小，岔后较长的横向钢筋在架轨后就无法横穿，须在道岔钢轨散布以前将横向钢筋散布到位。

在纵向钢筋中选两根与所有横向钢筋焊接，每 5 m 左右在上下层钢筋中各选一根与所有交叉的纵向钢筋焊接，以保证整块板内的结构钢筋的电气连续。焊接钢筋时采取临时的防护措施（在焊接处隔离膜上洒水或铺设防水板），使焊接飞溅物不致烧穿下面的隔离层。绑扎好浮置板钢筋笼如图 8-8 所示，轨道当中的方柱为浮置板基底观察孔模板。

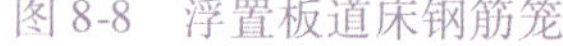
图 8-8 浮置板道床钢筋笼

图 8-9 剪力铰安装

2. 安装剪力铰及模板支立

在绑扎板端钢筋时，应同时安装剪力铰或剪力铰预埋件。剪力铰应垂直板端面，安装误差应符合相关规范要求。板端横向模板一般采用两层薄板中间夹泡沫板的组合模板，方便后期模板的清理。中置式剪力铰穿过组合模板，组合模板起到了准确定位剪力铰的作用，如图 8-9 所示。

根据浮置板道床设计图纸，部分道床是全断面时，两侧无须模板；为非全断面，两侧需要支立模具。浮置板道岔区转撤机坑、联结杆槽等，在浇筑混凝土前支立整体模板，并加固。道床模板安装必须平顺，位置正确，并牢固不松动。严禁模板支撑和钢轨或支撑架挂连，防止浇筑混凝土或支模时对已调好的钢轨有所扰动。模板支立完成后，将道床混凝土表面线弹在模板上，模板外侧采取有效措施加固。检查隔离层，对损坏的部位进行有效修补。模板支好后，应保持其在线路中线方向上平顺，接头处必须平整牢靠，不漏浆（可考虑用塑胶带粘贴）且不得有明显的错位、臌包等。

8.2.8　浮置板道床混凝土施工

混凝土浇筑前，对钢轨、扣件、轨枕、隔振器外筒顶面等应采取覆盖措施，防止混凝土对其造成污染。混凝土采用泵送或利用铺轨门吊运输。浮置板道床混凝土浇筑过程不能中断，每块浮置板应一次性浇筑完成，以避免冷接缝而降低浮置板承载能力。混凝土浇筑时采用插入式振捣棒振捣密实，特别是轨枕和隔振器套筒周围；振捣时应避免振捣棒碰撞钢轨、钢轨支承架、模板和隔振器外筒。

道床混凝土表面要进行抹面处理，抹面允许偏差应符合相关规范要求，不得出现反坡，以免影响排水。混凝土施工中应加强对模板的检查，混凝土施工完毕后，应加强对模板的校正，按照设计的尺寸及允许偏差认真检查各部位几何尺寸。浇筑完后，应及时清理钢轨、扣件、轨枕以及隔振器外筒顶面上的混凝土残渣。

混凝土抗压试件留置组数应符合相关规范要求。混凝土浇筑完毕初凝后，按施工方案要求进行养护。浇筑完成后以浮置板道床状态如图 8-10所示。

图 8-10　浇筑成型的浮置板道床

8.2.9　浮置板道床顶升

当混凝土达到设计强度后，开始进行浮置板道床顶升工作，顶升用专用液压千斤顶将浮置板道床从浮置板基底抬起至设计高度，安装隔振器内筒形成浮置板道床。

1. 顶升前的准备工作

清除板端模板，将板缝清理干净，用密封条将板端板缝遮盖，防止垃圾或异物进入浮置板工作间隙，在浮置板顶升到位后再固定板端密封条。安装浮置板两侧密封条，防止垃圾或异物从俩侧进入浮置板板侧工作空间或板底，暂时固定密封条的一侧，另一侧在浮置板顶升到位后再固定。

打开隔振器外筒筒盖，将筒内清理干净，将筒内隔离层用刀切掉，将筒内基底面清理干净。用专用工具定位，在筒内基底上打孔，安装水平限位（也称为定位销）。水平限位安装数量应按照设计所定，一般曲线地段全部隔振器安装水平限位，直线地段只需要一半隔振器安装水平限位，安装时交错安装。清理观察筒内的隔离层，并切割观察筒下的水沟钢盖板。

为了测量浮置板顶升情况，在每块浮置板上要布置 8 个测量点，在浮置板顶升前测量各个测量点的初始标高，在浮置板每一轮顶升结束后，都需要测量一次各个测量点的标高，并与初始数据进行对比，以了解掌握每次顶升进展情况。

2. 隔振器内筒安装及顶升

顶升时隔振器组装如图 8-11 所示。安装及顶升步骤如下：

(1)先去掉外筒上的盖子，检查外筒内是否干净，是否潮湿；

(2)将隔振器外筒内的隔离层切掉，并将筒内基底清理干净(前期准备工作)；

(3)钻孔并安装水平限位；

(4)将隔振器内筒放入，利用安装杆将隔振器内筒放入外筒内，内筒直到落座在浮置板基底上，将内筒旋转 60°使内筒顶盖伸出的三个承载翅转到外筒内的支撑板下，取出安装杆；

(5)放置调平钢板，每次放入的调平钢板厚度不同，需要根据现场情况确定；

(6)放置液压千斤顶，将液压千斤顶液压柱塞顶在内筒顶盖上，千斤顶三个爪扣在隔振器外筒上支撑板上，如图 8-12 所示。加压后，由压差控制的压力作用在内筒顶盖上时，隔振器内筒受力向下压缩，作业在隔振器外筒上支撑板上的反作用力将浮置板向上抬起。

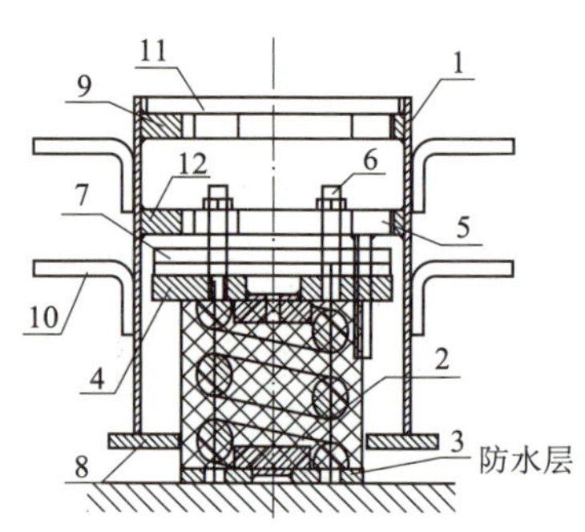

图 8-11 隔振器安装示意

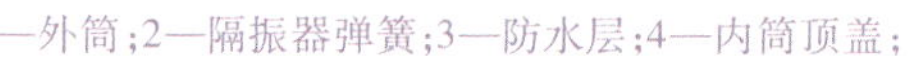

1—外筒；2—隔振器弹簧；3—防水层；4—内筒顶盖；
5—支撑板安装槽；6—隔振器固定螺栓；7—调平钢板；
8—外筒底板；9—外筒上支撑板；10—与道床连接钢筋；
11—外筒盖子；12—外筒下支撑板

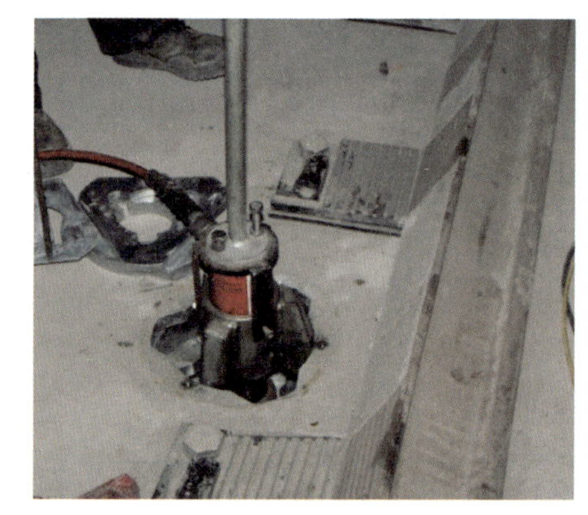

图 8-12 浮置板顶升专用千斤顶

(7)用钢钎拨动调平钢板，将调平钢板伸出的三角转到隔振器外筒筒内的下支撑板下；

(8)慢慢松开千斤顶，完成该隔振器的一次顶升；

(9)考虑到顶升过程中，浮置板道床以及剪力铰受力，每段浮置板道床至少需要分 3 ~ 4 步进行顶升，最后达到设计的顶升高度；

(10)一般每段浮置板的顶升，是从一端向另一端逐步进行，每一轮顶升时需要根据液压千斤顶的工作能力及可以控制的千斤顶的数量，可以同时对 6 ~ 8 个隔振器进行同步顶升；

(11)每一轮的顶升高度，是通过增加放置在隔振器外筒下支撑板和隔振器内筒顶盖之间的调平钢板来控制。调平钢板的形状和隔振器内筒顶盖的形状一致。为减小调平钢板和隔振器外筒下支撑板之间的缝隙，把力传递到外筒上，调平钢板和之间的接触面必须水平。

（12）在浮置板顶升高度接近设计轨面标高时，需要反复调整调平钢板的厚度来进行精调。最后测量浮置板顶升高度，检查是否达到设计要求。

（13）安装锁定板，并紧固锁定螺栓；安装隔振器外筒筒盖。

浮置板的过程如图 8-13 所示。

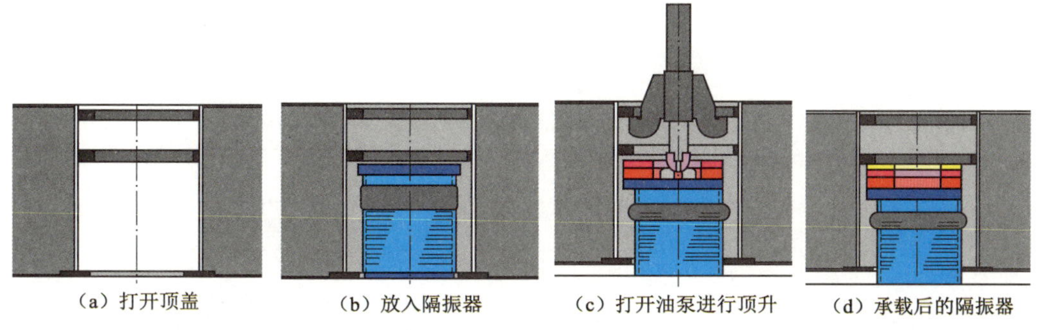

图 8-13　顶升过程流程

浮置板道床顶升结束后，将板侧、板端密封条安装到位，并清理施工现场。

因浮置板厚度不同，隔振器外筒分双层外筒（双层指外筒内部有上、下两层支撑板，如图 8-11 所示）和单层支外筒（单层指外筒内部只有一层支撑板），其所使用的专用千斤顶也有两种，前面介绍的是双层外筒及所用的专用千斤顶。单层外筒所使用的专用千斤顶直接通过螺栓安装在外筒顶板进行顶升作业，如图 8-14 所示。需要注意，使用该专用千斤顶时，需要将螺栓防脱装置拨到安全位置，防止顶升过程中螺栓脱落造成伤害。

图 8-14　单层支撑板外筒专用千斤顶

8.3 轨排钢筋笼法施工

8.3.1　施工工艺流程

轨排钢筋笼法是借鉴了普通整体道床轨排法施工而发展出的一种新的浮置板施工方法，是目前使用比较广泛的一种施工方法。

轨排钢筋笼法主要是将钢轨、扣件、道床钢筋、隔振器外筒、观察筒在铺轨基地组装成轨排钢筋笼，再借助机械化施工机具，进行运输、铺设，主要以机械作业为主。

现浇浮置板轨排钢筋笼施工主要工艺流程如图 8-15 所示。主要作业流程是在施工现场完成浮置板基底钢筋的绑扎及基底混凝土的浇筑。同时在铺轨基地将钢轨、扣件、轨枕组装在一起(组装后为称为轨排),然后在轨排下布置隔振器外筒、观察筒及浮置板钢筋绑扎,使轨排、浮置板钢筋、隔振器外筒、观察筒形成一个整体(统称为轨排钢筋笼),采用龙门吊将轨排钢筋笼吊放到洞内轨道运输平板车上,再用轨道车推送到施工现场,接着用铺轨门吊将轨排钢筋笼铺设到现场,完成轨道架设、调整、模板支立,最后完成浮置板混凝土浇筑及浮置板道床顶升等工作。

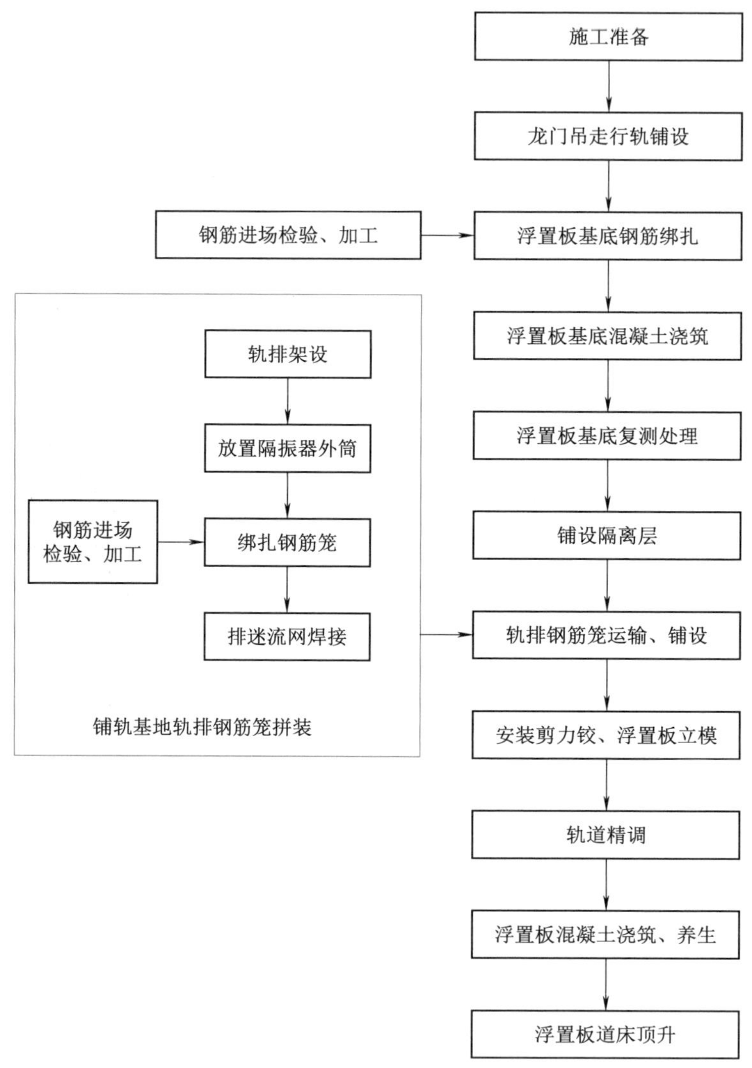

图 8-15　轨排钢筋笼法施工工艺流程

8.3.2　施工准备、铺轨门吊设备安装及 CPⅢ控制网

施工准备工作包括内业准备和外业准备。内业准备主要包括审核施工图纸,对图纸中疑问与设计沟通解答,计算复核施工材料、辅助材料,技术交底等工作。外业准备包括作业现场的移交、清理,施工水电布置,轨道测量网的测设、铺轨门吊走行轨铺设等工作。

铺轨门吊是目前城市轨道交通中在铺轨现场使用的主要运输设备，是洞内轨排、钢筋、混凝土等材料吊运必不可少的机具之一。目前铺轨门吊有两种，一种是轨道式，需要铺设走行轨道；另一种是轮胎式，不需要铺设走行轨道，是近几年出现的铺轨运输设备，如图 8-16所示。

图 8-16　轨道式铺轨门吊和轮胎式铺轨门吊

轨道式铺轨门吊一般采用 24 kg/m 钢轨作为走行轨，走行轨采用特制高度可调式钢支墩固定在土建结构底部或土建结构侧壁，钢支腿支承点间距通过计算确定，先将钢支墩底板固定在隧道底板上，再调整钢支墩的高度至确定位置；钢支墩上板采用螺栓与走行轨紧固连接。一般走行轨轨距在 3 m 左右。根据施工流水作业选用走行轨铺设长度，一般每个作业面铺设走行轨 300 ~ 400 m，循环使用。

铺轨 CPⅢ控制网与散铺法施工相同。

8.3.3　浮置板基底施工

采用轨排钢筋笼法时，在直线和曲线地段钢弹簧浮置板道床都设计为相同的板厚，曲线地段曲线超高需要在浮置板基底上实现。因此，浮置板基底标高的控制是施工中的一个重点，也是一个难点，特别是在曲线地段。浮置板基底标高的控制可以采用沿线路中心两侧等距成对设置钢筋控制桩的方法，一般情况下钢筋控制桩沿线路中心外偏 1.5 m 左右（外偏 1.5 m 基本位于浮置板基底边缘），每 5 m 设置 1 对，每对钢筋控制桩应有确定的里程，并计算出每个钢筋桩位置的基底面设计标高，然后通过测量将基底标高标识在钢筋控制桩上，如图 8-17所示。

图 8-17　基底标高钢筋控制桩

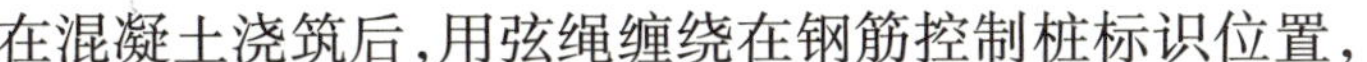
在混凝土浇筑后，用弦绳缠绕在钢筋控制桩标识位置，

布置成网状，抹面时配合钢尺控制基底的标高，弦绳以外的位置利用平尺进行控制。需要特别注意，在曲线地段，基底为斜基底，曲线内股一侧，斜基底与结构相接的位置存在积水无法排出的可能，考虑此处的排水问题，一般设置横向排水沟或埋设横向排水管，从曲线内股一侧斜基底与结构相接的位置向基底中心水沟排水。其他地段与散铺法施工相同。

基底施工完后，铺设基底水沟盖板并铺设隔离层，铺设要求与散铺法施工相同。

8.3.4 轨排钢筋笼绑扎

1. 钢筋笼拼装台位

根据铺轨基地现场情况，合理布置钢筋笼拼装台位，台位应平整，不积水。在拼装台位上，设置线路中线桩，根据中心线标识出浮置板两侧边线，作为控制浮置板钢筋笼拼装的控制线。

2. 架轨

根据台位的线路中心线进行架轨作业。钢轨架设采用钢轨支撑架，支撑架间距不大于3 m。钢轨的架设高度应根据道床板厚度确定。钢轨支撑架在直线段应垂直于线路方向，曲线地段应垂直线路切线方向，并将各部螺栓拧紧，不得虚接。钢轨架起后应按设计和规范要求对其几何状态进行粗调。

3. 扣件安装

根据设计图纸安装扣件及轨枕，扣件及轨枕应垂直于钢轨。在曲线地段，两股钢轨半径不同，在铺轨基地安装扣件时，需要考虑此影响。曲线半径越小，影响越大，如不注意则会造成轨排铺设到现场后左右股扣件未对齐的问题。

4. 隔振器外筒

放置隔振器外筒时需要注意隔振器外筒具有方向性，按设计图纸布置隔振器外筒。在隔振器外筒摆放完毕后，检查隔振器距线路中心的尺寸是否正确。

5. 浮置板钢筋笼绑扎

钢筋采购尽量按较长定尺或浮置板配筋定尺进货，以节约钢筋及减少焊接接头数量，降低工程成本。因浮置板钢筋的钢筋规格及尺寸较多，要求钢筋加工按照板号及规格分类加工，并做好标签，避免钢筋混乱。施工前根据施工图纸及资料，对钢筋的品种、级别、规格、数量，确认无误后，方组织施工钢筋加工作业，对弯曲的钢筋应进行调直作业后进行加工。

隔振器外筒周围绑扎钢筋时，要注意避免扰动外筒。同时需考虑外筒具有一定的灵活性，以便于运输至现场铺设时进行位置调整。钢筋绑扎时，观察筒、剪力铰也应一起绑扎到钢筋笼中。钢筋笼的交叉点应绑扎牢固，以保证受力钢筋和弯起的位置准确以及钢筋间距的正确，保证钢筋笼网架的稳定，纵筋、横筋、立筋横平竖直。按设计要求选择相应的纵横钢筋进行排流焊接及排流端子的焊接。铺轨基地轨排钢筋笼绑扎如图 8-18 所示。

图 8-18　轨排钢筋笼绑扎

8.3.5　轨排钢筋笼的运输

为了保证钢筋笼的整体稳定性,满足钢筋笼的吊装及运输要求,需要对轨排钢筋笼进行加固,并满足施工技术的需要。

轨排钢筋笼吊放到平板车上后,采用钢丝绳将其固定。钢筋笼为跨装平板车,在列车通过道岔、小曲线半径时,位于平板车上的钢筋笼容易产生变形,为了控制钢筋笼在跨装平板车上的变形,可在平板车上安装转向架装置,以减少钢筋笼变形。

一般钢筋笼宽度超过了轨道平板车的宽度,在轨排钢筋笼运输通过车站站台、人防门等特殊位置时,可能会侵限,需要在轨排钢筋笼装载时考虑到运输过程中的特殊情况。在运输过程中,应注意控制车速,防止轨排钢筋笼侵限造成其他成品损坏。

8.3.6　轨排钢筋笼的铺设

1. 轨排钢筋笼的现场吊装

现场一般需要采用 2 台铺轨门吊同步将钢筋笼吊装起升,注意严格控制起升速度及铺轨门吊的行驶速度,避免钢筋笼因起升、运输产生较大的变形。2 台铺轨门吊的距离,应确保使轨排钢筋笼的挠度变形比较小。需要在现场进行实验,力求在吊点选择上,控制钢筋笼的变形。轨排钢筋笼吊装铺设如图 8-19 所示。

图 8-19　轨排钢筋笼吊装铺设

2. 轨排钢筋笼的就位及整修

采用支撑及其他定位方式,在钢筋笼就位时进行两侧的钢筋绑扎及调整,确保钢筋笼的中心线接近于线路中心线,曲线地段注意钢筋笼底部中心与轨道中心的偏离值在容许范围内。对运输及吊装工程中钢筋的变形、钢筋笼的几何尺寸、钢筋的间距等进行调整。根据钢筋笼拼装时安装的钢轨支撑架的位置，安装支撑架支腿。对轨排及钢筋笼进行调整，确保轨排、钢筋笼的中心线同线路的中心线重合。对隔振器外筒位置产生位移的，对隔振器外筒进行调整，确保隔振器外筒位于设计位置。

3. 安装剪力铰及立模板

安装剪力铰及立板端模板同时进行。根据设计图纸最终绑扎剪力铰处的钢筋，将剪力铰准确定位。剪力铰安装应垂直于浮置板板端，不得出现歪斜等现象，应重点进行检查。浮置板模板安装应稳固牢靠，满足混凝土施工的需要，几何尺寸满足要求。

4. 轨道几何形位调整

拆除钢轨—钢筋笼的连接系统，对轨道几何尺寸进行调整。通过钢轨支承架支腿，用万能道尺、方尺、L 形尺、锤球等工具或调轨小车，按设计和规范要求调整轨道的轨距、水平、高程、方向等几何尺寸。曲线地段还须增加对曲线外股正矢的调整及检查（利用 10 m 或 20 m 弦线或调轨小车）。具体轨道调整做法是先调水平，后调轨距，先调基标部位，后调基标之间。先粗后精，反复调整。经过精调后，其精度必须符合相关规范要求。施工中严格按照“三步控制”的措施确保轨道的几何状态。

第一步：粗调，钢轨架设时按照中桩及标高资料初步调整轨道；

第二步：精调，对轨道几何状态精确进行调整，目视及弦量的方法进行调整；

第三步：浇筑后检查，混凝土施工中可能对轨道几何尺寸产生影响，要求在混凝土浇筑完毕后，混凝土尚未凝固前，立即安排人员进行检查及调整。

8.3.7 道床混凝土浇筑施工和顶升

混凝土浇筑前，需要从隔振器外筒内部、观察筒内部，将隔振器外筒、观察筒与隔离层相贴的地方用胶或其他材料进行密封，防止混凝土水泥浆流入隔振器外筒、观察筒内部。

浮置板道床混凝土浇筑施工和顶升与散铺法相同。

8.4 预制法施工

8.4.1 施工工艺流程

浮置板道床从散铺法发展到“设计模块化、工厂预制标准化、现场施工机械化”阶段，浮置板道床设计成不同规格、不同长度的板，以适应不同线形和超高的线路要求，然后在工厂内进行预制，采用汽车运输到现场后，直接铺设到现场，再完成浮置板顶升、安装隔振器、安装扣件、铺设钢轨，形成浮置板道床的新施工工艺。

预制法施工工艺流程如图 8-20 所示。该工艺提高了道床施工质量，并进一步提高了劳动生产率，改善了现场人员作业环境，缩短了项目建设周期。

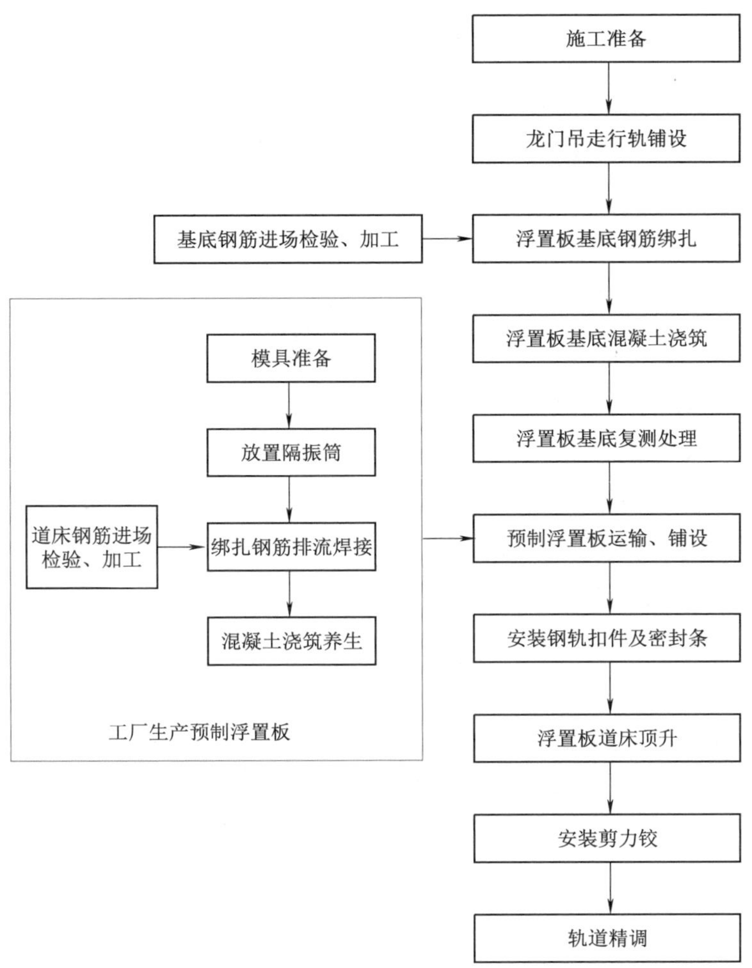

图 8-20　预制浮置板机铺法施工工艺流程

8.4.2　施工准备及其他

施工准备工作、铺轨门吊设备、铺轨 CPⅢ控制网及浮置板基底施工与轨排钢筋笼法相同。

8.4.3　预制板的设计

为了满足工程需要和适应国情,钢弹簧浮置板技术进入国内后,进行了一系列创新和改进,这些改进更加适应我国轨道交通的高速发展,同时一些新的挑战也不断出现。轨道交通施工工期要求越来越高,一些早期轨道交通线路存在振动超标地段,需要改造成减振道床。同时,轨道交通建设规模不断增加,建设速度不断提高,对施工质量和品质提出了更高更新的要求。这些不断提升的需求推动浮置板技术的向前发展,寻求更加高效易控的解决方案,预制浮置板应运而生。

预制浮置板需要考虑诸多不同于浇筑浮置板的因素,首先是预制板的长距离运输和施工现场吊装运输能力,因此必须控制浮置板的板体尺寸和重量;其次轨道结构高度、隧道断面及常见施工偏差范围等轨道输入条件,这些因素决定了板宽和板厚。结合扣件间距模数等,最终确定预制浮置板尺寸。目前常规情况下浮置板长度有 3.6 m、4.8 m 和 6.0 m等。3.6 m 预制板一般用于曲线地段,也可以用于直线地段;4.8 m 和 6.0 m 预制板一般用于直线地段。

预制浮置板宽度主要受土建结构盾构半径制约,同是考虑到现场铺设设备尺寸,常规尺寸 2.9 m(主要用于上海 5.9 m 大盾构地段)和 2.7 m(5.6 m 盾构),特殊情况下宽度 2.5 m。预制浮置板厚度常规有 550 mm(用于广州快速轨道线路)、370 mm(主要用于上海大盾构地段)、340 mm,325 mm 带中心凸台。在特殊线路地段,为适应高架桥预留的轨道条件不足、桥梁承重等问题,只能采用重量较轻的预制浮置板,板厚 260 mm。预制板横断面常规的采用矩形断面,适用于较厚的预制板,还有中间加凸台的预制板,适用于较薄的预制板。预制板平面形状常规采用矩形,曲线采用曲线板,也有采用的哑铃状预制板(即板两头宽,板中间位置窄)。

将现浇浮置板改为预制浮置板,每块板的长度减少,相应的板缝数量增加,道床板的动力特性显著改变,从长板受弯变形为主变成短板刚性位移为主,板与板之间变形和受力的协调成为重点和难点。因此,采用板端共享隔振器,协调和分担相邻板的受力变形,使浮置板系统在工作状态下更接近于系统理想状态,同时在保证行车平顺性的前提下最大限度地提升隔振效率。

由于浮置板端共享式隔振器(KY 隔振器)预制板安装、调整比较困难,因此后期设计多采用隔振器全内置式预制板。

8.4.4 预制板生产与运输

(1)预制浮置板生产流程如图 8-21 所示。

(2)模具准备。

预制板生产场地最好设置在有顶棚的车间内,车间内有满足吊装需要的天车,地面应平整坚固,排水畅通,场地附近有满足生产的电源和蒸汽养护条件的设施。

预制板模具在生产车间内组装完后,应全部检查,检查包括操作功能检查和尺寸检查,检查验收合格后才可以进行预制板生产。预制浮置板生产车间如图 8-23 所示。

(3)隔振器外筒安装和钢筋笼入模以及混凝土浇筑。

验收合格后的模具,每块预制板生产前,应将模具内清理干净,涂刷脱模剂,安装隔振器外筒、其他预埋件,钢筋笼入模。

固定隔振器外筒,防止浇筑混凝土过程中移位。所有准备工作结束后,合拢模具,混凝土浇筑,如图 8-22 所示。

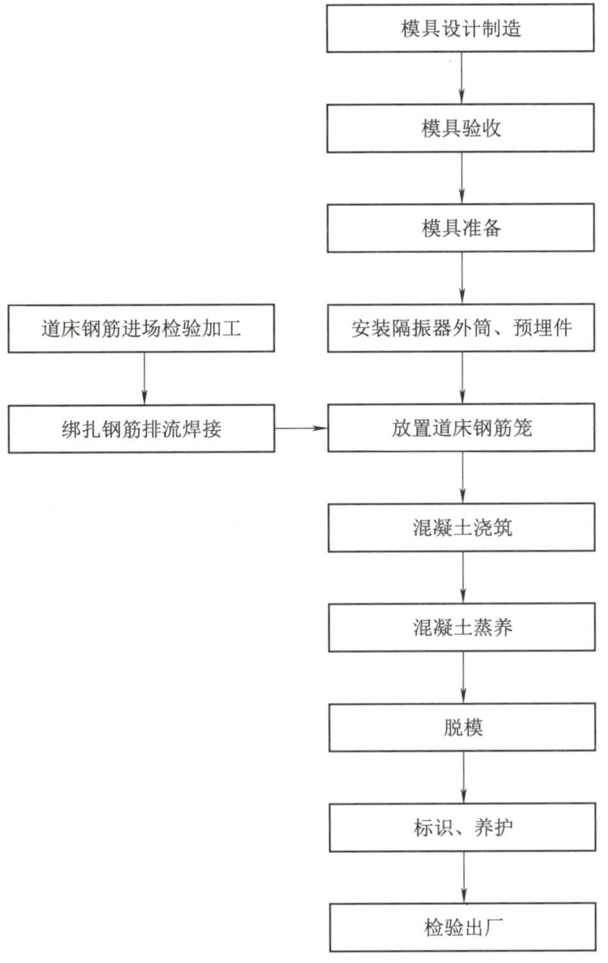

图 8-21　预制浮置板生产工艺

（a）吊装钢筋笼　（b）安装隔振器外筒　（c）浇筑混凝土

图 8-22　钢筋笼入模、混凝土浇筑

混凝土浇筑完后，按要求进行蒸汽养护。达到脱模条件后脱模，并按要求进行标识，将预制板移到储存区进行养护。

(4)预制板的储存与吊装运输。

浮置板由工厂集中预制后,运输至铺轨基地临时存放。临时(不大于 7 d)存放可采用平放方式,堆放层数不超过 4 层,每层间用方木隔开,层间净空不小于 200 mm,并保证承垫物上下对齐,如图 8-23(a)所示;当浮置板需要长期(大于 7 d)存放时,需采用竖立存放,每块板间用方木隔开,间距不小于 200 mm,并在最前、后设置支挡。如图 8-23(b)所示。

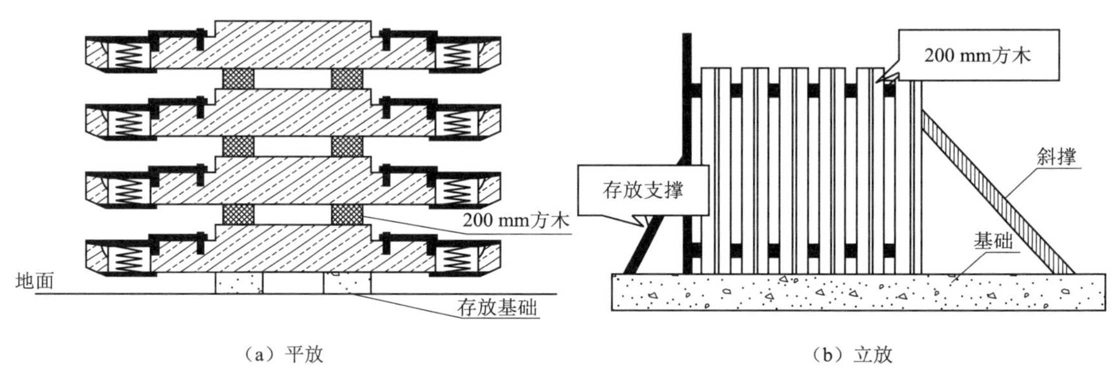

图 8-23　短预制浮置板存放示意

8.4.5　预制板的铺设

预制板铺设时,结合浮置板平面布置图,做好详细筹划,防止预制浮置板位置、方向出现错误。铺设前,应对浮置板基底标高及平整度进行检查,如果不符合要求应及时进行处理,清理干净基底面,保证基底无残渣、积水等,符合要求后方可进行铺设。同时,应根据浮置板平面图,将浮置板两侧边线测放在现场,以便于铺板时控制板的横向位置。预制板铺设时,一般情况下有以下铺设方案可根据现场实际情况选择使用。

方案 1,预制板直接铺设在基底,后期采用千斤顶,将单块预制板直接抬升到接近设计轨面标高,安装隔振器内筒、钢轨、扣件,进行整体调整,形成浮置板系统。

方案 2,在预制板位置放置厚度为 30 mm 的垫木,再铺设预制板,后期直接安装隔振器内筒、钢轨、扣件,进行整体调整,形成浮置板系统,同时将垫木取出。

对于端置式预制板,可以在铺板前,通过精确定位,先将端置式隔振器放置到位,再铺设预制板。或者先铺设预制板,后期抬升预制板,再安装端置式隔振器及内筒式隔振器。

需要注意,预制板铺设后,在没有完成顶升前(所有隔振器未达到工作状态前),轨道车等不能通行。防止压坏预制板或将隔振器重压失效。

使用专用吊具或柔性吊装带起吊预制板,预制板运输至铺轨基地后,利用铺轨基地设置的龙门吊由下料口吊运至平板车上,轨道车运行至铺设现场,铺轨门吊调运至作业面。当轨道车无法进入时,可采用铺轨龙门吊转运到施工段,也可采用运输汽车在隧道内运输到施工部位,并由铺轨龙门吊吊装就位。如图 8-24 所示,预制板就位时,板端应采用木板控制板缝宽度，木板厚度为设计板缝宽度。

图 8-24　预制浮置板的运输及铺设

曲线地段应注意控制板缝宽度，一般控制线路中心位置处板缝宽度，同时注意调整控制曲线内外股板缝宽度。

8.4.6　浮置板顶升及钢轨扣件安装

预制浮置板的顶升时，先对该段每块浮置板单独进行顶升，顶升应配合专用三向精调装置，通过精调装置进行高程、中线及纵向位置的调整，每块预制板调整精度宜控制在 ±3 mm以内。精调的过程中，安装水平限位、隔振器内筒。接着安装钢轨和扣件，进行浮置板系统整体精调，精调仪器如图 8-25 所示。最后安装剪力铰，固定密封条。

图 8-25　预制浮置板系统整体精调

8.5　施工质量控制

8.5.1　浮置板基底施工

1. 基底标高及平整度控制

在浮置板基底施工中，基底标高及平整度控制是一个很重要的质量控制点。因钢轨轨面标高是固定的，当基底标高出现正误差时，会造成浮置板板下的工作空间减少，很容易引起减振效果衰减。在特别严重的情况下，会造成浮置板厚度的减少，影响减振效果；同时，因为道床钢筋网高度是固定的，板厚的减少会使钢筋保护层减小或出现钢筋直接外露，影响道床使用寿命。如出现较大的负误差时，会造成道床板厚度增加，加大隔振器内筒受力，影响隔振器使用寿命。较大的负误差，需要通过生产不同高度的隔振器内筒及增加调整垫板来调整，为后期运营维护增加了很多困难。

基底施工误差较大时，有些施工单位为了减少施工整改的工作量，会通过对隔振器位置局部挖低或增高的方式处理。隔振器位置局部挖低，会在浮置板基底隔振器周围形成台阶，道床顶升后，系统在工作时在台阶处板底空间不足，很容易形成减振短路，影响减振效果；隔振器位置增高的混凝土台，一般没有钢筋，长期受到隔振器压力会出现压溃的情况，可能会造成浮置板道床的突然下沉，危及行车安全，如图 8-26 所示。

图 8-26　局部垫高、挖低浮置板基底

2. 浮置板轨道排水系统

排水系统主要通过设置在基底上的排水沟排水。排水施工主要的质量控制点为基底排水沟标高的控制和排水泵房预埋管。

排水泵房预埋管一般由土建结构施工单位负责施工，在区间排水泵房位置，很容易出现的问题是，从道床中心到排水泵房预埋的排水管标高出现正误差，高出设计的排水沟沟底。出现该问题时，浮置板地段积水就无法及时排出，直接造成减振短路，减振失效，同时隔振器长期泡在水中，影响隔振器使用寿命。故需要在铺轨前，提前测量预埋到泵房的排水管标高，发现问题及时处理。浮置板两端与其他道床相接时的排水过渡区段，需要注意控制排水沟深度，同时需要注意在浮置板端头需要安装水篦子，防止杂物流入浮置板道床下。

8.5.2　浮置板道床施工

水沟盖板铺设时，需要在后续施工中防止水沟盖板滑动一侧掉入水沟的问题，使水沟盖板失效。隔离层铺设时，需要注意搭接处必须密封，防止混凝土渗漏，以免影响后期浮置板道床的顶升。

隔振器外筒安装过程中，要注意控制外筒不得出现歪斜，要采取措施将外筒底与隔离层之间密封，防止混凝土及浮浆进入外筒内。此外，还需要注意外筒的安装位置、安装方向。隔振器外筒出现歪斜，会影响隔振器内筒受力，使内筒处于不均匀的非正常受力状态，减少隔振器的使用寿命，给后期运营维护带来困难。

轨排架设时需要注意预留出浮置板道床设计的顶升量。如预留量不足，造成浮置板道床无法顶升，无法正常工作，需要通过设计变更，调线调坡进行处理，还会影响到各种设备、结构限界。

钢筋绑扎及模具支立时，需要注意预留足够的混凝土保护层，避免出现保护层不足或钢筋外露等情况，图 8-27 是钢筋保护层不足引起的钢筋生锈。

图 8-27　钢筋保护层不足钢筋外露

图 8-28　剪力铰安装歪斜

中置式剪力铰安装应垂直于板端，否则顶升后，剪力铰在非工作状态下将长期受力，容易断裂，图 8-28 为剪力铰与板端不垂直的情况。

采用上置式剪力铰时，一般需要在浮置板道床内预埋安装预埋件。预埋件的定位需要准确，两块道床板之间防止出现错位等情况。出现该问题，一般需要通过重新在正确位置锚固预埋件的方法处理。

每块浮置板道床混凝土要求一次性浇筑完成，防止浮置板道床出现开裂，危及行车安全。混凝土浇筑时，对运输到现场的混凝土应加强检查，防止因混凝土质量问题出现道床在未顶升前即出现开裂的问题，如图 8-29 所示。

（a）运营期间开裂

（b）养护期间开裂

图 8-29　道床开裂

8.5.3 浮置板道床顶升

浮置板道床顶升前,需要在每块道床板上设置8个水准测量点,并且在顶升前、顶升过程中进行标高测量,在顶升过程中,需要对比测量情况以了解掌握顶升情况。测量结果做为后期运营维护的初始数据,以了解对比浮置板道床沉降情况。

浮置板道床顶升结束后,需要测量浮置板道床轨面标高数据,并长期保存。该数据做为原始数据,在后期运营维护中,通过周期测量轨面标高数据并与原始标高数据进行对比,以了解浮置板道床的沉降情况。在浮置板道床沉降超过警戒值后,应及时查明原因,采用措施进行处理。

隔振器运输过程中,应注意成品保护,不得通过暴力方法搬运隔振器内筒,防止隔振器内筒摔坏变形。隔振器内筒堆放、现场搬运,必须使内筒正放,不能平放或倒放,防止阻尼液泄漏。

隔振器安装时,按照设计图纸将不同内筒型号安装到相应的设计位置。隔振器内的配件要安装齐全,调整钢板安装到位,锁定螺栓不得缺失、螺栓紧固到位,如图8-30所示。

图8-30 锁定螺栓缺失、螺栓安装不到位

8.5.4 剪力铰和密封条安装

需要注意中置式剪力铰安装应垂直于板端面。上置式剪力铰安装时,需要注意板两侧安装面应保持同一水平面。如果出现错台,需要垫平安装面,再安装剪力铰。横向位置上,预埋螺栓孔错位如果无法安装剪力铰,则需要重新预埋螺栓孔,如图8-31所示。

图8-31 上置式剪力铰预埋安装孔出现错位

密封条固定螺栓需要拧紧,不得采用榔头直接敲击的方法安装固定螺栓。

第 9 章　浮置板轨道养护维修

浮置板隔振技术在国内轨道交通中应用已接近 20 年，但对于浮置板系统的维护还存在不少问题，与浮置板轨道养护维修相关的规范标准也较少。在现有一些浮置板标准规范中，针对设计、施工、部件供应等的内容比较详细，但对浮置板系统的维修检查项目、内容、标准规定得不细，可操作性不强。此外，在部分人的认知中，浮置板系统是属于免维护的轨道结构，因此对浮置板系统日常不检查，也无维护，只有在发现异常时才会重视。同时，限于维护人员对浮置板系统的认识水平和对需要检查项目、内容的不了解，也难以去检查维护。

浮置板隔振技术作为特殊减振轨道结构，具有良好的隔振效果，状态正常的钢弹簧浮置板相对于普通整体道床的隧道壁 Z 计权振级插入损失可达 16 dB 以上[44]，然而由于地铁建设管理要求高、专业众多、工期紧迫、运行密度大、振动和噪声预测困难等各种原因，各地地铁线路建成运营后，有关振动噪声的投诉仍然有增无减[45]，甚至一些应用了钢弹簧浮置板的地段也存在一定的振动噪声或安全方面的隐患[46]-[48]。

浮置板轨道系统与其他结构轨道系统一样，在列车荷载作用下，钢轨、扣件、道床板、隔振器、基础等都会出现不同类型和不同程度的病害和伤损，这就需要城市轨道交通工务部门对其进行经常性的检查和维修养护，从而保证浮置板轨道系统处于良好的工作状态。本章通过总结浮置板系统常见问题，从设计、生产及施工、运营等方面对浮置板系统常见问题进行探讨，讨论钢弹簧浮置板轨道结构病害产生的机理及其主要类型，并提出钢弹簧浮置板轨道结构的检查项目、检查内容、养护维修方法等，供相关管理及技术从业人员参考。

9.1 浮置板轨道系统病害类型和产生因素

作为一种轨道结构，浮置板轨道结构的钢轨、扣件等的病害和伤损与其他轨道结构的基本相同，而浮置板道床、隔振器弹性元件、剪力铰、密封条、排水系统等的病害是其所特有的，所以在线路运营过程中，也必须要有针对浮置板所特有的一些病害和伤损的维修养护策略和方案。

9.1.1 病害类型

受系统设计水平、线路设计条件、隧道不均匀沉降、施工安装质量及运维条件等诸多因素影响，浮置板系统会出现一些病害问题。在目前已运营的浮置板轨道线路中，有些问题已经显现。

1. 线路轨道病害

此类病害有些与其他类型的轨道结构病害具有共性，如钢轨断裂、钢轨轨面出现垂直磨耗（波磨）、轨底坡不足或出现反坡引起的钢轨轨面光带偏向轨头内侧、钢轨工作边出现侧面磨耗等；扣件部件松动、断裂等；铁垫板与道床之间吊空、铁垫板固定不牢固等；预埋尼龙套管存在歪斜、失效等。也有浮置板轨道特有的病害，如轨下空间不足，钢轨与隔振器筒盖距离接近，列车荷载作用下轨底与隔振器筒盖相碰等。这些病害对行车的安全性和平稳性都会产生不同程度的不利影响。

在该类病害中，很多运营维护人员对于涉及安全运营的问题都很关心。例如，钢轨断裂，在浮置板板缝位置，浮置板变形比较大，一般认为在该处容易发生钢轨断裂，实际情况是在浮置板板缝位置，当变形较大时，钢轨及扣件弹条受力，因为钢轨刚度和强度大于弹条，首先会出现弹条断裂，弹条断裂后的钢轨约束减弱，受板端变形影响减小，这与运营线上发现的板端容易出现弹条断裂的情况比较吻合。

如图 9-1 所示，钢轨外侧轨底顶面焊接的信号线接线柱可引起钢轨内部有微小损伤，成为轨底裂纹的萌生源，经多年运营后，突然起引钢轨断裂。如图 9-2 所示，断口位于浮置板板缝位置，板缝位置有接线柱可能加快了钢轨损伤的发展速度。因此，在浮置板施工中，一般都会规定钢轨焊接接头、钢轨上的焊接或栓接信号柱应与浮置板板缝错开 1 m 以上的距离。

图 9-1　轨底处信号线接线柱

图 9-2　板缝处钢轨断裂

2. 隔振效果不理想或减振不达标

此类病害因素复杂，与前期振动预测、设计水平、施工、后期运营出现轨道积水等方面有关。如某轨道交通线路，线路附近为别墅区，设置钢弹簧浮置板道床，运营后有投诉，减振效果不理想，原因不明。如果积水积聚在浮置板下，由于浮置板振动频率较高，积水传递振动降低了浮置板的隔振效果；板底与基础面间隙过小或有杂物，造成浮置板位移空间不足，浮置板工作时造成板底与基础面相碰，降低了隔振效果；隔振器钢弹簧伤损等也引起隔振效果的降低。

3. 隔振系统病害

隔振器上盖固定螺栓有缺失、松动；隔振器内固定螺栓有松动、缺失，安装不到位；隔振器空吊或过载，隔振器钢弹簧断裂失效。隔振器高度调整垫板缺失、安装不到位等。密封条固定螺栓有缺失、松动、局部破损、橡胶老化等。剪力铰固定螺栓松动、断裂等；两端板面安装面不平整、剪力铰断裂等。观察筒筒盖破损，固定螺栓缺失、断裂、安装不到位，观察筒歪斜，观察筒突出浮置板板面。

在该类病害中，比较关注的是隔振器钢弹簧断裂失效问题。一般隔振器弹簧断裂后很难发现，因为预留的安全冗余使浮置板及轨道不会出现很明显的下沉。如浮置板系统安全冗余不足，则会比较明显，如某条轨道交通线路，开通运营约 5 年左右，浮置板板端出现明显下沉，检查发现多个隔振器弹簧断裂。同时另一轨道交通线路，在开通试运行期间，发现隔振器弹簧压缩失效。从各运营线上了解到，弹簧压缩情况并不多，反而是断裂的已经在多条线路上发现。隔振器弹簧出现断裂可能与浮置板设计时预留的安全冗余、选择的弹簧与设计受力不匹配、弹簧本身质量等有关。

4. 浮置板道床病害

浮置板板体混凝土局部破损，道床板出现横向裂纹、裂缝；板缝位置个别排流端子连接破损断裂；板缝模具未清理，道床钢筋缺筋、钢筋保护层不足、钢筋外露等。

板下或排水沟长期存在杂物。如某条轨道交通线路，开通 7 年左右，发现浮置板道床及相邻的普通道床地段，出现多条横向道床裂缝，裂缝间距平均约 20 m，原因不明；某轨道交通线路，浮置板板端出现破损掉块，掉块直径约 10 cm 左右，未发现道床钢筋；某轨道交通线路发现道床面掉块，清理了道床混凝土块后发现道床板内有一块隔振器外筒盖；某轨道交通线路，发现浮置板道床强度未达到设计强度，开通运营后采取凿除补浇进行修复，运营后出现病害。

5. 外界环境病害

外界原因也可以引起浮置板系统发生一些病害，如结构沉降容易引起浮置板不均匀沉降，进一步引起隔振器受力不均匀、剪力铰断裂等；结构渗漏水如果不能有效控制，在浮置板地段积聚，容易引起浮置板减振效果下降或失效，也可能造成隔振器长期受水浸泡，出现腐蚀、破坏阻尼液、降低减振效果、缩短使用寿命等现象。

9.1.2　设计接口因素

城市轨道交通专业众多，钢弹簧浮置板系统设计时，与各专业的接口是一项重要的设计内容，目前建设单位和轨道专业设计单位实际上仅负责轨道与各专业接口之间的协调工作，而不对浮置板轨道的隔振效果进行具体系统的设计和验算，隔振部件则由供应商负责。这种情况下没有相关的专业或部门负责统筹考虑车辆型号、线路条件、地质条件、轨道设计等参数对钢轨、车轮、隧道及保护目标所产生的影响，因此，减振道床区间的车辆或轨道异常病害现象非常复杂[53]-[55]，而这不应该简单归因于减振措施的设置优劣。如第1章所述，车轮扁疤、车轮不圆顺、钢轨波磨、焊接接头等都是强大的激振源，对轨道结构的振动强度具有极大的影响，这时即使浮置板轨道结构，虽然能起到隔振作用，但由于激振的强度过大，导致隔振以后的振动强度仍达不到理想的效果。

1. 触网专业

一般浮置板厚度不足主要是限界设计时预留的轨道高度无法满足浮置板厚度，如果发生土建结构上浮，需要调线调坡时可能由于接触网标高限制了轨道高度无法向上调整导致轨道标高的普遍不足（即道床厚度不够），直接影响的是隔振效果；其次是易出现隔振器外筒直接超出浮置板表面，如图9-3所示。如将隔振器布置在钢轨底下，则就会出现钢轨与隔振器外筒顶盖相碰的电腐蚀而导致钢轨最终断裂的危险。

2. 排水专业

当减振地段与旁通道重合时，该处一般位于水准低点，需要通过泵房抽水排水。当泵房设计工作能力不足或者未设计集水井时会引起施工或运营阶段道床部分或全部浸泡在水中，如图9-4所示。则该处减振地段将处于“短路状态”而导致减振效果降低或消失引起投诉[44]，严重者轨道隆起导致行车安全隐患[46]。

图9-3　隔振器外筒超出浮置板表面

图9-4　施工中轨道被水淹

3. 人防门专业

由于减振道床的设计与人防门的设计在同一断面，两个专业接口之间的矛盾几乎无法协调，跨人防门地段的减振道床只能进行妥协，而这是以牺牲其减振效果为代价的。人防门处的浮置板轨道结构如图9-5所示。人防门处专业接口协调失败的浮置板轨道如图9-6所示，砂浆流到浮置板表面，直接影响浮置板的隔振效果。

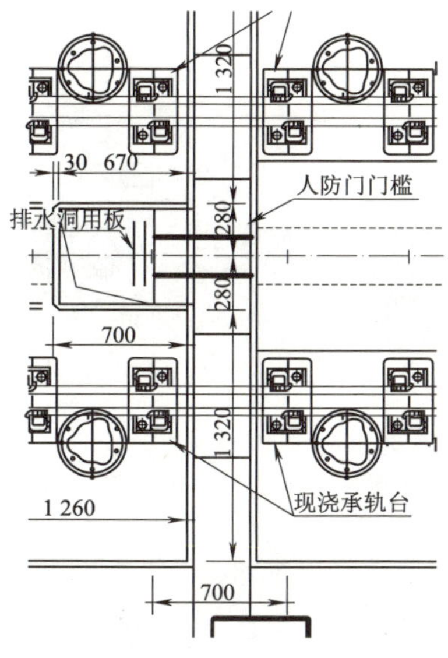

图 9-5　人防门隔断的浮置板轨道（单位：mm）

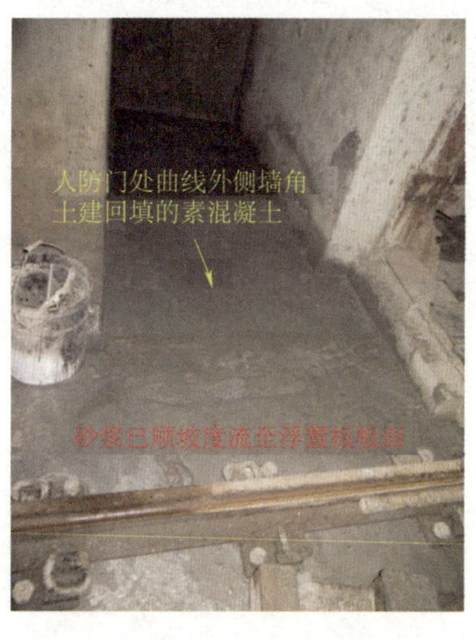

图 9-6　人防门处专业接口协调失败的浮置板轨道

9.1.3　施工因素

1. 预制道床板的生产引起的病害

在浮置板制造过程中，混凝土的质量不达标，野蛮吊装和装卸，造成浮置板在铺设前就有伤损，上道后在全寿命轨道使用周期中存在巨大的病害隐患。图 9-7 所示为尚未上道的预制浮置板混凝土掉块和开裂。

图 9-7　有伤损的预制浮置板

2. 钢弹簧浮置板施工引起的病害

对于轨道减振、隔振道床，尤其是钢弹簧浮置板轨道的施工工艺要求比较高，而施工单位的工期普遍比较紧张，业主和监理的监管普遍难以顾及所有工作面，再加上大多数施工单位现场施工是传统劳务队伍手工作业的模式，工程质量的好坏往往取决于工人的主观态度和客观作业技术水平，这就导致减振道床的施工质量参差不齐。一些质量问题如图 9-8所示。

（a）隔振器调节板螺栓未拧紧

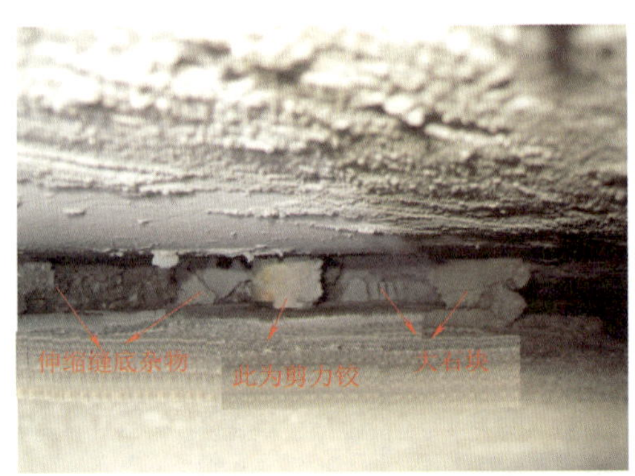

（b）两块浮置板伸缩缝间的杂物

（c）钢筋绑扎不牢引起的浮置板裂缝

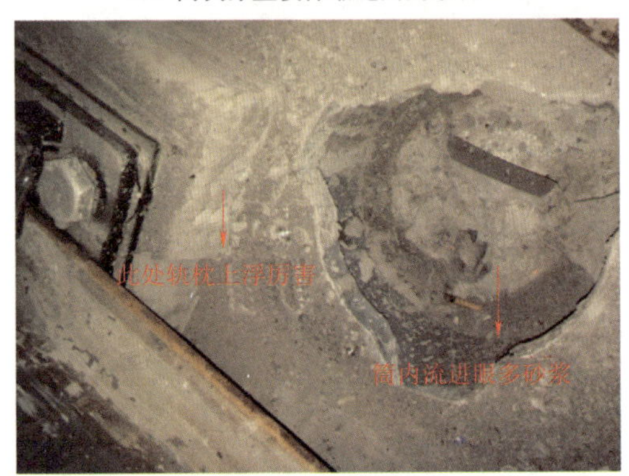

（d）隔振器顶部被砂浆污染

图 9-8　典型的浮置板轨道施工缺陷

9.1.4　运营因素

运营隧道下沉是普遍存在的问题，此外地面线路，高架线路也会产生相应的沉降，所以地铁监护部门一直对城市轨道交通线路的沉降进行长期的监测，以掌握隧道的沉降速率和规律，为管理部门对隧道、线路的养护维修提供决策依据。

隧道的下沉引起的各种病害普遍存在，其中主要有个别区间隧道发生的较大纵向累计沉降量导致线路坡度的变化，直接的结果是盾构隧道管片接缝扩大造成漏水或管片接缝被压溃、轨道结构的受力发生改变等。如果隧道沉降的波长较长，曲率变化较小，则对一般轨道结构和浮置板轨道结构的受力影响尚在可接受的范围内，如果沉降波长较短，坡度变化剧烈，则对轨道结构、行车等都会产生较大的影响。对于浮置板轨道结构，最明显的就是隔振器的受力重新分配，造成个别隔振器的过载导致钢弹簧断裂，从而进一步恶化了浮置板轨道的工作状态。

轨道在长期服役条件下承受列车荷载，浮置板受到轮轨动力的反复作用，钢弹簧、橡胶件的耐久性会产生一定变化，导致轨下刚度变化和纵向轨下刚度不连续，受损浮置板更加容易受到冲击，产生裂纹、掉块，无法对该位置处钢轨提供有效支承，使得浮置板失效位置的钢轨振动增加，进而恶性循环，可能发展为承轨台吊空，导致浮置板失效，如图 9-9 所示。

由于线路运营时排水不畅，造成板底和隔振器浸水，如图 9-10 所示。浮置板道床浸水的直接影响就是降低了浮置板的隔振效果，有测试结果表明，无浸水轨道隧道壁振动加速度强度为 78.0 dB，单侧浸水为 82.8 dB，双侧浸水为 95.0 dB（50 ~ 80 Hz 频段）；间接的影响就是隔振器内外筒加速生锈，水进入隔振器内筒与阻尼液相混，缩短了隔振器的使用寿命。

图 9-9　浮置板道床吊空

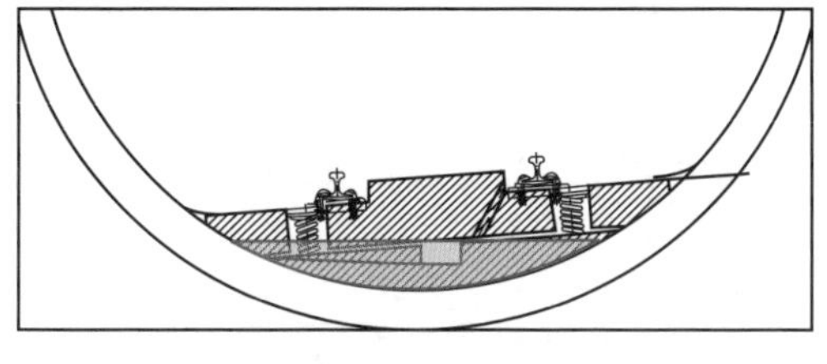

（a）单侧浸水断面

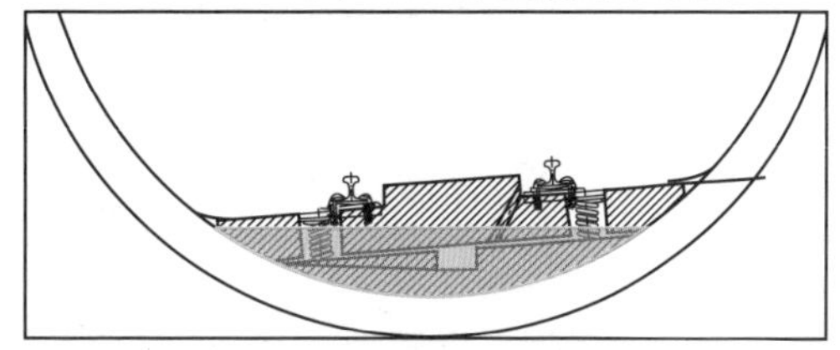

（b）双侧浸水断面

图 9-10　浮置板轨道浸水

9.2 常见病害及其对行车安全和减振效果的影响

9.2.1　钢弹簧损伤对地铁列车—浮置板轨道振动性能的影响

随着轨道交通运营年限的增加，浮置板轨道结构的部分钢弹簧隔振器可能出现损坏和失效等情况。一段浮置板轨道线路的钢弹簧隔振器数量较多且浮置板自身刚度较大，个别钢弹簧隔振器失效一时很难被发现。对浮置板轨道而言，隔振器是保障轨道结构隔振作用的关键部件，如果钢弹簧受到损伤，将影响轨道系统刚度均匀性和完整性，甚至威胁地铁列车运行的安全性和平稳性。因此，研究浮置板轨道钢弹簧损伤对车轨振动性能的影响具有重要的意义[56]。

国内外学者对浮置板轨道结构损伤做了大量研究，但现有研究大多关注扣件失效对轨道振动的影响，对于钢弹簧损伤的研究相对较少。余关仁等采用等效轮轨作用力来模拟列车荷载，建立了浮置板轨道的 Ansys 有限元模型，并分析了扣件和钢弹簧结构在完全失效情况下的浮置板动力特性，包括钢弹簧失效数量及失效位置对轨道系统振动性能的影响。本节建立了浮置板钢弹簧损伤情况下的地铁列车—浮置板轨道—衬砌—地基整体分析模型，基于理论分析和数值积分算法探讨了钢弹簧损伤数量、损伤程度、损伤位置、列车速度等因素对于车轨系统振动的影响，旨在为地铁车轨的安全运营和后期维护提供参考。

1. 车轨模型及平衡方程

根据车辆—轨道耦合动力学原理，建立二维车轨系统模型。列车采用由一、二系悬挂的车体、转向架及轮对组成的10自由度多刚体模型，其中，车体、转向架考虑竖向平动及点头两个自由度，轮对仅考虑竖向平动。地铁的两根钢轨视作整体，采用两端简支的Euler梁进行模拟。浮置板则采用两端自由的Timoshenko梁模型，由于相邻浮置板之间的空隙很小，在计算中近似取为零，基底垫层及衬砌视作整体，采用Timoshenko简支梁进行模拟。钢轨扣件和浮置板钢弹簧均视为离散分布的弹簧阻尼系统，其中扣件分布间隔为0.625 m，钢弹簧间隔为1.25 m。地基土体对地铁隧道的影响采用均布弹簧阻尼模型近似模拟。为简化起见，轮轨互相作用采用近似的线弹性接触，且只考虑单节车厢作用，如图9-11所示。

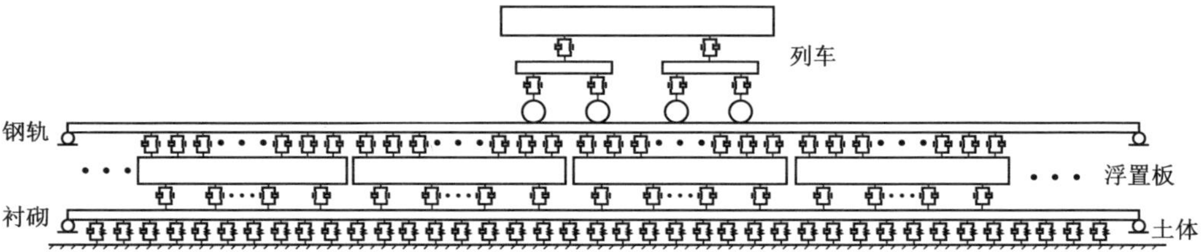

图9-11　地铁列车—轨道—衬砌—地基耦合模型

2. 动力平衡方程

根据达朗贝尔原理建立车辆振动的微分方程，其矩阵表达式如式(9-1)所示。

$$\boldsymbol{M}_{\mathrm{V}}\ddot{\boldsymbol{y}}_{\mathrm{V}}+\boldsymbol{C}_{\mathrm{V}}\dot{\boldsymbol{y}}_{\mathrm{V}}+\boldsymbol{K}_{\mathrm{V}}\boldsymbol{y}_{\mathrm{V}}=\boldsymbol{F}_{\mathrm{V}} \tag{9-1}$$

式中　$\boldsymbol{M}_{\mathrm{V}}, \boldsymbol{C}_{\mathrm{V}}, \boldsymbol{K}_{\mathrm{V}}$——车辆的质量矩阵、阻尼矩阵及刚度矩阵；

$\boldsymbol{y}_{\mathrm{V}}$——车辆的竖向位移向量；

$\boldsymbol{F}_{\mathrm{V}}$——车辆各部分所受外力，包括自重及竖向轮轨接触力（两根钢轨受力之和）。

其次，建立钢轨的振动方程。钢轨采用两端简支的Euler梁进行模拟，其动力学方程如式(9-2)所示。

$$E_{\mathrm{r}}I_{\mathrm{r}}\frac{\partial^4 y_{\mathrm{r}}(x,t)}{\partial x^4}+\rho_{\mathrm{r}}A_{\mathrm{r}}\frac{\partial^2 y_{\mathrm{r}}(x,t)}{\partial t^2}=\sum_{i=1}^{4}P_{\mathrm{w}}[x_{\mathrm{w}i}(t)]\delta(x-x_{\mathrm{w}i})-\sum_{i=1}^{n_{\mathrm{s}}}\sum_{j=1}^{n_{\mathrm{rs}}}P_{\mathrm{rs}}^{ij}(t)\delta(x-x_{\mathrm{rs}}^{ij}) \tag{9-2}$$

式中　$y_{\mathrm{r}}(x,t)$——钢轨竖向位移，mm；

$E_{\mathrm{r}}I_{\mathrm{r}}$——钢轨垂向抗弯刚度，$\mathrm{kNm^2}$；

ρ_{r}——钢轨的密度，为7.85 $\mathrm{t/m^3}$；

A_{r}——钢轨的截面积，$\mathrm{m^2}$；

n_{s}——浮置板块数；

n_{rs}——单块浮置板上的扣件数；

$P_{\mathrm{w}}[x_{\mathrm{w}i}(t)]$——第 i 个轮对的竖向轮轨接触力，N；

$P_{rs}^{ij}(t)$——第 i 块浮置板上的第 j 个扣件力，具体定义为：

$$P_{rs}^{ij}(t)=c_{rs}[\dot{y}_r(x_{rs}^{ij},t)-\dot{y}_s(x_{rs}^{ij}-x_{si},t)+k_{rs}[y_r(x_{rs}^{ij},t)-y_s(x_{rs}^{ij}-x_{si},t)$$

其中　x_{rs}^{ij}——第 i 块浮置板第 j 个扣件的坐标，mm，

y_s——浮置板竖向位移，mm，

x_{si}——第 i 块浮置板的起始坐标，mm，

c_{rs}——扣件阻尼，N · s/mm，

k_{rs}——扣件刚度，N/mm。

浮置板及衬砌均采用 Timoshenko 梁模型，动力控制方程式(9-3)所示。

$$\begin{cases}\kappa AG\left(\dfrac{\partial^2 y(x,t)}{\partial x^2}-\dfrac{\partial\phi(x,t)}{\partial x}\right)=\rho A\dfrac{\partial^2 y(x,t)}{\partial t^2}+f(x,t)\\ EI\dfrac{\partial^2\phi(x,t)}{\partial x^2}+\kappa AG\left(\dfrac{\partial y(x,t)}{\partial x}-\phi(x,t)\right)=\rho I\dfrac{\partial^2\phi(x,t)}{\partial t^2}+T(x,t)\end{cases}\tag{9-3}$$

式中　κ——系数；

A——梁截面积，m；

G——剪切模量，kN/m^2；

ρ——单位体积质量，kg/m；

EI——梁的抗弯刚度，kN · m^2；

$y(x,t)$——梁的竖向位移，mm；

$\phi(x,t)$——梁的转角，rad；

$f(x,t)$——作用在梁上的竖向分布外力，kN；

$T(x,t)$——作用在梁上的竖向分布弯矩，kN · m/m。

基于模态叠加法的思路，可假设钢轨竖向位移表达如式(9-4)所示。

$$y_r(x,t)=\sum_{k=1}^{m_r}y_{rk}(x)q_{rk}(t)\tag{9-4}$$

式中　$y_{rk}(x)$——钢轨第 k 阶自振模态，$y_{rk}(x)=\sin(k\pi x/l_r)$；

l_r——钢轨长度，m；

$q_{rk}(t)$——钢轨振动的广义函数；

m_r——钢轨模态阶数。

同样，根据模态叠加法并结合动力控制方程式(9-3)，可得到浮置板竖向位移和转角的模态表达如式(9-5)所示。

$$\begin{cases}y_s(x,t)=\sum_{p=1}^{m_s}y_{sp}(x)q_{sp}(t)\\ \varphi_s(x,t)=\sum_{p=1}^{m_s}\varphi_{sp}(x)q_{sp}(t)\end{cases}\tag{9-5}$$

式中　$q_{sp}(t)$——浮置板振动的广义函数；

$y_{sp}(x,t)$——浮置板第 p 阶模态竖向位移，mm；

$\varphi_{sp}(x,t)$——浮置板第 p 阶模态转角，rad；

m_s——浮置板模态阶数。

浮置板第 p 阶竖向位移及转角自振模态，具体形式可结合两端自由的边界条件求解得到。

衬砌竖向位移和转角的模态表达式可类似表示如式(9－6)所示。

$$\begin{cases} y_h(x,t) = \sum_{p=1}^{m_h} y_{hp}(x)q_{hp}(t) \\ \varphi_h(x,t) = \sum_{p=1}^{m_h} \varphi_{hp}(x)q_{hp}(t) \end{cases} \tag{9-6}$$

式中 $q_{hp}(t)$——衬砌振动的广义函数；

$y_{hp}(x,\mathrm{t})$——衬砌第 p 阶模态竖向位移，mm；

$\varphi_{hp}(x,t)$——衬砌第 p 阶模态转角，rad；

m_h——衬砌模态阶数。

将钢轨、浮置板和衬砌的位移表达式分别代入各自的结构动力学方程，经正交解耦后即可得钢轨、浮置板和衬砌的第 k 阶振动常微分方程。

3. 隔振器钢弹簧损伤模拟及数值计算方法

根据以上推导，联立列车方程与钢轨、浮置板、衬砌等轨道结构的模态常微分方程，即可得到列车—轨道—衬砌—地基耦合振动方程。

为考虑钢弹簧损伤，引入损伤系数 α 表示损伤后的钢弹簧刚度，即 $k_s=(1-\alpha)k_{sh}$，其中，k_{sh}为完好时的钢弹簧刚度。当 α 为0时，钢弹簧没有损伤，当 α 为1时，钢弹簧完全失效。将损伤钢弹簧刚度 k_s 代替方程中的 k_{sh}，即可求解钢弹簧损伤情况下的车轨振动，而车辆—轨道—衬砌—地基耦合方程的形式保持不变。

需要指出的是，轨道系统理论上具有无穷多阶振动模态，但在实际数值计算中只能取前面的有限阶进行分析。对于车轨振动系统而言，中低阶模态起主导作用，而高阶模态影响较小。在计算中，钢轨和衬砌分别取前500阶模态，浮置板取前20阶模态，结合模态分析法和 Newmark-β 数值计算方法，并取计算步长为0.5 ms，经数值验证可得到相对稳定和精确的计算结果。

4. 钢弹簧损伤对车轨振动性能的影响

(1)计算参数及损伤模型

钢轨和衬砌长度取为325 m，单块浮置板长25 m，在计算长度内，共有13块浮置板。单块浮置板上扣件数量为40个，扣件间隔为0.625 m；单块板下钢弹簧隔振器为20个(取一半轨道计算)，间隔为1.25 m。隧道参数取自某地铁线路，圆形盾构隧道，管片外径6.2 m，厚350 mm，管片采用C50混凝土浇筑，弹性模量为34.4 GPa，虑到管片连接等影响，对地铁隧道刚度进行折减，折减系数取为0.2。地铁车辆考虑B型列车，浮置板轨道采用常见参数组合，车轨系统的动力计算参数见表9-1。其中，地基弹簧系数和地基阻尼系数取值参考了某地铁区段的地勘报告资料，轮轨接触刚度由 Hertz 非线性接触公式推导等效而得。

表 9-1　车轨系统计算参数

参　数	量　值	参　数	量　值	参　数	量　值
车体质量/t	39.5	车体长度/m	19	浮置板剪切刚度 GI/(kN·m^2)	2×10^7
车体惯量/(t·m^2)	1 330	转向架中心距/m	12.6	隔振器刚度 GI/(kN·m^{-1})	2×10^4
转向架质量/t	3.52	同架轮轴距/m	2.3	隔振器阻尼 GI/(kN·s·m^{-1})	100
转向架惯量/(t·m^2)	1.76	钢轨单位质量/(kg·m^{-1})	60	衬砌单位质量 GI/(t·m^{-1})	16.4
轮对质量/t	1.54	钢轨抗弯刚度/(kN·m^2)	12 400	衬砌抗弯刚度 EI/(kN·m^2)	1.9×10^8
一系悬挂刚度/(kN·m^{-1})	1 700	扣件刚度/(kN·m^{-1})	60 000	衬砌剪切刚度 GI/(kN·m^2)	1.54×10^7
一系悬挂阻尼/(kN·s·m^{-1})	60	扣件阻尼/(kN·s·m^{-1})	50	轮轨刚度 GI/(kN·m^{-1})	1.2×10^6
二系悬挂刚度/(kN·m^{-1})	450	浮置板单位质量/(t·m^{-1})	4.8	地基刚度 GI/(kN·m^{-1})	100×10^3
二系悬挂阻尼/(kN·s·m^{-1})	60	浮置板抗弯刚度 EI/(kN·m^2)	1.73×10^6	地基阻尼 GI/(kN·s·m^{-1})	3 750

注:浮置板及衬砌的剪切刚度包含剪切系数。

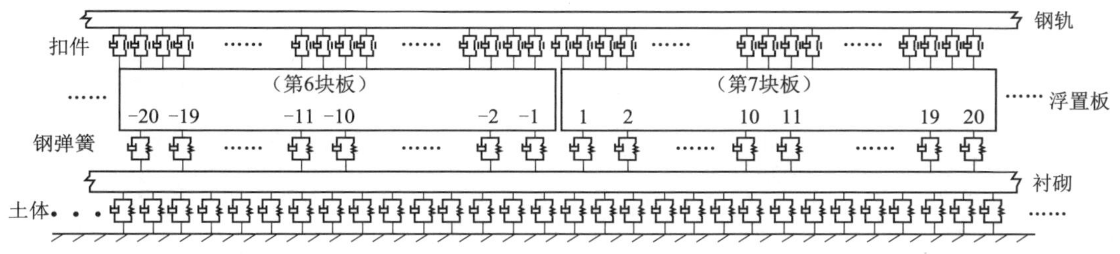

图 9-12　钢弹簧损伤区域的车轨系统局部模型图

为考虑初始振动的影响,列车的起始位置取为浮置板前 80 m,但数值计算的初始时刻 $t=0$ 取为车辆第一轮对刚进入钢轨(即 $x=0$)的时刻。

图 9-12 为地铁车轨系统的局部模型图。图中所示为轨道计算长度内第 6、7 两块浮置板(距离钢轨左端点 125~175 m 区段),图中数字为浮置板下的隔振器编号。在钢弹簧损伤分析中,以该数字编号表示损伤钢弹簧的位置。考虑到浮置板轨道的周期性变化,钢弹簧损伤主要探讨板端损伤和板中损伤两种形式。

(2)钢弹簧损伤数量对车轨振动的影响

为研究钢弹簧损伤数量对车轨系统振动性能的影响,分别探讨无钢弹簧损伤、1 号隔振器损伤、1 号和 2 号两个隔振器损伤等三种工况下的车轨振动性能。损伤系数 α 取 0.9,当列车速度为 72 km/h 时,车轨系统的振动时程曲线如图 9-11 所示。由图可知,当列车到达隔振器损伤区域附近时,车轨系统的各项动力响应都不同程度地增大。当 $t=7.5$ s 时,列车第一轮对刚好到达第 7 块浮置板板端,即 1 号损伤隔振器上方区域附近,此时,车轨系统竖向的车体加速度、轮轨接触力、轮下钢轨位移、衬砌中点加速度等振动响应增幅显著。从影响范围来看,车体竖向加速度、衬砌竖向加速度受隔振器损伤的影响范围较大,而竖向轮轨接触力和轮下钢轨竖向位移只在损伤隔振器附近有振动变化。

由图 9-13(a)可知,随着隔振器损伤数量的增加车体竖向加速度幅值也随之增加,2 个隔振器损伤较无隔振器损伤情况车体加速度幅值增加了 2.3 倍。我国国家标准《机车车辆动力学性能评定及试验鉴定规范》(GB 5599—2019)关于乘车舒适性评判标准是以 Sperling 舒适度指标为基础制定的,车体加速度越大,乘车舒适性越差,由此可知当列车经过有隔振器损伤位置时,乘车舒适性和平稳性将受显著影响。

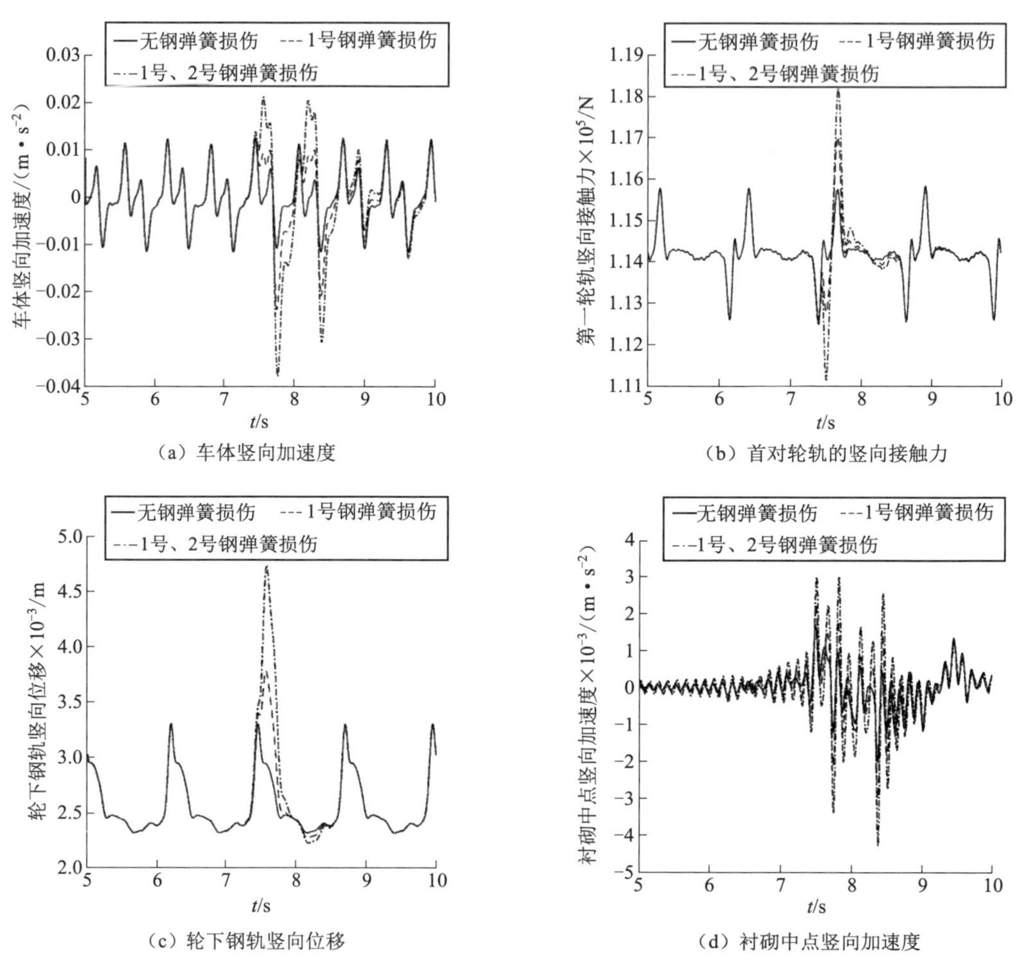

图 9-13　不同隔振器损伤数量下的车辆和轨道动力响应

轮轨竖向接触力也随着隔振器损伤数量的增加而增大,较大的轮轨接触力会增加踏面的磨耗,加大钢轨表面的接触疲劳损伤,对钢轨使用寿命和维护产生不利影响,如图 9-13(b)所示。此外,根据图 9-13(c)和 9-13(d),在 1 号和 2 号隔振器同时损伤情况下,钢轨竖向位移较完好工况增加了 40%,而衬砌中点竖向加速度幅值相应增大了 1.13倍。衬砌振动会影响周边土体乃至邻近建筑的振动,综上所述,隔振器损伤对地铁系统的运营维护及周边环境振动都将产生不利影响,故应注意及时排查和更换损伤的隔振器。

(3)隔振器损伤程度对车辆和轨道动力响应的影响

考虑 1 号和 2 号隔振器同时损伤的情况,列车速度为 72 km/h 条件下,在不同隔振器损伤程度下轮轨系统的振动响应如图 9-12 所示。

由图 9-14 可知，随着隔振器损伤系数 α 的增加，各项车轨振动均呈现增大的趋势，车体竖向加速度、轮下钢轨竖向位移、轮下浮置板竖向位移和衬砌中点竖向加速度增幅显著，且变化曲线呈现越来越陡的趋势。其中，随着损伤系数 α 由 0 变化到 1，车体竖向加速度增大了 2.46 倍，衬砌中点竖向加速度增大了 1.4 倍。

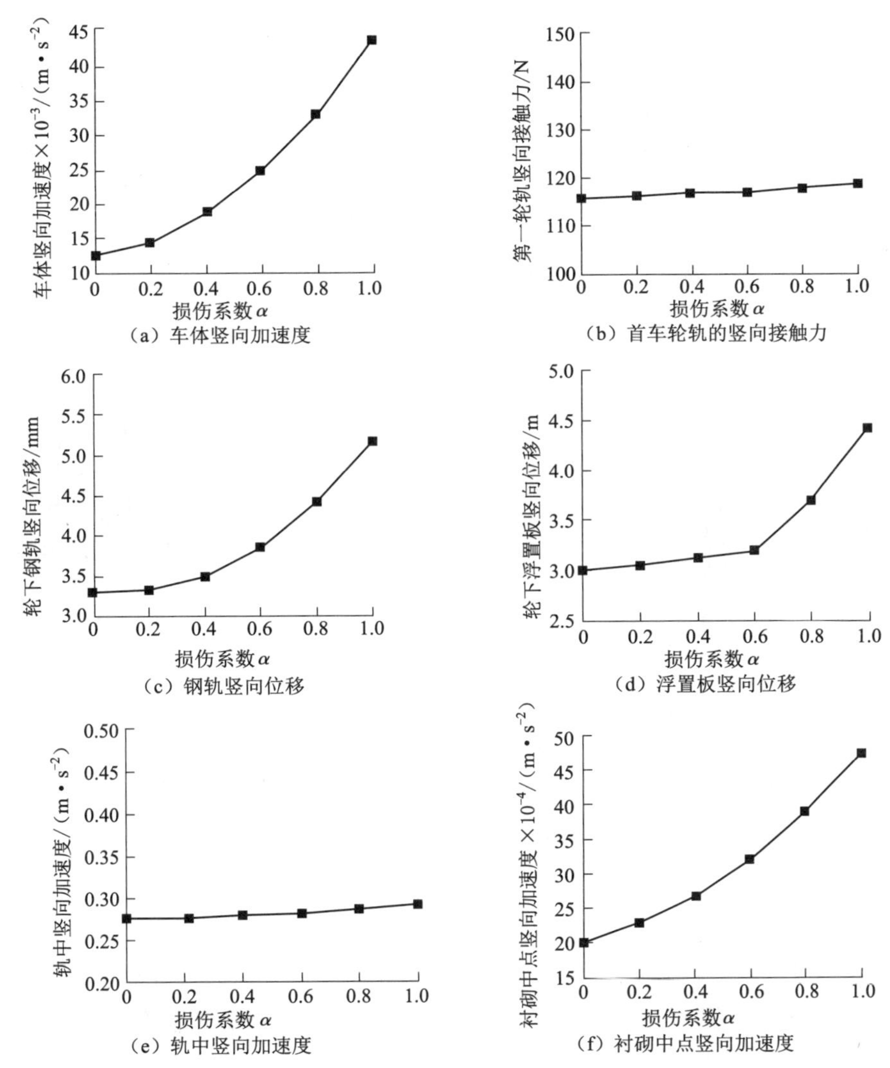

图 9-14　车轨振动幅值随隔振器损伤系数的变化曲线

(4)隔振器损伤位置对车轨振动的影响

为研究隔振器损伤位置对车轨振动性能的影响，将图 9-10 的隔振器损伤分为以下三种工况：

工况一，1 号和 2 号隔振器损伤(同一块浮置板的板端)；

工况二，10 号和 11 号隔振器损伤(浮置板板中)；

工况三,1 号和 -1 号刚弹簧损伤(相邻浮置板的板端)。

隔振器损伤系数 α 统一取为 0.9。72 km/h 列车速度下对应于三种工况的车辆轨道的动力响应如图 9-15 所示。

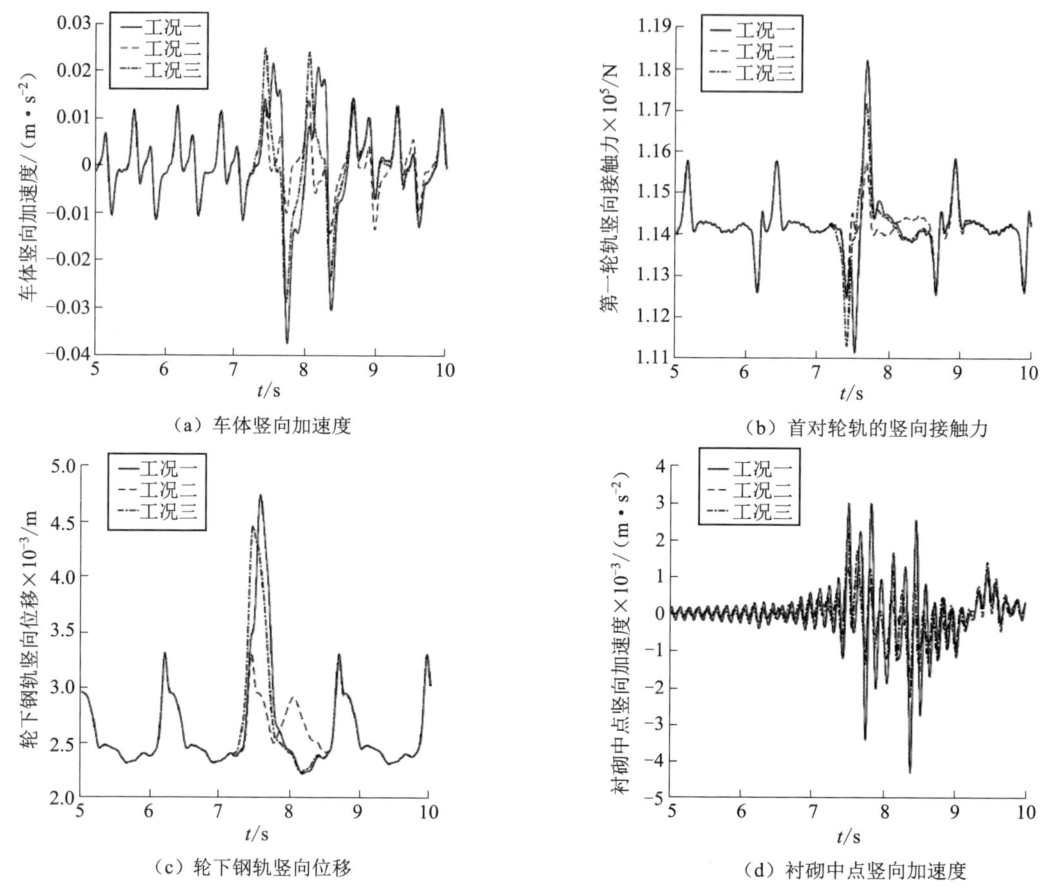

(a) 车体竖向加速度

(b) 首对轮轨的竖向接触力

(c) 轮下钢轨竖向位移

(d) 衬砌中点竖向加速度

图 9-15 三种工况下车辆轨道的动力响应

由图 9-15 可知,隔振器损伤位置对不同类型的车轨振动响应影响不同。在隔振器损伤数量相同情况下,隔振器损伤发生在浮置板中间时,对车轨各项振动响应的影响很小,而当损伤位置处于同一块浮置板板端时,对各项振动指标的影响最大。对车体竖向加速度而言,工况一较无损伤情况增大了 2.3 倍;对于轮下钢轨竖向位移,工况一较无损伤钢轨位移增大了 43.5% 。由此可以得出,对于浮置板板端隔振器的质量我们要更加关注,其状态的好坏对车轨振动性能的影响较大,应及时检查和维修,避免造成车轨系统动力响应的恶化。

(5)隔振器失效时列车速度对车轨振动的影响

在 1 号和 2 号隔振器失效时,列车速度变化对车轨各项动力响应的影响如图 9-16 所示。

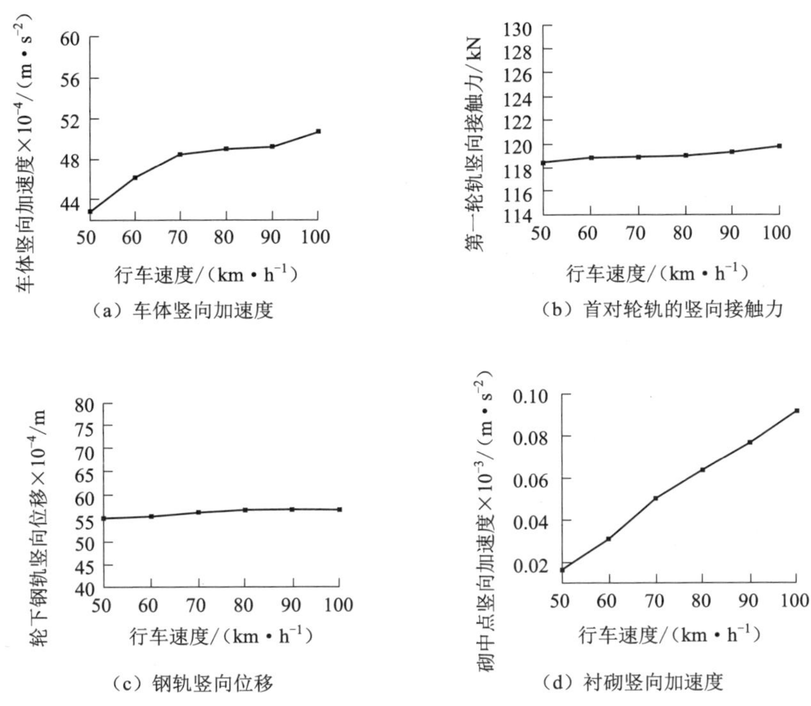

图 9-16　隔振器损伤情况下列车速度对动力响应的影响

由图 9-16 可知,在隔振器损伤情况下,列车速度变化对车体竖向加速度、衬砌竖向加速度影响较大,竖向轮轨接触力和轮下竖向钢轨位移则基本不受影响。当列车速度由 50 km/h增加到 100 km/h 时,车体加速度增加了 18.3% ,衬砌加速度增加了 4.46 倍。由此可知,列车速度的变化对隔振器损伤情况下的乘车舒适性和周边环境振动有较大影响,尤其是后者,应格外重视。

9.2.2　隧道变形引起的浮置板轨道变形与脱空分析

随着城市轨道交通建设规模的扩大,不可避免出现新建地铁隧道在下方穿越既有隧道的现象。新建隧道施工引起既有隧道底板及其上的轨道结构产生变形,进而影响既有线的运营安全。由于浮置板轨道结构与隧道底板不是一个整体,是靠隔振器弹簧承压传递列车和轨道结构的荷载,在新建隧道施工影响下,运营隧道底板下沉,轨道结构的变形不能紧随隧道底板变形,两者存在位移差,甚至产生脱空。然而,目前在穿越工程轨道结构力学计算时,大多将既有轨道与隧道底板变形视为等同,忽略两者的相互作用,这样得到的计算结果并不能反映实际情况。常见的轨道结构计算模型包含弹性地基梁模型、弹性地基梁—板模型和梁体模型三类。轨道与隧道底板相互作用问题具有复杂性。轨道与隧道底板产生变形差异后可能出现脱空区,轨道在脱空区和接触区承担的荷载不同,目前尚无有效的理论方法能够考虑轨道与隧道底板的脱空。针对城市轨道交通中应用较为广泛的钢弹簧浮置板轨道建立理论分析模型。将浮置板道床视为弹性地基梁,建立了轨道变形控制微分方程,引入“相当荷载”模拟相邻浮置板间的剪力铰,引入阶梯函数描述浮置板道床与隧道底板的脱空。用傅里叶级数解法对控制微分方程进行了求解。将弹性地基梁模型方法的计算结果与数值模拟结果进行对比,验证了弹性地基梁模型方法的正确性,并分析了钢弹簧浮置板轨道与隧道底板的相互作用规律[57]。

1. 控制微分方程及边界条件

钢弹簧浮置板轨道由钢轨、扣件、浮置板、钢弹簧隔振器、剪力铰等部件构成。钢轨通过扣件固定在浮置板上,浮置板由钢弹簧隔振器支承在隧道底板上,相邻浮置板由剪力铰相连。剪力铰具有较大的径向刚度,可避免钢轨受到过大的剪力。

将下穿地铁隧道开挖引起的既有隧道变形作为荷载施加到轨道结构上,并采取以下假设:浮置板道床与钢轨变形一致,两者简化为单层弹性地基梁,变形服从平截面假定,基底变形遵从 Winkler 假定;钢弹簧隔振器提供的点支承刚度等效为连续支承刚度;相邻浮置板通过剪力铰铰接,剪力铰不传递弯矩。

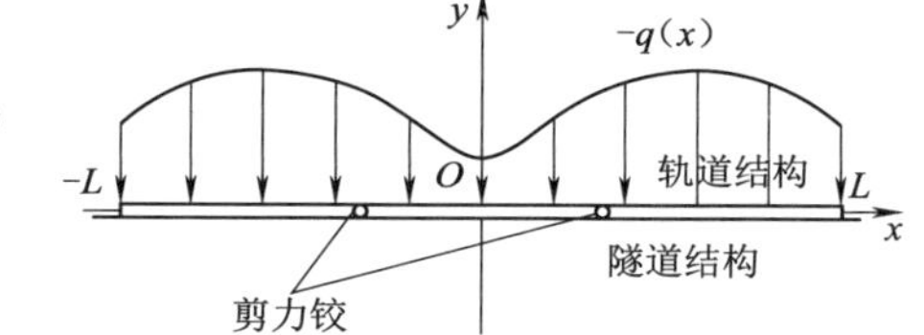

图 9-17　钢弹簧浮置板轨道计算模型

由以上假设得到理论计算模型如图 9-17 所示。模型中轨道结构关于 y 轴对称,计算范围是$[-L, L]$,分布荷载 $-q(x)$ 为对称荷载。

轨道结构变形的控制微分方程为

$$EI\frac{\mathrm{d}^4 w}{\mathrm{d}x^4}=q(x) \tag{9-7}$$

式中　EI——轨道结构抗弯刚度,$\mathrm{kN\cdot m^2}$;

$w(x)$——轨道结构竖向变形,向上为正,mm;

x——沿轨道轴向的坐标,m;

$q(x)$——地基线反力,向上为正,kN/m。

轨道结构两端位于隧道开挖下沉区的影响范围之外;轨道结构两端($x=\pm L$)转角为0,即,

$$w'(-L)=w(L)=0 \tag{9-8}$$

2. 相当荷载和阶梯函数

(1)相当荷载

传统弹性地基梁法只能求解连续刚度梁,为考虑铰接的地基梁,在剪力铰两侧的极小区域内施加"相当荷载"。相当荷载为分布荷载,可简化为一对大小相等,方向相反的力偶。相当荷载自身构成平衡力系,不影响整体的平衡,但能够迫使梁转角在相当荷载施加处产生突变,如图 9-18 所示。

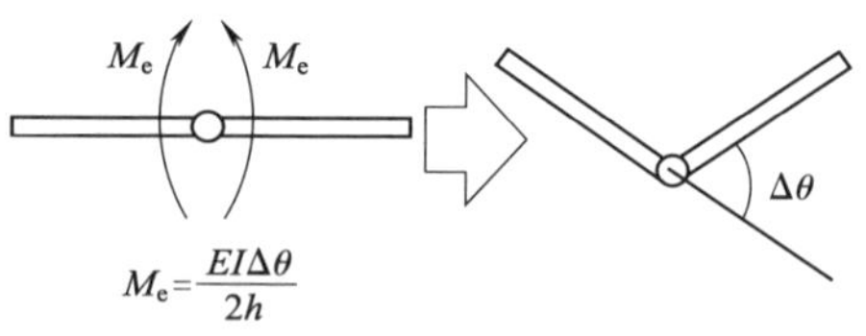

图 9-18　相当荷载使梁产生相对转角
(h 为无限趋近于 0 的数)

相当荷载的计算式为

$$q_e(x)=EI\Delta\theta\delta''(x-x_0) \tag{9-9}$$

式中　$q_e(x)$——相当荷载,向上为正,kN/m;

$\Delta\theta$——相对转角，以铰接点右侧梁段相对于左侧逆时针转动为正，rad；

$\delta''(x-x_0)$——脉冲函数的二阶导数，$1/m^3$，高阶 δ 导数为 $\delta^{(k)}(x-x_0)=(-1)^k\dfrac{k!}{x^k}\delta(x-x_0)$；

x_0——铰接点位置，m。

相当荷载相当于在铰接处施加了额外弯矩，故铰接处有以下荷载边界条件：

$$EIw''(x_0)=M_e(x_0)=\lim_{h\to 0}\frac{EI\Delta\theta}{2h}=EI\Delta\theta\delta(x-x_0) \tag{9-10}$$

式中　$M_e(x_0)$——$q_e(x)$ 在 $x=x_0$ 处产生的额外弯矩，kN · m。

(2)阶梯函数

隧道底板发生竖向变形前，在钢轨、浮置板道床重力的作用下，钢弹簧产生初始压缩量。隧道底板产生竖向变形后，浮置板道床与隧道底板沉降差超过钢弹簧的初始压缩量，钢弹簧伸长到无荷时的高度，钢弹簧不再提供承载力，称之为轨道与隧道底板产生脱空。在脱空区，轨道结构只受到重力作用；在接触区，轨道结构受到重力和地基反力的共同作用。在式(9-7)中右端荷载 $q(x)$ 包含轨道自重、地基支承反力和相当荷载，如式(9-11)所示。

$$q(x)=\begin{cases}-g\gamma+Kbv(x)+q_e(x) & v(x)>0,\text{接触区域}\\ -g\gamma+q_e(x) & v(x)<0,\text{脱空区域}\end{cases} \tag{9-11}$$

式中　g——重力加速度，9.81 m/s^2；

γ——轨道结构线密度，kg/m；

b——浮置板道床宽度，m；

K——地基系数，kN/m^3(若钢弹簧刚度为 k_s，间距为 l_s，则 $K=k_s/(bl_s)$)；

$v(x)$——轨道与隧道底板竖向位移差，若隧道底板位移为 $S(x)$(向上为正)，则 $v(x)=S(x)-w(x)$。

在式(9-11)中引入阶梯函数，得

$$H(x)=\begin{cases}1 & v(x)>0,\text{接触区域}\\ 0 & v(x)<0,\text{脱空区域}\end{cases} \tag{9-12}$$

将式(9-11)代入式(9-7)，则控制微分方程可写为

$$EI\frac{d^4w}{dx^4}=Kbv(x)H(x)+q_e(x)-g\gamma \tag{9-13}$$

轨道与隧道底板的脱空点为函数 $v(x)$ 的零点。每个脱空区间包含 2 个端点，因此 $v(x)$ 的零点个数为脱空区间个数的 2 倍。由于荷载和结构的对称性，$v(x)$ 关于 y 轴对称，$v(x)$ 的正根个数正好等于脱空区间个数。若轨道与隧道底板存在 N 个脱空区，则 $v(x)$ 在区间 $[0,L]$ 上的正根从左到右依次为 $e_1,e_2,\cdots,e_N$，式(9-12)在区间 $[0,L]$ 上可写为如下 2 种形式。

$$\text{当 } N \text{ 为奇数时}, H(x)=\begin{cases}1 & [e_1,e_2]\cup[e_3,e_4]\cup\cdots\cup[e_{N-1},e_N]\\ 0 & \text{其他}\end{cases} \tag{9-14}$$

$$\text{当 } N \text{ 为偶数时}, H(x)=\begin{cases}1 & [0,e_1]\cup[e_2,e_3]\cup\cdots\cup[e_N,L]\\ 0 & \text{其他}\end{cases} \tag{9-15}$$

3. 傅里叶级数解法

(1)未知函数的级数展开

式(9-13)中,轨道结构变形 $w(x)$ 和阶梯函数 $H(x)$ 均为未知函数。

将 $w(x)$ 展开为余弦级数,则可得

$$w(x) = \frac{a_0}{2} + \sum_{k=1}^{\infty} a_k \cos \frac{k\pi x}{L} \tag{9-16}$$

式中 a_0, a_k——傅里叶级数系数。

将 $H(x)$ 在$[-L,L]$内展开成余弦级数,则可得

$$H(x) = \frac{H_0}{2} + \sum_{k=1}^{\infty} H_k \cos \frac{k\pi x}{L} \tag{9-17}$$

根据式(9-14)和式(9-15),若轨道与隧道底板存在 N 个脱空区间,则有:

$$H_0 = 2 + (-1)^N \frac{2}{L} \sum_{j=1}^{N} [(-1)^{j-1} e_j], H_k = (-1)^N \frac{2}{k\pi} \sum_{j=1}^{N} [(-1)^{j-1} \sin \frac{k\pi e_j}{L}]$$

(2)已知函数的级数展开

式(9-10)和式(9-13)中,隧道底板变形曲线 $S(x)$,脉冲函数 $\delta(x-x_j)$ 及其二阶导数 $\delta''(x-x_j)$ 为已知函数。

假定隧道底板变形符合 Peck 曲线,如式(9-18)所示。

$$S(x) = S_0 e^{-\frac{x^2}{2i^2}} \tag{9-18}$$

式中 S_0——隧道底板最大变形,发生在 $x=0$ 处,mm;

i——沉降槽宽度,详见 Peck 曲线定义,m。

将 $S(x)$ 展开为余弦级数,得

$$S(x) = \frac{b_0}{2} + \sum_{k=1}^{\infty} b_k \cos \frac{k\pi x}{L} \tag{9-19}$$

其中,$b_0 = -\sqrt{2\pi} \frac{i}{L} S_0, b_k = -\sqrt{2\pi} \frac{i}{L} S_0 e^{-\frac{1}{2}(\frac{k\pi i}{L})^2}$。

脉冲函数的表达式见式(9-20)。

$$\delta(x-x_0) = \begin{cases} \infty & x = x_0 \\ 0 & x \neq x_0 \end{cases} \tag{9-20}$$

将 $\delta(x-x_0)$ 展开为余弦级数,得

$$\delta(x-x_0) = \frac{\delta_0}{2} + \sum_{k=1}^{\infty} \delta_k \cos \frac{k\pi x}{L} \tag{9-21}$$

其中,$\delta_0 = \frac{2}{L}, \delta_k = \frac{2}{L} \cos \frac{k\pi x_0}{L}$。

将 $\delta''(x-x_0)$ 展开为余弦级数,得

$$\delta''(x-x_0) = \frac{\delta''_0}{2} + \sum_{k=1}^{\infty} \delta''_k \cos \frac{k\pi x}{L} \tag{9-22}$$

其中，$\delta''_0 = 0, \delta''_k = -\frac{2k^2\pi^2}{L^3}\cos\frac{k\pi x_0}{L}$。

(3)系数方程组及其求解

根据傅里叶级数的乘法法则计算式(9-13)中阶梯函数 $H(x)$ 与 $S(x)$ 及 $w(x)$ 的乘积。

$S(x)$ 与 $H(x)$ 乘积 $G(x)$ 余弦级数如式(9-23)所示。

$$G(x) = \frac{\beta_0}{2} + \sum_{k=1}^{\infty}\beta_k\cos\frac{k\pi x}{L} \tag{9-23}$$

其中，$\beta_0 = \frac{b_0H_0}{2} + \sum_{m=1}^{\infty} b_mH_m, \beta_k = \frac{b_0H_k}{2} + \frac{1}{2}\sum_{m=1}^{\infty} b_m(H_{m+k} + H_{|m-k|})$。

$w(x)$ 与 $H(x)$ 乘积 $F(x)$ 余弦级数如式(9-24)所示。

$$F(x) = \frac{\alpha_0}{2} + \sum_{k=1}^{\infty}\alpha_k\cos\frac{k\pi x}{L} \tag{9-24}$$

其中，$\alpha_0 = \frac{a_0H_0}{2} + \sum_{m=1}^{\infty} a_mH_m, \alpha_k = \frac{a_0H_k}{2} + \frac{1}{2}\sum_{m=1}^{\infty} a_m(H_{m+k} + H_{|m-k|})$。

将式(9-16)、式(9-22)、式(9-23)、式(9-24)代入式(9-13)，比较系数并取级数前 n 项，可得线性方程组式：

$$\begin{cases}\frac{H_0a_0}{2} + \sum_{m=1}^{n} H_ma_m = \beta_0 - \frac{2g\gamma}{Kb} \\ \frac{Kb}{2}H_ka_0 + EI\left(\frac{k\pi}{L}\right)^4 a_k + \frac{Kb}{2}\sum_{m=1}^{n}(H_{m+k} + H_{|m-k|})a_m = Kb\beta_k + EI\Delta\theta\delta''_k, k = 1,2,\ldots,n\end{cases} \tag{9-25}$$

式(9-25)即为确定待定系数 a_0 和 a_k 的方程组，包括 $n+1$ 个方程，但含有 $a_0 \sim a_n$，$e_1 \sim e_n$ 以及 $\Delta\theta$ 共 $N+n+2$ 个未知数，需要进行迭代求解。

令相对转角 $\Delta\theta=0$，即先迭代脱空。第 1 次迭代假定轨道与隧道底板不产生脱空，可通过式(9-25)求得系数 $a_0^{(1)} \sim a_n^{(1)}$(括号中数字代表迭代次数)；将 $a_0^{(1)} \sim a_n^{(1)}$ 代入式(9-16)，求得 $v(x)$ 零点的第 1 次迭代值 $e_1^{(1)} \sim e_n^{(1)}$；第 2 次迭代将 $e_1^{(1)} \sim e_n^{(1)}$ 代入式(9-25)求得 $a_0^{(2)} \sim a_n^{(2)}$，进而通过式(9-16)计算得到 $v(x)$ 零点的第 2 次迭代值 $e_1^{(2)} \sim e_n^{(2)}$；以此类推直至前后 2 次迭代计算的 $v(x)$ 零点符合精度要求为止。

脱空迭代完成后，迭代转角 $\Delta\theta$。此时，$v(x)$ 零点 $e_1 \sim e_n$ 为已知。将式(9-16)和式(9-21)代入式(9-10)，得到转角计算公式：

$$\Delta\theta = \frac{\sum_{k=1}^{n} a_k\left(\frac{n\pi}{L}\right)^2\cos\frac{n\pi x_0}{L}}{\frac{1}{L} + \sum_{k=1}^{n}\frac{2}{L}\left(\cos\frac{n\pi x_0}{L}\right)^2} \tag{9-26}$$

将脱空迭代完成的 $a_0 \sim a_n$ 代入式(9-27)计算转角的第 1 次迭代值 $\Delta\theta^{(1)}$；将 $\Delta\theta^{(1)}$ 代入式(9-26)以计算系数并进一步通过式(9-26)计算转角的第 2 次迭代值 $\Delta\theta^{(2)}$；重复迭代直至前后 2 次迭代计算的转角符合精度要求为止。

迭代完成后，将系数 $a_0 \sim a_n$ 代入式(9-16)即可求得轨道变形。轨道结构的实际弯矩 M(使梁下侧受拉为正)和剪力 Q(使截面右侧梁段产生顺时针转动为正)要去除相当荷载的影响。由弯矩、剪力与竖向位移的微分关系可得如下的计算式为

$$M(x) = EI[w''(x) - \Delta\theta \cdot \delta(x - x_0)] \tag{9-27}$$

$$Q(x) = EI[w'''(x) - \Delta\theta \cdot \delta'(x - x_0)] \tag{9-28}$$

4. 算例验证和参数分析

用 Matlab 编写计算程序，求解方程组(9-25)采用 LU 分解法，求解 $v(x)$ 零点采用牛顿迭代法。傅里叶级数项数取 200 项，即方程组(9-25)中 $n = 200$。

单块浮置板长度为 30 m。当浮置板中部位于隧道底板最大变形处时($x_0 = \pm 15$ m)，模型取 3 块浮置板，总长度为 90 m(则 $L = 45$ m)；当剪力铰位于隧道底板最大变形处时($x_0 = 0$)，模型取 2 块浮置板，总长为 60 m($L = 30$ m)。

钢轨线密度为 60 kg/m，弹性模量为 210 GPa，截面惯性矩为 3.217×10^{-5} m^4；钢弹簧刚度为 8 kN/mm，间距为 1.2 m；浮置板密度为 2 420 kg/m^3，弹性模量为 30 GPa，宽度为 3.3 m，厚度为 0.6 m。钢弹簧在隧道底板变形之前已经产生了较大的初始压缩量，为了突出隧道底板变形对轨道变形的影响，在计算所得的轨道变形中去掉轨道的初始位移(根据轨道结构自重求得初始位移为 3.570 mm)。

用有限元软件 Ansys 建立单层弹性地基梁模型和弹性地基梁—板模型(钢轨为梁，浮置板道床为板)，计算参数与理论模型相同。梁采用 Beam4 单元划分，单元长度为100 mm。板采用 Shell63 单元划分，单元尺寸为 300 mm × 300 mm。将有限元模型节点的横向自由度约束以减少方程数目。计算结果对比列于表 9-2，轨道变形曲线对比如图 9-17所示。

表 9-2　不同计算模型的计算结果对比

工况	计算条件	计算方法	轨道最大变形/mm	轨道最大弯矩/(kN·m)	轨道最大剪力/kN	脱空区间/m
1	剪力铰在 $x=0$ 处，$S_0 = -40$ mm，$i = 3$ m，沉降	级数解	−31.036	772.758	175.734	[−3.181, 3.181]
		弹性地基梁模型	−30.947	766.786	176.527	[−3.175, 3.175]
		梁—板模型	−30.135	742.066	201.409	[−3.000, 3.000]
2	剪力铰在 $x = \pm 15$ m处，$S_0 = -40$ mm，$i = 3$ m，沉降	级数解	−15.355	793.215	216.375	[−4.127, 4.127]
		弹性地基梁模型	−15.353	789.756	218.386	[−4.100, 4.100]
		梁—板模型	−15.156	782.205	236.356	[−4.200, 4.200]
3	剪力铰在 $x = 0$ 处，$S_0 = 40$ mm，$i = 3$ m，隆起	级数解	36.031	853.158	191.770	[−8.758, −4.408] ∪ [4.408, 8.758]
		弹性地基梁模型	35.827	849.012	192.517	[−8.755, −4.445] ∪ [4.445, 8.755]
		梁—板模型	35.784	837.342	219.132	[−8.800, −4.200] ∪ [4.200, 8.800]
4	剪力铰在 $x = \pm 15$ m处，$S_0 = 40$ mm，$i = 3$ m，隆起	级数解	27.242	1 456.123	328.465	[−11.299, −3.700] ∪ [3.700, 11.299]
		弹性地基梁模型	27.381	1 455.681	328.020	[−11.300, −3.700] ∪ [3.700, 11.300]
		梁—板模型	27.204	1 438.079	347.249	[−11.400, −3.600] ∪ [3.600, 11.400]

由表 2 和图 9-19 可知,级数法与数值模拟得到的计算结果差别不大,轨道变形曲线基本吻合,证明了级数法的正确性。与数值模拟相比,级数法的优越性在于级数法与数值模拟均需要求解线性方程组,级数法的方程组规模远小于数值模拟。以算例中工况 2 为例,级数法只需求解 201 个方程,而数值解法中,弹性地基梁模型需要求解的方程个数为 901 ×3 + 2 ×1 =2 705 个,梁—板模型需要求解的方程个数为 3 612 ×2 +24 ×1 +2 699 =9 947个。

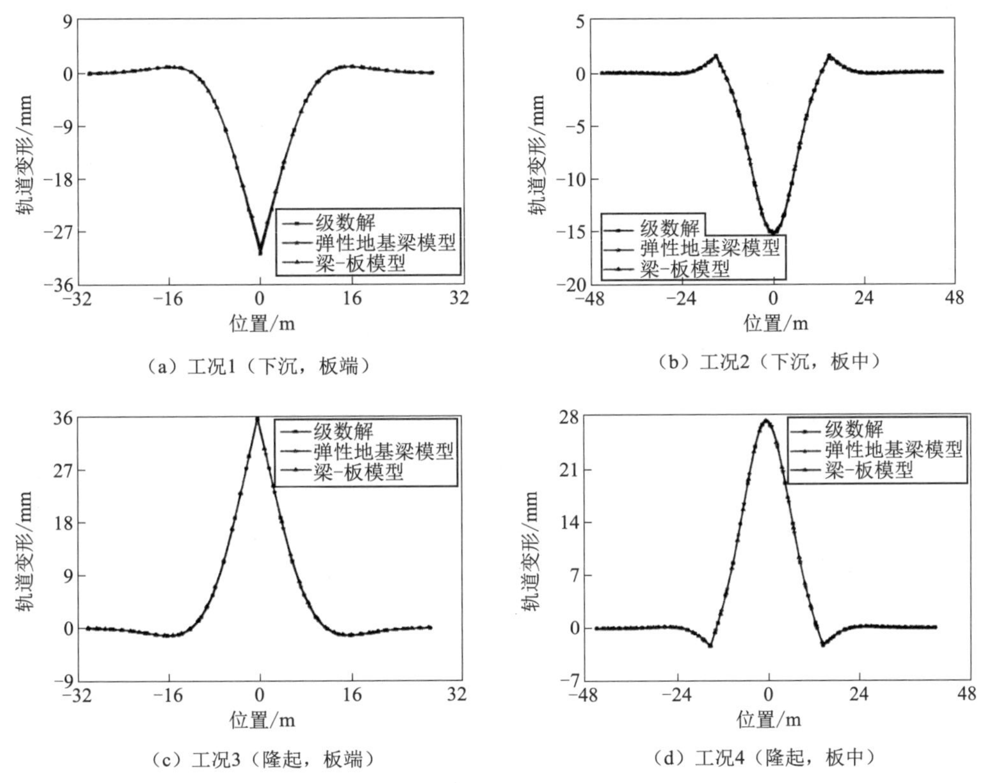

(a) 工况1（下沉，板端）　(b) 工况2（下沉，板中）

(c) 工况3（隆起，板端）　(d) 工况4（隆起，板中）

图 9-19　不同工况下轨道结构变形

5. 隧道底板变形的影响

剪力铰的位置对轨道变形的大小有关,由表 2 可见,与工况 1 和 3 相比,工况 2 和 4 的轨道结构变形较小,轨道与隧道底板变形差异较大,脱空范围也较大,也即轨道的变形与隧道底部的下沉跟随性差。对于脱空来说,浮置板道床中部位于隧道底板最大变形处为不利工况。因此,当剪力铰与隧道最大变形位置关系不明确时,可假定浮置板道床中部位于隧道底板最大变形处,以得到脱空范围及脱空量的保守估计。

S_0的取值范围为 0 ~80 mm,沉降槽宽度 i =3 m,剪力铰位于 x = ±15 m(下同)。S_0与轨道变形和脱空范围的关系如图 9-20 所示。

由图 9-20(a)可知,隧道底板隆起时,轨道变形随隧道隆起量的增大呈线性增长,也即两者的跟随性较好。轨道被迫在最大隆起位置产生与隧道底板一致的变形,其挠度与隧道底板沉降时相比大大增加。由图 9-20(b)可知,隧道底板隆起顶峰两侧的轨道与隧道底板的脱空范围随隧道变形的增大而增大,脱空范围随隧道变形的增大发展较为迅速,当隧道最大隆起量大于 40 mm 时,脱空范围约隧道沉降引起脱空范围的 2 倍。

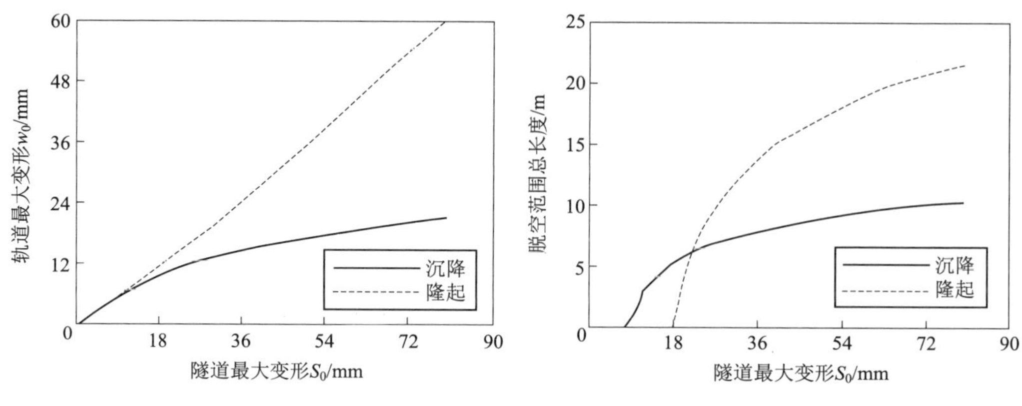

图 9-20　隧道底板最大变形的影响

隧道底板沉降时,轨道变形随隧道沉降量的增大呈逐渐平缓的增长趋势,轨道与隧道底板的脱空 $v(x)$ 增大,这是因为浮置板道床具有较大的纵向抗弯刚度,隧道底板沉降时,轨道自身刚度能够避免其产生过大挠度。当隧道最大变形量小于20 mm时,隧道沉降引起的脱空范围大于隧道隆起。

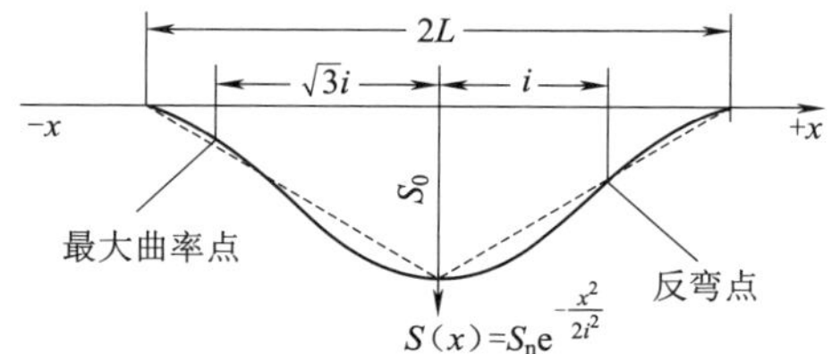

图 9-21　隧道底板下沉的 Peck 曲线

i 为隧道底板沉降槽曲率变化点的宽度,其含义如图 9-21 所示。i 取值范围为 2 ~ 5 m,隧道最大变形 S_0 = 40 mm。i 与轨道变形和脱空范围的关系如图 9-22 所示。

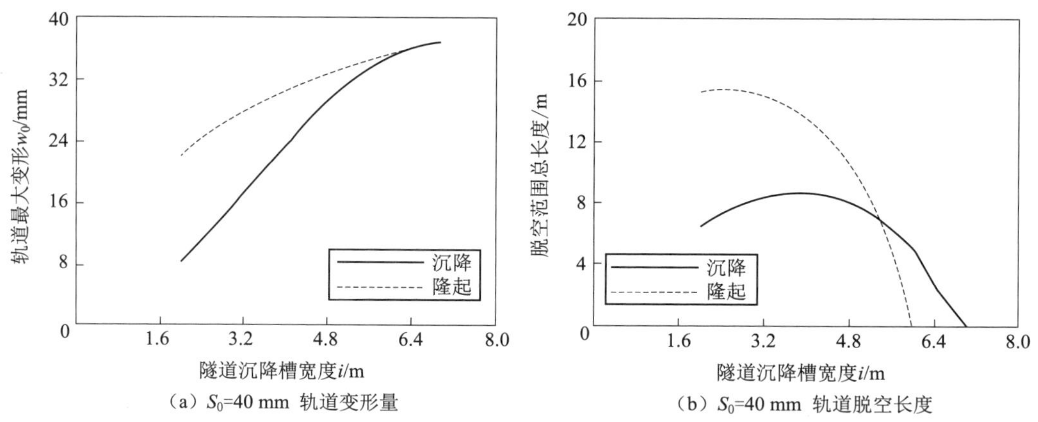

(a) S_0=40 mm 轨道变形量　　(b) S_0=40 mm 轨道脱空长度

图 9-22　隧道底板沉降槽宽度的影响

由图 9-20(a)可知,随隧道底板沉降槽宽度的增大,轨道结构最大变形最终与隧道底板最大变形趋同。这是由于沉降槽宽度与隧道纵向变形的不均匀程度有关,i 越大,隧道底板沉降不均匀性越小,轨道结构与隧道底板之间的变形差异越小,两者跟随性更好。

轨道与隧道底板的脱空范围随隧道底板沉降槽宽度的增大呈先增大后减小的趋势。这是因为 i 较大,隧道不均匀变形的影响范围较小,此时脱空范围随不均匀变形影响范围的扩大而增大;i 增大到一定程度之后,轨道与隧道的变形差异逐渐减小,也即轨道位移与基底的跟随性趋好，脱空范围也随之减小，如图 9-22(b)所示。

轨道与隧道底板能否产生脱空，与 S_0 和 i 两个参数均有关系。轨道与隧道底板恰好产生脱空时的 S_0—i 组合构成了图 9-23 所示的 2 条曲线。可见，随着 i 值的增大，轨道与隧道底板产生脱空时的 S_0 值越来越大，说明随隧道底板沉降槽宽度的增大，轨道与隧道底板的跟随性增大，脱空值 $v(x)$ 越小。i 值相同的情况下，隧道底板沉降对应的 S_0 小于隧道隆起，说明隧道沉降比隆起更容易使轨道与隧道产生脱空。

钢弹簧刚度为 8 kN/mm，间距为 1.2 m，折合地基系数 $K=4.040$ MPa/m。钢弹簧的刚度和间距与式(9-13)中地基系数 K 的取值有关，为此，取不同的地基系数 K 计算钢弹簧刚度和间距对轨道脱空的影响。K 值增大，表明钢弹簧的间距减小，或者刚度增大；K 值减小，表明钢弹簧的间距增大，或者刚度减小。图 9-24 为隧道底板沉降时采用不同地基系数 K 计算得到的恰好产生脱空时的 S_0-i 曲线。图 9-25 为轨道与隧道底板脱空范围随 K 值的变化关系，其中，$S_0=40$ mm，$i=3$ m。

由图 9-24 和图 9-25 可知，K 值越大，相同沉降槽宽度 i 对应的隧道最大变形 S_0 越小，且脱空范围随 K 的增大而增大，说明 K 值越大，轨道与隧道脱空越容易，且脱空范围更大。这是因为钢弹簧竖向刚度增大或者间距减小使得地基系数 K 增大，轨道自重引起的钢弹簧初始压缩量减小，轨道与隧道底板越容易产生脱空，也将产生更大的脱空范围。

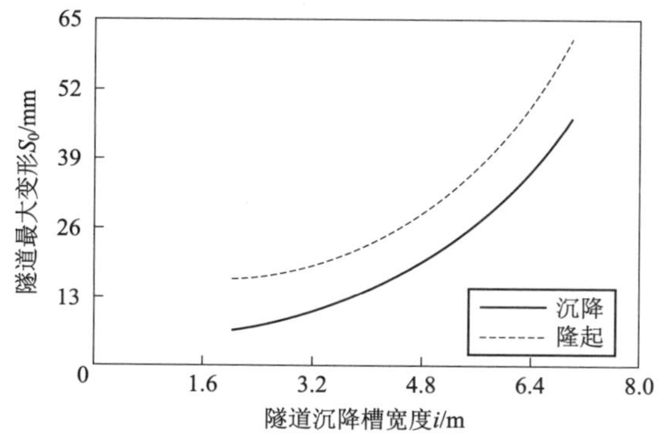

图 9-23　S_0 和 i 对轨道与隧道底板脱空的影响

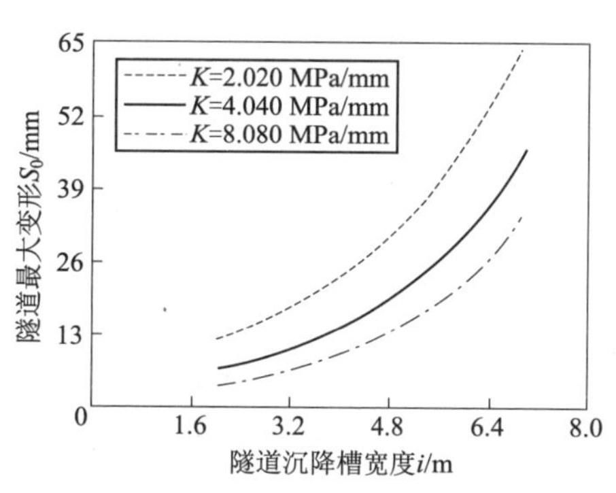

图 9-24　不同地基系数对应的 S_0—i 曲线

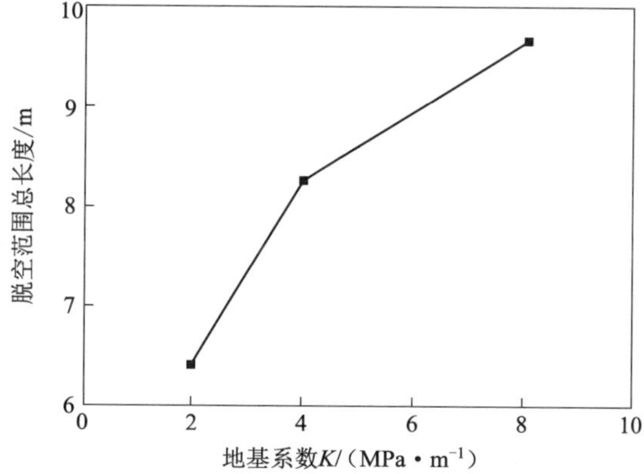

图 9-25　地基系数对脱空范围的影响

9.3 浮置板轨道系统的运营维护

9.3.1 系统维护分类

各城市的轨道交通线路的轨道修理制度一般都参照国铁的相关轨道维修规则编制，一般线路设备修理分为线路设备维修和大修。线路设备维修的基本任务是保持线路设备完整和质量均衡，使列车能以规定速度安全、平稳和不间断地运行，并尽量延长线路设备使用寿命。线路设备大修的基本任务是根据运输需要及线路设备损耗规律，有计划、按周期地对线路设备进行更新和修理，恢复和提高线路设备强度，增强轨道承载能力。

结合《浮置板轨道技术规范》和相关规范，以及一些城市轨道交通维护部门的经验，对浮置板系统的检修建议如下：

浮置板系统的检修应结合轨道交通线路维护的工作安排，分为维修和大修。维修分为日常检修、定期检修、特殊检修。大修分为线路大修、扣件轨枕大修、隔振器大修、剪力铰大修、密封条大修、其他部件大修、水沟清淤、道床板大修。

9.3.2 系统维修

钢弹簧浮置板轨道系统维修可分为日常检修、定期检修、特殊检修。

1. 日常检修

日常检修是指根据隔振系统情况，通过日常巡检的方式，对隔振系统进行检查，根据检查情况安排人员进行日常保养，使隔振系统处于正常工作状态。

钢弹簧浮置板轨道系统作为车辆—轨道—基础耦合系统的重要组成部分，其工作状态直接影响钢轨和扣件的受力状态，也决定了列车的行车安全和稳定性、并对隔振效果产生重大的影响。因此，对钢弹簧浮置板系统的检修是对轨下支承状态进行修复施工之前必须开展的基础性工作，只有将钢弹簧浮置板道床调整到正常的工作状态，才能使轨下支承修复后整个轮轨系统达到最佳的工作状态。从而可确保列车的行车安全和稳定性、并发挥钢弹簧浮置板正常的隔振效果。

日常巡视—这是常规且重要的检查方式之一，主要是进行目测检查。根据相关的标准，观察列车运行在钢弹簧浮置板轨道过程中有无出现较大的异形变形；钢弹簧浮置板道床地段的排水系统是否通畅；钢弹簧浮置板道床底部是否发生积水等。如果发生上述现象，则应进行下一步深入检查，找到相关的产生原因，并采取处理措施。

日常检查内容：钢轨的几何形位、扣件（与其他道床检查内容相同），检查道床外观，隔振器筒盖情况、隔振器与钢轨之间有无异常、浮置板地段的积水情况、板端水篦子工作状况、密封条状况、辅助观测装置状态等。

2. 定期检修

定期检修是指根据隔振系统各部件的情况，对全线浮置板隔振系统按周期进行有计划、有重点的检查与维修保养,以全面改善系统各部件状态,调整各部件状态,以及更换、整修失效部件,使隔振系统处于正常工作状态。

定期检查是浮置板轨道的总体状态检查。测量轨道的浮置板板面测量点标高,并与原始数据进行对比,从而确定其工作状态是否良好。如果标高差不超过 2 mm,则浮置板处于正常工作状态;反之如果标高差超过 2 mm,则需要进行下一步检查,找到相关的原因,并采取处理措施。

钢弹簧隔振器为基本免维护部件,即正常条件下,无需对钢弹簧隔振器进行养护维修,只需要进行定期的检查。另外由于钢弹簧浮置板系统的检修具有极强的专业性,部分项目的检查或维修建议由专业厂家提供维护和检修服务。

定期检查内容:9.3.3 节中的所有浮置板系统检查项目及内容。

3. 特殊检修

特殊检修是指在隔振系统出现异常,或出现与隔振系统有关的其他异常时,针对异常情况,对浮置板隔振系统进行有针对性的检查与维修保养,发现出现异常的原因,并对异常情况进行修复,使隔振系统各部件恢复到正常工作状态。

日常和定期检查是计划内检查,特殊检查是前二种检查后浮置板轨道有异常状况时的进一步深入检查。首先,检查主体结构的变形和沉降,如果存在异常,则应对主体结构问题进行处理;然后,对浮置板结构进行检查。检查时可以通过抬高浮置板,用内窥镜对板底进行观察。

检查内容包括主体结构的变形、隔振器系统的失效、板下异物的入侵等。其中,主体结构的变形可以采取调平钢板的措施;隔振器系统的失效可以采取更换隔振器的措施;板下异物的入侵可以采取将异物取出的措施。根据系统出现的异常情况也可增加性能检查中的减振效果测试。

9.3.3　定期检修项目及内容

钢弹簧浮置板系统定期检修内容主要分为性能检修、部件检修、道床检修和特殊调整四个方面。

1. 性能检修

性能检修包括浮置板系统减振效果测试、隔振器性能检修及浮置板系统高程测量。该项检修一般属于定期检修,在特殊检修时,也可以根据实际需要进行。

(1)减振效果测试

选取相应的浮置板断面及邻近的普通道床断面,进行减振效果测试。根据《浮置板轨道技术规范》6.1.6 条,在正式投入运营后应进行不少于一次长效减振效果测试。其条文说明中建议宜每 5 年进行一次长效减振效果测试,若减振效果衰减的累计幅度大于 30% ,应分析原因并建议更换隔振元件。浮置板系统减振效果测试受浮置板现场环境影响较大,例如积水、工作间隙出现杂物等都可能影响减振效果,同时系统减振效果测试不能全面反映隔振元件的性能,浮置板系统检查宜以测试隔振元件为主,减振效果为辅。因此建议投入运营后宜每 5 年进行一次隔振元件性能测试及疲劳寿命评估测试,宜每 15 年进行一次浮置板系统减振效果测试。

(2)隔振效果检查

钢弹簧隔振器自身状态完好与否的检查。如出现弹簧浮置板轨道在列车运行过程中出现了较大的异常变形、铺设钢弹簧浮置板轨道地段的被保护对象振动幅值明显增大等现象。则应立即对该地段的钢弹簧浮置板系统进行全面的检查,找出正确的原因,并采取相应的控制措施。隔振器性能检修包括浮隔振器内筒受力状态检查、隔振器性能试验及疲劳寿命评估测试。当运营线上发现有隔振器弹簧断裂时,应加强检查或评估。

(3)隔振器内筒受力状态检查

主要检查浮置板内筒是否正常受力及内筒受力是否在设计范围内,内筒是否正常受力一般通过观察或塞尺检查,查看内筒与外筒支撑板是否紧密接触;内筒受力通过仪器测量内筒受力数据,检查内筒受力是否在理论受力范围之内,如内筒受力大于理论受力范围上限,需要结合浮置板整体情况进行适当调整,如弹簧受力小于理论受力范围下限,可不调整或结合浮置板整体情况进行适当调整,一般应重点检查板端和板中隔振器,可以按比例抽检,建议抽检比例不超过 20% 。

(4)隔振器性能试验

抽取隔振器内筒进行室内测试,建议在线路运营初期(运营开通 20 年内)每 5 km 抽取 2 个隔振器内筒,在运营后期每 km 抽取 2 个隔振器,取样部位宜抽取曲线地段(特别是小半径曲线)并且是浮置板板端的隔振器内筒;抽取的内筒建议检测弹簧的刚度和压并试验。刚度试验结果与原设计的弹簧刚度进行对比,不超过一定范围;对弹簧压并试验(最大压力下应保持不少于 1 min)以观察弹簧是否有裂纹或断裂。

(5)隔振器疲劳寿命评估测试

为掌握浮置板系统隔振器弹性元件在运营期内出现断裂的可能性以及剩余疲劳寿命,一般在浮置板系统运营多年后,抽取隔振器内筒按《螺旋弹簧疲劳试验规范》进行疲劳寿命验证,估计隔振弹性元件的疲劳剩余寿命。在对弹性元件循环加载一定次数后,如所试验的试样均未发生失效,则该弹性元件的疲劳寿命验证试验通过;如出现失效,应加倍取样试验;如仍有失效,则应对该段浮置板弹性元件进行安全评估,或者全部更换弹性元件。疲劳试验荷载作用循环次数的确定采用在 5 年运营时间内,每天按17 h,每小时 15 趟车,6 节编组考虑,弹性元件大约经历了 300 万次的压缩,因此推荐疲劳试验循环次数不少于 300 万次。弹性元件疲劳试验有振动位移幅值控制和荷载大小控制,在对弹性元件进行疲劳寿命评估试验时,一般使用位移幅值控制。具体试验见第 7 章。

(6)浮置板系统高程静态检查

对钢弹簧浮置板轨道的静态变化情况进行定期检查,测量轨面高程,与运营前初始数据进行比较,高差不得大于 2 mm。

刚度阻尼比等测试,取出的旧隔振器内筒(做好标记)返厂后进行刚度和阻尼比测试,并给出测试报告。如果测出内筒隔振器的弹簧刚度和阻尼比的变化与设计值相差超过 ±15% 以上,则需更换隔振器内筒。

2. 部件检修

以下检查项目,属于定期检查,建议宜每年检查一次。

(1)隔振器外观检查

打开筒盖前,检查隔振器筒盖是否有缺损,固定螺栓是否有缺失、松动、生锈;打开隔振器筒盖后,检查调平钢板、锁紧板、固定螺栓是否有松动、缺失,安装是否到位;隔振器外筒是否有生锈、损坏等情况;建议每年检查 20% ,每 5 年全部检查一遍。

(2)外筒开盖检修

用专用工具拆除全部隔振器外筒盖板螺栓,如果遇有隔振器正处钢轨底部,则需工务部门提前配合拆除钢轨,方便拆除盖板螺栓,撬出盖板,保障后续作业空间。用专用套筒扳手,拆除三个锁紧螺杆螺母;清除杂物,用撬棍检查内筒有无吊空情况,没有吊空方可进行下一步测量隔振器荷载;如果吊空,测量并计算出所需的调平垫板数量,再使用专用顶升设备进行顶升操作,根据计算数值调整调平垫板的数量,对隔振器吊空进行受力调整处理;检查隔振器外筒构件有无生锈、损坏情况,如果有此问题现场除锈处理,损坏严重及时报备,给出处理意见;隔振器内筒受力调整处理好后,重新安装锁紧板、拧紧三个固定螺杆平垫圈螺母,之前若有缺失需补齐安装到位;安装隔振器外筒盖板,拧紧三个固定螺栓平垫圈,扣紧三个螺栓绝缘套,之前若有缺失需补齐安装到位。

(3)隔振器内筒外观检查

用专用工具取出隔振器内筒进行检查:内筒外侧是否有生锈或腐蚀情况,如果有此问题现场除锈处理,如果问题严重建议更换处理;密封圈是否有损坏,阻尼液是否有泄漏;如果有此问题需更换处理;定位销是否有缺失、损坏,如有缺失加装定位销。建议按比例抽检,每公里不少于 6 个隔振器,可对重点地段或出现过病害的地段进行重点抽检。检查内筒外侧有无水浸泡,如有此问题做好记录备案,进行排水作业;检查内筒防尘罩及抱箍有无损坏,如果有此问题需更换处理。

(4)隔振器内筒内部检查

拆除内筒隔振器抱箍,打开隔振器内筒,掀起防尘罩,分离顶盖板,检查内筒弹簧及阻尼液情况:弹簧是否生锈、断裂等情况;阻尼液是否有泄漏,内筒是否有进水情况,如果有此问题建议更换。建议按比例抽检,每公里 2 个隔振器,对容易出现问题的地段或出现过病害的地段进行重点抽检。

(5)密封条

固定螺栓是否缺失、松动;密封条是否有破损,材料是否已老化、脆化;板端缝、板侧空间是否有异物;防止杂物由密封条处进入板底;防止扁钢压边条因脱落而影响行车安全。检查以观察为主,建议全部检查。

(6)剪力铰

检查剪力铰固定螺栓是否缺失、松动、磨损、断裂等;检查剪力铰部件是否齐全、锈蚀、损坏(轴销有无断裂)等;检查剪力铰两端板面安装面是否平整;两板之间高差是否超标;剪力铰外观锈蚀度是否影响正常工作;建议全部检查,检查主要通过目测和尺量。

(7)观察筒检查

检查观察筒内有无直径大于 30 mm 杂物，如果发现有超标杂物，需清理处理取出杂物；观察筒底查看水沟板底有无积水，如果发现有积水，需工务部门配合及时处理。

3. 道床检修

以下检查属于定期检查，建议宜每年检查一次。主要检查内容是钢筋混凝土道床板的情况，以及排水情况、浮置板四周空间的情况，需要专业的人员进行检查并对检查出的问题进行处理。

(1)浮置板检查

目测浮置板道床检查有无开裂破损情况，裂缝大于 2 mm×1 m 时，应及时记录，给出合适处理建议。检查板体是否有空洞或其他较严重的缺陷、是否有露筋情况；检查排流端子连接情况；检查预埋件是否牢固、损坏，预埋件周围是否有破损或裂缝。检查浮置板的新增裂缝和部件破损，如果发生新增裂缝、裂缝扩大、破损处钢筋外露等现象，则应进行下一步检查，并采用相关的控制措施。

(2)板底排水沟检查

检查排水沟是否畅通，排水沟内是否有异物；检查观察筒内及前后是否有异物；防止排水不畅，影响浮置板正常工作。每块浮置板检查 1 处，对排水不畅的地段进行重点检查，用内窥镜目检每块板一处。

(3)板下排水情况检查

使用专用内窥镜检查板底有无积水情况，如果板底积水有30 mm，需进行排水处理。

(4)顺接段排水沟检查

检查浮置板与其他道床排水顺接地段排水情况；检查是否有异物或垃圾；检查排水篦子安装是否牢固、有效，用内窥镜目检每块板一处。

(5)板侧空间和板侧下方工作空间检查

侧翼混凝土较薄弱，容易脱落并掉入浮置板底，影响浮置板正常工作，用内窥镜目检每块板一处。

(6)板底工作间隙检查

使用专用内窥镜检查板底板缝情况，检查有无杂物致浮置板板底板缝短路，如果发现有硬物或铁件正好填满 30 mm 间隙，需清理处理取出垃圾。

(7)土建结构检查

土建结构是否存在渗漏水的情况，用内窥镜目检每块板一处。

4. 特殊调整

因结构沉降等原因，造成浮置板系统不均匀沉降，需要对浮置板系统进行检查，调整恢复接近于原轨面标高或状态；根据现场情况，结合现场测量数据判断。专项检查与一般检查结合进行。

钢弹簧隔振器系统的重新调平和更换弹簧将按照下列步骤展开。打开隔振器的外筒和锁紧装置；通过专用工具将出现问题的内筒予以取出(替换成同一型号的新内筒)；然后放置对应的调平钢板(更换弹簧时的调平钢板的数目应保持一致);通过采用千斤顶压入调平钢板;释放千斤顶,使得钢弹簧隔振器系统处于正常的工作状态;重新安装上锁紧装置和隔振器的外筒,如图 9-26 ~ 图 9-29 所示。

图 9-26　松开隔振器锁紧装置

图 9-27　取出隔振器内筒(外筒高出浮置板面)

图 9-28　放入隔振器内筒

图 9-29　浮置板顶升

钢弹簧隔振器系统内筒的养护维护作业十分关键,且操作较为困难,在实施过程中应注意:在相关技术人员的指导下进行浮置板隔振器系统的调平工作和更换弹簧工作;如果需要更换隔振器,则必须使用同一型号的新隔振器;养护维修过程前准备好千斤顶等其他辅助操作工具。

钢弹簧浮置板轨道地段的钢轨、扣件、轨道状态的检修内容和维护方法与普通道床地段一致,无其他的特殊要求。

钢弹簧隔振器是钢弹簧浮置板系统的关键且核心部件,隔振器的各个金属零件均需要进行长期防腐处理,并在弹簧的表面喷涂足够厚的环氧树脂,以确保钢弹簧的表面质量、尺寸和精度。套筒则进行双层热浸镀锌处理。隔振器通常放置在套筒内部,其保护层一般不容易受损,如果发生套筒等部件的保护层受损现象,则应进行除锈处理,然后采取防腐措施。

隔振器所使用的液体阻尼剂是一种特殊的高新技术材料,具有良好的振动衰减作用。但是,如果内筒发生积水等现象,使得积水等液体与筒内的液体阻尼剂相混合,则应立即更换,否则将影响钢弹簧浮置板轨道的隔振效果。

5. 更换浮置板轨道的损耗件

(1)密封条

原有的旧密封条坏损老化全部拆除,重新打孔安装,更换新式密封条。每个板缝处铺设一块3.6 m横向密封条,打孔间距200 mm,每个板缝处横向密封条需打孔50个,安装膨胀塞,放平绝缘压条,拧紧固定自攻螺丝;每块板外侧边靠隧道壁铺设纵向密封条,每块板纵向密封条单侧边25 m,两侧边共50 m,每块板板侧边打孔间距为300 mm,隧道壁上打孔间距为1 000 mm,每块浮置板纵向密封条需打孔230个,安装好平垫圈膨胀螺栓。

(2)剪力铰

使用电动扳手拆除剪力铰螺栓;拆除后检查剪力铰状态和变形情况,更换严重变形的剪力铰;未更换的剪力铰需进行除锈,轴销处涂润滑油;断裂的剪力铰固定螺栓需用管钳取出,必要时用磁力钻或电焊去除断在套管里的螺栓;用水平尺测量出剪力铰底座高差值,用专用调平垫板调平底座,安装固定剪力铰。

9.3.4 系统修理

与其他轨道结构一样,浮置板轨道结构使用一段时间后,结构和部件都会出现不同程度的伤损和病害。如出现零星的伤损和病害,则通过日常的养护维修就能解决。但随着运行时间的增长,浮置板轨道结构和部件出现伤损和病害的概率大大增加,伤损病害的数量也大大增加。当病害和伤损的数量达到一定的量级,并已降低了浮置板轨道结构原有的动力性能,影响到隔振效果、行车的平稳性和安全性时,则为了恢复浮置板轨道结构的原有设计性能,需要对浮置板轨道结构进行大修。目前规范性的轨道大修文件有:

《普速铁路线路修理规则》(铁总工电〔2019〕34号);

《铁路线路及信号标志牌》(TB/T 2493—2018);

《铁路线路设计规范》(TB 10098—2017);

《维修施工管理规则》(Q/SZGYG 05.03.004—2018);

《城市轨道交通运营管理规范》(GB/T 30012—2013);

《城市轨道交通试运营基本条件》(GB/T 30013—2013);

《铁路技术管理规程》(普速铁路部分);

《地铁设计规范》(GB 50157—2013);

《铁路轨道设计规范》(TB 10082—2017);

《城市轨道交通运营设备维修与更新技术规范　第1部分:总则》(JT/T 1218.1—2018);

《城市轨道交通设施养护维修技术规范》(DB11/T 718—2016);

此外,《铁路工务技术手册　线路养护·大修》,在线路修理作业中可供参考。

1. 维修基本要求

主要是由于钢弹簧浮置板轨道使用一段时间后,线路设备局部存在问题,进行整修保证线路设备达到使用要求。维修是按照钢弹簧浮置板道床设备的使用周期或钢弹簧浮置板轨道设备损耗对线路设备进行整修、翻新或更换的恢复性工作，以保证钢弹簧浮置板轨道的设备质量和视觉识别符合规定标准，安全可靠地使用到下一次维修或大修。

对达到设计寿命（时间或次数）的钢弹簧浮置板轨道系统设备进行更换的维修作业。大修基本要求是由于钢弹簧浮置板轨道系统无法满足使用要求，或有危及行车安全隐患，对其进行大面积的更换作业。

钢弹簧浮置板轨道系统线路设备运行达到设计寿命（时间或次数）的设备，对设备整体进行整修的维修，内容包括对钢弹簧浮置板系统的全面修复或更换，部分不能用到下次计划维修的结构及部件，通过修补、翻新或更换，使规定维修部分基本恢复到正常功能水平，维修后应保证在一个大修间隔内能正常使用。

2. 维修启动时机

钢弹簧浮置板道床线路设备运行达到一定年限，对钢弹簧浮置板道床设备及局部进行整修的维修，内容包括更换部分内筒、剪力铰或其螺杆、橡胶密封条，更换失效的联结零件。清污、检查、验证，翻新或更换，部分不能用到下次计划维修的结构及部件，通过翻新或更换，对钢弹簧浮置板道床设备进行整修、清淤和恢复。使规定维修部分的钢弹簧浮置板道床线路质量基本上恢复到或接近于原来的标准，维修后应保证在一个维修间隔内能正常使用。

3. 维修过程中的安全要求

维修作业的登（销）记、联系、协调要点等基本安全制度和作业纪律按《维修施工管理规则》《工务安全工作规程》相关规定执行。

车间、工班在维修作业实施前，必须认真学习相关安全制度和要求，同时做好参加维修人员的安全教育（如有外单位人员参与作业时应做好相关安全资格培训）。安全管理是维修施工的关键环节，安全生产必须严格贯彻执行"安全第一、预防为主、综合治理"的方针，必须严格执行"三不动"、"三不离"、"四不放过"等有关规定。

轨行区作业必须严格执行《维修施工管理规则》制度，严格执行安全生产卡控要求，作业人员必须带齐防护用品和照明、通信工具。所有轨行区作业项目必须在施工点内执行。

维修施工必须建立安全责任制。负责维修实施的工务车间、轨道工班或轨道委外班组在提报月度施工计划时，报有关科室审核，经中心领导批准后，在维修施工中组织实施。

线路设备在维修期间，工班应照常检修。确保维修施工过的设备安全。

大修作业的登（销）记、联系、协调要点等基本安全制度和作业纪律按《维修施工管理规则》《工务安全工作规程》相关规定执行。车间、工班在大修作业实施前，必须认真学习相关安全制度和要求，同时做好参加大修人员的安全教育（如有外单位人员参与作业时应做好相关安全资格培训）。安全管理是维修施工的关键环节，安全生产必须严格贯彻执行"安全第一、预防为主、综合治理"的方针，必须严格执行"三不动""三不离""四不放过"等有关规定。轨行区作业必须严格执行《维修施工管理规则》制度，严格执行安全生产卡控要求，作业人员必须带齐防护用品和照明、通信工具。所有轨行区作业项目必须在施工点内执行。大修施工必须建立安全责任制。负责大修实施的工务车间、轨道工班或轨道委外在提报月度施工计划时，报有关科室审核，经中心领导批准后，在大修施工中组织实施。

4. 维修要求

根据10～15年或设备受损情况，对钢轨、扣件、接头夹板、无缝线路等进行更换。

浮置板——更换失效300 m范围内的浮置板；

承轨台——与浮置板一同更换；

隔振器内筒——与浮置板一同更换；

剪力铰及其螺杆——与浮置板一同更换；

橡胶密封条——与浮置板一同更换；

维修依据——规范性的轨道大修文件。

5. 钢弹簧浮置板系统线路设备大修维修管理要求

钢弹簧浮置板轨道系统线路设备的大修是按照设备的使用周期对线路设备标志进行整修或更换的恢复性工作，以保证设备质量和视觉识别符合规定标准，安全可靠地使用到下一次维修或大修。钢弹簧浮置板系统线路设备的大修周期可根据设备运用情况、设备质量及供货商提供的检修周期，一般每10年进行一次大修。钢弹簧浮置板系统线路设备的大修计划提前一年上报工务中心，经批准后方可在下一年安排大修计划，以便提前申报费用，采购设备备件与材料，保证大修任务的顺利完成。

为保证大修的质量，车间应加强对大修人员的专业技能培训，同时应配备有专用仪器仪表与检修测试设施。大修所用的设备、器材与材料应是标准设备、器材、材料，并经过测试、检验完全符合要求方可使用。经大修后的设备，应经过全面系统的测试与试验，各项功能与技术指标完全达到检修标准和原设计的技术要求后方可正式投入使用。

钢弹簧浮置板系统线路设备的大修一定要保证检修质量与设备质量，以保证大修后的设备工作状态良好，安全运行到下一次大修。大修竣工后，应严格实行自验、复验、抽验的三级验收制度。大修交验要建立完整的大修资料。大修作业后的线路质量要优于维修，具体如下：

扣件——锚固螺栓无损坏，丝扣涂油，拧紧；铁座平贴轨枕，紧顶挡肩；胶垫无缺损、歪斜；扣板顶紧，压紧、密靠。

浮置板道床——弹簧浮置板轨道结构应具有足够的强度和良好的弹性和稳定性，保证列车长期安全、快速、平稳地运行。浮置板长度应均匀，单块浮置板长度不宜小于30 m，困难情况下不应小于15 m，当采用拼装一体化的施工方式时，板长宜为25 m。四周边角应无破损和掉块，板体无可见裂纹。浮置板道床基底标高、平整度应符合设计规定，标高误差要求0～5 mm；平整度要求为±2 mm/m^2。混凝土等级宜为C40，基底回填混凝土强度等级不应低于C30。道床两侧及板端防尘装置不得有破损现象。

隔振器——隔振器外观应表面平滑、色度均匀，附着力良好。表面应进行防腐处理，配件、弹簧和阻尼应方便更换。防腐标准不应低于热浸镀锌，镀锌层平均厚度不应小于

70 μm,不得有漏镀、起皮、脱落等现象。隔振器套筒按设计位置进行定位测量,位置公差要求为 ±3 mm。隔离层厚度不得小于 1 mm,铺设部位应高出道床 20 cm。隔振器套筒底部采用硅胶等胶凝材料与隔离层固定密封。隔振器盖板与轨底部应保持在 50 mm 以上,盖板螺栓应紧固。

剪力铰及其螺杆、橡胶密封条——要求与维修相同。

6. 维修的内容

线路大修:与其他类型道床相同。

扣件轨枕大修:扣件大修与其他类型道床相同。轨枕大修与道床大修同步进行。对于无枕式道床,大修时建议改为有轨枕道床。对于无枕式道床预埋尼龙套管是比较容易出现病害的部位,如发现问题应及及时通过定期检修进行修复,如病害较严重或范围较广,应及时启动大修,全部更换或重新锚固预埋套管。

隔振器大修:隔振器外筒大修与道床大修同步。隔振器内筒等部件,在达到使用年限或经评估需要全部更换时,启动大修,主要是更换全部隔振器内筒及相应的部件、调整浮置板系统。

剪力铰大修:对中置式剪力铰大修与浮置板道床同步进行,对上置式或侧置式剪力铰大修,主要是在产品达到设计使用年限或经评估需要全部更换时,包括拆除旧剪力铰,安装新剪力铰。

密封条大修:密封条达到设计使用年限或破损严重时,需要全部更换密封条,包括拆除旧有密封条,更换新密封条。

其他部件大修:对浮置板其他附属部件大修应在达到设计使用年限后进行。

排水沟清淤:根据每段浮置板所处的环境确定时间间隔。处于干燥无排水的建议宜 5 年全面检查并清理一次,处于常年流水的浮置板建议宜每年全面检查并清理一次。

道床板大修:在道床板达到设计使用年限或经评估需要大修时,包装旧道床的破除及新道床的铺设。

7. 具体作业内容

根据运维公司提供原设计轨面标高与既有轨面标高数据、隧道历史沉降数据、浮置板地段限界数据,进行详细计算分析,给出各隔振器详细的调整数据,使钢弹簧浮置板轨道系统的调整量符合原设计状态。抽取千分之二数量的隔振器进行返厂刚度、阻尼比等指标测试,并提交测试报告。检查浮置板道床——对有破损的提出处理方案。检查浮置板系统板下排水情况,对严重影响隔振效果的提出处理方案;检查浮置板系统观察筒,对严重影响隔振效果的提出处理方案;检查浮置板系统工作间隙情况,对严重影响隔振效果的提出处理方案。

(1)部件检修

100% 打开隔振器内筒盖板,如有吊空,加入调平垫板进行钢弹簧受力调平处理;综合考虑工期及预算,对所有隔振器进行荷载测量,并根据内业作业计算所得的调整数据使用调平垫板进行钢弹簧受力调平处理;根据内业作业的指导材料并结合现场情况,对浮置板系统隔振器内筒受力情况进行检查及调整,同时对剪力铰系统进行同步检查及调整,消除因沉降等原因造成的系统功能下降,并按需要进行浮置板内筒垫高处理。

(2)更换损耗件

由于剪力铰大部分因为沉降和施工原因等均出现了不同程度的螺栓松动或断裂,因此维修时需将所有剪力铰进行拆除,安装全新剪力铰(含调平剪力铰底座,更换螺栓垫片等);对所有橡胶密封条老化严重的,将全部橡胶密封条全部拆除并安装全新的橡胶密封条。

(3)安全保证措施

施工期间严格执行遵守地铁运营公司的有关规定要求,按照运营公司的安全防护要求执行。施工人员必须戴安全帽,穿荧光衣,穿绝缘鞋。严格按地铁公司协调人员的要求办理施工登记、注销手续。检修施工期间,运输材料的车辆、材料、工具等等物品均严格按照公司规定位置停放,作业工具搬运时,注意站台屏蔽门及端门和钢轨计轴器的保护。每天检修施工提前 30 min 结束,项目负责人检查无误确保运营安全后,集体撤场。施工人员及工具材料,施工垃圾出清,作业完毕做好作业回检且恢复线路设备正常状态,保证不影响次日正常运营。

8. 操作程序及要领

作业前,检查备品和工器具是否齐全、完好,保障作业正常进行。工务线路调坡人员与浮置板施工技术指导人员交底,根据线路调坡人员提供的数据进行计算,确定隔振器调整量,然后浮置板施工技术指导人员与施工人员进行交底,明确施工要点及施工中可能出现的问题。

作业时对钢弹簧浮置板系统测量及精调。主要有钢弹簧隔振器荷载测量:隔振器在开盖取出锁紧板后,进行隔振器荷载测量,读出荷载数值。钢弹簧隔振器荷载精调:对比隔振器荷载标准数值,超出荷载设计值 ±15% 时需精调至设计值,分析计算出需要加减的调平垫板数值,使用专用设备进行顶升,调整好调平垫板,对隔振器荷载进行精调至设计值。

使用测量仪器在左右股道床面以间隔 5 m 为测点,测量并记录现有浮置板道床面标高,标高控制精度 ±5 mm/5 m。测量范围:以浮置板地段向两端普通地段各延伸 50 m。

根据浮置板道床面要恢复的高度,去除扣件相应的调高垫板,计算出需要加减的内筒调平垫板数值,使用顶升设备顶升调整调平垫板,依次进行浮置板道床标高精调。

顶升作业完成后交由工务进行轨道状态的复测检查,轨道状态正常后,安装锁紧板,外筒盖板,如有问题及时再调整。

参考文献

[1]翟婉明.车辆—轨道耦合动力学[M].2版.北京:中国铁道出版社,2001.

[2]练松良.轨道工程[M].北京:人民交通出版社,2009.

[3]王忆佳,曾京,高浩,等.车轮扁疤引起的轮轨冲击分析[J].西南交通大学学报,2014,49(4).

[4]黄元,李威.地铁浮置板轨道结构的模态分析[J].中国科技论文,2012.

[5]江阿兰,李建敏.钢弹簧浮置板轨道结构模态分析[J].大连交通大学学报,2016,37(5).

[6]蒋崇达,雷晓燕.钢弹簧浮置板轨道结构的谐响应分析[J].城市轨道交通研究,2003(11).

[7]梅早临,王娜,陈俭琳.振动模态分析在浮置板轨道结构上的应用[J].铁道标准设计,2004(11).

[8]高亮,钟阳龙,梁淑娟,等.浮置式轨道在垂向弯曲振动模态下的振动放大效应研究[J].铁道学报,2017,39(8).

[9]张宏亮,谷爱军,张丁盛.钢弹簧浮置板轨道结构在不同频段的隔振效率[J].都市快轨交通,2008,21(3).

[10]李增光,吴天行.上海轨道交通7号线浮置板轨道静动态特性研究报告[R].上海:上海申通轨道交通研究咨询有限公司,上海交通大学,2008.

[11]卢畅选.组合减振轨道动力特性研究[D].上海:同济大学,2020.

[12]蒋崇达.内置式钢弹簧浮置板轨道动力特性分析[D].南昌:华东交通大学,2013.

[13]王其昌,蔡成标,罗强,等.高速铁路路桥过渡段轨道折角限值的分析[J].铁道学报,1998,20(3).

[14]宋姣姣.基于流固耦合的钢弹簧阻尼比及振动特性研究[D].上海:同济大学,2019.

[15]刘作为.减振垫浮置板轨道的振动及隔振效果研究[D].北京:北京交通大学,2012.

[16]练松良.轨道工程:Railway track[M].北京:人民交通出版社,2009.

[17]王建立,陈高峰,等.预制式钢弹簧浮置板的研制与应用[J].城市轨道交通研究,2019(05).

[18]黄慧超.新型橡胶隔振器浮置板轨道结构参数设计及环境振动评价[D].成都:西南交通大学,2015.

[19]郑强,陈鑫.钢弹簧浮置板预制短板技术研究[C].中国科协年会——分7综合轨道交通体系学术沙龙,2015.

[20]王建,王建立.北京地铁10号线一期工程浮置板地段系统设计要点[J].铁道标准设计,2008(7).

[21]李奇,李兴,等.高性能湿接装配式长型浮置板静动力性能研究[J].铁道工程学报,2021(01).

[22]刘波.疲劳对配筋混凝土梁的使用性能影响分析[D].西安:长安大学,2008.

[23]李明,赵军,吴浩,等.GFRP筋混凝土板疲劳损伤分析[J].公路交通科技(应用技术版),2015(8).

[24]练松良.轨道动力学[M].上海:同济大学出版社,2003.

[25]毛东兴,练松良.浮置板道床车内噪声测试报告[R].南京地铁运营公司,同济大学,2011(12).

[26] 董国宪,邢海灵,郑玄东. 轨道交通 9 号线三期钢弹簧浮置板减振效果测试分析[R]. 上海:上海申通轨道交通检测认证有限公司,2019.

[27] 吴天行. 10 号线空港路段测试分析报告[R]. 上海:上海申通轨道交通研究咨询有限公司,上海交通大学,同济大学,2010.

[28] 刘扬. 轻型浮置板减振降噪技术研究(噪声测试报告)[R]. 上海:上海申通轨道交通检测认证有限公司,2017.

[29] 张超. 地铁钢弹簧浮置板道床施工工艺[J]. 路桥工程,2016.

[30] 曲腾飞,王媛. 基于几种浮置板结构施工工法的对比研究[J]. 都市快轨交通,2015,28(1).

[31] 蒋崇达. 内置式钢弹簧浮置板轨道动力特性分析[D]. 南昌:华东交通大学,2013.

[32] 于晓东. 大连地铁 2 号线钢弹簧浮置板整体道床施工技术[J]. 城市轨道交通研究,2014(3).

[33] 朱志强. 地铁钢弹簧浮置板道床施工质量控制[D]. 广州:华南理工大学,2012.

[34] 尹学军,王建立,张宝才. 内置式钢弹簧浮置板的施工技术[J]. 铁道建筑,2003(S1).

[35] 罗小强,金立军,王与娟. 地铁轨道工程铺轨基标及 CPⅢ轨道控制网应用讨论[J]. 中小企业管理与科技,2014(22).

[36] 王与娟,魏运生. 钢弹簧浮置板"拼装一体化"的研究[J]. 铁道标准设计,2011(1).

[37] 王建立,陈高峰,王建,等. 预制式钢弹簧浮置板的研制与应用[J]. 城市轨道交通研究,2019(5).

[38] 中华人民共和国住房和城乡建设部,中华人民共和国国家质量检验检疫监督局. 城市轨道交通工程测量规范:GB/T 50308—2017[S]. 北京:中国建筑工业出版社,2017.

[39] 中华人民共和国住房和城乡建设部. 浮置板轨道技术规范:CJJ/T 191—2012[S]. 北京:中国建筑工业出版社,2012.

[40] 中华人民共和国住房和城乡建设部. 地下铁道工程施工质量验收标准:GB/T 50299—2018[S]. 北京:中国建筑工业出版社,2018.

[41] 焦金红,黄俊飞,周宇. 减振降噪型轨下基础:浮置板轨道结构[J]. 地铁与轻轨,2002(4):29-31.

[42] 高世兵. 钢弹簧浮置板减振轨道在城市地铁中的应用[J]. 铁道工程学报,2008(3):88-91.

[43] 耿巍. 减振钢弹簧浮置板道床在南京地铁鼓楼医院段的应用[J]. 中国西部科技,2012(10):56-57.

[44] 张斌,王建立,王建,等. 钢弹簧浮置板浸水时的减振效果实测分析[J]. 城市轨道交通研究,2016(9):75-79.

[45] 田建辉,简炼,李兵. 地铁投诉噪声临界限值研究[J]. 噪声与振动控制,2016(1):106-108,113.

[46] 李丰果,俞建铂. 某运营地铁区间浮置板道床隆起原因分析及整治措施[J]. 隧道建设,2015(5):463-467.

[47] 朱志强. 地铁钢弹簧浮置板减振道床存在的缺陷及设计优化[J]. 城市轨道交通研究,2010(7):50-52.

[48] 刘建利. 钢弹簧浮置板的现有不足分析及优化建议[J]. 都市快轨交通,2014(6):97-100.

[49] 刘扬,辜小安. 城市轨道交通环境影响评价中值得注意的问题[J]. 都市快轨交通,2005(5):9-13.

[50]谢咏梅,杜蕴慧. 城市轨道交通环境影响评价存在的问题及对策[J]. 都市快轨交通,2014(4):5-8.

[51]王文斌,刘维宁,马蒙,等. 梯形轨道系统动力特性及减振效果试验研究[J]. 中国铁道科学,2010(2):24-28.

[52]王永冠,查国涛,卜继玲,等. U 形梁桥与轨道结构的振动匹配性分析[J]. 铁道建筑,2015(5):30-33.

[53]曹文战,李芾,丁军君,轨道参数对机车车轮磨耗影响的研究[J]. 机车电传动,2015(4):13-17.

[54]蒋忠辉,赵国堂,王衡禹. 车辆轨道关键参数对高速铁路钢轨波磨发展的影响[J]. 机械工程学报,2018(4):57-6.

[55]任静,孙京健,王进. 从钢轨异常波磨研究反思地铁设计[J]. 都市快轨交通,2011(3):2-5.

[56]魏新江,史文超,蒋吉清,等. 钢弹簧损伤对地铁列车—浮置板轨道振动性能的影响[J]. 振动与冲击,2019,38(11).

[57]程霖,杨成永,马文辉,等. 隧道变形引起的钢弹簧浮置板轨道变形与脱空分析[J]. 铁道科学与工程学报,2020,17(4).

[58]中华人民共和国住房和城乡建设部. 地铁设计规范:GB 50157—2013[S]. 北京:中国建筑工业出版社,2013.

[59]上海市建设和管理委员会. 城市轨道交通设计规范:DG/TJ 08-109—2004[S]. 上海:同济大学出版社,2017.

[61]中华人民共和国住房和城乡建设部,国家市场监督管理总局. 地下铁道工程施工及验收规范:GB/T 50299—2018[S]. 北京:中国建筑工业出版社,2018.

[62]郭超. 钢弹簧浮置板道床的减振性能及养护维修分析研究[D]. 成都:西南交通大学,2017.